싱가포르의 재도약을 선도한

역동적 거버넌스

명품행정의 조건과 정책사례의 학습

DYNAMIC GOVERNANCE:
Embedding Culture, Capabilities and Change in Singapore
by Boon Siong Neo and Geraldine Chen

싱가포르의 재도약을 선도한

역동적 거버넌스

명품행정의 조건과 정책사례의 학습

Boon Siong Neo & Geraldine Chen 공저

이종돈과 **김정렬** 공역

도서출판 행복에너지

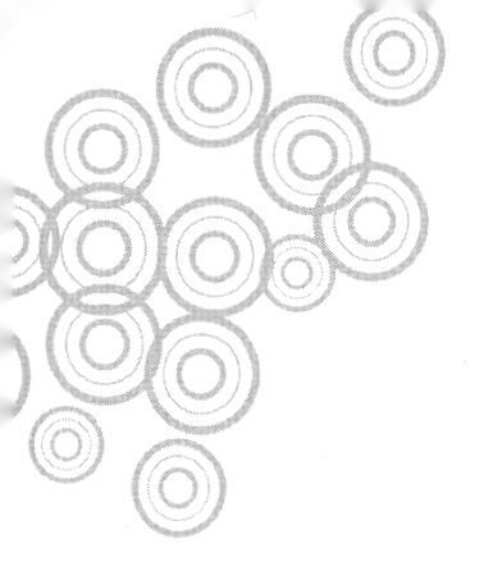

추천사

정부를 효과적으로 만드는 것은 무엇인가? 이것은 정부실패가 너무 흔하고 빈번하게 발생하는 재앙이기 때문에, 어떤 사회이든 직면하는 가장 중요한 질문들 중의 하나이다. 수많은 국가의 사례들이 나쁜 정부정책, 형편없는 집행, 윤리적 실패, 변화에 대한 정부의 무능력을 보여주고 있다. 이러한 상황에서 피해자는 삶의 터전에서 시달리는 시민들이다.

그런데 정부의 효과성을 분석하는 데 있어서, 어떤 정부든 해야만 하는 많은 정책들에 초점을 두는 경향이 있다. 정부는 거시경제부터 교육, 의료, 개인의 안전에 이르기까지 다양한 영역에서 정책을 수립한다. 이러한 각각의 영역들은 광범위하게 연구되고 있다. 각각의 영역에는 국가들 사이의 이론과 비교를 통해서 드러나는, 보통 폭넓은 공감대를 형성하는 우수사례가 있다. 사실상 아주 많은 정책들이 우수사례에서 벗어나기 때문에, 이것은 정부의 성공과 실패를 설명하는 데 아주 편리한 기준을 제공해준다.

이러한 단선적 사고는 여러 가지 문제가 있다.

첫째, 정부는 현실적으로 해결하기에는 너무 많은 정책적 우선순위에 직면해 있고, 그것을 모두 동시에 추진하기에는 너무 자원이 희소하다. 경제정책 분야를 생각해보면, 도로의 상태로부터 대학교의 질, 집행의 효율성에 이르기까지 경제발전의 경쟁력과 성장률에 영향을 미치는 수백 개의 현지 상황들이 있다. 어떤 정부도 개선이 필요한 모든 것들을 단번에 해결할 수 없다. 그 대신에, 도전적인 과제는 올바른 우선순위를 설정하고, 합리적인 순서로 해결하고, 시간이 흐르면서 개선을 지속하는 것이다.

둘째, 적절한 정부정책과 우선순위는 국가 자체가 변화하는 것처럼 이동한다. 경제발전에 있어서 물리적인 기반시설과 법에 의한 지배는 초기 단계에서 핵심적인 우선순위였다. 하지만 나중에는 보다 높은 생활수준을 지속하기 위한 새로운 과제들이 많이 나타난다.

셋째, 나라 밖의 세계는 변화한다. 새로운 기회들이 나타나고, 이웃의 국가들이 발전하거나 쇠퇴하고, 국제법 구조들과 제도들은 재편된다. 이러한 외부적 변화는 정부의 적절한 정책선택이 변화하고, 우선순위가 이동하고, 성과의 기준이 보통 올라간다는 것을 의미한다.

이러한 복잡성은 좋은 정부가 정태적인 개념이라는, 그리고 정부의 성공이 개별적인 결정에 달려있다는 어떤 관념을 깨뜨린다. 그 대신에, 정부의 본질적인 과제는 역동적인 것, 많은 결정들에 영향을 미치는 것, 지속적인 학습의 필요성을 포함하는 것, 그리고 효과적이고 신속한 실행을 추진하는 것이다.

이 책, 『역동적 거버넌스』(Dynamic Governance)는 이러한 세밀하고 결정적인 정부의 도전적 과제들을 다루고 있다. 이 책은 정부가 어떻게 좋은 결정을 하고, 그것을 실행하고, 그리고 위기를

초래하지 않으면서 수정할 수 있는지에 대해서 생각하기 위한 틀을 제공해준다.

싱가포르는 이러한 질문을 검토하기 위한 놀라운 사례연구를 제공하고 있다. 정부에 관한 한 싱가포르는 흔히 중력의 법칙을 거부하는 것 같다. 싱가포르는 매우 효율적인 정부조직을 가지고 있다. 싱가포르에서 정책결정은 보통 부패, 이념, 권력 등의 확대를 위한 것이 아니라 실적에 기초해서 이루어진다. 정부부처들은 극도로 자기 비판적이다. 싱가포르는 도박을 합법화할 것인지 여부와 같은 매우 힘든 질문에 대해서 사고방식을 변화시킨다.

어떻게 이런 일이 일어나는 것일까? 이 모든 것은 저자들이 분석틀에서 사용하는 미리 생각하고, 다시 생각하고, 두루 생각할 수 있는 정부조직을 필요로 한다. 이 책은 어떻게 이것이 발생하는지에 대한 풍부하고 흥미로운 설명과 근본적인 원인을 제공한다. 역동적 거버넌스의 교훈은 어느 정부에서든 적용된다. 이 책의 아이디어를 적용하는 것은 많은 나라의 정부들이 제대로 작동할 수 있고, 또한 시민들의 생활이 개선될 수 있다는 희망을 우리에게 안겨준다.

마이클 포터 교수(Professor Michael E. Porter)

하버드 경영대학원(Harvard Business School)

서문

"당신은 왜 공무원에 대한 책을 쓰고 싶어요?" 우리는 이 책을 쓰기 위해 인터뷰를 시작할 때마다 거의 비슷한 질문을 받았다. 우리의 호기심은 처음에 사례연구 수업에서 우리 중의 한 명이 세관, 항만, 국립도서관, 국가전산원, 심지어 세무부서와 같은 싱가포르 공공기관들에 대해서 연구했는데, 공공부문에서 혁신이 가능하고, 실제로 조직적인 변화가 일어나며, 정부조직들이 단지 효율적인 것 이상의 능력을 갖고 있는 것에 대해서 비즈니스 관리자들이 매우 놀라워하는 반응을 보고 자극을 받은 것이다. 싱가포르의 경험은 비즈니스 세계에서도 교훈이 될 수 있다고 느꼈다. 만약 싱가포르 스타일의 산업단지, 주택단지, 전자정부 시스템에 관심이 있다면, 이들의 경험은 확실히 다른 나라들이 학습할 만한 가치가 있을 것 같다.

그러나 비즈니스 관리자들과 해외의 직원들이 열심히 이해하고 적용하려는 "싱가포르 모델"은 정확히 무엇인가? 많은 연구자들은 싱가포르의 성공을 강력한 정치적 리더십의 결과로 보고 있다. 그러나 문제에 대한 인식으로부터 보고서를 작성하고, 집행에 이르기까지, 정책을 창조하고, 개발하고, 검토하고, 전환하기 위해 배후에서 조용히 일하는 다양한 행정조직이 있다. 그 조직에서 다른 사람들이 이해하고 흥미를 발견할 만한 그리고 본받을 만한 가치가 있는 사람과 절차를 관리하는 방식은 무엇인가? 싱가포르 공공부문의 시스템이 작동하도록 만드는 배후

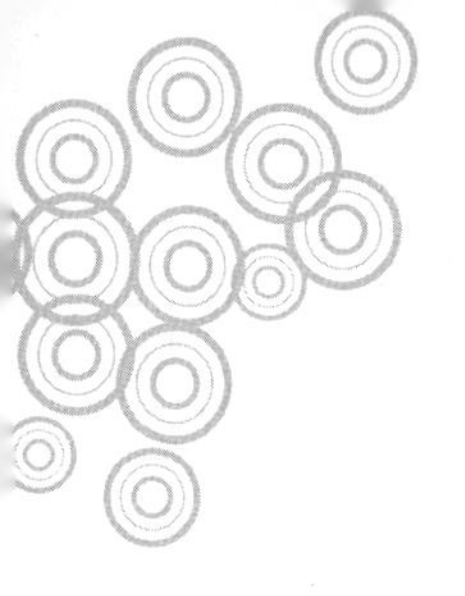

의 원칙은 무엇인가? 그 시스템은 완벽한 "요령"을 갖추고 있기 때문에 우수한 것인지 또는 그 이상 어떤 것이 있는가? 이러한 원칙과 사례는 싱가포르만의 독특한 것인가? 이러한 원칙과 사례는 공공부문을 넘어서, 싱가포르를 넘어서 어떻게 효과적으로 적용될 수 있을까?

이러한 아이디어는 우리에게 강한 호기심을 유발했지만, 난양공대 경영대학원의 학장과 부학장이라는 공저자들의 업무부담으로 인해 본격적으로 저술작업에 착수하지는 못했다. 우연히 복도를 걸어가면서 대화를 나누다가 우리의 관심이 살아나고 생각을 집중하는 새로운 평화와 자유를 만끽하곤 했다. 싱가포르 고위공직자인 피터 호(Peter Ho)와 전직 고위공직자들 및 재무부 사무차관을 지낸 임싱권(Lim Siong Guan)에게 이틀 후에 인터뷰를 시작하자는 이메일을 보내면서 저술작업이 시작되었다.

우리는 출간된 자료를 조사하면서, 싱가포르에 대한 많은 연구들이 싱가포르의 급속한 성장이나 정치적 풍토에 집중되어 있다는 것을 파악했다. 경제개발청, 싱가포르항만청, 국가도서관청과 같은 일부 특정한 기관들에 대한 연구 외에는 싱가포르의 경제적, 사회적 변화를 선도한 기관들이 거의 알려지지 않았다. 우리는 인터뷰를 진행하고 내부적인 자료와 문서를 꼼꼼히 살피면서, 거버넌스에 있어서 공직의 역할과 제도적인 문화와 조직적인 능력의 근본적인 시스템이 작동하는 모습을 서서히 이해하게 되었다.

우리는 싱가포르 공공부문의 효과성에 대한 단순한 설명을 탐색하지 않았다. 그 성과는 직접적으로 어떤 한 명의 개인적인 지도자 또는 하나의 특정한 원인이나 정책의 결과일 수 없다. 대신에 우리는 다양한 상호작용과 함께 작동하는 시스템을 발견하였다. 그것의 독특한 역사적, 정치적 맥락들이 중요하지만, 또한 미래를 창조하고 선점하기 위한 열정과 적극적인 노력이 있었다. 리더십이 대단히 중요한 요인임은 분명하지만, 또한 제도화된 시스템과 절차가 있었다. 뿌리 깊은 신념과 믿음이 있었지만, 또한 과거의 관행을 포기하는 개방성과 새로운 아이디어의 실험이 있었다. 사회적 안정성이 바람직하지만, 변화를 위한 강력한 헌신과 능력이 있었다. 공공기관들은 완전히 독립적으로 운영되지만, 전체적인 방향에서 일관성을 확보하고 있었다. 다른 나라에서 학습한 정책적 아이디어들이 많았지만, 독창적인 혁신도 있었다. 정책은 효율적으로 집행되지만, 집행의 과정에서 적응적 학습이 이루어졌다. 직원들에게 내면화되는 것으로 보이는 거버넌스의 강력한 가치와 원칙이 있었지만, 대부분 공식적이기보다는 사회적으로 확산되었다. 우리가 발견한 것은 지속적으로 학습하고, 끊임없이 변화하며, 조용히 개선하고 혁신하는 매우 강인한 공공조직, 그리고 그들이 봉사하는 사회의 기대와 수요에 따라 성장하고 진화하는 공공조직이다.

이것은 싱가포르 재도약의 이면에 숨겨진 이야기이다.

정책사례 목록

목 차

제 1 장

역동적 거버넌스의 분석틀: 문화, 역량, 변화의 제도화

불확실성과 변화의 시대에는 현재의 성과가 미래의 생존을 보장하지 않는다. 비록 초기에 선택한 원칙, 정책 및 시책이 좋은 것이라 하더라도, 정태적인 거버넌스와 효율성에 안주할 경우 궁극적으로 정체와 쇠퇴를 초래하기 마련이다. 불안하고 예측하기 어려운 세계화라는 환경 속에서 학습과 혁신, 그리고 새로운 도전에 대응할 수 있도록 변화하기 위한 제도적인 역량이 충분하지 않다면, 아무리 세심하게 마련한 계획도 정부의 지속적인 적합성과 효과성을 담보하기 어렵다.

그렇다면 정부의 제도는 역동적일 수 있는가? 전형적인 정부의 제도는 보통 기업의 조직과 달리 역동적이지 않은 것으로 여겨진다. 오히려 느리고 갑갑한 관료제는 지속적으로 혹은 때때로 낡은 규칙들을 분별없이 강요하고, 개인이나 기업을 위한 그 어떤 관심이나 배려도 없이 절차를 고집한다.

제도는 진정 역동적일 수 있는가? 역동성은 새로운 사고, 참신한 인식, 지속적인 발전, 신속한 행동, 유연한 적응 그리고 창조적인 혁신을 특징으로 한다. 역동성은 지속적인 학습, 빠르고 효과적인 집행, 그리고 끊임없는 변화의 의미를 함축하고 있다. 역동적인 제도는 개인과 기업 그리고 정부의 상호작용 속에서 사회경제적 환경의 지속적인 개선과 적응을 통해 국가의 발전과 번영을 앞당긴다. 그것은 다양한 활동을 위한 인센티브 또는 제약을 만드는 정책, 규칙 및 구조를 통해서 경제적 발전과 사회적 행동에 영향을 미친다.

역동적 거버넌스는 급속한 세계화와 지속적 기술혁신하에서 성공을 위한 핵심적 요소이다. 만약 제도가 지속적인 학습과 변화를 가능하게 하는 문화와 역량을 갖추고 진화할 수 있다면, 국가의 사회경제적 진보와 번영에 큰 기여를 할 것이다. 문화, 역량 및 변화의 제도화를 위한 노력은 회사나 자원봉사단체와 같은 다른 유형의 조직들이 비슷한 성과를 얻는 데 유용한 교훈으로 작용할 것이다. 만약 관료적인 공공부문의 기관들이 역동적으로 변화하는 방식을 학습할 수 있다면, 그로부터 얻은 교훈은 다른 성격의 조직이 변화를 추구하는 데 있어서 의미 있고 가치 있는 통찰을 제공할 것이다. 이것이 우리가 이 책을 집필하는 가장 근본적인 이유이다.

이 책은 거버넌스의 기능을 실현하는 공공부문의 제도에 있어서 역동성이 어떻게 만들어지고 유지되는지를 탐색한다. 또한 좋은 제도적인 문화와 강한 조직적인 역량이 어떻게 계속해서 규칙, 정책, 인센티브 및 거버넌스를 향상시키는 제도적인 구조를 발전시켜 나아가는지에 대해서 탐색한다. 그리고 어떻게 그러한 좋은 문화로 진화하는지, 어떻게 그런 역량이 발전할 수 있는지 이해하려고 한다. 나아가 정책이 왜, 어떻게 만들어지고 집행되는지, 싱가포르 거버넌스에 정책적인 발전, 혁신 및 적응이 어떻게 작동하는지 설명한다. 마지막으로 다른 유형의 조직에도 적용할 수 있는 주요한 원칙과 교훈을 종합해서 정리할 것이다.

1.1 정부에 역동성이 필요한 이유

정부의 제도는 국가의 경제적인 경쟁력과 사회적인 발전에 상당한 영향을 미친다. 또한 국가적으로 정부와 국민들 사이의 관계를 정의한다. 그리고 사회와 경제적인 활동이 어떻게 상호작용 하는지에 대한 분위기를 규정한다. 나아가 지속적인 발전과 성장을 조장하거나 오히려 가로막을 수도 있는 조건을 만든다. 더불어 국가적으로 경제적 활동의 환경과 경쟁력, 그리고 외국인 투자자를 유치하는 데 영향을 미친다. 한 국가의 경쟁력은 더 이상 정태적 수준의 경쟁력에 기반을 두지 않는다. 그것은 오히려 "기업들이 더욱 세련된 수준의 경쟁력을 확보하기 위해

생산적으로 그리고 계속적으로 혁신하고 발전할 수 있도록 운영하는 환경을 제공해서 생산성을 높이는 데 있다."[1] 정부는 비록 직접적으로 산업의 경쟁력을 만들어 내지는 못하지만, 기업들이 경쟁력을 확보하도록 자극하는 환경과 제도적인 구조를 형성하는 데 있어서 촉매제와 도전자로서 행동할 수 있다.

그러나 정부의 제도는 보통 역동성이 없다고 알려져 있다. 대다수의 정부기관은 독점적 기능을 행사하고, 그들의 결과물과 서비스를 제공하는 데 있어서 시장의 경쟁원리를 적용하지 않는다. 공공서비스는 무료 또는 높은 보조금을 적용해서 제공하기 때문에 보통 시장가격이 형성되지 않는다. 그들은 정치적인 영향력에 따른 예산배분을 통해서 자금을 받는다. 성과나 실적에 대한 객관적인 평가도 없고, 발전과 변화를 위한 인센티브도 전무한 실정이다. 그들은 투자에 대한 위험부담의 대가, 즉 적정한 수익을 요구하는 투자자들의 재정적인 간섭에 얽매이지도 않는다. 공공조직의 관리자는 경험적으로 눈에 보이는 실수는 처벌받지만 개인적인 성과는 보상받지 못한다는 것을 학습해 왔기 때문에 매우 보수적인 경향을 보인다. 이러한 환경에서 역동적 거버넌스가 가능할까?

우리가 싱가포르 정부의 제도에 관한 연구에 중점을 두는 것은, 문화적 가치와 신념의 토대가 역동적인 거버넌스 시스템을 창출하기 위해 끊임없이 변화를 추구하는 강력한 조직적 역량과 함께 어떻게 상승작용을 일으키는지를 규명하는 데 있다. 제도적인 문화는 정책형성과 집행의 역동성에 도움을 주거나 또는 방해한다. 그리고 좋은 토대를 마련해주거나 또는 장애물로 작용할 수 있다. 또한 제도적인 문화는 한 국가가 세계에서 그들의 위상을 어떻게 인식하고 있는지, 그들의 목적을 어떻게 표명하는지, 그들의 의사결정과 정책결정에 중요한 영향을 미치는 가치와 신념과

[1] Michael Porter (1998). On Competition. MA: HBS Press, Chapter 6, "The Competitive Advantage of Nations," and Chapter 7, "Clusters and Competition: New Agendas for Companies, Governments, and Institutions."

원칙을 어떻게 발전시키는지에 대한 내용을 포함한다. 나아가, 강력한 조직적 역량은 주요한 정책이슈와 효과적인 집행의 전 과정을 통해서 고려되어야 할 요인이다.

이 연구에서는 세 가지 중요한 거버넌스의 역량, 즉 (i) 미리 생각하기(thinking ahead) – 세계의 변화에 맞추어 미래의 국가발전에 영향을 미치는 신호를 신속하게 인식하는 능력; (ii) 다시 생각하기(thinking again) – 더 잘하기 위해서 현재의 정책을 다시 만들고 다시 생각하려는 의지와 능력; (iii) 두루 생각하기(thinking across) – 다른 국가 또는 기관의 경험으로부터 새롭게 도입할 만한 아이디어와 개념을 학습하기 위해 두루 검토하는 개방성과 능력을 개념화하고 논의한다. "근로연계복지(workfare)" 정책은 2006년에 발표하고, 2007년 예산에 제도화되었는데, 정부의 정책형성과 집행과정에 역동적인 능력이 어떻게 작동하는지 보여주는 사례이다.

싱가포르는 1인당 국민소득이 증가하면서 심지어 몇몇 선진국을 앞질렀지만, 세계화된 경제에서 경쟁력을 유지하려면 '미리 생각하기'를 수행해야 한다. 싱가포르는 지식과 아이디어가 결정적인 투입요소로 작용하는 새로운 경제에서 경쟁하기 위해 구조조정을 추진했지만, 일부 국민은 새로운 지식과 첨단기술의 영역에서 만들어지는 새로운 일자리에 적응하지 못하고 뒤처졌다. 이에 정부 관료는 '미리 생각하기'를 실천했다. 예년과 다르게 구조적인 실업은 경제가 강력하게 성장할 때도 거의 비슷하게 나타났기 때문에 장차 경제성장 그 자체로는 모든 국민을 끌어올리기에 충분하지 않다는 것을 깨달았다.

따라서 정부는 복지에 대한 접근방법에 있어서 '다시 생각하기'를 추구해야만 했다. 역사적으로 공무원들은 실업자들이 현재 가지고 있는 기술과 경험이 새로운 일자리를 찾아주는 데 충분하다고 전제하는, 매우 낮은 수준의 일을 해오고 있었다. 만약 실업자들이 고용되지 않는다면, 그것은 그들이 일에 흥미가 없거나 또는 무책임한 것으로 간주되었다. 그러나 실업자들의 기술과 일자리의 요구사항 사이에 지속적인 불일치가 발생했을 때 새로운 접근방법이 필요했다. 동시에 싱가포르인들이 점점 전 세계적으로 이동함에 따라 시민으로서의 감정적 유대감을 강화하기 위한 새로운 전략적 목표를 수립했다. 이것은 싱가포르를 기회의 땅으로, 그리고 시민들이 적극적으로 국가의 발전에 참여할 수 있는 곳으로 자리매김하는 것을 포함하고 있었다. 정책입안자의 입장에서는 싱가포르 사회의 상당한 부분이 국가의 새로운 발전경로에 실질적으로 기여할 수 있는 기술을 갖고 있지 않거나 또는 도전적인 새로운 경제적 기회를 잡을 수 없는 사람들이었다.

이 문제를 어떻게 다룰지에 대한 아이디어를 얻기 위해 공공부문의 정책입안자들은 '두루 생각하기'를 실천해야만 했고, 일자리를 기반으로 하는 복지 프로그램인 미국의 위스콘신 사업의 경험과 실험으로부터 학습했다. 그러나 그 결과는 위스콘신 사업을 맹목적으로 모방하는 것이 아니었다. 위스콘신 사업의 틀은 지역실정에 맞도록 사려 깊게 받아들여지고 조정되었으며, 근로자의 재훈련, 가족부양의 책임 및 사회적 이동성을 고려해서 바람직한 국가적 목적을 달성하도록 재설계되었다. 이러한 새로운 접근은 일하기 위한 또는 일자리를 찾기 위한 노력, 새로운 일자리의 고용을 유지하기 위한 인센티브, 그리고 다음 세대가 가난의 굴레를 벗어나도록 자녀들의 교육에 대한 재정적 지원을 포함하고 있었다. 이것은 좀 더 복잡한 사회에 적합한 다차원적인 정책목표이다.

"근로연계복지" 제도는 저임금 근로자와 구조적인 실업 문제에 대한 새롭고 혁신적인 접근이었다. 2006년에 시행한 근로연계복지 정책에 대한 노동조합의 반응은 긍정적이었고, 2007년에 정부는 장기적 성격의 새로운 사회정책으로 근로연계복지제도를 수용하였다. 이는 싱가포르가 좀 더 혁신적인 경제체제로 전환하여 세계적인 경쟁력을 확보할 수 있도록 사회적 통합과 산업적 평화를 보장하기 위한 것이었다. 근로연계복지 프로그램의 세부적인 내용과 절차에 대한 고찰과 평가 및 채택에 대해서는 제6장에서 소개한다.

이 새로운 근로연계복지 정책은 이 책의 주요 주제인 싱가포르 거버넌스의 역동성을 나타내는 사례이다. 거버넌스의 역동성은 새로운 사고와 학습의 결과이며, 새로운 경로, 수정된 정책 및 재구조화된 제도 속에서 명백하게 드러난다. 우리가 이 책을 쓰는 순간에도 현재의 정책은 계속해서 재검토되고 변화하고 있으며, 새롭게 발생하는 문제를 다루기 위한 새로운 아이디어는 잠재적인 정책으로 진화하고 있다. 우리가 비록 많은 정책적 사례와 제도적인 변화를 참고하더라도, 이 책은 싱가포르의 사회적, 경제적 정책에 대해서 전체적으로 검토하지는 않는다. 여기서 살펴보는 정책과 제도적인 변화는 왜 역동적인 거버넌스 시스템이 중요한 것인지, 어떻게 작동하는 것인지, 그리고 어떻게 발전할 것인지를 탐색하고 설명하기 위한 예시이다.

이 장(章)에서는 이 연구의 주요한 주제에 대해서 전반적으로 소개한다. 역동적 거버넌스의 개념과 왜 싱가포르 정부의 제도에 대한 연구를 선택했는지를 논의할 것이다. 그리고 개념적인 틀을 설명하고, 그 흐름과 역동적인 시스템의 상호작용에 관해 토론할 것이다. 또한 역동적 거버넌스 시스템의 2가지 요소인 제도적 문화와 조직적 능력에 대해 논의할 것이다. 정책형성과 집행과정에서 역동성을 창출하기 위해 함께 작용하는 제도적 문화의 3가지 요소와 조직의 역량을 구성하는 3가지 요소를 상세히 설명할 것이다. 우리는 역동적 거버넌스의 능력이 무엇인지, 왜 중요한 것인지, 그리고 싱가포르 공공서비스의 맥락에서 왜 발전하게 되었는지에 대해 살펴볼 것이다. 또한 문화와 역량이 싱가포르 정부의 제도에 어떻게 출현하고, 진화하고, 발전하고 또한 정착하게 되었는지에 관해 설명할 것이다. 마지막으로 싱가포르 거버넌스 시스템의 도전과 잠재적인 위험, 싱가포르의 경험으로부터 얻을 수 있는 교훈, 그리고 어떻게 이러한 원칙과 교훈이 다른 조직에서 적용될 수 있는지 토론하는 것으로 결론을 맺을 것이다.

1.2 역동적 거버넌스의 개념과 중요성[2]

거버넌스는 거래를 촉진하는 규칙과 제도를 제공하고, 정보의 불완전성, 공공재의 문제, 외부효과 등으로부터 발생하는 시장실패의 결과를 개선하는 기회를 제공함으로써 현대 경제와 사회에서 핵심적인 역할을 수행한다.[3] 시장의 힘은 효율적인 경제의 초석으로서 광범위하게 받아들여지고 있지만, 한 국가의 경제적 성과는 시장을 지원하는 제도의 질과 종류에 따라서 크게 좌우된다. 노벨상 수상자 더글라스 노쓰(Douglass North)가 말했듯이, "제도는 사회의 인센티브 구조를 형성하고, 정치경제적 제도는 경제적인 성과의 근본적인 결정요소이다.[4] 만약 우리가 변화의 역동적인 이론을 구축하고자 한다면… 그것은 제도적인 변화의 모델을 구축해야만 한다."[5]

거버넌스는 "공공의 정책과 프로그램을 형성하고, 집행하고, 평가하기 위한 정부와 시민 사이의 관계이다. 좀 더 광범위한 맥락에서, 이것은 국가 또는 조직이 어떻게 기능하는지를 결정하는 규칙, 제도, 그리고 네트워크를 의미한다."[6] 이것은 "정부가 사회의 다른 이해관계자와 일하는 방식, 사회의 전반적인 복지를 촉진하고 국가의 장기적인 이익을 실현하

2 이 부분은 거버넌스의 개념과 중요성에 대한 개요를 설명하고 있는데, 우리 연구의 결과와 어떻게 그것이 적용되는지를 이해하는 데 적합한 것이다. 연구문헌에서 포착한 거버넌스의 개념, 제도와 역량에 대한 보다 자세한 논의는 제2장에서 소개한다.

3 Joseph Nye (2004). "Governments, Governance, and Accountability," Ethos. Civil Service College, April 2004.

4 Douglass C North (1993). "Economic Performance through Time," Nobel Prize Lecture, 9 December 1993.

5 Douglass C North (1990). Institutions, Institutional Change and Economic Performance. NY: Cambridge University Press. p. 107.

6 Gambhir Bhatta (2006). International Dictionary of Public Management and Governance. New York: ME Sharpe Inc.

기 위해서 그 권위와 영향력을 행사하는 방식이다."[7] 거버넌스는 전체적으로 사회경제적 인센티브를 제공하거나 또는 그와 다른 행동을 제약하는 규칙, 정책, 제도, 그리고 그에 따른 구조의 선택을 포함한다. 정책과 제도는 사회의 장기적인, 바람직한 결과를 성취하는 데 적합하고 효과적으로 작동해야 한다. 따라서 거버넌스는 불확실성과 빠르게 변화하는 환경 속에서 과거의 정책적 선택이 현재의 발전을 위해서 받아들여질 때 역동적으로 되는 것이다. 이것은 일시적인 변화나 실패를 회복하는 수준을 넘어서는 것이다. 이것은 장기적인 생존과 번영을 위해 지속적인 변화를 추구하는 것이다.

국가의 경제발전과 생활수준의 향상을 위해서는 정직하고 유능한 공공부문의 제도와 좋은 거버넌스가 중요하다. 이것은 광범위하게 받아들여지고 있다. 세계적 거버넌스를 다루는 세계은행의 과장인 다니엘 카우프만(Daniel Kaufmann)은 국가가 1인당 국민소득으로 평가하는 생활수준을 높이기 위해서 거버넌스의 효과성을 향상시킬 경우 장기적으로 3배의 차이가 날 수 있음을 지적하였다.[8] "제대로 작동하지 않는 공공부문의 기관과 취약한 거버넌스는 많은 개발도상국가의 성장과 균등한 발전을 저해하는 핵심적 제약요인이다."[9] 그렇기는 하지만, 지속적인 발전과 생활수준의 향상을 위해서는 단순히 좋은 사례를 도입하는 것만으로는 부족하다. 특정 시점에 받아들인 거버넌스 구조가 비록 최적의 것이었다고 하더라도 환경의 변화에 따라 제대로 기능하지 않을 수 있다. 과거의 경험과 신념은 미래의 결정을 위한 좋은 지침이 되지 않을 수도 있다. 그래서 적합성과 효과성을 유지하는 좋은 거버넌스는 역동적이어야만 한다. 지속적인

[7] Andrew Tan et al. (2004). "Principles of Governance: Preserving our Fundamentals, Preparing for the Future." Special Study Report prepared by a group of Administrative Officers led by Andrew Tan.

[8] Quoted in The Straits Times, 17 September 2006. "Singapore Scores High on Governance." Singapore Press Holdings.

[9] World Bank Report (2000). Governance Matters.

학습, 역동적인 적응, 혁신적인 변화는 "적응적 효율성"[10]으로 나타나는데, 이것은 변화된 현실을 효과적으로 다루기 위해 직면하는 충격을 충분히 변경하고 대체할 수 있는 생산적인, 안정적인, 공정한, 광범위하게 수용되는, 유연한 제도를 만들어 내는 국가의 효과성을 의미한다.

거버넌스의 역동성은 지속적인 학습과 의지와 개방성을 필요로 한다. 학습은 국가적으로 영향을 미치는 미래의 발전에 대해서 깊게 이해하도록 만들고, 의지는 환경의 변화에 따라 낡은 규칙과 정책을 기꺼이 재검토하려는 것이며, 개방성은 국가의 고유한 맥락 속에서 세계적인 지식을 받아들이는 것이다. 역동적 거버넌스는 장기적인 국가이익을 실현할 수 있도록 정부가 그들의 공공정책과 프로그램을 끊임없이 조정하는 것뿐만 아니라, 그것이 만들어지고 집행되는 방식을 수정할 수 있는 능력이다. 거버넌스의 역동성은 불확실하고 빠르게 변화하는 환경과 시민들이 더 교육받고 더 세계화를 경험하는 상황에서, 그리고 더 복잡하고 행정수요가 증가하는 사회 속에서, 지속적인 사회경제적 발전을 추진하기 위해 본질적으로 필요한 요소이다.

1.3 싱가포르 공공부문의 거버넌스에 대한 연구

이 연구는[11] 싱가포르 정부의 제도에 바탕을 두고 있다.[12] 즉 공공부문의 기관은 2006년 기준으로 약 120,000명에 달하는 정부부처와 부서, 그

10 Douglass North (2005). Understanding the Process of Economic Change. NJ: Princeton University Press, p. 6.

11 본서의 자료는 전·현직 공공부문 지도자에 대한 인터뷰를 통해 수집하였다. 저자들은 이 연구의 일환으로 몇몇 정부부처와 기관의 자료와 문서를 검토할 수 있었다. 더욱이 제1저자는 다른 연구 및 프로젝트와 관련해서 수년간 200명의 공공부문 지도자와 직원을 지근거리에서 인터뷰해 왔다.

12 정당과 상법의 적용을 받는 정부소유의 영리법인은 배제하였다.

리고 독립행정기관(Statutory Board) 종사자들을 포괄한다.[13] 좋은 거버넌스는 정치적 리더십과 공공부문이 함께 중요한 사회경제적 목표를 성취한다. 정치적 리더십은 공공부문에 정책의 방향, 의제, 분위기, 환경을 정립한다. 만약 정치적 리더십이 부패하고 효과적이지 못하다면, 공공부문의 잠재력은 본래의 능력과 상관없이 심각하게 손상될 것이다. 수많은 싱가포르 거버넌스에 대한 저술이 정치시스템과 리더십에[14] 초점을 두고 출간되었는데, 특히 리콴유(Lee Kuan Yew) 초대 총리의 인기 있는 2권의 자서전은[15] 많은 언어로 번역되었다. 그러나 공공부문에 대해서 출간된 책은 매우 적다. 따라서 이 책은 공공부문에 의해서 발전된 역동적 거버넌스의 능력에 초점을 두고 있다. 물론 우리는 싱가포르의 역동적 거버넌스에 영향력을 행사했고 또한 공공서비스의 발전에 영향을 미쳤던 정치시스템과 리더십의 선택과 결정에 대해서도 논의할 것이다. 거버넌스의 가치와 원칙에 특별히 영향을 미쳤던 정치적 리더십에 대해서는 제4장에서 토론할 것이며, 공공부문에 대한 전략적인 관점에 대해서는 제7장에서 토론할 것이다. 건국초기 정치지도자의 가치와 신념은 싱가포르 공공서비스가 발전하는 경로에 상당한 영향을 끼쳤다.

비록 싱가포르 정부의 예산지출은 겨우 GDP의 약 14~18퍼센트로 많은 다른 나라들보다 상대적으로 작지만, 독립행정기관의 역량과 역할은

---

13 독립행정기관은 정부의 특별법에 의해 설립된 공공의 비영리법인이다. 이 기관들은 상급부처의 지도감독을 받는데, 투자촉진·관광개발·특정계획기능과 같은 특별한 공적 기능과 역할을 수행한다. 그들은 독립규제위원회와 유사한 독자적 거버넌스 구조를 갖고 있으며, 재정과 인사에서 정부부처에 비해 보다 많은 자율성을 가진다.

14 여기에 관한 사례들은 아래 문헌에서 주로 인용하였음: Raj Vasil (1992). Governing Singapore. Singapore: Mandarin. Michael Hill and KF Lian (1995). The Politics of National Building and Citizenship in Singapore. London: Routledge. Diane Mauzy and RS Milne (2002). Singapore Politics: Under The People's Action Party. Singapore: Oxford University Press. Ho Khai Leong (2003). Shared Responsibilities, Unshared Power. Eastern Universities Press.

15 Lee Kuan Yew (1998, 2000). The Singapore Story, and From Third World to First. Singapore: Times Edition.

세계적으로 인정받고 있다.[16] 2006년 세계은행의 거버넌스 보고서에 따르면, 싱가포르는 세계 10위권의 거버넌스 역량을 가진 국가로 평가되었다.[17] 싱가포르의 주요 기관들은 2006년 세계경쟁력보고서에서 상위권을 차지했었고,[18] 싱가포르는 전체적으로 세계에서 가장 경쟁력 있는 국가 5위를 차지했다. 이 평가에서는 정부와 기관들의 속도, 실적주의, 반부패주의가 높은 점수를 받았다. 홍콩에 기반을 두고 있는 정치경제위험컨설턴트(PERC: Political and Economic Risk Consultancy)의 2006년 6월 연구에 따르면, 싱가포르는 아시아에서 가장 낮은 수준의 형식주의(red tape)와 관료주의를 보이는 것으로 평가되었으며, 가장 높은 수준의 협력적 거버넌스 역량을 소유한 것으로 보고되었다. 또한 홍콩과 싱가포르는 아시아에서 법적용의 일관성을 포함한 사법시스템의 전반적인 품질과 통합성 측면에서 가장 우수한 국가로 평가되었다. 2006년 세계경쟁력보고서에서 싱가포르는 법률체계 부문에서 61개 국가 중 3위를, 공평성 부문에서 15위를 차지했었다. 국제투명성 순위에서는 163개 국가들 중에 가장 부패가 적은 나라 5위를 차지했다. MIT 대학의 레스터 써로우(Lester Thurow) 교수는 싱가포르의 경제적 문화에 대해서 “규모의 경제보다 재빨리 적응하는 능력이 더욱 중요하다. 다른 어떤 나라도 이처럼 기업적인 문화를 정립하기 어렵다. 경제성장을 최고의 목표로 설정하고 이를 달성하기 위한 협력체제로 운영하고 있다.”고 언급하고 있다.[19]

공공부문의 효율성과 효과성은 좋은 삶의 질과 친기업적인 환경을 만들고 유지하는 데 상당한 기여를 했다. 2006년 세계은행보고서는 싱

16 싱가포르의 국제적 위상에 관한 최신 순위와 자세한 내용에 대해서는 경제개발청(EDB) 홈페이지(www.edb.gov.sg)를 참조하기 바람.

17 The Straits Times, 17 September 2006. “Singapore Scores High on Governance.” Singapore Press Holdings.

18 세계경제포럼(World Economics Forum)이 매년 발표하는 보고서이다.

19 Lester Thurow (1996). “Forward.” Strategic Pragmatism, by Edgar Schein. USA: MIT Press, pp. vii and viii.

가포르를 세계에서 가장 사업하기 좋은 나라로 꼽았다.[20] EIU(Economist Intelligence Unit)는 2006~2010년에 싱가포르를 세계에서 6번째로 사업하기 좋은 국가로 선정했다.[21] IMD 보고서는 싱가포르가 고도로 숙련된 외국인 근로자에게 미국 다음 2번째로 매력적인 환경을 갖고 있는 것으로 평가했다.[22] 머서 HR 컨설팅(Mercer HR Consulting) 2005~2006 보고서는 싱가포르를 아시아에서 가장 살기 좋고, 가장 일하기 좋고, 가장 놀기 좋은 곳으로 평가했으며, 세계적으로는 34위를 차지했다.

싱가포르의 공공부문의 기관들은 심지어 민간부문의 기업과 비교했을 때도 두드러진 성과를 보였다. 예컨대 싱가포르 품질상, 미국 말콤볼드리지품질상, 그리고 싱가포르 혁신상의 다수 수상자는 공공부문의 기관이었다. 대표적인 싱가포르 독립행정기관의 하나인 경제개발청에 대한 연구에서 MIT의 에드거 샤인(Edgar Schein) 교수는 "경제개발청은 효율성, 생산성, 서비스 등 모든 측면에서 민간의 회사처럼 잘 운영되는 조직이다."[23]라고 했다.

싱가포르 정부의 기관들은 어떻게 행정적인 효율성과 정책적 혁신을 함께 성취할 수 있었을까? 무엇이 그들로 하여금 환경적인 변화를 예측하고 대응할 수 있도록 만들었을까? 역동적 거버넌스 모델은 싱가포르 공공서비스에 의해서 명료하게 설명되기보다는 오히려 리더십의 관점에서 설명하고 또한 그것을 맹목적으로 받아들였다. 그러한 접근은 상세한 관찰과 깊은 성찰을 통해 계속해서 새롭게 만들어졌다. 학습의 과정은 반복적인 것이고, 적응하려는 노력이며, 오랜 기간을 걸쳐서 지속되는 변화를 의미한다. 이것은 전체 시스템을 통해서 반복적이고 누적된 효과들이 결과로 나타나는 것이다. 이 연구에서, 우리는 그들의 행동, 프로그램, 전략

---

[20] Doing Business 2007: How to Reform. World Bank.

[21] Business Environment Ranking for 2006-2010. Economist Intelligence Unit.

[22] 2005 World Competitiveness Yearbook. Switzerland: IMD.

[23] Edgar Schein (1996). Strategic Pragmatism. MA, USA: MIT Press. p. 174.

의 유형을 살펴볼 것이다. 그리고 그것을 싱가포르 역동적 거버넌스의 실체와 원인을 설명하기 위한 전체적인 개념적 틀 속에서 분석할 것이다.

1.4 역동적 거버넌스를 위한 분석틀: 문화 + 역량 → 변화

역동적 거버넌스는 우연히 일어나지 않는다. 그것은 바람직한 국가적 목표를 성취하기 위해 사회경제적 상호작용을 조직하기 위한 리더십의 계획적인 의도와 열망의 결과이다. 그것은 지도자의 의도적인 노력을 반영하기 마련이다. "그들의 미래를 만드는… 구성원의 상호작용을 조직하려고 노력하는 다른 대안은 무정부상태와 혼란밖에 없다. 그러나 그들은 그것을 불완전하게 만들기 쉽다… 문제는 그들이 그것을 어떻게 하는가이다."[24] 지속적인 사회경제적 발전은 리더십의 목적, 인식, 학습이 있을 때 발생한다. 여기서 학습은 특히 시장경제의 발전과 기술적인 변화에 직면했을 때, 인식, 신념의 구조, 사고방식이 계속해서 변화하는 것을 포함한다.[25] 역동적 거버넌스의 2가지 주요한 장애물은 환경의 변화를 이해하지 못하는 무능력과 효과성을 유지하기 위한 제도적인 조정을 하지 못하는 무능력이다. 첫 번째는 문화의 기능이다. 왜냐하면 이것은 미래에 대한 함의를 담고 있는 발전의 단초를 인식하고 해석하는 여과장치로 기능하기 때문이다. 두 번째는 역량의 기능이다. 이것은 현재의 문제를 정의하고, 다른 경험으로부터 학습하고, 그리고 변화를 효과적으로 다루기 위해 정책을 개발하는 능력이다.

본서가 고안한 역동적 거버넌스 시스템의 틀은 그림 1.1에 보이는 것처럼 적응적 발전경로를 만들어 내기 위한 적극적인 조직의 역량과 함께 협력적인 제도적 문화의 상호작용을 설명한다. 여기서 적응적 발전경로는 지속적인 학습과 변화를 포함하고 있으며, 환경적인 불확실성과 기술의

24 North (2005), p. 51.
25 North (2005).

발전에 따라 발생하는 새로운 도전에 대응하기 위한 규칙, 정책, 인센티브, 구조의 지속적인 진화로 귀결된다. 역동적 거버넌스는 적응적인 발전경로와 정책, 그리고 그것을 효과적으로 집행하기 위한 역량의 결과물이다.

그림 1.1 **역동적 거버넌스 시스템의 틀**

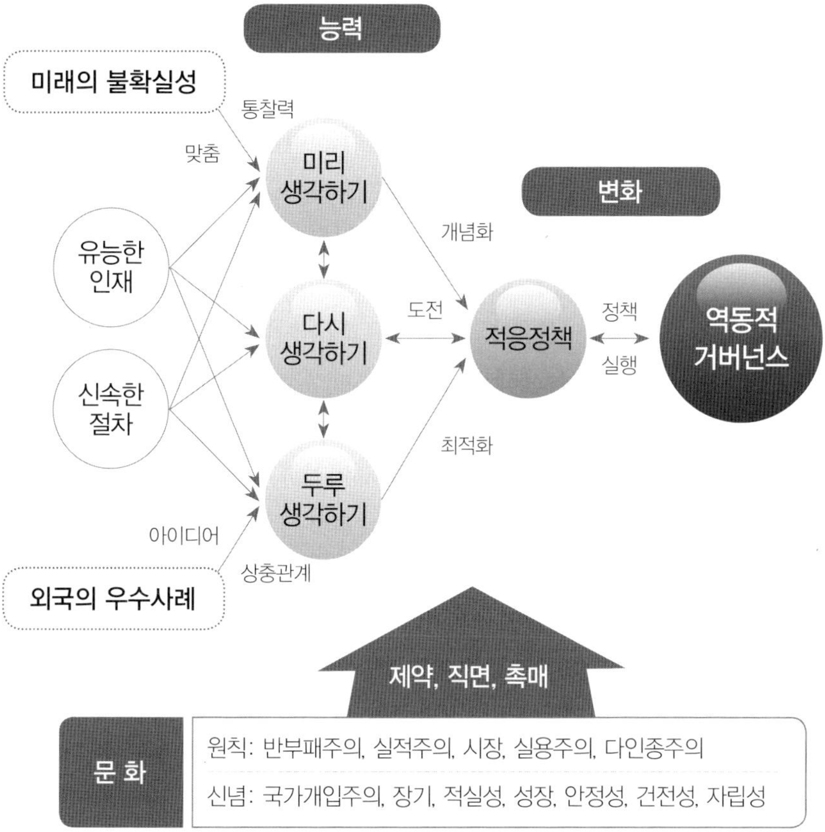

1.4.1 역동적 거버넌스의 요소

역동적 거버넌스의 바람직한 결과물은 적응적 정책이 집행되었을 때 성취된다. 역동적 거버넌스의 기초는 국가의 제도적 문화이다. 3가지 역동적 능력들은 적응적 정책을 만들어 내는 미리 생각하기, 다시 생각하기, 두루 생각하기의 능력이다. 역동적 거버넌스의 능력을 발전시키는 2가지 핵심적 요소는 유능한 구성원(Able People)과 신속한 절차(Agile Process)이다. 외부환경은 미래의 불확실성과 외부의 사례를 통해서 거버넌스 시스템에 영향을 미친다.

역동적 거버넌스는 계속해서 환경변화에 적응하는 정책을 통해서 현재와 미래의 적합성과 효과성을 성취한다. 정책의 적응성은 단순히 외부적 압력에 수동적으로 반응하는 것뿐만 아니라 혁신을 도입하고 전후관계의 맥락을 설정하고 실행하는 선도적인 접근이다. 정책의 혁신은 새롭고 참신한 아이디어를 시도하고, 또한 더 좋은 결과를 성취할 수 있도록 정책에 통합시키는 것을 의미한다. 이러한 아이디어는 시민들이 그것을 인정하고 좋은 반응을 얻을 수 있도록 전후관계의 맥락을 고려해서 정책으로 만들어진다. 그러나 이것은 단순히 새로운 아이디어와 정책을 설계하는 것뿐만 아니라 역동적 거버넌스를 실현하는 정책집행에 대한 것이다.

공유하는 가치, 신념, 제도, 관습과 같은 문화적 유산은 우리의 행태에 영향을 미친다. 물론 공식적인 규칙도 이러한 문화적 유산을 반영하지만, 문화적 가치를 담고 있는 가장 중요한 것은 비공식적 규범과 관습이다. 예컨대 우리는 인간관계에 있어서 다른 사람을 희생시킨 대가로 우리의 개인적 이득을 얻으려는 기회주의적 행태를 선택하지는 않을 것이다. 왜냐하면 그렇게 하는 것은 잘못이고, 사회적으로 용납할 수 없는 것이기 때문이다. 문화는 과거에 흔히 직면했던 문제를 해결하는 노력을 통해서 집단적인 학습으로 나타난다. 학습의 과정은 우리가 직면하는 경험과 이러한 경험들이 어떻게 우리의 사고방식에 의해 인식되고, 여과되고, 범주화되고, 해석되는지에 대한 기능이다. 문화, 신념과 믿음, 그리고 사고방식의 변화는 제도적인 변화를 위해서 필요하고, 이것은 다시 공공정책을 재검토하고, 재설계하고, 새롭게 만드는 데 영향을 미친다. 싱가포르에 있어서, 경제성장을 최우선으로 간주하는 믿음, 세계적인 환경에 대한 적합성의 유지, 그리고 성장의 조건을 만드는 국가의 필수적인 역할은 거버넌스에 대한 생각과 접근방법에 영향을 미친다. 정책은 진실성, 실적주의, 자립심, 실용주의, 재정적인 긴축 등의 문화적 가치에 의해서 형성된다.

지도자들은 단순히 자신들의 카리스마와 노력뿐만 아니라 문제해결을 위한 지식과 자원이 자동적으로 활용될 수 있도록 조직의 능력을 발전시킴으로써 바람직한 결과를 성취한다. 그러나 조직의 문화는 효과적인 행동을 위한 지식과 기술을 스스로 만들어 내지 못한다. 역동적 거버넌스는 새로운 학습과 사고, 정책대안에 대한 신중한 설계, 분석적인 의사결정, 정책수단의 합리적 선택, 효과적인 집행을 필요로 한다. "좋은 거버넌스는 신속하게 행동하는 것뿐만 아니라 충분한 이해력이 관건이다… 거버넌스의 지도자들은 본격적으로 행동하기 전에 날카롭게 관찰하고 진지하게 생각해야만 한다."[26]

역동적 거버넌스를 위한 학습과정의 기초를 이루는 3가지 인식능력은 미리 생각하기, 다시 생각하기, 두루 생각하는 것이다. 첫 번째, 정부는 미래의 환경이 어떻게 국가에 영향을 미칠 것인지, 또한 국민들이 잠재적인 위협을 극복하고 새로운 기회를 활용하도록 어떻게 정책을 마련할 것인지를 이해하기 위해서 미리 생각해야만 한다. 두 번째, 급격하게 변화하는 환경은 과거의 정책이 비록 매우 사려 깊고 조심스럽게 만들어진 것이더라도 낡고 효과적이지 못한 것으로 만들어버린다. 그래서 현재의 정책과 프로그램이 국가적 의제와 사회의 장기적인 수요에 여전히 적합한지 여부에 대해서 다시 생각할 필요가 있다. 정책과 프로그램은 중요한 목표를 성취하는 데 계속해서 효과를 발휘할 수 있도록 수정되어야 할 것이다. 세 번째, 새로운 지식경제의 시대에, 생존은 새로운 도전에 대응하고 새로운 기회를 개척하기 위해 끊임없는 학습과 혁신을 요구한다. 이것은 정부가 새로운 아이디어와 사례를 찾는 과정에서 기존의 국가와 경계를 넘

[26] Amartya Sen (2006). "Good Governance in the 21st Century," Keynote address at the Raffles Forum, organized by the Lee Kuan Yew School of Public Policy, 14 September 2006, Singapore.

어서 두루 생각할 필요가 있다는 것을 의미한다. 그들은 그것을 국내적 환경에 맞도록 바꿀 수 있을 것이다.

정부가 미리 생각하기, 다시 생각하기, 두루 생각하기의 능력을 개발하고, 그것을 발전경로, 정책, 공공부문의 사람과 업무처리 과정에 적용할 때, 불확실성의 세계에서 역동성과 변화를 지원하는 거버넌스의 학습과 혁신을 만들어 낼 수 있다. 본질적으로, 역동적 거버넌스는 정책입안자들이 계속해서 환경의 변화를 인지하기 위해 미리 생각할 때, 현재 그들이 하고 있는 것을 되돌아보기 위해 다시 생각할 때, 다른 것으로부터 학습하기 위해 두루 생각할 때, 그리고 환경적인 변화에 적응할 수 있도록 끊임없이 새로운 인식, 성찰, 지식을 그들의 신념, 규칙, 정책, 구조에 반영할 때 발생한다. 이러한 역동적 능력이 42년이 넘도록 발전할 수 있었던 싱가포르 거버넌스 시스템의 핵심적 요소이다. 리셴룽(Lee Hsien Loong) 총리는 최근 인터뷰에서 싱가포르의 성공은 "우리가 원하는 세상이 아니라 현재 존재하는 이 세상에 적응하고, 변화하고, 기꺼이 열심히 일하려는 마음"에서 찾을 수 있을 것이라고 말했다.[27]

역동적 거버넌스는 공공부문이 지속적인 학습, 집행, 혁신, 변화를 추구할 수 있도록 미리 생각하기, 다시 생각하기, 두루 생각하기의 능력이 전략과 정책에 내재화되어야 한다. 이 3가지 생각하는 능력은 현실에서 효과적인 변화를 얻을 수 있도록 정책형성, 집행, 평가를 위한 과정에 포함되어야 한다. 그래야만 최초의 입안자들이 선택한 발전경로의 발자국을 넘어서 성공을 위해 필요한 일을 충족시키는 전략과 정책을 혁신적으로 만들 수 있다.

역동적 거버넌스를 위한 제도적 발전과 혁신을 위한 의도적인 투자는 리더십과 영향력을 행사하는 직위의 사람들에 의해서 이루어진다. 오직 인간만이 전후사정을 고려해서 적응하고 변화할 수 있다.[28] 또한 기관

27 아래의 논문에서 인용 Kevin Hamlin in "Remade in Singapore," Institutional Investor, September 2006, NY.

28 Stephan H Haeckel (1999). Adaptive Enterprise. MA: HBS Press.

의 역량과 자산을 새롭게 정립하도록 유도하는 환경을 의식적으로 만들어낼 수 있다. 좋은 의사결정을 만들기 위해서는 조직의 지도자가 미래를 열고, 전략을 개발하고, 생존과 성공을 위한 최상의 제도와 범위를 제공하는 경로를 선택하고, 여기에 필요한 동기, 태도, 가치, 지성, 지식과 기술을 갖추어야 한다.

정책을 형성하고 집행하는 과정은 일상적이고 규칙적인 일이나 전략적이고 혁신적인 조치를 포함해서 모든 일이 조화롭고 일관된 방법에 따라 이루어질 필요가 있다. 절차가 제대로 정립되지 않은 조직은 비록 개인들이 지식과 기술을 갖고 있다고 하더라도 필수적인 과업을 수행할 수 없다. 심지어 절차가 제대로 정립된 경우에도, 변화하는 환경과 기술 때문에 뒤처지지 않도록 지속적인 검토와 재설계를 통해서 당초에 의도한 결과를 성취할 수 있도록 재빨리 수정해야 한다.

1.4.2 역동적 거버넌스 시스템의 체계적인 상호작용

만약 문화, 역량, 변화가 서로 독립적으로 이루어진다면, 약간의 개별적인 효과만 있을 뿐 거버넌스에 대한 응집력과 전반적인 효과는 제한될 것이다. 그것은 심지어 서로 종잡을 수 없게 작용할 것이며, 하나에 의해 만들어진 효과는 또 다른 것에 의해 만들어진 노력을 상쇄시킬 것이다. 문화, 역량, 변화의 창조적인 힘은 그것이 역동적 시스템의 일부분으로서 상호작용과 상승작용에 의해 작동할 때 극대화된다. 또한 미리 생각하기, 다시 생각하기, 두루 생각하기의 능력은 단순히 독자적인 기술과 독립적인 과정으로 운영해서는 안 된다. 이 능력들은 상호 연관된 것이며 만약 그것이 서로 연결되고 또한 시스템으로서 상호작용이 이루어진다면, 잠재적인 효과는 강화되고 전체적인 효과는 증폭될 수 있다.

따라서 거버넌스는 개별적인 부분들에 관한 것뿐만 아니라 서로 다른 정부기관 사이의 상호의존성을 가진 시스템으로 보는 것이 중요하다. 또한 그들 사이의 복잡한 인과관계에 따른 연관성과 피드백의 흐름을 명심해야 한다. 그럴 경우에만 좋은 전략과 정책의 높은 효과를 기대할 수 있으며, 창조적인 요소의 힘이 효과적으로 발휘될 수 있다. 거버넌스에 대한 체계적인 관점은 지도자들이 시스템에 가해지는 외부적인 충격의 압력과 내부에서 나타나는 내재적인 압력, 그리고 이것들이 어떻게 운영의 효과를 강화하고 또는 상충작용을 일으키는지에 대해서 예민하게 인지할 수 있도록 해준다. 이것은 또한 지도자들이 정책의 결과가 가시적으로 나타나기 위해서는 다각적으로 연결된 업무적인 절차와 복잡한 사회적 시스템으로 인해서 불가피하게 지연되는 시차가 있다는 것을 인지하게 해준다.

거버넌스 시스템의 중요한 2가지 요소인 문화와 역량이 체계적으로 작동하고, 상호작용과 강화작용을 일으킬 때, 제도적인 학습과 변화의 역동성은 계속해서 만들어질 수 있다. 학습과 변화를 지원하는 문화가 미리 생각하기, 다시 생각하기, 두루 생각하기의 능력에 의해서 활성화될 때, 더욱 많은 대안이 검토될 것이다. 어떤 대안은 실행될 것이고 또 어떤 것은 그렇지 못할 것이다. 거버넌스의 역동성은 어떤 특정한 공식으로부터 나오는 것이 아니라 다양한 대안을 고민하고 찾아내는 능력으로부터 나오는 것이다. 다양한 대안에 대한 실험과 탐색이 많아질수록 학습과 사회적 진보의 가능성이 높아진다. 비록 어떤 대안은 실행되지 않더라도 이미 학습된 교훈은 향후의 정책결정에 대한 질을 높이는 데 기여한다. 미리 생각하기, 다시 생각하기, 두루 생각하기의 능력은 역동적 거버넌스 시스템의 핵심인 활력과 창의성을 촉발시키도록 학습을 조장하는 문화와 상호작용한다.

반대로, 만약 문화와 역량이 독립적으로 작동한다면, 위에서 설명한 상승효과는 일어나지 않을 것이며 약간의 개별적인 결과만 있을 뿐 활기찬 거버넌스의 잠재력은 제한될 것이다. 더 심각한 것은, 문화와 역량이 순기능적으로 융합되지 않았을 때 그것은 중구난방으로 작동할 것이며, 좋은 거버넌스의 아이디어와 계획은 효과적으로 실행되지 않을 것이다. 예컨대 최초 건국자의 위대한 문화적 가치와 신념은 존경을 받겠지만, 그것 때문에 현재의 지도자는 중대한 진보를 성취하고 새로운 문화적 유산을 창조하기 위한 비전과 역량을 소유하지 못할 수도 있다. 또는 실력 있는 지도자와 기관이 구상한 좋은 아이디어와 정책이 암묵적인 문화적 규범과 충돌하기 때문에 집행되지 않을 수도 있다. 이처럼 문화와 역량이 제대로 융합되지 않으면 조직과 구성원의 좌절과 환멸을 초래하고, 현재의 발전을 불가능하게 만들며, 심지어 미래의 변화를 위한 구상과 실행을 더욱 어렵게 만든다.

따라서 역동적 거버넌스의 발전은 문화와 역량 사이의, 역량과 구성원 및 절차 사이의, 역량과 외부적 환경 사이의, 그리고 역량과 적응적 발전경로 및 정책 사이의 상호작용과 상호의존성에 대한 이해 없이는 성취할 수 없다. 이러한 상호작용과 인과관계는 역동적 변화를 지원하거나 또는 가로막는 힘을 촉발시킨다. 역동적 거버넌스는 오직 시스템에 각각의 요소를 구축하고 시스템이 전체적으로 작동하는 데 필요한 연결고리를 만들어 내도록 장기적인 관심과 집중이 있을 때에만 유지될 수 있다. 역동적 거버넌스 시스템의 상호작용과 흐름을 이해하는 것은 지도자들이 의사결정에 있어서 그것이 미치는 영향력의 범위와 그 과정에서 서로 부딪히고 대응하는 힘을 파악할 수 있도록 도와준다. 이것은 특정한 정책의 적시성과 정책의 결과물에 영향을 주기 마련이다. 그림 1.1에서 화살표로 연결된 것처럼 상호의존적인, 상호작용적인, 상호보완적인 흐름은 인간의 심장처럼 역동적 거버넌스의 핵심적인 요소이다.

외부의 환경은 미래의 발전에 대한 불확실성과 다른 나라에서 적용한 다양한 사례를 통해서 거버넌스 시스템에 영향을 미친다. 외부의 환경은 미리 생각하기와 두루 생각하기를 자극하는 아이디어와 통찰력을 제공한다. 미리 생각하기는 외부의 환경과 함께 정책이 적실성을 유지하고 바람직한 효과를 거두기 위한 '역동적인 맞춤'을 모색한다. 두루 생각하기는 새로운 정책을 도입하기 전에 사회적인 상충관계를 평가해서 보완하기 위한 것이다. 현재 발전경로의 실질적인 성과로 대변되는 내부적 환경은 정책을 좀 더 세련되게 다듬고 새롭게 만들기 위한 다시 생각하기를 유도한다.

유능한 사람과 신속한 절차는 미리 생각하기, 다시 생각하기, 두루 생각하기의 3가지 역동적 거버넌스의 능력을 개발하는 핵심적인 요인이다. 이러한 능력은 국가발전을 위해 만들어진 전략, 정책, 프로그램의 경로에 내재하고 있어야 한다. 여기서 발전경로에 대한 접근방법은 어떤 역동적 능력을 주도적으로 활용하는지에 따라 다르다. 미리 생각하기에서 새로운 개념은 미래의 불확실성에 따른 영향을 이해하고 암묵적인 믿음에 의문을 제기하는 것으로부터 개발된다. 다시 생각하기는 현재 성과를 나타내는 상황에 대한 발전적인 변화를 모색하기 위해 도전받는 것이다. 두루 생각하기는 다른 환경의 경험과 사례를 지역실정에 맞도록 적용함으로써 혁신적인 결과를 나타나는 것이다.

유능한 사람과 신속한 절차를 개발하기 위해서는 장기적인 관심과 집중이 요구된다. 이러한 장기적인 관심과 집중은 미리 생각하기, 다시 생각하기, 두루 생각하기의 끊임없는 순환을 유지하기 위해서 필요하다. 이것은 유능한 사람들이 학습하고, 기존의 발전경로와 정책을 새롭게 적용하고, 끊임없이 변화하기 위해서 필요한 지속적인 개념화(conceptualization), 도전(challenge), 최적화(customization)를 유도한다. 이것은 급속한 기술적 변화의 시대에 여전히 적합성과 효과성을 유지하면서 발전하기 위한 원칙, 공식적인 규칙, 인센티브 구조, 비공식적인 제약, 그리고 제도적인 구조를 이끌어 낼 수 있는 역동적 능력, 사람, 절차, 발전경로 사이의 상호의존적인 시스템이다. 이것이 역동적 거버넌스 시스템의 본질이다.

1.4.3 체계적인 상호작용이 변화에 미치는 영향: 교육정책의 사례

교육은 싱가포르가 언제나 우선순위를 두는 분야이다. 1960년대에는 모든 어린이들을 학교에 보내는 것이 중요한 목표였다. 모든 학생들은 비슷한 교육구조를 따랐었다. 그것은 대부분 영국의 교육시스템을 들여온 것이었는데, 2개 국어를 사용하는 정책과 함께 지역실정을 감안하여 적용되었다. 이 시스템은 1979년 고갱쉬(Goh Keng Swee)의 교육시스템에 대한 보고서의 권고에 따라 새롭게 정비되었다. 이 보고서는 교육시스템의 낭비와 선행학습을 줄이기 위한 것이었다. 학생들은 학습능력과 언어능력에 대한 시험결과에 따라 초등학교 3학년(나중에 4학년으로 개정된) 수업부터 능력별 집단으로 나누어졌다. 2개 국어에 대한 언어능력이 뛰어나면서 동시에 초등학교 졸업시험에서 우수한 성적을 거둔 최상위 학생들에게는 그러한 능력을 좀 더 개발하도록 전문적인 중등학교에 진학할 수 있는 선택권이 주어졌다. 대체로 교육시스템은 경제적인 필요에 따라 학생들이 전문적인 지식과 기술을 습득하고 훈련하도록 설계되었다. 학교는 학생들의 시험결과에 따라 순위가 매겨졌다.

비록 교육의 소모적인 비율이 감소하고 시험을 합격하는 비율은 향상되었지만, 여전히 불합리한 부분이 많았다. 부모들은 자녀들이 공부를 열심히 해서 우등반에 들어가도록 엄청나게 압박했다. 학습능력이 부족한 학생들은 열등반(1개 언어반)으로 내몰렸으며, 이 학생들은 사기가 꺾이고 자존심에 상처를 받았다. 교사들은 시험을 위한 주입식 교육에 매달렸고, 학교의 순위를 끌어올리기 위해 과도한 학습량을 부과했다. 학교에서 배우는 학습의 범위는 교사에게나 학생에게나 모두 제한적인 것이어서 학습의 질을 떨어뜨렸고, 결국 시험에서 좋은 결과를 얻기가 어려웠다. 학교와 교사는 획일적인 표준과 절차를 따르도록 강제하는 교육부의 모든 정책과 프로그램에 집중했다. 학교는 교육부의 지침을 엄격하게 따르도록 했다. 교사들과 교장들은 교육시스템을 개선하는 데 무력감을 느꼈다. 교육시스템은 너무 시험에 집중되어 있고, 너무 엄격하고, 지나치게 학생들에게 스트레스를 주고, 관대하지 않고, 학습성과가 부진한 사람들을 배려하지 않고, 창의성을 질식시키고, 너무 편협하고, 학생들의 의욕을 꺾는다는 인식이 넓게 퍼져있었다. 교육시스템의 기본적인 틀은 1980년대와 1990년대의 대부분을 거치는 동안 약간의 미세한 조정이 있었을 뿐 거의 변하지 않은 채 유지되었다.

이는 대체로 싱가포르를 건국한 정치지도자들이 신생 독립국들의 경험으로부터 관찰하고 배운 신념 때문이었다. 독립 후 교육정원을 확대했지만 많은 졸업생들은 일자리를 찾을 수 없었다. 이러한 교육시스템은 결국 교육받은 실업자를 양산했는데, 이들은 정치적, 사회적 불안의 잠재적인 요인이 되었고, 이는 싱가포르의 정치지도자들이 피하고 싶었던 상황이었다. 이와 같이 1980년대와 1990년대를 거치는 동안 이루어졌던 교육정원 확대는 인적자원개발의 틀 속에서 이루어졌던 것이다. 경제발전을 위한 인적자원의 수요를 예측하고, 그에 따라 각 수준별로 교육정원을 조정하였다. 고갱쉬 보고서의 권고는 이러한 생각을 확장해서 교육의 낭비를 줄이고 모든 학생들이 취업을 위한 기술을 습득하고 학교를 떠날 수 있도록 학문적인 부문과 직업의 부문을 통합하는 것이었다.

그 정도까지는 교육시스템이 싱가포르의 많은 제도적 가치와 맥락을 같이하고 있었다. 시험 합격률은 계속 향상되었고, 이러한 효율적이고 실용적인 접근은 성실한 근로와 자립적인 생활을 북돋아주었다. 졸업한 학생들은 일자리를 얻었고 경제발전에 필요한 인력을 제공했다. 엄격하고 객관적인 시험은 실적주의의 모범사례로 간주되었다. 학문적인 성과에 바탕을 둔 능력은 확인할 수 있었고, 중립적이었고, 목표달성에 빠른 길이었다. 교육시스템은 집안의 배경과 상관없이 사회의 지도자가 될 수 있는 개인들을 배출하고 찾아낼 수 있었다. 따라서 교육시스템에 대해서 근본적으로 다시 생각해보는 것은 그 당시 시대정신(효율성, 일관성, 시험결과의 정량적인 향상, 중앙의 통제 등)을 반영하는 문화적 가치와 신념에 의해서 제약을 받았다. 비록 교육의 위기는 없었지만, 그럼에도 불구하고 우려하는 목소리는 점점 커져갔다. 교육시스템에 대한 중요한 재검토를 초래한 요인은 1990년대 후반에 나타났다. 지식기반 경제를 위한 싱가포르의 구조조정과 전환은 기존 교육시스템이 배출하기 어려운 정신적인 유연성과 창조성을 요구했다. 실리콘밸리와 같은 새로운 경제와 비교했을 때 기업가정신과 혁신의 결핍이 명백하게 드러났다. 교육에 대한 걱정이 이민을 촉진하는 중요한 원인들 중의 하나였다. 교육부는 또한 필요한 적임교사들을 채용하는 데 어려움을 겪었고, 교실의 크기는 서구의 기준에 따라서 크게 유지되었다.

사고의 전환은 1990년대에 일어났다. 교육정책의 초점은 점차적으로 학생들을 경제를 위한 잠재적 인적자원으로 간주하는 것이 아니라, 각각의 학생들이 그들이 할 수 있는 최고가 될 수 있도록 보살피고 도와주는 방향으로 변화했다. 그 이후에 1997년부터 이어진 싱가포르 교육시스템의 개혁은 이러한 새로운 사고에 바탕을 두고 개발되었고, 국민들이 존경하는 정치부문과 공공부문의 지도자들이 이끌었다. 그들은 다른 나라의 경험으로부터 배우고 오랜 세월 시행했던 근본적인 정책과 암묵적인 믿음을 재검토했다. 재검토의 과정은 단계적으로 이루어졌고, 그 성과는 축적되었다. 모든 어린이들의 잠재력을 극대화하기 위한 목표는 싱가포르의 오래된 신념에 바탕을 두고 있었다. 그러나 싱가포르 국민들은 발전의 과정에서 변화하지 않은 채 남아 있었다. 교사와 교장들은 교육시스템이 실제로 어떻게 작동하는지 다른 관점에서 재검토하기 위해 다수의 프로젝트 팀에 참여하였고, 발전을 위한 개선사항을 권고했다. 변화된 세계화의 환경과 더욱 복잡해진 싱가포르의 사회와 경제에 있어서, 기존 시스템의 장점을 기반으로 모든 아이들이 잠재력을 극대화할 수 있도록 교육의 발전경로와 접근방법에 대한 새로운 아이디어를 도입하였다.

학교운영의 과정과 시스템과 구조에 대한 포괄적인 개혁은 교육과정과 교수법에 대한 교육정책의 실질적인 변화의 길을 열어주었다. 2개의 슬로건이 개혁조치의 주요 주제와 접근방법을 전달하기 위해 사용되었는데, "생각하는 학교, 학습하는 국가" 그리고 "덜 가르치고, 더 배우자"라는 것이었다. 단순한 내용의 습득보다는 사고의 기술로, 교과서의 지식을 가르치기보다는 학생 중심의 학습으로 주요한 방향의 변화가 이루어졌다. 교육과정과 구조에 대한 체계적인 변화는 다음의 변화를 포함하고 있었다.[29]

(i) **학교의 운영**– 학교에 더 많은 권한과 자율성 부여, 학교를 클러스터로 조직, 교장을 위한 더 체계적인 경력개발, 유연한 안식기간, 학교순위를 더 폭넓고 종합적으로 평가;

29 테오치헤안(Teo Chee Hean) 장관의 연설은 2002년 9월 18일 교육부(MOE)의 실행계획 세미나에서 이루어졌다.

(ii) **학교의 기반시설**– 정보기술에 대한 주요한 투자와 학교 건물의 개선;

(iii) **교사를 위한 경력구조와 개발**– 전문적 능력을 개발, 더 경쟁력 있는 보수체계, 사회적 인식도 제고, 높은 성과를 낸 교사에 대한 빠른 승진, 교사에 대한 더 많은 지원;

(iv) **교육과정과 평가**– 광범위하고 더 통합된 교과목, 필수 교육과정 손질, 사고와 창의성을 더욱 강조, 시험에 대한 지나친 강조를 완화, 제2언어에 대한 교수법을 대화하는 기술에 초점을 두고 설계, 초등학교의 선행학습 제거;

(v) **교육의 구조**– 학생들에게 더 많은 선택과 대안을 주기 위해서 새로운 과목들, 전문화된 학교(스포츠, 예술, 수학, 과학 등)와 사립학교를 포함하는 다양성과 유연성 제고, 새로운 기술전문대학과 대학교 설립을 포함하고 있었다.

여기서는 교육정책의 전환에 대해서 상세하게 설명하였다. 또한 어떻게 체계적인 상호작용이 이루어지고 싱가포르의 교육개혁을 이끌었는지 설명하였다. 1명의 지도자 또는 1가지 이유만으로 교육개혁을 설명하는 것은 너무 편협한 시도이다. 변화를 위한 원동력과 시스템의 안정성을 위한 반작용의 힘은 점점 더 강력해지기 마련이다. 체계적인 변화를 시작하기 위해서는 균형을 유지하려는 항상성을 극복하기 위한 충분한 변화의 원동력이 필요하다. 1980년대와 1990년대의 교육시스템은 당시의 문화적 가치와 시대정신을 반영하고 있었으며, 시스템의 안정성을 유지하려는 힘이 매우 강했기 때문에 주요한 변화를 성취하기가 어려웠다. 그림 1.1의 아래 부분에 있는 문화적 토대가 그것을 설명해준다.

우리는 그림 1.1의 역동적 거버넌스 틀을 사용해서 교육개혁을 위한 원동력과 역량을 설명할 수 있다. 외부적인 힘은 새로운 경제를 위한 필수적인 조건과 기존 교육시스템과의 격차를 명확하게 보여주었다. 교육개혁은 세계화에 적응하고 인적자원을 개발해야 한다는 강한 신념으로부터 추동되었는데, 기존의 교육시스템은 새로운 경제에서도 계속해서 성공을 거둘 수 있도록 새로운 수요를 반영하고 격차를 줄이기 위해서 재검토되었다. 구성원과 절차는 변화의 길로 나아가는 데 필요한 원동력인데, 이 사례에서는 새로운 장관과 사무차관이 비전을 제시하는 리더십을 발휘해서 체계적인 장기계획과 필요한 정책변화를 유도했다. 그리고 그들은 개혁에 착수하고, 실행하고, 노력을 지속하기 위한 구조와 절차를 만들었다. 이러한 절차는 변화와 개선을 위한 조언과 권고를 위한 프로젝트 팀, 위원회 검토, 열정, 지식, 그리고 교사, 학부모, 외부 전문가와 같은 주요 이해관계자들의 관심 등 다양한 활동을 포함하고 있었다. 새로운 계획과 정책은 문서로 정리되었고, 선후관계에 입각해 실행되었다. 이 사례에서 구성원, 절차, 정책은 변화의 힘을 강화시키며, 장기적으로 바람직한 결과를 얻기 위한 시스템으로서 적극적으로 관리되어야 한다는 것을 분명하게 보여주고 있다. 10년간의 지속적인 발전 이후에도, 싱가포르의 교육정책과 운영을 개혁하기 위한 노력은 여전히 계속되고 있다. 새로운 에너지는 변화를 위한 노력이 위축되지 않도록 계속해서 시스템에 유입되어야 한다. 그것이 역동적 거버넌스의 속성과 도전이다.

이 책의 나머지 부분은 싱가포르 정부기관의 거버넌스 시스템에 이러한 역동적인 흐름, 관계, 적용을 탐색하고 설명한다. 제1장의 나머지 부분은 역동적 거버넌스의 2가지 중요한 부분, 즉 문화는 왜 그리고 어떻게 역동적 거버넌스의 토대가 되는지, 그리고 3가지 주요한 역동적 거버넌스의 능력이 무엇이고 어떻게 작동하는지 논의한다.

1.5 역동적 거버넌스의 토대로서 문화

문화는 어떤 집단이 공유하는 신념과 가치를 나타내는 것이며, 따라서 경험을 공유한 역사를 바탕으로 어떤 공동체의 축적되고 공유된 학습기제로 간주할 수 있다. 거버넌스의 규칙과 구조는 사회에 의해 만들어지고, 지도자의 가치와 신념을 반영하는 것이다. 지도자의 신념은 규칙, 비공식적 규범, 제도화된 정책집행의 절차를 형성한다. 더글라스 노쓰에 따르면 "문화적 신념은 제도적인 선택과 변화의 속성을 만들고,[30] 다방면의 실험과 창의적인 경쟁을 제공하는 문화적 맥락이 더 풍부할수록 사회는 더욱 성공적으로 생존하기 쉽다."[31] 가치와 신념은 오랫동안 암묵적이고 비공식적으로 존재할 것이며, 오직 성찰과 이론적 설명이 이루어진 이후에 분명하게 밝혀질 것이다. 그것이 암묵적이든 명확한 것이든, 거버넌스의 선택이 이루어지는 이유와 방식을 깨닫기 위해서는 사회의 문화적 토대를 이해하는 것이 중요하다.

문화는 3가지 방식으로 거버넌스에 영향을 미친다. 첫째, 문화의 영향은 정책의제설정과 정책결성 과정에 압력을 행사한다. 문화적 가치와 원리에 충돌하는 문제는 정책의제로 수용되기가 쉽지 않다. 심지어 그것을 검토할 만한 대상으로 받아들이더라도 정책결정 과정에서 문화에 자리잡은 암묵적 믿음에 의해 심각한 제약을 받을 것이다. 둘째, 문화적 규범은 흔히 그것과 충돌하는 혁신적인 정책대안에 대한 탐색을 방해하는 것으로 사용된다. 문화의 강압적이고 반항적인 효과는 기존의 가치와 규범에 반하는 정책대안이 받아들여질 수 없다는 것을 의미한다. 때때로 이것은 사회의 생존을 위태롭게 하는 사각지대가 될 수 있다. 셋째, 문화적 가치와 규범은 정책입안자들이 집단의 암묵적인 목적과 조화될 수 있는 대안과 아이디어를 능동적으로 찾도록 촉진한다. 이러한 문화적 가치와 규범은 흔히 암묵적이고 비공식적인 것이지만 상당한 영향력을 갖고 있으며, 대부분 지도자들의 사회화 과정을 통해서 만들어진다. 이것은 지도자들의 사고와 의사결정에 영향력을 행사한다. 따라서 장기적인 발전경로, 정책, 절차, 다른 국가의 사례를 선택하는 데 영향력을 행사함으로써 거버넌스 시스템에 영향을 미친다.

사회의 문화는 과거에 흔히 접했었던 문제에 대한 적응방법, 즉 보통

[30] North (2005), pp. 48-64.

[31] North (2005), p. 36.

부분적인 해결책의 경험을 축적하면서 생겨난다. 이러한 생각의 가치를 인식하는 것은 사회가 진보하는 과정에서 사람들의 마음속에 깊이 각인된다. 시간이 지나면서 공통의 문화적 유산이 형성되고, 사고방식의 일탈을 줄이고, 공통의 사회적 인식을 미래 세대에게 전수하기 위한 수단을 개발한다. 이러한 문화적 유산은 사람들이 선택의 과정을 거치면서 어떻게 생각하고, 평가하고, 결정하는지에 대한 방식을 형성한다. 거버넌스의 경우도 마찬가지다. 거버넌스의 문화적 토대는 건국초기의 지도자들이 그 사회가 처해 있는 위상에 대한 강점과 약점을 어떻게 인식하는지에 따라 만들어진다. 이것은 다시 거버넌스 시스템과 제도의 목표를 어떻게 분명하게 표명할 것인지에 영향을 미친다. 이러한 신념과 가치는 정책적 의사결정을 이끌어 가는 원칙을 결정한다.

지도자들이 사회의 위상을 인식하는 것, 목표를 분명하게 표명하는 것, 의사결정의 원칙을 개발하는 것은, 거버넌스의 제도와 구조가 왜, 어떻게 오랫동안 발전했는지 이해하는 토대가 된다. 동시에 그것은 스스로 끊임없는 변화에 적응한 것처럼 사회 속의 개인들에게 내부적인 구심점과 안정감을 제공한다. 그러나 안정적인 구심점은 학습과 변화를 촉진하거나 또는 방해할 수 있다. 만약 목표와 원칙이 분명하지 않다면, 제도적인 규칙과 구조는 스스로, 저절로 계속해서, 매우 관료적인 것으로 고착될 수 있다. 환경이 변화되었을 때 기존의 규칙, 시스템, 구조를 검토하고 수정하기 위한 기반이 없는 것이다. 새로운 기회와 발전은 지도자와 기관에게 오히려 불안과 위협요인이 될 수 있다. 그것은 새로운 발전의 맥락에서 그들의 능력이 부족할 수도 있기 때문이다.

이러한 역기능적인 행태는 변화를 촉진하는 목표의식의 공유와 원칙에 대한 강력한 표명이 없는 한 바뀔 수 없다. 변화에 적절하게 대응하기 위해서는 최근에 만들어진 새로운 유형과 현실을 인식하고, 이해하고, 적응하기 위해 노력하는 가치관과 사고방식이 필요하다. 21세기를 위한 싱가포르의 공공서비스 계획(PS21)은 특별히 공공부문이 미래에 더 효과적으로 대응할 수 있도록 변화를 예측하고, 환영하고, 실행하는 가치를 심어주는 데 목적을 두고 있다. PS21의 전략적 계획에 대한 세부사항은 제8장에서 논의할 것이다. 싱가포르 정부의 제도에 있어서 위상, 목표, 원칙에 대한 광범위한 주제들은 그림 1.1에서 설명하는 것처럼 3가지 역동적 거버넌스의 능력들에 공통적으로 작용하는 토대로서 나타나고 있다.

싱가포르 거버넌스에 대한 접근은 싱가포르의 독특한 위상, 환경, 역사 – 예컨대 작은 규모, 부족한 자원, 지리적 위치, 다문화 국가 등에 대한 지도자의 관점에 의해서 형성된다.

표 1.1 **싱가포르 거버넌스의 문화적 토대**

문화 \ 능력	미리 생각하기	다시 생각하기	두루 생각하기
원칙들 가치와 신념에 기초한 행동지침	진실성 – 청렴결백 사람이 핵심 – 능력발휘를 위한 실적주의 성과지향적인 – 실용주의 및 합리성 효율성 – 사회적 형평성을 위한 시장가격의 조정 안정성 – 다인종, 다종교에 대한 이해		
목표 전략적으로 필수적인 거버넌스의 지침	핵심 자원인 인적자원개발 복지가 아닌 근로를 통한 자립심 제고 생존을 위해 완충장치를 구축하는 재정적 긴축 외국인직접투자와 인재를 유치하기 위한 국내의 안정성 생존을 위한 경제성장 연결성과 변화를 통한 세계적 환경에 대한 적합성 단기적인 정치적 이득이 아닌 장기적인 지속성 구축 정부의 국가발전에 대한 선도적인 역할		
위상 독특한 맥락과 제약	작고, 빈약한 자원, 외부충격에 대한 취약성 다양한 문화와 인종, 국내의 조화를 위협 1959년부터 일당지배체제		

싱가포르는 영국에 의해 무역항으로 발전하였기 때문에, 생존을 위해서는 계속해서 외부적인 연결성, 특히 국제무역과 투자에 의존해야만 했

다. 1963년에는 자체적인 시장규모가 작았기 때문에 말레이시아와 경제적인 통합을 모색했다. 그러나 1965년 말레이시아로부터 분리 독립하게 되었는데, 이는 지도자들이 싱가포르의 생존을 위해 눈앞의 지역을 넘어서 더 많은 선진국의 투자를 유치하고 무역을 진흥하기 위한 "도약"의 기회를 구상하도록 만들었다. 역사적인 경험은 자신의 취약성에 대한 깊은 자각과 세계경제와 안보에 대한 의존성을 각인시켜 주었다. 천연자원의 부족은 지도자들이 국가의 유일한 전략적 자원으로서 그들의 국민들에게 초점을 두도록 만들었고, 불황의 시기에도 생존할 수 있는 완충장치를 만들기 위해 경제성장으로부터 얻은 재정적 자원을 축적할 필요성을 느끼게 했다. 이러한 싱가포르의 취약성에 대한 인식은 리더십의 의도와 목표, 지도자들의 입장, 좋은 거버넌스를 위한 전략적 지침을 채택하는 데 영향을 미쳤다. 여기서 전략적으로 필수적인 지침은 장기적인 사고, 세계적 환경에 대한 적합성, 지속적인 경제적 성장, 사회적 안정성, 재정적 긴축, 자립의 정신, 인적자원의 개발을 포함하고 있었다.

싱가포르 거버넌스의 토대를 이루는 독특한 특징은 일당지배체제이다. 공공부문의 지도자는 내각에 책임을 져야 하기 때문에 정치적 맥락은 특히 중요한 것이다. 싱가포르의 내각은 1959년부터 똑같은 정당에서 장관들이 임명되었다. 1959년에 싱가포르가 자치권을 얻었을 때 영국 식민지 시대의 유산은 남아 있었고, 건국의 지도자(특히 초대 총리인 리콴유와 그의 신임을 받은 고갱쉬 부총리)의 생각과 가치관은 지난 42년간 싱가포르 거버넌스의 발전경로를 정립하는 데 영향을 미쳤다. 선거에서 승리할 수 있다는 정치지도자의 자신감은 단기적인 정치적 인기보다 장기적인 해결책과 지속적인 정책에 중점을 두고 의사결정을 할 수 있다는 것을 의미했다. 그들의 자신감은 합리성, 체계적인 사고, 공공부문의 발전에 실적주의를 중시하는 정책기조를 만들었으며, 공공부문 거버넌스의 가치와 원칙에 중요한 영향을 미치는 정치적 리더십의 강력한 의지를 확립했다.

원칙은 각종 기관의 지도자에 의해 정립된 가치와 신념에 기초한 행동지침이다. 지속적인 변화는 윤리적인 토대를 필요로 하는데, 이것은 안정적이고 강력하게 정책과 프로그램의 끊임없는 재검토와 재설계를 견뎌내고 지지하게 만든다. 계속적인 변화는 위험이 따르기 마련이다. 역동적 안정성은 무엇을 어떻게 변화시킬 것인지에 대한 의사결정을 유도하는 분명한 원칙이 있을 때 성취된다. 이러한 원칙은 강력한 가치와 신념에 기초해서 만들어진다. 일반적인 인식과 반대로, 싱가포르의 공무원 조직은 사무차관들이 그들의 장관들에게 책임을 지면서 분권화된 형태로 운영하고 있다. 공무원 조직의 수준에서는 약간의 공식적인 업무조정을 위한 구조가 있다. 비록 조직적인 연계체제는 있지만, 대부분의 업무조정 구조는 사실상 비공식적이고 사회적인 것이며, 공유된 가치와 공통의 원칙을 기초로 해서 이루어진다. 사회화는 공동체의 젊은 세대에게 가치를 전수하는 주요한 수단이다.

5가지 원칙은 역동적 거버넌스의 의사결정을 위한 정책기조를 확립해준다. 첫째, 반부패주의 원칙은 사회에 대한 봉사와 청렴성의 가치 속에서 정립된 신념에 기초하고 있다. 둘째, 실적주의 원칙은 경제발전은 집안의 배경이나 사회적 지위보다는 사람들의 지식과 기술의 가치에 달려있다는 강력한 신념에 기초하고 있다. 셋째, 실용주의 및 합리성의 원칙은 성과와 결과에 중점을 두는 강력한 가치에 기반을 두고 있다. 넷째, 사회적 형평성을 위한 시장가격의 조정원칙은 시장가격이 자원배분의 효율성을 담보하는 최상의 수단이며, 정부의 개입은 오로지 지불능력이 없는 사람들을 위해 사회적 보장을 제공하는 것이라는 신념에 기초한 것이다. 다섯째, 다인종주의 원칙은 다양한 인종과 종교가 조화로운 관계에 있을 때에만 국내적 안정성을 유지할 수 있다는 신념에 기초하고 있다.

이러한 가치와 원칙은 정책의 선택과 그것을 어떻게 설계하고, 집행하고, 평가하는지에 영향을 미친다. 또한 원칙은 정책결정의 기준과 환경적 불확실성과 기술적 변화에 대응하는 역동적 적응의 안정적인 토대를 제공해준다. 싱가포르의 국가적 위상과 목표에 대한 리더십의 인식에 영향을 미쳤던 역사적인 맥락은 제3장에서 토론할 것이며, 거버넌스의 가치와 원칙은 제4장에서 논의할 것이다.

1.6 역동적 거버넌스의 능력: 미리 생각하기, 다시 생각하기, 두루 생각하기

역동적 거버넌스는 자동적으로 발생하지 않는다. 그것은 사회의 생존을 보장하기 위한 리더십의 목적과 야심의 결과물이다. 역동적인 지도자들은 다르게 생각한다. 그들은 동료들과 상관들이 그들의 생각을 이해하고 지지할 수 있도록 그들의 의사를 분명하게 표현한다. 또한 오랫동안 지속적으로 바람직한 결과를 성취할 수 있도록 할당된 자원을 조직의 능력을 감안해서 조정한다. 여기서 능력은 바람직한 결과를 얻기 위해 중요한 일을 구상하고 수행하도록 조직의 태도, 지식, 기술, 자원을 배치하는 것이다. 능력은 어떤 일을 하는 독특한 방식이며, 학습의 과정을 통해 더 오랜 기간에 걸쳐서 개발된다.

역동적 지도자들은 분명한 전략적 의도, 기민한 관리, 적극적인 학습과 적응적인 발전경로의 탐색을 통해 이루어지는 계속적인 변화의 한가운데서 일관성을 갖고 통치할 수 있는 능력을 갖고 있다. 그들은 좋은 아이디어가 실질적인 정책, 프로젝트, 프로그램으로 전환되도록 보장하기 위해서 구성원과 절차 속에 역량을 체계적으로 구축한다. 그리고 가치 있는 목표와 원칙을 강조하고 분명하게 표명함으로써 조직 전체의 행동을 끊임없이 조직화한다.

싱가포르 공공서비스에 있어서 미리 생각하기, 다시 생각하기, 두루 생각하기 등 3가지 역동적 거버넌스 능력의 특징은 표 1.2에 요약되어 있다.

표 1.2 **싱가포르 시스템의 역동적 거버넌스에 대한 능력**

능력 / 문화	미리 생각하기	다시 생각하기	두루 생각하기
경로 정책의 선택, 집행, 적응과 혁신	미래의 불확실성 예측 목표의 전환 투자 현재의 환경을 넘어서기 미래로부터 현재의 함의를 고찰	내부적 문제 사후평가 좋은 품질 개선 과거의 업적을 넘어서기 현재로부터 미래의 성과를 고민	외국의 우수사례 통찰 새로운 아이디어 혁신 기존의 경계를 넘어서기 벤치마킹을 통해 내부의 프로그램 입안
절차 신속한 구조와 시스템	탐색과 예측 인지와 검사 전략화 영향	이해와 조사 재검토와 분석 재설계 실행	검색과 연구 발견과 실험 평가 맞춤
구성원 유능한 리더십 채용, 혁신과 존속	신호에 대한 자각 시나리오 작성자 암묵적인 믿음에 도전 그럴듯함	현실에 직면 문제해결사 현재의 성과에 도전 솔직함	다른 것에서 학습 지식중개사 채택했던 모델에 도전 맥락적임
	원칙: 가치와 신념에 기초한 행동지침 **목표**: 전략적으로 거버넌스에 필수적인 지침 **위상**: 독특한 맥락과 제약		

표 1.2는 각각의 능력의 특성과 목적에 대한 개요와 그것이 어떻게 정책의 선택과 결정을 위한 경로에 나타나는지를 보여준다. 또한 공공서비스에 이러한 역량을 심어주기 위한 조직적인 과정과 이러한 기술을 구현하는 리더십에 있어서 구성원의 속성을 보여주고 있다. 이러한 역동적 거버넌스의 능력은 세계적 환경에서 싱가포르가 처해 있는 위상, 거버넌스

의 목표, 원칙, 가치, 신념이 싱가포르의 생존과 성공에 핵심적인 것인지 여부에 대한 일련의 공유된 관점을 통해서 제도적으로 조정된다. 또한 싱가포르 거버넌스 시스템을 위해서 문화적 토대를 구성하는 위상, 목표, 원칙에 대한 공유된 관점과 3가지 능력의 성과를 발휘할 수 있도록 조정된 지침을 제공하는 것도 표 1.2에 정리되어 있다. 이것은 우리가 역동적 거버넌스 능력의 발전을 검증하기 위한 유용한 분석틀과 일련의 지침을 제공한다. 우리는 의사결정의 기준, 조직적인 절차의 주요한 활동, 관계된 구성원의 속성과 역량, 그리고 이러한 능력이 싱가포르 공공서비스에 어떻게 작동하는지에 대한 간단한 사례를 포함해서 각각의 능력을 구체적으로 살펴볼 것이다.

1.6.1 미리 생각하기

미리 생각하기는 환경변화에 따른 미래의 발전요인을 식별하고, 중요한 사회-경제적 목표에 대한 함의를 이해하고, 사회가 새로운 기회를 개척하고 잠재적인 위협을 처리하는 데 요구되는 전략적인 투자와 대안을 확인하기 위한 능력이다. 미리 생각하기의 의도는 현재의 전략과 정책을 평가하고, 목적을 쇄신하고, 미래를 준비하는 새로운 시책에 대한 개념화를 촉발시키는 통찰을 얻기 위한 것이다. 미리 생각하기의 시간적인 틀은 미래로부터 현재까지이며, 외부적 환경의 불확실성이 어떻게 바람직한 결과물과 목표의 성취에 영향을 미치는지 외부에서 내부를 관찰하는 관점에서 생각해보는 것이다.

미래의 불확실성은 속성상 완전히 이해할 수 없을 뿐만 아니라 어떤 조직도 그것을 충분히 대비할 수 없다. 미리 생각하기의 목적은 본질적으로 예측할 수 없는 것을 예측하려고 시도하지 않는다. 미리 생각하기는 구성원이 불확실성의 세계 속에서 각자 추정하는 것이 다를 수는 있겠지만, 미래의 발전에 대한 타당성을 이해하고 감지할 수 있도록 전략적인 논의에 빠져들게 하는 것이다.[32] 이것은 정책결정자가 세상을 새롭게 인식하도록, 수요에 대한 전략적인 대응을 새롭게 구상하도록, 그리고 기존의 정책과 프로그램을 다시 고려하도록 도와주는 과정이다. 구성원은 사건이 어떻게 특정한 유형으로 적응하게 되는지 깨닫고, 그것이 공동체의 사회-경제적 목표에 미치는 영향을 이해하면서 학습한다. 그때 비로소 그들은 세상이 작동하는 방식에 대한 그들의 믿음에 의문을 제기할 수 있고, 세상이 변했을 때 현재의 정책적 틀에 대한 한계를 인지하고 새로운 관점을 개발할 수 있는 것이다. 미리 생각하기는 근본적인 신념과 사고방식에 대해서 정기적으로 의문을 제기하고, 그들이 변화하는 세상에서 어떻게 계속 적합한 상태를 유지할 것인지 질문하는 문화를 만든다. 이것은 사건이 발생했을 때 재빨리 반응할 수 있도록 정신적인 준비상태, 유연성, 개방성을 만들어준다.

미리 생각하기는 형식적인 계획과정을 실행하는 것 이상의 것이다. 흔히 형식적인 계획과정을 실행한다는 것은 실질적인 생각하기는 전혀 없이 사전에 규정된 형식을 주입시키는 관료제의 절차로 전락시킨다. 미리 생각하기는 조직의 구성원이 미래가 임박했을 때 그 신호를 인지하고 예민하게 반응하기 전에 그것을 미리 탐색하고 시연해 보는 것이다. 전략과 정책은 미래의 또 다른 환경에서도 견실성을 유지할 수 있는지 검증받을 것이며, 만일의 사태에 대비하는 계획이 만들어질 것이다. 불확실성이 발생하기 전에 미리 생각하기를 통해서 조직의 구성원은 사건이 발생했을 때 덜 두려워하게 되고, 높은 수준의 유연성을 갖추고 더 좋게, 더 빨리 대응할 수 있는 자신감을 갖게 된다. 요컨대 미리 생각하기는 미래에 대응하기 위해 더 좋은 준비를 하는 것이다.

미리 생각하기의 능력이 없으면, 구성원은 충격에 사로잡히기 쉽고, 경악과 공포심을 갖고 반응하게 된다. 그러한 환경에서 지도자들이 무엇

32 Kees vsn der Heijden (2005). The Art of Strategic Conversations, 2nd Edition. John Wiley & Sons Ltd.

인가를 신속하게 처리하기 위한 압박과 주목을 받게 되면, 장기적인 전략적 대응을 신중하게 생각하고 개발할 수 있는 시간이 부족하게 된다. 그들은 이미 시도하고 검증한 것에 노력을 기울이고 새로운 것을 부정하게 된다. 심지어 그것이 새로운 환경에서 더 이상 적합하지 않다는 것을 알고 있을 때에도 마찬가지다. 그들은 심리적으로 다른 사람들이 하고 있는 것을 모방하는 물결 속에서 시류를 좇는 안전한 길을 선택하거나 또는 장기적인 해결책을 탐색하기보다는 단기적인 통증을 완화시키기 위한 일련의 "화재 시 대처방법"을 조사하게 된다. 미리 생각하기는 변화를 위해 준비하는 최적의 시간이 변화의 압력이 있거나 긴급한 상황이 발생하기 이전이라는 것을 인식하고 있다. 왜냐하면 그때는 그들이 생각할 시간이 없기 때문이다. 그것이 곧 미리 생각하기의 능력이 역동적 거버넌스에 결정적으로 중요한 이유이다.

미리 생각하기의 절차는 다음의 과정을 포함하고 있다.

(i) 정책목표에 심각한 영향을 미칠 만한 미래의 경향과 발전을 탐색하고 예측하는 것,
(ii) 이러한 발전이 어떻게 현재의 목표를 달성하는 데 영향을 미칠 것인지 인식하고, 기존의 전략, 정책, 프로그램의 효과성을 검사하는 것,
(iii) 위협의 발생을 대비하기 위해 어떤 대안이 사용될 수 있는지 전략을 세우고, 새로운 기회를 탐색하는 것,
(iv) 새로이 떠오르는 이슈를 핵심적인 의사결정자와 이해관계자들이 심각하게 고민하도록 영향을 미치고, 그들을 가능한 대안을 논의하는 전략적인 토론에 끌어들이는 것이다.

미리 생각하기를 위한 역량은 지도자들이 사회적, 경제적, 기술적, 정치적 환경에서 새로이 떠오르는 이슈와 진화하는 발전에 대해서 그 징후를 알아차릴 것을 요구한다. 그들은 이러한 경향들이 어떻게 미래에 전개

될 것인지에 대한 시나리오를 이해하고 논리적인 인과관계를 명확하게 이해할 필요가 있다. 만약 그것이 발생하면 일련의 다른 전략과 정책을 필요로 할 것이다. 그들은 암묵적인 믿음에 도전하기 위해서 통찰력 있는 사상가이면서 동시에 창조적인 발상가가 될 필요가 있으며, 사람들을 격려해서 새로운 도전에 대응하도록 해야 한다. 의사결정자들이 효과성을 평가하는 기준이 변화하는 것을 주목하고 그들의 믿음을 기꺼이 재검토할 수 있도록 그들의 수행실적과 논리적인 분석은 신뢰할 수 있어야 한다. 그들은 사실과 타당하다고 생각되는 사건을 바탕으로 주목할 만한 스토리를 제시할 필요가 있다. 그것은 정책입안자들이 그들의 신념과 믿음을 다시 생각하게 만들고, 심지어 목표와 목적을 다시 고민하도록 영향을 미칠 것이다. 그렇게 해야만 목표, 전략, 정책, 프로그램에 대한 사고방식에 있어서 변화의 과정을 시작하기 위한 학습의 필요성과 개방성을 자극하게 될 것이다.

미리 생각하기를 위한 싱가포르의 능력은 때때로 미래지향성과 장기적인 사고의 능력과 동일시되며, 그것은 광범위하게 존중을 받아왔다. 미리 생각하기의 능력은 단순한 계획과 프로그램을 다루는 문제가 아니다. 이 능력은 공공부문의 지도자들 사이에 깊게 뿌리내리고 있고, 정책입안 과정에 내재하고 있으며, 제도적인 절차에 단단하게 자리 잡고 있다. 이것은 손에 잡히지 않는 무형의 기술이며, 오직 지난 40년을 넘는 정책입안 과정에서 나타난 사고의 유형을 연구했을 때 비로소 그 특징이 분명하게 나타난다.

인구변화에 대한 분석은 미리 생각하기에 대해서 가장 쉽게 접근할 수 있는 사례이다. 예컨대 제2차 세계대전 이후에 태어난 베이비부머들은 향후 10년 안에 은퇴시기에 도달할 것이기 때문에 고령인구에 대해서 예측하는 것은 어렵지 않다. 고령인구는 의료분야에 있어서 국가에 보다 많은 의료비용의 부담을 지울 것이라고 예상할 수 있다. 따라서 의료비용을 통제하기 위해 보조금 수준의 차등을 두고 개인적인 책임성과 선택을 보장하도록 환자가 공동으로 비용을 부담하는 정책을 조기에 개발하였다. 동시에 효율성을 높이기 위한 인센티브를 제공하고 환자에 대한 치료와 서비스의 수준을 높이기 위해 의료전달체계에 제한적인 경쟁을 도입하였다.

중점 정책영역의 많은 기본계획은 미리 생각하기를 위한 공공부문의 역량을 설명하는 좋은 사례이다. 수년간, 많은 공공부문은 미래의 경향과 발전을 고려한 기본계획을 개발하는 데 노력해왔고, 성공을 담보하기 위한 전략을 만들었다. 1960년대 초기에 경제개발을 위한 계획의 과정은, 산업화의 수요를 확인하고, 선도적인 다국적기업으로부터 외국인 투자를 촉진하기 위한 노력에 초점을 두었다. 이 계획은 일자리 창출에 성공함으로써 실업의 문제를 해결했지만 동시에 1970년대의 새로운 정책이슈인 노동력 부족의 문제를 야기했다. 1970년대에 싱가포르는 경제발전을 위한 무역의 전략적 중요성 때문에 수요를 넘어서 다른 국가의 항구들보다 먼저 컨테이너 부두를 건설하는 데 투자했다. 이것은 그 역할을 인접 국가들의 수출입항으로 확대하였고, 아시아-태평양 지역 전역의 고객들에게 서비스를 제공하는 주요한 항로들의 집적용량, 연결성, 빈도를 제공함으로써 세계 최대의 환적 허브가 되었다. 1990년대에는 군사 2000, 도서관 2000, 싱가포르 21, 인적자원 21, 관광산업 21 등 많은 "2000"(2000년을 미리 생각하기)과 "21"(21세기를 미리 생각하기) 계획을 만들기 위한 노력이 있었다.

최근에 미리 생각하기를 위해 집단적으로 노력한 중요한 사례는 당시 리센룽 부총리가 위원장이었던 경제검토위원회(Economic Review Committee)였다. 이 위원회에는 수백 명의 비즈니스 지도자, 전문가, 공무원들이 참여했었다. 이 위원회의 보고서는 2003년에 공개되었는데, 그 제목은 "새로운 도전들, 새로운 목표들"이었다.[33] 이 보고서는 아시아 금융위기에 따른 사회적, 정치적 여파로 인한 세계적 불확실성, 뉴욕의 세계무역센터에 대한 9·11 테러사태에 따른 새로운 안보 위협, 중요한 경제주체로서 중국과 인도의 급부상, 세계화와 급격한 기술적 진보의 영향을 토론했다. 이것은 싱가포르 경제를 위한 국제적, 국내적인 새로운 도전에 초점을 두었

[33] MTI (2003). "Report of the Economic Review Committee: New Challenges, Fresh Goals." Ministry of Trade and Industry, Singapore, February 2003.

다. 이 위원회는 싱가포르의 새로운 비전으로 "선도적인 세계의 도시, 인재와 비즈니스와 혁신의 허브" 그리고 "아시아에서 가장 개방적, 국제적인 도시로서 가장 살기 좋고 가장 일하기 좋은 곳"으로 윤곽을 잡았다. 또한 이 보고서는 싱가포르의 외연 확장, 경쟁적이고 유연한 비즈니스 환경 구축, 기업가정신 고취, 세계적 인재 유치를 포함한 새로운 비전을 실현하기 위한 정책적 변화를 다루었다.

1.6.2 다시 생각하기

앨버트 아인슈타인(Albert Einstein)은 "문제는 생각하는 것이 아니라 다시 생각하는 것이다."라고 말했다. 다시 생각하기는 기존의 전략, 정책, 프로그램의 성과와 관련해서 현실에 대응하기 위한 능력이다. 그런 다음 더 좋은 품질과 결과를 얻기 위해 그것을 다시 설계하기 위한 것이다. 다시 생각하기의 기간은 현재의 상황으로부터 미래까지이며, 현재의 정책과 프로그램이 바람직한 목적과 결과를 비교했을 때 얼마나 성과를 나타내고 있는지 내부에서 외부로 향하는 관점에서 다시 생각해보는 것이다. 이것은 실질적인 자료, 정보, 추정, 그리고 더 좋은 성과를 방해하는 이슈와 문제를 드러내는 환류를 사용한다. 또한 특정 정책이나 프로그램의 과거 유산을 넘어서 그 성과를 향상시키기 위한 새로운 길을 찾는다.

만약 우리가 정책의 결과에 대한 완벽한 환류 메커니즘을 갖추고 있다면, 그 결과와 진정한 근본적인 원인을 바로잡을 수 있는 완벽한 사고방식과 연결시킬 수 있다면, 그리고 행동을 바로잡을 수 있는 완벽한 지식과 연결시킬 수 있다면, 다시 생각하기의 능력은 사소한 것이 될 것이다. 그러나 현실적으로 시의적절하게 좋은 환류를 얻기 어렵고, 환류가 무엇을 의미하는지 모호하고, 더구나 정확하게 어떤 원인을 지적할 수 있는 것도 아니다. 심지어 우리가 필요한 시정조치를 확인하는 전문지식이 있다고 하더라도, 그것을 실현할 정치적 의지나 자원이 없을 수도 있다.

비록 다시 생각하기는 이미 일어난 것에 대한 사후평가에 기초하고 있지만, 이것은 파악된 사실과 환류를 사용해서 질문하고, 토론하고, 관찰한 결과의 근본적인 원인에 대해서 학습을 촉진하는 대화로 끌어들인다. 다시 생각하기는 사실에 기반하고 있으며, 그들이 한 일이 왜 그런 결과를 보이는지 그리고 더 좋은 또는 다른 결과물을 얻기 위해 다르게 할 수 있는 것이 무엇인지에 대해서 사람들이 끊임없이 질문하는 환경을 만든다. 이것은 다른 사람들을 비난하거나 또는 지나치게 공을 가로채는 경향을 제거하는 데 도움을 주는데, 보통 성과를 평가할 때 이 2가지 질문의 공통적인 반응은 시스템에 대한 학습보다는 사람을 판단하는 데 사용되기 때문이다. 다시 생각하기는 정책과 프로그램의 집행에 있어서 효과성과 효율성뿐만 아니라 그것의 목표와 전략의 타당성에 대한 재검토를 유도한다.

다시 생각하기는 성공 또는 실패에 의해서 촉발되기 쉬운데, 그 핵심은 기존 정책에 대한 재검토를 촉진하기 위해서 결과를 어떻게 인식하고, 해석하고, 소통하는지에 중점을 둔다. 아마도 가장 중요한 다시 생각하기는 격동의 2년 동안, 즉 싱가포르가 말레이시아에 속해 있던 1963년과 1965년 사이에 이루어졌다. 당초 싱가포르가 통합에 따른 장점으로 생각했었던 시장의 통합과 더 큰 배후지는 실현되지 않았다. 오히려 싱가포르와 말레이시아의 지도자들은 정치적인 투쟁에 휘말렸고, 그것은 양측 모두에게 환멸을 느끼게 만들었다. 싱가포르가 완전히 말레이시아로부터 독립했을 때, 경제적 생존을 보장하는 거대한 배후지를 만들려고 했었던 이전의 신념과 전략은 재검토되었을 것이 분명하다. 부분적으로는 절박감으로부터 그리고 부분적으로는 외부의 조언을 받아들여서 싱가포르는 지역을 뛰어넘어 북아메리카, 유럽, 일본 등 선진 지역의 먼 나라들로부터 투자를 유치하고 시장을 개척하기로 결정했다.

의도하지 않은 성공의 결과도 또한 정책에 대한 재검토를 촉발시킬 수 있다. 아마도 가장 잘 알려진 성공적인 정책의 반전은 인구 억제 정책이다. 이것은 1960년대에 암울한 경제적 환경 속에서 급격하게 증가하는 인구의 일자리, 주택 그리고 다른 사회적 수요에 대한 엄청난 증가에 대처하기 위해 만들어졌다. 경제가 성장함에 따라, 인구는 고등교육을 받게 되었고 아이를 갖는 시기는 늦어지게 되었다. 대가족을 저해하는 정책은 출산율이 인구보충출생률 밑으로 감소하는 상황을 가속시켰다. "2자녀 갖기" 인구정책은 목표한 결과보다 기대이상의 성과를 올렸지만, 경제성장의 한계와 고령인구와 관련한 복합적인 이슈를 만들었다. 그 정책은 수정되었고, 이제 젊었을 때 결혼하고 더 많은 자녀를 갖도록 풍부한 인센티브가 제공되고 있다.

다시 생각하기의 과정은 다음의 내용을 포함하고 있다.

(ⅰ) 실질적인 성과 자료를 재검토 및 분석하고 공공의 환류를 이해하는 것,
(ⅱ) 목표에 부합하는지 또는 벗어나는지 알아보기 위해서 환류의 근본적인 원인, 관찰한 사실, 정보, 행태 등을 면밀히 조사하는 것,
(ⅲ) 전략, 정책, 프로그램이 제대로 작동하는지 여부를 확인하기 위해 재검토하는 것,
(ⅳ) 정책과 프로그램의 성과를 더욱 향상시키고 목표에 더욱 부합하도록 부분적으로 또는 전면적으로 재설계하는 것,
(ⅴ) 시민들과 고객들이 더 좋은 서비스를 받고 의미 있는 결과를 누릴 수 있도록 새로운 정책과 시스템을 실행하는 것 등이다.

다시 생각하기의 역량은 지도자들이 현재의 성과와 환류의 현실을 기꺼이 받아들이고 현재의 상황에 도전하려는 자세를 필요로 한다. 지도자들은 자신감을 갖고 솔직하게 표현할 필요가 있으며, 사람들을 공개적인 대화와 상호작용에 끌어들여서 그들이 변화하고 더 잘할 수 있도록 활기를 불어넣어야 한다. 지도자들은 일이 이루어진 방식과 환류 또는 결과가 발생한 이유의 상세한 부분들을 분석하고, 문제를 해결하는 기술을 주입시킬 필요가 있다. 또한 더 좋은 결과를 성취할 수 있도록 시스템을 재설계하는 기술을 필요로 한다.

다시 생각하기의 목적은 발전을 위해 필요한 변화를 확인하기 위한 것이다. 일찌감치 변화를 주도했었던 지도자들에게 다시 생각하기는 특히 도전적인 일이다. 비록 변화는 결코 쉽지 않지만, 지도자들이 과거에 주도했었던 또는 변화를 추진했었던 것을 다시 변화시키기 위해서 "다시 생각한다는 것"은 특별한 불굴의 용기와 노력을 요구한다. 현재의 지도자와 함께 조직을 구성하고 성장한 조직이 다시 생각하기의 역량을 만드는 것은 극히 드문 일이다. 강력하고 성공적인 지도자는 그의 비전과 가치를 공유하고 현재의 임무를 집행하고 실현할 수 있는 능력을 가진 조직의 직원을 특별히 보호하려는 경향이 있다. 지식과 능력은 양날의 칼과 같아서, 어떤 일을 잘하는 데 요긴한 기술은 오직 그 일을 하는 데 있어서만 유용할 수 있다. 핵심적인 능력은 더 이상의 학습을 방해하는 결정적인 경직성과 '유능함의 함정'이 될 수 있다. 오랫동안 리더십 분야에서 집단적 사고가 발전했는데, 그 결과는 현실과 관점에 대한 미세한 부정과 작은 다양성을 초래하였다. 비록 팀 자체는 이것을 화합과 팀워크로 해석하겠지만, 현실은 흔히 기존 정책과 프로그램을 다시 변화시키는데 필요한 객관성과 다시 살펴보기 위한 역량을 질식시켰다. 특히 그것이 당초에 그들이 변화를 시도해서 성공한 정책과 프로그램이라면 더욱 그럴 가능성이 많다.

그것은 우리가 리더십의 관점과 능력을 적합하게 혁신하는 데 흔히 어려움을 관찰하게 되는 이유이다. 특히 조직의 지속적인 성공을 위해서 동일한 팀에 또다시 필요한 변화를 유도하는 것은 매우 어렵다. 이것은 또한 다시 생각하기를 실천할 수 있는 리더십의 역량을 재건하기 위해서는 다른 배경, 기술, 관점을 가진 새로운 사람을 영입하고, 그들이 정치적 어려움 때문에 흔들리지 않도록 조직적 메커니즘에 배치하는 세심한 전략과 노력이 필요하다는 것을 의미한다. 리더십의 혁신 없이 역동적 거버넌스는 있을 수 없다.

지도자를 순환해서 배치하는 싱가포르의 정책은 정치적으로 임명되는 공직자와 공공부문의 지도자 모두 몇 년에 한 번씩 다시 생각하기를 위한 자연적인 메커니즘을 만들어왔다. 각각의 리더십의 변화는 과거의 정책과 성과에 대한 지속적인 재검토를 유발했다. 비록 이것이 조직에 충격적일 수 있고, 새로운 지도자가 자신의 흔적을 조직에 남기고 싶어 하는 이기적인 욕구로서 회의적으로 보일 수도 있지만, 구성원이 그들이 해왔던 것을 어떻게 더욱 향상시킬 것인지 다시 생각하기를 촉진시키는 효과를 가져왔다. 이것은 흔히 정책과 조직에 전략적인 혁신을 이끌어왔다.

1990년대 싱가포르 공공도서관의 혁신은[34] 리더십의 변화와 조직적인 개혁에 의해서 이루어질 수 있었다. 비록 도서관 회원과 이용자가 줄어들고 시설들이 수년간 낙후되고 있었지만, 다시 생각하기의 시작은 1991년 새로운 정보예술부(Ministry of Information and the Arts)가 만들어지고 새로운 장관 조지 여(George Yeo)가 임명되었을 때 착수되었다. 도서관 2000 위원회는 비-사서(non-librarian)들을 포함하고 있었는데, 그들은 공공도서관의 역할과 발전을 재검토하기 위해서 공식적으로 임명되었다. 의장과 부의장은 국가전산원 소속의 정부 IT 기관 출신이었는데, 이 기관은 이미 발표한 IT 2000 보고서에서 장벽 없는 디지털 도서관을 구상했었다. 변화를 이끌기 위해서 새로 임명된 도서관장은 역시 비사서 경력자였다.

공공도서관 시스템의 다시 생각하기는 새로운 임무: 주민들의 학습역량 향상, 새로운 개념: 생활양식으로서 도서관, 새로운 시설: 사람들의 접근성을 높이도록 쇼핑몰에 도서관 설치, 새로운 절차: 셀프 체크아웃, 다른 장소에서 도서반납, 새 책을 더 빨리 이용, 더 좋은 고객 서비스, 그리고 사서를 위한 새로운 기술을 이끌어냈다. 그 결과는 혁명적인 것이었다. 도서관 시설은 이제 사람들에게 정보에 접근하고 방문하기 좋은 매력적인 장소가 되었다. 도서관 방문자와 도서 대출은 몇 배나 증가했다. 이제 더 많은 책과 더 새로운 책, 그리고 멀티미디어 콘텐츠를 손쉽게 이용할 수 있다. 해외방문객들은 직원을 전혀 해고하지 않으면서 어떻게 그러한 혁신을 완성하고, 운영했는지 배우기 위해 직접 그 변화를 시찰하고 있다.

---

[34] Roger Hallowell, Carin Knoop and Boon Siong Neo (2001). "Transforming Singapore's Public Libraries." Harvard Business School Case Series.

1.6.3 두루 생각하기

두루 생각하기는 다른 나라의 경험으로부터 배우기 위해서 전통적인 경계를 가로지르는 능력이다. 이 능력은 새롭고 혁신적인 정책과 프로그램이 실험되고 제도화될 수 있도록 좋은 아이디어를 채택하고 지역실정에 맞게 적용하기 위한 것이다. 이것은 어디선가 실행되었던 규칙과 사례를 단순히 채택하거나 모방하는 것을 넘어서는 것이다. 다른 나라로부터 학습함으로써 통찰력을 얻을 수 있고, 한 국가의 문화적, 역사적 맥락에 맞도록 독특한 수요를 조정하는 것이다. 두루 생각하기는 사회에 참신한 아이디어와 혁신을 도입하는 역동적 거버넌스의 능력이다. 사고의 기간과 관점은 현재로부터 미래로, 밖에서 안으로 작동한다.

두루 생각하기는 국가의 전통적인 경계를 넘어서 흥미로운 사례를 찾기 위해 탐색한다. 그것은 주어진 정책목표를 왜, 어떻게 성취했는지 이해하기 위한 것이다. 그다음 그 지식을 잘 맞춘 프로그램에 창의적으로 이식한다. 이때 프로그램은 지역의 제도적인, 정책적인 환경에 적합한지 실험하게 될 것이다. 두루 생각하기는 혁신을 위해, 어떤 일을 하는 데 있어서 새롭고 다른 길을 찾기 위해, 그리고 새로운 아이디어를 얻기 위해 다른 국가로부터 학습하는 것이다. 다른 나라의 경험으로부터 학습하는 목적은 단순히 최고의 사례를 기술적으로 모방하려는 것이 아니라 왜 다른 나라는 비슷한 이슈에 대해서 다른 접근을 채택했는지, 그들의 역사와 환경은 어떻게 다른 정책을 선택하고 다른 프로그램을 설계하도록 영향을 미쳤는지 그 깊은 맥락을 이해하기 위한 것이다. 이것은 그들이 실행하는 과정에서 얻은 교훈을 이해하는 것이다. 또한 무엇을 하고 무엇을 하지 않을 것인지에 대해서 그들은 어떻게 인식하고 있는지, 그리고 만약 그들이 다시 시작할 수 있다면 그것을 할 것인지 안 할 것인지, 다르게 접근한다면 어떻게 할 것인지에 대해서 이해하는 것을 포함하고 있다.

사회발전의 이슈가 점점 더 복잡해짐에 따라서, 단순히 표준적인 것의 채택에 의존해서는 할 수 없고, 그 문제를 해결하기 위한 포괄적인 정책과 사례가 필요해졌다. 다른 사람들의 경험으로부터 배워야 한다. 그리고 우리의 시민들에게 적합한 해결책을 설계하기 위해서 어디선가 실행했었던 실험으로부터 배워야 한다. 두루 생각하기는 전통적 경계의 기능, 계층, 조직, 산업, 부문, 지형, 국가, 문화, 지식 등 영역들이 학습의 장애물이라는 것을 인지하고 있다. 그것은 복잡한 이슈들에 대한 총체적인 해결책을 찾는 데 있어서 창의성을 제한하는 별개의 정신적 범주를 만든다. 사회는 문제해결의 또 다른 길을 탐색하기 위해서 사람들과 조직들에게 인센티브를 제공하고, 새로운 아이디어의 실험을 시도하고, 실패로부터 학습하고, 더 혁신적으로 발전하고, 그리고 변화하는 세계에서 지속적인 성공을 위한 기회를 증진시킨다.

두루 생각하기는 다른 아이디어와 새로운 통찰과 적용의 발견을 드러나게 함으로써 학습을 용이하게 도와준다. 혁신의 돌파구는 흔히 다른 공동체의 흥미로운 실험이 드러나는 과정에서, 이러한 아이디어를 분해해서 새로운 조합으로 다시 조립하는 과정에서 일어난다.[35] 두루 생각하기는 "여기서 개발된 것이 아니다"라는 사고방식의 전략적 근시안성을 극복한다. 두루 생각하기는 그것이 어디선가 온 것이라는 이유로 아이디어 또는 프로그램을 거부하는 대신에, 그것이 어디서 온 것이든 가장 창의적인 아이디어가 될 수 있도록 "여기서 개발된 것이 아니다"라는 사고방식을 벗어나서 오히려 소중한 기회로 만든다. 이것은 새로운 관점을 모색하고 거버넌스와 정책에 대한 새로운 접근방법을 찾는 데 있어서 다른 문화와 배경에 대한 가교 역할을 한다. 다른 영역을 노출시키는 것은 사람들이 자신의 정책을 새로운 불빛 속에서 볼 수 있도록 해주고, 자신의 실행에 의문을 제기하고, 새로운 발견(어떻게 새로운 연결이 만들어질 수 있는지 그리고 대두된 이슈에 대한 혁신적인 접근을 만들기 위해서 어떻게 다른 아이디어가 재조합될 수 있는지)을 제공한다.

[35] Andrew Hargadon (2003). How Breakthroughs Happen. Cambridge, MA: HBS Press.

이것은 동일한 사회경제적, 정치적 환경에서 자라고 살아온 사람들은 흔히 비슷한 관점을 개발하고 비슷한 사각지대를 공유한다는 것을 인지하고 있다. 너무 익숙하고 너무 편안한 사람들은 우선 먼저 그 아이디어가 지역실정에 맞지 않다고 너무 쉽게 거부한다. 사람들이 자신의 사각지대를 극복하고 다른 사람들은 어떤지 보기 위해서는 그들의 친숙한 환경으로부터 충분히 벗어날 필요가 있다.

경계를 두루 생각하는 과정은 다음을 포함하고 있다.

(ⅰ) 비슷한 이슈에 대한 접근방법에서 다른 사람들이 채택하고 실행한 참신하고 흥미로운 사례를 조사하는 것,
(ⅱ) 그들이 한 일, 그들이 왜, 어떻게 했었는지, 경험으로부터 그들이 배운 교훈을 되돌아보는 것,
(ⅲ) 지역실정의 맥락에서 적용할 만한 것인지, 독특한 조건과 환경을 고려하고, 그것이 지역주민들에게 적용할 수 있는 것인지 평가하는 것,
(ⅳ) 새로이 대두된 이슈에 대응하기 위해서 혁신적인 접근방법을 만들어내는 아이디어와 다른 아이디어의 새로운 조합 사이에 새로운 연관성을 발견하는 것,
(ⅴ) 지역실정에 따른 정책적 요구사항과 시민들의 수요를 맞추기 위해서 정책과 프로그램을 여건에 적합하도록 만드는 것 등이다.

지도자들은 두루 생각할 필요가 있으며, 자신의 문화를 벗어나서 다른 사람들과 사례로부터 학습하기 위해 열려있어야 한다. 그들은 다른 아이디어를 찾기 위해서 친숙한 영역과 능숙함의 경계를 넘어서 자신감을 갖고 나아갈 필요가 있으며, 새로운 아이디어가 너무 빨리, 너무 쉽게 거부되지 않도록 지적인, 사회적인 관계를 형성할 필요가 있다. 새로운 아이디어는 추상적이지 않은 것이다. 그것은 비록 다른 나라, 다른 영역, 또는 다른 문화의 것이든 상관없이 실제로 어디선가 시도되고 실행된 것이

다. 지도자들은 여러 경계에 걸쳐서 '지식중개사'가 되고, 멀리 떨어져있는 공동체와 연계를 구축하고, 학습과 상호작용을 위한 사회적 관계망을 육성하고, 그들의 기관에게 새로운 지식의 흐름을 전달하는 역할을 수행한다. 지도자들이 사회적 네트워크에서 정보와 경험을 공유하는 것은 지역적 환경 속에서 이전에 받아들였던 접근방법과 해결책에 과감히 도전할 수 있도록 새로운 지식을 제공한다.

지도자들은 새로운 아이디어를 비판하는 데 있어서 일부러 반대의견을 말하는 악마의 옹호자가 되기보다는 인류학자, 실험가, 꽃가루 매개자, 무대 장치가, 이야기꾼과 같은 새로운 혁신가의 역할을 수행할 필요가 있다.[36] 지도자의 역할은 사람들이 '그들은 우리와 다르다'는 방어적인 태도들 때문에 모든 학습을 차단하고 다른 아이디어와 해결책을 거부하지 않도록 적극적인 환경을 만들어주는 것이다. 어떤 맥락의 독특성 때문에 다른 접근방법에 대해서 학습하지 않는다는 것은 용납되지 않는다. 맥락의 독특성은 더욱 심층적인 학습에 초점을 두어야 한다. 왜냐하면 특정한 사례의 주요한 원칙과 인과관계의 논리는 '증류해서 정제할 수 있으며'지역적 환경의 맥락에 맞도록 적용될 수 있기 때문이다. 지역의 맥락에 맞는 성공적인 해결책을 적용하는 것은 기존에 만들어진 근본적인 상충관계, 특히 지역 공동체의 수요에 대응하는 데 필요한 다른 상충관계는 없는지 깊게 이해할 필요가 있다. 적응력은 국제화의 세계질서 속에서 국가가 차지하고 있는 위상으로부터 나오며, 목적은 거버넌스와 제도적인 틀에서 추구되고, 원칙은 그 발전의 경로를 이끈다.

학습하고 적응하기 위해서 경계를 두루 생각하는 것은 싱가포르가 독립한 이후 싱가포르 거버넌스의 특징이 되어왔다. 리콴유는 싱가포르에서 시행된 거버넌스 아이디어의 약 70퍼센트는 어디선가 배우고 받아들인 것이라고 평가했다.[37] 리콴유는 국제공항을 파야 레바(Paya Lebar)에서 창이(Changi)

---

[36] See Tom Kelley (2005). The Ten Faces of Innovation. USA: Currency-Doubleday Publishers.
[37] 2006년 11월 3일 리콴유 정책대학원에서 학생들과 대화를 나누는 과정에서 답변한 내용이다.

로 이전하면서 약 7억 5천만 싱가포르 달러의 투자를 포기하기로 결정한 것은, 그가 바다 옆에 위치한 보스턴 로간(Logan) 공항의 항공기 이착륙에 대한 관찰을 통해서 동기부여를 받았다고 말했다. 바다 옆에 새로운 창이공항의 건설은 주거지역 근처에 있었던 오래된 파야 레바 공항의 문제, 즉 항공기 이착륙에서 발생하는 지속적인 소음의 문제를 해결하는 것이었다.

아무런 사전 준비도 지식도 없이 군대를 창설할 때, 국방부는 이스라엘 방위군의 군사교리와 훈련방법론에서 배웠다. 공무원 인사평가시스템과 공공 부문의 운영계획에 대한 접근방법은 로열 더치-셸(Royal Dutch-Shell) 그룹으로부터 채택된 것이다. 싱가포르가 정원도시로 성장하게 된 것은 리콴유 전 총리가 프놈펜(Phnom Penh)을 보고 자극을 받은 것이다. 국가공원청(The National Parks Board)의 직원들은 어떤 식물이 싱가포르의 열대성 기후에서 잘 자라는지 많은 국가들의 식물을 실험해야만 했다. 두루 생각하기는 끊임없는 학습과 새로운 아이디어를 싱가포르에 가져다주었고, 새로운 혁신을 유도했다. 싱가포르 군대는 그 자신의 군사교리와 훈련방법론을 발전시켰고, 이어서 새로운 무기와 다른 군사 기술을 개발했다. 국가공원청은 이후에 "정원 도시"에서 "정원속의 도시"로 개념을 확장했고, 정원 속에 도시가 있는 것처럼 상상하도록 싱가포르의 모든 공원들을 연결하는 공원 커넥터를 포함해서 싱가포르 섬 전체의 변신을 추진했다.

1.6.4 3가지 능력이 어떻게 상호작용하는지에 대한 사례

우리는 3가지 능력이 싱가포르 거버넌스 시스템에 역동성을 일으키는 것에 대해서 설명했다. 그러나 각각의 3가지 능력은 서로 다른 유형의 제도적 변화를 유도하는 경향이 있으며, 주요한 정책의 변화는 그림 1.1에서 보는 것처럼 보통 모든 3가지 능력이 통합적이고, 상호작용하고, 체계적인 방법에 의해서 실행될 때 이루어질 수 있다. 우리는 싱가포르에서 카지노의 운영을 반대하는 오랜 정책기조를 변경하기 위해서 어떻게 3가지 능력이 상호보완적으로 작동했었는지에 대한 사례를 설명하면서 이 장(章)을 마감하려고 한다.

싱가포르는 2006년에 마리나 베이(Marina Bay) 도심과 센토사(Sentosa) 섬 리조트에 건설되는, 카지노를 갖춘 두 개의 복합 리조트에 각각 50억 싱가포르 달러 이상의 투자를 제안받았다. 그 과정에서 다시 생각하기를 통해 카지노를 반대하는 오랜 싱가포르의 정책을 수정했다. 정책의 변화는 미리 생각하기로부터 나온 결과였다. 관광산업과 서비스업, 특히 각종 회의 및 대회를 유치하는 MICE산업(Meeting Incentives Convention Events and Exhibition)을 새로운 싱가포르 경제의 주요한 서비스 부문으로 육성하기 위한 전략적 목표를 설정하였다. 정책의 변화는 또한 각종 경계와 발견에 대한 두루 생각하기의 결과이다. 특히 라스베가스(Las Vegas)가 어떻게 도박의 도시에서 세계적인 오락과 컨벤션 산업의 허브로 변신할 수 있는지 밝혀내려고 노력했다. 리센룽 총리는 이것을 가장 어려웠던 결정으로 설명하면서 다음과 같이 말했다.

"만약 당신이 의사결정을 하는데 장점이 분명하고 의견이 갈라지지 않는다면, 그것은 쉽다. 그러나 이 결정에 있어서 장점은 분명하지 않았고, 반대자들은 오히려 타당한 논거들을 주장했다. 그 반대의 논거들은 우리 자신들이 오랫동안 지지했었던 것이다. 그러나 이제 세상은 변화하고 있고, 우리는 우리의 위상에 대해서 다시 검토해야만 한다. 결국, 우리는 이것을 착수하기로 결정했다. 왜냐하면 우리는 이러한 리조트들을 어떻게 운영하는지, 라스베가스가 걸어가던 길, 관광산업이 아시아에서 발전하던 길을 잘 이해했기 때문이다. 이제 분명해졌다. 만약 우리가 그것을 하지 않았다면, 그것은 단순히 우리가 그동안 포기했었던 것을 하나 더 추가하는 것이 아니라, 우리는 게임에서 탈락하는 것이다."[38]

그러나 카지노의 합법화는 현지인의 도박을 차단하기 위한 사회적 안전장치를 갖추도록 조정되었다. 복합리조트 안에 카지노를 위해 사용할

---

38 리센룽 총리와의 인터뷰는 아래의 매체에 보도되었음. "Remade in Singapore," Institutional Investor, September 2006.

수 있는 공간의 크기, 카지노에 들어가는 지역주민에 대한 입장료 부과, 직계가족이 도박중독에 빠졌을 경우에 특정인의 입장을 차단하도록 신청하는 등의 지침이 만들어졌다.

이 사업에서는 군사복합시스템에 대한 평가와 제안에 사용된 절차를 사업의 특성에 맞춰서 조정했다(복합리조트 사업에 대한 제안평가 과정은 제5장에서 설명한다). 외부 컨설턴트는 정부가 부담해야 할 부지의 가격을 독자적으로 산출했으며, 모든 입찰자의 공정성을 담보하기 위해서 사전에 공표되었다. 또한 입찰자의 재무계획을 확인하고, 재무적인 견적의 경직성을 평가했다. 별도의 전문가 집단은 접수된 건축의 디자인을 평가했다. 공공부문의 지도자로 구성된 위원회는 입찰자를 직접 면담했고, 정치지도자와 상관없이 독립적으로 입찰을 평가했으며, 장관들로 구성된 위원회로부터 독립해서 개별적으로 권고안을 만들었다. 공기업의 협력사인 입찰자에게도 특별한 대우가 주어지지 않았다: 최종적으로 정부와 전혀 연관되지 않은 회사가 2개의 허가 중 하나를 따냈다. 싱가포르는 제안평가의 전 과정에 걸쳐서 그 상징인 전문성, 투명성, 객관성, 청렴성, 반부패의 정신을 지켰다.

이것은 3가지 조직적인 능력이 어떻게 형성되고, 서로 상호보완적으로 주요한 정책의 변화를 가져오도록 강화시키는지를 설명해주는 분명한 사례이다. 기존의 정책은 싱가포르가 독립한 1965년 이후로 가치와 원칙을 갖고 일관된 방식으로 적용해왔던 정책결정과 집행의 지침이었다. 이 결정은 가치의 중심을 안정적으로 유지하면서 역동적 능력이 발휘된 결과, 즉 역동적 안정성이 작용한 결과이다. 정책의 선택은 과거에 결정되었던 것과 다르지만 경제성장, 실용주의, 시장가격, 객관성, 정직성 등 근본적인 가치는 유지되고 강화되었다. 이것이 싱가포르에서 작동하고 있는 역동적 거버넌스의 본질이다. 이 책의 나머지 부분에서는 이러한 역동적 능력이 어떻게 일련의 문화적 가치와 원칙에 의해서 지지되고, 체계적으로 실행되는 적응적인 정책을 통해서 표출되고, 구성원과 절차에 대한 장기적인 투자를 통해서 발전하는지에 대해서 상세하게 설명할 것이다.

1.7 이 책의 나머지 장(章)에 대한 개요

그림 1.1의 역동적 거버넌스의 틀은 이 책의 나머지 부분들에 대한 개념적 구조를 제공한다. 싱가포르의 역사는 싱가포르 거버넌스의 목적을 형성하고, 역동적으로 적합성을 유지하는 거버넌스의 구조와 시스템을 형성하기 위한 의도적인 계획을 이해할 수 있는 맥락을 제공한다. 행동지침으로 작용하는 원칙은 지도자들의 핵심적인 가치와 신념이며, 싱가포르의 생존을 보장하기 위해서 그들이 겪은 초기의 경험이다. 싱가포르 공공서비스에 있어서 발전경로, 정책, 구성원, 절차의 체계적이고 실질적인 개발은 미리 생각하기, 다시 생각하기, 두루 생각하기 능력을 신장시키는 동인(動因)들이다.

제2장은 이 연구에서 우리의 연구, 자료수집, 분석을 이끌었던 거버넌스, 제도 그리고 역동적 능력을 포함한 주요한 개념들에 대해서 좀 더 자세한 논의를 제공한다. 이것은 독자들이 그러한 개념화를 이해하는 데 도움을 줄 것이다. 이 장(章)은 우선적으로 우리의 실질적인 연구결과와 어떻게 그것이 자신들의 맥락들에 적용될 수 있는지에 관심이 있는 사람들에게는 선택적인 것이다. 이러한 개념들의 개발을 이해하기 위해 참고문헌을 찾고 싶은 사람들에게는 이 장(章)이 유용할 것이다.

제3장은 공공부문의 개발을 위한 역사적 맥락을 설명한다. 싱가포르의 정치, 경제, 안보, 사회적 개발의 주요한 유형과 1965년 독립 이후부터 2006년까지 40년 이상의 기간에 대한 내용을 요약할 것이며, 그것이 공공부문의 거버넌스와 발전에 미친 영향을 토론할 것이다. 공공부문 발전의 맥락을 이해하는 것은 싱가포르가 변신하는 과정에서 많은 전략과 공무원이 실행한 행동을 해석하는 데 중요한 것이다. 여기서는 공공부문의 변신이 어떻게 그 맥락의 변화와 연결되는지 보여줄 것이다.

제4장은 초기의 정치지도자가 싱가포르의 위상에 대해서 인식한 것, 그들의 목적을 명료하게 표명한 것, 그리고 공공부문의 거버넌스에서 파생된 원칙에 관해서 거버넌스의 문화적 토대를 설명한다. 여기서는 싱가

포르 공공서비스의 제도적인 문화와 이것이 어떻게 싱가포르의 독립 이후 건국초기에 나타난 일련의 공유된 가치로부터 발전했는지를 기술한다.

제5장은 어떻게 정책이 조정되고 집행되는지에 대해서 기술한다. 여기서는 정책의 선택과 접근방법에 영향을 미치는 정책을 만들고 집행하는 과정을 자세히 설명할 것이다. 이것은 주어진 경로와 정책 속에 내재된 학습과 적응적인 능력을 이해하기 위한 기본적인 정보를 제공한다. 이러한 능력이 어떻게 공공부문 거버넌스의 역동성을 가능하게 하는지에 대한 사례를 보여줄 것이다.

제6장은 공무원이 주어진 경로의존성의 제약 속에서 어떻게 새로운 수요에 대응하기 위해 정책을 조정해 왔는지 설명한다. 우리는 6가지 영역들에 대해서 – 경제개발, 생물의학, 자동차 소유권과 도로교통, 의료서비스, 중앙적립기금, 근로빈곤층 – 오랜 기간에 걸쳐 발전한 경로의 역동성을 설명할 것이다. 여기서 우리는 정책적 적응에 관한 교훈을 끌어낼 것이며, 공공부문이 변화를 위해서 계속해서 학습하고 적응하는 거버넌스의 접근방법에 대해서 토론할 것이다.

제7장은 공공부문에서 지도자들의 채용, 능력개발, 유지의 과정을 통해서 근본적인 거버넌스의 능력이 어떻게 궁극적으로 그들에게 내재하는지에 대해서 기술한다. 우리는 공공서비스에서 인적자원 관리의 철학과 실행을 토론하고, 왜 구성원에 대한 개발과 사회화가 역동적 거버넌스에 그렇게 중요한 것인지 설명한다.

제8장은 어떻게 공공서비스가 제도적인 과정을 통해서 제도적인 혁신과 구조변경을 지속하는지 설명한다. 여기서 제도적인 과정은 미래의 예측을 통해서 기존의 믿음을 재검토하는 것, 재원의 배분을 통해서 기존의 활동을 쇄신하는 것, 체계적인 원칙의 적용을 통해서 구조적인 연계를 재설계하는 것을 포함한다.

제9장은 제1장부터 제8장을 아우르는 통합적인 자료이며, 공공부문이 잘 수행해왔던 지속적인 학습과 변화의 노정에서 교훈과 원칙을 끌어낼 것이다. 여기서는 지속적인 변화와 공공부문이 어떻게 그것을 다루고 있

는지 설명한다. 그리고 싱가포르 공공부문의 연구를 통해서 얻은 교훈과 원칙을 일반화하기 위해 다른 맥락, 아시아의 다른 공공부문 또는 민간부문에 대한 적용가능성을 모색한다.

제 2 장

개념적 기초: 거버넌스, 제도, 역량

이 장(章)에서는 본서의 분석틀을 구성하는 주요 개념인 거버넌스, 제도, 역동적 능력에 대한 개념적 토대에 대해서 논의하고자 한다. 제1장의 그림 1.1에서 보듯이, 우리의 개념적 분석틀을 구성하는 요소들은 역동적 거버넌스가 어떻게 작동하고 발전하는지에 대한 이해를 도모하거나 의미 있는 모델을 개발하는 데 통합해 적용하고자 한다. 이러한 개념은 대부분 제도경제학이나 조직이론으로부터 도출하였다. 또한 좋은 거버넌스라는 개념을 현실적으로 구체화하려는 세계은행이나 다른 국제기구들의 연구 보고서를 통해서도 도출했다. 이 장(章)은 선행연구의 주요 논점과 본 연구의 구상, 자료수집, 해석 그리고 분석을 위한 주요 이론들에 대한 논의를 포함하고 있다. 이러한 개념적 이해는 본 연구의 결과에 대한 보다 충실한 이해는 물론 싱가포르를 넘어서 다른 맥락의 국가들에 대한 적용가능성도 모색할 수 있도록 해준다.

이 장(章)에서 논의하는 개념들에 대한 정의와 기술은 싱가포르의 공공부문에서 어떻게 역동적 거버넌스가 구현되었고 교훈을 얻을 수 있는지에 대한 원칙, 경로, 정책, 실행조치, 그리고 전망에 대한 이해를 필요로 하지는 않는다. 비록 이 장(章)은 책의 전체적 흐름을 방해하지 않기 때문에 필요에 따라 나중에 읽어도 되지만, 이 책에서 사용한 개념을 이해하는 데 유용한 참고자료가 되기를 바란다. 지금부터 아래의 개념을 집중적으로 논의하고자 한다.

(i) 거버넌스와 정부 – 이 책의 핵심적 주제
(ii) 제도와 제도적 문화 – 거버넌스의 토대

(ⅲ) 조직적 역량과 그것을 개발하는 방법 – 거버넌스에 있어서 역동성의 동인(動因)

이 장(章)은 거버넌스 연구를 통해 도출한 개념들의 발전에 대해서 논의하고, 이 개념들을 제1장에서 제시한 그림 1.1의 분석틀과 연결시키고자 한다. 본 연구의 분석틀은 역동적 능력이 어떻게 태동하고, 새롭게 출현하는 정책이슈에 대해서 어떻게 적응적 반응의 경로를 통해 집행되며, 그리고 조직을 선도하는 유능한 인재와 쇄신을 자극하는 신속한 절차에 의해서 어떻게 추진되는지를 논의한다. 이것은 지속적인 제도적 학습과 변화 그리고 진보를 위한 기반을 제공한다. 또한 거버넌스의 본질적 원리로서 수차례에 걸쳐 확인된 가치들의 지속적인 강화가 어떻게 역동적인 제도의 적응을 위한 문화적 토대로 작용하였는지를 탐구하고자 한다.

2.1 거버넌스와 정부

거버넌스는 한 사회가 주요한 정책이슈와 목표에 대한 결정을 하는데 필요한 절차와 시스템을 다룬다. "정부는 공적기관들의 구조와 기능이라 말할 수 있고, 거버넌스는 정부가 일을 수행하는 방식"[1]이다. 거버넌스는 의사결정과 어떻게 결정이 집행되는지에 관한 과정이다.[2] 정부는 사회에서 자원을 배분하고 활동을 조정하며, 규칙을 강화하기 위해 제도, 권위의 구조, 협력을 통해서 업무를 수행한다.

세계은행은 거버넌스를 "한 국가에서 권위가 행사되도록 하는 전통과 제도"라고 규정한다.[3] 이것은 다음과 같은 요소를 포함한다.

1 Donald F Kettl (2002). The Transformation of Governance. Baltimore, Maryland: Johns.

2 유엔 아시아태평양 경제사회위원회 홈페이지 주소: www.unescap.org

3 Daniel Kaufmann, Aart Kraay and Pablo Zoido-Lobaton (1999). "Governance Matters," Policy Research Working Paper 2196, World Bank Institute, October.

(i) 정부가 선택되고, 감시되고, 교체되는 과정;
(ii) 건전한 정책을 효과적으로 형성하고, 집행하는 정부의 능력;
(iii) 국가와 시민들 사이의 경제적, 사회적 상호작용을 관리하는 제도적 기구에 대한 시민들과 국가의 존중에 대한 것이다.

세계은행이 정의하는 거버넌스의 6가지 영역들은[4] 다음과 같다.

(i) **자기주장과 책임성** – 표현의 자유, 결사의 자유, 언론의 자유뿐만 아니라 한 국가의 시민들이 정부를 선택하는 데 참여할 수 있는 정도;
(ii) **정치적 안정과 폭력의 부재** – 정치적 폭력이나 테러를 포함해서 위헌적 또는 폭력적 수단에 의해 정부가 해체되거나 전복될 가능성에 대한 인식;
(iii) **정부의 효과성** – 공공서비스의 질, 공무원의 자질, 정치적 압력으로부터의 독립성, 정책형성과 실행의 질, 그러한 정책을 책임지는 정부의 신뢰성;
(iv) **규제의 질** – 민간부문의 발전을 촉진하는 건전한 정책과 규제들을 형성하고 집행하는 정부의 능력;
(v) **법에 의한 지배** – 정부기관들이 사회의 규칙에 대한 확신을 가지고 준수하는 정도, 특히 계약의 이행에 있어서 범죄와 폭력의 가능성뿐만 아니라 경찰, 법원에 대한 확신;
(vi) **부패의 통제** – 엘리트나 사적 이해관계자에 의해서 국가가 포획될 뿐만 아니라 작거나 큰 부패를 포함해서 공권력이 사적 이익추구에 행사되는 정도를 말한다.

4 Daniel Kaufmann, Aart Kraay and Massimo Mastruzzi (2004). "Governance Matters III: Governance Indicators for 1996, 1998, 2000 and 2002," World Bank Economic Review, Vol. 18, pp. 253-287.

거버넌스는 "공공정책과 프로그램을 형성하고, 집행하고, 평가할 수 있게 해주는 시민과 정부 사이의 관계이다. 광의적 맥락에서 거버넌스는 국가 또는 조직이 어떻게 기능하는지를 결정하는 규칙, 제도, 네트워크를 의미한다."[5] 거버넌스는 사회에서 정부의 변화하는 역할과 외부적, 내부적인 극심한 제약점을 극복하면서 집단적 이익을 추구하는 정부의 변화하는 역량에 관한 것이다.[6] 공무원 프로젝트 팀을 이끌었던 앤드류 탄(Andrew Tan)은 공공부문의 거버넌스를 다음과 같이 설명한다.

> "사회에서 다른 이해관계자들과 함께 정부가 사회의 집단적 공공복리와 국가의 장기적 이익을 촉진하는 데 권위와 영향을 행사하는 방식이다."[7]

우리가 이 연구에서 사용하는 "거버넌스"라는 용어는 경제발전과 사회복지를 유도하는 상호작용을 촉진하거나 또는 방해하는, 인센티브와 제약을 집합적으로 제공하는 데 있어서 선택된 경로, 정책, 제도와 그 결과로 발생한 구조를 의미한다. 따라서 역동적 거버넌스는 이러한 선택된 경로, 정책, 제도, 구조가 사회의 장기적인 바람직한 결과를 성취하도록 적합성과 효과성을 유지하기 위해 불확실하고 빠르게 변화하는 환경에 어떻게 적응시킬 것인지에 관한 것이다. 노벨상 수상자인 아미타야 센(Amartya Sen) 교수는 다음과 같이 주장했다.

5 Gambhir Bhatta (2006). International Dictionary of Public Management and Governance. New York: ME Sharpe Inc.

6 Jon Pierre and B Guy Peters (2000). Governance, Politics and the State. New York: St. Martin's.

7 Andrew Tan et al. (2004). "Principles of Governance: Preserving our Fundamentals, Preparing for the Future." Special Study Report prepared by a group of Administrative Officers led by Andrew Tan.

> "자본주의의 성공적인 경험은 항상 시장메커니즘뿐만 아니라… 단지 시장경제가 한 부분을 차지하는 제도적 조합의 발전에 기초한 것이다. 보이지 않는 손은 흔히 보이는 손에 상당히 의존한다."[8]

싱가포르 총리 리센룽(Lee Hsien Loong)은 2006년 9월에 IMF-세계은행 연례 회의를 주최했을 때 좋은 거버넌스의 역할을 다음과 같이 강조했다:

> "세계화의 역설은 정부의 역할을 제한하지만, 좋은 거버넌스는 더욱 중요해졌다. 좋은 거버넌스는 단지 경제를 개방하고 관료주의의 압박으로부터 자유롭게 하는 것이 아니다. 그것은 또한 지속적 발전을 위한 조건을 창출하는 것이며 국민 모두의 삶을 보다 개선하기 위한 정책을 적극적으로 추구하는 것이다."[9]

좋은 거버넌스는 권력의 남용과 부패로부터 자유로운 방식으로서 법에 의한 지배와 재산권에 대한 충분한 고려를 바탕으로 사회적 목표를 완수하는 방식이다. 좋은 거버넌스는 완전히 성취하기 어려운 이상을 지향한다. 그러나 지속가능한 인간개발을 보장하기 위해서 이러한 이상을 성취하기 위해서 노력하는 행동들이 필요하다. 유엔 아시아태평양 경제사회위원회는 좋은 거버넌스를 다음의 8가지 특징을 가진 것으로 정의했다.

> "이것은 참여적이고, 합의 지향적이고, 책임감 있고, 투명하고, 반응적이고, 효과적이면서 효율적이고, 공평하면서 포괄

8 Amartya Sen (2006). "Good Governance in the 21st Century," Keynote address at the Raffles Forum, organized by the Lee Kuan Yew School of Public Policy, 14 September 2006, Singapore.

9 IMF-세계은행 연례 회의에서 이루어진 리센룽 총리의 개막연설은 2006년 9월 19일에 있었다.

적이며, 법의 지배를 따르는 것이다. 부패는 최소화되고, 소수의 의견을 존중하며, 사회적으로 가장 취약한 사람들의 목소리가 의사결정에 반영되는 것이다. 또한 사회의 현재와 미래의 요구에도 반응하는 것이다."[10]

거버넌스의 역량은 "사회에서 요구하는 재화와 서비스를 제공하는 데 필요한 다양한 절차들을 정의하고 형성하는 행위자들(정부와 같은 공공부문과 기업과 같은 민간부문 모두)의 역량을 의미한다. 이러한 역량은 생산과정에 대한 규제적인 구조와 특정한 상황에서 명확하게 드러나는 제도적 맥락을 포함한 많은 변수들에 의해 정해지는 것이라고 한다."[11] 거버넌스 맥락의 독특성은 역사적, 문화적, 정치적 유산을 포함한다. 맥락을 파악하는 것은 어떤 거버넌스의 원칙과 구조를 채택할 것인지, 그것을 특정한 사회에 적합하도록 어떻게 적응시킬 것인지를 결정하기 위해서 필요하다. 행태에 중대한 영향을 미치는 비공식적, 문화적 규범은 특별히 중요하며, 이것은 공식적인 거버넌스의 규칙과 절차의 작동을 제한하거나 무력화시킬 수도 있다.

빠르게 변하는 환경 속에서 국가의 발전과 생존에 영향을 미치는 핵심적인 동인(動因)은 급격하게 이동한다. 과거의 성공은 미래의 생존을 보장하지 않는다. 적합성과 효과성을 유지하는 좋은 거버넌스는 분명히 역동적인 것이다. 정부는 미래의 발전을 예측하고, 지속적으로 학습하며, 사회적, 경제적인 이슈들에 대한 사고방식을 쇄신할 필요가 있다. 과거에 제대로 작동하던 정책과 프로그램은 다시 생각하고, 다시 검토되어야 한다. 역동적 거버넌스는 국가가 미래를 보다 잘 준비하기 위해서 미리 생각하는 것이고, 새로운 아이디어와 혁신이 기존 프로그램에 통합되도록 다시 생각하는 것이며, 우수사례를 특정한 사회의 수요에 충족시키기 위해서 적응적으로 생각하는 것이다.

---

10 www.unescap.org.

11 Bhatta (2006).

정부는 사회를 어떻게 자체적으로 체계화하는지, 그리고 국가적 목표를 성취하기 위해서 거버넌스 시스템을 어떻게 구축하는지에 관련되어 있다. 정부는 긍정적인 효과를 창출하는가? 경영 아카데미 리뷰(the Academy of Management Review)는 특별이슈로 정부의 문제를 어떻게 이해할 것인지에 대한 시각을 실었는데, "9 · 11 테러사태 이후에, 누구도 더 이상 정부를 문제 삼지 않았다. 모든 항공기들이 2시간 이내에 착륙했을 때, 항공산업의 관계자들은 정부가 중요하다는 것을 알았다… 그리고 뉴욕시의 경찰, 소방, 긴급구조대의 영웅적인 활동에서 정부가 정말 중요하다는 것이 명백해졌다.[12]"라고 간단하게 정리하였다. 그리고 루디 줄리아니(Rudy Giuiani) 뉴욕시장이 구조과정에서 보여준 리더십은 그를 세계적 수준의 경영전문가로 격상시켰다.

정부는 지속적으로 변화하고, 개선하고, 혁신할 수 있는가? 거대하고 복잡한 모든 조직들은 위계적 구조, 공식적 규칙, 그리고 조직적 효율성을 성취하기 위해 안정적이고 반복적인 업무수행을 위한 세밀한 절차에 의해 관리된다.[13] 따라서 공공관료제는 흔히 느리고, 경직적이고, 비인간적이고, 답답하고, 소모적이고, 변화할 수 없다고 간주된다. 반대로, 역동적 조직은 보통 빠르고, 유연하고, 반응적이고, 창조적이고, 활기차며, 끊임없이 변화한다고 설명된다. 이러한 기업 조직들은 지속적인 적응이 생존과 성공을 위해서 핵심적인 요인으로 작용하는 불확실하고 빠르게 변화하는 환경 속에서 운영된다. 거버넌스의 기능을 수행하는 공공기관은 점점 더 복잡한 경제와 정교한 사회에서 민간부문이 성공하기 위해 수행할 필요가 있는 상호작용과 교환을 지원하거나 또는 방해할 수도 있다. 정부는 어떻게 변화에 대한 요구에 적응할 수 있고, 보다 기업가적이며, 보다

12 Peter Ring, GA Bigley, T D' Aunno and T Khanna (2005). "Perspectives on How Governments Matter," Academy of Management Review, Vol. 30, No. 2, pp. 308-309.

13 Charles Perrow (1986). Complex Organizations: A Critical Essay, 3rd Edition. NY, NY: Random House, pp. 3-4.

빨리 움직이고, 그리고 투자와 인재를 유치하는 데 더욱 경쟁력을 갖출 수 있는지, 요컨대 공공기관이 그들의 거버넌스 구조와 시스템을 어떻게 역동적으로 개발할 수 있는가?

정부에서 주요한 행위자들은 정치지도자와 공공부문이다. 이들은 효과적인 정책형성과 집행을 위해 필요하다. 민주주의 사회에서 정치지도자들은 선출되고 궁극적으로 시민들에 책임을 진다. 시민들은 정치지도자들에게 공공정책을 결정하는 권한과 바람직한 국가적 목표를 달성하기 위해서 정책을 실행하는 권한을 행사하도록 위임한다. 만약 그들이 시민들의 생활을 향상시키는 경제적, 사회적인 성과를 제공하지 못한다면, 그들은 통치의 정당성을 잃을 것이고, 다음 선거에서 그러한 권한을 빼앗길 수도 있다. 정치지도자는 국가적 의제를 설정하고, 궁극적으로 그들이 선택한 정책선택에 대한 책임을 지며, 정책의 내용과 영향에 대해서 책임을 진다. 정치지도자는 공공부문의 정책방향, 기조, 환경을 설정한다.

공공부문은 정책을 실행하고, 서비스를 제공하고, 안전을 보장하고, 그리고 사람들의 상호작용과 교환을 가능하게 하는 데 필요한 공공기관을 운영한다. 행정조직 같은 공공부문의 기관은 국가적 목표를 달성하기 위한 공공정책을 만들고 실행하기 위해 입법을 통해서 만들어지는 거버넌스의 조직이다. 공공부문의 공무원들은 정치과정을 통해 선출되지는 않지만 민간부문의 대규모 조직들처럼 고용계약에 따라 임용된다. 공무원은 정치적으로 중립적이고, 국민들에 의해 선출된 어떠한 정당과도 함께 일할 수 있도록 기대된다. 그러나 공무원들은 공공정책과 프로그램을 만들고 집행하는 데 있어서 정치지도자와 시너지 효과를 낼 수 있도록 사회적 이슈에 대해서 정치적으로 민감해야만 한다. 이 연구에서 우리는 공공부문에 의해서 개발된 역동적 거버넌스의 능력과 그 개발에 대한 정치지도자의 연관성과 영향에 초점을 두고 있다.

공공부문은 보통 거대하고, 많은 사람을 고용하며, GDP의 중요한 부문을 차지한다. 그들은 공공정책의 개발과 실행, 그리고 국가발전을 위해 필요한 기초적 기반시설을 제공하는 역할을 통해 사회를 형성한다. 그들은 경제성장을 촉진하거나 방해할 수도 있고, 시민들의 삶의 질을 향상시키거나 저하시킬 수도 있으며, 그리고 국제사회에서 국가의 명성과 지위를 신장시키거나 훼손시킬 수도 있는 정책, 시스템, 절차를 관리한다. 그들은 능력과 청렴성을 바탕으로 공공시스템을 관리하고, 따라서 보다 높은 국가적 열망과 성취를 가능하게 하는 사회적 자본을 구축하는 데 기여할 수 있다. 또는 그들은 사회적 가치와 구조를 좀먹고 훼손하는 부패를 허용해서 궁극적으로 교육, 근로, 진보를 추구하는 토대를 파괴할 수도 있다.

경제성장을 촉진하고, 사회적 안정을 유지하며, 안전을 확보하는 정부의 기본적인 역할은 변하지 않았다. 그러나 정부는 보다 기업가적으로 변화하고, 규제적이고 강압적인 권한을 덜 사용하도록 기대되었다. 오스본과 게블러(Osborne and Gaeber)는 1990년대 미국에서 공공부문의 변화에 대한 10가지 유형을 확인하였다.[14]

(i) 촉매적인 정부: 노 젓기보다는 방향을 제시하기;
(ii) 공동체 소유의 정부: 봉사하기보다는 권한을 부여하기;
(iii) 경쟁력 있는 정부: 서비스 공급에 경쟁을 주입하기;
(iv) 사명중심의 정부: 역할중심의 조직으로 변화하기;
(v) 결과지향적 정부: 투입이 아닌 산출에 재정을 지원하기;
(vi) 고객중심의 정부: 관료제가 아닌 고객의 수요를 충족하기;
(vii) 기업가적 정부: 소비보다는 수익을 창출하기;
(viii) 예측하는 정부: 치료보다는 예방하기;
(ix) 분권화된 정부: 계층제로부터 참여와 팀워크로 이동하기;
(x) 시장지향적 정부: 시장을 통해서 변화를 추진하기.

[14] David Osborne and Ted Gaebler (1992). Reinventing Government. NY: Penguin Books.

또한 4가지 유형의 거버넌스 시스템을 확인하였다.[15]

(i) **절차적 거버넌스** – 전통적인 관료적 방식으로 일하는 것;
(ii) **협력적 거버넌스** – 계획이 관리적 행동을 통제하는 중요한 형식으로 작용하는 목표중심의 거버넌스;
(iii) **시장적 거버넌스** – 계약으로 통제하고, 경쟁에 의존하는 거버넌스
(iv) **네트워크 거버넌스** – 네트워크와 공동생산에 의존하는 거버넌스

네트워크 거버넌스는 공공관료제 내에서 자원을 소유하고 통제하기보다는 공공과 민간의 경계를 거쳐서 자원을 조직함으로써 공공의 가치를 창출한다. 이것은 공공부문의 형태를 세계적으로 변화시키는 4가지 강력한 경향의 융합을 나타낸다.[16]

(i) **제3자적 정부**: 서비스 공급과 정책목표의 달성을 위해서 민간기업과 비영리단체의 – 공무원에 반대되는 것으로서 – 활용 증가;
(ii) **연합적 정부**: 통합적 서비스를 함께 제공하기 위해 다양한 정부기관, 때때로 다양한 수준의 정부가 협력하는 경향의 증가;
(iii) **디지털 혁명**: 조직들이 외부의 파트너와 실시간으로 협력할 수 있는 기술적 진보;
(iv) **시민의 수요**: 민간부문에서 만들어진 맞춤형 서비스 제공의 기술에 대응해서, 시민들의 생활에 대한 정부의 더 많은 관여와 정부서비스에 있어서 더 많은 선택과 다양성을 요구하는 경향이다.

[15] Bhatta (2006).

[16] Stephen Goldsmith and William D Eggers (2004). Governing by Network. Washington DC: Brookings Institution Press.

2.2 제도

제도는 사회적 규범과 법적인 틀로서, 그러한 범주에서 사회적인 행동이 일어나며, 조직은 그러한 행동을 조정하거나 규범을 강화하기 위해서 설립한다.

> "제도는 집단적, 개인적인 경험을 만들어주는 사회적 행동의 유형이다. 제도는 개인의 정체성을 유도하고 지속시키는 복합체이다… 제도는 다른 사람에 대한 행동양식을 가능하게 또는 불가능하게 만들어서 개인을 형성시킨다. 그것은 의무를 부여하고, 책임을 요구하며, 그리고 각각의 사람들이 성취한 것의 우수성을 인식하는 것에 관해서 기준을 제공함으로써 개성을 형성시킨다."[17]

제도는 사회에 있어서 게임의 규칙인데, 사람들의 거래에 있어서 구조적인 동기를 제약하고 사람들의 상호작용을 형성한다. 제도는 사회의 유인구조를 형성하고, 정치경제적 제도는 결과적으로 경제적 성과의 근본적인 결정요인이다.[18] 그것은 특별한 방식으로 인센티브를 구조화함으로써, 사람들과 조직으로 하여금 특정한 사회에 중요한 문제를 해결하기 위해 그들의 지식과 자산을 투자하고 확장하고 적용하도록 유인책을 제공한다.

사회가 발전하면서 경제적, 사회적 거래들은 매우 인간적인 관계에서 인간미 없는 교환관계로 이동하고, 그것은 노동의 분화, 지식의 전문화, 그리고 규모의 경제를 추구하게 된다. 그러나 인간미 없는 교환관계로 이

---

17 RN Bellah, R Madsen, SM Tipton, WM Sullivan and A Swidler (1991). The Good Society. NY: Knopf, p. 40.

18 Douglass C North (1993). "Economic Performance through Time," Nobel Prize Lecture, 9 December 1993.

동하는 것은 심지어 생산비용이 감소할 때도 거래비용을 증가시킨다. 비록 효과적인 가격시스템은 필수적인 전제조건이지만, 전문화에서 기인한 분할된 지식을 바람직한 사회적 재화와 서비스의 창출에 효과적으로 연결시키기에는 충분하지 않은 것이다.

> "공공재, 비대칭적인 정보 그리고 보편적인 외부효과는 낮은 거래비용으로 산재된 지식을 통합하기 위해서 제도와 조직을 필요로 한다."[19]

제도와 채택된 기술은 생산비용에 더해서 거래비용과 전환비용을 결정한다. 그것은 교환을 위한 안정적인 구조를 제공하고, 거래비용을 줄이며, 사람들이 실질적인 선택을 할 수 있도록 함으로써 불확실성을 줄여준다. 제도적인 제약이 없다면, 당사자 사이의 정보비대칭성과 이기적 행태로 인해 상대방이 계약에 합당한 이익을 얻을 수 있을지에 대한 불확실성을 야기함으로써 복잡한 교환을 배제시킬 것이다.[20] 제도는 거래비용이 많이 들 때 중요하다. 그것은 교환과 생산비용에 영향을 미침으로써 경제적 성과를 좌우한다. 제도가 진화하듯이, 그것은 시장의 참여자들이 이용할 수 있는 선택을 변화시킨다.

제도는 공식적인 규칙, 법, 헌법 또는 사회적 규범, 관습 그리고 사람과 조직들 사이의 상호작용을 규정하는 자기규정의 행동양식 같은 비공식적 제약으로 구성된다. 비공식적 제약은 역사적 유산과 문화를 형성하는 정보를 사회적으로 전승하며, 사람들 사이의 반복적인 상호작용을 조정하기 위해서 발생한다. 비공식적 제약은 (i) 공식적 규칙을 확대하고, 구체

---

[19] Douglass C North (2005). Understanding the Process of Economic Change. Princeton University Press, p. 121.

[20] Douglass C North (1990). Institutions, Institutional Change and Economic Performance. NY: Cambridge University Press, p. 33.

화하고, 변형시킨 것이고, (ii) 사회적으로 허가된 행태의 규범이며, (iii) 내부적으로 강화된 행동의 기준이다.[21]

비공식적 사회적 규범은 때때로 이기적 당사자들의 행태를 제약함으로써 공식적인 규칙보다 더 큰 영향력을 행사한다. 그것은 단속과 집행비용을 줄여줌으로써 복잡한 교환을 실행할 수 있도록 해준다. 그러나 경제적 거래에 있어서 전문화와 노동의 분화가 증가하면서 사회를 더욱 복잡하게 만들고, 불문적인 전통과 관습을 보다 공식화시키고, 헌법, 법적 규칙과 규제, 재산권 그리고 계약으로 성문화시킨다.

변화하는 공식적 규칙과 구조를 좋은 거버넌스의 관행에 적용하는 것은 이제 시작에 불과하다. 지역의 거버넌스와 제도적 맥락에 깊숙이 뿌리내린 비공식적 규범과 관행은 이러한 공식적 규칙의 적용을 제한하거나 또는 정치적으로, 사회적으로 수용되기 전에 새로운 적응을 요구할 수도 있다. 이러한 과정이 끝나고 새로운 거버넌스의 규칙이 적용되면, 개인과 조직은 새로운 규칙에 따라 행동하기 시작할 것이며, 궁극적으로 그들은 선택된 경로를 지속적으로 강화하기 위해 새로운 규율을 개발한다. 이러한 거버넌스의 유형은 기술이 변화하고, 경쟁이 심해지고, 새로운 세계적 발전이 기존의 "좋은 거버넌스"를 낡은 것으로 만들 때 위험해진다.

제도는 또한 공공관리시스템에서 제도적인 환경으로서 알려진 것의 한 부문인 정부기관과 은행 같은 조직의 집합을 일컫는 데 사용된다.[22] 이처럼 제도는 경쟁적 게임처럼, 공식적이고 비공식적인 규칙으로서 제도와 행위자(조직)로서의 제도 사이에 구분이 만들어진다. 제도주의는 "제도는 공공정책에 영향을 미치는 커다란 역할을 수행하며, 공공의 행동이 어떻게 이루어지고 시민의 요구가 어떻게 집적되는지를 이해하는 방식으로서 제도의 우월성을 믿는" 개념을 의미한다.[23]

[21] North (1990), p. 40.

[22] Bhatta (2006).

[23] Bhatta (2006).

제도적인 장치와 기능은 규칙을 넘어서 위반을 확인하고 처벌하는 것과 같은 집행의 비용과 효과를 포함하는 것이다.[24] 심지어 규칙들이 동일할 때에도 집행메커니즘의 차이, 집행을 수행하는 방식, 행태의 규범, 행위자의 주관적인 사고방식으로 인해서 다른 결과를 초래한다. 제도는 경찰의 일탈에 대한 정보를 제공하고, 위반을 처벌하기 위해 국가가 허용한 강제력의 위협을 신뢰하도록 보장하는 소통 메커니즘을 형성함으로써 계약 당사자들 사이의 협력을 보장한다. 거래를 강제하는 제3자가 없이는 복잡한 교환관계를 유지하기 어렵다. 그것은 공정하고 제대로 기능하는 법적 시스템이 왜 그렇게 중요한 제도인지를 설명해준다.

강제력의 집행은 위반을 단속하고 결정하는 비용과 "자신의 효용을 위해 결과에 영향력을 행사하려는 대리인에 의해서 실행된다는 사실"[25] 때문에 전형적으로 불완전한 것이다. 규칙을 만들고, 실행하고, 강제하기 위해서 불가피하게 조직을 만들었을 때, 제도와 조직은 분리되지 않는다. "신뢰할 만한 계약의 이행을 유도하는 제도적 환경은 낮은 거래비용을 가능하게 만들어주는 공식적 규칙의 복잡한 제도적 틀, 비공식적 제약, 강제력의 집행을 수반한다."[26]

제도적인 틀의 전체적인 안정성은 시간과 공간에 구애받지 않고 복잡한 교환을 가능하게 한다. 그것은 사람들이 각각의 시간과 장소에서 교환에 관해서 신중하게 검토하지 않아도 일상적으로 교환과정에 참여할 수 있도록 해준다.[27] 제도적 안정성은 사람들의 교환을 위한 필요조건이지만, 효율적 교환을 위한 충분조건은 아니다.

정책과 제도는 여러 가지 방식으로 서로 연결되어 있다.[28] 첫째, 정책

---

[24] North (1990), p. 4.

[25] Ibid, p. 54.

[26] Ibid, p. 58.

[27] Ibid, p. 83.

[28] 여기의 논의는 주로 아래의 보고서를 원용하였음. World Bank Report (2000) on "Reforming Public Institutions and Strengthening Governance".

설계는 제도적 역량을 고려해야 한다. 제도가 약하거나 제대로 기능하지 않을 때, 행정적 수요와 공공의 자유재량을 제한하는 단순한 정책은 가장 잘 작동한다. 제도가 보다 강한 곳에서 보다 도전적인 공공의 시책들이 효과적으로 작동할 수 있다. 둘째, 정책은 진공상태에서 나타나는 것이 아니라 게임의 제도적, 정치적 규칙을 통해서 형성된다. 셋째, 정책선택은 제도가 발전하는 방식에 중요한 영향을 미칠 수 있다.

2.3 역동적 거버넌스와 제도적 문화

역동적 거버넌스는 정책형성과 집행에 대한 적극적인 접근방식을 의미하는데, 그것은 끊임없이 미래의 발전을 예측하고, 환류를 수집하며, 성과를 평가하고, 거버넌스 시스템과 제도가 경제적, 사회적 발전을 위한 적합성과 효과성을 유지하도록 다른 것으로부터 학습하는 것이다. 거버넌스에서 역동성의 본질은 문제가 진화하고 새로운 이슈의 출현에 따라 지속적인 제도(규칙, 인센티브, 구조, 집행메커니즘)의 변화를 유도하는 끊임없는 학습, 새로운 사고, 새로운 아이디어이다. 제도경제학자(Mantzavinos, North and Shariq)들은 다음과 같이 설명한다.

> "사회과학의 가장 위대한 도전은 변화 – 또는 보다 구체적으로, 사회적, 정치적, 경제적 그리고 조직적 변화를 설명하는 것이다. 출발점은 인간의 학습에 대해서 설명해야만 하는데, 그것은 변화를 설명하는 근본적인 전제조건이기 때문이다. 학습능력은 인간의 행태가 적응성을 나타내는 것, 그리고 개인들이 사회, 정치, 경제, 조직에서 일으키는 학습의 상호작용에 대해서 설명해주는 중요한 요인이다."[29]

[29] C Mantzavinos, D North and S Shariq (2004). "Learning, Institutions, and Economic Performance," Perspectives on Politics, Vol. 2, No. 1, pp. 75-84.

제도는 당면한 이슈가 특정한 제도적 맥락에서 조직의 상대적인 협상력에 의해 결정되는 해결책을 필요로 할 때, 미세한 조정을 통해서 점증적으로, 점차적으로 변화하는 경향이 있다. 제도적 변화는 과거에 선택한 경로가 미래에 실현가능한 선택의 폭을 제한하는 경로의존성을 특징으로 한다. 역사는 제도적 변화에 있어서 중요하다.

수익의 증가를 일으키는 4가지 자기강화 메커니즘과 기술적 변화에 있어서 경로의존성은 제도적 변화에 동일하게 적용된다.[30] 이것은 (i) 많은 구축비용 또는 고정비용, (ii) 학습효과, (iii) 조정효과, (iv) 적응적 기대이다.

일단 제도가 만들어지고 상당한 비용을 지불하면서 작동하면, 사람들은 그들의 교환을 어떻게 운영하고 조정하는지 학습하고, 이러한 기제가 지속될 것을 기대한다. "제도적 기반의 상호의존적 연결망은 거대한 수익의 증가를 만들어낸다"[31] 경로의존성은 주어진 경로에 대한 방향을 강화시키는 메커니즘의 수익의 증가로부터 나온다. 그것을 전환하는 비용은 높고, 사람들은 기존에 수용한 관행을 포기하려고 하지 않는다.

정치적 틀은 제도의 진화적 변화를 위한 환경을 제공한다. 정치지도자가 가치와 선호에 있어서 사회적 변화에 대응하여 변화할 때, 과거의 정치체제에서 적합한 제도적 틀을 다시 검토하도록 압력을 행사한다. 제도적 변화는 현재의 제도가 적합하면서도 미래의 선택을 제한하는 과정을 거치기 때문에 점증적이고 경로의존적인 경향을 가진다. 심지어 공식적 규칙이 변화할 때에도, 문화적으로 파생되고 정의된 비공식적 제약은 즉각적으로 변화하지 않으며, 인간의 행태에 중대한 영향력을 지속적으로 행사할 수 있다.

---

[30] Brian Arthur (1988). "Self.Reinforcing Mechanisms in Economics," in The Economy as an Evolving Complex System, PW Anderson, KJ Arrows and D Pines (eds.). MA: Addison-Wesley.

[31] North (1990), p. 85.

노벨상을 수상한 더글라스 노쓰(Douglass North)는 제도적 변화의 5가지 특징을 다음과 같이 설명한다.[32]

(i) 자원이 부족한 경제적 상황에서 제도와 조직 사이의 상호작용을 지속하기 때문에 경쟁이 제도적 변화의 핵심이다.
(ii) 경쟁은 조직이 생존하기 위해서 지속적으로 새로운 기술과 지식을 투자하도록 강제한다. 개인과 조직이 습득하는 지식과 기술은 기회에 대한 인식의 진화를 형성하고, 그에 따른 선택은 점증적으로 제도를 변화시킨다.
(iii) 제도적 틀은 최대한의 보상을 받기 위해서 인식된 기술과 지식을 따르는 유인구조를 제공한다.
(iv) 인식은 행위자들의 사고방식으로부터 나온다.
(v) 규모의 경제, 상호보완성, 제도적 연결망의 외부효과는 제도적 변화를 대단히 점증적이고 경로의존적인 것으로 만든다.

그는 또한 인구의 통계학적 특성, 지식의 축적, 제도적 틀에 의해 결정되는 경제적 시스템에 있어서 변화의 과정은 진정으로 학습과정이라는 것을 상세히 설명하였다. 학습은 우리가 사건들을 어떻게 인지하고 분류하는지에 대한 인지구조를 포함하며, 사고방식은 환경을 해석하고 인지하는데 사용된다. 학습은 우리가 환류, 새로운 정보와 경험, 다른 사람들의 아이디어와 경험을 성찰하고, 그것이 우리의 사고방식을 강화하거나 변형하도록 허용할 때 발생한다.

역동적 거버넌스는 정부와 사회가 세계적 연결성, 급속한 기술변화, 치열한 경쟁의 시대에 있어서 국가의 생존과 성공을 위해 계속적으로 학습하고 조정해야 한다는 것을 인식하고 있다. 비록 치열한 경쟁이 제도적

[32] North (2005).

학습과 변화를 위한 유인을 창출하더라도, 사회가 축적한 과거의 경험(성공 또는 실패)은 새로운 도전에 대응하거나 새로운 기회를 활용하기 위한 충분한 준비를 보장하지 않는다. "경제적 변화의 속도는 학습하는 비율의 함수이다… 신념체계와 제도에 '갇혀 있는' 사회는 복잡성의 사회에서 새로운 문제를 해결하는 데 실패한다."[33] 따라서 현재의 사고를 강화하고 새로운 사고의 유형을 개발하는 것은 학습의 근간이고 제도적 변화와 역동적 거버넌스를 위한 토대를 제공한다.

사회의 문화는 흔히 과거에 직면한 문제를 해결하려는 적응적 시도의 과정에서 축적한 학습과 경험의 축적으로부터 발생한다. 학습의 과정은 우리가 직면하는 경험의 함수이고 이러한 경험이 우리의 사고방식을 통해서 어떻게 인식되고, 분류되고, 해석되는지에 대한 것이다. 사회의 생존과 성공에 있어서 이러한 아이디어의 가치에 대한 인식은 사람들의 마음속에 깊이 각인된다. 시간이 지나면서 공통의 문화적 유산이 형성되고, 사고방식의 일탈을 줄여주고, 이러한 공통의 사회적 인식을 미래의 세대에게 전수하기 위한 수단을 개발한다. 이러한 문화적 유산은 사람들이 거버넌스를 포함한 선택의 범주에서 생각하고, 평가하고, 결정하는 방식을 형성한다. 거버넌스의 문화적 토대는 지도자들이 세계 속에서 국가의 강점과 취약성을 인식하는 방식으로부터 유래하며, 이것은 다시 거버넌스 시스템과 제도의 의도된 목표에 영향을 미친다. 그다음에는 목표를 완수할 수 있도록 정책결정과 집행을 유도하는 원칙이 만들어진다.

제도적 변화의 근본적인 역동적 과정은 변화하는 환경에 적응하려는 지도자의 분명한 의도와 그들의 사고방식의 근본적인 변화에 달려있으며, 이 두 가지는 사회적 학습으로부터 발생하며, 다시 제도적 틀을 형성한다. 노쓰(North)는 이것을 다음과 같이 상세하게 설명한다.

33 Douglass North (1994). "Economic Performance Through Time," American Economic Review, June, p. 364.

> "경제적 변화의 과정에는 3개의 부분, 즉 경제의 '현실', 그러한 현실에 대해서 사회 속의 인간들이 소유하고 있는 인식 그리고 그들이 소유하고 있는 신념을 바탕으로 불확실성을 줄이고 경제를 통제하기 위해서 부과하는 구조가 있다. 변화의 과정은 현실의 지속적인 변화에서 기인하고, 그것은 인식의 변화를 야기하며, 그것은 다시 현실을 변화시키기 위해서 행위자들이 구조를 수정하거나 변경하도록 유도하는 계속적인 과정이다."[34]

만약 거버넌스가 국가의 위상에 대한 인식으로부터 나온 분명한 목적과 원칙에 의해서 유도되지 않고, 그 상태에서 규칙과 구조를 채택한다면, 거버넌스는 자기 영속적인 것이 되고 관료제는 심화된다. 이러한 경우에는 환경이 변화할 때, 기존의 거버넌스 시스템과 구조를 다시 검토하고 수정할 이유가 없다. 사실상 변화는 현재의 지도자와 조직이 새로운 맥락에서 업무를 수행할 능력이 부족하기 때문에 불안하고 위협적인 것으로 느낄 수 있다. 이러한 역기능적 행태는 공유된 목표의식과 변화를 촉진하는 원칙에 대한 강력한 믿음이 없이는 변화할 수 없다. 변화를 반드시 해야 하는 것으로 이해하기 위해서는 적응하려는 수요에 대해서 이해하기를 원하는 그리고 그러한 수요가 나타나는 유형을 인식할 수 있는 가치관과 사고방식을 필요로 한다. 문화, 신념과 믿음 그리고 사고방식의 변화는 제도적 변화에 필요한 것이며, 이것은 결국 공공정책을 다시 고려하고, 재설계하고, 쇄신하는 것에 영향을 미친다.

2.4 조직적인 능력: 의도한 결과를 수행하기 위한 지식과 기술

[34] North (2005).

조직적인 능력은[35] 특정한 결과를 성취하기 위해 조정된 업무를 수행하기 위해 조직의 지식이나 자원을 계획적으로 사용하는 것을 의미한다. 능력은 일을 수행하는 독특한 방식이며, 조직들은 흔히 비슷한 업무를 기능적으로 수행하는 방식에 차이를 나타낸다. 지식은 구성원의 머릿속에 쌓여있는 수동적인 '도서관의 책'이 아니라 조직의 활동 속에 내재된 노하우로 간주된다.[36] 역량은 생산적 활동을 가능하게 하는 조직적인 구조와 관리의 과정에 관한 것으로 이해된다. 이것은 우수한 시스템과 구조를 가진 조직이 더 유능하고 더 잘 수행한다는 것을 의미한다.[37]

능력은 의식적이고 신중한 결정, 선택, 계획, 조직된 활동 그리고 전문가의 배치를 통해서 개발된다. 그것은 조직적 학습의 과정을 통해서 오랜 시간에 걸쳐 습득된다.[38] 이러한 학습의 시스템은 행동에 의한 점증적 학습과 사용에 의한 학습[39] 그리고 핵심적인 지식에 대한 근본적인 변화를 유발하는 단계적 함수의 학습을 포함한다.[40] 관리자들의 인지적 지도, 특히 그들의 신념, 문제의 표현 그리고 환류의 해석은 능력개발의 방향에 영향을 미친다.[41] 관리자들은 시장의 수요에 대응하고, 그들의 조직에서 명

---

35 David J Collis (1994). "How Valuable are Organizational Capabilities?" Strategic Management Journal.; G Dosi, RR Nelson and SG Winter (eds.) (2000). The Nature and Dynamics of Organizational Capabilities. NY: Oxford University Press.; CE Helfat (ed.) (2003). The SMS Blackwell Handbook of Organizational Capabilities. MA: Blackwell Publishing.

36 B Kogut and U Zander (1992). "Knowledge of the Firm, Combinative Capabilities and the Replication of Technology," Organization Science, Vol. 3, pp. 383-396.

37 DJ Teece, G Pisano and A Shuen(1997). "Dynamic Capabilities and Strategic Management," Strategic Management Journal, Vol. 18, pp. 509-534.

38 L Dietrickx and K Cool (1989). "Asset Stock Accumulation and Sustainability of Competitive Advantage," Management Science, Vol. 35, pp. 1504-1513.

39 N Rosenberg (1982). Inside the Black Box: Technology and Economics. Cambridge, UK: Cambridge University Press.

40 CE Helfat and RS Raubitschek (2003). "Product Sequencing: Co-evolution of Knowledge, Capabilities and Products," in CE Helfat (ed.) The SMS Blackwell Handbook of Organizational Capabilities. MA: Blackwell Publishing.

41 G Gavetti (2005). "Cognition and Hierarchy: Rethinking the Microfoundations of

성을 신장시키고 금전적 보상을 얻는 데 성공하기 위해서 특별한 능력을 선택하고 촉진시킨다. 그러나 조직은 한계비용 또는 성취에 도달했을 때 학습의 동력을 잃어버리는 경향을 가진다는 경험적 관찰이 증명하듯이, 새로운 능력을 학습하는 데 있어서 최적화보다는 작은 성과에 만족하는 경향이 있다.[42]

관리자들의 제한된 합리성, 조직의 축적된 학습, 그리고 가장 가까운 곳에서 문제의 해결책을 탐색하는 경향은 조직적인 능력의 개발에 있어서 경로의존성을 초래한다.[43] 능력의 개발을 위한 대안들은 흔히 과거의 유산과 기존의 물리적, 조직적, 인적자본에 축적된 투자에 의해서 제한된다. 나아가, 조직적인 능력은 그들의 발전을 위한 인센티브를 규제하거나 제공하는 더 광범위한 제도적이고 정책적인 환경에 맥락적으로 연결되어 있다.[44]

조직적인 능력은 조직적인 관례(routines)[45]와 조직적인 자원[46]의 개념들과 밀접히 관련되어 있다. 학계의 문헌에 의하면, 조직적인 능력은 관례(기본적인 기능적, 운영적 활동)와 자원(지식, 기술, 그것의 상호보완적인 자산)의 전략적인 조합이나 재조합으로부터 나온다.[47] 역동적 능력의 개념은 조직적인 능력의 개발에 대한 우리의 이해에 2차원적 측면을 더해준다. 역동적 능력은

Capabilities' Development," Organization Science, Vol. 16, No. 6, pp. 599-617.

42 SG Winter (2000). "The Satisficing Principle in Capability Learning," Strategic Management Journal, Vol. 21, pp. 981-996.

43 WM Cohen and DA Levinthal (1990). "Absorptive Capacity: A New Perspective on Learning and Innovation," Administrative Science Quarterly, Vol. 35, pp. 128-152.

44 Winter (2000).

45 RM Cyert and JG March (1963). A Behavioral Theory of the Firm. NJ: Prentice Hall. RR Nelson and SG Winter (1982). An Evolutionary Theory of Economic Change. Cambridge, MA: Harvard University Press.

46 J Barney (1991). "Firm Resources and Sustained Competitive Advantage," Journal of Management, Vol. 17, pp. 99.120; RR Nelson (1991). "How Do Firms Differ, and How Does it Matter?" , Vol. 12, pp. 61.74; B Wernerfelt (1984). "A Resourcebased View of the Firm," Strategic Management Journal, Vol. 5, pp. 171-180.

47 Kogut and Zander (1992).

관례와 자원을 변화시키기 위한 역량 또는 기술적이고 환경적인 변화에 적응하기 위한 핵심적 능력으로서 개념화된다. 이러한 개념들은 이어지는 단락의 논의에서 상세하게 논의될 것이다. 다양한 용어들 사이의 개념적 차이는 미세하고, 연구자들은 흔히 "역량", "능력", "자원"을 동의적인 용어로 사용한다.

2.4.1 관례: 운영적 활동을 위한 표준운영절차

관례는 내부의 또는 외부의 투입의 흐름에 대응하여 흔히 반자동적으로 집행되는 수많은 일상적인 사업적 활동과 같은 반복적인 과업을 수행하는 규칙적 방식이다. 관례는 다양한 사람과 조직의 단위를 포함하는 상호의존적인 행동을 식별할 수 있는 유형을 포함한다.[48] 관례는 특정한 산출물을 생산하기 위한 조정된 방식에 있어서 일반적인, 예측할 수 있는 행정적, 기능적, 운영적인 거래를 수행하기 위한 기본적인 절차와 정책이다. 그것은 조직적 활동에 안정성을 부여하는 표준운영절차(Standard Operation Procedures)와 유사하다.[49] 관례는 강력한 지속성의 요소를 갖고 있으며, 예측할 수 있고, 규칙에 기반하며, 아주 구체적이고 안정적이다. 조직적인 관례의 사례들은 제품을 생산하는 기술적 절차, 사람을 고용하거나 물건을 주문하는 절차 그리고 광고, 자본투자, 연구개발을 위한 정책을 포함한다.

관례는 가치를 제공하고 조직적 변화에 제약을 창출하는 인간과 자본적 자산에 내재된 조직적 활동의 식별할 수 있는 행태적 유형이다.[50] 그것은 조직의 복잡성을 줄이고, 인지적 효율성을 촉진하며, 운영상의 결과를

---

48 MS Feldman and BT Pentland (2003). "Reconceptualizing Organizational Routines as a Source of Flexibility and Change," Administrative Science Quarterly, Vol. 48, pp. 94-118.

49 Cyert and March (1963).

50 Dosi, Nelson and Winter (2000); Nelson and Winter (1982); M Zollo and SG Winter (2002). "Deliberate Learning and the Evolution of Dynamic Capabilities," Organization Science, Vol. 13, pp. 339-351.

성취할 수 있도록 해준다. 잘 규정된 관례는 어떤 특정한 시점에 조직적인 활동의 많은 부분을 구조화하며, 개인적인 기술과 조직의 암묵적 지식을 채택하고 있다.

관례는 세포처럼 조직의 효율적인 기능을 위해서 핵심적인 조정의 정보를 내재하고 있으며, 반복을 통해서 기억된다. 그것은 조직의 학습을 위한 기반이며 산물이다.[51] 관례는 바람직한 행태의 규범을 정의하고, 일반적인 관리감독과 통제에 따른다. 지배적인 관례는 질서를 정의하고, 조직에서 흔히 충돌을 유발하는 관례를 변화시키려고 시도한다.[52]

관례는 개별적으로 또는 집합적으로 조직적인 능력의 요소들을 형성한다. 조직적인 능력은 "실행적인 투입의 흐름과 함께 특별한 유형의 중요한 산출물을 생산하기 위한 일련의 의사결정의 선택에 대해서 조직의 관리를 제공하는 높은 수준의 관례(또는 관례의 집합)"[53]로 정의될 수 있다. 능력은 관례와 구별되는데, 규모의 측면에서 능력이 더 크고, 중요성의 측면에서 능력이 더 큰 영향을 미치고, 그리고 설계의 의도와 관리의 측면에서 조직은 능력을 더 크게 의식한다.

관례의 구조는 변화, 선택, 보유의 생물학적 과정의 경제적 유사성을 따르는 진화적 방식에 있어서 진보적 변화와 함께 장기간에 걸쳐 서서히 진화한다. 관례의 진화는 능력을 신장시키는 결과를 가져올 수 있는 성과에 대한 환류와 시행착오적 실험을 통해서 만들어진다.[54]

그러나 특정한 장소에서, 특정한 시간에, 그리고 특정한 사람들에 의한 관례의 실질적인 수행은 그것이 지배적인 환경과 그들 자신의 인식과

[51] B Levitt and JG March (1988). "Organizational Learning," Annual Review of Sociology, Vol. 14, pp. 314-340.

[52] Nelson and Winter (1982).

[53] Winter (2000).

[54] D Lavie (2006). "Capability Reconfiguration: An Analysis of Incumbent Responses to Technological Change," Academy of Management Review, Vol. 31, pp. 153-174.

성찰에 반응하는 것처럼 정해진 구조로부터 다르게 나타난다.[55] 개인들은 공식적인 구조가 단지 전형적인 상황에 대해서만 전형적으로 관례를 명시하고, 그리고 그때조차 모든 가능한 맥락과 관련된 필요한 세부사항을 명시할 수 없기 때문에 그러한 유연성을 실행할 수 있다. 이것은 예외적인 것이 아니라 관례의 수행에 있어서 본래적인 부분이다. 나아가, 사람들은 의도된 결과를 성취하는지 여부, 그리고 다른 의도하지 않은 결과(바람직한 또는 바람직하지 않은)가 발생하는지 여부에 대응하는 데 있어서 관례의 수행을 지속적으로 적응시키고 변화시킨다.[56] 성찰적 사고와 적응적 행동을 통한 조직적인 관례에 참여하는 과정은 조직적인 학습의 형식이며 조직을 위한 새로운 능력을 유발할 수 있다.

관례에 있어서 반복적으로 이루어지는 의도적인 또는 의도하지 않은 변화는 관례의 원래 구조를 수정하기 위해서 선택적으로 보유하게 되고, 적응과 변화를 유발한다. 관례의 수행은 유연할 수 있지만, 관례적인 구조의 지속성은 그 내재성에 의존하는 것이며, 그것은 관례의 사용이 조직의 맥락에서 다른 기술적, 협조적, 문화적인 구조와 중복되는 정도이다.[57]

2.4.2 자원: 전략적 집행을 위한 유형과 무형의 자산

자원중심의 관점은 조직이 어떻게 만들어지고 시간이 지나면서 어떻게 우수한 수행을 지속하는지를 설명하는 자원으로서 조직을 개념화한다.[58] 자원은 조직이 그 목적과 바람직한 결과를 성취하기 위한 독특한 전

55 Feldman and Pentland (2003).

56 MS Feldman (2000). "Organizational Routines as Sources of Continuous Change," Organization Science, Vol. 11, No. 6, pp. 611-629.

57 JA Howard-Grenville (2005). "The Persistence of Flexible Organizational Routines: The Role of Agency and Organizational Context," Organization Science, Vol. 16, No. 6, pp. 6-18.

58 CK Prahalad and G Hamel (1990). "The Core Competence of the Corporation," Harvard Business Review, June, pp. 79-91; Barney (1991); Nelson (1991); Wernerfelt (1984).

략을 고안하고 집행하도록 해주는 전문화된 장비와 같은 유형의 자산과 지식, 기술 그리고 전문성과 같은 무형의 자산이다. 비록 이러한 자원에 대한 관점은 앞서 기술한 능력의 개념과 비슷하지만, 특별히 차별화된 전략과 우수한 결과물에 초점을 두는 것은 상당히 독특한 것이다. 그렇지 않으면, "역량" "능력" "자원"의 용어는 때때로 동의어로 사용된다.

성과와 성장은 독특하고 특이한 자원을 소유, 개발, 활용하는 차원으로 이해된다.[59] 자원은 조직적 맥락과 쉽게 분리되지 않고 자연적인 시장가격을 갖지 않기 때문에 특이한 것이다. 전략적 투입 자원은 존재하지 않는 또는 불완전한 전략적 요소시장 때문에 단순히 구매할 수 있는 것이 아니다. 같은 산업에서 조직은 서로 다른 자원을 소유할 것이며, 이러한 자원의 차이는 시간이 지나면서 지속될 것이다.[60] 자원의 개발은 흔히 암묵적이고 복잡하며, 자원의 확대는 시간이 걸린다.

쉽게 복제할 수 없는 가치창조적인 조직적 자원은 4개의 주요 속성, 즉 가치 있고, 희소하며, 모방할 수 없고, 그리고 대체 불가능한 속성을 가지고 있다.[61] 이것은 조직이 기회를 활용하거나 위협을 완화시키는 데 가치가 있어야 하고, 모든 행위자가 풍부하고 쉽게 이용할 수 없고, 모방이 어려우며, 그리고 다른 자원으로 쉽게 대체할 수 없어야 한다. 모방은 높은 수준의 초기비용의 필요성, 무형의 자산을 구축하는 데 있어서 시간 압박의 불경제, 복제할 수 없는 독특한 역사적 조건에 대한 의존성, 또는 조직에서 사회적 복잡성과 우연하고 모호하게 연결되기 때문에 비용이 많이 든다.[62]

관례는 조직들이 일반적으로 표준화된 거래를 수행하는 미리 정해진

59 ET Penrose (1959). The Theory of the Growth of the Firm. NY: Wiley.

60 J Barney and AM Arikan (2001). "The Resource-Based View: Origins and Implications," in MA Hitt, RE Freeman and JS Harrison (eds.). The Blackwell Handbook of Strategic Management. Oxford, UK: Blackwell Publishing.

61 J Barney (1997). Gaining and Sustaining Competitive Advantage. MA: Addison Wesley.

62 Dietrickx and Cool (1989).

방식으로서, 그것은 가치 있는 반면에 희소성, 비모방성, 비대체적 속성을 반드시 갖는 것은 아니다. 관례는 과거에 학습된 행동의 유형인 반면에, 전략적 선택에 있어서 잠재력을 가진 자원은 신중한 방향, 정의 그리고 의사결정을 필요로 한다. 자원은 주요한 관례 또는 관례의 조합으로부터 유발되지만,[63] 그것의 개발은 명확한 전략적 의도, 관리적 선택, 오랜 기간에 걸쳐 지속된 집중적인 투자를 요구한다. 조직적인 관례와 자원에 영향력을 행사하는 것은 그것의 전략적 가치를 인식하고, 그것의 공헌을 확대하며, 그것을 서로 다른 환경에서 복제하고, 그리고 새로운 능력을 수립하기 위해 창조적인 방식으로 결합하기 위해서 관리적 능력을 요구한다.[64] 조직은 그들의 핵심적인 자원을 확인하고, 지속적으로 육성하며, 적절한 장기적인 정책과 투자를 통해서 유지하고 쇄신할 필요가 있다. 불리한 자원을 가진 조직은 필요한 자원들을 획득하거나 모방 또는 대체를 통해 복제함으로써 그들의 성과를 향상시킬 것이다.

2.4.3 역동적 능력: 관례와 자원을 변화시키는 역량

빠르고 예측할 수 없는 변화의 상황에서, 이미 정립된 관례와 자원은 흔히 조직이 더 이상 적절하거나 경쟁적이지 않은 기존의 업무방식을 지속하도록 유도하고, 그것은 조직적인 실패를 초래한다. 중요한 기술적 변화의 시대에, 현직에 있는 사람들은 흔히 그들의 능력을 조정하는 데 더디

[63] Samina Karim and Will Mitchell (2003) "Path-Dependent and Path-Breaking Change: Reconfiguring Business Resources following acquisitions in the US Medical Sector, 1979-1995," in CN Helfat (ed.). The SMS Blackwell Handbook of Organizational Capabilities. MA:Blackwell Publishing.

[64] SG Winter (1995). "Four Rs of Profitability: Rents, Resources, Routines, and Replication," in CA Montgomery (ed.). Resource-based and Evolutionary Theories of the Firm: Towards a Synthesis, Chapter 7. London: Kluwer Academic Publishers, pp. 147-178.

고, 전략적 리더십은 흔히 새로운 행위자에게 넘어간다.[65]

새로운 진입자는 경로의존성과 현직에 있는 사람들로부터 물려받은 기존의 조직적 위상에 대한 경직성에 구속되지 않기 때문에 보다 역동적이다. 현직에 있는 사람들은 흔히 조직의 창립자들이 조직적인 시스템에 심어 놓은 가치와 행태로 인해서 경로파괴적인 변화를 추진하는 것이 매우 어렵다는 것을 발견하고, 그들을 단지 경로의존적인 방식에서 미미한 변화에 참여하도록 유도한다.[66] 역동적 능력의 개발은 지식과 다른 보완적 자산에 축적된 투자를 통한 조직적 자산의 위상에 의해서 형성된다. 역동적 능력의 진화적인 경로는 조직이 채택하는 것 또는 계승하는 것에 의해서 제한되고, 그것은 진화적인 경로의 시행, 환류 그리고 평가에 영향을 미친다.[67]

역동적 능력은 학습될 수 있고, 체계적인 조직적 절차는 운영적 능력을 구축하고, 통합하고, 변경하기 위해서 설계되고, 집행되고, 지속될 수 있으며, 효과성을 개선하는 데 있어서 핵심적인 능력이 될 수 있다.[68] 역동적 능력은 다음의 3가지 조직적인 절차에 의존한다.

---

[65] RM Henderson and KB Clark (1990). "Architectural Innovation: The Configuration of Existing Product Technologies and the Failure of Existing Firms," Administrative Science Quarterly, Vol. 35, pp. 9-30; M Tushman and P Anderson (1986). "Technological Discontinuities and Organizational Environments," Administrative Science Quarterly, Vol. 31, pp. 439-465.

[66] B Kogut (2003). "Imprinting or Emergence, Structure or Rules, or Why Dirty Dancing is Always Better When You Are More Than Two," in CE Helfat (ed.). The SMS Blackwell Handbook of Organizational Capabilities. MA: Blackwell Publishing; Daniel A Levinthal (2003). "Imprinting and the Evolution of Firm Capabilities," in CE Helfat (ed.). The SMS Blackwell Handbook of Organizational Capabilities. MA: Blackwell Publishing; A Stinchcombe (1965). "Social Structure and Organizations," in J March (ed.). Handbook of Organizations. Chicago: Rand McNally.

[67] Teece, Pisano and Shuen (1997).

[68] Zollo and Winter (2002).

(ⅰ) 설계와 집행의 일관성을 통한 조직적인 조정과 통합,
(ⅱ) 반복, 실험, 사회적 상호작용 그리고 탐색을 통한 조직적인 학습,
(ⅲ) 능력의 재설정을 통한 조직적인 변화이다.

역동적 능력을 가진 조직들은 변화하는 환경에 대한 적합성을 성취하기 위해서 그들의 능력을 쇄신하기 위한 역량을 가지고 있다.[69] 따라서 역동적 능력은 흔히 관례를 탐색하고 학습하는 형식을 취한다. 역동적 능력의 개념은 변화하는 환경의 요구조건을 충족시키기 위해서 내부와 외부의 조직적인 기술, 자원, 역량을 적절하게 적응시키고, 통합시키며, 변화시키는 전략적 리더십의 역할을 중시한다. 역동적 능력의 사례는 비즈니스 모델의 재창조, 절차의 개선, 상품의 개발, 조직적 재구조화, 인수합병 후 통합을 포함한다.

역동적 능력은 지식을 명확하게 표현하고 체계화하는 작업과 함께 암묵적 경험을 축적하는 학습메커니즘의 공진화(co-evolution)로부터 나타난다. 경험의 축적은 유사한 업무의 반복적 집행에 기초한 기술을 형성하고, 따라서 관례를 개발하는 핵심적인 학습과정이다. 조직적인 능력은 사람들의 행동이 성과에 미치는 함의를 보다 많이 인지할 때 향상되고, 그것은 행동과 결과 사이의 인과관계에 대한 이해를 목적으로 지식을 표현하려는 노력의 직접적인 결과이다. 지식의 체계화는 바람직한 결과를 얻기 위해서 특정한 행동의 복제를 촉진하는 명확한 문서와 도구에 지식을 포획함으로써 지식의 표현을 넘어서는 것이다.

또한 능력은 자원의 획득, 재조합, 통합, 분배를 통해 변경될 수 있다.[70] 능력을 변경하기 위한 메커니즘은 전체적인 역량의 포트폴리오에 있어서 대체, 지속적인 실험을 포함한 역량의 진화, 그리고 의도적인 관

69 KM Eisendardt and JA Martin (2000). "Dynamic Capabilities: What Are They?" Strategic Management Journal, Vol. 21, pp. 1105-1121; Teece, Pisano and Shuen (1997).
70 Eisenhardt and Martin (2000).

리적 행동과 조직적 투자를 통한 역량의 변화를 포함한다.[71] 새로운 능력은 흔히 다른 지식과 함께 기존의 역량과 재조합을 통해서 개발되며, 이것은 조직의 운영을 유도하는 원리의 조직화를 통해서 영향을 받는다.[72]

역동적 능력의 특징은 시장에서 변화의 비율에 의존한다. 변화가 대체로 예측가능하고 선형적인 경로로 발생하는 적당히 역동적인 시장에 있어서 안정적인 관례와 절차는 능력을 강화시킬 수 있으며, 기존의 지식과 함께 사전학습과 세부적인 집행에 의존한다. 행위자들이 누구인지 모호하고 유동적이며 시장의 경계가 불확실하고 성공적 비즈니스 모델도 분명하지 않은 빠른 속도의 시장에 있어서 능력은 경계의 상황 또는 우선순위를 명시하는 몇 가지 단순한 규칙에 의존하고, 적응에 필요한 새로운 지식을 얻기 위해서 반복적인 수행과 집행을 통한 학습에 의존하는 보다 즉흥적인 절차가 된다.[73]

역동적 능력의 개발은 전략적인 탄력성을 추구한다. 탄력성은 일시적인 위기 또는 시련에 대응하는 것이 아니라 조직의 효과성을 손상시킬 수 있는 극심한 장기적인 추세를 지속적으로 예측하고 조정하는 것에 관한 것이다.[74] 탄력성은 사건이 분명히 절망적으로 변하기 이전에 변화하기 위한 역량을 보유하는 것에 관한 것이다. 탄력성은 새로운 도전과 새로운 현실에 대응하기 위해서 필요한 변화로부터 체계적으로 조직을 제약하는 가치, 절차, 행태에 관한 혁신을 필요로 한다.

2.4.4 관례, 자원, 탄력성: 조직적인 능력의 통합적 분석틀

71 Lavie (2006).

72 Kogut and Zander (1992).

73 Eisenhardt and Martin (2000).

74 G Hamel and L Valikangas (2003). "The Quest for Resilience," Harvard Business Review, September, pp. 52-63.

관례, 자원, 탄력성에 대해서 상술한 설명은 학계의 문헌에서 조직적인 능력의 개발로 알려져 있다. 이러한 용어들의 사용과 그러한 역량이 어떻게 개발되는지에 대한 이해에 있어서는 공통부분이 존재한다. 우리는 관례, 자원, 탄력성의 개념을 그림 2.1의 전체적인 분석틀에 3가지 형태의 조직적 능력을 통합하였다.

이 틀은 관례, 자원, 탄력성 사이의 공통점, 차이점, 관계를 설명해준다. 관례, 자원, 탄력성은 특정한 결과를 성취하기 위해 과업을 수행하는 유형 또는 무형의 자산을 조직에 배치한다는 점에서 3가지 조직적 능력의 형태를 대표하지만, 그것이 가장 효과적으로 작동하기 위한 과제의 본질은 다르다.

그림 2.1. **조직적 능력의 분석틀**

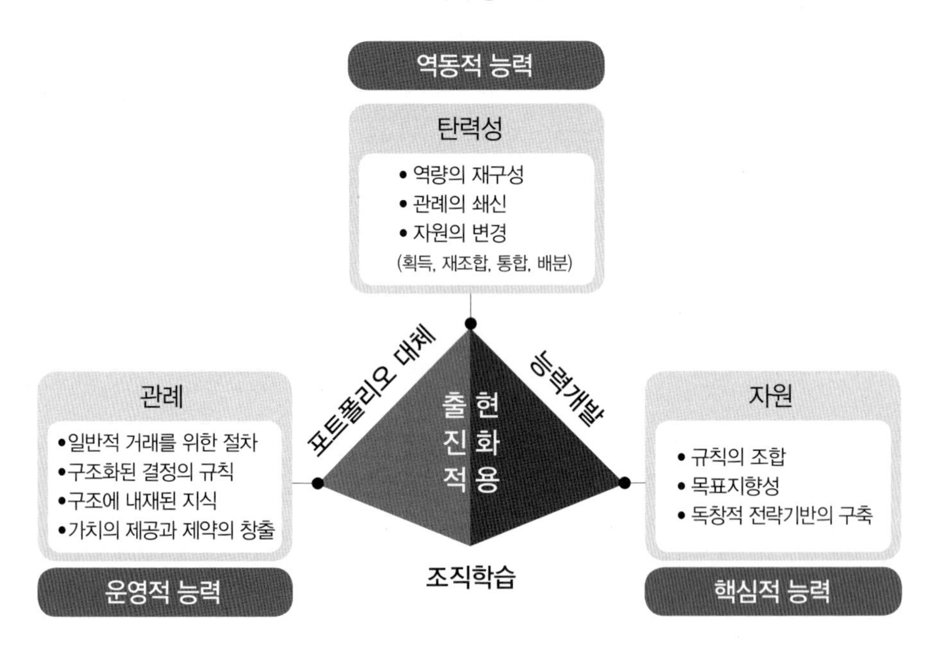

관례는 규칙적이고, 예측가능하며, 반복적이고, 조직의 대규모 거래를 위해 설계된 매우 구체적인 규칙과 절차이기 때문에 운영적 능력이다. 자원은 조직이 그들의 임무와 목표를 달성하기 위해서 독특한 가치

창조적인 전략을 형성하고 집행할 수 있도록 해주기 때문에 핵심적인 능력이다. 핵심적인 능력은 비록 구체적이고 결정적인 관례로부터 나오거나 관례의 조합에 의해 형성되지만, 관례의 운영적 특성을 넘어서는 전략적 초점을 가지고 있다. 역동적 능력은 변화하는 환경 속에서 전략적 탄력성을 만드는 내부적 자원을 변화시키고 적응하기 위한 두 번째 조직적인 능력을 반영한다. 역동석 능력은 그것의 초점이 관례와 자원의 측면에서 변경하고 쇄신하기 때문에 본질적으로 변형적인 것이다.

능력의 변화를 위한 메커니즘은[75] 운영적 능력, 핵심적 능력, 역동적 능력 사이의 관계들을 보여주기 위해 그림 2.1 틀의 삼각형 주변에 위치하고 있다. 운영적 관례는 지속적인 실험, 환경적인 탐지, 지식의 체계화와 같은 조직적인 학습의 과정을 통해서 핵심적인 역량으로 진화될 수 있다.

운영적 능력과 역동적 능력 사이의 관계는 포트폴리오 대체의 형태를 취한다. 운영적 능력은 기본적인 조직의 활동을 수행하기 위한 역량을 제공하기 때문에 조직은 오직 운영하는 관례의 포트폴리오가 변화할 때 적응하고 변화할 수 있다. 포트폴리오 대체의 과정은 기존의 관례를 유지하고 폐지하는 결정 그리고 새로운 관례를 습득 또는 구축할 필요가 있는지에 대한 결정을 수반하는 것이다.

핵심적 능력과 역동적 능력 사이의 관계는 환경적, 기술적인 변화에 대응해서 새로운 가치창조적인 전략을 실행하도록 기존의 능력을 변형하고 새로운 능력을 개발하기 위한 신중한 행동과 투자를 동시적으로 수반하는 것이다. 능력개발의 과정은 서로 다른 기술과 시각을 가진 사람의 고용, 전략적 동업자 또는 새로 합병한 기업으로부터의 학습, 새로운 기술과 노하우를 가진 기존의 능력을 새로운 시스템과 구조에 통합하는 것과 관련된다. 교육기관의 사례는 운영적 능력, 핵심적 능력, 역동적 능력 사이의 차이를 명확하게 보여준다. 대학교의 운영적 능력을 형성하는 규

---

[75] Lavie (2006).

칙적이고 예측가능한 활동은 잠재력을 가진 학생의 평가와 입학, 신입생 등록, 수강신청, 성적산출 그리고 학생의 졸업과 관련한 것이다. 교수진에 대해서는 교수채용, 담당과목 할당, 성과평과 그리고 연구비 할당에 관한 운영적인 관례가 있다. 이것은 모든 대학교의 공통적인 운영적 관례이고, 대학교를 운영하기 위한 기본적인 활동을 포함하는 것이다. 그러나 이러한 운영적인 관례는 대학교의 질, 전략 또는 학문적 명성에 관해서 차별화시키지 못한다.

특정한 대학교의 핵심적인 능력은 다르게 할 수 있는 것이 무엇인지 또는 선택한 전략을 특별히 잘 수행할 수 있는지와 연관이 있다. 예컨대, 연구에서 뛰어난 업적을 추구하는 대학교는 우수한 자질의 교수진을 유치하고 선택하기 위한, 교수들의 연구에 필요한 시간, 지원, 자원을 제공하기 위한, 연구성과와 잠재력을 평가하기 위한 그리고 요구조건에 부응하는 교수를 보유하기 위한 정책과 절차를 개발한다. 그러한 전략을 실행할 수 있는 능력은 교수진을 단지 교육과정에 있어서 필수과목에 교수를 맞추는 것으로 간주하는 다른 대학교의 운영적 관례와 다를 것이다. 마찬가지로, 모든 대학교는 학생의 선발과 선택에 대한 관례를 가지고 있지만, 특정한 대학교는 규칙적인 선발의 관례를 넘어설 수도 있고, 수준 높은 학생을 유치하는 전략의 일환으로서 홍보능력을 도입할 수도 있다. 연구와 홍보능력은 기존의 운영적 관례로부터 만들어질 수 있지만, 보다 높은 수준의 전문가로부터 나올 수도 있고 또는 전혀 다른 정책과 절차로 추진될 수도 있다. 그것은 자기강화적이며, 질적으로 다르고 우수한 결과를 얻기 위해서 관례를 조합하고 통합할 수도 있다.

대학교에 있어서 역동적 변화의 능력에 대한 사례는 취업 시장과 세계적 경제의 변화하는 요구조건을 충족시키기 위해서 학사과정과 교수학습법을 지속적으로 쇄신하고 적응하기 위해 자원을 어떻게 배치하고 활용할 수 있는지를 보여준다. 또 다른 역동적 능력은 과학적 연구의 새로운 분야에서 위상을 다시 정립하기 위해 새로운 인재와 전문가를 유치하는 역량이 될 수 있다.

제조업에 있어서 관례는 시설의 유지, 노동자의 고용, 원료의 구입, 생산과 재고관리와 같은 모든 제조업에 공통적인 정책과 절차들을 포함한다. 생산비용에 경쟁력을 두는 제조업자가 원료조달, 적기재고관리시스템과 절약형 생산, 아웃소싱과 위탁관리에 대한 능력의 개발에 집중하는 반면, 생산품의 질을 중시하는 제조업자들은 생산의 설계, 품질의 관리, 마케팅과 홍보에 대한 능력을 개발할 것이다. 제조업에 있어서 역동적 변화의 능력은 연구개발, 인수합병의 통합 그리고 고객관계의 관리를 포함한다.

은행 같은 금융기관에 있어서도 관례는 예금, 대출, 수표처리, 그리고 자금이전과 같은 다양한 금융거래를 다루는 절차들을 포함한다. 은행의 전략에 의존하면서, 능력은 역동적 위험관리, 지점 연결망, 우수한 고객서비스 그리고 특정 분야에 대한 기업금융을 포함한다. 역동적 변화의 능력은 기술개발, 생산관리, 시장개척 그리고 새로운 사업의 통합을 포함한다.

조직적인 능력의 틀은 싱가포르 공공부문에 있어서 운영적 능력, 핵심적 능력 그리고 역동적 능력을 파악하는 기초적 개념을 제공한다. 그림 2.2는 운영, 정책 그리고 변화의 능력을 보여준다.

관례는 공공부문의 운영관리를 위한 규칙과 절차이다. 운영적 행동은 특정한 공공기관에 따라 서로 다르게 채택될 수 있다. 일반적으로 공공부문의 운영적 관례는 대부분의 정부기관에서 공통적인 거래는 무엇인지에 관련한 것이며, 그것은 공공서비스의 전달, 감독, 처리, 허가의 승인, 규칙적 활동의 면허, 도로, 항만, 시설과 같은 공공 기반시설의 유지관리, 치안유지, 법무행정과 같은 법과 규칙의 유지와 관련한 것이다.

그림 2.2 **공공부문 능력의 3가지 수준**

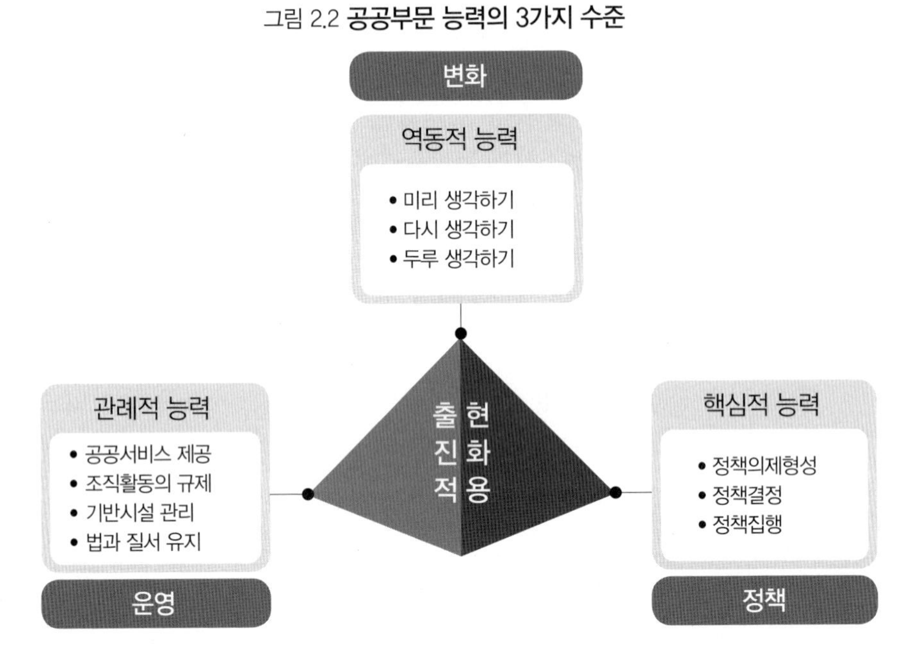

싱가포르 정부는 공공정책을 자신의 주요한 임무로 보고 있고, 따라서 핵심적 능력은 정책형성과 실행의 절차와 관련되며, 그것은 정책적 관심과 검토를 위한 핵심적인 이슈를 확인하고, 주요한 정책결정자와 이해관계자의 선택에 영향을 미치며, 그리고 바람직한 결과를 성취하기 위해 만들어진 정책결정의 실행을 포함한다.

싱가포르 공공부문의 혁신을 주도하는 역동적 변화의 능력은 지도자들 사이의 강력한 미래지향적 성향으로부터 도출되는데, 그것은 문제해결을 위한 체계적인 사고하는 능력과 업무에 대한 학습과 적응을 권장하는 장기적이고 실용적인 접근방식이다. 이것은 미리 생각하고, 다시 생각하며, 두루 생각하는 능력으로 표현된다. 이것이 누적된 결과는 더욱 효과적인 성과, 더 나은 효율성을 성취하는 운영적 관례의 재설계, 그리고 서비스 공급을 위한 새로운 제도의 개발을 보장하는 공공부문의 지속적인 변화로 나타나고 있다.

그림 2.3 **역동적 능력의 창조와 유지**

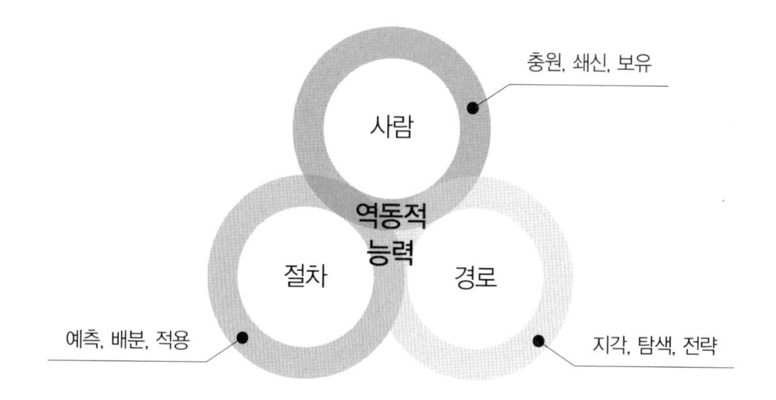

2.4.5 역동적 능력의 창조와 유지

그림 2.2는 역동적 능력의 보유가 운영적 관례와 핵심적 능력을 쇄신하고 변경시킬 수 있도록 해준다는 것을 보여준다. 그러나 조직은 어떻게 역동적 능력을 창조하고 유지하는가? 학계에서는 역동적 변화의 능력은 조직이 축적한 자산의 상태, 변형의 과정, 그리고 유산과 과거의 선택에 의해 제한되는 경로라고 말한다.[76]

그림 2.3은 역동적 변화의 능력을 창조하고 유지하기 위한 개념적 분석틀을 보여주고 있다. 이것은 능력이 사람, 절차, 경로에 대한 투자와 이러한 3가지 요인의 상호작용의 결과로서 역동적으로 된다는 것을 보여준다.

사람의 범주는 자산의 상태에 대한 개념적 적응이다. 자산의 상태는 유형(전문장비 같은)과 무형(지식, 기술 같은)의 자산으로 구성되어 있다. 유형의 자산은 조직적인 능력의 배치에는 필수적이지만 거의 역동적이기는 어렵다. 일단 구매하거나 배치되면, 이것은 오래 지속되는 자본적 장비로서

[76] Teece, Pisano and Shuen (1997).

역사적 유산이 되고, 변화보다는 흔히 제약요인으로 작용한다. 무형의 자산은 상대적으로 자원중심의 관점에서 중요성을 가진다. 무형자산의 역동성은 인적자본(분석틀의 사람에 대한 영역 또는 조직적 자본에 내재)과 절차적 영역에 내재된다. 역동적 변화의 능력을 창조하는 분석틀은 적응적 변화에 있어서 사람이 절차 및 경로와 상호작용을 통해서 결정적인 역할을 수행한다는 것을 인식하고 있다.

리더십과 영향력을 행사하는 직위에 있는 사람은 조직적인 개선과 혁신을 위한 신중한 투자를 결정하기 때문에 사람은 역동적 능력에 있어서 우선적으로 가장 중요한 결정요인이다. 오직 사람만이 맥락을 고려해서 적응과 변화를 가져오고, 조직에서 자산과 능력의 변경을 유도하는 맥락의 재설정을 의식적으로 결정한다.[77] 좋은 의사결정과 선택을 위해서는 조직의 지도자가 필수적인 동기, 태도, 지성, 지식, 기술, 미래를 제시하는 가치관을 소유하고, 전략적 선택을 구상하고, 조직이 생존하고 성공하는 데 최상의 범위를 제공하는 경로를 선택할 필요가 있다.

지도자의 결정과 선택은 역동적 변화의 능력에 대한 2가지 다른 결정요인, 즉 자원의 잠재적 변경에 영향을 미치는 조직이 채택하는 경로와 조직적인 절차의 설계에 영향을 미친다. 사람의 영역에서 역동적 능력은 어떻게 조직이 시장에서 필요한 인재를 충원하는지, 어떻게 사람의 기술과 지식을 지속적으로 쇄신하는지, 어떻게 전략의 창조와 실행을 위해 핵심적인 전문가를 보유하는지를 통해서 개발된다.

조직적인 절차는 그것이 규칙적인 업무적 거래이든(운영적 관례) 또는 전략의 형성과 실행(핵심적 능력)을 위한 것이든, 조정된 방식으로 일을 처리하는 데 필수적이다. 범위에 상관없이 절차가 정의되지 않으면, 조직에 지식과 기술을 갖춘 사람이 있더라도 필요한 업무를 수행할 수 없다. 심지어 절차가 잘 정의되어 있을 때에도, 조직은 의도된 결과를 성취하고 변화하

[77] Stephan H Haeckel (1999). Adaptive Enterprise, MA: HBS Press.

는 환경과 변화하는 기술 때문에 낡은 것이 되지 않도록 지속적으로 그것을 검토하고 다시 설계할 필요가 있다.

역동적 능력의 개발에 있어서 초점은 운영적 관례와 핵심적 능력의 재구성을 가능하게 해주는 절차에 두는데, 그것은 기존의 기능과 구조를 새로운 방식으로 처리할 수 있도록 재조직하고, 새로운 우선순위에 따라 재정적 자원을 기존의 투자로부터 재분배하며, 그리고 더 좋은 서비스를 공급하고 새로운 네트워크를 구축할 수 있도록 기존의 기반시설을 재설계하기 위한 조직적 역량이다.

변화를 위한 조직의 역량은 과거의 결정이 남긴 유산과 제약 때문에 경로의존적인 특징을 가진다. 그러므로 조직의 변화 능력은 생존과 성공을 위해 새로운 요구조건을 충족하도록 경로를 적응하고 개선하는 것, 그리고 경로파괴적인 전략과 정책의 혁신에 의해 결정된다.

우리는 거버넌스, 제도, 능력의 기본적인 개념과 어떻게 그것이 학술적으로 사용되는지를 설명하였다. 우리는 싱가포르에서 역동적 거버넌스를 규정하는 3가지 인지학습능력, 즉 미리 생각하고, 다시 생각하며, 두루 생각하는 방안을 발견했다. 이러한 3가지 능력은 역동적 적응과 변화를 촉진하기 위해서 지속적으로 성찰하고 쇄신해야 하는 일련의 문화적 가치와 신념에 기초한다. 우리는 제1장에서 주요한 행위자를 기술하고 3가지 역동적 거버넌스 능력의 개요를 설명하였다. 원칙, 경로, 사람, 절차를 통해서 이러한 역동적 거버넌스의 능력을 개발하는 것은 이후의 장(章)에서 중점적으로 논의하는 주제이다. 제1장 그림 1.1의 분석틀에서 보여주지 못한 것은 싱가포르 거버넌스의 아이디어와 원칙을 개발하는 데 중요한 영향을 미치는 역사적, 사회적, 정치적 맥락들이다. 이것은 제1장에서 간단히 논의되었지만, 제3장에서 보다 구체적인 논의를 진행하고자 한다.

제 3 장

발전의 맥락: 거버넌스의 지침 수립

1965년 싱가포르 독립당시의 정치적, 사회적, 경제적 맥락과 이러한 맥락들의 오랜 진화과정을 인식하는 일은 싱가포르 스타일 거버넌스가 왜 그리고 어떻게 발전했는지 이해하는 첩경이다. 싱가포르의 경제적, 사회적 발전을 형성했던 역사적 맥락은 건국의 지도자들이 싱가포르의 대내외 위상을 어떻게 인식하고 있었는지, 그리고 거버넌스의 목적을 무엇으로 설정하였는지에 대한 배경을 제공해 준다. 제1장의 그림 1.1에서 보듯이 거버넌스의 문화적 토대는 국가의 위상에 대해서 지도자들의 인식에 영향을 미치고, 이러한 지도자들의 인식은 거버넌스의 목적에 대한 정립, 원칙에 대한 구상, 국가발전을 위해 적합한 특정한 정책목표를 채택하는 데 영향을 미친다. 제3장과 제4장에서는 이러한 거버넌스의 문화적 토대에 대해서 상세하게 논의할 것이다. 이 장에서는 역사적, 정치적, 경제적 맥락에 대한 개요를 설명하고, 그것으로부터 파생하는 거버넌스의 원칙과 가치를 논의한다.

싱가포르는 동남아시아의 많은 국가들처럼 오랜 기간 영국의 식민지배와 일본의 점령이라는 잔혹한 시련을 겪었다. 제2차 세계대전 후 여러 해 동안 자치정부 추진과 중국공산당의 영향력에 의해 동남아시아에 공산주의 풍조가 강화되면서 혼란스러운 상황을 맞이했다. 그러나 싱가포르는 그 후에 식민지배의 모든 흔적을 지우려는 일반적인 욕망과는 다른 정책경로를 선택했다. 이것은 싱가포르의 지도자들이 어떻게 과거의 흔적으로부터 국가를 건설하고 관리했는지, 그리고 지난 40년이 넘도록 끈질긴 생존력을 유지했는지에 대한 내용과 함께 싱가포르 거버넌스 시스템의 발전에 대한 맥락을 설명해준다. 즉, 싱가포르 거버넌스 시스템이 역사, 지리,

정책선택을 유도하는 가치와 요인으로부터 어떻게 영향을 받았는지, 그리고 이것이 변화하는 국내적, 국제적 요구에 어떻게 지속적으로 대응했는지에 대해서 설명해준다.

싱가포르의 발전은 대체로 1985~86년을 분수령으로 크게 두 기간으로 나눌 수 있다. 이 시기는 싱가포르의 첫 번째 경제적 침체기였는데, 싱가포르 경제발전의 방향에 대한 전환점이 되었고, 독립 이후 처음으로 리콴유에서 고척동으로 권력이 이양되었다. 1990년 이후에는 왕성한 경제적 번영과 2001년 9.11 테러에 따른 국가적 안보에 사회적 관심이 고조된 시기였다. 1990년 이후의 새로운 환경은 거버넌스를 주도한 공공부문의 변화를 촉발시켰다.

3.1 싱가포르의 거버넌스에 대한 맥락과 제약점: 1965~1985

싱가포르 거버넌스의 문화적 토대는 1965년 싱가포르가 독립하면서 직면한 상황에 정치지도자들이 대응하면서 성장하고 발전했다. 싱가포르가 독립하던 당시의 여건들은 순조롭지 않았는데, 말레이시아 연방으로부터 일방적으로 방출되었던 것이다. 싱가포르는 인종적, 종교적인 갈등을 겪으면서 격동의 시대를 살았던 약 200만 명에 달하는 이민자들의 주권국가가 되었다. 또한 그러한 갈등과 혼란은 공산주의자들의 활동으로 더욱 심화되었다. 싱가포르의 전통적인 경제의 생명줄인 중계무역은 쇠퇴하고 있었고, 말레이시아와 인도네시아가 경제적으로 경쟁력을 높이기 위해 노력하면서 싱가포르의 중계무역에 대한 의존도가 감소하게 된 것이다. 싱가포르의 취약성은 냉혹한 것이었다. 그들은 이렇다 할 만한 가시적인 안전장치가 없었다. 다른 많은 개발도상국과 다르게 싱가포르는 고무나 석유 같은 천연자원이 없었다. 더욱이 이민자들은 경제발전의 기초를 만들기 위한 어떠한 특별한 기술도 없었다. 말레이시아 연방으로부터 분리된 충격과 더불어 이 새로운 국가에서 경제적으로 생존하기 위한 쟁탈전은 더 이상 싱가포르를 떠받칠 수 있는 아무런 방법이 없도록 만들었다. 그것은 건국의 정치지도자와 공공부문 지도자의 마음속에 지울 수 없는 흔적을 남겼고, 그들의 전체적인 철학과 싱가포르 거버넌스에 대한 접근법에 있어서 싱가포르의 취약성을 깊이 인식하도록 만들었다.

독립 당시 싱가포르는 200만이 조금 넘는 인구를 가진 약 620평방킬로미터의 섬으로서, 대부분의 말레이계 원주민은 이슬람교를 믿었고, 중국인 지역사회가 지배적인 힘을 갖고 있는 나라였다. 천연자원이 전혀 없는 그들에게 외부세계에 대한 개방성은 선택이 아닌 필수였다. 이러한 개방성은 외부의 충격과 사건에 대해서 매우 높은 수준으로 노출될 수밖에 없는 환경을 만들었고, 건국 초기의 지도자들이 경제적, 사회적 정책을 시행하는 데 영향을 미치는 요인이 되었다. 지리적인 경계를 넘어서 다인종과 다종교로 구성된 국민은 자연적으로 사회적인 경계선을 만들었고, 잠재적인 사회적 불안정을 유발하는 요인으로 작용하고 있었다. 독립 당시 실업률이 14퍼센트에 육박하면서 사회적 긴장감은 최고조에 달했다.

심지어 40년 이상의 성장과 발전이 이루어진 오늘날에도 당시의 불안정한 상황들에 대한 싱가포르 지도자들의 의식은 사라지지 않았다. 조지 여(George Yeo) 외무부장관이 언급했듯이 "좋든 싫든, 우리는 영원히 불안정한 상태에서 살고 있다. 그것은 우리의 업보다… 우리는 겸손하게 우리의 운명을 깨달아야 한다."[1] 싱가포르는 이 세상에 쓸모 있고 가치 있는 역할을 할 수 있을 때에만 생존할 수 있다는 신념이 계속해서 깊게 자리잡고 있었다. 외부환경의 혹독함은 정책형성에 대한 합리적인, 실용적인, 실질적인 접근을 설명해준다.

국가로서 싱가포르의 생존은 경제적인 생존에 기반을 두고 있었다. 독립 당시의 환경은 오늘날까지 유지되고 있는 2가지 근본적인 전략적 지침을 만들었다. 그것은 경제적 발전과 내부적 안정이다. 싱가포르의 모든 목적과 계획은 경제에 집중되었다. 경제적인 관점에서 고찰하고 검토하는 것

1 외무부장관 조지 여(George Yeo)에 대해서는 아래에서 인용. Alain Vandenborre (2003). Proudly Singaporean: My Passport to a Challenging Future. SNP Editions, p. 15.

은 거의 모든 정책형성의 측면에서 지배적인 것이었다. 경제가 튼튼할 때 사회의 또 다른 모든 바람직한 가치를 성취할 수 있다는 변함없는 신념이 있었다. 따라서 1990년대 이후 사회적, 안보적인 관심이 급격하게 증가했음에도 불구하고 경제는 계속해서 싱가포르 사회의 기반이 되었다. 이러한 모든 것들은 싱가포르 발전의 배경이 되었고, 거버넌스의 토대들, 즉 개방성, 다른 국가들로부터의 학습과 연계성을 강조하는 것, 상황에 적절하게 대처하려는 노력, 국제적인 공간과 영향력의 범위를 넓히려는 노력 등을 이루는 버팀목이 되었다. 싱가포르는 IT세대가 세상에 유행하기 전부터 "연결성" 개념을 실천하는 전형적인 사례가 되었다. 싱가포르 정책형성의 핵심은 리콴유 전 총리가 다음과 같이 요약해서 설명했다. "인간이 만든… 그것은 현대문명의 요구를 충족시키기 위해 고안된 것이고, 수요의 변화에 따라 항상 수정되어야 한다."[2] 같은 맥락에서, 지난 40년간 국제경제의 환경변화는 싱가포르의 일하는 방식에 대한 지속적인 변화를 요구했고, 그것은 싱가포르의 적응성, 기능, 의사결정에 영향을 미쳤다.

국내의 정치적 안정성은 싱가포르가 일관성과 지속성을 유지하면서 변화하고 적응할 수 있는 핵심적 요인이었다. 싱가포르가 영국으로부터 자치권을 얻었을 때 리콴유의 인민행동당(PAP: People's Action Party)은 1959년 정권을 장악했다. 이 정권의 장기집권은 좋은 경제를 만들어내기 위한 능력을 전제로 한 것이었고, 강력한 경제는 그 정통성의 원천이 되었다. 이러한 장기간의 일당지배와 모든 일상생활에 광범위한 영향을 미치는 정부의 정책은 그 정당과 정부에 대한 수많은 별명들을 만들어냈는데, 그 모든 것들이 칭찬하는 것만은 아니었다. 그러나 인민행동당 지배의 한 가지 중요한 결과는 강력한 미래지향성과 장기적인 관점을 바탕으로 하는 정책형성이었다. 그것은 또한 건국초기 지도자들의 가치와 원칙이 정책기조를 형성하는 데

2 1995년 8월 3일 뉴욕타임스와의 인터뷰는 아래에서 인용. Usher CV Haley, Linda Low and Mun-Heng Toh (1996). "Singapore Incorporated: Reinterpreting Singapore's Business Environments through a Corporate Metaphor," Management Decision, Vol. 34, No. 9, pp. 17-28.

커다란 흔적을 남겼고, 지속적으로 영향을 미치고 있다는 것을 의미했다.

정부의 개입주의자는 영국 지배하에 있었던 1959년 이전의 자유방임주의자의 입장과 극명한 대조를 보였다. 식민지배 시대의 자유방임 정책들은 싱가포르 경제의 설계자로 알려진 고척동이 요약한 것처럼, "미진한 경제성장, 대규모 실업, 처참한 주택, 부족한 교육으로 싱가포르를 막다른 지경으로 내몰았다." 따라서 "행동주의자와 개입주의자의 접근방법을 더 많이 추진했었다."[3] 신생 독립국가라는 척박한 환경에서 정부는 싱가포르 경제를 이끌어가기 위해 광범위한, 핵심적인 역할을 수행하는 방법 외에는 대안이 없었다. 싱가포르가 어떻게 지리적인 한계를 극복하고 새로운 산업화를 이루었는지에 대해서는 널리 알려져 있다.[4] 여기서는 그 정책들을 다시 설명하기보다는 거버넌스에 대한 접근과 특성을 형성하는 데 영향을 미치는 건국초기 지도자들의 가치와 신념이 어떻게 정책적인 선택에 반영되었는지 검토할 것이다. 새로운 사회를 건설하기 위해서 정부는 다음의 5가지 광범위한 영역에 대해서 조치를 취했다: (i) 경제의 건설, (ii) 인구증가율과 노동시장에 대한 관리, (iii) 물리적인 기반시설의 구축, (iv) 사회적인 기반시설의 구축, (v) 안보와 방위체계의 구축이 그것이다.

3.1.1 경제의 건설

외국인 투자와 수출지향성에 기초한 싱가포르의 산업화 전략은 일반적인 통념으로 광범위하게 모방되고 받아들여졌던 것이다. 제2차 세계대전 이후 싱가포르 경제의 2가지 기둥은 중계무역과 영국군대의 지출이었

---

3 Devan Nair (1976). Socialism that Works: The Singapore Way, p. 84.

4 일례로 Peter SJ Chen (1983). Singapore Development Policies and Trends. Oxford University Press; Lim Chong Yah (ed.) (1996). Economic Policy Management in Singapore. Singapore: Addison-Wesley; Henri Ghesquiere (2007). Singapore's Success: Engineering Economic Growth. Thomson Learning Asia.

는데, 각각이 1960년 총생산량의 18%를 차지했었다. 영국군의 기지들은 직간접적으로 총 20%의 고용을 책임지고 있었다. 1959년 싱가포르가 자치권을 얻었을 때 실업률은 대략 14%에 달했으며, 인구증가에 따라 매년 3% 이상 증가할 것으로 예상되었다. 유엔산업조사국은 고용을 창출하기 위한 방안으로 산업화 전략을 권고하였다. 1960년대에만 200,000개의 새로운 일자리 창출이 필요했고, 그중 절반이 제조업에서 만들어져야 했는데, 제조업 부문은 1960년에 단지 27,000개, 총 고용율의 약 7.5%만을 책임지는 상황에서 그것은 벅찬 일이었다. 자본과 기술, 제조업의 전문성이 부족한 상황에서 외국인 투자는 분명한 해결책이었다. 경제개발청(EDB)은 말레이시아 시장 공동체에 대한 전망을 바탕으로 싱가포르에 대한 투자를 촉진할 목적으로 1961년 8월에 설립되었다. 모든 종류의 노동집약적인 산업들, 예컨대 식품, 섬유, 완구, 목재, 도자기 등 제조업들이 특별히 지정된 단지에 설립할 수 있도록 우대를 받았다.

그러나 잠재적인 시장 공동체의 상실은 수출지향적 전략으로의 전환을 촉발시켰다. 싱가포르는 다국적기업의 역외생산 기지로 자리매김하기 시작했다. 이 전략의 성공은 광범위한 지원정책들(조세 인센티브, 특히 첨단산업과 수출기업에 대한 인센티브, 대출 제도, 투자 수당)과 국제경제의 호황에 기인한 것이었다. 이 2가지 요인은 싱가포르가 초기에 성공할 수 있었던 결정적인 것이었다. 셸(Shell)은 첨단산업으로서 첫 번째 재정적 인센티브의 혜택을 받은 기업이었다. 싱가포르는 세계에서 가장 붐비는 무역항로 중 하나라는 입지적인 이점을 활용해서 석유 정제산업의 허브가 되었다. 석유 정제산업은 선박수리와 기계공업 같은 새로운 산업이 발전할 수 있는 기회를 창출했다. 동시에 상대적으로 저가의 일본 제품들이 증가하면서 미국과 유럽의 제조업자들이 일본의 도전에 대응하기 위해 저가의 역외생산 시설에 대한 수요를 창출하게 만들었다. 비록 국제경제의 여건은 운이 따랐지만 투자를 확보하는 일은 길고도 험난한 길이었다.

신생 독립국가 입장에서 외국의 투자자들에게 보여줄 수 있는 실적이 전혀 없었다. 초기의 실적은 실망스러웠는데, 처음 몇 년간은 연간 투자액이 1억 싱가포르 달러(S$)를 넘지 못했다. 초기에는 일자리 창출이 가장 중요했기 때문에 경제개발청은 어떤 투자든지 받아들였다. 첨단산업이든 전통산업이든 상관없이 젊은이들에게 일자리를 제공할 수 있다면 무엇이든지 받아들였다.[5] 의류, 가발, 라디오 조립과 같은 산업이 유행했다. 1967년에는 전체 고용의 1/4을 책임지던 영국군 기지들을 1971년까지 수에즈로 전부 철수한다고 발표하면서 상황은 더욱 심각해졌다. 상황을 반전시키기 위한 노력들은 1970년에 시작되었다. 경제개발청이 제너럴 일렉트릭(General Electric), 페어차일드(Fairchild), 내셔널 세미컨덕터(National Semiconductor) 같은 몇몇 핵심적인 기업에게 싱가포르에 생산시설을 설립하도록 가까스로 설득했을 때 비로소 돌파구가 마련되었다. 이러한 투자들은 경제개발청의 끈질긴 집념과 투자자들이 필요로 하는 것은 무엇이든 우선적으로 맞춰주려는 노력의 결과였다.

투자자들을 대하는 경제개발청의 방식은 호의와 긍정적인 평판을 만들어냈고, 그것은 역외생산 시설을 찾는 유사한 회사들이 싱가포르를 새로운 대안으로 검토하도록 만들었다. 경제성장에 꼭 필요한 순투자는 1972년부터 1982년 사이에 거의 9배로 치솟았다. 독립 후 10년간 매년 평균 11퍼센트의 국내총생산(GDP) 성장률과 인구증가에도 불구하고 약 10퍼센트의 1인당 국내총생산(GDP) 성장률을 기록했는데, 1975년에 S$5,943(US$2,506), 1984년에 S$14,696(US$6,484)에 달했다.[6] 일자리 창출의 효과도 분명하게 나타났는데, 첨단산업에 의해 창출된 일자리는 1970년 50,000명에서 1973년 96,000으로 증가했다.[7] 결과적으로 실업률은 1970년에 10%에 머물렀고 1972년까지 절반 이상으로 줄어들었다. 1970년대

5 Ngiam Tong Dow (2005). "Big Country, Small Country: Strength and Limitations," Seminar Series of the School of Humanities and Social Sciences, Nanyang Technological University,18 June 2005.

6 자료들은 싱가포르 통계청(2006)에서 인용하였음.

7 Singapore, Economic and Social Statistics Singapore 1960-1982, Department of Statistics.

중반까지 실업문제는 해결되었고, 실업률은 3.5퍼센트에서 4.5퍼센트 사이로 안정되었다.[8]

싱가포르의 정책은 이러한 산업화의 노력을 지원하고 보완해주었다. 싱가포르는 외국인 투자에 대한 자신감과 함께 긴축재정과 금융정책을 통해서 장기적인 안정성을 추구했다. 정부와 노동조합 사이의 독특한 관계는 안정적인 경제발전을 유도하는 분위기를 확립하는 데 도움을 주었다. 정책입안자들은 1967년에 공식적으로 통화위원회(Currency Board System) 제도를 존치하기로 결정하고, 싱가포르화폐이사회(BCCS: Board of Commissioners of Currency of Singapore)를 설립했다.[9] 나아가 1970년에는 싱가포르통화청(MAS: Monetary Authority of Singapore)을 설립하여 사실상 중앙은행으로서 안정적인 경제성장을 위해 화폐 및 환율을 관리했다. 식민지 시대로부터 물려받은 은행 및 화폐시스템은 1967년 아시안 달러시장과 이후에 아시안 채권시장이 설립되면서 확장되고 심화되었는데, 이 두 시장은 급격하게 성장했다. 1970년대에는 단기금융시장의 폭을 넓혀주고 외환과 자본시장의 활성화를 위한 조치들이 추가되었다. 개방형 은행제도, 유리한 과세제도, 자본금 계좌에 대한 싱가포르 달러의 완전 교환성은 산업화를 지원하는 재정금융 제도에 기여하였고, 성장과 발전을 촉진시켰다.

더욱이 싱가포르 공공부문은 정책적인 기반을 구축하고 핵심적인 외국인 투자자를 유치하는 데 중요한 역할을 했다. 공무원들은 첨단산업을 개척하는 데 촉매제의 역할을 수행했다. 외국인 투자자나 국내기업이 모두 하려고 하지 않고 또한 할 수 있는 수단이 없는 영역에는 공기업이 설립되었다. 싱가포르항공(Singapore Airline), 셈바왕조선소(Sembawang Shipyard), 컨테이너 해운사인 넵튠오리엔트라인(Nepyune Orient Line), 군수업체인 CIS(Chartered Industries of Singapore) 등과 같은 공기업들이 이 시기에

---

[8] Singapore, Economic Survey of Singapore, various years.

[9] 화폐이사회 시스템에서 발행된 모든 통화의 단위는 100% 금과 외국화폐에 의해서 담보되었다.

설립되었다. 현재 싱가포르에서 가장 큰 은행 중의 하나인 싱가포르개발 은행(Development Bank of Singapore)은 투자자의 재무적인 요건을 다루기 위해 경제개발청에서 분리되어 설립된 것이다. 한창 때는 공기업들이 600개를 넘었다. 그러나 다른 나라들과 달리 싱가포르의 공기업들은 시작부터 상업적인 원칙을 바탕으로 운영되었고, 많은 기업들이 수익성과 국제적인 경쟁력을 확보하였다.

싱가포르의 지도자들은 산업화와 성장으로부터 최대한의 혜택과 거버넌스 역량을 창출할 수 있도록 개별적인 정책을 넘어서 사고방식과 종합적인 시스템, 구조와 제도를 정립했다. 외국인투자 정책의 긍정적인 결과는 정책 자체뿐만 아니라 정책집행의 품질에 기인한 것이었다. 이것은 경제개발청의 일하는 방식에 반영되었다. 경제개발청은 대부분의 학자들과 공무원들을 포함한 그룹에서 전문지식을 배우고, 기업의 최고경영자들과 교감하면서 그들이 원하는 것을 이해하고, 그들의 요구들을 수용했다. 또한 해외사무소라는 네트워크를 구축하고, 회사들에게 투자를 권유하는 등 싱가포르를 세일즈하는 데 매진했다. 경제개발청 직원들은 현장실습을 통해서 마케팅 방법과 기업들이 원하는 것을 이해하고 최고경영자들과 교류하는 방법을 배웠으며, 성과를 만들어내는 지속적이고 적시성 있는 조치들을 통해서 싱가포르의 평판을 투자하기 좋은 국가로 만들었다. 경제개발청은 투자자를 위한 종합서비스를 제공하는 기관으로 자리매김했다. 종합서비스의 의미는 경제개발청이 긴밀하게 협조하면서 다양한 기관들의 노력을 전체적인 과정에 통합적으로 적용하는 것을 의미했다. 최고경영자가 싱가포르를 처음 방문한 이후 내셔널 세미컨덕터 공장을 운영하고 운송하는 데 2달밖에 걸리지 않았던 것은 좋은 사례이다.[10] 이러한 성공스토리를 통해서 싱가포르의 명성이 알려지게 되었고, 다른 투자자를 유치하면서 점차 싱가포르는 결과를 만들어내는 국가라는 평판을 얻게 되었다.

[10] Chan Chin Bock (2002). Heart Work, pp. 44-46.

3.1.2 인구증가율과 노동시장에 대한 관리

(i) 산업적 안정성 확립

만약 투자자들이 그들의 투자에 대한 수익을 담보할 수 있는 장기적인 산업적, 정치적 안정성이 없다면 재정적인 인센티브와 국제경제의 호황도 소용없는 것이었다. 싱가포르는 영국으로부터 적대적인 노사관계를 물려받았고, 1959년 이전에는 공산주의자들이 노동자 지원과 노동조합들을 통제하기 위해 파업과 조업중단을 선동했었다. 예컨대 1961년에는 약 43,000명의 노동자들이 연루된 100건 이상의 조업중단과 1,225건의 노동분쟁이 있었다.[11] 노동조합의 힘을 감소시키는 것은 노련한 대처가 필요했는데, 특히 노동조합들은 싱가포르의 자치권을 요구할 당시에 인민행동당을 지지했었기 때문이다. 산업적인 안정성을 위해 노동조합을 성공적으로 결집시킴으로써 정부는 노동조합의 이해관계를 조정할 수 있었고, 노동시장의 이슈를 관리하기 위한 3자 간의 관계를 구축하기 위해 노동조합과 고용주 사이의, 또한 노동조합과 정부 사이의 새로운 협력관계를 정립하였다.

몇 가지 핵심적인 입법들이 통과되었다. 1959년에는 노동조합의 책임성을 강화하기 위한 노동조합법 개정, 1960년에는 산업분쟁의 효율적 해결절차를 규정한 산업관계법과 산업중재재판소법을 제정하였다. 이러한 법령하에서 산업중재재판소가 일단 분쟁사건을 수리하면 파업은 불법으로 간주되었는데, 여기서 사건의 수리는 고용주와 노동조합이 중재를 위한 공동신청서를 제출하거나 또는 노동부장관이 산업중재재판소에 의뢰하도록 지시했을 때 효력을 발휘하도록 했다. 이것은 파업은 오직 노동부장관이 암묵적으로 승인했을 때에만 가능하다는 것을 의미했다.

[11] Singapore, Economic and Social Statistics Singapore 1960-1982, Department of Statistics.

1968년 영국군의 철수가 임박했을 때 산업의 규율을 강화하기 위해 2개의 법을 신속하게 처리했다. 노동법은 이전의 법을 강화하는 새로운 조항을 만들었다. 다른 무엇보다도 이 법은 노동자의 권리와 의무, 공휴일의 횟수, 휴일, 병가, 연차, 공휴일 업무수당 등을 명확하게 규정했다. 기본적인 주당 근무시간은 44시간이었고, 상여금은 한 달 수준의 임금으로 제한되었다. 노동자들의 감원수당과 퇴직수당은 각각 3년과 5년의 근무 후에만 자격이 주어졌다. 산업관계법은 단체협약에서 특정한 이슈들, 예컨대, 승진, 전보, 퇴직, 감원, 해고, 업무지시 등을 배제할 수 있도록 함으로써 고용주의 경영권을 더욱 강화했다. 조업중단 사고의 가능성을 줄이기 위해서 단체협약의 지속기간은 최대 3년간 확장되었는데, 그것은 노동조합과 경영진 사이의 빈번한 타협을 줄이기 위한 것이었다.[12]

노동조합의 간부들은 정부의 입장을 지지했는데, 이러한 법들은 외국인 투자자들을 유치하고 일자리를 창출하는 데 필요했기 때문이다. 전통적 노동조합 기능의 쇠퇴는 노동조합 역할의 재정립을 유도했다. 그 결과는 오늘날 존재하는 고용주와 노동조합과 정부 사이의 유일한 3자 간 협의체제이다. 이 틀은 정부와 국가가 노동시장을 규제하기 위한 비상적인 정책수단을 취할 수 있고 또한 적기에 경제적 위기에 대응할 수 있도록 했다.

이러한 3자 간 접근법은 1972년에 설립된 국가임금위원회(National Wage Council)의 구조에 반영되었다. 1970년대 초기에 압박이 심했던 노동시장은 임금인상의 압력이 표출되었고, 국가임금위원회는 이를 관리하려고 시도했다. 학계에서 의장을 맡고, 고용주와 노동조합과 정부의 대표들로 구성된 위원회는 싱가포르 제조업의 버팀목인 노동집약적 산업의 경쟁력을 유지하기 위해서 "순차적인 임금 인상"을 권고하는 명령을 내렸다.

12 이 부분은 아래 제시한 출처에서 인용하였음. Tan Chwee Huat (1984). "Towards Better Labour-Management Relations," in You Poh Seng and Lim Chong Yah (eds.), Singapore: Twenty-Five Years of Development. Nan Yang Xing Zhou Lianhe Zaobao, pp. 189-205.

(ii) 인구증가율 억제

다른 많은 전후 개발도상국들처럼 싱가포르의 인구증가율은 매년 평균 4.4%로 높았다. 싱가포르가족계획및인구위원회(Singapore Family Planning and Population Board)는 해당 법이 1965년 12월에 통과되어, 1966년 1월에 설립되었다. 법이 빨리 의회를 통과하고 위원회를 신속하게 설립한 것은 인구증가율 통제에 대한 긴급성을 깨달은 결과이다.

경제에 대한 높은 인구증가율의 영향은 대단히 심각한 것이었다. 닉암 통 다우(Ngiam Tong Dow)는 다음과 같이 회상했다.

> "첫 번째 재무부장관이었던 고갱쉬 박사는 어느 날 학교가 파하는 오후 1시 또는 6시에 학교를 지나갈 때마다 우울해진다고 했다. 싱가포르는 교실이 부족했기 때문에 아침 7:30부터 오후 1시까지, 그리고 오후 1시 30분부터 6시까지 2부제 수업을 운영하고 있었다… 고갱쉬 박사에게 왜 우울하냐고 물었더니, 우리가 어떻게 하면 매년 25,000명에서 30,000명에 달하는 졸업생들에게 좋은 일자리를 마련해줄 수 있겠느냐고 물었다."[13]

싱가포르의 가족계획에 대한 접근방법은 2가지 주요한 방식, 즉 낙태법안과 자발적인 불임법이었는데, 두 가지 모두 1970년 초기에 시행되었다. 첫 번째 법안은 가족과 여성의 재정적인 여건에 문제가 없을 때 낙태가 합법화되는 것이었다. 1974년에 이 법안은 더욱 자유화되었는데, 보호자만 있으면 필요에 따라 낙태를 할 수 있도록 했다. 합법적인 낙태 숫자

[13] Ngiam Tong Dow (2005). "Big Country, Small Country: Strength and Limitations," Seminar Series of the School of Humanities and Social Sciences, Nanyang Technological University, 18 June 2005.

는 1970년에 1,913건에서 1974년에 7,175건으로 증가했으며, 1979년에는 14,855건으로 2배에 이르렀다.[14] 자발적인 불임법은 21세 이상 성인이 자녀가 3명이 있을 때, 불임을 허용함으로써 낙태법을 보완하는 것이었다. 이것은 나중에 2명으로 낮추도록 개정되었다. 나아가 이러한 선택을 권장하기 위해서 자발적인 불임을 받은 부모들에게는 그들의 자녀들을 원하는 학교에 입학시킬 수 있도록 우선권이 주어졌다. 더욱이 이러한 조치들과 연동해서 출산휴가 수당의 지급과 공공병원의 분만비용도 대가족에게는 불리하게 변경되었다. 그 결과 평균 출산율이 1960년 5.76명에서 1970년 3.07명으로 떨어졌다. 1980년까지 평균 출산율은 인구대체 수준의 출산율보다 훨씬 아래인 1.82명까지 떨어졌다.[15] 이러한 반전은 1990년 이후 사회정책의 맥락을 완전히 바꾸게 했다.

(ⅲ) 인적자원의 개발과 교육의 신장[16]

싱가포르의 유일한 자원은 사람이기 때문에, 경제성장의 핵심은 교육 훈련과 기술의 향상에 있었다. 싱가포르의 교육철학은 처음부터 잘 훈련된 노동력을 확보하기 위해서 기술적이고 직업적인 교육에 초점을 두는 기능적이고 콘텐츠 중심의 교육을 강조했다. 1961년부터 1967년 시기에 기술적이고 직업적인 교육의 경이적인 성장과 직업학교와 기술학교의 급격한 증가를 보였다.[17] 1961년에 1,400명이던 학생들이 다음 해에는 2배로,

[14] Saw Swee Hock (1984). “Population Trends, Problems and Policies in Singapore,” in You Poh Seng and Lim Chong Yah (eds.), Singapore: Twenty-Five Years of Development. Nan Yang Xing Zhou Lianhe Zaobao, pp. 141-159.

[15] Singapore, Yearbook of Statistics, various years.

[16] 이 부분은 아래의 출처에서 인용. Pang Eng Fong (1982). Education, Manpower and Development in Singapore. Singapore University Press, pp. 6-7.

[17] 이 부분은 아래의 출처에서 인용. Mickey Chiang (1998). From Economic Debacle to Economic Miracle: The History and Development of Technical Education in Singapore.

1967년에는 7배로 증가되었다. 직업훈련 기관들은 전기부품과 설치, 라디오 방송, 자동차 정비, 냉장고 및 에어컨, 판금 및 용접과 같은 기술을 포함한 과정들에 집중했다. 1960년대 말에는 싱가포르의 외국인 투자유치 노력이 성공을 거두기 시작하였고, 정책입안자들은 공장이 세워지기 이전에 기술적으로 훈련받은 인력이 많이 필요하다는 것을 인식하게 되었다.

기술교육부서는 1968년에 모든 기술교육과 직업교육을 관장하기 위해 교육부에 만들어졌는데, 고급수준의 전문적인 기술에 중점을 두었다. 국가산업훈련위원회와 과학기술부는 1968년에 새롭게 설립되었는데, 모든 교육수준에서 기술교육을 개발하기 위한 노력의 일환이었다. 집중워크숍은 전통적인 학문적 경로의 학생들에게 기술교육을 접할 수 있도록 만들어졌다. 이러한 움직임은 오직 순수학문 교육이 좋은 일자리를 보장해준다는 전후 많은 개발도상국의 일반적인 사고방식을 타파하는 데 도움이 되었다. 기술교육은 1973년에 산업훈련국이 만들어지면서 더욱 강화되었는데, 1979년에 직업산업훈련국으로 개명되었다. 국가기술자격시스템과 공공무역시험시스템은 자격을 표준화하기 위해서 만들어졌다. 동시에 싱가포르 폴리테크닉(Singapore Polytechnic)과 니앤 폴리테크닉(Ngee Ann Polytechnic)은 더 많은 기술자들을 양산하기 위해 확대되었고, 대학의 전문과정도 증가했다.

기술교육에서 다른 중요한 기관은 경제개발청이었다. 초기부터 경제개발청은 싱가포르에 유치하는 새로운 산업들이 전문적인 기계와 장비를 다룰 수 있는 전문적인 기술자를 필요로 한다는 것을 인지했다. 경제개발청은 외국인 투자자들과 논의한 결과, 전문가를 위한 훈련은 일반적인 기술교육의 틀 속에서 대응할 수 없다는 것을 깨달았다. 따라서 경제개발청은 대기업들이 자신들에게 필요한 인력을 위해서, 그리고 국가적으로 필요한 인력수요에 대응할 수 있도록 훈련시설을 설립하는 데 도움을

Singapore: Ministry of Education, Times Editions.

주었다. 타타-정부훈련센터(Tata-Government Training Centre)는 트럭, 에스컬레이터, 기관차 및 공작기계 등 정밀공학에 필요한 수요를 충당하기 위해 1972년에 설립되었다. 경제개발청은 부지, 건물, S$150만 달러 상당의 장비와 기계, 70% 정도의 운영비를 제공했다. 산업훈련국의 후속조치들이 이루어진 후에는 실습제도가 도입되었다. 모든 교육생들은 경제개발청이나 정부에서 지정한 회사들에 5년 동안 근무하도록 했다. 초반에 타타에서 필요한 인력은 50명이었기 때문에 전체 산업의 수요를 충당하기 위해 매년 100명이 입소했다. 이 사례는 1973년 로레이-정부훈련센터(Rollei-Government Training Centre)와 1975년 필립스-정부훈련센터(Philips-Government Training Centre)에 도입되었다. 이러한 센터들의 훈련 프로그램은 정밀공학 산업의 발전에 큰 기여를 했다.

이러한 접근법은 1970년대 후반에 새로운 기술의 급격한 전환을 지원하기 위한 정부와 정부 사이의 기술기관 관계에도 확대되었다. 이 틀을 적용해서 일본-싱가포르 기관, 독일-싱가포르 기관, 프랑스-싱가포르 기관이 설립되었다. 이 제도는 싱가포르가 외국의 전문지식과 교육시스템들을 배우고, 경제개발청 교육기관들의 특징이 되었던 "교육하는 공장의 개념(Teaching Factory Concept)"을 촉진할 수 있도록 해주었다. 소프트웨어 기술 분야의 일본-싱가포르 기관은 컴퓨터 소프트웨어 산업에 필요할 것으로 예상되는 수많은 인력을 배출하기 위해 1982년에 설립되었다. 이러한 기관들의 훈련 프로그램은 나중에 폴리테크닉에 통합되었는데, 폴리테크닉은 이 기간 동안 관련 프로그램의 입학인원을 급격하게 확대했었다. 1970년대 후반에는 고용주들이 그들이 고용하고 있는 노동자들의 기술향상을 권장하기 위해 기술개발기금(Skills Development Fund)을 설립했다. 이 기금은 매월 S$750달러 미만을 받는 근로자의 임금에서 2%의 추가부담금으로 재원을 마련하였고, 정부로부터 승인받은 훈련은 보조금을 이용할 수 있었다.

동시에 취학아동의 급격한 증가에 대응해서 많은 초등학교와 중등학교가 지어졌다. 교사들의 훈련은 교육대학(Teachers' Training College)을 설립하면서 본격적으로 추진되었다. 1970년대 말에서 1980년대에는 노동력이 희소한 영역의 자원배분을 최적화하기 위해서 정부가 매년 필요한 인력의 자격요건을 제시하고, 그에 따라서 직업교육과 기술교육 기관이 프로그램을 준비하도록 했다. 이 시기는 노동시장이 극도로 어려운 상황이었기 때문에 모든 학생들이 그들의 잠재력을 발휘할 수 있도록 다양한 평가방법이 시행되었다. 이것은 1979년에 교육시스템을 대대적으로 개조하는 계기가 되었다. 싱가포르 시스템은 캠브리지 모델에[18] 기초하고 있었는데, 싱가포르의 다인종 사회와 이민자의 역사를 고려해서 변형된 것이었다. 또한 영어를 가르치는 것은 교육과정의 필수적인 것이었고, 모든 학생들은 보통 그들의 모국어인 제2외국어를 배웠다. 많은 학생들이 제대로 이수하지 못하고 높은 중퇴율을 보였다.

1979년 고갱쉬(Goh Keng Swee)의 보고서는[19] 낭비적인 요소를 최소화하기 위한 목적으로 교육구조의 개선을 제안했다. 즉, 제2외국어 능력에 차이를 나타내는 학생들을 위해서 새로운 과정이 개설되었다. 또한 기술과정은 학문적으로 다소 취약한 학생들이 정규 학교시스템에서 기술적인 자격을 얻을 수 있도록 고안되었다. 따라서 학생들은 2개 국어에 대한 언어능력과 표준시험의 성적이 반영된 교육과정의 이수실적에 따라 선행단계에서 "능력별 집단으로 나누어졌다." 이 보고서의 권고는 오랫동안 교육시스템의 골격을 형성하고 있었다. 이처럼 인적자원 개발을 강조하는 기조는 교육에 대한 정부지출 증가로 나타났다. 1960년과 1982년 사이에 학생 수는 약 30% 증가했는데, 매년 교육에 대한 정부지출은 20배 이상 증가했다.[20] 기술교육을 강조하는 싱가포르 교육시스템은 수학, 공학, 자연

[18] 일반적인 학생은 6년의 초등교육, 4년의 중등교육, 2년의 예비대학 교육을 받는다. 그리고 6년째, 10년째, 12년째에는 전국적으로 시행되는 시험을 본다. 특히 10년째와 12년째 시험은 캠브리지 시험협회에서 관장하고 싱가포르는 행정적인 감독을 시행한다.

[19] 검토 보고서의 작성과정에는 고갱쉬 부총리와 국방부 소속의 시스템 엔지니어 팀이 주도적 역할을 수행하였다.

[20] Peter SJ Chen (1984). "Social Change and Planning in Singapore," in You and Lim (eds.), pp. 315-338, Table 1.

과학에 지나치게 치우쳐왔는데, 그것은 정책입안자들이 싱가포르의 발전을 위해서 가장 기능적이고 적합한 분야들이라고 인식했기 때문이다. 그 증거로 41개국의 선진국과 개발도상국이 참여한 제3회 국제수학 및 과학 경시대회에서 1위(13세 이상 평균점수)를 차지하는 것으로 나타났다.[21]

(iv) 노동시장의 규제

1960년대 말 무렵까지 급속한 산업화는 초과노동에 의존하였지만 점차 새로운 대안을 모색하기 시작했다. 첫 번째는 고용주들이 외국인 노동자들을 들여올 수 있도록 이민법을 완화하는 것이었다. 1970년대에는 싱가포르인이 아닌 외국인 노동자가 12%를 차지하게 되었다.[22] 다양한 기술훈련 프로그램을 통해서 젊은이들을 자격을 갖춘 전문가, 기술자로 양성하려고 노력했으며, 자격을 갖춘 기술자와 전문가들은 고용주의 보증 없이 취업비자가 허용되었다. 국가임금위원회(NWC)는 1970년대 초에 더 효율적인 노동의 활용을 장려하도록 상대적으로 높은 임금인상을 권고했다. 이 정책은 1973~74년 오일쇼크가 발생함에 따라 수출경쟁력을 유지하기 위해 임금을 통제하면서 뒤집어졌다. 그럼에도 불구하고, 정책입안자들은 싱가포르가 지속적으로 성장하기 위해서는 기술수준을 향상시켜야 한다는 것을 인지하고 있었다. 따라서 1970년대 중반에 기존 산업을 개선하기 위한 노력을 기울였고, 경제개발청은 산업의 투자촉진 전략을 더 차별화해서 중상위 기술을 보유한 기업의 유치를 목표로 했다.

1979년에는 기업들이 노동집약적 방식을 탈피하도록 유도하기 위해서 고임금정책을 3년간 시행하였다. 이러한 압력에도 불구하고, 미숙련

21 The Economist (1997). "Education and the Wealth of Nations," and "World Education League: Who's Top?" 29 March 1997, cited in Lam and Tan (eds.).

22 Lim Chong Yah and Associates (1988). Policy Options for the Singapore Economy. Singapore: McGraw-Hill, p. 143.

외국인 노동자들에 대한 의존은 별로 감소하지 않았다. 1980년에는 S$600달러 이하를 받는 노동자들이 7%를 차지하고 있었고, 이 중의 절반은 외국인이었다. 1985년까지 외국인 노동자들의 비율은 31%까지 감소했지만, S$600달러 이하를 받는 노동자들은 10%로 증가했다.[23] 1990년대 이후, 특정부문을 제외하고 외국인 노동자를 차츰 줄여나간다는 목표는 경제성장과 괴리된 상태에서 달성하기 불가능했고, 결국 이 정책은 1987년 4월에 외국인 노동자에 대한 추가부담금 제도로 대체되었다. 이 제도의 시행에 따라서 제조업, 호텔, 건설, 가정부 부문에 대한 외국인 노동자의 채용은 계속되었지만, 새로운 국가로부터 유입되는 비숙련 노동자들은 건설, 조선, 가정부로 제한되었다[24]. 초기에 건설노동자와 가정부의 추가부담금은 매월 S$120달러였고, 다른 모든 부문들은 S$150달러였다.

3.1.3 물리적 기반시설의 구축

싱가포르의 발전은 기반시설의 집약적 투자에 기인하는 바가 크다. 기본적으로 경제적인 성장과 발전을 촉진하기 위해서 그 수요를 미리 예측하고 건설하는 방식을 취했다. 초기에는 항만, 산업단지, 금융 및 물류 네트워크에 집중했는데, 나중에는 통신과 IT시스템 분야로 발전했다. 국영기관들이 기반시설과 필수적인 서비스를 제공하기 위해 1960년대부터 1970년대 초기에 걸쳐 빠르게 확산되었다. 공장과 주택을 위한 부지는 별도로 확보해 두었는데, 이 부지들은 깨끗하게 정비되고, 하수시설, 배수시설, 전력공급 등을 갖춰야만 했다. 주롱타운공사(JTC: Jurong Town Corporation)는 1968년에 설립되었는데, 경제개발청으로부터 공장의 개발과 건설기능을 인수받아서 외국인 투자자들을 위한 공장부지로 마련해 놓

23 Lim (1988)에 수록된 표 6.7에서 인용.

24 오직 말레이시아만 전통적인 외국인 노동자들로 간주되었다. 다른 모든 국가들, 예컨대 인도, 방글라데시, 필리핀, 한국 등은 새로운 이주노동자 송출국가로 간주했다.

았던 주롱산업단지의 계획과 개발을 감독했다. 마찬가지로 도시재개발청(Urban Redevelopment Authority)은 주택개발청(HDB: Housing and Development Board)으로부터 분리되어 도심지 재생사업을 관장했고, 공공시설원(Public Utilities Board)은 물과 전기의 원활한 공급을 위해 설립되었으며, 싱가포르통신청(Telecommunication Authority of Singapore)은 전화와 우편서비스를 제공했다.

싱가포르는 또한 그 전략적인 위치에 따른 영향력을 행사했으며, 국제운송 네트워크의 핵심적인 거점이 되었다. 싱가포르항만청(PAS: Port of Singapore Authority)은 싱가포르 항만서비스를 확대하고 심화시키기 위해서 1964년에 설립되었다.[25] 항만청은 인근 지역 국가들과 선진국들의 연계무역이 증가함에 따라 중계무역이 감소할 것으로 예상되면서, 컨테이너 터미널을 건설하고 인근 지역의 환적을 위한 거점으로서 역할을 수행했다. 마찬가지로 창이국제공항은 국제적인 항공운수의 거점으로 개발하기 위해 1981년에 완공되었다.

도로와 철도를 건설하는 데 상당한 투자가 이루어졌다. 1965년과 1975년 사이에 도로의 길이는 약 25% 증가했지만, 자동차의 수는 45%로 뛰었다.[26] 교통체증의 문제는 1970년대에 나타났다. 싱가포르는 1975년에 지역면허계획(ALS: Area Licensing Scheme)을 수립하면서 세계 최초로 혼잡통행료(congestion pricing) 제도를 도입한 국가가 되었다. 이 제도는 가장 혼잡한 아침시간에 도심에 들어가기 위해서는 통행료를 지불하는 것이었는데, 나중에는 저녁시간까지 확대되었다. 이러한 초기의 도로통행료 매뉴얼은 1990년대 중반의 전자도로통행료시스템(ERP: Electronic Road Pricing System)으로 발전했다. 싱가포르 교통체계의 근간을 건설하는 대중고속운송(MRT: Mass Rapid Transit) 사업은 1980년대 초기에 시작해서 1987년에 완공되었다. 사업비는 S$50억 달러였는데, 싱가포르에서 가장 비용이 많이 든 프로젝트였다.

---

25 싱가포르항만청은 과거의 싱가포르하버위원회(Singapore Harbour Board)를 계승한 기관이다.
26 Singapore, Economic and Social Statistics Singapore 1960-1982, Department of Statistics.

3.1.4 사회적 기반시설의 구축

(i) 주택공급, 주택소유 및 공동체 구축

리콴유와 고갱쉬는 모두 새로운 사회를 건설하기 위해서 노력했는데, 사회의 발전은 안정적인 사회적, 경제적 환경이 필요하다는 점을 이해하고 있었다. 1960년대 초기에 싱가포르는 도시 빈민가들이 넘쳐났다. 이민자들은 여전히 종교적, 인종적인 갈등을 느끼고 있었다. 그들을 함께 묶어주는 것은 경제적인 시련이었다. 이것은 정부가 성장을 위해 본격적으로 노력하는 배후에서 그들을 규합하도록 만드는 것이었다. 모든 가족들이 이 나라에 뿌리를 내리기 위해서는 안정적인 사회를 건설할 필요가 있었다. 따라서 주택공급과 주택소유권에 대한 프로그램이 싱가포르 사회의 결정적인 요소가 되었다.

주택개발청(HDB)은 전후 급격한 인구증가와 주택공급에 대한 식민정부의 실패로 인해 발생한 심각한 주택위기를 해결하기 위해 1960년에 설립되었다.[27] 도시재생과 주택정책의 핵심은 토지수용이었다. 1966년에 제정된 법은 국가가 국가목적 사업의 시행을 위해 소유권자에 대한 보상을 하고 토지를 수용할 수 있도록 허용했다. 정부에 의한 직접적인 토지수용은 토지를 공공의 목적을 위해 활용할 수 있도록 했으며, 주택공급, 산업화, 도시재생 등 사업들을 적정한 사업비로 시행할 수 있도록 했다.[28]

---

27 1932년 조성된 싱가포르개선신탁은 이후 32년 동안 23,624호의 아파트를 건설하였다. Quah (1987), p. 123.

28 토지수용법(Land Acquisition Act 1966) 5조 1항에 따르면 "어떤 특정한 토지가 필요하게 되었을 때: (a) 어떤 공공의 목적을 위해서; (b) 어떤 개인, 회사 또는 법정위원회에 의해서, 정부부처의 의견에 따라 어떤 작업을 하거나 또는 착수하는 것이 공공의 혜택 또는 공공의 시설, 또는 공공의 이익을 위한 것으로서; 또는 (c) 어떤 주거의, 상업적인 또는 산업적인 목적을 위한 것으로, 대통령이 관보에 공시함으로써 토지가 공지에 특정한 목적을 위해 필요하게 되었다는 것을 선언한다." Quoted from Lim et al. (1988). Policy Options, p. 78.

주택개발청(HDB)의 당면한 목표는 일련의 5개년 계획들을 통한 저렴한 공공주택의 건설과 공급이었다. 첫 번째 계획기간 동안 건설된 아파트는 55,430호였고, 1971~1975년 기간에는 108,392호였으며, 1976~1980년에는 130,432호였다.[29] 1960년대에 건설이 가장 왕성한 때는 39분마다 하나의 아파트가 건설되었다.[30] 가족들이 입주할 수 있는 아파트를 건설하는 것이 목적이었기 때문에 미적인 감각이나 디자인은 거의 고려되지 않았고, 전국에 동일한 형태의 아파트들이 건설되었다.[31] 주택공급 프로그램은 효과적이었다. 1960년대 초기에 오직 인구의 10%만이 고층 아파트에서 살았는데, 1980년대 중반에는 80%로 증가했다.

일단 목적을 달성한 주택개발청(HDB)은 그 역할을 아파트 개선과 자산 증식의 기회를 제공하는 것으로 확대했다. 동시에 공동체 구축과 국가적인 통합의 목표들이 제기되었다. 고층 아파트 생활은 이웃과의 교류를 감소시켰다. 또한 가족과 친구들이 가까이 살면서 다시 인종적인 집단거주지를 형성하는 것에 대한 우려가 제기되었다. 독립 이전의 싱가포르는 특정 지역에 특정 인종이 집단적으로 거주하고 있었다. 도시 재정비와 재생 사업은 사람들을 분산시키고 또한 통합시키기 위해서 다른 인종들끼리 다른 주택단지에 입주하도록 했다. 이러한 조치는 나아가 각 주택단지에 인종적인 할당이 만들어졌고, 점차 아파트의 개별적인 블록까지 적용되었다. 동시에 선거구와 행정구, 커뮤니티센터, 거주자위원회, 시민자문위원회 등 주민들이 이웃들과 교류하고 이해관계를 관리하는 기구들을 만들었다.

(ii) 주택소유에 대한 금융지원과 싱가포르의 경제적 발전: 중앙적립기금

29 주택개발청의 연례보고서는 아래 출처에서 재인용 Pugh and Cedric (1989), p. 848.

30 Ngiam Tong Dow (2004). Speech given during closed door luncheon to the Economic Society of Singapore, 15 January 2004.

31 Lee Kuan Yew (2000). From Third World to First – The Singapore Story: 1965-2000, p. 119.

대부분의 싱가포르인에게 중앙적립기금(CPF: Central Provident Fund)은 주택소유권과 같은 의미를 가진다. 이것은 영국의 연금제도를 도입한 것인데, 실제로 싱가포르인이 수년간 자신의 집을 소유하고, 의료비용을 지출하고, 은퇴를 계획하고, 자녀들이 대학교육을 받을 수 있도록 하는 것이었다. 이것은 싱가포르의 경제적, 사회적 정책의 초석이었다. 중앙적립기금과 같은 시스템은 건국초기 시도사들의 가치와 신념을 나타내는 것이며, 거버넌스의 근본적인 원칙을 이루는 것이다.

중앙적립기금(CPF)은 일종의 강제저축제도인데, 초기에는 노동자들에게 은퇴수당과 함께 지급하기 위해서 만들어졌다. 매달 기여금은 고용주와 노동자들이 노동자의 계좌에 정부가 규정한 요율을 적용해서 조성된다. 기금은 개인이 소유하는 계좌인데, 이 계좌의 소유자는 기금에 저축된 금액의 대부분을 55세에 이르렀을 때 인출할 수 있다. 이 제도는 1955년에 시작되었는데, 초기 기여금 요율은 고용주와 노동자 각각 5%를 부담했었다. 1970년대 초기에 시작된 주택 소유권은 기금에 대한 기여금의 요율을 꾸준히 증가시켜서 싱가포르인이 새 아파트를 구입하는 데 재정적인 도움을 주었다. 기여금의 요율은 1970년대를 거치면서 꾸준히 상승했는데, 1984년과 1985년에는 각각 25%로 증가하여, 총 50%에 이르렀다. 이 기금 제도는 1984년에 "의료보험저축계좌(의료지출을 위해 저축하는 개인별 계좌)"를 포함하는 것으로 확대되었다.

기금에 소속된 기여자들은 1967년 465,000명에서 1982년 927,500명으로 증가했다. 연간 기여금은 70배로 증가했다. 1982년에 적립된 기금은 GDP의 13.5%를 차지했으며, 국민저축 총액의 1/3에 해당하는 금액이었다. 중앙적립기금은 싱가포르의 경제발전을 위한 핵심적인 국내저축의 원천이 되었다. 즉, 경제발전을 위한 외국의 원조나 차관에 의존할 필요가 없어진 것이다. 이러한 구조 때문에 기금으로 인해서 자원배분과 노동시장을 왜곡시키는 일은 없었다. 정부는 노동비용의 요소를 조정할 수 있는 권한을 갖고 있었다. 즉, 경제위기가 닥쳤을 때, 고용주의 기여금을 다양하게 조정함으로써 생산비용을 관리할 수 있는 결정적인 수단이었다. 고용주들의 기여금을 삭감시켜주는 조치는 1986년에 있었는데, 아시아 금융 위기로 인해서 1997년에 다시 이루어졌다. 구조적인 변화는 아시아 금융 위기 이후에 변화된 경제적 환경에 따라 이루어졌다. 고용주의 기여금 요율은 전체적인 비용부담을 낮추기 위해서 13%까지 낮춰졌다. 노동자들의 기여금 요율은 20%로 유지되었다. 이 기금의 발전에 대한 보다 자세한 내용은 제5장에서 소개한다.

(iii) "바람직한" 관습의 조성 — 경제적으로 성공할 수 있는 사회 건설

정부는 또한 바람직한 관습, 사회적 변화, 통합을 조성하기 위해 정책과 제도를 사용했다. 예컨대, 중앙적립기금 제도는 저축하는 문화를 확립하도록 했으며, 1971년에 우체국저축은행(POSB: Post Office Saving Bank)을 설립하면서 촉진되었다. 이 은행은 특히 어린이들과 청년층의 저축하는 습관을 독려하기 위해서 만들어졌는데, 이러한 저축예금은 국가발전을 위해 사용되었다. 더욱이 저축예금과 보험은 비과세 대상이었기 때문에 모든 사람들이 저축하는 습관을 갖도록 자극했다. 저축예금은 1971년부터 1982년 사이에 S$91백만 달러에서 S$50억 달러로, 55배가 증가했다.[32] 계좌도 1971년에 50만 개 약간 넘던 것이 1982년에는 2백만 개 이상으로 증가했다. 따라서 그 당시 2백45만 명이 가입해 있었고, 거의 모든 가족들이 우체국저축은행(POSB)의 계좌를 갖고 있었다. 대부분의 예금은 공공투자 사업에 자금을 조달하기 위한 공채에 투자되었다.

교육시스템은 또한 사회적 변화와 통합의 효과에 연결되어 있었는데, 가장 중요한 것은 2개국어 정책을 통한 것이었다. 언어는 인종갈등의 역사와 함께 1950년대 말과 1960년대 초기에 특히 민감한 문제였다. 초기의

---

32 아래 출처에서 인용. Li Sheng-Yi (1984). "Money, Banking and Finance in Singapore," in You and Lim (eds).

정책은 영어의 사용을 촉진하기 위해서 영어로 교육을 했으며, 부모들은 자녀들의 경제적인 기회를 극대화하기 위해서 일제히 영어학원에 등록시키려고 노력했다. 1984년까지 95% 이상의 초등학생들이 영어학원을 다녔다. 통합에 대한 집착은 또한 중국인 공동체의 일반적인 언어인 중국어를 홍보하는 형태로 나타났다.

국가적인 캠페인을 통해서 문화와 행태를 개선하려는 시도들이 있었다. 초기의 몇몇 캠페인들은 1985년에 처음 시작된 "큰 빗자루 쓰기(쓰레기투기금지 캠페인)", "둘에서 그만(가족계획을 독려하기 위한)", "싱가포르를 깨끗하게, 오염에서 자유롭게(깨끗하고 푸른 싱가포르 이미지를 만들기 위해)" 등이었다. 1979년부터 국가적 캠페인은 총리실에 의해서 조정되었는데, "중국어 말하기", "예절은 우리생활의 방식(공손한 사자가 마스코트로 완성되었다)", 그리고 가족계획 정책에 대한 반전이 있었는데, "셋 이상 또는 할 수 있다면 더 많이" 캠페인이 추가되었다. 초기에는 선진국의 관습을 받아들이기 위해서 자유롭게 사용되었지만, 1980년대 이후에는 훨씬 절제해서 사용되었다.

3.1.5 안보와 방위능력의 구축

독립 직후의 싱가포르의 취약한 위상은 재빨리 자체 방위능력을 갖추는 원동력이 되었다. 독립 당시에 싱가포르는 말레이시아인 준장의 지휘를 받는 2개 대대가 있었는데, 싱가포르의 분리를 반대하는 움직임이 있었다. 따라서 무력을 갖추는 것이 가장 시급한 일이었다. 싱가포르의 방위력을 갖추는 일은 주변국들의 적대감을 일으키지 않도록 조용히 추진되었다. 군대를 훈련시키는 데 있어서는 이스라엘의 도움을 받았다.

대규모 상비군을 갖추는 것은 그 당시 싱가포르의 재정을 고려하면 부담스러운 것이었기 때문에 소규모 상비군과 대규모 예비군을 갖추는 대안을 선택했다. 1967년에 병역법이 통과되었다. 모든 신체 건강한 싱가포르 남자들은 18세가 되면 2년 또는 2년 반의 병역생활을 해야만 했고, 그 후에는 20년간 예비군으로서 작전준비 상태를 유지했다.

1971년까지 영국군을 철수시킨다는 계획이 1967년에 발표되면서 군대를 갖추는 일은 더욱 다급해졌다. 군대를 구축하는 속도와 규모는 1960년대 말과 1970년대 초기의 강한 경제적 성장에 의해서 상당한 탄력을 받았다. 1971년까지 17개 현역 대대(16,000명)와 14개 예비군 대대(11,000명), 보병부대와 특공부대들, 포병부대와 기갑부대들 그리고 완전한 야전병력을 갖추었다. 싱가포르군대훈련소(Singapore Armed Force Training Institute)는 기초훈련과 사관후보생 교육을 위해 설립되었다. 또한 대공방어능력도 구축하기 시작하였다. 방위체계를 구축하기 위해 엄청난 투자가 이루어졌는데, 국방부는 매년 넉넉한 덩어리 예산을 지원받는 가장 큰 부처가 되었다.

독립 이후 20년간 일어난 변화들은 아래의 표 3.1에 요약되어 있다.

표 3.1 1965~1985 사이의 변화

	1960	1970	1984
면적(sq km)	581.5	586.4	620.2
인구(중간년도, 단위 ' 000명)	1,646	2,074.5	2,529.1
실업률	4.9	6.0	2.7
GDP(S$)	6,726.3	16,090.7	52,080.2
1인당 GDP(US$)	427	914	6,890
총 국민저축	−52.3	1,129.7	17,645.2
GNP 대비 비율(%)	–	19.3	44.3
총 무역액(백만S$)	7,554.8	12,289.6	112,473.6
수출(백만S$)	3,477.1	4,755.8	51,340.0
국내수출(백만S$)	217.1	1,832.2	33,051.2
제조업 고용 비율(%)	–	22	27
선박 통관 수(백만 톤)	34.4	73.0	169.6
해상수송 화물량(백만 피트)	11.9	43.6	104.2
항공기 착륙(' 000대)	6.2	17.1	35.3
관광객(' 000명)	90.0	521.7	2,991.4
국제수지(백만S$)	140.1	564.8	3,230.6
외환보유고(백만S$)	–	3,097.9	22,748.0
공채(백만S$)	–	2,016.6	28,077.3
국내 공채	–	1,842.8	27,435.9
외국 채권	–	173.8	641.4

영아사망률(1,000명당)	34.9	20.5	7.3
기대수명	62.9	65.8	73.3
문해율	–	72.2	85.0
여성 노동 참여율	–	29.5	45.8

출처: 싱가포르, Economic Survey of Singapore 1985, 통상산업부.

3.2 공공부문 거버넌스의 발전에 대한 영향

공공부문 거버넌스의 초기 발전은 국가건설의 긴급한 상황에서 형성되었다. 싱가포르의 작은 규모, 부족한 자원, 미약한 안보상황은 정부가 경제와 국가발전을 선도하지 않을 수 없도록 만들었다. 이 시기에 공직의 구조에 대한 확대와 변화뿐만 아니라 거버넌스에 대한 가치관과 접근방법을 정립했다.

싱가포르 거버넌스에 내재된 핵심적이고 암묵적인 신념 중에 하나는 "실행이 곧 정책이다"[33]라는 것이다. 이것은 공공부문 발전의 여정에서 반영되었다. 초기에 정치기구에서 확대된 것은 대부분 독립행정기관(Statutory Board)이었다.[34] 그들은 업무적으로 소속 부처에게 보고하지만, 일상적인 업무에서 정부부처보다 유연했다. 독립 이후에 싱가포르의 정책대안과 방향성은 분명했다. 즉, 주된 관심사는 가장 효율적인 방법으로 일을 처리하는 것이었다. 독립행정기관은 경제적, 사회적 정책들을 집행하기 위한 중요한 수단이 되었다. 1984년에는 총 83개의 독립행정기관(사회부 산하에 18개, 국가개발부 산하에 11개, 통상산업부 산하에 9개, 교육부 산하에 8개, 재정부 산하에 6개)이 있었다.[35] 이처럼 초기에 경제개발청(EDB), 주택개발청(HDB), 국방부, 통화청 등 경제적, 사회적 기관들이 만들어지고 확장하게 된 것은 싱가포르의 발전

33 Lim Siong Guan. 정책집행에 대한 접근방법은 제5장에서 전반적으로 검토한다.

34 독립행정기관은 준정부조직으로서 특정한 존립의 목적을 규정하는 법에 의해 설립된다.

35 인용 출처는 Jon ST Quah (1984). "The Public Bureaucracy in Singapore," in You and Lim (eds), pp. 288-314.

의 핵심적인 측면을 보여주는 것이었다. 고갱쉬는 경제발전에 있어서 사람과 제도의 근본적인 중요성을 인지하고 있었다.

> "개발도상국의 발전을 방해하는 것은 불충분한 지원이나 무역이 아니라 유능한 행정조직을 수립하는 데 실패하고, 강력하고 진보적인 사회적, 정치적 제도를 발전시키는 데 실패하기 때문이다."[36]

같은 맥락에서, 이처럼 제도를 강조하는 것은 영국 식민정부를 모델로 한 공공부문의 발전에서도 나타나는데, 엘리트 관료제는 "최고위 공무원들은 국가적으로 지식인 엘리트층의 중요한 부분을 구성하는 것"[37]이라는 인식이 있었다.

싱가포르 식민지 시절의 제도적 유산인 독립행정기관이 경제성장을 추진하는 장치로 사용되었다는 사실은 정치지도자의 가치관에 대해서 많은 설명을 해준다. 싱가포르는 영국통화위원회 시스템을 유지했는데, 이것은 거시경제를 관리하는 원칙을 제시해 주었다. 중앙적립기금 시스템도 유지하고 확대해서 싱가포르의 발전목표에 맞도록 만들고 적용했다. 교육제도의 건전성을 확보하기 위해서 캠브리지 시스템을 도입했으며, 그것은 오늘날까지 유지되고 있다. 따라서 정부는 만약 싱가포르의 장기적인 이익에 도움이 되는 것이라면 식민지정부로부터 유래한 구조도 주저 없이 받아들이고 적용했다. 이것은 매우 합리적인, 반(反) 이념적인, 실용적인 접근으로서 싱가포르 거버넌스 스타일의 상징을 나타내는 것이다. 문

36 Goh Keng Swee (1983). "Public Administration and Economic Development in LDCs," Fourth Harry G Johnson Memorial Lecture delivered at the Royal Society, London on 28 July 1983.

37 Ian Patrick Austin (2004). Goh Keng Swee and Southeast Asian Governance. Singapore: Marshall Cavendish Academic, p. 24.

제해결을 위한 실행가능성은 정책대안을 평가하는 데 가장 우선적인 기준이 되었다. 비록 그 당시에는 인기도 없고 혹은 정치적으로 적절하지 않은 것이라고 하더라도, 만약 전략적인 관점에서 장기적으로 적합한 것이라면 그들은 실행에 옮겼다.

분명한 목표를 달성하기 위해서 잘 정의된 해결책이 있는 반면에 그것을 실행할 제도나 기관이 부족하다면, 공공부문은 싱가포르를 위해서 중요한 제도적인 힘이 되었다. 그들은 지시자, 관리자, 규제자, 선도자로서의 역할을 수행했다. 상황의 심각성은 정치적 정당과 공공부문의 지도자들 사이의 협력을 조장하였다. 즉, 경제발전에 적합한 상황을 만들어내기 위해서 함께 일했다. 천연자원이 없는 소규모 경제의 싱가포르에게 발전을 위한 선택은 삭막한 것이었다. 즉, 수출 아니면 소멸이었다. 이 전략에서 외국인 투자는 결정적인 요소였기 때문에 투자 친화적인 환경을 만들기 위한 사회적 안정성과 법에 의한 통치는 다른 무엇보다 가장 중요한 것이었다. 1960년대 후반에는 정책개발, 건설, 기반시설 구축이 정신없이 진행되었다. 부지를 정비하고, 전기, 수도, 하수배출 시설을 설치하고, 공장들을 건설하고, 노동자들은 외국인 투자기업에 취업하기 위해서 준비하고 있었다. 그리고 마침내 일자리가 찾아왔을 때, 모든 사람들은 이 모든 성공이 효율적이고 효과적으로 결과를 만들어내는 싱가포르의 능력에 달려있었다는 것을 이해하게 되었다. 실행할 만한 다른 제도나 기관들이 없다면, 공공부문은 싱가포르 사회와 경제의 개발에 대한 모든 부문에서 주도적으로 실행했다. 공공부문은 목표달성을 지원하기 위해 일 중심의 구조와 절차를 만들었다.

공공부문은 또한 정치지도부와 손잡고 새로운 싱가포르 사회의 가치와 정신을 만들고 형성하기 위해 일했다. 어떤 점에서는 말레이시아로부터 갑작스럽게 분리 독립한 이후 직면한 곤궁과 시련은 정치지도부에게 상대적으로 새로운 사회를 설계하고 만들 수 있는 백지를 제공한 것이었다. 인종적, 종교적인 갈등과 인접 국가들과의 정치적 긴장을 10년 이상 겪은 국민들은 싱가포르의 생존을 보장하기 위한 새로운 정부의 시각과 정책을 받아들일 준비가 되어 있었다. 이러한 환경은 정치지도자들이 공공부문과 새로운 사회에 대한 가치, 거버넌스의 암묵적인 원칙, 그리고 세상을 인식하는 방법을 심어주었다. 이것은 공공부문이 사회적, 경제적 맥락이 상당히 다른 부분들에 대해서도 지속적인 효과성을 발휘하게 해 주었다.

백지라는 말은 곧 건국초기 정치지도자들의 가치관과 견해들이 새로 만들어지는 사회에 투영되어진다는 것을 의미했다. 예컨대, 리콴유와 고갱쉬의 관점과 경험에 의해 형성된 자립심, 책임성, 근면성의 가치들은 직접적으로 복지정향의 선택과 직결된 철학에 영향을 미쳤다. 그들은 개발도상국이 급속한 경제발전의 동력을 유지하기 위해서는, 과도한 복지사회가 적합하지 않다고 믿었다. 이 철학의 영향은 실업수당과 같은 사회적 안전망의 부재로 귀결되었고, 개인이 은퇴 이후에 받는 수당은 완전적립식 연금을 통해 개인의 책임성을 권장하는 방식이었다. 그것은 각각의 개인들이 근무기간 동안에 연금을 위해 따로 저축하는 것과 연동되는 것이었다. 가족은 사회의 기본적인 단위로 간주되었고, 어린이들은 그들의 부모들이 돌보는 것을 권장했다. 어린이들의 의료비는 부모들이 입원비 지출을 위해 저축하는 의료저축에 의존했다. 이러한 가치관, 믿음, 신념이 거버넌스에 미친 영향은 제4장에서 보다 구체적으로 검토될 것이다.

또한 이 시기에 정치지도자들과 국민들과의 관계가 만들어졌다. 사람들은 열심히 일하고, 사회적 안정성을 위협하는 행동을 조심하고, 가족부양을 위해 필요한 최소한의 임금을 유지한다면, 정부는 일자리를 만들고, 주택을 마련해주고, 아이들에게 교육기회를 제공해 줄 것이라고 말했다. 정부와 국민들 사이에는 일종의 합의가 있었는데, 싱가포르가 무엇을 원하든 국민들은 스스로 창조해야만 했다. 즉, "누구도 우리의 생계를 책임져주지 않는"다는 인식이 자리 잡았다. 만약 그들이 정부가 규정한 "기본원칙"에 따라서 자신들의 생활을 유지하고 일한다면, 경제적 성장은 따라올 것이었다. 정부는, 즉 정치와 공공부문의 리더십은 그들이 만든 정책들의 집행과 결과에 따라서 평가되었다. 경제성장은 여당이 집권하는 정통성의 기반이 되었고, 또한 이러한 성장을 추진하고, 독려하고, 싱가포르에 활력을 불어넣는 원천이 되었다.

3.3 싱가포르의 재창조: 1986~2006

1980년대 후반은 싱가포르에 있어서 분수령이 되는 시기였다. 처음 25년 동안의 성장과 번영은 국민들에게 점차적으로 좋은 집과 좋은 교육을 받을 수 있도록 충분한 경제적 기회들을 제공하는 유능한 국가를 창조했다. 그러나 사정없이 밀어붙이는 방식의 경제성장은 급속하게 변화하는 국제적 여건들과 함께 새로운 기대, 비교할 수 없는 수준의 이동성, 그리고 정보에 대한 접근성을 가진 독립 이후 세대들이 성년이 되면서, 새로운 정책수요를 만들어내고 싱가포르 사회의 긴장을 증폭시켰다. 이러한 새로운 압력과 갈등은 싱가포르 정부의 사고방식과 거버넌스에 대한 방법과 원칙, 그리고 정책형성과 문제해결에 대한 접근방법에 대해서 새로운 변화를 요구했다.

3.3.1 경제적 맥락의 변화: 1986~1997

1985~86년의 경기침체는 싱가포르 경제의 취약성과 초기 발전모델의 약점을 뚜렷이 부각시키는 계기를 마련해주었다. 경제성장의 원천에 대한 다양성 부족 – 제조업, 특히 전자제품과 건설에 대한 지나친 의존과 인건비에 비해서 상대적으로 낮은 노동생산성은 주요한 수출시장인 미국과 일본에서 석유를 포함한 상품가격의 붕괴에 의해 유발된 수요의 감소를 증폭시켰다. 리센룽 경제위원회 의장과 무역산업부장관은 공공부문과 민간부문 그리고 노동조합의 지도자들과 함께 즉각적인 개선책을 만들었다. 위원회는 또한 보다 장기적인 문제와 싱가포르 경제의 전망에 대해서 검토했으며, 새로운 성장의 영역을 확인하고, 성장을 촉진하기 위한 새로운 전략을 모색했다. 경제위원회의 검토는 의미심장한 것이었다. 왜냐하

면, 그것은 지역과 국제적인 환경의 변화에 대응하기 위해 끊임없이 경제적 전략을 개선하고 적용하는 첫발을 디딘 것이기 때문이다.

1986년에는 경제적 전략의 중요한 변화가 있었다. 경제정책은 성장의 기반인 제조업을 보완하기 위해 서비스업까지 확장했고, 경쟁력을 유지하는 것이 정책형성의 목적이 되었다. 경쟁력을 회복하기 위한 즉각적인 임금동결과 중앙적립기금(CPF) 기여율의 삭감 이후에, 더욱 유연하고 비용대비 효과적인 인력개발을 위해 광범위하고 장기적인 평가가 이루어졌다. 우선 선진국과 경쟁자인 개발도상국의 임금을 비교했다. 소규모 개방경제국가인 싱가포르는 다른 국가들과 비교해서 자국에서 비즈니스를 수행하는 비용이 경쟁력을 유지할 수 있도록 항상 공급 측면의 접근을 지속해야만 했다. 1985~86년의 경기침체는 정책입안자들에게 중요한 교훈을 제공했다. 즉, 임금수준은 경제적인 변동성이 증가하는 환경 속에서는 중앙집권적으로, 자의적으로 규정될 수 없으며, 유연성과 신속한 조정이 결정적인 요소라는 것을 가르쳐주었다. 1990년대 초기부터 임금체계의 유연성을 촉진하기 위한 노력이 확대되었다. 경기침체는 분명히 정책입안자로 하여금 싱가포르가 경제적 구조를 다양화하기 위해서 새로운 대안을 개발해야 한다는 것을 뼈저리게 느끼도록 만들었다. 경제를 진보시키기 위한 핵심적인 아이디어는 1991년 전략적 경제계획인 "선진국을 향하여(Towards a Developed Nation)"에 상세하게 담겨졌다.

정보통신기술 사용의 증가는 효율성을 증가시키기 위한 수단으로서 권장되었고, 이것은 싱가포르가 다른 개발도상국과 비교해서 높은 인건비에도 불구하고 경쟁력을 유지할 수 있도록 해주었다. 공무원 전산화 프로그램은 1981년 국가전산원(National Computer Board)의 설립과 함께 착수되었다. 또한 IT통신 시스템의 강화는 서비스 부문이 경제성장을 선도하도록 육성하는 데 결정적인 것이었다. 싱가포르는 좋은 교통체계와 빠른 통신회선, 그리고 영어가 능통한 전문 인력까지 더해지면서 서비스 부문의 수출에서 비교우위를 확보하게 되었다.

이러한 움직임의 일환으로 싱가포르는 서비스 산업과 관련 활동의 성장을 지원하는 "종합비즈니스센터"로 다시 자리매김했다. 운송과 물류와 같은 활동은 직접적으로 제조업을 보완해 주는 것으로 나타났다. 이러한 맥락에서 제조업 기반의 다국적기업은 사업을 확장하면서 그 운영본부(OHQs: Operational HQs)를 싱가포르에 설립했다. 싱가포르 운영본부는 싱가포르뿐만 아니라 인근 지역까지 다국적기업의 제조업 운영에 대한 전반적인 지원을 수행했는데, 이들의 업무는 구매 등 모든 제조업 지원, 물류, 공급선 관리, 재무, 나중에는 연구개발(R&D)까지 포함하였다. 처음에는 칼텍스(Caltex), 마쓰시다(Matsushita) 등 12개 다국적기업이 그들의 운영본부를 싱가포르에 설립했다. 따라서 싱가포르는 이러한 새로운 성장전략을 지원하고 추진하기 위해서 새로운 기반시설을 개발하고 건설하는 일에 착수했다. 싱가포르는 또한 컨벤션 도시로서의 위상을 신장시켰고, BTMICE(Business Travel, Meetings, Incentive travel, Conventions and Exhibition) 산업은 새로운 성장의 영역으로 부상하였다.

서비스 산업을 적극적으로 육성했지만, 제조업은 여전히 경제성장의 핵심적인 기반으로 남아있었다. 싱가포르는 저비용의 제조업을 계속해서 지원하기에는 부지와 인건비가 너무 비싼 상황이었고, 선진국과의 격차를 줄이기 위한 핵심적인 기술은 여전히 부족한 상태였다. 싱가포르의 제조업 기술을 혁신하는 곳에 인센티브가 주어졌다. 다국적 기업이 더 기술 집약적인 고부가가치 사업을 추진할 수 있도록 첨단기술에 필요한 부품산업의 성장을 촉진시켰다.

노동집약적인 산업화의 동력으로서 다국적기업의 중요성은 정책입안자의 관심을 집중시켰는데, 그것은 토착기업의 발전을 저해하는 것이었다. 오랫동안 국내 중소기업은 경제발전전략에서 핵심적인 요소로 간주되었지만, 경기침체를 통해서 오직 다국적기업과 국영기업에게만 의존하는 발전전략의 취약성이 극명하게 드러났다. 1980년대 후반부터는 중소기업을 단순히 다국적기업 공급선의 부속이 아니라 독립된 기업으로서 그 자체를 발전시키도록 지원했다. 국가생산성위원회와 중소기업국은 지역의 중소기업이 운영의 효율성을 높이고 자본을 용이하게 조달하도록 지원했다.

정부는 중소기업을 지원하기 위한 보완적인 수단으로서 국가 소유의 기업을 민영화하는 계획을 마련했다. 1986년에 공공부문투자회수위원회는 “투자회수를 위해 국영기업과 독립행정기관을 확인하고, 함께 투자회수 프로그램을 마련했으며, 그 프로그램의 실행을 권고했다.” 경제의 진보를 위해서 새로운 분야들은 여전히 정부의 촉매제 역할이 필요했지만, 정부가 사업에서 철수하려는 목적은 싱가포르의 이익보다는 민간부문에게 사업영역을 인계하려는 것이었다. 10년이 넘는 민영화 프로그램을 통해서 공공부문투자회수위원회는 41개 국영기업의 “완전한 민영화”를 권고하고, 9개의 기업은 해산을, 군수산업이 많은 43개 기업은 보류했다. 이전에 정부가 제공하던 서비스는 계약이 파기되었고, 규정과 규제는 새로운 기업들이 보다 쉽게 참여하고 경쟁할 수 있도록 완화되었다. 몇몇 핵심적인 공기업을 포함한 개혁대상 기관의 명단이 공개되었고, 많은 공기업이 부분적으로 또는 완전히 투자가 회수되었다. 국가통신청인 싱가포르 텔레콤은 민간회사로 전환한 첫 번째 독립행정기관이었다. 그 주식은 1993년에 공개매각이 추진되었다. 다른 독립행정기관 – 공공시설원, 싱가포르항만청, 국가전산원 – 은 계속해서 민영화되거나 법인화되었다.

나아가 정책입안자는 싱가포르에서 활동하는 다국적기업의 기술수준을 높이기 위해 새로운 기회를 만들어주려고 노력했다. 즉, 다국적기업이 네트워크 연결망을 통해 저비용의 생산활동을 마감하고 동남아시아 지역의 거점이 될 수 있도록 육성했다. 상품가격의 하락은 거꾸로 싱가포르의 수출에 있어서 상당한 부분을 차지하고 있었던 동남아시아 국가의 성장에 대한 전망에도 영향을 미쳤다. 그러나 이러한 국가들은 저비용의 제조업에 적합한 것이었다. 1990년대 초기에 싱가포르는 광역화를 위해서 싱가포르, 말레이시아 조호르바루, 인도네시아 리아우 섬들 사이의 삼각지대를 개발하는 사업에 착수했다. 그리고 회사들을 인근 말레이시아와 인도네시아로 이전하도록 권장했다. 동남아시아의 임금과 다른 비즈니스 비용은 여전히 싱가포르보다 월등히 낮았다. 따라서 회사들은 고부가가치 기능, 유통, 금융, 물류기능들은 싱가포르에 유지시키는 반면에 노동집약적인 작업은 말레이시아와 인도네시아에 입주시킬 수 있었다. 이를 위해서 싱가포르는 인도네시아와 함께 인도네시아 바탐섬과 빈탄섬에 산업단지를 만들었다. 이러한 계획의 결과에 대해서는 평가가 엇갈렸지만, 이것은 싱가포르가 규모의 제약을 극복하고 그 경제적 공간을 확대하기 위한 전략의 시발점이었다.

3.3.2 경제적 맥락의 변화: 1997~2006

싱가포르 경제는 1986년 이후 빠르게 회복하면서 1990년대 초기에 급속하게 성장하고 있는 동아시아의 홍콩, 대만, 한국과 함께 신흥공업국이 되었다. 1990년에 1인당 국민소득은 미국의 절반수준인 US$12,000달러에 달했다. 하지만 경제성장은 다시 부지와 노동력 부족으로 제약을 받고 있었다. 동시에 냉전의 종식과 베를린 장벽이 무너지면서 예전 공산주의 국가였던 동유럽 국가들이 개방되었다. 이들 국가들은 거대한 내수시장의 이점과 효율적이면서도 저비용의 생산거점으로 자리매김하면서 외국인 투자를 두고 경쟁하게 되었다. 경제적 경쟁은 1990년대 전반기에 중국과 인도 경제가 부상하면서 보다 강화되었다. 인도와 중국의 부상은 국제경제의 세력균형을 재편했다. 상대적으로 낮은 노동비용과 거대한 내수시장을 가진 두 국가들은 투자의 흐름을 동남아시아에서 남아시아와 동북아시아로 바꾸었다.

모든 이러한 발전은 적응력과 빠른 조정을 요구했다. 싱가포르는 항상 개방되어 있었지만, 새로운 그리고 지속적으로 변화하는 경제적인 지평들은 정책입안자들이 통제할 수 있는 범위를 넘어서는 것이었다. 그러나 싱가포르에 심각한 영향을 미치는 사건들에 대해서 충분히 기민하고 유연하게 대응할 필요가 있었다. 1997년 아시아 금융위기는 그러한 사례이다. 싱가포르는 자국통화들이 공격받는 다른 나라들과 달랐지만, 그럼에도 불구하고 마찬가지로 신용의 위기를 겪었다. 싱가포르 역시 영향을 받았지만 금융시스템은 위협받지 않았고, 붕괴의 정도와 영향은 훨씬 덜 심각했다. 이것은 투자자에게 정책, 제도, 거버넌스에 대한 싱가포르와 다른 아시아 국가와의 차이를 두드러지게 만들었고, 이 차이가 결국에는 싱가포르에게 이익을 제공해 주었다. 그럼에도 불구하고 이 사건은 싱가포르의 내재적인 취약성에 대한 인식을 강화시켰고, 신성장동력의 모색을 가속화시켰다.

1990년대 중반에 만들어진 싱가포르의 경쟁력보고서는 향후 10년간 싱가포르 경쟁력의 위상을 평가하기 위한 것이었는데, 제조업과 서비스업의 핵심적인 역할을 반복해서 설명하고 있었다. 제조업과 그와 관련된 서비스업의 경쟁이 증가하고 있는 상황에서 정책입안자는 지식집약적인, 기술집약적인 산업에서 성장을 위한 새로운 틈새 산업을 찾아냈다. 이것은 정수(淨水)산업, 석유화학산업처럼 첨단기술, 고부가가치산업을 유치하기 위한 노력으로 나타났다. 이러한 산업은 완전히 새로운 것은 아니지만 수평적, 수직적인 연계성을 찾아내고, 상위와 하위에 위치하는 각 부문의 산업을 통합함으로써 새로운 것을 만들었다.

새로운 전략은 산업클러스터를 조성하고, 그 타당성을 홍보하고, 클러스터를 구성하는 기관을 싱가포르에 유치하는 것이었다. 이렇게 해서 모든 클러스터의 기관이 다른 어떤 지역에서도 어려운 규모의 경제를 싱가포르에서 향유하고 이용하며, 운영이익을 창출할 수 있도록 했다. 이러한 아이디어는 싱가포르를 제조업과 서비스 기반 활동의 중심지로, 허브로, 광범위한 국제적 네트워크의 거점으로 만들기 위한 것이었다.

교육과 의료서비스 같은 다른 새로운 영역들이 감지되었다. 세계적인 대학들에 아시아계 학생들이 차지하는 비중이 높아지면서 교육부문에 대한 잠재적인 수요는 분명해 보였다. 그러나 국내적인 사정으로 시작은 더뎠다. 1990년대 말에 프랑스 경영대학원 인시아드(INSEAD)와 시카고 경영대학원(CGSB)이 싱가포르에 캠퍼스를 설립하기로 했다. 1998년에 세계적 수준의 대학들이 사업계획을 발표하고, 정치지도부가 지원을 선언하면서, 스텐포드(Stanford), 와세다(Waseda), 코넬(Cornell), 상하이 지아통(Shanghai Jiaotong)과 같은 대학을 유치하고 싱가포르 대학들과 함께 프로그램을 운영하도록 했다. 나아가 싱가포르가 창조적 서비스의 중심지가 되기 위해서 의료관광지, 방송, 디자인 같은 새로운 영역을 현재도 탐색하고 있다.

완전히 새로운 영역으로 진출한 것은 생물의학(biomedical science) 이었다. 클러스터를 조직하는 전략은 명확했다. 첫째, 기반시설을 건설하였다. 바이오폴리스는 공공부문과 민간부문이 함께 입주해서 연구개발 활동과 대학원 훈련과정의 모든 자료와 서비스를 공유하고 지원하는 생물의학 연구의 새로운 허브였다. 5개의 중요한 연구기관이 이곳에 입주하였다. 둘째, 일류 연구진들이 핵심적인 첨단의 연구 활동을 추진하였다. 따라서 글락소스미스클라인(GlaxoSmithKline), 노바티스(Novartis), 화이자(Pfizer)와 같은 제약회사가 입주하기를 기대하였다. 넷째, 특히 대학과 같은 교육기관이 필요한 인력을 양성하도록 생물과학(biological science), 생물의학공학(biomedical engineering), 생화학공학(biochemical engineering)에 관한 연구와 학위 프로그램을 개설하도록 권장했다. 이러한 프로그램은 전 세계에서 초빙된 다양한 전문가에 의해서 보완될 것이었다. 다섯째, 연구자가 줄기세포 같은 새로운 분야를 연구할 수 있도록 입법적인 기반을 마련하였다.

1990년대 이후 시기는 급격하게 변화하는 비즈니스 모델과 세계화로 인한 경쟁과 정보기술의 증가에 따라 불확실성의 수준이 높아지면서 이에 대처하기 위한 새로운 접근법과 전략이 나타났다. 이것이 모두 순조롭지는 않았다. 새로운 수준의 경쟁은 조직을 불시에 덮쳤다. 하나의 사례가 싱가포르항만청(PSA)이었다. 2001년에 항만청 사업의 18%를 차지하고 있던 머스크(Maersk)는 정박지 소유권에 대한 요구가 거절되자 말레이시아 조호르바루 남단에 위치한 탄종 펠라파스(Tanjong Pelapas) 항구로 영업장을 이전했다. 머스크가 탈퇴하자 대만해운회사인 에버그린(Evergreen)이 뒤따랐다.

공기업(GLCs: Government Linked Companies)의 일부는 새로운 경제적 환경에 어려움을 겪었지만, 몇몇 기업은 세계적 수준의 기업으로 발전했다. 싱가포르통신(SingTel)과 싱가포르개발은행(DBS)처럼 과거에 정부소유 기관이었던 회사들은 민간소유의 회사가 되었고, 광역적으로 공격적인 확장에 착수했다. 국제적인 명성을 얻은 주택개발청(HDB)과 같은 독립행정기관은 민영화되었고, 중국의 많은 마을과 도시에서 주택을 건설하기 위해 경쟁하고 계약을 체결하기 시작했다. 싱가포르는 가파르게 성장하고 있는 중국과 베트남에서 산업단지와 경제특구를 건설하기 시작했다. 국영기업이 싱가포르의 장기적인 이익과 촉매제 역할을 위해 새로운 도전적인 사업에 착수하면서, 해외진출을 독려하는 작업이 1990년대를 통해서 빠른 속도로 진행되었다. 이러한 작업은 나중에 민간부문 회사의 해외공동사업을 추진하는 길을 열었다.

싱가포르는 국제무역과 자본흐름에 의존하는 개방경제로서 자유무역, GATT, 그 후속 체제인 WTO와 같은 다자간 협정의 든든한 후원자의 혜택을 강력하게 주창했었다. 그럼에도 불구하고 구조적인 변화의 속도와 경제적 혼란의 발생이 증가하면서 많은 선진국에서 보호주의적 정서가 재개되었다. 또한 싱가포르는 양국간 자유무역협정을 통해서 그 경제적 공간을 확장하고 유지하기 위한 공격적인 정책을 추진했다. 특히 1997년 이후에 일본, 인도, 중동 국가들, 미국과 자유무역협정을 성공적으로 맺었다.

동시에 정보기술의 확산은 비즈니스의 중요한 구조변경을 촉발시켰고, 지리적인 경계를 초월하는 새로운 산업적 가치사슬(value chains)을 만들었다. 개발도상국에서 새로운 기술을 받아들이는 사람의 비율과 그 접근속도가 증가하면서 싱가포르가 개발도상국에게 추월당할 것이라는 암울한 전망에 직면했었다. 이는 2001년 12월에 경제검토위원회(Economic Review Committee)를 소집하는 배경이 되었는데, 이 당시 싱가포르는 독립 이래로 2.3% 위축이라는 최악의 경기침체를 겪었다. 이러한 경기침체의 주요한 원인은 2000년에 닷컴(온라인 비즈니스를 통해 매출을 얻는) 기업들의 거품이 빠지면서 발생한 것이었는데, 2001년에 세계 전자산업이 위축되면서 가속화되었다. 세계경제의 불확실성은 2001년 9·11 사태 이후 국제적으로, 지역적으로 테러와 관련한 안보위협에 의해 더욱 복잡하게 진행되었다. 2001년 이후에 정책입안자들은 새로운 강력한 수준의 경쟁에 직면하면서 오랫동안 고수해왔던 많은 정책을 다시 생각하고, 다시 평가하고, 수정하였다.

1990년대 초기에 중국과 인도의 개방에 따른 영향은 세계적으로 체감되었다. 그들은 저비용의 생산지가 필요한 산업들뿐만 아니라 중국과 인도 시장의 잠재력을 추구하는 기업들이 선호하는 생산기지가 되었다. 1992년부터 중국은 아시아에서 가장 큰 외국인직접투자유치국이 되었다.[38] 이러한 발전은 싱가포르 경제에 중요한 영향을 미쳤는데, 이들의 저비용 생산구조 때문에 싱가포르의 많은 제조업이 경쟁력을 상실하였다. 1990년 이후 제조업 부문의 위축은 뚜렷하게 나타났다. 1980년대 후반에 거의 30%를 차지하던 비중이 1990년대 후반기에는 19.7%로 떨어졌으며, 2005년에는 20.5%로 소폭 상승했다.[39] 1990년대에는 건설이 10% 정도를 안정적으로 책임지고, 서비스 관련 활동(무역, 금융, 운송, 통신 등)이 싱가포르 경제의 약 2/3를 차지하고 있었다.

싱가포르의 발전은 항상 기반시설이 선도하는 방식이었는데, 이러한 전략은 싱가포르가 성장하기 위한 새로운 원천을 모색하는 시기에도 다소 변형된 방식으로 계속 추진되었다. 첨단기술과 고부가가치 산업에 있어서 비용대비 효과적인 장소는 기반시설이 잘 구축되어 있고 즉시 효율적으로 생산할 수 있는 관련 시설이 밀집한 지역일 것이다. 이러한 집적경제의 개념은 주롱 섬 개발에 커다란 영향을 미쳤고, 이곳에서 1990년대에 석유화학 산업의 개발이 촉진되었다. 클러스터 기반의 기반시설을 구축하는 접근법은 장기적으로 최고의 성장잠재력을 가진 3가지 영역(생물의학, 물과 환경적인 자원, 디지털 미디어와 창조적인 산업)에 적용되었고, 이것은 모두 고부가가치의 잠재력을 가진 지식집약형산업으로서 경제용어로 수확체증의 효과를 나타내는 것이었다. 신성장동력을 찾는 작업은 또한 이전에 제시되었던 아이디어를 다시 검토하도록 만들었다. 이전에 카지노 산업은 관광업을 활성화시키는 잠재력을 가진 것으로 평가되었다. 그러나 정치지도부가 카

38 Singapore (2003). Report of the Economic Review Committee, New Challenges, Fresh Goals: Towards A Dynamic Global City, Ministry of Trade and Industry, p. 34.

39 자료는 통상산업부가 2006년 11월에 제공하였다.

지노 산업은 근로윤리를 파괴하고, 바람직하지 못한 활동을 양산하고, 싱가포르의 사회적 구조를 약화시킬 것이라고 우려하면서 제쳐두었던 것이다. 그런데 다시 새로운 대안으로 심각하게 검토하게 되었고, 국민들 사이의 논쟁을 불러일으켰다. 대규모 공개 토론과 많은 우려를 표명했던 주요한 종교 및 시민사회 집단과의 논의를 거쳐서 정책결정이 이루어졌다. 싱가포르는 규모가 작기 때문에 대안이 많지 않았다. 싱가포르는 서비스 분야에서 경쟁력을 갖고 있었다. 더욱이 정책입안자는 다른 동남아시아 국가들이 이 사업을 검토하고 있다는 것을 알고 있었고, 또한 선점효과에 대해서도 잘 인식하고 있었다.

성장을 위한 새로운 산업과 동력을 찾는 작업과 별도로 중국과 인도의 성장과 관련한 참신한 전략을 받아들였다. 싱가포르는 틈새를 겨냥한 새로운 기회, 예컨대 연계망 구축, 최신의 지식개발, 각각의 비즈니스 환경에 대한 싱가포르의 경험과 이해를 바탕으로 불가피하게 발생하는 새로운 기회를 탐색하기 시작했다. 정책입안자는 중산층의 확대에 따라 교육, 의료, 금융 등에 대한 고품질의 서비스가 필요하다는 것을 이해했고, 싱가포르는 이러한 수요에 대응하기 위한 좋은 여건을 갖추고 있었다. 주요한 회사들이 국제화되면서 정부는 싱가포르 경제의 기반을 확대하고 강화하기 위해 국내기업의 성장을 촉진하기 위한 정책을 추진했다. 중소기업은 1990년대 이래로 경제정책에 포함되어 있었지만 결과는 미진했다. 혁신을 지원하고 독려하기 위해 새로운 수단과 인센티브가 도입되었고, 싱가포르의 기업가적 문화의 창조를 촉진하기 위해 새로운 장관이 임명되었다.

기업은 급격하게 변화하는 비즈니스 환경에 충분히 대응할 수 있도록 민첩하게 움직이고, 틈새시장을 겨냥한 기회를 잡기 위해 재빠르게 행동하였다. 따라서 경쟁력을 창조하는 친기업적 환경을 만들기 위해 주의를 기울였다. 오랜 검토 끝에 법인세를 20%로 인하하기로 결정했는데, 2007년에는 그보다도 낮은 18%로 낮추었다. 싱가포르가 조세 피난지가 되는 것에 대한 우려가 있었지만, 직접세의 부담을 인하하는 것은 외국인직접투자와 외국인 인재를 유치하기 위해 회사들이나 개인들에게 정말 필요한 것이었다. 마찬가지로 비용을 낮추고 지속가능성을 보장하기 위해서 고용주의 중앙적립기금(CPF) 기여율을 2004년부터 13%로 한정했고, 2007년에는 14.5%로 소폭 증가시키는 데 그쳤다.

기업들이 연공서열식 시스템에서 성과와 수익성에 따른 시스템으로 전환하도록 독려하기 위해 부단한 노력을 기울였다. 유연한 임금체계는 1986년에 처음 도입되었는데, 기업들은 이것을 제대로 적용하지 않았다. 정부활동으로 인해서 민간부문이 위축되지 않도록 전화번호부 가이드라인을 도입했다. 즉, 정부는 전화번호부에서 찾을 수 있는 민간의 서비스에 대해서는 공기업을 설립하지 못하도록 했다.

강력하고 빠르게 진행되는 세계화는 노동시장에 중요한 영향을 미쳤다. 미숙련 노동자들은 공장이 중국과 인도로 이전했을 때 여전히 미숙련 상태에서 노동시장으로 되돌아갔다. 또한 1990년대 후반기에는 많은 화이트 컬러의 중간 관리자들이 회사의 경쟁력 강화를 위한 구조조정에 따라 해고되었다. 비즈니스 가치체계의 세계화와 IT 기술의 발전에 따른 핵심적인 활동들의 아웃소싱은 이전을 가속시켰다. 싱가포르의 발전과정에서 처음으로 성장의 혜택이 국민들에게 골고루 돌아가지 않았다. 아래의 표 3.2는 1990년대 후반에 생산부문 노동자의 실업자 수가 증가하고 있는 것을 보여주고 있으며, 또한 2000년대 초기에 화이트 컬러 노동자의 실업자 수가 증가한 모습을 보여주고 있다.

표 3.2 **구직센터에 등록한 실업자 1994~2004**

구직	1994	1996	1998	1999	2000	2001	2002	2003	2004
합계	**1,004**	**2,747**	**7,776**	**5,155**	**3,457**	**9,293**	**15,023**	**13,916**	**7,749**
전문가·관리자·기술자	123	316	272	639	494	3,625	5,112	6,972	2,284
사무직 근로자	224	1,152	1,813	1,206	767	2,007	4,173	3,129	2,245
판매·서비스	302	593	452	510	346	706	1,354	1,414	754
생산·운송·청소 노동자	355	685	4,154	2,800	1,850	2,955	4,384	2,401	2,466

출처: 인력개발청(WDA: Workforce Development Agency). 이 자료는 2004년 이후에는 발표하지 않음.

해고된 노동자를 돕기 위한 재교육에 집중하면서 동시에 서비스 산업처럼 일자리 수요가 있는 곳으로 전직을 유도했다. 그러나 정책입안자는 단순한 재교육 이상으로 그들의 타성과 씨름해야 한다는 것을 깨달았고, 진부한 사고방식은 이러한 재정비 과정을 지연시켰다. 노동자는 그들이 익숙하지 않은 산업으로 전직할 준비가 되어있지 않았고, 일자리에 대한 간절함이 부족했다. 이 장(章)과 그 다음의 장(章)에서 논의할 것이지만, 잠재적인 경제적 최하층 계급의 출현은 복지와 사회적 지원에 대한 싱가포르의 접근을 재검토하도록 유도했다.

3.3.3 사회적, 정치적 맥락의 변화

경제적 환경의 복잡성이 증가하면서 동시에 정치적 전환과 사회적 변화의 시기가 도래했다. 1980년대 하반기는 정치적, 경제적, 사회적으로 전환의 시기였다. 고척동 휘하의 제2세대 지도자들은 1980년대 하반기부터 정부에 대한 실질적인 지배력을 행사했는데, 이러한 정치적 전환기를 통해서 리콴유는 1990년 말에 총리의 자리에서 물러났다. 정치지도자의 변화는 곧 정치스타일의 변화를 예고했다. 즉, 리콴유의 강력한 추진력과 결과지향적인 접근에서 고척동의 비전처럼 "다정하고 관대한 싱가포르(kinder, gentler Singapore)"와 더 협의적인 스타일의 정부로 변화했다. 그는 1976년 의원으로 당선되기 전에 국영해운사인 넵튠 오리엔트 라인(Nepyune Orient Line)의 상무이사로 일했던 전직 공무원이었는데, 40세에 장관이 되었다. 비록 그가 관대한 정부를 주장했지만, 그의 경력은 "강한" 부처인 국방부, 무역산업부, 보건부장관을 역임했었다. 그의 정치적인 부상은 제2세대 정지지도자 사이에서 가장 빠른 것이었다.

정치적 과도기는 소위 싱가포르 국민의 정치적 각성과 동시에 일어났다. 인민행동당은 야당에게 1석을 빼앗겼던 1981년 선거를 포함해서 1980년대 초기까지 모든 선거에 당선되면서 정치영역에서 지배적인 위치를 장악하고 있었다. 비록 의회에는 야당이 있었지만 다른 우군을 찾을 수 없었기 때문에 중요한 논쟁을 제기할 수 없었다. 1984년에는 의회에서 야당이 목소리를 낼 수 있도록 비례대표의원(NCMP: Non-Constituency Members of Parliament) 제도가 시작되었다.[40] 고척동은 당시 부총리였을 때 헌법개정안을 제안했는데, 그는 의회에서 야당이 인민행동당을 견제하고 정부정책에 대해서 반대 목소리를 낼 수 있을 때 입법의 정당성과 정치시스템에 대한 국민의 신임이 높아질 것이라고 믿었다. 그러나 이러한 움직임은 1984년 하반기에 있었던 인민행동당에 대한 선거에서도 개선되지 않았다. 인민행동당의 득표율은 75.5%에서 62.9%로 감소했다. 비례대표제 의석에 대한 제안은 야당들의 반대로 거부되었다.

1990년에는 지명의원(NMP: Nominated Members of Parliament) 제도를 도입하면서 인민행동당이 아닌 대체세력을 선출하기 위한 노력이 계속되었다. 이 제도는 6명의 비선출직 의원을 임명하는 것이었는데, 1997년에 9명까지 확대되었다. 이 제도를 도입한 의도는 시민들이 정당에 가입하지 않거나 선거과정을 거치지 않고서도 의회에서 벌어지는 논쟁에 참여할 수 있을 뿐만 아니라 참여의 질적 향상을 도모하기 위한 것이었다. 어느 정당에도 가입할 수 없는 지명의원들은 하원의장이 위원장을 맡는 선출위원회의 추천에 의해 2년 반의 임기로 대통령이 임명하는 것이었다. 지명의원과 비례대표의원은 헌법개정, 공적자금, 내각불신임, 대통령탄핵을 제외한 모든 안건에 대해서 투표할 수 있었다.

그러나 이러한 변화들은 충분하지 않았다. 1991년 선거에서 인민행동당이 4석을 잃은 것은 국민들의 불만을 나타내는 강력한 신호였다. 그들은 의회에 진정한 야당과 국가적 이슈에 대한 독자적인 목소리가 존재하기를 원했다. 싱가포르의 개방성은 정보의 자유로운 유통과 IT의 폭발적인 증가에 따라 시민들, 특히 젊은 세대들이 서구 선진국의 가치, 정

40 비례대표의원 제도의 시행에 따라 각각의 선거구에서 15% 득표율을 기록하고 석패한 야당 출마자에게 의원직이 제안되었다.

서, 관습을 점점 더 경험하도록 만들었다. 싱가포르의 교육수준은 점점 더 높아졌다. 1985년과 2001년 사이에 평균 학업기간은 5.7년에서 8.4년으로 증가했고, 대학 졸업자 비율은 5.2%에서 17%로 3배 이상 증가했다. 최소한 중등교육을 받은 인력의 비율도 1985년도 46%에서 2001년도 66%로 증가했다. 동일한 기간 전문직, 관리자, 회사원의 비율은 22%에서 42%로 증가했다.[41] 잘 교육받고, 잘 훈련받은 많은 사람들은 새로운 생활양식과 정부에 대한 새로운 방식의 소통을 원했다. 인민행동당 정부의 권위적인 스타일은 국가의 생존이 위협받던 개발연대 초기에는 잘 작동했었다. 그러나 상대적으로 평화와 번영의 25년은 더 참여적인 사회, 덜 권위적인 정부를 원하게 만들었고, 정부와 국민들 사이의 관계에 있어서도 경제성장의 성과를 전제로 하는 정당성을 넘어서 더 많은 소통 등 새로운 관계를 갈망하게 되었다. 다수의 젊은 국민은 정부정책에 대해서 더 비판적이었고, 공공서비스의 제공에 대해서 보다 높은 수준의 반응성과 기대를 요구하게 되었다.

1980년대와 1990년대 초기의 급속한 경제성장은 5가지 싱가포르의 꿈(5C: 현금, 신용카드, 자동차, 콘도미니엄, 컨트리클럽)을 부추겼다. 그러나 많은 국민의 평균 가계소득은 1994년도 기준 S$25,000달러였고, 이러한 꿈은 실현하기 어려웠다. 자동차 수를 통제하기 위한 높은 세금으로 인해서 자동차 가격은 높았고, 1992년에 단지 약 31%의 가정만 자동차를 소유했다.[42] 마찬가지로 고급 공공주택(HDB) 아파트는 정부로부터 S$500,000 이상 보조되었지만, 민간의 콘도미니엄 가격은 최소한 2배 이상이었다. 1994년에 민간의 주택용 부동산 가격은 전년도에 비해서 44%나 올랐다. 높은 부동산 가격, 비싼 자동차, 아주 협소한 엘리트층, 고도의 경쟁적인 교육시스템 등 이 모든 것들은 사람들이 중산층의 소득에도 불구하고 그

41 Singapore (2003). Report of the Economic Review Committee, New Challenges, Fresh Goals: Towards A Dynamic Global City. Ministry of Trade and Industry, pp. 26-27.

42 Haley, Low and Toh (1996).

만큼 삶의 질을 누리지 못한다는 것을 깨닫게 만들었다. 1990년대 전반기에 많은 가정은 더 나은 삶의 환경을 찾아서 그들의 근거지를 떠나게 되었다. 따라서 공공부문에게 중요한 숙제는 시민들을 다독이면서 그들의 높은 기대를 충족시켜 주는 것이었다.

이러한 시민들의 염원에 부응하기 위해서 일련의 정책적인 혁신이 추진되었다. 1988년에는 광범위한 이슈들에 대한 시민들의 견해를 반영하기 위해서 환류기구(Feedback Unit)를 발족시켰다. 자동차 이용과 소유권에 대한 새로운 접근방법을 도입했다. 즉, 자동차할당시스템과 전자도로통행료시스템을 시행함으로써 차를 좀 더 쉽게 소유할 수는 있지만 유지비는 보다 비싸지게 만들었다. 공공주택과 콘도미니엄 가격의 차이를 줄이기 위해서 콘도미니엄 같은 마감과 시설을 갖춘 새로운 유형의 공공주택을 만들었다. 가격은 일반적인 공공주택(HDB)보다 비싸지만 개인 아파트보다는 저렴하게 책정되었다. 동시에 주택용 부동산에 대한 투기억제정책을 발표해서 부동산 가격의 인상을 제한했다.

그러나 이러한 정책변화에도 불구하고 지역의 인적자원을 유지시키는 것은 1980년대 후반과 1990년대 초기까지 도전적인 과제로 남아있었다. 비록 정책입안자가 이러한 정책을 시행하려고 해도 공공부문과 정치지도자는 시민들이 외국에 거주하면서 일하려는 이유를 진정으로 이해하거나 받아들일 수 없었다. 이 이슈에 대한 논쟁은 싱가포르에 대한 충성심에 대한 문제제기와 함께 "체류자(stayer)"와 "포기자(quitter)"의 범주로 나누어졌다. 이 문제는 10년 후에야 비로소 외국생활을 선택한 사람들을 인정하면서 싱가포르와의 연계성을 유지하기 위한 보다 건설적인 접근이 이루어졌고, 2005년에 재외국민부(OSU: Overseas Singaporean Unit)가 총리실에 만들어졌다. 노령화 인구에 대한 문제는 1980년대와 1990년대를 거치면서 조금도 수그러들지 않고 계속되었다. 표 3.3에서 보듯이 평균연령은 1980년과 2005년 사이에 24세에서 36세로 증가했다. 캠페인과 공공교육 등 노력에도 불구하고 1980년대 말에서 1990년대를 거치면서 출산율은 반전할 기미를 보이지 않았다.

표 3.3 **인구 연령 추계**

1980	2005	2020(예측)
노인 112,000 노인 1인당 14명 경제활동 평균연령: 24	노인 291,000 노인 1인당 9명 경제활동 평균연령: 36	노인 575,000 노인 1인당 5명 경제활동 평균연령: 40

주: 노인은 65세 이상으로 한정
출처: 총리(Prime Minister) 연설, published in The Straits Times, 14 November 2006, p. H6.

이러한 현상에는 몇 가지 요인들이 작용하고 있었다. 많은 젊은이들이 결혼을 늦추거나 독신을 선택했다. 독신자 인구는 1980년과 1990년 사이에 13.4%에서 18.1%로 증가했다.[43] 더욱이 결혼한 여성도 아이를 적게 낳아서 평균 3.4명에서 2.9명으로 떨어졌다. 또한 엄마들의 학력 수준이 올라갈수록 아이들의 숫자는 떨어졌다. 1990년에 결혼한 여성 중 교육수준이 낮은 엄마들은 4.6명을 낳았지만, 대학교육을 받은 엄마들은 1.36명을 낳았다.[44] 이러한 현상은 1970년대부터 나타난 것이지만 1980년대 초기까지 정책입안자들의 관심을 끌지 못했다. 고학력 여성의 낮은 출산과 이민에 발목 잡힌 작은 싱가포르는 더 이상 경제를 떠받치기 위한 기본적인 인재를 보유할 수 없다는 전망에 직면해야 했다. 이러한 공포감은 초기에 2가지 정책적인 실수를 야기했는데, 1984년의 고학력 여성에 대한 출산정책과[45] 1987년의 홍콩 주민들에 대한 영주권 승인이었다. 첫째로, 고학력의 국민들은 점차적으로 개인적인 결정이라고 인식되는 것에 대해서 이전처럼 동일한 수준으로 개입하려는 것을 참지 못했다. 따라서 행태를 바꾸는 것은 보다 섬세한 접근이 필요했던 것이다. 둘째로, 특히 금전적인, 물질적인 인센티브는 개인적인 선호가 보다 결정적으로 중요한 영역

43 Singapore, Census of Population 1990.

44 Ibid.

45 보다 자세한 내용에 대해서는 제5장을 참조하기 바람.

에서는 변화를 이끌어내는데 별로 효과적이지 못했다. 이 사례는 싱가포르 사회가 발전하면서 얼마나 많은 아이를 낳을지, 어느 곳에서 생활할 것인지 등 몇 가지 문제들에 대해서는 보다 종합적이고 세련된 해결책이 필요하다는 것을 보여주었다.

1990년대에는 구조적인 변화의 속도가 빨라지면서 소득 불평등과 사회적 대립이 증가하게 되었다. 기술과 능력을 갖춘 유능한 사람들은 정보화와 세계화에 비례한 이익을 향유했지만, 그렇지 못한 사람들은 해고되거나 뒤떨어졌다. 1970년대 초기부터 해결되었던 실업의 문제가 다시 등장했는데, 이것은 경기변동에 따른 주기적인 실업이 아니라 구조적인 것이었다. 초기에 광범위한 경제성장의 과실은 분명히 모든 국민들에게 돌아갔지만, 지식과 기술에 의해 추진된 새로운 종류의 성장은 훨씬 덜 포괄적이었다. 표 3.4는 1990년대 이래로 소득격차의 확대를 분명히 보여주고 있다.

표 3.4 **소득격차의 확대**

고용(가구)	가구당 소득의 변화 (% 연간)	
	1990~1997	1997~2005
최하위 20%	7.2	0.3
다음 20%	7.7	1.6
다음 20%	8.1	2.2
다음 20%	8.5	2.8
상위 20%	8.8	4.0

출처: 총리의 연설, The Straits Times, 2006년 11월 14일자, p. H7.

1990년대 말과 2000년대 초기에는 해고된 사람들의 능력을 향상시키고, 그들이 최하층으로 전락하지 않도록 노력했다. 그러나 이러한 움직임은 정부의 보수적인 재정운영 기조에 의해 가로막혔다. 예산을 흑자로 유지하면서 준비금을 축적하는 것이 전반적인 거버넌스 운영의 원칙이었기 때문이다. 사회안전망과 실업수당은 그들의 직업의식을 해친다는 이유로 오랫동안 회피해왔다. 그러나 불공평한 성장과 사회적 결속력에 미치는 잠재적인 손상을 고려할 때 정책기조를 재검토할 필요가 있었다. 일부 국민들, 특히 노인과 저소득층의 혹독한 상황은 오랫동안 간직했던 신념을 재검토하도록 만들었다. 초기의 대응은 임시로 비예산적인 수단을 활용했다. 2001년에 도입한 새로운 싱가포르 수당(NSS: New Singapore Share)은 저소득층이 경기침체의 고비를 넘기는 데 도움을 주기 위한 것이었다. 2003년에 도입한 경제 재구조화 수당(ERS: Economic Restructuring Share)은 경제의 구조적인 변화에 적응하도록 돕기 위한 것이었는데, 이를 위해 소비세를 3%에서 5%로 인상했다. 이 2가지 수당은 저소득층을 지원하기 위한 것이었지만, 개념은 여전히 보편적인 지출의 일종이었다. 2006년 예산까지는 특정한 대상을 지원한다는 개념의 정책은 시행되지 않았다. 근로연계복지의 개념에 대해서는 제5장에서 구체적으로 검토할 것이다.

일부 국민들이 불공평한 경제성장의 영향으로 고생하고 있을 때 토박이 싱가포르인들은 세계적 수준의 능력을 요구하는 성공의 조건에 부응할 만큼 빠르게 성장하지 못했다. 점점 더 유동적이고 세련되게 변모하는 싱가포르인을 붙잡고 세계적인 인재들을 유치하기 위해서는 싱가포르를 사람들이 생활하기에 매력적인 곳으로 건설해야만 했다. 그러나 모든 사람들이 성장의 과실을 향유하던 호황기에는 이러한 이슈가 제기될 수 없었고, 경제적 어려움이 닥치자 외국인에 대한 적극적인, 호의적인 정책에 대해서 강한 분노를 느끼게 만들었다. 따라서 이전과는 아주 극명하게 대조적인 새로운 긴장과 갈등이 발생하면서 정책은 갈등조정에 더욱 집중하게 되었다.

국제적 인재를 유치하고 보유하기 위해서 개인 소득세 인하, 문화 및 예술의 진흥, 세계적 수준의 공연시설 확충, 밤 문화를 즐길 수 있는 환경을 조성하는 등의 정책들이 추진되었다. 결과적으로 비영주권자의 비율은 최근 매년 증가해서 표 3.5에서 보는 것처럼 영주권자들의 인구 증가율을 추월했다.

표 3.5 **영주권자 및 비영주권자 인구의 변화**

	총 인구	연평균 증가율	싱가포르 영주권자	연평균 증가율	비영주권자	연평균 증가율
1990	3074.1	2.3	2735.9	1.7	311.3	9.0
2000	4027.9	2.8	3273.4	1.8	754.5	9.3
2001	4138.0	2.7	3325.9	1.6	812.1	7.6
2002	4176.0	0.9	3382.9	1.7	793.0	−2.4
2003	4186.1	0.2	3438.1	1.6	747.9	−5.7
2004	4238.3	1.2	3484.9	1.4	753.4	0.7
2005	4341.8	2.4	3543.9	1.7	797.9	5.9
2006	4483.9	3.3	3608.5	1.8	875.5	9.7

출처: 싱가포르, 통계청, published in The Straits Times, 7 December 2006.

3.3.4 안보 맥락의 변화

1990년 이후 복잡한 국제정치 환경은 2001년 이후 주요한 안보 이슈들이 등장하면서 더욱 복잡해졌다. 초기 35년간 안보는 핵심적인 이슈였지만 많은 관심을 받지 못했다. 국방부와 싱가포르 군대는 싱가포르의 국방능력을 조용히 계속해서 신장시켰다. 영국 군대의 철수에 뒤이어 싱가포르 군대는 1970년대와 1980년대를 거치면서 급속한 현대화의 시기를 겪었다. 초점은 전쟁 억제력에 두어졌으며, 효과성과 안정성을 갖춘 유능한 군대를 만드는 데 있었다. 다른 모든 핵심적인 영역들과 마찬가지로 싱가포르 군대는 효율성과 효과성에 대한 명성을 얻었으며, 문제해결에 대한 체계적인 접근이 가능하도록 만들었다. 2001년 9·11 사건으로 인해서 안보적인 환경은 더 이상 돌이킬 수 없는 사안이라는 것을 깨닫게 만들었고, 싱가포르 군대에 대한 초점은 변화되어야만 했다. 싱가포르 군대와 국방부의 전쟁수행 능력에 대한 접근뿐만 아니라 국방과 안보에 대한 전체적인 개념 또한 변화되어야만 했다.

그러나 9·11 사건은 군사적인 방어를 넘어서 싱가포르 내국의 안보와 사회적 안정에 대한 예기치 못한 도전을 야기했다. 9·11 사건은 새로운 국제적 테러리즘 시대의 시작을 예고하는 것이었다. 2001년 12월에 13명의 남자들이 싱가포르에서 테러리즘과 관련한 활동으로 구금되었는데, 그들은 나중에 제마 이슬라미야(JI: Jemaah Islamiyah)라는 비밀조직의 요원으로 밝혀졌다. 싱가포르의 제마 이슬라미야 조직은 말레이시아와 인도네시아의 거대한 네트워크의 일원이었는데, 구금된 요원들의 약 절반은 뉴욕의 세계무역센터를 공격한 알카에다 조직에서 훈련받은 사람들이었다. 후속 정보에 따르면 이 조직은 그들의 핵심시설을 싱가포르에 구축하려고 했었다는 것이 밝혀졌다. 특히 놀라운 것은 구금된 사람들의 이력이었다. 한 명을 제외한 모든 사람들은 공공주택(HDB) 거주자였다. 모두 싱가포르 국립학교에서 공부한 사람들이었다. 그 중 6명은 병역을 마친 예비군이었다. 그처럼 극단주의자들이 싱가포르에 존재한다는 사실과 이슬람 테러범들의 위협은 인종들 사이의 긴장과 의구심을 깊게 만들었고, 그것은 또한 다인종, 다종교 사회인 싱가포르의 안정성과 응집력을 위협하는 것이었다.

따라서 2001년 이후의 시기는 인종 간, 종교 간 이해를 촉진하기 위한 노력을 새롭게 추진하면서 이슬람 원리주의에 의한 위협에 대해서 공개적인 토론을 유도했다. 온건하고 포용적인 견해를 가진 무슬림 종교지도자들은 폭력에 반대하고 이슬람의 평화적인 교리를 재확인하는 연설을 했다. 이슬람교 수업을 통해서 제마 이슬라미야 조직의 요원을 모집하는 것을 방지하기 위해 이슬람교 교사에 대한 인증 계획이 추진되었다. 모든 주요한 종교집단들 사이의 핵심적인 이슈들에 대한 토론을 촉진하도록 인종 간 협의체를 만들었다. 테러리즘이 주요한 위협이었지만 그것이 전부는 아니었다. 사스(SARS)와 감염경로가 밝혀지지 않은 조류독감과 같은 질병들은 새로운 도전이었고, 그것은 싱가포르 정부와 국민들이 새로운 유형의 대응방안을 마련해야만 하는 숙제를 안겨주었다.

3.4 1986년 이후의 시기: 공공부문에 대한 도전

변화의 속도, 불확실성, 이해관계의 충돌은 적응력, 유연성, 미지의 것을 다루는 능력에 대한 필요성을 강조하고 있었다. 새로운 환경은 기존의 사고방식에 대해서 다시 검토하고 또한 오랫동안 간직한 가치와 신념을 완화하도록 강요했다. 정책대안이 보다 분명했었던 초기와는 대조적으로, 1990년 이후에는 이슈의 복잡성이 증가하면서 정책대안과 영향에 대해서 조심스럽게 평가할 필요가 있었다. 또한 복잡성의 증가는 이슈들이 더 이상 하나의 기관이 아니라 여러 기관의 영역에 걸치는 특성을 갖고 있으며, 통합적인 해결책이 필요하다는 것을 의미했다.

예컨대, 급속한 고령인구의 문제에 대한 대응은 건강관리, 공동체와 사회적 서비스, 주택, 교통, 인력개발 등 관련 기관의 참여가 필요했다. 저소득층 가정의 어려움을 완화시켜 주기 위해서는 마찬가지로 주택, 교육, 금융, 공동체 개발 등 관련 기관의 종합적인 조치가 필요했다. 사스(SARS)와 조류독감과 같은 외부적인 충격은 국가시스템과 위기대응 능력을 시험하는 것이었고, 정부의 종합적인 조치를 필요로 했다. 해결책은 초기에 개발되었던 일 중심의 구조를 극복할 필요가 있었으며, 정부는 새롭고 불확실한 외부적 환경에 대응하기 위해서 새로운 절차와 구조를 개발해야만 했다.

이러한 도전은 공공부문의 구조적인 변화로 반영되었다. 핵심적인 기능의 영역은 변화하지 않았지만, 새로운 영역에 대한 관심이 점차적으로 증가했다. 정부부처는 그 명칭을 바꾸거나, 폐지하거나, 확대하였다. 예컨대, 공동체개발부(Ministries of Community Development)는 공공정책이 잠재적인 사회적 문제의 해결을 위한 현장행정과 공동체 개발 및 육성에 결정적인 역할을 하는 부드러운 시책에 주안점을 두면서 2001년에 만들어졌다. 2004년에 이 부처의 영역은 청소년과 스포츠까지 확대되었고, 또 다시 새로운 정책의 주안점과 우선순위를 반영하였다. 새로운 정책개발은 여러 기관에 걸쳐서 이루어졌는데, 관련 기관은 더욱 증가했다. 2개의 새로운 기구를 총리실 산하에 만들었는데, 이 기구는 기존 정부부처의 틀에는 어디에도 맞지 않는 것이었다. 그것은 싱가포르의 이민정책을 홍보하는 시민인구국

(Citizen and Population Unit)으로서 자격증을 가진 전문직을 넘어서 모든 종류의 인재를 유치하기 위한 것이었고, 다른 하나는 외국에 거주하는 싱가포르인이 계속 싱가포르와 관계를 유지하도록 지원하는 재외국민국(OSU: Overseas Singaporean Unit)이였다. 재외국민들이 2006년 일반선거에 투표할 수 있도록 허용한 것은 이주민을 대하는 태도가 성숙해졌다는 신호였다.

새로운 문제들은 또한 아주 오래된 신념과 가치를 재검토하도록 만들었다. 그러한 사례로서 가장은 남자라는 전제하에 남자와 여자를 차별하는 것이었고, 또한 모든 정책은 항상 가족을 지원대상의 단위로 단정해왔던 것이다. 오랫동안 독신자는 주택개발청(HDB)에서 보조하는 새로운 아파트를 매입할 수 없었다. 그것은 독신의 젊은이들이 부모로부터 독립하도록 조장해서 잠재적으로 가족의 단위를 약화시키는 것으로 인식했기 때문이다. 이 정책은 1991년에 완화되어서, 독신자도 일정한 공공주택에 대해서는 전매시장(resale market)에서 매입할 수 있었다. 또 다른 완화된 정책은 싱가포르 여자와 결혼한 외국인 배우자에 대한 영주권 승인이었다. 싱가포르 남자와 결혼한 외국인 배우자는 전통적으로 영주권이 주어졌지만 반대의 경우는 그렇지 않았다. 초기의 정책은 싱가포르 여자들이 외국인 남편과 결혼하면 많은 여자들이 다른 나라로 이민을 갔기 때문이었다. 1999년에 정책적 전환이 이루어졌는데, 이것은 긴급한 문제에 대한 실용적인 대응을 의미하는 것으로서, 정부가 필요에 따라 정책의 접근방법을 바꾸거나 변화시키려는 의지를 나타내는 것이었다. 2005년에 주5일제 근무의 도입은 또 다른 중요한 정책적 변화였는데, 과거에는 이러한 움직임이 투자자에게 부정적인 인상을 줄 수 있다고 반대한 것이다. 그러나 외국인 인재를 유치하고 내국인을 보유하는 데 친가족적인 환경을 조성할 필요가 있었고, 그것에 도움을 주기 위한 방안으로 추진할 수 있었다. 싱가포르에 카지노의 설립을 허용한 정책결정과 근로연계복지 중심의 부조 계획을 착수하게 된 것은 사고방식을 새롭게 전환하고 개발하는 능력을 보여주는 분명한 사례이다.

전체적으로 살펴본 바에 의하면, 두 시기의 맥락이 엄청난 차이를 보이면서 공공부문에서는 매우 다른 접근들과 능력들이 필요하게 되었던 것이다. 표 3.6은 1985년 이전과 1985년 이후 시기에 있어서 맥락과 접근의 광범위한 차이점을 대비해서 보여주고 있다. 독립 이후 직면한 냉혹한 현실은 생존을 위해 불가피하게 성과와 결과에 초점을 두고 집행의 효율성과 효과성에 집중했다. 많은 혁신적인 해결책이 시행된 반면에, 자원이라고는 국민밖에 없는 상황이었지만 새로운 국가를 만들기 위한 발전경로와 정책은 비교적 분명하고 명료했다. 즉, 1960년대와 1970년대에는 경제성장과 개발을 지원하고 독려하기 위해 필요한 조건을 만들어내는 시스템, 구조, 제도 및 기관을 구축했다. 당시 접근방법은 대부분 직접적인 개입이었고, 안정성과 질서를 촉진하고, 자본을 축적하면서 성장을 관리했다. 1986년 이후 싱가포르는 1985년 이전과 달리 보다 전략적인 관점에서 열린 태도를 취하기 시작했다. 1986년 이후 지도적인 원칙은 동일하게 남아있었지만, 접근방법은 더욱 개방되고 소통을 지향했다. 예컨대, 1985년 이전의 경제계획과 전략은 대부분 정부기관 내부에서 집중적으로 만들어졌지만, 1986년 이후 시기에는 심의과정에 다른 이해관계자, 특히 산업과 경영계의 고위 대표자의 참여가 눈에 띄게 증가했다. 정책입안자는 그들이 모든 해답을 갖고 있지 않다는 것을 깨닫기 시작했고, 보다 좋은 정책은 관련 정보를 잘 알고 있는 사람과 광범위한 영역의 토론을 통해 고안될 수 있었다.

표 3.6 **싱가포르 맥락의 변화 1965~2006**

1965~1985	1986~2006
위상을 넘어서: 제약점을 극복 목적의 재정의: 계속적인 적합성을 보장	
상처로부터 새로운 국가를 건설: 생존	선진국으로 도약: 지속성

경로의 정의	새로운 경로의 창출
성장을 위한 공식과 방법을 확인 필요한 조건을 형성 • 산업안정을 위한 법률의 제정 • 독립행정기관을 설립 • 틀, 시스템, 구조를 설계 • 외국인 투자를 유치 • 강력한 공기업을 설립	성공적인 시스템을 재점검 혁신적인 사회를 창조 • 경쟁력을 모니터링 • 지식과 기술을 활용 • 싱가포르인의 정체성 형성 • 민간부문의 역할에 대한 인식과 증대 • 혁신적이고 기업가적인 문화의 육성
예측가능한 국제적 환경 속에서 성장을 조율: 국내적 관점	**경쟁적인, 급격히 변화하는 세계적 맥락에 적응: 외부지향적**
• 안정성 촉진 • 일관성과 예측가능성을 보장하기 위한 국내의 경제적 환경의 규제 • 인력의 필요한 자격요건 예측 • 복합적인 교육을 지향 • 노동시장을 규제; 재구조화 추진 • IT를 탐색	• 변화를 포용 • 유연성을 제고 • 경제적 공간을 확장 • 세계적 네트워크 속에 싱가포르를 자리매김 • 새로운 기회를 탐색 • 기업을 육성하고 지원 • IT를 활용
계획의 효율적인 집행	**새로운 복잡성을 처리**
• 분명한 목적과 정의된 전략을 추구 • 일자리, 주택, 교육 등 기본적인 수요를 관리 • 경제성장을 위한 기본적인 물리적, 사회적 기반시설 구축 • 효율적인 집행을 보장하기 위한 독립행정기관	• 신념을 재검토, 상쇄작용의 균형을 유지 • 구조적인 실업과 소득불평등을 처리 • 인재를 유치하고 시민들을 보유하기 위한 세계적 도시의 건설 • 기관들 사이의 조정이 필요한 종합적 해결책
사회적 안정성과 생존을 보장	**사회적 응집력과 통합을 구축**
• 인구성장을 억제 • 행태 개선(예: 각종 캠페인과 인센티브) • 물리적인 기초 건설 • 기본적인 교육과 건강관리 제공 • 인종적, 종교적인 화합을 보장 • 사회적 계약 구축: 성장과 번영을 위한 근면한 노동, 훈련, 사회질서 유지	• 결혼과 출산을 권장 • 다양성을 권장 • 감정적인 연대감과 싱가포르의 정체성 형성 • 성숙한 국민들의 높아진 욕구와 염원에 대응 • 인종적, 종교적 화합을 보장 • 사회적 계약 조정: 비록 기존 가치는 여전히 가장 중요한 것이지만, 성장의 과실을 많이 얻지 못한 사람들에게는 그들이 스스로 노력하는 한 정부가 도와줄 것이다.

가정	새로운 현실
경제성장: 충분한 안정을 위해 필요한 것, 사회적 응집력과 개발	사회적으로 국민들의 의식수준 향상에 따라 보다 많은 정치적 개방성을 염원하면서 경제성장
충분한 성장을 위한 효율성과 효과성	일변도의 정책기조를 조정
역할: 지시자, 규제자, 통제자	효율성과 효과성뿐만 아니라 지속적인 성장을 위한 속도, 적응성, 반응성, 위험부담 필요
	역할: 지원자, 조정자, 제공자

1990년대의 새로운 국내적, 외부적 환경은 공공부문의 전환을 야기했다. 1985년 이전 시기에는 분명한 정책의 집행에 초점을 두었는데, 1990년대와 2000년대에 이슈의 복잡성이 증가하면서 공공부문은 기존 정책의 적합성을 재평가하고, 정책대안을 검토하고 설계하는 능력을 개발할 필요가 있었다. 또한 1985년 이전의 시기에 안정성과 일관성을 강조했던 것과 비교해보면, 예기치 못한 격동과 불확실성을 처리하기 위한 재빠른 대응력을 필요로 했다. 접근방법은 환경을 "관리"하는 대신에 변화를 수용하고 포용하고, 빠른 대응을 지원하는 것으로 변화했다. 따라서 엄격한 규제를 통해 일관성을 보장하는 대신에 규제와 시장이 유연성과 반응성을 확보할 수 있도록 자유화되었다. 복잡하고 급속하게 변화하는 환경 속에서는 공공부문의 효율성이 민간의 진취성과 기업가정신을 대체할 수 없다는 것이 분명해졌다. 1970년대와 1980년대 초기에는 성장을 위한 주된 동인으로서 질서와 규칙, 원칙, 효율성, 생산성을 강조했었고, 1990년대에는 유연성, 다양성, 민첩함, 적응성을 필요로 했는데, 이처럼 필요한 능력의 변화는 공공부문 입장에서 매우 다른 것이었다. 리셴룽 당시 부총리는 경제검토위원회의 보고서를 발표한 이후 1985년 경기침체의 교훈과 1997년 금융위기의 함의를 다음과 같이 제시하였다.

> "… 어떤 시스템도 영원히 작동하지 않는다. 외부의 환경이 변화함에 따라서 그리고 경제가 진보함에 따라서 작동하던 기관과 정책은 구식이 되거나 심지어 역기능을 일으킬 수 있다. 국가는 시간이 흐르면서 이러한 변화에 점차적으로 적응

하겠지만, 결국 점증적인 변화로는 충분하지 않다. 그러면 국가는 기존의 틀을 깨뜨리고 스스로 새로워질 필요성이 생긴다. 이것은 바로 우리에게 적용된다. 비록 변화가 어렵더라도 우리는 해야만 한다. 현상유지는 우리의 대안이 아니다."[46]

거버넌스의 속성과 공공부문과 국민들 사이의 관계는 싱가포르 발전의 첫 번째 국면에서 보여주었던 권위적인 모습에서 공공부문이 좀 더 지원자와 조장자의 역할을 하는 것으로 진보했다. 정치지도자와 공공부문 지도자들은 모두 변화의 필요성을 인지했지만, 무엇이 더욱 중요한 것인지를 고려할 때, 이러한 변화는 역동적이어야만 한다는 것이다.

"경제를 개조하기 위한 경제검토위원회의 제안은 우리가 직면한 문제의 최종적인 해결책이 될 수 없다. 정책은 상황이 변함에 따라 끊임없이 재검토되고 개선할 필요가 있다. 새로운 도전은 계속 발생할 것이고, 우리는 스스로 새로운 목표를 설정할 필요가 있다. 우리는 싱가포르를 거듭해서 개조할 필요가 있다. 그러나 우리가 좀 더 빠르고 유연하게 정책들을 조정할수록 그 충격은 줄어들 것이다."[47]

사회적 측면에서, 1970년대와 1980년대 초기의 순종적인, 수동적인, 경제중심적인 싱가포르 사회는 고학력자들이 증가하면서 보다 높은 수준의 기대감과 보다 많은 정치적 개방성을 염원하는 사회로 진보했다. 이처럼 사회적 성숙도가 높아진다는 것은 초기의 권위적인, 지시적인 접근방법이 더 이상 불가능하다는 것을 의미했다. 인구확산 정책의 실패가 그 증

46 부총리 리센룽이 2003년 4월 8일 싱가포르 경제계와의 연례 만찬에서 수행한 기조연설에 대해서는, "Remaking the Singapore Economy".
47 Ibid.

거였다. 1990년대와 2000년대에 정책입안자는 더 이상 간단하고 단선적인 해결책을 제시할 수 있는 이슈를 접할 수 없었고, 사회적으로는 경제성장이 항상 정답은 아니라는 것을 배웠으며, 사회적 우선순위와 상충하는 이해관계에 대해서 의문과 논쟁을 제기하기 시작했다. 제약점은 더 이상 순수하게 경제적인 것에 국한되지 않았고, 정책적 이슈는 대부분 사회적이고 정치적인 재검토가 필요한 것이었다. 리센룽 총리는 이러한 이슈를 잘 관리하지 못하면 합리적이고 장기적인 경제정책을 추진하는 데 필요한 사회적 합의를 약화시킬 수 있다며 주의를 당부했다.

> "개혁과 재구조화는 결코 순수하게 경제적인 문제만이 아니다. 성공은 결정적으로 사회적인, 정치적인 요인들에 달려 있다. 경제개혁은 고통을 수반한다. 최소한 단기적으로 승자와 패자가 있을 것이다. 따라서 변화를 위한 정치적 지지와 기꺼이 변화의 고통을 감수하겠다는 의지가 필요하며, 이것이 결국은 도움을 줄 것이라는 확신이 있어야만 한다. 이것은 좋을 때나 안 좋을 때나 함께 나아가는, 하나의 국민이라는 연대감에 달려있다. 사회적 협약을 유지하기 위해서는 필요한 변화를 지체 없이 추진하는 것과 정치적 고통을 줄이기 위해 간격을 두는 것 사이에 균형을 두고 추진되어야 한다."[48]

3.5 위상의 인식: 역사와 지리적 위치의 영향

싱가포르는 위기에서 태어났다. 독립 당시에 이 극도로 작은 나라에 대한 생존의 전망은 암울했다. 국토는 작았고, 천연자원도 없었다. 특히 거대한 2개 국가들과 이웃하고 있었는데, 그들은 이 작은 나라를 의심과

[48] Ibid.

적대감으로 지켜보고 있었다. 이 나라는 영국이 주요한 군사기지를 주둔할 수 있도록 허용하는 대가로 받은 영국의 자금에 상당히 의존하고 있었다. 국민은 중국, 말레이시아, 인도의 이민자들로 구성되었고, 국민성에 대한 연대감이 부족한 상태에서 종교적, 인종적인 갈등이 심한 격동의 시대를 살아가고 있었다. 싱가포르의 유일한 장점은 전략적인 위치였다. 정치지도자는 싱가포르가 생존하기 위해서는 다른 나라들보다 더 강인하고, 더 단련되고, 더 준비하고, 더 빨리 움직여야 한다고 판단했다. 리콴유는 싱가포르가 생존하기 위해서 무엇이 필요한지 조사했다.

> "나는 동남아시아의 작은 섬에 불과한 도시국가가 생존하려면, 그것은 보통의 국가가 될 수 없다고 판단했다. 우리는 긴밀하게 유대하고, 강인하면서 적응력이 강한 국민들이 되어서 이웃 국가들보다 더 좋고, 더 싸게 일할 수 있는 특별한 노력을 기울여야만 한다. 왜냐하면 그들은 인근 지역의 무역을 위한 수출입항과 중계자로서의 우리의 역할을 외면하고 쓸모 없는 것으로 만들기를 원했기 때문이다. 우리는 달라져야만 했다."[49]

이러한 사고방식은 오늘날까지도 견고하게 자리 잡고 있다. 싱가포르는 생존하기 위해서 잘 조직되고, 효율적이고, 국제적 경쟁력을 갖춰야만 했다. 정치지도자들은 그것이 정부의 자질을 의미하는 것이라고 이해하였다. 즉, 정부를 어떻게 조직하고, 국가를 어떻게 운영할 것인지, 또한 정부의 가치와 초점은 무엇에 둘 것인지, 어떻게 국민들과 함께 보조를 맞추어서 경제적 생존과 성장을 성취할 것인지에 대한 것이었다.

오늘날 인구 4백만 명의 싱가포르는 인도네시아의 2억 4천 5백만 명, 말레이사아의 2천 4백만 명에 비하면 아주 작은 규모이다. 때때로 이들 국

---

[49] Lee (2000), p. 24.

가들은 싱가포르를 지방자치제 수준으로 취급한다. 독립 이후 말레이시아와의 관계는 파란이 많았다. 싱가포르는 식수공급을 말레이시아에 상당히 의존하고 있었는데, 국가관계가 긴장된 시기에는 말레이시아가 싱가포르를 압박하는 수단으로 변함없이 식수 문제를 거론했다. 그러나 가장 유명한 일화는, 인도네시아 하비비(Habibie) 전 대통령이 싱가포르를 인도네시아의 녹색 바다에 떠있는 "작은 빨간 점(a little red dot)"이라고 지칭한 것이다. 그는 세계 속에서 싱가포르의 위치와 취약성을 상기시키고 싶었던 것이다. 하늘과 바다를 통해 자유롭고 편하게 싱가포르를 왕래하기 위해서는 어느 정도 이웃 국가들의 양해가 필요하다. 또한 작은 규모 때문에 군사훈련을 수행하기 위해서는 미국, 프랑스, 호주 등과 같은 국가들의 선의에 의존해야 한다. 따라서 지리적인 제약점은 정치지도자들에게 항상 적들에게 둘러싸여 있다고 믿는 강박 관념과 오랫동안 "현실감"에 대한 사고방식을 심어주었고, 이것은 결국 싱가포르 거버넌스와 공공부문의 정서와 문화에 상당한 영향을 미쳤다.

3.6 목표: 거버넌스의 철학과 원칙

싱가포르 정부의 철학과 정책형성에 대한 접근방법은 갑작스러운 독립으로부터 만들어진 환경과 원칙에 의해서 만들어졌다. 싱가포르는 생존의 기회를 잡기 위해서 당면한 지역적인 한계를 넘어서 멀리 조망하였다. 싱가포르는 그 역사적인 경험, 세계경제의 발전에 대한 의존성, 불안한 안보환경 등과 같은 취약성을 깊이 인식하고 있었다. 천연자원의 부족은 정치지도자들이 국가의 유일한 전략적 자원으로서 그들의 국민들에게 초점을 두도록 만들었고, 불황의 시기에도 생존할 수 있는 완충장치를 만들기 위해 경제성장으로부터 얻은 재정적 자원을 축적해야 할 필요성을 느끼게 했다. 이러한 싱가포르의 취약성에 대한 인식은 리더십의 계획적인 의도와 목표, 좋은 거버넌스를 위한 몇 가지 전략적 원칙을 수용하는 데 영향을 미쳤다. 여기서 전략적인 원칙의 초점은 경제적 생존, 국내적 안정성, 세계적 적합성, 재정적 긴축, 인력자원 개발에 두어졌다. 무엇이 좋은 거버넌스를 구성하는가?

> "… 이것은 국민들의 가치에 의존하고 있다… 중국 문화의 배경을 가진 아시아인으로서 나의 가치는 정부가 국민들을 보호하는 데 있어서 정직하고, 효과적이고, 효율적이어야 한다고 믿는다. 또한 정부는 안정적이고 질서 있는 사회에서 국민들에게 발전을 위한 기회를 제공해야 한다. 국민들은 그들 스스로 하는 것보다 좋은 삶을 영위하고 아이들을 양육할 수 있어야 한다."[50]

3가지 핵심적인 신념이 싱가포르 정책형성의 주된 동인이었다. 첫 번째 신념은 튼튼한 경제가 모든 다른 정책들의 실현가능성을 위한 기초를 이루고, 지속적인 경제성장이 최고의 우선순위에 있다는 것이다. 거의 모든 싱가포르의 정책형성은 경제성장이 위협받지 않는 방향을 지향했으며, 사실상 다른 모든 것보다 우선적인 것이었다. 리콴유는 왜 경제성장을 항상 최고의 우선순위에 두어야만 하는지에 대한 질문에 다음과 같이 대답했다.

> "절대적으로 그렇다. 만약 그렇지 않다면, 무엇을 말할 수 있는가? 당신은 고통과 빈곤에 대해서 말할 수 있을 것이다. 당신은 르완다 또는 방글라데시 또는 캄보디아 또는 필리핀을 이야기할 것이다. 그들은 민주주의를 가지고 있다… 그러나 그것이 문명화된 생활로 이끌어주었는가?
> … 국민들은 경제발전을 첫 번째로 원한다. 다른 지도자는 또 다른 어떤 것을 이야기할지도 모른다. 국민들은 어느 누

50 1992년 11월 20일 연설은 아래 출처에서 재인용. Han, Fernandez and Tan (1998). Times Editions Pte Ltd, pp. 376-383.

구에게든 투표할 것이다. 당신이 원하는 것은 무엇인가? 당신이 좋아하는 것처럼 언론의 자유인가? 국민들은 집, 의료, 일자리, 학교를 원한다. 절대, 절대, 절대로 그것에 대해서 다른 의문이 있을 수 없다."[51]

보다 많은 정치적 개방성과 사회적 이슈의 성찰을 요구하는 최근의 경향은 고등교육을 받고 사회적으로 각성한 새로운 세대들의 염원과 경제에 주로 치우쳐왔던 공공부문 사이의 이분법적 사고방식을 반영하는 것이다. 공공부문은 강력한 경제성장이 다른 모든 것을 선도하는 것으로 믿지만, 점차적으로 경제적인 원칙과 새로운 염원들 사이에 조화를 학습하고 있다.

두 번째는 국가가 싱가포르의 장기적인 안정성을 위해 가장 중요한 것이라는 신념이다. 비록 민간부문이 경제성장에 결정적인 역할과 보다 큰 기여를 하고 있지만, 정부의 광범위한 역할은 필수적인 것이다. 싱가포르는 국가주도의 기업가정신에 기초해서 건국되었고, 약 40년 이후까지 계속해서 상당한 부분을 공공부문에 의존하고 있다. 이것은 초기 정치지도자들의 사고방식으로부터 물려받은 유산인데, 그들은 국가자본주의와 강력한 국가주도의 성장이 민간부문보다 열등한 결과를 초래할 그 어떤 이유도 없다는 것이다. 최고의 인재들이 공공부문에서 일해야 한다는 믿음은 이러한 신념의 직접적인 결과이며, 싱가포르의 생존은 보통 민간부문이 아니라 정부에 달려있다는 것이다. 이러한 신념은 이념적인 관점에서 뿐만 아니라 경제성장의 너비, 깊이, 지속가능성에 대한 영향의 관점에서 많은 논쟁의 주제가 되었다.

세 번째는 정책입안자는 효과성을 제고하기 위해서 미래지향적이어야 한다는 신념이다. 강력한 미래지향성은 싱가포르에 관한 선천적인 취약성, 특히 지리적 위치, 천연자원의 부족, 작은 규모의 인구에 대한 반응이

[51] Han Fook Kwang, Warren Fernandez and Sumiko Tan (1998). Lee Kuan Yew – The Man and His Ideas. Times Editions Pte Ltd, p. 123.

라고 할 수 있다. 싱가포르는 생존을 위해서 국제적인 무역과 투자에 의존하고 있었다. 그럼에도 불구하고 정치지도자들은 싱가포르가 국제적인 또는 광역적인 발전에 영향을 미칠 수 없다는 것을 알고 있었다. 싱가포르의 생존은 변화하는 세계적 환경에 끊임없이 적합성을 유지하는 것에 달려있었다. 이것은 싱가포르에 영향을 미칠 수 있는 현재의 발전과 미래의 경향에 대해서 끊임없는 탐색과 미래에 대비하기 위한 준비를 필요로 했다. 국가의 진보와 발전 그리고 국민들을 위한 보다 나은 내일은 미래의 잠재적 발전의 영향을 이해하는 정부의 능력과 장기적인 투자를 실행하는 정책에 의존하고 있었다. 이것은 정치지도자들이 영국의 식민통치로부터 자치권을 추구했었던 동기와 공약이었고, 통치의 정당성과 뒤이은 선거에서 승리하는데 중요한 기반이 되었다. 이와 같은 가치체계는 정치지도자들과 함께 새로운 국가를 건설하기 위해 긴밀하게 협조했던 공공부문의 지도자들에게 전승되었다.

수년간 싱가포르의 발전경로에 대한 검토를 통해서 싱가포르가 새로운 아이디어에 개방적이고, 다른 국가로부터 학습하며, 새로운 기회에 기민하게 반응하고, 도전과 문제를 예측함으로써 생존할 수 있었다는 것을 밝혀냈다. 그러나 임싱권(Lim Siong Guan)이 "우리는 길을 발명하면서 간다"고 기술한 것처럼, 기존의 유형은 시간이 지나면서 더 이상 분명한 거버넌스의 틀이 될 수 없었다. 그럼에도 불구하고 건국 초기에는 새로운 국가의 생존을 보장하기 위해서 싱가포르 사회에 어떤 종류의 가치를 주입해야 하는지 분명했었다. 싱가포르 거버넌스의 속성을 규정하는 이러한 가치와 원칙에 대해서는 제4장에서 설명할 것이다.

제 4 장

문화적 토대: 거버넌스에 주입된 원칙[1]

역동적 거버넌스는 생각하고 변화하기 위한 조직적 능력으로부터 발생하는 것인데, 우호적인 제도적 문화를 통해서 작동하는 것이다. 싱가포르 공공부문에서 미리 생각하기, 다시 생각하기, 두루 생각하기의 능력은 그들의 학습능력을 선도하고, 오랫동안 변화와 쇄신에 적응하도록 만들었다. 제도적인 문화는 이러한 역량의 개발을 위한 토대를 형성한다. 조직의 능력은 지도자의 자질과 눈에 보이는 구조와 절차보다 내재적으로 존재하는 것이다. 또한 이러한 능력은 조직의 가치관과 신념이 분명하게 나타나는 문화와 사회적 네트워크에 깊이 내재해 있으며, 학습에 대한 태도와 지속적인 변화를 촉진하기 위한 접근방법을 보여준다. 가치, 신념 그리고 사고방식의 문화적 토대는 왜 이해할 필요가 있을까? 그것은 과거의 경험에 의해서 형성된 문화가 어떻게 변화를 저항하는 장애물로 작용할 것인지에 대한 고려가 없다면 학습과 발전과 계획된 변화는 효과적일 수 없기 때문이다. 우리는 싱가포르 공공부문의 변화를 위한 역동적 거버넌스를 가능하게 하는 핵심적인 가치와 문화적 토대를 이해하는데 초점을 두었다.

우리는 제1장의 그림 1.1에서 국가의 위상에 대한 지도자의 인식이 거버넌스의 목표와 원칙들에 대한 구상에 영향을 미치는 것으로 거버넌스의 문화적 토대를 설명한 바 있다. 제3장에서는 1965년 독립 이후 싱가포

---

[1] 이 장에 광범위하게 사용된 "거버넌스의 원칙"은 거버넌스의 가치, 신념, 전략적인 원칙을 표현하는 것인데, 이것은 싱가포르의 위상에 대한 지도자의 인식으로부터 유래한 것이다. 이 용어는 공무원교육원(Civil Service College)에서 공식적으로 사용하고 있는 것과 동일하지만 의미가 다르다. 그곳에서는 공공부문 거버넌스의 원칙을 구체적으로 명시하기 위해서 사용한다.

르의 경제적, 사회적 발전을 형성한 맥락을 논의하였는데, 그것은 국가의 위상에 대한 인식과 목표에 대한 설정이 왜, 어떻게 이루어졌는지 배경을 제공하며, 또한 거버넌스의 원칙이 채택된 합리적인 이유를 설명해준다. 이 장(章)에서는 제도적인 능력의 발전과 학습하고 적응하고 변화하기 위해 선택된 경로를 이끌어왔던 거버넌스의 원칙에 초점을 둔다. 여기서는 우선 문화가 무엇인지에 대해서 설명하고, 거버넌스 원리의 토대를 제공하는 위상과 목표에 대한 인식을 종합할 것이며, 그다음에 싱가포르의 정책형성과 집행을 유도하는 주요한 원칙을 기술할 것이다.

4.1 문화에 대한 이해

문화는 어떤 집단의 공유된 신념과 가치관을 나타낸다. 따라서 문화는 특정 공동체가 공유한 역사적 경험을 바탕으로 오랫동안 축적된 학습의 결과로 볼 수 있다. 어떤 집단의 문화는 다음과 같이 정의될 수 있다.

> "어떤 집단이 외부적인 적응과 통합의 문제를 해결하면서 학습한 것으로서, 타당하다고 인정받을 만큼 충분히 잘 작동하는, 따라서 새로운 구성원들이 그러한 문제와 관련해서 인식하고, 사고하고, 느끼는 올바른 방식이라고 생각하는, 특정 집단이 공유하는 기본적인 믿음의 유형이다."[2]

문화는 지난 성공들의 산물이다. 제도가 발전하고 진화하듯이 문화적인 믿음은 그 조직의 정신에 깊이 심어지게 되고, 점차적으로 당연하게 받아들인다. 이처럼 과거의 경험에 기초한 믿음은 어떤 조직이 무엇을 인식하고 생각하는지 걸러내는 여과장치로 작동하며, 세계를 바라보는 관점을

2 Edgar H Schein (1992). Organizational Culture and Leadership, Second Edition. San Francisco: Josey-Bass Publishers, p. 12.

결정하며, 따라서 정책의 선택과 전략에 영향을 미친다. 문화는 다양한 상황과 행동에 대한 사고, 느낌, 반응의 유형화된 방법으로 구성되어 있다.[3] 따라서 만약 조직의 문화와 과거의 경험이 변화를 인식하고 대응하기 위한 가치관과 사고방식을 제공한다면, 그 문화는 급속한 변화의 시기에 학습과 적응을 가능하게 하는 토대가 되는 것이다.

문화를 나타내는 표식은 무엇인가? 조직의 임무와 추구하는 가치는 문화를 나타내는 첫 번째 표식으로서 조직의 존재 이유와 임무를 달성하기 위한 방법을 정의해준다. 이러한 가치의 내재적인 고유성이 행동을 유도하는 광범위한 가치와 원칙의 공식적인 철학이다. 문화는 또한 어떤 집단의 행태적인 규제와 규범에 내재되어 있는데, 조직 내에서 다른 구성원들과 또는 다른 집단들 사이의 상호작용을 지배하는 암묵적인 규칙과 내부적인 통합의 수단으로 작용한다. 더욱이 조직 내부에서의 공유와 사회화 과정은 '생각하기'에 대한 공통의 관습, 사고방식의 공유, 사건들의 발생에 대한 의미를 공유하도록 촉진한다. 그래서 문화는 집단들이 상호작용하는 방법을 규정할 뿐만 아니라 조직이 외부의 사건들을 인식하고 해석하는 방식을 결정하며, 그것에 대한 전략적인 반응과 정책적인 선택에 영향을 미친다.

지도자들은 조직의 문화를 어떻게 창조하는가? 쉐인(Schein)에 의하면, 조직의 문화는 조직의 설립자들이 가진 신념, 가치, 믿음으로부터 비롯된다. 설립자들은 높은 수준의 자신감과 투지뿐만 아니라, 그들은 전형적으로 세계의 본질, 세계 속에서 조직들이 수행하는 역할, 인간의 본성과 관계들, 어떻게 진실이 구현되는지, 어떻게 시간과 공간을 관리하는지에 대한 강력한 믿음을 가지고 있다. 조직적인 문화는 지도자들이 그들 자신의 믿음을 외부로 표출했을 때 만들어지며, 그것을 점차적으로, 지속적으로

[3] P Christopher Earley and Soon Ang (2003). Cultural Intelligence. CA: Stanford University Press, p. 63.

조직의 임무, 목표, 구조, 의사결정의 절차에 심어준다.[4] 조직이 진화하고 발전하듯이 이러한 문화는 새로운 구성원 또는 지도자에 의해서 새로운 신념과 믿음으로 완화되거나 또는 변화될 수 있다.

이것은 싱가포르에서 일어난 사례이다. 리콴유, 고갱쉬, 한수이센(Hon Sui Sen) 등 건국세대의 지도자들은 자신들의 방식으로 싱가포르 공공부문의 가치와 기조, 핵심적인 기능에 대한 정의와 접근방법을 형성했다. 지도자들은 무엇이 효과적이고 좋은 정부를 구성하는 것인지에 대한 그들의 신념에 기초해서 경제성장과 사회적 발전을 지원하는 공공부문을 구축하고 만들었다. 은퇴한 저명한 사무차관인 필레이(JY Pillay)는 정치지도자들이 공공부문의 역동적 거버넌스를 창조하는 데 어떻게 결정적인 역할을 했는지에 대해서 다음과 같이 설명했다.

> "내가 근무하는 동안 국민들의 자질에 관한 한 싱가포르는 말레이시아, 태국, 인도네시아보다 총명한 사람들이 많지 않았다. 차이점은 우리가 더 조직적이고, 더 일관적이고, 정치 시스템을 더 좋은 방향으로 유도했다는 것이다. 또한 사명감도 있었다. 공무원 조직은 국가에서 가용한 인재의 많은 부분을 채용하기 위해 노력했다. 우리는 공무원 조직에 좋은 지도사들이 있었지만, 또한 정책형성, 조직의 구조, 전략적 사고와 관련한 정치지도자들의 선도적인 역할을 통해 자극과 도움을 받았다."[5]

시간이 지나면서 내부적인, 외부적인 환경의 변화와 정치지도자의 변화는 공공부문이 작동하는 방식의 변동을 가져왔으며, 그 역할의 재정립과 확장을 야기했다. 그 과정에서 조직의 문화는 완화되었지만, 근본적인

4 Schein (1992), pp. 211-213.
5 저자와의 인터뷰는 2005년 8월 11일에 이루어졌음.

가치관과 거버넌스의 기초는 대체로 변하지 않고 유지되었다. 전직 고위 공무원 임싱권은 정치지도자의 변화들이 어떻게 공무원 조직에서 다른 거버넌스의 구조를 채택하도록 영향을 미쳤는지 상세히 설명했다.

> "리콴유와 그의 팀은 그들의 우선순위와 가치관이 매우 명확했다. 독립 이후에 싱가포르가 직면한 문제는 실업, 외국인 투자유치, 기본적인 주택, 교육 등 분명한 것이었다. 따라서 공무원 조직은 이러한 문제를 빠르고 효율적으로 해결하기 위해서 구축되었다. 고척동 총리시대가 개막하면서 정부의 성격은 훨씬 합의적이고, 보다 참여적인 것으로 변했고, 따라서 우리는 국민들을 격려하기 위한 다른 아이디어를 수집하기 위한 다른 구조, 시민들과 소통하고 아이디어를 검토하기 위한 구조, 더욱 복잡해진 절차의 한가운데에서 전체적인 관점을 확보하기 위한 구조를 구축해야만 했다."[6]

사회의 문화는 과거에 흔히 접했던 문제에 대한 적응방법, 즉 보통 부분적인 해결방안의 경험을 축적하면서 생겨난다. 사회의 생존과 성공에 대한 아이디어의 가치에 대한 인식은 사람들의 마음속에 깊이 각인된다. 시간이 지나면서 공통의 문화적 유산은 형성되고, 사고방식의 일탈은 감소하며, 이러한 사회적 인식을 미래 세대에게 전수하기 위한 수단을 개발한다. 이러한 문화적 유산은 사람들이 선택의 범주에서 생각하고, 평가하고, 결정하는 방식을 형성한다. 거버넌스의 경우도 마찬가지이다. 거버넌스의 문화적 토대는 초기의 지도자들이 그 사회의 위상에 대한 강점과 약점을 인식하는 방식에 의해서 형성된다. 이것은 다시 거버넌스 시스템과 조직의 목표에 영향을 미친다. 원칙은 목표를 완수할 수 있도록 정책과정 전반을

6 저자와의 인터뷰는 2005년 7월 29일에 이루어졌음.

주도하기 위해 만들어진다. 위상에 대한 지도자의 인식, 목표의 설정, 원칙의 발전은 왜, 어떻게 거버넌스의 제도와 구조가 오랫동안 발전했는지를 이해하는 토대가 된다. 동시에, 그것은 스스로 끊임없는 변화에 적응한 것처럼 사회 속의 개인들에게 내부적인 구심점과 안정감을 제공한다.

4.2 국가를 형성하는 가치와 신념

문화의 필수적인 핵심은 역사적으로 유래된 아이디어로 구성되는데, 그것은 긍정적인 경험과 공동체의 근본적인 신념과 가치관으로부터 선택된 것이다. 신념은 원하는 결과를 얻기 위해서 필요한 것이 무엇인지에 대한 믿음이다. 가치관은 다음의 3가지 방식을 통해서 사람들의 행태에 강력한 자극과 영향력을 제공하며, 상대적으로 안정적인 신념과 감정이다.[7]

(i) 그것은 원하는 최종적인 결과를 기술한다.
(ii) 그것은 최종적인 결과를 성취하기 위한 행동과 행태를 규정한다.
(iii) 그것은 정체성을 정의하고 강화한다.

가치관은 어떻게 우리를 보여주고, 평가하고, 우리 자신과 타인을 판단할 것인지에 대한 길잡이 역할을 한다. 가치관은 새로운 경험에 대한 접근방법과 우리의 개방성을 반영해 준다.

공공정책의 형성에 대한 싱가포르 정부의 철학과 그 접근방법은 갑작스러운 독립으로 인해 만들어진 환경과 시대적인 요청에 의해서 형성되었다. 1965년에 극도로 작은 이 나라의 생존에 대한 전망은 암울했다. 국토는 작았고, 천연자원도 없었다. 특히 거대한 2개 국가들과 이웃하고 있었는데, 그들은 이 작은 나라를 의심과 적대감으로 지켜보고 있었다. 이 작

[7] Earley and Ang (2003), pp. 129-137.

은 나라는 영국이 주요한 군사기지를 주둔시키는 대가로 받은 영국의 자금에 상당히 의존하고 있었다. 국민은 중국, 말레이시아, 인도의 이민자들로 구성되었고, 국민성에 대한 연대감이 부족한 상태에서 종교적, 인종적인 갈등이 심한 격동의 시대를 살아가고 있었다. 싱가포르의 유일한 장점은 전략적인 위치였다. 정치지도자들은 싱가포르가 생존하기 위해서는 다른 나라들보다 더 강인하고, 더 단련되고, 더 준비하고, 더 빨리 움직여야 한다고 판단했다. 정치지도자들은 그것이 정부의 자질을 의미하는 것이라고 이해하였다. 즉, 정부를 어떻게 조직하고, 국가를 어떻게 운영할 것인지, 또한 정부의 가치와 초점은 무엇에 둘 것인지, 어떻게 국민들과 함께 보조를 맞추어서 경제적 생존과 성장을 성취할 것인지에 대한 것이었다.

싱가포르는 역사적인 경험, 세계경제의 발전에 대한 의존성, 안보적 환경으로 인해서 깊은 취약성을 인식하고 있었다. 천연자원의 부족은 정치지도자들이 국가의 유일한 전략적 자원으로서 그들의 국민들에게 초점을 맞추도록 했고, 불황의 시기에도 생존할 수 있는 완충장치를 만들기 위해 경제성장으로부터 얻은 재정적 자원을 축적해야 할 필요성을 느끼게 만들었다. 이러한 싱가포르의 취약성에 대한 인식은 리더십의 계획적인 의도와 목표, 좋은 거버넌스를 위한 몇 가지 전략적인 원칙을 수용하는 데 영향을 미쳤다. 여기서 전략적인 원칙의 초점은 경제적 생존, 국내적 안정성, 세계적 적합성, 재정적 긴축, 인력자원 개발에 두었다. 3가지 핵심적인 신념이 싱가포르의 정책형성의 주된 동인이었다. 첫 번째 신념은 튼튼한 경제가 모든 다른 정책의 실현가능성을 위한 기초를 이루고, 지속적인 경제성장이 최고의 우선순위에 있다는 것이다. 두 번째는 국가가 싱가포르의 장기적인 안정성을 위해 가장 중요한 것이라는 신념이다. 세 번째는 정책입안자는 효과성을 제고하기 위해서 미래지향적이어야 한다는 신념이다. 강력한 미래지향성은 싱가포르에 관한 선천적인 취약성, 특히 지리적 위치, 천연자원의 부족, 작은 규모의 인구에 대한 반응이라고 할 수 있다.

싱가포르의 제도적 문화는 5가지 핵심적인 가치에 기반하고 있다.

(i) 정직과 진실성
(ii) 핵심적 자산으로서 국민
(iii) 결과지향성
(iv) 자립심
(v) 국내적 안정성

이러한 핵심적인 가치는 싱가포르를 어떻게 통치하는지에 대한 일련의 원칙을 형성하는 기초를 제공한다. 싱가포르의 위상, 목표, 거버넌스의 원칙은 표 4.1에 요약되어 있다.

표 4.1 **싱가포르의 역동적 거버넌스를 위한 문화적 토대**

원칙 가치와 신념에 기초한 행동지침	진실성 – 청렴결백 사람이 핵심 – 능력발휘를 위한 실적주의 성과지향적인 – 실용주의 및 합리성 효율성 – 사회적 형평성을 위한 시장가격의 조정 안정성 – 다인종, 다종교에 대한 이해
목표 전략적으로 필수적인 거버넌스의 지침	핵심자원인 인적자원 개발 복지가 아닌 일을 통한 자립심 제고 생존을 위해 완충장치를 구축하는 재정적 긴축 외국인 직접투자와 인재를 유치하기 위한 국내의 안정성 생존을 위한 경제성장 연결성과 변화를 통한 세계적 환경에 대한 적합성 단기적인 정치적 이득이 아닌 장기적인 지속성 구축 정부의 국가발전에 대한 선도적인 역할
위상 독특한 맥락과 제약	작고, 빈약한 자원, 외부충격에 대한 취약성 다양한 문화와 인종, 국내의 조화를 위협 1959년부터 일당지배체제

4.2.1 정직과 진실성

1959년 인민행동당이 싱가포르의 자치정부에 대한 통제권을 맡았을 때 리콴유는 정직하고 유능한 정부를 만들기 위해서 본격적으로 착수했다. 그러나 리콴유는 정직한 정부를 구축하기 위해서는 수많은 과제들이 있고, 또한 인간본성의 측면에서 야기되는 어려움이 있다는 것을 알고 있었다. 그는 싱가포르 이전에 자치권을 획득한 다른 개발도상국을 관찰했는데, 몇 번이나 계속해서 권력이 부패하는 경향을 목격했었다.

> "이상주의는 지도자를 초기단계에서 해고하고 젊은 세대에게 횃불을 넘겨주었다. 그것은 권력을 집행하는 과정에서 부패되었고 천박해졌다. 지도자들은 그들의 생애를 넘어서는 미래에 흥미를 잃었다."[8]

그는 중국 학생들과의 경험과 만남을 기억했다. 그들은 중국 민족주의자의 무능과 부패를 제거하기 위한 야망에 대해서 발끈하며 화를 냈었다. 그러한 사람들의 탐욕과 부도덕함에 대한 혐오감을 나타낸 것인데, 이들은 싱가포르에서 많은 중국인 학교의 학생들을 친(親) 공산주의자로 만들었다. 리콴유는 인민행동당 동료들에게 다음과 같이 말했다.

> "… 많은 아시아 지도자들의 탐욕과 부패와 타락으로 신음했다. 자유를 위해, 그들의 억압받는 국민들을 위해 투쟁한 투사들이 그들의 부를 축적하기 위한 약탈자가 되었다… 우리는 아시아에서 혁명의 파도에 휩쓸렸고, 식민통치를 제거

[8] 리콴유의 연설은 1967년 4월 10일 '청소년과 리더십'에 관한 회의에서 이루어졌으며, 아래 출처에서 인용하였음. Han Fook Kwang, Warren Fernandez and Sumiko Tan (1998). Lee Kuan Yew – The Man and His Ideas. Times Editions Pte Ltd, p. 97.

하기로 결정했다. 그러나 수치스러운 아시아 민족주의 지도자들은 그들의 이상을 실천하는 데 실패하고 우리에게 환멸을 느끼게 만들었다… 우리는 깨끗하고 효과적인 정부를 만들기 위한 깊은 사명감을 가졌다."[9]

리콴유와 고갱쉬는 경제성장을 위한 첫 번째 전제조건으로 부패하지 않은 정부를 마음속에 담고 있었고, 좋은 정부의 수립을 추진했다. 고갱쉬는 다음과 같이 언급했다.

"… 사회에 만들어지는 모든 종류의 제도는 경제발전을 촉진하기 위한 것이다. 정부는 효과적이고 부패하지 않아야만 한다. 정부는 경제성장을 성취하기 위해 끊임없이 노력해야 하며, 국가의 위상, 막강한 군사력, 권력자 개인의 재산, 종교적인 신성함 등 다른 목적에 의해서 흐트러지지 말아야 한다."[10]

깨끗한 정부는 그 자체만을 위해서 필요한 것이 아니다. 그것은 지도자의 도덕적 권위를 구축하는 데 결정적인 요소이며, 또한 열심히 일하는 사람이 대접받는 사회를 만드는 데 핵심적인 것이다.

"단지 행정의 진실성을 지키는 것만으로도 어떤 의미에서는 경제가 작동할 수 있도록 만들어주는 것이다. 그것은 싱가포르가 열심히 일하면 보상이 주어지는 국가라는 것을 분명하게 보여줄 수 있도록 해준다."[11]

---

9 Lee Kuan Yew (2000). From Third World to First – The Singapore Story. Singapore: Times Edition, pp. 182-183.

10 Goh Keng Swee (1972), (1995), cited in Ian Patrick Austin (2004). Goh Keng Swee and Southeast Asian Governance. Singapore: Marshall Cavendish, p. 24.

11 리콴유의 연설은 아래 출처에서 인용. Lim Siong Guan (1999). "Integrity with Empowerment:

4.2.2 핵심적 자산으로서 국민: 노력과 성과에 대한 보상

천연자원이 부족한 상태에서 싱가포르의 생존은 인적자원에 의해 좌우되기 때문에 국민들의 노력과 기업의 헌신에 대해서 적정한 인센티브를 제공하는 것이 무엇보다 중요하다. 건국의 지도자들은 좋은 거버넌스를 구현하기 위해서는 좋은 사람들이 정부를 위해 종사해야 한다는 점을 분명하게 인식하고 있었을 뿐만 아니라 정부에 종사하는 공무원들은 그들의 권한확대가 아니라 진정한 국익을 추구해야 한다는 점을 강조했다. 건국 이후 초대총리부터 지금까지 "좋은 사람"을 확인하는 방법은 항상 중요한 이슈였지만, 좋은 정부를 구현하기 위해 무엇을 할 것인지에 대해서는 매우 분명한 확신을 갖고 있었다. 이것은 다음과 같은 시스템을 창출하고 정책을 고안하는 것을 의미했다:

(i) 근로와 보상의 연관성을 훼손하는 사례를 적극적으로 제거;
(ii) 경제적 인센티브의 유지;
(iii) 기회의 균등을 보장;
(iv) "각각의 능력에 따른다"는 원칙을 유지하는 것이다.

4.2.3 이념이 아닌 결과지향성

독립 이후 주어진 환경과 몇 가지 이용할 수 있는 대안을 고려해보면, 이념적인 성찰이 아니라 실행할 수 있는 실용적인 계산에 기초해서 정책을 채택했다는 것은 놀라운 일이 아니다. 싱가포르의 정책형성은 이념의 굴레에 의한 제약을 받지 않았다. 가장 우선적인 관심사는 정책의 효과성과 결과들이었다. 예컨대, 경제발전을 촉진할 수 있는 민간부문의 부재는 국가

Challenges Facing Singapore in Combating Corruption in the 21st Century," Ethos, August.

가 산업부문의 발전을 지원하기 위해 선도적인 역할을 해야만 한다는 것을 의미했다. 마찬가지로 성장을 촉진하는 다국적기업의 유치방안이 부재했었기 때문에 당시 유행하던 종속학파에 위배되는 의사결정을 할 수 있었다.

> "우리는 해결해야 할 현실의 문제를 안고 있었고, 어떤 이론이나 도그마에 국한될 수 있는 여유가 없었다… 우리의 의무는 2백만 싱가포르인의 일자리를 만드는 것이었다. 만약 다국적기업이 우리의 근로자를 고용하고 공학기술과 경영의 노하우를 가르쳐준다면, 우리는 다국적기업을 들여와야만 한다."[12]

4.2.4 자립심

실용주의와 밀접한 관계가 있으면서 성과주의에 기초한 사회는 궁극적으로 자립심의 원칙을 따른다. 국민들은 끊임없이 "누구도 우리의 생계를 책임져주지 않는다"는 것을 상기했다. 싱가포르의 생존은 온전히 국민들과 지도자들의 자질과 기회를 이용하고 만들어가는 그들의 능력에 달려 있었다. 싱가포르는 잠시 말레이시아 연방으로 있었던 시기, 인도네시아의 적대감, 영국 군사기지의 폐쇄 등을 겪으면서 국제관계에는 영원한 친구도 영원한 적도 없으며, 오직 영원한 이익만 있다는 것을 경험했다.

4.2.5 국내적 안정성: 다문화 사회에 있어서 이해관계의 균형

싱가포르 공공부문은 필요한 것을 시행하는 데 침착하고 냉정한 반면에 인기 있는 정책들은 훨씬 적은데, 공공부문의 핵심적 가치들 중 하나는 사회적 안정성과 국내적 평화를 유지하기 위한 것이다. 이것은 공공부문

---

12 Lee (2000), p. 76.

에 있어 대단히 중요한 본능적 요소로 작용하고 있다. 또한 공공부문은 다문화사회의 실용적인 현실에 주의를 기울여왔다. 따라서 가끔 주거단지에 대한 지시적인 통합과 인종적인 할당처럼 다소 거칠고 불쾌한 정책들이 강제되었다. 그러나 다른 한편으로는 대화, 적극적인 참여, 잠재적인 논쟁적 이슈에 대한 종교지도자와의 협의, 인종평등에 대한 엄격한 정책을 통해서 사회적 안정성을 확보하려는 적극성을 보여주었다. 신념과 문화의 차이점은 받아들여지고 보호되었다. 4가지 주요한 인종적, 종교적인 집단을 위해 동일한 숫자의 국경일이 공표되었다. 영어가 비즈니스와 정부의 언어로 사용되지만, 영어와 더불어 말레이어, 중국어(만다린), 타밀어 등 4개가 공식적인 언어들이다. 정부는 다양한 종교지도자들과 소통채널을 구축하기 위해 특별한 노력을 기울였으며, 특히 9·11 테러리스트 공격과 싱가포르에 무슬림 테러리스트 세포조직이 발견되었던 것처럼 잠재적인 위기의 상황에서는 대화채널을 개방해서 유지하고 있다. 어떤 인종이나 종교적인 집단에 적대감을 자극하는 행위는 엄격한 법으로 규율한다. 특정한 집단을 비방하는 행위는 선동적인 것으로 간주되며, 법원에서 즉결처분을 받는다.

4.3 원칙: 좋은 거버넌스의 정의와 수립

거버넌스의 지침과 원칙은 대본을 읽는 것이 아니다. 어느 누구도 1965년에 국가를 운영하기 위한 방법으로서 이러한 원리를 규정하지 않았다. 1965년에는 원칙과 이론에 집착하기보다는 외국인 투자를 유치하고 경제발전을 촉진하기 위한 조건을 싱가포르에 구축하는 것에 몰두했다. 그러나 문제를 대응하고, 분석하고, 해결하는 유형은 있었다. 그것은 오랫동안 정책형성을 위한 근본적인, 암묵적인 지침이었다. 1990년대에 비로소 이러한 정부의 접근방법과 정책이 만들어지는 방식에 대한 유형은 방침으로 정리되었고, 이것은 나중에 거버넌스의 원리로서 인식되었다. 이러한 원칙은 건국초기 정치지도자의 가치관과 신념으로부터 발전된 것인데, 경제성장을 촉진하기 위한 제도를 구축하고 틀을 개발하는 데 있어서 그들의 믿음이 반영된 것이다. 그렇게 해서 지도자들, 특히 리콴유와 고갱쉬는 정책을 형성하고 집행하는 제도 또는 기관의 문화와 기조, 싱가포르의 공공부문을 수립하고 만들었다.

4.3.1 청렴성 원칙의 수립과 강화

청렴성은 높은 도덕적, 직업적 기준을 확고부동하게 간직하고 보유하는 자질로 정의된다. 정부의 맥락에서 청렴성은 전형적으로 반부패의 의미로 받아들여지고 있으며, 직위를 이용해서 개인적인 수혜를 얻기 위한 조치를 취하지 않는 것이다. 싱가포르는 청렴결백의 높은 직업적 기준을 수립하기 위해서 다방면의 노력을 기울였는데, 예컨대 복무규정에는 엄격한 처벌, 예측가능성 제고, 재량의 최소화, 효율성 제고를 명시하고 있었다.[13]

(i) 보다 분명한 의사결정규칙

1959년 싱가포르가 자치권을 얻었을 때, 공무원 조직의 부패는 심각한 문제였다. 집단적 부패는 특히 법 집행관들 사이에 흔한 것이었다. "그들의 봉급으로 생계를 유지할 수 없는 사람에게 주어진 사소한 권력은 그 권력의 남용을 '초청'하는 것이므로"[14] 업무처리 시스템은 하위직급에서 재량을 행사하기 어렵게 개정하였다. 공식적인 절차들은 단순해졌고, 지침서를 발간해서 재량을 행사하는 기회를 제거했으며, 그럴 가능성이 있는 인가 또는 허가사항을 폐지했다. 투명성과 책임성의 제고는 부패의 기회를 제거했으며, 국민들은 공무원들이 무엇을 할 수 있고, 해야 하는지를 알았고, 그들이 그것을 하지 않았을 때 불만을 제기할 수 있었다.

---

[13] This section draws from Lim (1999).

[14] Lee (2000), p. 183.

(ⅱ) 간소한 운영으로 효율성 제고

공공서비스 공급의 향상은 부패로부터 지대(불법적인 이익)를 제거하였고, 뇌물 없이 효율적이고 효과적인 서비스를 받을 수 있었다. 이것은 공공서비스를 제공하는 데 대기시스템을 피하려고 노력했었던 이유들 중 하나였다. 은퇴한 고위공무원 앤드류 츄(Andrew Chew)는 다음과 같이 설명했다.

> "우리가 발견한 것들 중 한 가지는 절대 줄서기를 권장하지 말아야 한다는 것이다… 사람들은 대기를 넘어서려고 시도하기 때문에 줄이 있는 곳에는 항상 부패를 조장했다. 예를 한 가지 들겠다. 예전에는 결핵이 큰 문제였는데, 병원에 입원하기 위해서는 3개월, 6개월, 9개월, 1년 단위의 대기자 명부를 작성해야 했다. 환자들은 대기자 명부를 볼 수 있다. 이제 일단 당신이 대기명단에 있으면, 그 시스템과 밀접한 누군가는 다음 주에 입원환자에 대한 결정이 이루어진다는 것을 알 것이다. 그는 환자에게 다가가서, "당신은 6개월을 기다렸는데, 작은 수수료만 내면 곧 입원할 수 있어요"라고 말한다. 그리고 환자는 당장 치료받기를 원하기 때문에 입원한다. 따라서 우리는 항상 대기를 없애려고 노력했습니다.[15]"

현금거래를 최소화하기 위해서 봉급의 자동이체와 직접지불을 권장한 것도 부패의 소지를 제거하기 위한 노력의 일환이었다.

(ⅲ) 부패를 감지하는 제도적 역량

15 저자와의 인터뷰는 2006년 3월 21일에 이루어졌다.

특히 고위층에서 부패의 습관을 근절시키려는 노력은 부패조사국(CPIB: Corrupt Practices Investigation Bureau)의 독립성을 강화하면서 강력하게 추진하였다. 현재는 총리실 산하에 소속된 부패조사국은 영국의 통치 시절인 1952년에 설립되었는데, 특히 공공부문의 하급과 중급직원들 사이에 증가하고 있는 부패를 처리하기 위한 것이었다. 그들 중에는 국민들과 광범위하게 접촉하는 경찰과 노점 감독관도 있었다. 새로운 정부가 출범한 1959년부터 부패조사국은 정부의 고위직 공무원인 "거물(the big fish)"에 초점을 두었고, 뇌물을 준 사람뿐만 아니라 받은 사람도 엄격하게 처벌하는 제도를 도입했다.[16] 반부패법들은 부패적인 행태의 개념정의를 확대하고 조사권을 강화하도록 개정되었다. 법원은 피의자가 분에 넘치는 생활을 하거나 또는 그의 소득으로는 설명할 수 없는 부동산을 소유한 경우에, 그것을 피의자가 뇌물을 받은 보강증거로 사용할 수 있었다.

(iv) 신속하고 가혹한 공개적인 처벌

모든 부패사건은 언론의 집중적인 보도로 관심을 끌었고, 부패에 대한 정부의 강경한 자세를 끊임없이 상기시켰다. 부패사건에 대한 광범위하고 부정적인 평판은 특히 고위직 공무원과 정치인의 경우에 그 범죄와 형벌의 부과에 대한 자세한 내용을 공개함으로써[17] 국민들에게 부패의 결말을 알리는 데 도움을 주었다. 언론을 통한 공개적인 망신은 처벌의 핵심적인 부분이었다. 분명히 뇌물의 유혹에 넘어간 것으로 여겨지던 당시 국가개발부장관이 자살했을 때, 리콴유는 "우리는 관공서의 부패를 사회에 대한 위협으로 간주하는 공감대를 만들었다. 테쳉앙(Teh Cheang Wan)은 사회에서 매장당하는 불명예보다 자살을 선택한 것 같다."고 추정했다.[18]

16 아래를 참조하시오. (2000), pp. 184-189 for a discussion of some of the high profile cases.

17 Ibid.

18 Lee (2000), p. 188.

(v) 강력한 정치적 의지와 정치지도자의 솔선수범

반부패는 오직 정치지도자의 강력한 도덕적 권위와 개인적 리더십을 통해서 추진될 수 있었다. 고위직 공무원, 특히 장관에 대한 기소는 관공서에 요구되는 책임성의 기준을 중요하게 강조하는 것이었다. 이것은 직위의 고하를 막론하고 모두에게 동일한 규칙이 적용된다는 것을 보여주었다. 청렴성은 싱가포르에서 고위직에 오르기 위한 선행조건이 되었다.

이러한 모범사례로 리콴유는 1995년에 아들 리셴룽과 함께 부동산 2개를 구입한 것과 관련해서 기꺼이 조사를 받았다. 리콴유 부자는 부동산 시장이 안정적이던 시기에 부탁하지도 않은 할인을 받고 부동산을 구입했던 것이다. 안정적이던 시장은 갑자기 호황을 누리면서 부동산 가격이 치솟았고, 부동산을 구입할 기회를 놓친 소비자들은 그 부동산 회사의 주식이 상장되자 증권거래소에 불평을 쏟아 놓았다. 리콴유의 형이 부동산 회사의 비상임 이사였기 때문에 불공정한 이득을 얻었다는 소문이 돌았다. 당시 총리였던 고척동은 그러한 의혹에 대해서 조사하도록 지시했는데, 아무런 부도덕한 일도 없었던 것으로 밝혀졌다. 그럼에도 불구하고 부도덕한 행동과 불공정한 이득을 예방하기 위해서 리콴유는 부동산 구입과 할인을 받은 경위에 대해서 의회에 공개적으로 밝혔다. 상하원에서 논쟁이 있는 동안, 특히 노련한 변호사 출신인 야당의 지도자는 그의 경험상 그러한 할인은 일반적인 마케팅의 사례이며 부도덕한 행동은 없었다고 의견을 개진했다. 리콴유 부자는 조사를 받고 공개적으로 분명하게 밝힘으로서 청렴성과 반부패의 문화를 유지하기 위한 정치적 의지와 리더십의 헌신을 보여주었다.

4.3.2 실적주의 문화의 확립

싱가포르의 생존은 국민들의 능력에 의존하고 있었기 때문에 성취에 대한 인센티브를 유지하는 것이 핵심이었고, 열심히 일한 사람이 보상받는 사회가 필요했다. 오늘날 실적 중심의 시스템은 싱가포르 사회의 모든 부문에 퍼져있으며, 인재를 배치하는 가장 효율적인 방법으로 인식되고 있다. 리콴유와 고생쉬는 비록 강조한 부분은 달랐지만 실적 중심의 시스템을 확고하게 주장한 사람들이었다. 리콴유는 정부의 핵심부서에 훌륭한 인재를 배치해야 한다고 확신했으며, 어떻게 최고로 똑똑한 인재를 정부에서 일하도록 만들 것인지, 그것이 처음부터 그를 사로잡았던 이슈였다.

> "질문의 핵심은 무엇이 좋은 정부를 만드는가? 그것이 질문의 핵심이다. 훌륭한 인재가 정부를 담당하지 않아도 좋은 정부를 가질 수 있는가? 미국식 자유주의자는 그럴 수 있다고 믿는다… 내가 아시아에서 경험한 바로는 그렇지 않다. 좋은 정부를 위해서는 정부를 담당하는 좋은 인재를 가져야만 한다. 나는 지난 40년간 사실 형편없는 시스템의 정부를 보아왔다. 그러나 훌륭하고 강한 인재가 담당한다면 국민들은 적합한 진보와 그런대로 괜찮은 정부를 얻을 것이다."[19]

좋은 정부의 출발점은 능력, 청렴성, 책임성을 가진 좋은 인재를 공공부문에 계속 공급하는 것이었다. 리콴유는 특히 학자들이 학문적인 성과를 넘어서 공공부문을 위해 일하기를 기대한 것이 분명하다. 그의 생각은 1965년 독립 직후에 고위공무원들에게 한 연설에 분명하게 반영되어 있다.

> "싱가포르는 매년 졸업생들 중에서 가장 우수한 사람들을 정부에 채용해야만 한다. 내가 최고라고 말했을 때 그것은 단지 학문적인 결과를 의미하는 것이 아니다. 대학의 'O' 레벨, 'A' 레벨은 단지 분석능력을 말해주는 것이다. 그것은 전

19 장관 보수에 대한 의회 연설은 1994년 11월 1일 이루어졌으며, 아래 출처에서 인용하였음. Han, Fernandez and Tan (2000), pp. 331-342.

반적인 자질의 1/3밖에 불과하다. 다음으로는 그의 현실감, 상상력, 리더십의 자질, 역동성을 평가해야 한다. 그러나 무엇보다 그의 성격과 동기가 중요하다. 왜냐하면 똑똑한 사람이 사회에 더욱 해로울 수도 있기 때문이다."[20]
"그리고 나는 정부에서 일하는 것이 자동적으로 사다리를 오르고 있다는 것을 의미하는 것이라고 믿는 사람들이 그것을 잊어버리길 원한다. 그것은 이 정부가 아니다. 활기, 투지, 추진력을 가진 사람들은 줄을 잡고 잘 올라갈 것이다. 부진하고 엉망인 사람, 능력은 있지만 단지 시험에 합격하고 좋은 학점을 받은 것으로 그들의 필생의 업적을 마쳤다고 생각하는 사람들이, 이제는 공직위원회를 통과해서 저기 뒷자리에 앉아 복사된 책을 만지작거리다가 시간이 지나면 부처의 장관이 될 것이라고 믿는 사람들이 있다. 나는 말한다. 잊어버려라."[21]

그러나 리콴유는 조직을 강조하는 사람이 아니었다. 그가 생각하는 관리의 기술은 가장 중요한 업무에 최고의 인재를 배치하는 것이었다. 공공부문에 실적을 바탕으로 하는 선진적인 구조를 도입한 것은 고갱쉬였다. 고갱쉬는 학문적으로 뛰어난 경제학자이자, 싱가포르 경제의 설계자로 널리 알려져 있다. 그는 싱가포르 경제의 거버넌스에 대한 근본적인 원칙을 수립했을 뿐만 아니라 행정에 결정적인 영향을 미친 사람이다. 그는 강력한 경제기관이 국가발전에 매우 중요하다는 것을 교육받은 사람이었다. 또한 그는 실용주의자로서 고상한 이론보다 경험적인 실험과 문제해결에 초점을 두었다. 그는 어떤 국가든 발전하기 위해서는 좋은 거버넌스의 기

[20] Ibid.

[21] 고위공무원을 대상으로 한 빅토리아 극장 연설은 1965년 9월 20일 이루어졌으며, 아래 출처에서 인용하였음. Han, Fernandez and Tan (2000), pp. 321-323.

관을 수립하는 것이 매우 중요하며, 그것을 착수하는 단계부터 바로잡아야 한다는 것을 이해하고 있었다. 많은 공공부문의 기관들 주롱타운공사, 싱가포르 통화청, 재무부, 국방부, 교육부는 고갱쉬의 유산과 영향력의 특징을 간직하고 있다. 싱가포르의 재무적 건전성, 보수적인 예산기조, 강력한 환율정책은 모두 고갱쉬의 경제적 거버넌스에 대한 접근방법의 유산이었다. 조직으로서 공공부문에 있어서 인재의 채용, 유지, 승진에 대한 실적주의와 성과주의는 대부분 고갱쉬에 의해서 도입되었으며, 그것은 또한 내부적, 외적 환경의 급격한 변화에 끊임없이 적응하기 위한 공공부문의 역량을 확보할 수 있도록 해주었다. 고갱쉬 자신이 영국 식민정부의 직원이었기 때문에 고도의 엘리트 관료제의 필요성을 믿고 있었다.

> "많은 국가들에 있어서 최고직위의 공무원들은 국가적으로 지식인 엘리트층의 중요한 부분을 구성하는 것이다. 그것은 실제로 그렇게 되어야만 한다. 국가를 통치하는 일은 복잡하고 까다롭기 때문이다."

고갱쉬는 경험보다는 지적인 능력과 학문적인 탁월함을 높이 평가했다. 따라서 독립과 함께 대부분 학자 출신의 유능한 젊은이들이 공공부문에 대거 진출했으며, 이어서 영국 통치시절에 존재하던 연공서열 시스템에 중요한 변화가 이루어졌다.

고갱쉬는 정부 장학생들의 명단에서 누구든지 채용할 수 있도록 전권을 위임받았을 때 많은 젊은 직원들에게 경력을 쌓도록 기회를 주었다. 그는 젊은 직원들에게 기회를 주었던 반면에, 만약 그들이 기대수준에 미치지 못하면 또한 가차 없이 해임했다. 현재 임싱권, 필립여 등 많은 공공부문의 지도자들은 이 시기에 임용된 사람들이며, 그들은 시스템을 통해서 빠르게 자신의 유능함을 증명해 보였다.

예컨대, 임싱권은 23세에 고갱쉬에 의해 국방부에 채용되었는데, 18개월 후 24세에 싱가포르자동차엔지니어링(Singapore Automative Engineering)

국장으로 임명되었다. 그는 28세에 국방부 병참과장으로 복귀했으며, 2년 후 재무과장으로 옮겼다. 또한 31세에 사무차장으로 임명되었고 34세에 사무차관에 올랐다. 이러한 사례는 적지 않았다. 많은 사무차관들이 30대에 처음으로 그 직위에 임명되었다. 대부분의 젊은 엘리트들이 대학교를 졸업하자마자 공공부문에 임용된다는 것은 그만큼 많은 사람들이 공직에 오랫동안 재직한다는 것을 의미했다. 이러한 핵심적인 공공부문 지도자의 안정성은 정책방향에 있어서 높은 수준의 지속성과 안정성을 제공했다.[22]

싱가포르 공공부문은 채용에 대한 매우 엄격하고 경쟁적인 기준들을 운영하고 있다. 인사평가와 승진에 대한 결정은 엄격한 절차들과 실적에 대한 심사를 고수하고 있다. 이러한 선진적인 구조는 세계적 정유회사 쉘(Shell)의 평가시스템을 받아들이면서 공식화되었는데, 그 평가는 성과뿐만 아니라 개인의 잠재력(CEP: Currently Estimated Potential)까지 검사하는 것이었다. 잠재력평가(CEP) 시스템은 직원들이 현재 갖고 있는 잠재력을 평가하기 위한 방법으로 도입되었는데, 사실상 "체계화된 실적주의"였다.[23]

공직위원회(PSC: Public Service Commission)는 실적주의 시스템을 강화해서 공공부문의 직원과 지도자들을 채용하고 임명하기 위해 설립되었다. 위원들은 총리의 추천에 의해서 대통령이 임명한다. 행정과 정치로부터 독립을 강화하기 위해 전·현직 정무직원 또는 현직 공무원은 위원으로 임명될 수 없다. 현재 공직위원회 의장인 앤드류 츄(Andrew Chew)는 공무원 고위직을 은퇴한 이후 5년간의 냉각기간이 지난 후에 비로소 임명되었다. 1995년부터 대부분 직급에 대한 공공부문의 채용은 개별적인 기관들이 시행하고 있지만, 공직위원회는 여전히 모든 행정직 직원에 대한 임명과 사무차관이나 독립행정기관의 최고경영자처럼 최고위직에 대한 임명권을 갖고

22 Austin (2004), p. 24.

23 이 용어는 임싱권이 2005년 7월 29일 인터뷰에서 사용하였다.

있다. 이것은 뒤이어 모든 핵심적인 공직자 임명은 선출직 대통령의 승인을 받도록 강화되었다. 고위직 채용과 임명을 다루는 공직위원회의 역할은 정치적 임명의 관습으로부터 공공부문을 보호하고 중립성을 유지하는데 도움을 주었다. 공직위원회의 많은 위원들은 민간부문, 은퇴한 산업계의 거물, 거대한 조직의 수장 출신으로서 사람들의 성격, 능력, 성과를 평가하는데 오랜 경력과 광범위한 경험을 갖고 있었다. 채용과 임명이 정치적으로 이루어지지 않았기 때문에 실적은 핵심적인 평가기준이 되었다.

공공부문의 실적주의 시스템은 전체적으로 싱가포르 사회의 실적과 성과에 바탕을 둔 가치들을 반영한 것이었다. 싱가포르의 생존은 국민들의 일하는 능력에 달려있었기 때문에 노력에 대한 인센티브를 유지하는 것이 중요했으며, 열심히 일한 사람이 보상받는 사회를 만들 필요가 있었다. 오늘날 실적주의 철학은 싱가포르 사회의 모든 부문에서 퍼져있다. 또한 실적주의 시스템은 제한적인 인적자원을 가진 나라에서 인재를 배치하는 가장 효율적인 방법으로 여겨졌다. 리콴유는 유능한 사람에게 보상이 돌아가는 시스템이 성공적인 사회의 토대가 된다고 믿었다.

그는 실적에 기초한 발전이 이루어지는 시스템이 계급의 분화를 최소화하면서 보다 응집력 있는 사회를 건설하는 데 기여할 것이라고 믿었다. 리콴유는 오랫동안 영국 사회를 관찰하면서 사회적 이동성과 창조적인 사회시스템이 계층, 인종, 종교에 의한 사회적 분화를 막는 데 중요하다는 것을 인식했다.

> "여러분은 단지 모호한 이상을 추구하는 것만으로 국민들의 마음을 얻을 수 없다. 그들은 스쿠터, 미니카, 아파트, 냉장고, 세탁기, 텔레비전, 좋은 신발, 좋은 옷, 좋은 집 등 무엇이든 발전이 이루어지기를 원한다. 당신은 성과에 대해서 동일한 보상을 받아야만 한다. 남들과 똑같이 대우받기를 원하는 사람은 없기 때문이다. 그들은 자신이 어떻게 다른 사람보다 우월한지를 보여주기 위해서 동일한 기회를 원한다. 이

것은 심지어 공산주의자들도 인정해야만 했던 어쩔 수 없는 현실이다. 사회주의 국가인 루마니아 헌법에는 모든 사람들은 그의 필요에 따른 보상이 아니라 그가 기여한 것에 따라 보상받을 것이라고 말한다."

"우리에게 깊은 계급 사이의 분화가 없다는 것은 희망적인 요인이다. 무일푼에서 거부로, 거부가 다시 사다리에서 내려오는 사회적 이동성은 싱가포르가 성공한 비결 중 절반을 차지하는 것이다. 여러분이 사회적 이동성을 가졌을 때는 적개심과 적대감을 갖지 않을 것이다. 공산주의자들이 싱가포르에 침입하는 데 실패한 이유 중에 하나는 그들이 존재하지도 않는 계급적 증오심에 토대를 두었기 때문이다. 영국 노동자들이 경영진에 대해서 적개심을 가진 원인 중 하나는 그들의 발음을 폄하했기 때문이다. 여러분은 백만 파운드를 벌 수 있지만 여전히 빌리 버틀린(Billy Butlin)이다. 왜냐하면 여러분은 빌리 버틀린처럼 말하기 때문이다. 노동자들은 이것에 분개하고 사장의 집무를 거부하는 것으로 화풀이를 했다. 싱가포르에서 여러분은 아버지의 재산, 배경, 지위와 상관없이 초등학교부터 대학까지 동일한 기회를 누릴 수 있다."[24]

4.3.3 합리성, 실용주의 그리고 강력한 결과지향성

광범위한 가격메커니즘의 사용은 정책형성의 분석적인, 합리적인, 실용적인 특성을 반영하고 있다. 정책결정은 무엇이 옳은 것인지에 대한 냉철

24 싱가포르 경영자총협회와의 연례 만찬 연설은 1968년 5월 10일 이루어졌으며, 아래 출처에서 인용. Han, Fernandez and Tan (2000), pp. 117-118.

한, 감상적이지 않은 계산에 기초해서 이루어진다.[25] 싱가포르가 갑자기 독립했을 때, 실천적인, 실용적인 대안을 선택하기 위해서는 정책결정의 과정에서 정치적 정당성과 경제적 이념을 삼가야만 했다. 이것은 정부에 합리성에 대한 대대적인 조치를 강제하도록 만들었다. 영국의 식민통치가 남긴 유산인 논리적 타당성과 합리성, 영어의 공용화, 통화위원회, 중앙적립기금, 공공부문의 행정서비스 등은 새롭게 독립한 싱가포르에게 장기적인 도움을 줄 것으로 판단되었으므로 존치되었다. 고생쉬는 이렇게 요약했다.

> "우리는 식민지배의 오점으로 인식되는 제도들을 정치적으로 제거하려고 시도했을지도 모른다. 그렇게 했다면, 우리는 공허한 수사를 위해서 대단히 귀중한 장점을 버렸을 것이다."[26]

독립 이후 개발도상국은 민족주의적인 열망에 따라 과거 식민지배의 유물을 폐기하였는데, 싱가포르처럼 외국인 혐오증이 없는 나라는 흔치 않았다. 싱가포르 지도자에게 실용적인 고려사항은 어떤 민족주의자의 감성보다 우선시되었다.

합리성은 새로운 다인종 독립 국가인 싱가포르에 안정성을 만들기 위한 다소 냉철한 결정에 반영되었다. 싱가포르는 1950년대에 인종적, 종교적인 갈등으로 어려움을 겪었던 지역으로서, 이를 예방하기 위해 인종적, 종교적인 이슈를 정면으로 다루었던, 아마 세계적으로 드문 국가일 것이다. 인종적인 통합은 도심 재정비를 통해서 가족들이 슬럼 지역에서 고층 주택지역으로 재배치될 때 인종적인 집단주거지 형성을 방지하기 위해 강제적으로 시행되었다. 특정한 인종의 집단들이 다시 모여드는 것을 확인했을 때에는 각 주택단지의 블록마다 인종적인 할당을 도입하였다. 비록 이러한 조치가 일부 집단들의 주택가격을 하락시키기도 했지만, 인종적인

25 사무차관 피터호(Peter Ho)와의 인터뷰는 2005년 8월 11일 이루어졌다.

26 Goh Keng Swee (1977), (1995) 등은 아래 출처에서 재인용. Austin (2004), p. 16.

화합을 위해서는 그럴 만한 가치가 있었다.

싱가포르는 다인종, 다종교의 국민들로 구성된 다른 국가들과 달리 '인종 감추기 정책(race-blind policy)'을 채택하지 않았다. 그러한 정책은 인종적인 집단들 사이에 차이점이 없다는 것을 전제로 하는 것이다. 싱가포르는 인종적인 집단들 사이의 잠재적인 차이점을 인정하였고, 정책형성 과정에서 고려하고 또한 공개하였다. 출산율, 학력, 중퇴율, 가구 소득수준, 범죄율을 포함한 사례들이 그것이다. 특정 인종에 대한 이슈들을 회피하지 않았다. 예컨대, 말레이 어린이들은 학교에서 높은 중퇴율을 보였고, 다른 인종의 아이들과 비교해서 수행성과가 낮았다. 일단 이 문제가 집중적인 이슈가 되었을 때, 해결책들은 자조, 자립집단과 공동체 중심의 프로그램의 형식으로 나뉘었다. 이처럼 인종적인 차이점을 공개하는 것은 다민족 사회로 구성된 정부에서는 흔치 않은 접근이었다. 그러나 리콴유는 예리하게 행태를 관찰하는 사람이었다. 그는 각각의 집단들은 삶에 대한 시각이 다르고 또한 이슈들에 대해서도 다르게 반응한다고 믿었다. 그의 견해처럼 인종적인 차이점은 잠재적인 문제를 확인하고 해결책을 고안하기 위해서 인정되었다. 이러한 접근은 우리가 실현되기를 원하는 세상 또는 정치적으로 옳다고 생각하는 세상이 아니라, 실제로 존재하는 세상을 다루는 방식이다. 리콴유는 오직 현실을 인정하고 받아들임으로써 적합한 경제적, 사회적 정책을 고안할 수 있는 기회가 주어진다고 믿었다. 이것은 갑자기 독립한 싱가포르 정치지도자에게 알맞은 견해였고, 이후에도 정치와 공공부문의 지도자들이 어려운 이슈를 다룰 때 항상 취하던 방식이었다. 싱가포르 정부가 시행한 많은 정책은 "일반적인 통념"에 반대되는 것이었다. 이처럼 무슨 일이 일어나고 있는지 날카롭게 관찰하고, 그것의 실질적인 원인을 이해하려는 경향은 문제의 핵심을 규정하는 데 대단히 중요하다. 정책입안자는 문제를 정확하게 규정할 수 있어야 하며, 적합한 해결책을 만들 수 있도록 근본적인 원인을 이해할 수 있어야 한다.

또한 합리성과 냉철함은 어려운 사안을 결정할 때 필요한 능력이었다. 예컨대, 1985~1986년의 경기침체에 대응해서 경쟁력을 회복하기 위해 전반적으로 임금을 2년 동안 동결시켰고, 경제적 안정을 위해 중앙적립기금(CPF)의 기여율을 삭감시켰다. 이것은 오직 삼자조합주의(tripartism)의 개념과 국가임금위원회라는 틀을 통해서 정부와 노동조합들과 고용주들 사이의 강한 신뢰가 있었기 때문에 가능한 조치였다. 이러한 해결책은 문제를 즉시 비판적으로 검토하고 현실을 냉철하게 직면했을 때 대안이 별로 없다는 것을 인식하고 만들어진 것이었다.

냉철함은 외국인 인력에 관한 정책에서도 다시 확인할 수 있다. 싱가포르는 인구규모가 작기 때문에 국내 인력의 활용을 높이기 위해서 외국인 미숙련 노동자와 중급의 노동자에게 오랫동안 의존했었다. 1990년대 중반에 싱가포르의 출산율이 낮아지면서 곧 자체적으로 해결할 수 없다는 것이 분명해졌을 때, 싱가포르는 인력풀을 확대하기 위해서 중간관리자층과 전문직 수준의 외국인 인재를 유치하기 시작했다. 이러한 외국인 인재에 대한 개방정책은 항상 국가 차원에서 "뜨거운 감자"였다. 싱가포르도 다르지 않았다. 싱가포르는 1990년대 말과 21세기 초기에 다른 나라와 마찬가지로 1997년 금융위기의 타격, 9·11 사태 이후 신뢰감의 상실, 사스의 돌연한 발생, 정보기술에 의해 야기된 변화들의 전면적인 충격, 무자비한 세계화의 속도를 경험하였다. 또한 구조적 실업이 나타났다. 싱가포르는 많은 노동집약적 산업을 중국과 인도에게 빼앗겼다. 그러나 숙련기술자와 중간관리자의 일자리는 피해를 입지 않았다. 방사선촬영기사, 건축가, IT전문가들도 인도로 이동해서 일자리를 찾았다. 이러한 분위기에서 전문직 외국인 인재에 대한 개방정책은 다방면으로 상당한 적대감에 직면했다. 이처럼 외국인들을 유치하기 위한 정책을 끊임없는 추진하는 사태에 직면해서, 시민들은 과연 '시민의 가치'는 무엇인지 공개적으로 문제를 제기하였다. 그러나 정책은 유지되었고, 2006년에는 더욱 촉진되었다. 정책입안자는 시민들의 우려를 이해하고 있었지만, 또한 싱가포르 경제의 장기적인 성장능력과 관련해서 출산율 감소로 인한 위험을 절실하게 인식하고 있었다. 싱가포르의 규모에 대한 제약조건을 감안하면 외국인 인재는 경제적 추진력을 지속하기 위한 최소수준을 유지하는 데 결정적인 도움을 주었다. 정책입안자는 싱가포르가 어떤 위기에 몰렸는지에 대해서 잘 이해하고 있었고, 국제적인 인재를 유치하기 위한 장기적으로 노력하도록 결정했다.

정책입안자는 비록 이러한 이슈에 대해서 인기영합주의자의 압력에 굴복하지 않았지만, 2006년 말에는 시민권의 가치에 대한 불만과 우려가 현장에서 감지되었다. 독립 이후 싱가포르 경제는 오랫동안 영주권을 취득한 사람들에게 의존하였고, 또한 그들을 환영하고 있었기 때문에, 시민으로서 누리는 실질적이고 재정적인 특혜는 없었다. 싱가포르인이 아닌 영주권자는 교육 보조금, 보건의료서비스, 시민보다 아주 조금 높은 이용료를 부담하는 수혜를 누렸다. 그러나 싱가포르인이 아닌 영주권자는 보조금이 지급되는 새 아파트를 주택개발청(HDB)에서 직접 구입할 수 없었고, 전매시장에서 구입할 수 있었다. 시민들과 비시민들 사이에 별다른 차이가 존재하지 않는다는 것은 경제가 강력하게 성장하던 시기에는 중요한 이슈가 아니었다. 그러나 21세기 초기에 경제적, 사회적 격차가 커지면서 중요하게 고려해야 할 이슈가 되었다. 따라서 2006년 12월에 영주권자를 위한 교육과 보건의료서비스의 보조금은 축소되었고, 외국인을 위한 것은 대부분 없어졌다.

4.3.4 경제적 인센티브와 시장원리의 적용

싱가포르는 개인과 사회의 행복을 보장하는 최선의 길은 결국 일에 대한 인센티브를 지키고 성과에 상응하는 보상이 이루어지는 시스템을 유지하는 것이라고 믿었다. 리콴유가 캠브리지에서 수학하던 당시에는 모두에게 공평한 분배를 신봉하는 열렬한 사회주의자였다. 하지만 복지를 기본으로 하는 접근방법은 근로의욕을 약화시키는 문제가 있었고, 그러한 결과를 관찰한 후에는 개인적인 동기부여와 보상이 생산적인 경제에 필수적이라는 것을 이해하게 되었다.

> "그들은 온정적 복지프로그램을 마음에 담고 있었다. 그들은 일자리를 잃었을 때 거의 취업자 수준만큼 실업수당을 받았다. 그들이 마지막에 하던 일에 걸맞는, 그들이 선호하는 적당한 일자리가 나타날 때까지 세 번 또는 네 번 거부할 권리가 있었다. 결과는 게으름뱅이였다. 따라서 마침내 오스트레일리아인은 포기했고, 오스트레일리아 노동부는 실업수당을 폐지했다. 만약 우리가 다른 사람들의 값비싼 시행착오로부터 배우지 않는다면, 우리는 망할 것이다. 왜 그렇지 않겠는가? 우리는 시행착오를 할 가능성이 거의 없다."[27]

싱가포르의 강력한 반(反)복지 성향과 빈약한 공공부조는 일에 대한 인센티브를 유지하기 위한 원칙의 결과이다. 싱가포르가 추구하는 성장의 접근방법은 확실히 자본주의적 방식이었지만, 고전적 자유방임식의 자유로운 시장경제는 아니었다. 건국초기 정치지도자들은 인센티브 유지의 중요성을 인식하고 있었고, 또한 사회의 모든 사람들이 같은 정도로 일하고 같은 정도로 수혜를 받는 것이 아니라는 것을 깨달았다. 따라서 국가는 교육처럼 시민의 학습능력을 향상시키는 분야와 의료와 주택처럼 사회적 유용성을 보다 많이 산출하는 분야에 국민소득을 재분배해야만 했다. 정책입안자들은 제한된 자원을 감안해서 어떤 것도 공짜로 주어지지 않는다는 사실을 인식하고 있다. 국민에게 제공하는 모든 서비스는 비용이 들어가는데, 그것을 충당하는 방법은 수익자 부담금, 더 많은 세금, 다른 서비스의 삭감, 또는 미래로부터의 차용 등 다양한 상충관계(trade-offs)를 포함하고 있다. 거버넌스의 토대와 정부와 사회의 가치는 자원배분의 과정과 그에 따른 상충관계를 결정하는데 도움을 준다.

싱가포르 거버넌스의 철학(일과 보상 사이의 연계성 강조, 자립심과 합리성의 적

[27] 1991년 3월 19일 예산논쟁은 아래 출처에서 인용하였음. Han, Fernandez and Tan (2000), pp. 390-392.

용과 문제 해결을 위한 논리 권장)과 정책형성에 경제적 원리를 강조한 결과는 공공정책의 핵심적인 특징에 반영되었다. 예컨대, 경제적 부담의 세대 간 이전 금지, 소비를 위한 보조금 금지, 자원배분을 위한 시장과 가격메커니즘의 사용 등 이다.[28]

싱가포르의 "사회적 안전망"은 많은 다른 국가들과 달리 복지와 소비를 위한 보조금보다는 주택, 교육, 의료에 투자하는 데 초점을 두고 있다. 예컨대, 고유가로 인해서 공공시설과 대중교통 요금이 인상되었을 때, 보조방식은 가격의 신호를 왜곡시키는 일괄적인 연료보조금보다는 필요한 가정에 현금을 지급하는 방식을 선택하였다.

싱가포르의 공공정책은 각 세대가 은퇴생활에 대비하고 미래를 위한 투자를 위해 충분한 돈을 벌어야만 한다는 원칙을 준수한다. 이러한 원칙은 중앙적립기금(CPF)의 연금구조에 분명하게 반영되어 있는데, 매달 노동자와 고용주가 저축을 통해서 자신의 은퇴자금을 마련하는 것이다. 한 세대의 은퇴자금을 다음 세대가 부담하는 것이 좀 더 일반적인 부과방식이지만, 싱가포르의 시스템은 그러한 방식과 극명하게 대조되는 완전적립식, 즉 독립채산제 방식이다. 이것은 은퇴생활을 계획하는 데 자립심과 개인적인 책임성을 권장하는 효과가 있다.

중앙적립기금(CPF)은 또한 정책형성에 시장중심의 원리를 사용하는 사례인데, 가용한 은퇴자금은 저축된 금액에 일반적인 시장금리를 더해서 총액이 결정된다. 정책입안자는 혁신과 비즈니스를 권장하는 것은 물론 자원배분을 개선하기 위해서 시장의 인센티브를 활용한다. 싱가포르는 자원배분을 위한 시장의 힘을 많은 영역에 이용하는데, 기존 서비스에 "사용자 부담"원리를 적용하거나 또는 이전에 존재하지 않았던 곳에 새로운

---

[28] 이러한 특징들은 공동체개발부장관(Minister for Community Development, Youth and Sports) 비비안 박사(Dr Vivian Balakrishnan)의 연설에서 강조된 것이다. At 21st Emerging Issues Forum, 67 February 2006: "Singapore' s Story: Big Ideas in Action," 7 February 2006 at the Institute for Emerging Issues, North Carolina, USA.

시장을 만들기도 한다. 의료와 주택의 두 영역은 "사용자 부담" 원칙이 효율적으로 활용되어왔다.

싱가포르의 공공주택 프로그램은 통합적인 정부–시장 중심의 시스템인데, 개인의 권리까지는 아니지만 주택의 보편적인 보급을 목적으로 했다. 리콴유는 1950년대 인종문제의 폭동이 발생하던 격동의 시기에 집을 소유한 사람들이 임대 숙소에서 생활하는 사람들보다 훨씬 집에 대해서 소중히 여긴다는 것을 관찰했다. 그는 소유권의 차이가 만드는 것, 즉 물질적인 어떤 지분을 가진 사람이 그것을 더욱 잘 보호할 개연성이 있다는 것을 부각시켰다. 이것은 주택소유권 프로그램이 어떻게 만들어졌는지 설명해준다. 주택개발청(HDB)이 건설한 아파트의 가격은 정부에서 보조하는데, 보조금의 수준은 아파트의 규모에 따라 감소한다. 판매가격은 국민들이 감당할 수 있는 비용을 고려해서 책정된다. 예컨대, 방4개 신축 아파트는 70%의 가정이 구입할 수 있는 정도의 가격으로 책정된다.[29] 맨 꼭대기 층은 총 원가가격(평균비용에 일정율의 예정가격을 가산한 것)으로 책정된다. 주택의 소비는 시민이 감당할 수 있는 비용과 결부되기 때문에, 그러한 전제하에서 시장의 원리를 고려사항으로 포함시키는데, 아파트 구입의 유형은 각 가정의 구매의지와 지불능력에 의해 결정된다.

"지불 의사"의 원리는 의료서비스의 가격에 더욱 분명하게 반영된다. 싱가포르의 의료보험시스템은 완전히 자유로운 시장과 민간보험 중심의 미국시스템과 세금으로 재정을 지원하고 보편적인 의료보험을 제공하는 영국시스템의 핵심적인 요소들을 갖고 있는 신종의 혼합시스템이다. 중요한 것은 시민들이 만족할 만한 의료보험을 받을 수 있도록 정부가 높은 보조금을 제공하는 반면에 과잉진료를 지양하고 개인적인 책임성을 권장하기 위해서 시장메커니즘을 사용한다는 것이다. 개인의료보험저축계

[29] John W Thomas and Lim Siong Guan (2001). "Using Markets to Govern Better in Singapore," John F. Kennedy School of Government, Harvard University, Faculty Research Working Paper RWP02-010. 방의 개수는 거실과 침실을 계산한 것이다.

좌(Medisave)는 개인과 고용주의 기여금으로 조성되는 개인별 중앙적립기금(CPF)의 일부이다. 이것은 싱가포르인이 의료비 지출을 대비해서 충분한 저축을 권장할 목적으로 만들어졌다. 이러한 저축은 완전히 개인적인 것이므로 적절하게 기금을 사용하도록 인센티브를 갖고 있다. 개인은 또한 의료진과 병동의 종류를 선택할 수 있으며, 비용을 더 지불하면 보다 안락한 수준의 서비스를 받을 수 있다. 최근에는 정부가 정보비대칭성의 특징을 가지는 산업의 소비자를 위해서 경쟁을 촉진하고 정보를 개선하기 위해 병원에서 가장 일반적인 치료과정의 비용을 수집하고 공개하는 것을 시도했다. 이러한 조치에 따라 상대적으로 비용이 높은 병원들은 그들의 비용구조를 검사해서 다른 병원들과 일치시키기 위한 노력을 기울이게 만들었다.

외국인 노동자에 대한 할당은 역시 "지불 의사"의 원칙에 기초하고 있었다. 외국 인력의 고용은 싱가포르의 제한적인 노동력을 확대하기 위한 계획적인 전략이었다. 그러나 이것은 매우 신중하게 관리되었는데, 현지 인재풀의 전문성과 자질을 높이기 위해 더 좋은 자질과 잠재력을 가진 사람들은 보다 많은 특혜를 누렸다. 따라서 고도의 기술력과 전문성을 가진 외국인은 개방적으로 유치하는 반면에 미숙련 노동자의 유입을 관리하기 위해 미숙련 및 저급기술의 인력은 엄격하게 제한되었다. 여기서 추가부담금 제도가 사용되었는데, 고용주가 미숙련 노동자를 고용할 경우 추가적인 세금을 부담하는 방식이다. 추가부담금은 미숙련 노동자들의 유입으로 인해서 현지의 임금수준을 부당하게 낮추거나 또는 현지 노동자를 밀어내지 못하도록 유도하고, 고용주들은 지불능력에 따라 외국인 고용자 수를 결정하게 되었다.

심지어 교육과 같은 준공공재에 공동지불의 개념이 사용되었는데, 그것은 서비스 제공에 비용이 든다는 사실을 가정에 주지시키기 위한 것이다. 따라서 교육은 기본적으로 많은 보조금을 받지만, 교육수준이 올라갈수록 보조금은 줄어든다. 초등학교와 중등학교 수준은 거의 100% 보조되지만, 대학수준은 약 25%까지 공동지불의 금액이 인상된다. 물론 도움이 필요한 학생들을 위해서 다양한 대출과 재정적 보조계획이 마련되어 있다. 아마도 시장원리를 적용한 것들 중에 가장 참신한 정책은 교통 혼잡에 대한 관리와 자동차 소유권에 대한 영역일 것이다. 싱가포르는 1975년에 지역면허제도(ALS: Area Licensing Scheme)를 수립하면서 세계 최초로 혼잡통행료(congestion pricing) 제도를 도입한 국가가 되었고, 그것은 현재 전자도로통행료시스템(Electronic Road Pricing System)으로 발전했다. 특정 도로를 특정한 혼잡시간에 주행하는 운전자들은 통행료를 내는데, 그것은 부정적인 외부비용 발생을 반영한 것으로서 사실상 세금이다. 자동차 소유에 대한 수요를 완화시키기 위해 정부는 매년 자동차 할당량을 책정하고, 운전자들은 지불의사와 능력에 따라 새로운 차를 구입할 수 있는 권리를 얻기 위해서 입찰에 참가해야만 한다.

시장메커니즘은 또한 경쟁을 자극하고 낭비와 비효율성을 최소화하기 위해 공공부문에도 도입되었다. 정부부처 사이의 서비스 공급과 소비에 대해서 인센티브와 경제적 원리를 적용하는 가격시스템을 사용하는 것이다. 예컨대, 공공부문의 교육기관의 경우 예전에는 교육과정에 대한 수요와 품질에 상관없이 서비스 제공에 대한 예산을 지원받았지만, 이제는 더 이상 그러한 교육과정의 운영예산을 받지 않는다. 과거에 정부기관들은 소비에 대한 가격을 지불할 필요가 없었기 때문에 과잉소비의 위험이 있었고, 또한 다른 교육서비스 제공자들의 품질을 평가할 인센티브가 없었다. 현재의 시스템에서는 원래 교육기관에 책정되던 예산이 다양한 정부기관들을 거쳐서 지출된다. 이제 교육기관은 그들이 제공하는 교육과정의 비용을 기관들에 청구해서 예산을 벌어야만 한다. 따라서 교육기관은 교육과정의 질을 기대수준에 도달하도록 노력할 인센티브가 생겼고, 반면에 다양한 정부기관들은 그들의 직원을 교육과정에 보내는 비용에 대해서 자각하게 되었다.

시장의 원리를 광범위하게 사용하는 이유 중 일부는 정책입안자들이 오랫동안 시장의 힘에 대해서 친숙함을 갖고 있었기 때문이다. 특히 미국의 외국인 투자를 유치하는 과정에서 싱가포르의 지도자들은 저비용의 신흥 일본 제조업자들과 경쟁해야 한다는 것을 깨달았다. 당시 그들의 목표는 저비용의 해외생산기지를 원하는 외국인 투자자를 유치하려는 것이었다. 싱가포르가 성공하기 위해서는 낮은 비용을 유지하면서 투자자들에게 안정적이고 장기적인 투자의 전망을 제안하는 것에 달려있었다. 싱가포르는 작은 규모 때문에 "가격 수용자"가 되어야만 했으며, 싱가포르의 기업들이 생존하기 위해서는 국제시장에서 성공적으로 운영할 수 있어야만 했다. 그래서 싱가포르의 기업과 공공부문은 아주 일찍부터 시장의 힘에 대한 원리, 친기업적인 사례, 자원배분의 효율성을 촉진하는 경쟁적인 환경을 만드는 방법을 배웠다. 물론 민간부문의 역량이 부족했을 때 공기업(GLCs)을 설립했던 것은 사실이다. 그들은 상업적 원리에 기초해서 운영하도록 설립되었다. 이러한 많은 공기업은 나중에 현지와 해외의 경쟁적인 시장에서 성공적인 기업으로 성장했다. 그들의 성과는 확실히 경쟁의 규칙에 순응한 오랜 경험과 비즈니스 환경의 변화들에 빠르게 대응하고 반응한 결과였다.

시장의 원리는 많은 영역에 적용되지만, 정부와 시장 사이의 관계는 엄격하게 설정되지 않는다는 점을 유의해야 한다. 싱가포르의 접근방법을 독특하게 만드는 것은 시장메커니즘이 공공정책과 프로그램에 통합되었고, 공공부문의 규제와 함께 자원배분을 위해 사용되었다는 것이다. 정부는 시장이 최고의 결과를 가져오는 영역과 사회적 목표들을 달성할 필요가 있는 곳에서 실험하고, 그 적용여부를 결정했다. 어떤 종류의 시장메커니즘을 사용할 것인지에 대한 결정은 대안들에 대한 분석과 평가 이후에, 정책입안자들이 시장을 통한 배분이 최상의 결과를 산출한다는 확신이 생겼을 때 비로소 이루어졌다. 따라서 국가는 시장이 적용되는 곳을 결정하고, 또한 시장을 평가하고 통제하고 규제하고, 나아가 성과를 모니터링하고 필요에 따라 조정하는 핵심적인 역할을 수행했다.[30] 아마 시장원리의 적용에 있어서 가장 흥미진진하고 논쟁적이었던 것은 1994년부터 시작해서 장관과 고위직 공무원의 보수에 민간부문을 벤치마킹하는 것이었다.

[30] Ibid.

이전에는 우수한 공공부문의 지도자들이 몇 차례 순환근무 후에 더 좋은 기회를 찾아서 민간부문으로 이직했는데, 정치지도자는 공공부문의 고위직과 장관의 보수를 민간부문의 전문직과 산업계의 고소득자에게 고정시키기 위해서 시장원리에 기초한 방법을 고안했다. 이 정책은 민간부문에서 시장의 가치에 따라 연봉을 지급하듯이, 공공부문에서도 좋은 사람을 유치하기 위한 방법은 동일하다는 신념에 기초해서 시행되었다.

이러한 움직임은 정치지도자의 경제적 인센티브에 대한 철저한 이해와 시대적 변화에 대한 이해를 반영한 것이었다. 그들은 식민통치 이후에 열정을 갖고 정치에 입문한 첫 번째 정치세대와 다르게, 보다 안정적인 환경과 싱가포르의 번영이 정치와 공공부문에 입문하는 사람들의 인센티브를 변화시켰다는 것을 인지했다. 이러한 제안은 정부의 이타심과 봉사정신에 대한 사회적 통념에 반대되는 것이므로 당연히 논란이 많았다. 또한 일부 정치지도자는 장관과 고위직 공무원 이외에 상대적으로 보수를 충분하게 받지 못하는 공무원들은 더욱 부패하기 쉬울 것이라는 우려를 제기하였다. 이 시스템은 실용적인 관점에서 정치와 공공부문의 지도자들에게 보상이 주어지는 한 은행가 또는 법률가로 이직하지 않을 것이라는 믿음에 기초한 것이었다. 싱가포르 사람들은 처음 정치판에 발을 디딘 초창기로부터 급격하게 변했다. 1990년대의 젊은이들은 1965년의 젊은이들과 다르게 경제적 번영의 첫 번째 과실을 보았고, 그들은 더 실리적인 활동을 위해 정치를 회피하였다.

4.4 정치적 맥락에서 공공부문 거버넌스의 원칙

상기한 모든 원칙들 – 청렴결백, 반부패, 실적주의, 합리성, 실용주의, 자원배분을 위한 시장원리의 사용, 결과지향성 – 은 공공부문의 핵심적인 가치와 거버넌스의 틀에 통합된다. 만약 합리성과 실용주의가 정책형성과 집행의 기초를 이룬다면, 싱가포르에서 사용한 정책은 다른 나라에서도 쉽게 적용될 것이다. 그러나 공공부문은 진공 속에서 작동하는 것이 아니다. 오히려 공공부문의 기관들과 지도자들은 전형적으로 대부분 정치적인 고려에 기초해서 정책결정이 이루어지는 환경 속에서 기능한다. 여기서 정치적인 고려는 해당 정책이 핵심적인 국민들에게 혜택을 주는지 또는 소외시키는지, 그리고 다음 선거에 미치는 영향은 무엇인지를 의미하는 것이다. 에디 테오(Eddio Teo)는 다음과 같이 언급했다.

> "다른 국가들의 많은 방문자들이 우리를 찾는다. 그들은 "당신은 어떻게 이것을 했느냐"고 묻는다. 그래서 우리는 그들에게 구조들, 절차들을 가르쳐준다. 그러면 그들은 돌아가서 그것을 시행하려고 노력한다. 그러나 그것은 오직 정치적인 환경의 지원이 있을 때 작동할 수 있는 것이다."[31]

물론 정치적인 고려사항은 싱가포르 맥락의 특징이지만, 싱가포르 공공부문에 대한 운영의 환경은 상당히 다르다. 오랫동안 계속되어 온 인민행동당의 확고한 지배, 실질적인 야당의 부재, 강력한 정치로비스트 집단들의 존재는 정치와 공공부문의 지도자들이 국가운영의 문제들과 싱가포르의 장기적인 이익을 위한 계획에 관심을 집중하도록 만들었다. 이것은 임시변통이 아닌 장기적으로 실현가능한 해결책을 강조하고, 지속적인 경제발전을 위한 강력한 제도들과 조직들을 구축하는 데 집중하도록 했다. 5년에서 10년마다 집권당이 변하고 선거에서 이긴 쪽의 입장에서 정책이 입안되는 다른 국가들과 달리, 싱가포르의 정책형성은 그런 것들에 의해서 방해받지 않는다. 더욱이 집권당은 인기영합적인 또는 단기적인 정책들의 집행에 대해서는 무엇이든 그 결과를 책임져야 하기 때문에 장기간 권력을 장악하면 그러한 정책들을 강력하게 규율하기 쉽다. 이것은 또한 정부가 추구하는 가치와 우선순위가 대부분 변화하지 않고 유지되는 환경을 조성했다.

31 에디 테오(Eddie Teo)와의 인터뷰는 2005년 9월 22일 이루어졌다.

독립 이후 인민행동당(PAP)이 계속 권력을 장악한 것은 합리적인 근거에 기초한 의사결정의 경향을 유지하고 정부가 주기적으로 변하는 상황을 방지하도록 했다. "정치인들이 변하지 않고, 정부도 변하지 않았기 때문에 공무원들은 5년마다 새로운 정부에 적응할 필요가 없었다. 공무원은 정치적인 이유보다는 합리적인 근거를 바탕으로 장기적인 사고를 할 수 있었다."[32] 이것은 공무원이 이슈의 정치적인 함의를 깨닫지 못했다는 것이 아니다. 오히려 공공부문은 정치적 고려에 기초해서 일하지 않았다는 것이다.

정실주의와 정치적 임명의 관행이 부재한 것은 공공부문이 정치적 압력으로부터 상대적으로 자유롭게 운영할 수 있는 조건을 만들었다. 처음부터 정치지도자는 좋은 관행을 제도화하고 시스템의 통합성을 보호하기 위한 구조와 절차를 시행했다. 공무원의 불편부당과 독립성을 보호하기 위해 영국 식민지 시절에 설립된 공직위원회(PSC)를 존치시켜서 공공부문의 모든 채용, 승진, 임명, 해고를 감독하도록 하였다. 이처럼 엄격한 분리는 많은 나라들의 고질적인 현상처럼 정치지도자들이 행정부의 핵심적인 직위를 임명하는 관행을 방지함으로써 공공부문의 통합성을 보장하는데 도움을 주었다.

이상으로 설명한 것은 좋은 거버넌스가 무엇인지에 대한 함축적이고 암묵적인 이해를 보여주는 초기의 사례이다. 리콴유와 고갱쉬는 정부에 좋은 인재가 필요하다는 것을 다른 무엇보다 더 강조하고, 심지어 열악한 시스템도 좋은 인재들이 운영하면 만족스러운 결과를 얻을 수 있다고 믿었던 반면에, 실질적으로는 사람들이 시스템을 운영하는 것을 넘어서 시스템과 제도 자체를 구축하는 것에 많은 관심을 두었다.

고갱쉬에 의해 시행된 재정운영에 대한 접근방법은 좋은 사례이다. 고갱쉬는 재정운영의 건전성을 강조했다. 싱가포르는 절대 저축한 것 이

---

[32] Ibid.

상으로 지출하지 않았다. 특히 싱가포르가 축적한 준비금은 어떤 장기화된 불리한 사건에 대응하기 위한 국가의 안전장치였다. 결과적으로 싱가포르의 예산에 대한 접근방법은 보수적인 것이었다. 많은 선진국들이 위험한 급진적 인플레이션 정책을 매우 선호하는 것을 관찰하고 싱가포르는 영국 식민지 시절에 시행한 통화위원회를 존치하기로 결정했다. 모든 발행되는 통화는 준비금에 의해 완전히 뒷받침되도록 함으로써 화폐의 발행에 따른 급진적 인플레이션의 가능성을 지워버렸다.

역시 주목할 만한 것은 행정과 예산의 심사에 있어서 공공부문의 독립성이다. 정부기관들에 대한 예산편성은 재무부(MOF: Ministry of Finance)에서 담당하는데, 예산편성은 내각의 승인을 받아야 하지만, 재무부 사무차관(PS Finance)은 예산편성 구조의 변경을 권고할 수 있는 권한을 갖고 있다.[33] 안보에 대한 민감성 때문에 기밀을 유지하기 위해 덩어리 예산에 기초해서 편성되는 국방부 예산을 제외하고 나머지 기관들의 예산에 대한 요구는 재무부에서 면밀하게 검토된다. 재무부는 다양한 예산의 요구에 대한 심사와 권고에 있어서 독립성을 갖고 있는데, 이것은 1990년대 초기에 싱가포르의 예술 공연장인 에스플러네이드(Esplanade)를 설립하기 위한 기금조성 과정의 내막을 통해서 자세히 알 수 있다. 당시 정보예술부(Ministry of Information and the Arts) 장관 조지 여(George Yeo)는 에스플러네이드 극장과 음악당을 건축하기 위해 재무부에 S$600백만 달러를 요구했다. 이것은 재무부에 요청된 가장 큰 건축 중의 하나였는데, 재무부는 항상 음악당이나 극장보다 학교와 병원의 건축에 우선순위를 두는 오랜 관행을 갖고 있었다. 재무부는 건축을 위한 자본이 투자되더라도, 운영비는 에스플러네이드의 전 좌석이 매일 밤 S$300 달러에 매진되는 거의 불가능한 성과를 달성할 경우에 겨우 충당할 수 있다고 계산했다. 이러한 계산은 신축 예산제안을 거절하기 위해서 사용되었다. 조지 여(George Yeo)는 총리의 도

33 예산편성의 구조를 변경하는 하나의 방법은 제8장에서 검토하는 재투자기금을 통해서 할 수 있다.

움으로 싱가포르경마위원회(Singapore Totalisator Board)로 가야만했다. 경마위원회는 경마클럽으로부터 세금을 징수하는데, 그 미래의 수익원을 에스플러네이드의 자본적 지출에 활용하기 위한 것이었다. 그것은 예산 외의 사항으로서 재무부의 관할이 아니었다. 이에 대해서 닉암 통 다우(Ngiam Tong Dow)는 "재무부는 이처럼 기발한 혁신적인 방법 때문에 손들고 말았다."고 기술했다.[34] 이 일화는 공공부문의 시스템과 절차의 독립성, 그리고 심지어 장관들도 그러한 시스템과 절차를 결코 무시하기 어렵다는 것을 강조해서 보여주고 있다.

선출직 대통령 직위를 만든 것은 또 다른 핵심적인 거버넌스의 장치이다. 법관과 공공부문의 최고직위들에 대한 임명을 위해서는 선출직 대통령의 승인이 필요했다. 여기서 그의 승인은 역대 행정부에서 축적된 준비금을 사용하기 위해서 필요한 것이었다. 정부투자법인(GIC: Government of Singapore Investment Corporation)은 환율과 싱가포르의 준비금을 관리하는 역할을 수행하는데, 준비금에 편입되는 결정은 사전에 내각의 승인을 받아야만 한다. 준비금의 사용을 보다 엄격하게 관리하기 위해서 두 번째 부가적인 안전장치로 고안된 것이 선출직 대통령의 승인을 받는 형식이다.

이와 같이 합리적인 의사결정은 거버넌스 시스템이 그것을 허용하고 권장하기 때문에 가능한 것이다. 그것은 이제 공공부문 문화의 일부가 되었는데, 합리적인 이유로 시행해야 할 일들은 반드시 추진한다는 것이다. 권고와 의사결정의 절차는 또한 내각과 주고받는 메모 시스템을 통해서 공식화되었다. 장관과 내각 전체에 대한 공공부문 지도자의 권고는 내각의 의사결정과 이유를 설명해주기 때문에 문서화된다. 이러한 공식적인 시스템은 합리적인 의사결정의 관행을 영구적으로 유지시키기 위해 제도화된다.

공공부문의 의사결정은 정부가 비즈니스를 하는 방식의 영향으로 합리적이고 비정치적이다. 싱가포르군대/국방부(MINDEF)는 군사 장비를 구

---

[34] Ngiam (2006), p. 187.

입하는 데 있어서 국제적으로 매우 까다로운 구매자로 알려져 있다. 많은 국가들이 각종 지표를 참고하기 위한 산업적 벤치마킹의 대상으로서 싱가포르군대/국방부(MINDEF)를 지켜보고 있다. 우리가 책임국방과학자인 루이 파오 춘(Lui Pao Chuen) 교수에게 그 이유를 질문했을 때, 그는 다음과 같이 말했다.

> "첫째로, 다른 많은 나라들과 달리 우리의 조달 과정에는 정치가 없다. 우리의 정치적 환경이 그것을 가능하게 해준다. 따라서 우리는 오직 가치에 부합하는 가격을 기초로 해서 구입한다. 둘째로, 우리의 조달 직원은 전문가이다. 그 부서는 독자적으로 운영하고 똑똑한 직원으로 구성되어 있다. 다른 나라들의 조달은 군대의 일부이다. 이러한 요인들 때문에 우리는 투명한 검토에 기초해서 최대한 좋은 선택을 할 수 있고, 납품업자들도 그것을 알고 있다."[35]

이와 같이 비정치적인 운영의 환경은 합리성과 실용주의가 의사결정의 기초로 기능할 수 있도록 해준다. 용잉-아이(Yong Ying-I)는 새로운 전기통신 면허를 검토하는 절차에 관해서 유사한 관찰을 했다.

> "정당들은 새로운 전기통신 면허에 관심을 갖고 질문했다. 그들이 접근해야 할 사람들은 누구인지, 그들이 알아야 할 장관이 누구인지, 또한 그들이 알아야 할 공무원이 누구인가? 그래서 우리는 그들에게 설명했다. 사람들은 이미 그들이 만날 필요가 있는 모든 사람들과 서로 교감하고 있다. 시스템은 그런 방식으로 작동하지 않는다."[36]

35 루이 파오 춘과의 인터뷰는 2006년 2월 2일에 이루어졌다.

36 용잉-아이와의 인터뷰는 2005년 11월 2일에 이루어졌다.

4.5 문화와 가치의 사회화와 확산

우리가 싱가포르 거버넌스의 핵심적인 가치와 원칙을 살펴본 바에 의하면, 중앙에서 조정하는 조화로운 공공부문 조직의 느낌을 갖기 쉽다. 그러나 공공부문의 실체는 조금도 중앙집권적이지 않다. 정부에는 15개 부처와 9개 국가기관과 60,000명의 직원이 있다. 60개가 넘는 독립행정기관에도 60,000명이 근무하고 있다. 임싱권(Lim Siong Guan)은 이러한 분권화가 효과적인 조정과 여러 기관에 걸치는 문제의 해결에 어려움을 주고 있다는 것을 인정했다.

> "정부는 공무원 차원이 아니라 내각의 차원과 결부되어 있다. 따라서 만약 해결해야 할 큰 이슈들이 있다면 그들은 공무원의 장(將)이 아니라 내각 차원에서 문제를 해결한다. 내각은 합의제 기관이지만 중앙집권적이다. 사무차관은 공무원의 장(將)이 아니라 장관에게 보고한다. 이러한 구조의 효과는 무엇일까? 내각에 제기하는 이슈들은 충분히 큰 문제여야만 한다. 특히 그것이 수상에게 국가적 이슈로 인지된다면… 그러나 오직 큰 이슈들만 내각에서 논의한다면 다른 이슈들은 개별적인 부처에서 다룰 것이고, 아마도 일관적인 방법으로 해결되지 않을 것이다. 그것은 이처럼 핵심적인 이슈는 아니지만 여전히 중요한, 여러 기관에 걸치는 이슈들의 해결책을 조정하기 어려운 이유로 작용한다. 전체 공공부문에 대한 중앙집권적인 의사결정기구는 없다. 만약 내각의 의사결정이 없다면, 조정하기는 더욱 힘들 것이다. 따라서 우리는 조정된 행동보다는 조정된 비전을 위해 노력한다. 이것은 조정된 행동보다는 오히려 행동의 다양성을 초래할 것이다. 그러나 그들은 조정된 비전에 동의하기 때문에 행동들은

결국 동일하게 수렴된다."[37]

이러한 서로 다른 기관들의 독립성과 분권화의 환경에서, 개별적인 기관들은 당연히 그들만의 특정한 문화를 발전시킬 것이다. 특히 경제기관인 경제개발청(EDB)은 대부분 외국인투자를 유치하는 대단히 중요한 임무를 수행하고 또한 간부들의 화려한 경력으로 인해서 그들만의 독특하고 야심찬 기업문화를 만들었다. 무역산업부(MTI)는 1979년에 재무부의 경제개발부서에서 독립하여 설립되었는데, 재무부에 소속되어 있을 때와 다르게 보다 많은 자유재량이 주어졌다. 무역산업부가 전체적인 경제정책의 방향을 설계하고, 경제개발을 위한 강한 추진력을 발휘해서 그들의 정책에 따라 다른 부처들을 독려하기를 기대했다. 닉암 통 다우(Ngiam Tong Dow)에 의하면 무역산업부와 경제개발청의 직원들은 다른 부처들의 직원들에게 "강압적인" 사람들로 여겨졌다.[38] 특히 경제개발청의 문화는 직원들의 "할 수 있다"는 정신에 대해서 스스로 자부심을 갖고 있었던 반면에 다소 공격적인 것으로 인식되었는데, 필립 여(Philip Yeo)가 의장이던 1986~2001년 시기가 대표적인 사례이다. 기관들은 리더십 또는 그 역할의 특성에 따라 다른 실험능력과 다른 운영방식을 개발했다. 용잉-아이(Yong Ying-I)가 지적했듯이, "반드시 모든 기관들에 걸쳐서 공통의 문화를 가질 필요는 없을 것이다. 각 기관은 그 목적들에 적합한 자신의 문화를 가질 것이다. 필요한 것은 모든 기관들이 공통적인 일련의 핵심적인 가치에 의해서 하나로 수렴되는 것이다."[39]

조정된 비전에 더해서 국가적 이슈를 다루는 다양한 기관들 사이의 협의채널, 프로젝트, 포럼은 행정의 구성원들이 핵심적인 가치와 정책적 관심을 공유하도록 지원하고, 행정의 사회화를 촉진한다. 행정직원들

37 임싱권과의 인터뷰는 2005년 11월 22일에 이루어졌다.

38 Ngiam (2006), p. 175.

39 저자와의 인터뷰는 2005년 11월 2일에 이루어졌다.

(members of the Administrative Service) 사이의 사회화 과정과 긴밀한 사회적 네트워크들은 거버넌스의 원칙과 핵심적인 가치를 행정의 젊은 직원들에게 전파하는 데 상당한 책임을 지고 있다. 공공부문의 지도자들은 공공부문의 문화와 가치에 대한 대표적인 본보기가 되며, 그들의 통솔범위 내에서 부하들과 동료들을 사회화시킨다. 공공부문은 초기에 이러한 문화와 가치를 어떻게 개발했을까?

- 거시적인 관점의 능력은 직원의 채용, 직무수행, 승진을 위한 중요한 기준이다.
- 핵심역량개발프로그램, 특히 직원을 위한 10주간의 기초 프로그램은 신입직원에게 공공부문의 문화와 가치를 사회화하는 핵심적인 기제이다. 이러한 프로그램은 정책을 형성하는 데 필수적인 거버넌스의 제약점과 원칙을 강조하는 데 초점을 두고 있다.
- 핵심프로그램은 또한 행정직원(AO: Administrative Officer)이 공공부문에서 효율적으로 일하기 위해 대단히 중요한 사회적 네트워크를 구축하는 데 도움을 준다. 예컨대, 무엇을 목적으로, 누구에게 연락하고, 어떻게 일하는지 등의 능력은 매우 중요하다. 행정직원의 전체 규모는 약 350명 정도로 작기 때문에 이러한 긴밀한 사회적 네트워크는 비공식적이지만 다양한 기관들 사이의 매우 강력한 조정메커니즘이다.
- 행정직원을 다양한 유형의 직위에 순환시키는 관행과 다양한 기관들에 걸치는 프로젝트 팀에 근무하는 경험은 그들의 소질을 개발하고 정부 전체의 관점을 공유하는 사회화의 기회를 제공한다.[40]

거버넌스 철학을 심어주고 정부 전체의 관점을 형성하기 위한 노력들이 있지만, 궁극적으로 공공부문 지도자의 효과성을 결정하는 것은 성

40 용잉-아이와의 인터뷰는 2005년 11월 2일에 이루어졌다.

격과 동기부여, 즉 지도자의 개인적인 가치관과 열망이다. 그런데 그것은 상대적으로 시험하기가 어렵다. 다양한 직위들을 근무하는 관행을 통해서 어느 정도 그러한 가치관과 성격의 특성이 식별된다. 이것은 높은 잠재력을 가진 행정직원에게 고위 정무직공무원과 함께 일하는 기회를 제공함으로써 보완된다. 현재 공공부문 지도자들 몇 명은 경력 중에 한 명 또는 그 이상 고위직 정치인과 일한 경험을 갖고 있다. 이러한 직위들은 정치지도자들이 개별 직원들의 성격, 동기부여, 가치관을 시험하는 방법이다. 사실상 일부 똑똑한 행정직원은 지도자로서 성장하기 위한 자질을 지니지 못한 것으로 알려져 있다. "우리는 이제 일부 아주 똑똑한 직원들이 리더십을 발휘하기 위한 성격이나 가치관을 갖고 있지 않다는 문제를 발견하기 시작했다."[41] 비록 성격과 가치관이 리더십의 효과성에 영향을 미치는 결정적인 요인이지만, 이러한 문화와 가치를 확산시키는 메커니즘은 아마도 가장 묵시적인 방식일 것이다.

> "공공부문의 지도자들 중에 일찍 시작한 사람은, 시작부터 실적주의와 청렴성을 신뢰하는 정부에서 일하고 있다는 것을 깨달았다. 이것은 누구도 종이 한 장에 간단히 정리할 수 있는 가치가 아니다. '이것은 우리가 원하는 종류의 정부이다.' 그러나 당신이 보듯이, 당신이 경험하듯이, 당신이 상식적으로 행동하듯이, 당신은 이러한 것들이 가치의 문제라는 것을 인식할 것이다. 그것이 싱가포르 공무원의 독특한 것이다. 우리는 이러한 것들이 중요한 것이고, 필수적인 것이며, 규칙을 어기지 말아야 한다는 것을 깨달았다."[42]

41 Ibid.

42 에디 테오(Eddie Teo)와의 인터뷰는 2005년 9월 22일 이루어졌다.

4.6 싱가포르 거버넌스 문화의 함의와 도전

싱가포르 거버넌스 시스템의 초석으로서 청렴성은 경제발전의 과정에서 싱가포르에 많은 장점을 가져다주었고, 투명성, 전문성, 공급능력에 대한 명성을 얻도록 해주었다. 흑백논리와 옳고 그름이 대립하는 세계 속에서, 규칙의 명료성, 절차의 투명성 그리고 성과는 안정적이고 예측가능한 환경을 만들어주었다. 그러나 오랫동안 이런 종류의 환경에서 작동한 것들이 다른 한편으로는 이슈가 명확하지 않은 상황과 환경 속에서 공공부문의 직원들이 어떻게 대응할지 모르는 유연성의 부족과 상식의 결핍을 야기할지도 모른다. 공공부문은 끊임없이 변화하고 적응하고 적합성을 유지해야만 하듯이, 미래의 공공부문은 매우 경쟁적인 세계적 환경 속에서 새로운 가치를 창조하기 위해 민간부문과 더욱 소통해야 할 것이다. 지금까지 공공부문은 그 가치, 기준, 기조를 타협하지 않고 해낼 수 있었다.[43] 공공부문이 직원들에게 더욱 혁신적이고 유연해지라고 격려하는 것처럼, 그리고 정부가 규제자로부터 지원자로 변화하는 것처럼, 공공부문의 직원들은 그들의 아이디어, 발명, 지적재산의 혜택을 공유할 인센티브를 가지고 있는가? 만약 정부를 위한 또는 민간을 위한 그들의 아이디어가 큰 보상을 받으면 무슨 일이 일어날까? 그 직원들은 보상을 나눌 것인가?[44] 만약 그렇지 않다면 가장 우수한 인재들은 비즈니스 세계에서 그들의 열망을 추구하기 위해 공공부문을 떠날 것인가? 이것은 공공부문이 앞으로 직면할 몇 가지 종류의 이슈들인데, 공공부문의 굳건한 가치들을 손상시키지 않으면서도 유능한 인재를 보유할 수 있도록 이러한 문제들을 해결해야만 할 것이다.

---

43 Lim Siong Guan (1999). "Integrity with Empowerment: Challenges Facing Singapore in Combating Corruption in the 21st Century," Ethos, August.

44 Lim Siong Guan (2000). "Principles of Governance," Talk by PS (PMO) to Senior Management Programme (labeled Confidential).

이러한 명확하지 않은 상황을 다루는 데 있어서 양면성은 아마도 채용의 실적주의 시스템에 의해서 부각될 것이다. 공공부문에 들어가는 사람들은 우선적으로 18세 또는 19세 시절의 학력, 태도, 동기에 기초해서 선발된다. 공공부문에 들어가는 나이까지 개인의 성격이 형성될 수도 또는 형성되지 않을 수도 있다고 이의를 제기할 수 있는 반면에, 잠재적인 이익의 갈등을 다룰 수 있는 능력을 함양할 수 있는 폭넓은 경험이 없기 때문에 논쟁의 대상이 아니라는 의견이 있을 수 있다. 이 문제를 해결하지 않는 한, 행정부의 엘리트는 상대적으로 사회의 다른 사람들로부터 떨어져서 현실로부터 단절되는 위험을 감당해야 한다. 더욱이 공공부문은 실적주의 시스템을 통해서 싱가포르의 작은 인재풀 속에서 첫 번째로 인재를 선택할 수 있는 혜택을 누린 반면에, 공공부문의 장학제도가 민간부문이 인재를 공유할 기회를 빼앗아버렸다는 비판이 제기되고 있다. 이것은 국가경제의 다른 부문들이 발전하는 데 영구적으로 부정적인 영향을 미칠 수 있다.

합리적인, 실용적인 의사결정의 틀은 공공부문의 정책형성을 분명하게 규정하고 예측가능한 절차로 만들었으며, 그것은 모든 관계자들에게 혜택을 가져다주었다. 그러나 실적주의 환경 속에서 합리적 의사결정은 모든 정책적 논쟁과 정책형성 과정에 대해서 문서로 작성할 필요가 있었다. 공공부문이 장관에게 보고하는 모든 권고들은 내각의 모든 의사결정들의 기초가 되기 때문에 완전히 문서로 작성되었다. 이러한 운영방식은 엉뚱한 의사결정을 방지하는 데 엄청난 기여를 했지만, 이슈로 다룰 만한 문제도 아닌 사소한 일들에 대해서 문서를 작성해서 보고서를 제출하는 관료적인 절차와 구조를 만들었다. 정책형성에 이념적인 제약점이 없었던 것은 엄청난 장점이었고, 정책입안자들이 대안을 평가하기 위한 합리적인 접근과 문제해결을 위한 실용적인 접근을 가능하도록 했다. 정책적인 대안들을 탐색하고, 온전히 그것들의 장점에 기초해서 평가하지만, 최종적인 결정은 실제로 실행가능한지 여부, 즉 실용적인 고려사항에 달려있었다. 이러한 접근방법은 공공부문에 적합한 것이었다. 그러나 이슈들이 더욱 복잡해지고 적합한 대안들이 점차 불분명해지면서, 거버넌스에 대한 이러한 실용적인 접근은 공공부문의 문화에 잠재적인 약점이 되었다. 만약 실용주의가 최종적인 결정요인이라면, 그것은 다음과 같은 질문을 필요로 할 것이다. 어떤 일이 이루어지기 위해서는 어떤 영역들(관련 기관, 이해관계자, 정책효과의 상충관계 등)이 관련되어 있는가? 또는 그것을 실행하는 동안 있을 수 있는 모든 일들은 무엇인가?

거버넌스의 전반적인 토대에 대한 엄밀한 검사는 실용주의에 존재해왔던 핵심적인 요인을 밝혀줄 것이다. 청렴성은 당초에 그 자체만큼 가치가 있는 것은 아니었지만, 그것은 경제성장을 촉진하고 싱가포르를 다른 많은 개발도상국과 차별화시키는 요인이 되었다. 좋은 환경과 문화와 예술의 발전을 위한 노력은 문화 자체의 진흥을 위해 단독적으로 이루어진 것이 아니다. 오히려 싱가포르가 외국인 투자를 위해 좋은 곳이고, 세계적인 유능한 인재들이 생활하기 좋은 곳이라는 신호를 주기 위해서 이루어졌다. 최근에 복합 리조트에 대한 논쟁은 실용주의와 이상주의 사이의 갈등을 설명해준다. 싱가포르는 지배적인 실용적 패러다임으로 계속해서 성공하고 또한 성공할 수 있다. 그러나 싱가포르가 실용주의적 가치관에 기초해서 위대한 국가가 될 수 있는가? 기술력 있고 이동성을 갖춘 시민들이 실용주의 철학에 기초해서 금전적인 보상이 더 큰 지역으로 떠난다면 싱가포르는 속 빈 강정이 되지 않을까? 국가에 위기가 닥쳤을 때, 외국으로 나가는 것이 더욱 안전하고 실용적이라면, 시민군들은 나라를 지키기 위해 싱가포르에 그대로 있을 것인가?

의사결정을 위한 기초로서 합리적이고 실용적인 고려사항을 계속해서 강조하는 가운데 시민들은 이러한 접근방법을 그들의 시민권과 삶의 질에 대한 가치를 평가하는 데 적용해왔다. 최근에 정치지도자들은 많은 싱가포르인이 다른 국가로 이민가기를 열망한다는 사실에 당황했으며, 시민들 사이에 정주의식이 명백하게 부족하다는 것을 한탄했다. 일부는 이처럼 감정적인 애착이 부재한 것은 시민들이 그들의 삶의 질을 평가하는 데 실용적인 접근을 유사하게 받아들인 결과로 해석한다. 어디서 살 것인지에 대한 그들의 선택은 더 큰 집을 살 수 있는지, 교육시스템은 덜 스트레스를 받는지, 더 많은 돈을 벌 수 있는지 등 순전히 실용적인 고려사항과 밀접한 관계가 있다. 국가에 대한 정체성, 깊은 소속감, 가족과 친구들의 존재, 집에 대한 개념과 같은 감성적인 이슈들은 덜 중요하게 생각하는 것 같다. 이러한 현상이 만약 해결되지 않는다면, 그것은 싱가포르라는 국가적 정체성을 구축하고 국가의 지속성을 보장하는 데 근본적인 도전을 제기하는 것이다.

제 5 장

정책집행: 경로의 개발과 실행

역동적 거버넌스란 본질적으로 환경이 변화하는 와중에서 어떻게 경로를 조성하고, 집행하며, 혁신하고 대체하는가에 대한 논의이다. 경로는 전략적 의사결정, 정책결정, 장기적 투자 그리고 문제를 해결하거나 기회를 이용하기 위한 집행에 대한 접근방법을 포함한다. 리더십의 주요한 임무는 어떤 경로를 선택하고, 어떻게 그것을 현실로 만들 것인지에 대한 결정을 포함하고 있다. 경로의 집행은 구성원의 자질과 조직적인 능력, 그리고 바람직한 결과를 성취하기 위한 자원의 효율적이고 효과적인 배분이 어떻게 통합적으로 이루어지는가의 여부에 달려있다.

역동적 거버넌스 체계의 효과성은 경로, 전략, 정책이 변화하는 상황에서 어떻게 적합성을 유지하는지 여부에 달려있다. 현재와 장래의 정책은 다시 검토되고, 다시 혁신되고, 다시 도입되어야만 할 것이다. 일반적으로 제도는 기존의 투자, 기반시설, 문화의 가치와 신념의 압력에 의해서 경로의 궤적을 따라간다. 기존의 경로를 파괴하는 혁신적인 전략과 정책은 고위공직자들이 다른 방향으로 조직을 움직이기 위해서 과거의 계획과 투자를 포기할 때 만들어진다. 그것은 아마도 위기나 새로운 기회를 인식할 때 또는 인식, 가치 그리고 신념이 변화할 때 그에 대한 반응으로 이루어지게 될 것이다. 비록 경로는 개념적으로 정책보다 광의의 의미이지만, 공공의 제도는 정책에 관해서 전략, 계획, 주요한 투자를 포함하는 포괄적 개념으로 간주하는 경향이 있다. 따라서 이 장(章)부터는 '정책'이라는 용어를 지난 40년 동안 싱가포르의 통치를 위해 취해진 광범위한 경로를 설명하는 의미로 사용할 것이다. 정책형성과 정책집행은 국가를 통치하고 변화를 일으키는 리더십의 기반이다. 제1장의 그림 1.1에서 보듯이 아무리 심사숙고해서 만든 좋은 정책도 역동적 거버넌스가 실현되기 위해서는 효과적으로 집행되어야만 한다.

제1장 그림 1.1의 역동적 거버넌스 체계는 정책형성에 대한 일반적인 접근방법보다는 정책집행에 초점을 두고 있다. 이것은 신중하고도 중요한 시도이다. 이것은 대단히 중요하지만 흔히 간과하는 가정, 즉 정책은 집행되기 위해서 만들어진다는 것을 의미한다. 정부의 효과성이 떨어지는 것은 흔히 아이디어나 정보가 부족해서가 아니라 마무리를 못해서 집행이 지연되고 실패하기 때문이다. 집행은 일을 성사시키는 원리이다. "현실에 꼭 들어맞는 전략을 수립하고, 목표에 따라 사람을 배치하고, 예정된 결과를 성취하기 위한 원칙… 시스템은 질문, 분석, 마무리를 통해서 일을 처리한다."[1]

싱가포르가 성공한 한 가지 비결이 있다면, 그것은 정책이 집행되기 위해서 만들어지고, 실제로 실행된다는 것이다. 싱가포르를 관찰한 사람들은 흔히 이것을 훨씬 단순하게 표현한다. 즉, "모든 것은 여기서 작동한다." 정책대안이 만들어지고, 평가되고, 가장 중요한 동인(動因)으로서 집행을 위해 설계된다. 정책의 집행은 단계적으로 이루어지더라도 장기적인 목표를 성취할 수 있도록 전체적으로 개발하고 설계한다. 정책분석의 엄격함과 정책설계의 현실주의는 정책형성 과정에서 요구되는 규범이다. 제도는 중요한 정책을 실행하는 데 집중하고 책임을 담보하기 위하여 만들어진다. 정책입안자 사이의 관점의 차이와 이해관계자로부터의 환류는 정책집행이 방해받지 않도록 가능한 한 고려되고 받아들여진다. 정책에 대한 현재의 성과는 예산을 승인받기 위한 기초가 된다. 고위공직자들은 성과를 만들어내는 혁신적이고 실용적인 정책을 통해서 인정받고 보상을 받는다. 이러한 집행의 관행은 실용주의와 실적주의의 원칙에 바탕을 두고 있으며, 싱가포르의 거버넌스 체계에서 아주 중요하게 받아들여지고 있다. 효과적인 집행은 지식과 자원을 효율적으로 사용해서 원하는 결과를 달성하기 위한 것인

[1] Larry Bossidy and Ram Charan (2002). Execution. NY: Crown Business.

데, 본질적으로 구성원에 대한 관리와 조직적인 과정에 대한 것이다.

정책집행의 과정을 이해하는 것은 중요하다. 왜냐하면 그것은 어떻게 이슈가 형성되는지, 어떤 대안이 만들어지고 고려되는지, 그리고 어떻게 최종적인 선택이 이루어지는지에 영향을 미치기 때문이다. 정책집행의 과정은 누가 그 일에 관계되는지, 어떻게 그들이 상호작용하는지, 분석에 필요한 정보의 종류는 무엇인지, 그리고 어떻게 제안들이 정당화되는지를 설명해 주는데, 이 모든 것들은 의사결정자들이 정책변화를 고려하는 데 반영되며, 어떤 의사결정이 이루어지고 어떻게 그것이 실행되는지에 심각한 영향을 미친다. 비록 정치지도자들이 흔히 의사결정의 전면에 부각되고 또한 그것을 공개적으로 발표하지만 정책집행은 정부기관들이 대단히 중요한 거버넌스의 역할을 수행하는 무대이다. 우리는 행정이 어떻게 공공의 이슈들을 식별하는지, 정책개발과 집행, 정책과정의 일부로서 정책결정에 어떻게 영향을 미치는지에 대해서 토론할 것이다.

제6장은 몇 가지 주요한 경제적, 사회적 정책들을 검토할 것이며, 그것들이 수년간 어떻게 진화했는지 살펴볼 것이다. 우리는 진화하는 환경 속에서 새롭게 출현한 이슈들을 직면함에 따라 학습과 적응을 위한 문화와 능력이 어떻게 행정에 내재되어 있는지 보여줄 것이다. 이 두 개의 장(章)은 싱가포르에서 역동적 거버넌스가 실제로 어떻게 작동하는지, 즉 미리 생각하기, 다시 생각하기, 두루 생각하기의 능력들이 이슈들을 식별하고, 설계에 영향을 미치고, 의사결정을 실행하는 정책과정에 어떻게 통합되는지에 대한 통찰을 줄 것이다.

5.1 정책집행의 정치적 맥락

공공부문은 정부의 평판을 관리하며 국가를 운영하는 가장 중요한 수단이다. 정부의 효과성은 공공부문의 문제를 효율적으로 해결하는 행정의 집행능력에 달려있다. 1959년 싱가포르가 영국으로부터 자치권을 얻었을 때, 당시 리콴유 총리는 국민에게 봉사하기 위한 정책의 효과적인 집행이 민주적 거버넌스의 핵심이라는 것을 알고 있었다. 취임 2개월 후에 그는 공무원들에게 다음과 같이 말했다.

> "여러분과 나는 민주주의 국가가 생존하기를 바라고 있다. 선출된 장관들은 우리의 계획을 구체화하고 정책을 실현하기 위해서 여러분과 함께 일해야 한다. 여러분은 국민에게 봉사하는 일에 최선을 다해야만 한다… 만약 우리가 최선을 다하지 않고 국민의 신뢰를 잃는다면, 우리는 비단 여러분, 공공조직, 민주적 지도자뿐만 아니라 여러분과 내가 일하는 민주적 시스템에 대해서 스스로 책망할 수밖에 없다."[2]

싱가포르에서 핵심적인 정책결정은 총리가 이끄는 내각에 의해서 이루어진다. 정책결정은 궁극적으로 정치지도자들, 특정 정부부처의 장관들, 또는 총체적으로 내각에 의해서 이루어진다. 왜냐하면 그들이 정책들에 필요한 정치적인, 선거구의 지지를 모으고 정책집행을 위한 자원을 배분하기 때문이다. 내각은 정책에 대한 장기적인 방향을 설정하고, 문제를 정의하며, 전략적 이슈의 해결책을 찾는 일에 착수한다. 내각은 해결책의 갈등을 조정하는 중재자이며, 정보를 교환하는 정보센터이며, 합법적인 정치권력과 자원들의 배분을 책임지는 보고(寶庫)이다. 공공기관에서 장관은 정책변화를 결정하고 승인하는 최종적 책임을 진다. 이것은 또한 정부부처들의 구조에 반영되어 있는데, 공공부문의 최고지도자인 사무차관(PS)이 장관의 지시를 받도록 되어있다. 사무차관들은 그들의 부처를 관리하고 관련 공공기관을 감독한다. 싱가포르 정부의 조직적인 구조는 그림 5.1에 기술되어 있다.

---

2 리콴유의 연설에 대해서는 "The Trouble with the Civil Service," at the Opening of the Civil Service Political Study Centre on 15 August 1959.

그림 5.1 싱가포르 정부 조직도

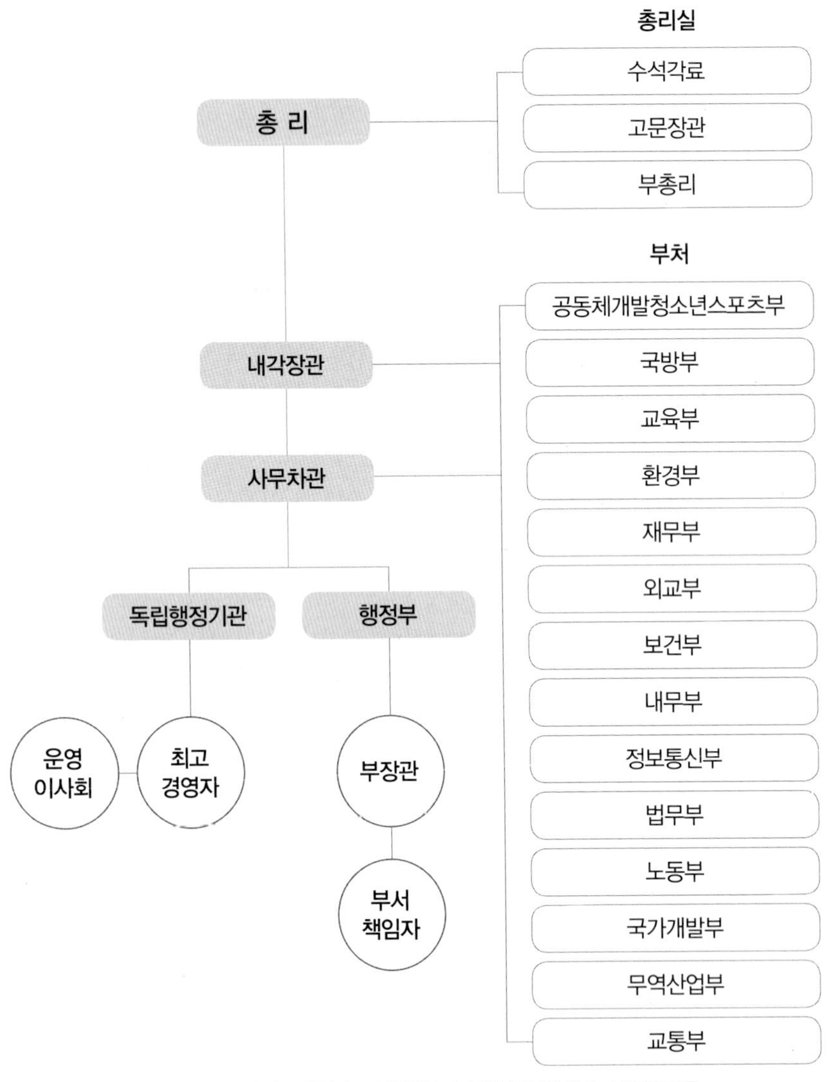

주 : 본 조직도는 내각과 공공서비스 영역만 표시하였으며 사법부와 입법부는 제외하였음

싱가포르의 공공조직은 정책형성과 정책집행에 있어서 높은 수준의 합리성과 평가를 수행할 수 있는데, 우리는 이 장(章)에서 몇 가지 중요한 절차와 사례를 설명할 것이다. 정치적 맥락은 공공부문이 싱가포르의 발

전과 진보를 위해서 합리적이고 장기적인 정책들을 효과적으로 집행할 수 있도록 해준다. 리센룽 총리는 다음과 같이 설명한다.

> "정부는 싱가포르의 장기적인 이익을 촉진하는 일에 전념해야 한다. 정치적인 간섭으로부터 공무원을 보호할 것이며, 견실한 정책을 실행할 수 있도록 정치적인 힘을 실어줄 것이다. 이것은 공무원들이 우리의 문제를 해결하기 위한 합리적이고 효과적인 해결책을 만들 수 있도록 여건을 마련해주고, 전문적으로 성장하기 위한 정치적 맥락을 수립하는 것이다. 이것은 견실한 정책과 좋은 정부와 강력한 정치적 지지의 선순환을 만들어준다. 그래서 많은 나라들이 장기적인 비전, 합리적인 정책의 추구, 국가가 필요로 하는 핵심적인 제도의 실행, 구식이거나 쓸모없는 정책의 체계적인 변화를 추진하는 싱가포르의 능력을 부러워한다. 심지어 정책이 기본적으로 견실하더라도 우리는 여전히 만족하지 않으며, 우리는 그것이 계획한대로 정확하게 작동하도록 반복해서 조율할 것이다. 우리는 정책을 조율하는데 지나치게 휘말리지 말아야 한다. 세계는 본질적으로 복잡한 것이어서 어떤 일을 계획대로 진행하기 어렵고, 흔히 가장 어려운 해결책은 가장 단순한 것이다. 그럼에도 불구하고 인근의 다른 나라 공무원이 이러한 방식으로 운영할 것이라고 상상하기는 어렵다. 그러나 싱가포르의 행정직원은 거의 실험실에서 일하는 것처럼 창의적으로 실행할 수 있다."[3]

그러나 공무원은 정책이 형성되고 집행되는 정치적 맥락에 민감하게 반응해야 한다.

---

[3] 리센룽 총리가 주관한 행정직과의 만찬 간담회는 2005년 3월 24일 이루어졌다.

"따라서 공무원은 정책을 진공상태에서 만드는 것이 아니다. 정책목표는 궁극적으로 정치적인 무대에서 결정되는 것이다. 공무원은 정치적 영향의 관점에서 정책을 만들어야 하며, 이슈들에 대한 정치적인 문제에 민감해야 한다. 정치지도자는 공적인 논쟁을 위해서 우리 경제와 사회의 어려운 현실을 드러내서 표출해야 한다. 그러한 과정을 거쳐서 공감대가 형성되고, 최적의 방법이 선택되고, 합리적인 해결책이 실행될 수 있는 것이다. 따라서 최종적인 정책은 흔히 장관과 공무원 사이에 밀고 당기는 과정을 무수히 반복한 결과인데, 그것은 정치적인 목적을 달성하고 현실적인 문제를 해결하는 결과를 만든다. 이것은 분명히 공공주택이나 교통정책을 다루는 특정 공무원에 대한 것이지만, 그러나 사실상 모든 정부부처에 적용되는 것이다. 따라서 행정직원은 여러분의 업무범위 내에서 정치적인 맥락을 이해해야 한다. 싱가포르가 처음 자치권을 얻었을 때, 우리는 공무원들에게 정치적 현실과 정부의 긴급한 우선순위를 교육시키기 위해서 정치연구센터를 설립했다. 오늘날 공무원교육원은 유사한 목적을 갖고 행정직원을 위한 교육과정을 운영하고 있으며, 또한 우리는 행정직원들이 국민들과 만나도록 기회를 제공하고, 어떻게 정책이 싱가포르인에게 영향을 미치는지 직접 확인할 수 있도록 현장에 파견하고 있다. 행정직원은 여러분이 다루는 이슈의 정치적 측면에 대해서 민감해야 하지만, 여러분 자신이 정치인은 아니다. 여러분은 어떤 정책을 진행할지 여부에 대한 정치적인 판단을 내리지 않으며, 또한 여러분은 국민들이 그것을 지지하도록 설득하는 사람도 아니다. 그것은 장관과 궁극적으로 내각의 책임이다. 그들에게 조언하는 데 있어서, 공무원은 절대 여러분의 전문적인 역할을 잃지 말아야 하고, 장관의 생각을 추측하지 말아야 하며, 오직 여러분의 생각을 제안하면, 그들이 정치

> 적으로 바람직한 방안을 찾을 것이다. 만약 여러분이 그렇게 하지 않는다면, 여러분의 유용성을 잃어버리고 우리의 시스템은 진실성을 상실하게 될 것이다."[4]

이와 같이 정책적 선택을 도출하는 것은 정치와 행정 지도자 사이의 긴밀한 상호작용을 포함하고 있으며, 정책대안과 의사결정은 반복적인 상호작용을 통해서 이루어진다. 고위공직자들 사이에 관점의 차이가 있다면, 정책의 틀을 만들고, 분석하고, 설계하고, 결정하는 다양한 과정을 둘러싼 대화와 반복적인 토론을 통해서 폭넓은 정치적 지지를 확보하는 것이다. 새로운 정보가 도입되고, 새로운 시각이 형성되고, 그리고 개인적인 성찰과 사회적 학습을 통해서 새로운 통찰이 얻어진다. 이것은 분명히 교과서 스타일의 선형적 의사결정절차가 아니다. 거기에는 다양한 환류과정이 있으며, 정책대안은 이러한 상호작용을 통해서 형성된다. 의사결정이 이루어졌을 때, 그것은 단지 한 사람의 선택이 아니라 정부의 안팎에서, 다른 사람들에게 배우고 또한 영향을 주는, 많은 사람들에 의해서 만들어진 것이다. 학습과 적응은 심지어 정책이 실행된 후에도 계속된다. 청렴성, 실적주의, 실용주의, 효율성, 세계적 적합성 등과 같은 문화적 가치들은 정책적 선택들과 그것들을 나중에 재검토하고 개선하는 데 암묵적으로 영향을 미치는 정치와 공공부문 지도자들의 신념과 사고방식을 통해서 작용한다. 어떻게 공공정책들이 형성되고 집행되는지 이해하는 것은 싱가포르에서 거버넌스가 어떻게 작동하는지를 이해하는 데 핵심적인 것이다.

5.2 정책집행의 과정

5.2.1 정책집행의 원칙

[4] Ibid.

정부기관들의 핵심적인 임무는 정책집행을 통해서 국가적 목표들을 달성하는 것이다. 효과적인 정책집행은 다음의 3가지 원칙을 필요로 한다.

(ⅰ) 명확한 장기적 비전과 정책목표에 대한 집중과 전략적 비전의 원칙;
(ⅱ) 실현되기를 희망하는 것이 아니라 있는 그대로의 현실에 대응하는 원칙 – 정책을 개발하는 데 있어서 환경, 시민, 그리고 공적 제도가 갖고 있는 현실적인 능력에 관한 솔직함;
(ⅲ) 마무리의 원칙 – 정책을 실행하고 적당한 시간에 효과를 나타내도록 구성원과 조직적인 자원들의 개발에 집중하는 것이 필요하다.

전략적 비전과 집중에 대한 원칙이 약할 때, 노력과 자원을 잘못된 정책적 이슈들에 낭비하게 된다. 현실에 대응하는 원칙이 없다면, 전략적 비전은 꿈과 계획으로 남을 것이며, 그것은 아마도 남들의 주목을 끌기 위해 만들어진 것으로서 국민들의 생활에 아무런 실질적이고 긍정적인 영향을 미치지도 못한다. 마무리에 대한 원칙이 없다면, 자원은 낭비되고 기회를 잃을 것이며, 미래의 변화를 위한 능력은 감소될 것이다. 싱가포르에서 공공조직은 효과적인 집행을 위한 3가지 원칙을 반영하는 다음의 3가지 제도적인 절차를 통해서 정책적 결과물을 만들어낸다.

(ⅰ) 이슈를 확인하고 표면화하는 것,
(ⅱ) 정책대안을 개발하고 설계하는 데 영향을 미치는 것,
(ⅲ) 의사결정을 실행하는 것이다.

공공부문의 지도자들은 사회적, 경제적 이슈에 대한 독립적인 이해를 구축하기 위해서 학습하고 개발하며, 정책개발에 영향을 미치며, 선출직 장관들에 의해 만들어지는 정책결정을 집행하는 능력을 갖추고 있다. 선진경제와 현대사회를 관리하는 데 있어서 정책문제들은 더욱 기술적으

로, 사회적으로 복잡하기 때문에 장관은 흔히 공무원들의 지식이나 경험 및 전문성에 의존한다. 공무원들은 그들이 인지한 이해와 판단에 기초해서 생각하고 행동하는 약간의 자율성을 행사한다. 그들은 장관에게 정책적 이슈들, 대안들, 프로그램이나 계획의 실행을 위한 세부사항에 대해서 필요한 정보와 분석과 조언을 제공한다. 그들은 정보를 수집하고 분석하고 보고하기 위한 시스템을 설계하고 실행하며, 정부기구에 대한 구조적인 통제를 효과적으로 수행하게 된다.

그러나 이것은 공무원이 오직 완벽한 정보, 포괄적인 대안의 생산, 객관적인 의사결정의 기준에 의존하는 완전히 합리적인 행위자를 의미하는 것은 아니다. 그보다는, 인간적인 의사결정자는 제한된 합리성과 불확실성과 복잡성을 줄이기 위해 흔히 익숙하고 구조적인 방법을 채택한다. 이 연구에서 우리의 접근방법은 공공부문의 의사결정과 정책집행에 대한 제도적인 관점을 채택하고 있다. 제도적인 구조와 절차는 불가피하게 단순화했으며, 정책과정은 안정화시켰고, 문제의 진단과 해결은 보통 일상적인 방법을 사용했다. 그것은 행태를 유도하고,[5] 또한 그것을 통해서 조직을 운영하는 형식, 규칙, 사례, 전략, 기술을 망라하는 관례(routines)가 된다.[6] 관례는 심지어 그것을 집행하는 개인과 독립적으로 운영할 수도 있다.[7] 그것은 시스템의 제도적 반응을 나타내며, 수년간 과거에 일을 해왔던 인식에 기초해서 개발되고 구축된다. 이러한 관례는 불확실성과 함께 변화된 환경에 이미 내재해 있으며, 흔히 시작하기로 확정된 것을 좌절시킴으로써 조직들이 더 이상의 실패의 위험을 못 하도록 의욕을 꺾고, 경로의존으로 유도한다. 정책집행의 과정은 정책선택이 이루어지는 데 실질적인 영향을 미친다. 따라서 정책집행의 과정

[5] RM Cyert, JG March (1963). A Behavioural Theory of the Firm. Englewood Cliffs, NJ: Prentice Hall, cited in Levitt and March (1988).

[6] Barbara Levitt and James G March (1988). “Organizational Learning,” Annual Review of Sociology, Vol. 14, pp. 319-340.

[7] J March (1991). “Exploration and Exploitation in Organizational Learning,” Organization Science, Vol. 2, No. 1, pp. 71-87.

과 관례를 이해하는 것은 싱가포르가 변화하는 환경에 정책을 조정하고 적응하기 위해서 어떻게 경로의존을 극복할 수 있었는지 알 수 있게 해준다.

5.2.2 정책집행의 역동성

정책과정은 별개의 활동이 아니라 이슈의 확인부터 정책대안의 개발, 의사결정의 실행, 시민들에게 영향력 행사 그리고 되돌아가서 다시 시작하기까지 긴밀한 환류과정을 가진 통합적이며 상호의존적인 시스템의 형식을 취하고 있다. 정책과정에 대한 연계와 이슈의 확인에 대한 상호작용적인 환류는 그림 5.2에 제시되고 있다.

그림 5.2 **정책집행의 순환**

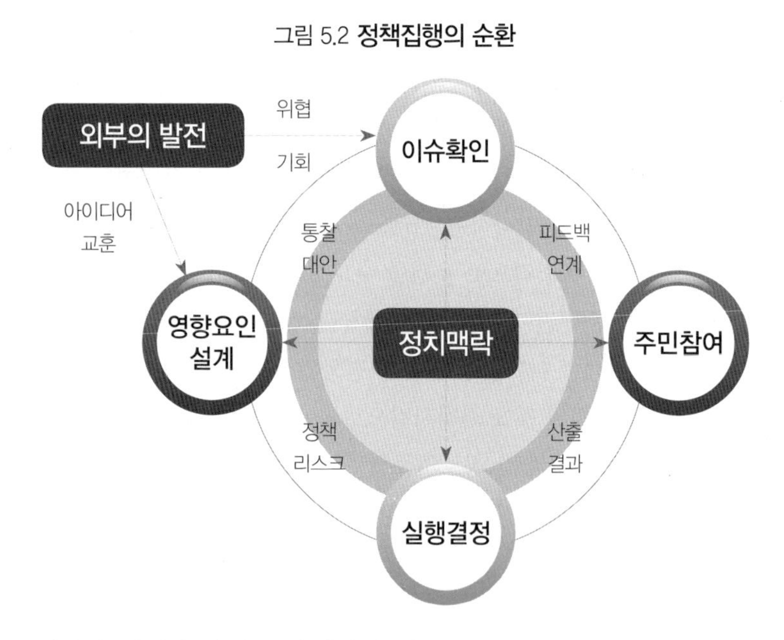

외부의 사건과 발전은 잠재적인 위협 또는 기회를 유발하고 정책재검토를 자극할 것이다. 정책대안을 설계하는 데 있어서 외부적인 발전은 대안의 개념화와 생산을 가능하게 해주는 아이디어와 교훈을 제공한다. 정책설계는 집행의 관점에서 만들어진다. 정책결정은 무수히 많은 잠재적인 영향과 위험뿐만 아니라 정책목표를 신중하게 형량한 후에 이루어진다. 정책집행에 대한 내부적이고 국내적인 고려사항은 나중에 참고하는 것이 아니라 정책선택의 시작부터 영향을 줄 수 있도록 정책적 순환을 통해서 고려되어야 한다. 정책과정은 단순하고 선형적인 절차가 아니다. 정책이슈는 정책과정의 각 단계마다 표면화될 것이다. 새로운 통찰은 이슈를 해결하기 위해 정책대안을 탐색하는 데 있어서 이슈를 새롭게 정의하거나 또는 이슈에 대해서 다시 생각하기를 유발하는 것으로 나타날 것이다. 정책설계의 영향력을 확인하는 과정에서는 추가적인 연구와 분석이 필요한 이해관계자의 참신한 관점이 나타날 것이다. 정책의 실행은 의도하지 않은 결과를 초래하거나 또는 미처 고려하지 못했던 새로운 이슈를 표출시키거나 또는 공공에 대한 영향과 환류를 통해서 문제에 대한 재검토를 유도할 수도 있다.

우리는 싱가포르 공공부문에서 집행되었던 3가지 정책집행 단계들의 핵심적인 주요 활동을 설명할 것이다. 이것은 표 5.1에 요약되어 있다.

표 5.1 **정책집행의 주요한 활동**

1. 정책관심과 검토를 위한 이슈의 발견
   a. 외부적인 위기 또는 정책결과에 대한 반응
   b. 새로운 기회로부터 발견
   c. 미래 시나리오에 대한 고려를 통해 이슈를 포착
   d. 전략적 이슈를 확인하고 지원하기
   e. 지도자가 다른 관점과 사례를 경험하는 방식으로 학습

2. 정책대안 설계 시 고려요소
   a. 정책분석과 설계를 위한 기준의 설정
   b. 직원의 분석과 보고서를 통한 행동방침의 권고
   c. 관계기관 합동의 프로젝트팀을 활용한 정책대안의 탐구
   d. 외부의 조언자와 전문가의 참여
   e. 검토위원회 구성과 공공자문의 수행

3. 정책결정의 집행
   a. 핵심적 지도자의 선발
   b. 적합한 조직으로 구조화
   c. 주요 전략과 자원을 위한 실행계획
   d. 프로젝트와 절차 및 프로그램 시작
   e. 절차에 대한 감시와 환류의 촉진

우리는 이러한 핵심적인 정책과정의 근본적인 관행의 출현, 진화, 적용을 설명할 것이며, 각 과정의 설명을 위해 정책사례를 제공할 것이다. 출현은 이러한 관행들이 이전의 계획과 예측, 다른 것들로부터의 학습, 외부적인 압력 그리고 환경을 포함한 다양한 자료로부터 나왔다는 것을 알려준다. 진화는 이러한 사례들이 실행과정에서 수정될 것이며, 시행착오를 통한 경험의 결과로 채택될 것이다. 제도의 내부에 관행이 적용되는 정도는 어느 정도 사람에 의존하고 있으며, 그것은 핵심적인 직원들이 변화할 때 일관되게 수행되지 않는다는 것을 시사한다. 이러한 관행들에 대한 조직적인 내재화와 강화작용의 정도는 다양하며, 그것들의 지속성은 장담할 수 없다.

5.3 정책관심과 검토를 위한 이슈의 발견

정책이슈를 확인하는 방식은 두 가지 폭넓은 환경적인 조건들, 즉 위기시와 평상시에 따라 결정된다. 위기의 상황은 외부적인 사건에 따라 상황의 심각성에 대한 인식이 생기고 위기가 실제적이고 위협적이라는 일반적인 공감대가 있을 때이다. 이런 상황에서 전통적인 사고에 의하면, 절차는 보다 높은 수준의 의사결정자를 포함시키는 경향을 보이며, 중요한 정책적 변화가 일어나기 쉽다는 것을 시사한다.[8] 평상시에 이슈의 확인과 정책적인 시작은 긴급성과 감지된 위협이 없기 때문에 더욱 모호하다. 이것은 이슈를 표면화하고 의제로 설정하기 위한 필요성을 정당화시키는 기존의 구조, 시스템 그리고 정책관계자와 관련된다. 이것은 국민들의 관심으로부터 떨어진 곳에서, 장기간에 걸쳐서 일어나는 경향이 있다.

상황에 상관없이 이러한 정책의 시작단계에서 집행의 효과성을 판단하는 중요한 기준은 장기적인 비전과 특정한 정책목적에 대한 분명한 이해이

[8] MS Grindle and JW Thomas (1991). Public Choices and Policy Change. The Johns Hopkins University Press.

다. 이것이 전략적인 집중의 원칙이다. 이것은 가장 전략적인 이슈를 위해 최고의 정신적인 능력과 감정적인 에너지를 배분하기 위한 원칙이다. 분명한 전략적인 집중이 없다면, 경로의존성의 영향력을 탈피하기 어려울 것이다. 정책이 여전히 합리적으로 작동하고 있고, 어떤 것도 망가지지 않은 상황에서, 우리가 더 나은 어떤 것에 대한 비전을 소유하지 않는다면 어떻게 변화가 일어나겠는가? 전략적인 비전과 집중이 없다면, 정책집행은 제도적인 관료제에 의해서 쉽게 퇴보할 수 있다. 바람직한 전략적 방향과 결과에 대한 깊은 내재화가 없다면, 정말 가장 중요한 이슈를 의제로 설정하기 위한 관심과 검토가 이루어지기 어렵다. 만약 제도가 그 제도의 가장 중요한 자원인 정책입안자의 시간과 관심을 별로 중요하지 않은 이슈에 대한 해결책을 만드는 데 사용하고 있다면 집행의 효과성은 성취될 수 없다.

싱가포르에서 정책이슈의 확인과 의제설정은 “내부주도형” 모델이라는 특징을 갖고 있다.[9] 여당과 공공부문의 엘리트들은 그들이 가장 잘 이슈들을 선택하고, 정의하고, 해석할 수 있으며, 정책적 관심을 기울이기만 하면 결정할 수 있다고 믿는다. 그들은 위기의 상황이나 정치적 지지를 얻기 위한 것뿐만 아니라 사회적, 경제적 성과를 향상시키기 위해서 그들의 역할과 책임을 수행하는 일상적인 활동으로서 정책재검토를 시작한다.

싱가포르에서 정책의 시작은 절망보다는 열망으로부터 비롯된다. 이것은 단순한 정책적 반응이 아니라 정책의 시작이다. 정책의 시작은 외부적인 압력이 없기 때문에 더 큰 실행의 가능성에 대한 열망으로부터 일어난다. 따라서 깊게 생각하고 세심하게 정책을 설계하기 위한 시간이 있으며, 바람직한 결과를 얻기 위한 능력을 학습하고 효율적으로 활용할 수 있다. 이것은 정책을 준비하기 위한 유리한 상황과 효과적인 집행을 위해 사용할 수 있는 자원들이 있을 때 나타나는 것이다.

외부적 압력에 대한 반응의 형식에서 일어나는 정책의 시작은 당면한

[9] Ho Khai Leong (2003). Shared Responsibilities, Unshared Power. Eastern Universities Press.

고통을 처리하는 방향으로 기우는 경향이 있으며, 그 설계에 있어서 균형을 유지하기 어렵다. 이 경우에는 장기적인 목표를 성취하기 위해서 신중하게 생각하고 계획적으로 실행하기 위한 시간이 부족하다. 이것은 단기적인 '화재진압'이며, 비록 당면한 문제를 해결하더라도 정책설계가 미흡하기 때문에 다른 문제들이 뒤이어서 발생할 것이다. 이것은 어떤 망가진 것에 대한 대응인데, 그 약점 때문에 요구되는 대응이다. 따라서 정책적 해결책의 질은 흔히 덜 이상적이며 전반적인 집행의 효과성은 떨어진다.

우리는 잠재적 이슈를 확인하거나 정책적 고려를 위한 5가지 중요한 계기를 밝혀냈다.

(ⅰ) 외부적 위기 또는 정책결과에 대한 대응,
(ⅱ) 새로운 기회로부터 발견,
(ⅲ) 미래 시나리오에 대한 고려를 통해 이슈를 포착,
(ⅳ) 전략적 이슈들을 확인하고 지원,
(ⅴ) 지도자가 다른 관점과 사례를 경험하는 방식으로 학습하는 경우이다.

오직 첫 번째 계기만이 위기의 상황에 대한 반응이며, 나머지 4가지 계기들은 그 이슈들이 위협 또는 위기가 되기 전에 고려되도록 이슈들을 확인하는 적극적이고 체계적인 접근방법이다. 그것은 미래의 문제들을 예방하는 쪽으로 기울어 있으며, 정책실패에 따른 외부의 압력에 대응하기보다는 현재의 성과를 향상시키고 새로운 기회의 이점을 얻으려는 것이다.

5.3.1 외부적 위기 또는 정책결과에 대한 반응

위기상황에서 정책의 확인과정은 시간의 긴급성, 행동에 대한 압력, 행동여부에 상관없이 높은 대중적 인지도를 가지며, 그리고 그 경제적 또는 사회적 결과는 잠재적으로 중요한 영향을 미치기 때문에 높은 이해관

계를 나타내는 특징을 갖는다. 과정은 보다 높은 수준의 의사결정자들이 참여하고 중요한 정책적 변화들이 일어나기 쉽다.[10]

싱가포르에서 중요한 정책적 변화들은 1985~86년과 1997~98년의 2가지 주요한 경제적 위기들에 대한 대응으로서 이루어졌다. 이러한 위기들이 닥쳤을 때, 기업들은 재정적 손실로 고통을 받았고, 노동자들은 해고되었으며, 국민들의 우려는 광범위하게 확산되었다. 임금은 동결되었고, 중앙적립기금(CPF)의 기여율은 축소되었으며, 공공서비스 요금은 인하되었고, 도움이 필요한 사람들에게는 재정지원 이루어졌으며, 그리고 경기회복이 늦어지면서 국민들 사이에 비관주의가 팽배하게 되었다. 이 시기에 중요한 정책적 재검토가 이루어졌다. 이러한 재검토는 세금, 임금, 사회보장 정책에 있어서 상당한 변화를 초래하였다. 이러한 이슈들은 국민들에게 직접적인 영향을 미쳤고, 평상시처럼 행동하기 어렵게 만들었다.

1985~86년 경제위기에 대응해서, 정부는 싱가포르의 경제전략, 정책, 그리고 변화를 위한 권고를 위해서 경제위원회(무역산업부장관이 의장)를 구성했다. 주요한 정책변화들은 고용주의 중앙적립기금(CPF) 기여율을 25%에서 10%로 낮추고, 법인세를 40%에서 30%로 인하했으며, 임금을 동결시켰고, 최저임금을 개선하였다. 노동자들에 대한 훈련은 생산성을 향상시키기 위한 프로그램에 집중되었으며, 경제개혁은 제조업에 대한 지나친 의존을 탈피해 정보기술과 같은 지식집약형 서비스 산업을 육성하는 경제적 다각화를 추진했다.[11]

1997~98년의 아시아 금융위기는 많은 아시아 국가들의 경기침체를 촉발시켰다. 아시아 국가들의 통화와 자산에 대한 신뢰의 손실은 금융시장에서 대량매각 사태를 야기했다. 비록 싱가포르의 경제적 토대는 견실했지만, 이러한 금융시장의 붕괴는 피할 수 없었다. 경제가 완전히 회복

[10] Grindle and Thomas (1991).

[11] Singapore Ministry of Trade and Industry (1986). "The Singapore Economy: New Directions." Report of the Economic Committee, pp. 49-63.

되기도 전에, 2000~01년 기술자산에 대한 거품이 터졌고, 2001년 9월 11일 테러리스트의 공격이 일어났으며, 2001년 아시아 국가들의 경제는 다시 폭락했다. 싱가포르 경제의 성장과 발전을 촉진하기 위한 정책변화를 권고하기 위해서 부총리가 의장을 맡은 경제재검토위원회가 구성되었다.

경제재검토위원회는 싱가포르를 세계화된, 기업가적인, 다각화된 경제로 개조하도록 권고했다.[12] 주요한 정책방안들은 양국의 자유무역협정(FTA: Free Trade Agreements)과 함께 세계무역기구(WTO: World Trade Organization)의 자유무역체제를 보완하는 것, 법인세와 소득세를 20%로 인하하는 것, 소비세를 3%에서 5%로 인상하는 것, 싱가포르인의 기초적인 서비스를 제공하기 위한 중앙적립기금(CPF)을 본래의 핵심적 목적에 다시 집중하도록 하는 것, 임금체계를 보다 유연하게 하고 경제성과에 연동시키는 것, 기업가정신을 권장하는 것, 기반시설과 정부서비스의 가격경쟁력을 유지하는 것을 포함하고 있었다.

정책적인 재검토는 실행에 대한 외부적인 반응과 환류에 따른 결과이다. 그것은 예상된 결과도 있었고 또한 예기치 못한 결과도 있었다. 이러한 결과들이 의도한 것이든 그렇지 않은 것이든 상관없었다. 예상되고 의도한 결과는 함께 나누고 축하할 일이다. 의도하지 않았지만 예상된 결과에 있어서는, 그러한 결과가 시민들에게 부정적인 영향을 미치고 있다는 증거가 있을 때에는 정책을 조정하고 조율할 필요가 있었다. 이러한 상황은 그것이 예측된 것이므로 훨씬 다루기 쉽고, 정책입안자는 정책을 조정하고 재검토할 필요가 있는지 실제적인 결과를 관찰할 수 있다.

의도하지 않았고 예기치 못한 결과는 흔히 예측할 수 없는 것이기 때문에 정책입안자에 의해서 관찰되지 않는다. 이러한 결과는 보통 특정한 정책결정 또는 실행 또는 국민들로부터의 환류와 불만으로 거슬러 올라가

---

[12] Singapore Ministry of Trade and Industry (2003). "New Challenges, Fresh Goals – Towards a Dynamic Global City." Report of the Economic Review Committee.

는 문제이다. 그것은 예측할 수 없는 것이기 때문에 문제와 불만에 대해서 충분히 관심을 두고 다루는 데 다소 시간이 소요될 것이다. 심지어 그러한 문제와 불만의 원인은 항상 분명하지 않을 수 있으며, 그러한 원인을 초래한 정책을 거슬러 올라가서 분석할 필요가 있다.

원래의 정책에 대해서 국민들의 부정적인 반응의 결과로 정책을 재검토한 사례는 1984년에 도입된 정책으로 고학력 엄마들이 셋째 자녀를 낳을 경우 학교배정에 우선권을 주었던 조치를 철회한 적이 있다. 정책입안자는 당초에 고학력 엄마들의 셋째 자녀의 출산율이 다른 경우와 비교해서 낮다는 점을 진지하게 검토했다. 이러한 불균형을 시정하고 고학력 엄마들의 셋째 자녀 출산을 보다 장려하기 위해서 그들의 셋째 자녀에게는 학교배정에 우선권을 주었던 것이다. 그러나 예상대로 저학력 엄마들은 이러한 정책에 분노했던 반면에 고학력 엄마들의 반응은 예기치 못한 것이었다. 그들은 당황했고 정책에 따른 특권을 원치 않았다. 이 정책에 반대하는 국민들의 반응은 1984년 총선에서 여당의 지지율 감소로 나타났다. 의사결정은 선거 후 번복되었으며, 고학력 엄마들을 위한 우선권은 취소되었다. 대신에 셋째와 넷째 자녀를 낳는 여성에게 특별히 소득세를 감면하는 새로운 정책이 도입되었고, 대학졸업자들에 한정하지 않고 "폴리테크닉 A레벨, O레벨 엄마들을 포함하는 것으로 확장하고 엘리트 의식을 완화시켰다."[13]

5.3.2 새로운 기회로부터 발견

1990년대에 발생한 주요한 정책전환은 통신, 금융서비스, 방송, 대중교통, 행정정보화 등과 같은 국내 서비스들의 공급에 대한 규제완화, 자유화, 경쟁의 도입이었다. 그것들은 성과를 향상시키고 새로운 기회들을

[13] Lee Kuan Yew (2000). From Third World to First: The Singapore Story 1965-2000. Singapore: Times Publishing.

선점하기 위한 정책변화를 유도하기 위한 것이었다. 정책재검토는 어떤 외부적인 위기에 의해서 시작된 것이 아니었으며, 그 이후 위기들에도 불구하고 사실상 계속 집행되었다. 이러한 정책재검토는 서비스 공급의 실패로 인해서 국내 소비자를 보호할 목적으로 시작된 것이 아니었다. 반대로 이러한 산업의 지배적인 사업자들은 이미 효율적으로 운영하고, 높은 수준과 합리적인 가격으로 서비스를 제공하고, 강력한 브랜드와 명성을 얻고 있었다. 싱가포르에서는 협소한 면적과 작은 인구로 인해서 시간이 흐름에 따라 이러한 공기업들은 자연적인 독점산업으로 귀결되었다.

또한 자유화도 어떤 외부적 압력에 대한 반응이 아니었으며, 자유무역협정에서 요구하기 전에 시작되었다. 싱가포르는 세계에서 가장 개방적인 나라 중의 하나이기 때문에 그러한 산업에는 이미 제한된 경쟁이 존재하고 있었다. 자유화를 위한 움직임은 정책입안자의 신념에 기초한 것이었는데, 그들의 관찰과 분석에 의하면, 이러한 기업들은 좀 더 경쟁적인 상황에서 더욱 조직적인 효율성과 제품의 향상, 더욱 혁신적인 서비스의 수행, 새로운 수요에 대한 더 높은 반응성, 그리고 고객들에게 더 낮은 가격을 제공할 수 있었다. 또한 이러한 기업들은 싱가포르 증권거래소에 상장된 기업 중에 가장 규모가 크고 성공적인 회사였기 때문에 지역시장을 넘어서 광역적으로 확장하기 위해서 더욱 철저히 준비할 것이라는 기대가 내재되어 있었다. 예컨대 금융서비스에 대한 정책재검토는 1997년 7월 아시아 금융위기가 지역을 강타하기 전에 시작되었으며, 싱가포르통화청은 위기가 한창이던 1997년 11월에 새로운 정책을 출범시켰다. 금융서비스 부문은 싱가포르의 경제발전에 중요한 역할을 수행했으며, 1997년 국내총생산(GDP)의 12%를 차지하고 있었다. 싱가포르는 또한 금융규제에 있어서 높은 기준의 건전성으로 명성을 얻고 있었고, 지역의 은행들은 재정적으로 건전한 상태였다. 사실 싱가포르 금융부문의 건전성은 변화하지 않는 것 보다는 오히려 변화의 원인이 되었다. 더욱이 은행과 금융의 세계적인 흐름과 새로운 기술들은 이 부문에 상당한 영향을 미치고 있었다. 정책전환을 발표할 때 당시 부총리였던 리센룽은 다음과 같이 말했다.

"현재 지역적인 불확실성에도 불구하고 우리는 지금 변화를 위한 대장정을 시작해야 합니다. 이것은 단기적인 경제적 운명의 성쇠에 따른 것이 아니라 전략적인 전환입니다. 진정으로 지금 시작하면, 우리의 금융부문이 지역의 경제회복에 중요한 역할을 수행하기 위한 준비를 더 잘할 것입니다."[14]

금융서비스 부문에 대한 자유화에 착수하기 위한 재검토는 고문장관 리콴유[15]가 국제금융서비스 지도자들과 상호 교류하고 관찰한 결과이며, 그가 JP모건투자은행의 국제자문위원회에 참여하면서 시작되었다. 그는 또한 뉴욕의 연방준비은행과 잉글랜드은행의 전직 이사장들에게 자문을 구했다. 금융부문에 대한 재검토와 자유화의 핵심적인 목표는 지역의 은행과 금융서비스 회사들이 엄격한 규제에 따른 손실을 않고, 체계적인 실패의 위험에 빠지지 않으면서 혁신하고 성장할 수 있도록 자극하기 위한 것이었다.

싱가포르 금융부문 규제의 틀은 높은 기준, 엄격한 규칙, 최소한의 위험부담을 특징으로 한다. 따라서 새로운 방향은 첫 번째는 유지하고, 나머지 두 개는 변경하는 것을 목적으로 하고 있었다. 그리고 금융부문에 대한 정부의 정책을 지도하는 새로운 원칙을 개발했다.[16]

(ⅰ) 청렴성과 건전한 재정적 관리의 높은 기준을 유지;
(ⅱ) 구체적인 규칙과 세부적인 규제로부터 폭넓은 감독의 틀로 전환을 강조;
(ⅲ) 개별적인 직원, 상품, 프로젝트보다는 체계적인 위험에 더욱 주의를 집중;

14 부총리 리센룽의 연설에 대해서는, "New Approach to Regulating and Developing Singapore's Financial Sector," at the SESDAQ 10th Anniversary on 4 November 1997.
15 Lee (2000), pp. 97-102.
16 연설에 대해서는 Lee Hsien Loong (1997).

(iv) 투자자가 스스로 사업의 위험을 판단하고 감수하도록 허용;
(v) 광범위한 규제보다는 시장의 원리와 투자자를 보호하기 위한 완전한 정보의 공개;
(vi) 규제의 투명성을 강화;
(vii) 정부와 산업 간에 보다 긴밀한 관계를 구축한다.

결과는 극적이었다.[17] 금융부문은 아시아 금융위기의 영향을 완전히 떨쳐버렸다. 7개의 지역은행들은 3개의 강력한 그룹들로 통합하였고, 아시아에서 인수를 통해 광역적인 기업으로 성장하였다. 6개의 국제은행들은 최상위 신용등급(Qualifying Full Bank licenses)을 획득하였다. 보험과 주식중개업도 실질적으로 규제가 완화되었다. 자본시장은 그 범위와 깊이에서 성장했다. 자산관리업도 상당히 성장하였고, 싱가포르는 선도적인 민간은행의 중심지로 부상하였다.

5.3.3 미래 시나리오를 통해 이슈를 포착

시나리오는 "내일 나타날 수도 있는 세상이 돌아가는 방식에 대한 이야기로서, 그런 현재 상황에서 변화하는 측면을 인지하고 적응할 수 있도록 도와준다."[18] 그것은 현재의 의사결정을 하는 데 있어서 가능한 미래의 함의를 학습하는 데 유용하다. 좋은 시나리오는 사람들이 그것의 영향을 인정하기에 충분하도록 그들의 영향력을 평가한다. 그것은 각각의 시나리오에 따라 무엇을 하고 무엇을 준비할 것인지를 생각할 수 있게 해준

17 부총리 리센룽의 연설은 아래에서 인용, "Financial Sector: Liberalization and Growth," at the Association of Banks in Singapore's 31st Annual Dinner on 17 June 2004, and updates on the MAS website: www.mas.gov.sg.

18 Peter Schwartz (1991). The Art of the Long View. New York, NY: Bantam Doubleday Publishing Group.

다. 이러한 연습은 지도자들이 특정한 시나리오의 개발과 관련한 요점을 조기에 알려주는 징후들에 대해서 민감하게 만들고, 적기에 잘 대응할 수 있도록 해준다.

시나리오 기획은 쉘(Shell)이 1980년대 초기 석유가격의 불확실성과 예측불가능성을 다루는 데 사용되었고, 의사결정자들이 상황에 따른 행동을 준비하는데 효과적이라는 것이 입증되었다.[19] 슈와르츠(Schwartz)는[20] 시나리오를 개발하기 위한 단계를 설명했다. 그것은 중심적인 이슈 또는 결정을 확인하기, 지역과 거시적인 환경 속에서 핵심적인 원동력을 확인하기, 그것을 중요성과 불확실성에 따라 순위 매기기, 시나리오의 논리를 선택하기, 시나리오를 구체화하기, 함의를 이해하기 그리고 선행지표와 징후를 선별하는 과정을 포함하고 있다.

싱가포르는 국가적인 시나리오를 3년마다 개발해서 참고하고 있는데, 이것은 보통 정책적 함의를 갖고 있는 중요한 경향들과 이슈들을 표면화시킨다. 예컨대, 1990년대에 두 개의 국가적 시나리오들은 "호텔 싱가포르"와 "가정의 분할"에 관한 이슈들을 표면화시켰다. 호텔 싱가포르 시나리오는 고학력과 유동적인 싱가포르인들이 국가에 대한 깊은 정주의식과 감정적인 연대감이 없이 싱가포르를 호텔로 인식하는 것과 관련된 것인데, 그들은 싱가포르를 단지 경기가 좋을 때 풍족하게 살다가 상황이 매력적이지 않을 때에는 가방을 싸서 떠나버리는 곳으로 여기는 경향이다. 가정의 분할 시나리오는 경제적, 사회적 불균형의 결과로 전문가와 노동자 사이의 늘어나는 소득격차와 관련한 것인데, 그것은 사회를 가진 자와 못 가진 자로 나누고 경제적, 정치적, 사회적 문제를 야기할 수 있다는 것이다. 두개의 시나리오는 고학력의 전문직에 종사하는 엘리트 집단 사이에

[19] Pierre Wack (1985a). "Scenarios: Uncharted Waters Ahead," Harvard Business Review, SeptemberOctober, pp. 73-89; Pierre Wack (1985b). "Scenarios: Shooting the Rapids," Harvard Business Review, NovemberDecember, pp. 139-150.

[20] Schwartz (1991).

감정적인 연대감과 사회적 책무를 형성할 필요성, 그리고 저학력과 저임금의 노동자들이 국가의 진보에 뒤처지지 않도록 보장하기 위한 필요성과 관련한 이슈를 표면화시켰다. 이러한 시나리오는 정부기관에 제출되었고, 그들은 계획과 정책을 개발해서 시나리오에 대응할 만큼 견고한 것인지 시험하였다. 계획들은 두 개의 시나리오에 대한 바람직하지 못한 잠재적 원동력을 약화시키고 완화시켜서 발생을 억제시키고, 만약 무엇이든 발생한다면 두 개의 시나리오들이 각각 진행되는 경우에 그 효과성을 실험하도록 만들어졌다. 시나리오 과정은 제8장에서 공공부문의 지속적인 변화를 가능하게 하는 절차에 대해서 고찰할 때 보다 상세하게 설명될 것이다.

5.3.4 전략적 이슈를 확인하고 지원하기

총리실의 시나리오기획실은 2003년에 전략정책실(SPO: Strategic Policy Office)로 개편되었고, 전략이슈그룹(SIG: Strategic Issues Group)을 포함하는 것으로 확대되었다. 전략이슈그룹(SIG)의 초점은 다양한 기관들을 포괄하는 전략적 정책이슈이며, 변경된 정책들의 집행을 관찰하는 것이다. 전략적 이슈에 대한 실험 제안은 정치부문과 공공부문의 지도자들, 시나리오 기획회의, 전략워크숍, 정책포럼, 개별 직원으로부터 제기될 수 있다. 전략정책실(SPO)은 프로젝트의 범위를 실정하고, 이슈에 관한 약간의 배경을 제공하며, 목표를 명확하게 하고, 그리고 사무차관 운영위원회가 검토할 수 있도록 제안서를 준비하기 위해 주관자들과 함께 일한다.

일단 승인되면, 관계기관 합동의 전략이슈그룹(SIG) 프로젝트팀이 구성된다. 팀 구성원들은 비상근으로 해당 프로젝트에 배정되며, 이슈에 관계되거나 영향을 받는 기관으로부터 차출된다. 전략이슈그룹(SIG) 프로젝트팀은 전략정책실(SPO)로부터 전반적인 지도감독을 받으며 정기적으로 만난다. 프로젝트팀의 권고사항은 운영위원회의 승인을 받기 위해 송부하고, 장관급위원회의 승인을 받기 위해 이송하기 전에 공식적으로 영향을 받는 기관들의 입장과 의견을 청취하게 된다. 2003년과 2005년 사이에 10개의 전략이슈그룹(SIG) 프로젝트팀이 저임금 노동자, 노인, 가족과 출산, 이민을 포함한 다양한 이슈를 조사하기 위해 구성되었다. 정책조사를 위한 전략적 이슈들의 확인과 지원은 공공부문의 주의를 집중시키고, 정책 우선순위 영역에 자원을 배분하고, 팀의 직원들에게 이러한 이슈들을 심도 있게 이해하도록 해주며, 고려해야 할 정책대안과 행동을 권고하도록 해준다.

5.3.5 지도자가 다른 관점과 사례를 경험하는 방식으로 학습

정치와 행정 지도자들은 그들의 개인적인 관찰, 성찰, 독서, 다른 국가의 방문, 다른 지도자와의 상호교류를 통해서 정책재검토를 시작할 수 있다. 정치지도자들은 유권자들로부터 불만, 요구, 환류, 의견을 정기적으로 받으며, 정책재검토에 대한 요구를 받을 수도 있다. 정책이슈에 관한 많은 포럼과 비공식적 토론이 있는데, 장관들이 직원들과 함께 차를 마시면서 의견을 나누는 간소한 회의부터 다양한 위원회 개최, 다양한 집단의 직원이 참여하는 정책포럼, 특정한 입법적인 이슈들이 상정되고 논의되는 의회 회기들까지 범위가 매우 다양하며, 흔히 의회의원들은 정부부처의 정책의제를 재검토하고 매년 관련 예산에 대해 토론한다. 이러한 상호교류와 토론은 공공부문의 지도자들의 관심과 중요한 이슈를 보다 깊게 연구하는 프로젝트팀에게 이슈를 표면화시킨다.

공공부문의 고위관료나 직원들은 다른 국가의 공무원들과 상호 인사교류를 하는데, 보통 더 선진화된 국가들은 어떻게 관심 있는 이슈를 다루는지 이해하고 학습하도록 조장하기 위해 교류기회를 부여한다. 이러한 상호교류와 방문은 철학, 사례, 결과가 다르기 때문에 풍부한 아이디어의 원천을 제공한다. 예컨대, 쉘(Shell)은 다년간 싱가포르에 주요한 투자자였으며, 공공부문은 쉘의 고위 간부들과 상호 교류하면서 쉘로부터 두 가지 중요한 기법, 즉 시나리오기획과 성과평가체계를 배우고 도입했다. 공공부문 지도자들은 어떻게 이러한 관행들이 실행되는지 직접 배우고 효과를 경험하기 위해서 쉘을 방문했다. 몇 명의 선발된 직원들은 싱가포르의 공공부문을 위해서 그러한 사례를 잘 이해하고 어떻게 도입하는지 충분히 알 수 있도록 런던의 쉘 본부에 각각 1년까지 배속되어 직원들과 함께 근무하였으며, 돌아와서 그것을 싱가포르에 적용했다.

5.3.6 정책제안과 재검토 사례: 통신서비스의 자유화

국내 공공서비스 분야들의 자유화를 촉진하기 위한 정책적 접근방법은 대략 유사한 방식을 따랐다. 자유화의 방향을 둘러싸고 사업자와 주주들은 탈규제와 자유화를 먼저 추진하기보다는 경쟁적인 환경에서 생존하고 성공하기 위해 무엇을 할 것인가를 고민하라는 요구와 자문을 받았다. 이러한 의견은 정책참모들에게 정책설계를 위한 통찰을 제공하였는데, 기존 사업자들이 경쟁을 위해 준비하고 능력들을 구축하도록 합리적인 시간을 주도록 했다. 하지만 집행을 위한 시간표는 사전에 준비된 일정을 철저히 준수해야 했다. 통신사업의 자유화는 정책입안자들의 책무와 정책의 현실성에 대한 흥미로운 사례를 제공한다. 그러나 그것은 엄격함과 집착이라고 표현할 수 있을 정도로 강력한 것은 아니다. 통신사업의 자유화를 위한 시간표는 1992년에 정부가 유일한 통신회사인 싱텔(SingTel)을 민영화하고 국민주를 제공하는 방식으로 주식시장에 상장했을 때 상세하게 준비하고 공표했다. 통신부문에 대한 독립규제기구가 구성되었고 정부는 단계적으로 시장자유화를 추진했다. 휴대전화와 호출서비스는 1997년에 자유화되었고, 인터넷접속서비스 공급은 1998년에, 국제인터넷교환서비스 공급은 1999에 뒤이어 이루어졌다.

1997년에 인터넷은 세계화의 심화를 가속화시키는 계기로 작용하였으며, 내부적인 분석에 따르면 통신자유화는 아시아의 정보허브가 되기 위한 싱가포르의 전략적 위상을 확보하는 데 대단히 중요한 것으로 간주되었다. 자유화의 시간표는 기업과 소비자가 경쟁적인 가격에 세계적 수준의 통신서비스를 접속할 수 있도록 앞당겨질 필요가 있었다. 기본적인 통신서비스의 가속화된 시장자유화는 역동적이고 경쟁적인 통신시장의 발전을 촉진시키기 위해서 불가피한 것이었다. 이미 설명한 금융서비스 산업의 자유화처럼, 정책변화들은 실패 또는 외부적 위기보다는 주도적인 내부적 분석과 판단의 결과로 시작되었다.

이것은 역동적인 환경에서 정책변화를 성취한 것인데, 시간표를 2002년에서 2000년으로 앞당기기 위해서 두 개의 주요한 통신회사인 싱텔(SingTel)과 스타허브(StarHub)에 보상을 해줌으로써 정책환경의 신뢰성도 손상시키지 않았던 것이다. 보상은 규제완화를 조기에 추진하면서 그에 따라 예상되는 수익의 감소를 보전해주는 방식이었는데, 금액은 약 S$19억 달러였으며 그 중 S$15억 달러는 싱텔에게 돌아갔다. 이것은 정부 입장에서 '값비싼' 결정이었지만 자유화의 시간을 2년 앞당기기 위해서 통신회사들에게 보상을 함으로써 당초 정부가 수립했던 규칙에 따라 행동하는 책임감을 보여주었다. 더욱 중요한 것은, 이것이 경쟁적인 경제와 통신사업을 만들기 위한 정부의 책임과 장기적인 국가의 목적을 성취하는 데 있어서 가장 중요한 정책재검토였다는 것을 입증했다는 점이다. 이것은 역동적인 행동이었지만 '선수들'에게 공정한 것이었다. 이러한 정책제안 사례는 무엇이 싱가포르에 좋은 것인지에 대한 신념에 의해서 내부적으로 주도된 것이다. 통신시장의 규제완화는 더 많은 정책변화를 유도하는 새로운 학습과정이었다. 다른 사람들의 경험으로부터 학습함으로써 싱가포르는 값비싼 실수를 피할 수 있었는데, 특히 3G(3세대 이동통신 기술을 위한 국제전기통신연합의 규격) 허가는 대표적인 사례이다. 리분양(Lee Boon Yang) 장관은 그 과정에 관련되어 있었다.[21]

"첫째, 우리는 규제방식을 견고한 지배적인 행위자에 대한 규제에서 다양한 행위자들의 환경에서 경쟁을 촉진하는 것

21 정보통신예술부 장관 리분양(Lee Boon Yang)이 2003년 싱가포르 ITU 세계총회 포럼 연설에 대해서는 "Is Market Liberalisation Working?" on 13 October 2003.

으로 바꿔야 했다. 운영자들은 4백만보다 적은 시장에서 작은 파이를 나누기 위해 경쟁하기 때문에 경쟁은 또한 신중하게 감시해야 했다. 물론 거기에는 또한 세계적인 통신시장의 경기침체가 있었고, 그것은 우리에게 영향을 미치고 우리의 통신회사들에게 부가적인 압력으로 작용했다. 이러한 모든 것들은 작은 지역의 전문가 또는 실무적인 경험들에 의존해서 이루어져야만 했다.

우리는 상호연동참조제안(Reference Interconnection Offer)을 다른 서비스 공급자들에게 제의하기 위해서 우리의 지배적인 통신사업면허소지자인 싱텔이 필요했다. 우리는 강력한 일련의 규제적인 원칙들을 수립해야만 했는데, 그것은 효과적이고 지속가능한 경쟁, 개방적인 접속, 소비자 보호, 기술 중립성, 그리고 투명성과 합리적인 의사결정 과정을 위한 규제를 포함하고 있었다.

경험이 축적되면서, 우리는 우리 자신들이 세계적 경향들에 더 잘 적응할 수 있다는 것을 발견했다. 예컨대, 3G에 대한 시장의 분위기가 유럽의 초기 주파수 경매제에 따라 떨어졌고, 우리는 3G 허가에 대한 우리의 최저 경매가격을 33%로 낮추었다. 이것은 유럽의 통신회사에게 손해를 입혔지만 우리 허가소지자들의 손익계산서에는 해를 입히지 않았다. 우리는 우리의 이동통신 운영자들이 새로운 3G 서비스들에 투자하기 위한 유리한 위치에 있다고 생각했다.

우리는 공평하게 고통을 분담했다. 세계적인 경기침체와 작은 시장규모로 인해 싱가포르가 자유화를 시행하자 4개의 설비중심 운영자들은 시장에서 철수하였다. 서비스 기반의 운영자인 버진 모바일(Virgin Mobile)은 큰 충격을 안기면서 진입한 이후 거의 1년 만에 시장을 빠져나갔다. 운영자들이 '조성' 보다는 '매입' 을 선택하면서 기반시설 서비스 개시도 늦어졌다.

이것의 함의는 싱텔이 당분간 시장에서 지배적인 행위자로 남기 쉽다는 것을 의미했다. 이것은 시장의 다른 운영자들이 우리에게 더 많은 규제와 간섭을 요청하는 결과를 낳았다."

5.4 정책설계와 개발의 고려요소

만약 정책요구와 제안을 위한 핵심적 기준이 전략적 비전과 초점이라면, 정책설계와 개발을 위한 핵심적 고려요소는 현실주의이다. 이것은 현실에 대응하는 원칙이다. 현실에 당당하고 솔직하게 직면하려는 의지는 비전과 꿈을 가시적인 결과로 바꾸는 것이다. 만약 정책설계가 운영현실을 충분히 고려하지 못한다면, 시민들의 요구에 대응할 준비가 되어 있더라도, 제도의 능력이 양호하고 핵심적 이해관계자들의 지지가능성이 있더라도, 정책은 불행한 결말을 맞게 된다. 만약 분석이 현재의 운영 현실을 충분히 고려하지 못하고 정책설계가 실제로 작동할 수 있다는 것을 논리적이고 경험적으로 입증하지 못한다면, 그것은 집행할 준비가 되지 않은 것이다. 정책설계와 개발에 있어서 불충분한 깊이와 준비는 효율적인 집행만으로는 완전히 보정될 수 없다. 실제 집행은 예상하지 못했던 혹은 완전히 이해하지 못했던 새로운 문제들에 직면하게 될 것이며, 선도적인 기관들에 의한 실시간의 수정이 필요할 것이다. 만약 관리에 주의를 기울이는 노력이 부족하고, 기준들이 정확하게 정의되지 않고, 양질의 서비스가 정책설계에 반영되지 않으면 효과적인 집행은 심각하게 제한된다.

일단 정책이슈가 확인되고 의제로 설정되면, 지원기관과 그 리더십에 의해서 검토의 목적과 책임의 범위가 정해진다. 특정 기관의 범위 내에서 정책설계는 흔히 기관의 개별적인 직원들 또는 팀에게 할당되며, 사무차관에게 권고사항을 보고하고, 그다음 장관의 승인을 받을 것이다. 행정관료들은 그들이 정하는 정책설계의 기준, 문제를 정의하고 틀을 짜는 데 활용하는 관점과 변수, 문제의 현실을 설명하는 데 사용하는 정보, 정책대안으로 제시하기 위해 선택하는 새로운 제안, 그리고 그들의 권고를 지지하기 위해서 제공하는 분석을 통해서 정책설계에 영향력을 행사한다.[22] 만약 정책설계가 행정관료들의 영향력에 가장 크게 작용하는 요인이라면, 그것은 또한 싱가포르 행정의 명성이 유래하는 곳이다. 정책은 집행을 위해서 설계된다. 정책설계를 위한 최종적인 시험은 그것이 원하는 결과들을 얻기 위해서 효율적으로 집행될 수 있는지 여부에 대한 것이다. 집행의 이슈들은 정책을 설계하는 동안 고려되어야 하며, 그렇지 않으면 실행은 심각하게 제한된다.

싱가포르의 정책엘리트들은 개인적인 경력발전, 그들 부서의 대외적 위상, 그리고 예산과 자원의 적절성에 대한 걱정에서 자유롭지 못하지만,[23] 그러한 걱정을 넘어서 보다 장기적인 국가이익에 집중할 수 있으며, 또한 매우 높은 기준의 분석과 현실주의를 충족시키는 정책적 해결책을 설계할 수 있는 사람들을 인정해 주는 행정의 가치관과 기풍은 그러한 걱정을 완화시켜주는 데 도움이 되었다. 정부 내에서 지적인 탁월함과 공헌에 대해 존중하는 기풍은 단순히 학력의 문제를 초월하는 것이다. 최종적인 관문은 정책분석과 설계의 영역에서 이루어진다. 높은 잠재력을 가진 공무원들은 정책분석과 설계에 혁신, 엄격함, 현실주의를 반영함으로써 상사들과 동료들의 주목을 받아야 한다는 것을 알고 있다.

집행을 위한 정책대안을 개발하기 위해서 싱가포르 공공부문에서 활용하는 5가지 방식은 다음과 같다.

(ⅰ) 정책분석과 설계를 위한 기준의 설정,
(ⅱ) 직원의 분석과 보고서를 통한 행동방침의 권고,
(ⅲ) 관계기관 합동의 프로젝트팀을 활용한 정책대안의 탐구,
(ⅳ) 외부의 조언자와 전문가의 참여,
(ⅴ) 검토위원회의 구성과 공공자문의 수행

[22] Ho (2003).
[23] Grindle and Thomas (1991).

비록 정책개발에 있어서 민간부문과 국민들의 참여를 더욱 강조하고 있지만, 내부지향적 행정문화, 기준, 구조와 절차는 여전이 정책대안의 설계를 유도하고, 정책을 개발하는 동안 집행에 대한 고려사항에 주의를 기울이도록 만든다.

5.4.1 정책분석과 설계를 위한 기준의 설정

제4장에서 설명한 합리성, 실용주의, 결과지향성의 원칙은 정책제안의 질을 판단하는데 사용되는 가장 강력한 기준이다. 정부는 잠재력을 가진 유능한 공무원을 평가하기 위해서 쉘(Shell)의 4가지 기준(이러한 기준은 제7장에서 자세히 논의될 것임)을 채택했었지만, 이러한 기준은 정책을 설계하는데 암묵적인 접근방법과 정책대안과 제안을 평가하는 기준으로 발전하였다. 4가지 기준은 머리글자를 따서 HAIR로 표기된다.

(i) H(Helicopter quality): 총체적 자질로서, 전체적이고 장기적인 시각에서 이슈들을 바라보면서 동시에 가장 중요한 이슈들에 대한 관점을 놓치지 않는 능력이다.
(ii) A(power of Analysis): 분석력의 의미로 뛰어난 지성과 논리, 합리적인 분석과 판단을 포함한다.
(iii) I(Imagination): 상상력의 의미로 아이디어의 독창성, 상상하고 혁신하는 능력을 말한다.
(iv) R(Realism): 현실주의라는 의미로 해결책들이 현실적이고 현장에 적합한 것인지, 실제의 조건들과 상황들을 고려한 것인지를 반영하는 기준이다.

HAIR 기준은 단순히 사람을 평가하는 접근방법을 넘어 광범위한 응용이 이루어지고 있으며, 이제는 비전과 엄격함, 아이디어와 현실주의를 보장하는 정책설계의 철학으로 간주되고 있으며, 정책을 집행하기 위한 적합성을 판단하는 기준으로도 사용되고 있다. 정책대안을 설계하고 권고사항을 판단하는 일에 관계된 직원들은 이러한 사고방식을 학습하며, 정책을 다루는 접근방법에 있어서 대부분 이러한 고려사항들이 내부화된다. 이러한 기준은 승인을 받기 위한 '바람막이' 이상의 것이 되었다. 그것은 정책분석과 설계에서 아이디어의 생산, 자료수집, 제안의 시험, 고품질의 대안을 개발하기 위한 지침이 되었다.

총체적 자질은 정책이 국가의 장기적인 이익들과 국가발전의 더 큰 시각과 어떻게 관련되어 있는지를 결정하기 위한 능력인데, 동시에 대단히 중요한 세부사항에 주목하는 능력을 의미한다. 이 시험에 실패하는 정책은 전략적인 이슈가 아니며, 우선순위에 들어가지 못하고 자원이 배분되지 않는데, 만약에 그런 정책이 있다면 그것은 중요하지 않은 것이다. 분석의 엄격함과 합리성은 정책대안을 신중하게 고려하고 바람직한 결과를 성취하기 위한 잠재력을 보장하는 것이다. 상상력은 문제에 대한 참신하고 매력적인 접근방법이 실행되기 위한 아이디어의 독창성을 판단하는 것이다. 현실주의는 결정적인 기준으로서 다음의 질문과 관련된 것이다. 정책설계가 현장의 현실들을 고려하고 있는가? 그것은 실질적인가? 그것은 받아들여질 것인가? 잠재적인 어려움들, 위험, 저항은 고려되었는가? 제안된 설계는 이러한 것을 다루고 있는가? 이것은 정책설계가 정책집행을 위해 현실주의를 받아들이도록 강조하는 것이다.

HAIR 기준의 속성은 정책설계를 위한 균형 잡힌 접근방법을 제공한다. 그것은 정책이슈에 대한 종합적인 고려와 전반적인 해결책에 대한 체계적인 설계를 보장하며, 또한 아직까지 실질적이지 못하거나 집행을 위한 단계적인 접근방법에 이르지 못했을 때에도 유용하게 적용될 수 있다. 집행이 특정한 기관에 한정된 것이 아닌 경우에는 집행의 조정이 필요하며, 그것은 비전을 공유하고 통합적인 정책적 접근이 이루어졌을 때 성취되는 것이다.

5.4.2 직원의 분석과 보고서를 통한 행동방침의 권고

공공부문 직원들은 정책이슈를 분석하고 권고사항을 만들 때 객관적이고, 엄격하며, 철저하게 국가우선주의 관점을 추구해야 한다. 정책을 재검토하는 팀들은 대부분 간부직원이 지명하는 내부직원으로 구성된다. 심지어 외부의 재검토 팀이나 위원회를 구성하는 경우에도, 대부분의 분석적인 업무는 내부직원이 수행하며 엄격한 내부검토와 승인절차가 수반된다.

재검토 팀의 직원은 그들의 권고사항을 마련하고 이슈들을 이해하기 위한 연구와 자료의 수집을 수행한다. 다른 나라에서 성공적으로 처리되었던 유사한 문제들의 경우에는 채택한 해결책의 집행과 영향을 직접 관찰하고 이해하기 위해서 현장학습이 이루어진다. 팀은 토론하기 위해 정기적으로 만나며, 이슈를 기술하기 위한 보고서, 분석한 자료, 권고사항, 재정적인 함의, 법적인 함의, 토지이용의 함의, 권고된 행동의 실행으로부터 예상되는 반응, 그리고 제안된 소통계획 등을 준비한다. 앞서 토론한 정책개발에 필요한 기준은 직원들이 정책보고서를 작성하는 데 참고해야 할 지침이 된다. 공공부문의 직원들이 정책설계와 권고사항을 위해 사용하는 보고서의 형식은 표 5.2에 제시되어 있다. 주요한 정책의 착수와 변화를 위해서는, 장관이 내각의 최종적인 승인을 받기 위해 필요한 보고서를 요구할 것이다. 내각의 보고서는 주요한 이슈, 대안, 권고사항, 재정적 그리고 법적 함의, 소통방법을 망라한 것이다.

공공부문의 정책개발팀 직원들은 어떻게 문제 또는 이슈가 정의되는지, 어떻게 재검토를 위한 연구가 이루어지는지, 어떤 자료를 수집하고 보여줄 것인지, 어떤 대안을 강조할 것인지, 권고를 위한 제안과 그것을 뒷받침하기 위해서 사용된 주장은 어떤 것인지 등에 영향을 미치는 중요한 위치에 있다. 이것은 이슈를 이해하고 분석하며, 아이디어를 공유하고 다양한 기관의 다른 직원들과 상호 교류하며, 제안을 개선하고, 환류와 지지를 수집하며, 어떻게 이슈와 제안이 보고될 것인지를 결정하는 반복적인 과정이다. 이러한 반복적인 과정은 보고서가 마무리되고 장관에게 보고되기 전에 검토 팀에 공식적으로 제기되지 않은 것들을 포함해서 많은 직원들의 입장과 아이디어를 포함하고 있다. 비록 장관들이 최종적인 의사결정자이고 그들의 관점이 검토에 반영될지라도, 특정한 대안을 지지하거나 반대하는 주장과 직원이 보고하는 객관적인 자료와 분석은 무시하기 어렵다.

표 5.2 **직원 보고서의 형식**

1. 배경: 보고서 작성의 필요성
2. 보고서의 목표(의사결정이 필요한 사항 포함)
3. 보고서의 본론: 작성자의 재량에 따르지만 다음의 사항은 포함되어야 한다.
   a. 주요 이슈들 / 문제들
   b. 대안들
   c. 대안들의 분석
4. 필수적인 부분
   a. 다른 기관들에 대한 자문과 그들의 반응
   b. 재정적인 함의
   c. 토지사용의 함의
   d. 법적인 함의
   e. 예상되는 반응
   f. 제안된 소통계획
5. 결론
6. 권고사항

5.4.3 관계기관 프로젝트팀을 통한 정책대안의 탐구

유연한 경제와 수요자 사회에서 정책설계는 더 이상 분명한 해결책을 가진 단일 이슈는 존재하기 어렵다. 정책이슈와 해결책은 복잡하고 다양한 수준의 영향과 결과를 초래한다. 필요한 정책설계는 흔히 한 개 기관의 범위와 전문지식을 넘어서는 것이다. 따라서 여러 기관을 포함하는 접근방법은 효과적인 정책집행을 필요조건이다. 그러나 공공부문의 조직적인 구조들은 과거에 일어났던 정책적인 문제들을 해결하기 위한 역사적인 임무에 집중하는 기능적인 또는 지배적인 전문성에 따라서 형성된다. 공공부문은 이처럼 중요하고 복잡한 정책이슈를 다루는데, 그 이슈는 여러 다른 기관들의 조정이 필요한 정책을 연구하고 분석하고 설계하기 위한 관계기관 합동의 프로젝트팀을 구성함으로써 다양한 기관들에 걸치게 된다.

어떤 프로젝트팀은 앞서 토론한 전략정책실(SPO)의 후원하에 구성된다. 프로젝트는 보통 완료하는 데 6~10개월이 소요되며, 팀은 보고서를 사무차관운영위원회에 보고한다. 권고사항들이 운영위원회에 의해서 지지를 받으면, 프로젝트 보고서와 권고사항은 관계기관의 의견을 받기 위해 송부된다. 보고서와 권고사항 및 의견은 승인을 받기 위해 장관급위원회에 송부된다. 만약 승인되면, 프로젝트팀은 권고사항의 집행을 위해서 유관기관들과 함께 일할 것이다. 만약 승인되지 않으면, 프로젝트는 향후에 고려하도록 연기된다. 전략정책실은 관계기관 합동의 프로젝트팀의 전략적 이슈들을 위한 사무국으로 기능한다. 전략정책실은 관계기관 팀을 임명하기 위해 운영위원회에 팀의 장과 구성원을 권고하고, 팀의 책임의 범위를 설정하며, 회의를 조정하고, 팀의 심의활동에 대한 회의록을 작성하는 사무국으로서 기능한다. 팀의 분석과 권고사항에 대한 전략정책실의 영향은 간접적인 것이지만, 팀의 심의를 위한 지침과 방향을 제공하는 데 있어서 여전히 중요하다. 또한 전략정책실은 권고사항이 수용되었을 때 실행을 위한 마무리를 보장하는 조정자로서 기능한다.

5.4.4 외부의 조언자와 전문가의 참여

다른 사람들로부터 학습하기 위한 공공부문의 개방성은 거버넌스를 향상시키는 더 좋은 아이디어를 위한 리더십의 생산성을 반영한다. 싱가포르의 협소한 면적과 작은 인구는 희소한 가용자원으로부터 더 많은 것을 얻기 위한 더 좋은 방법들을 끊임없이 모색하는 리더십을 만들었다. 다른 사람들로부터의 학습은 진보와 다른 사람들이 겪었던 실수를 회피하기 위한 보다 안전하고 빠른 길을 제공해 준다. 때때로 외부의 조언자는 내부적인 이해관계자의 타당성과 국내적으로 개발된 계획과 정책의 진실성을 보장하는 역할을 한다. 외부의 전문가는 또한 현재의 조직의 지도자들이 그들의 객관성을 유지하고 무의식적으로 전략적 사각지대를 만들지 않도록 독립적인 관점과 개발의 핵심적인 영역에 대한 검토의견을 제공한다.

싱가포르는 역사적으로 초기 국가발전에 중요한 자문을 제공했던 조언자들에게서 상당한 가치를 발견했었다. 네덜란드 경제학자인 알버트 윈세미어스(Albert Winsemius)는 1960년대 초에 싱가포르의 경제발전과 산업화를 위한 소중한 충고를 제공한 것으로 널리 알려져 있다. 마찬가지로 이스라엘 군대의 고문들은 싱가포르가 1965년 독립한 이후 군대를 창설하고 운영하는 데 도움을 주었다.

최근에 행정은 새로운 경제정책의 형성, 생명과학기술의 확보, 정보통신기술의 개발, 마리나 베이(Marina Bay) 지역에 새로운 테마공원을 조성하기 위한 개념화, 그리고 대학들의 발전을 포함한 많은 영역들에서 개발의 목표를 자문받기 위한 조언자들을 임명했었다. 조언자들은 또한 복잡성, 혁신, 첨단 기술을 다루는 것과 같은 새로운 이슈에 대한 아이디어를 제공하는 등 행정을 자문하고 있다. 조언자들은 특정한 프로젝트 또는 특정한 행정기관의 사업을 검토하고, 새로운 이슈에 대한 의견, 관점, 충고를 제공하기 위해 정기적으로 만나는 자문단의 자문위원으로 임명된다.

5.4.5 검토위원회의 구성과 공공자문의 수행

만약 정책이슈가 국민에게 상당한 영향을 미치고, 집행을 위해서 국민의 지지가 필요하고, 그리고 분명히 전문가의 공적 자문이 필요할 것으로 예상된다면, 권고사항을 연구하고 개발하기 위해 검토위원회를 구성하게 된다. 이러한 위원회는 정책에 따른 영향을 받거나 해당 정책에 지대한 관심을 갖는 집단들의 대표성을 감안해 정부가 구성한다. 위원회의 의장은 보통 존경받는 기업가, 공동체나 정부의 지도자, 그리고 산업체, 노동조합, 공동체조직, 공공부문을 포함하는 다양한 부문에서 뚜렷한 대표성을 가지는 사람들이다. 검토위원회는 복잡하고 논쟁적인 이슈들을 위해서 소위원회를 구성할 수 있는데, 소위원회는 본위원회의 심의를 위한 구체적인 행동이나 정책변화를 제안한다. 정책변화를 위한 조언들과 권고사항을 제공하기 위해 정부에 의해 구성된 검토위원회의 사례는 표 5.3과 같다.

표 5.3 **정책검토위원회의 사례**

연도	검토위원회	의장
1985	경제위원회	무역산업부장관
1992	도서관2000검토위원회	국가전산원장
1996	싱가포르경쟁력위원회	무역산업부장관
1997	싱가포르21위원회	교육부장관
1998	인적자원21위원회	노동부사무차관
2000	정보통신21위원회	정보통신개발청장
2001	경제검토위원회	부총리
2002	대학/고등교육검토위원회	외교부장관, 교육부장관
2002	검열검토위원회	국립예술위원회의장
2002	싱가포르재건위원회	외교부장관, 국가개발
2005	고령노동자취업능력위원회	외교부장관, 인적자원과 교육
2006	최저임금노동자위원회	노동부장관

검토위원회는 변화를 위한 이슈와 제안을 토론하기 위해 일정기간 동안 만난다. 관계기관에서 차출된 공공부문 직원들은 검토위원회와 소위원회 업무를 지원하는 사무국으로 기능한다. 그들은 의제설정, 정보제공, 회의조정, 회의록 작성 등의 활동으로 의장을 보좌한다. 그들은 위원회에 예비지식을 제공하고, 심의에 참고할 수 있도록 관련된 영역에 대한 보고서를 준비하며, 위원회의 요청에 따라 자료를 수집하거나 특정한 연구를 수행하며, 그리고 흔히 위원회가 검토하고 채택해서 정부에 제출하는 보고서의 초안을 준비한다. 구체적인 제안들을 담고 있는 위원회의 최종보고서는 정부에 보고되며, 언론을 통해서 일반에 공개된다. 그러면 정부는 권고사항을 숙고해서 수용된 제안과 그렇지 않은 제안을 공표하고 그럴만한 이유를 제시한다.

검토위원회는 환류와 아이디어를 수집하고, 대안적인 관점을 제공하며, 권고사항을 개발하며, 투자우선순위를 설정하고, 중요한 이해관계자와 공동체를 조직하며, 중요한 여론주도자를 끌어들이고, 그리고 제안된 정책변화에 대한 정당성을 제공한다. 위원회는 정책변화를 유도하기 위해서 중요한 이해관계자들을 참여시키고, 정책집행의 성공을 보장할 수 있도록 그들의 지지를 끌어모은다. 검토위원회의 권고사항과 소통작업은 정부가 공동체에 더 가까이 다가갈 수 있도록 해주고, 국민들이 정책변화와 실행을 수용하도록 신뢰할 수 있는 지지의 목소리를 제공한다. 검토위원회의 심의를 위한 기초적인 분석과 정책대안의 개발은 여전히 공공부문 지도자들의 감독을 받는 직원들이 수행한다. 검토위원회는 실제로 외부적인 타당성과 함께 통합적인 내부적 분석과 설계를 수행한다. 그러한 참여의 가치는 결코 가벼운 것이 아니다. 그들은 정책의 설계와 실행의 전략을 위한 변화를 유도한다. 그러한 참여는 보통 검토위원회로서 더욱 효과적인 집행을 유도하고, 사회의 공동체들은 그들의 의견을 청취하고 그들의 아이디어를 검토하는 기회를 통해서 입장을 표명한다. 위원회의 관여를 통해서 정책변화가 작동하도록 만들고 또한 공동체의 변화를 위한 긍정적인 힘이 되도록 정부와 함께 일하려는 심리적인 준비를 강화시킨다.

공공자문은 국민들의 생활에 영향을 미치는 정책이슈에 대해서 더 교육받고, 까다롭고, 강경하게 목소리를 높이는 국민들을 참여시키는 일에 익숙해 있다. 공공자문은 정책 아이디어와 제안이 집행을 위해 승인되고 채택되기 전에 국민들의 입장을 확인하려고 한다. 이것은 국민들의 이해를 높이고, 환류를 수집하고, 입장을 알아보고, 아이디어를 시험하고, 분석을 다듬고, 우려를 표명하는 방법을 제공하며, 대화와 논쟁에 참여시키고, 기회들을 발견하고, 그리고 집행을 위한 국민참여를 촉진한다.

공공자문에[24] 대한 싱가포르의 방식들은 표 5.4에서 제시한 것처럼 크게 4가지 유형으로 구분된다.

---

[24] Civil Service College (2006). A Guide to Policy Development.

표 5.4 **공공자문의 다양한 유형**

기술	설명	자문	연결
일방향	쌍방향	쌍방향	다방향
목적: 정부기관이 이해관계자에게 정책을 통지	목적: 정부기관이 정책의 이유와 목적을 설명하고 이해관계자의 질문과 환류에 반응	목적: 정부기관이 정책을 개발할 때 이해관계자의 의견을 수집	목적: 정부기관이 적극적으로 의견과 제안을 제공하는 이해관계자들과의 네트워크를 구축하고 촉진하며 다른 시민과 이해관계자에게 정책을 설명하도록 지원
정책수단: 자료 표, 웹사이트	정책수단: 보도자료, 브리핑, 설문조사, 관심집단, 웹채팅	정책수단: 관심집단, 대책단, 전문가 패널, 자문위원회	정책수단: 전문가 패널, 자문위원회, 시민사회

공공자문은 환류 회의, 영향력 있는 여론주도자와의 회의, 우편, 정부 포털사이트에 게시, 웹 기반의 토론을 포함한 많은 포럼을 갖고 있다. 수집된 환류와 의견은 정책입안자가 정책과 그 실행방식에 대해서 어떤 정책을 어느 정도 수정할 필요가 있는지를 결정하는 데 참고한다. 공공자문의 참여 수준은 검토위원회보다는 낮지만 최종결과는 유사하다. 국민의 다수와 강경하게 목소리를 높이는 부류도 포함된다. 만약 자문이 정책의 실질적인 변화를 초래하는 것이라면, 그것은 환영받는다. 그러나 그렇지 않더라도, 소통을 위한 공개적인 채널과 공공에 기여하고 싶은 사람들의 자발적인 참여는 전반적인 거버넌스 과정을 향상시키고 더 좋은 실행을 촉진하게 된다.

5.4.6 정책설계를 위한 총체적 접근방법: 수자원 관리와 보호의 사례

싱가포르의 물 관리는 공공부문이 어떻게 시스템의 모든 부분들을 고려해서 총체적으로 정책을 설계하고 집행하는지 설명해주는 사례이다. 집행은 단계적으로 이루어지지만 분명한 전략적 방향을 추구하였다. 땅이 희소한 작은 섬에서 깨끗한 물을 확보하는 것은 생존의 문제였다. 이 작은 섬은 경제와 인구가 성장하면서 필요한 물을 저장할 수 있는 물리적인 능력이 충분하지 못했다. 싱가포르는 1961년과 1962년에 서명한 협정에 따라 말레이시아 남부의 조호르바루로부터 많은 물을 수입하는데, 이 협정은 각각 2011년과 2061년에 만료된다. 싱가포르의 지도자들은 만약 물 공급을 자급자족할 수 있다면 말레이시아에 대한 지속적인 의존과 긴장을 제거할 수 있을 것이라고 생각했다. 싱가포르는 단계적, 체계적, 거시적인 접근방법을 통해서 그 목표를 거의 달성했으며, 따라서 2011년 만료되는 물 협정을 갱신할 필요가 없었다.

2006년 스톡홀름 워터 프라이즈(Stockholm Water Prize)를 수상한 아시트 비스와스(Asit Biswas) 교수는 인터뷰에서 세계 공공부문에서 가장 효율적인 물 시스템은 싱가포르와 도쿄라고 언급했다. 싱가포르의 물 정책들 중에 어떤 것이 가장 모범적인 것인지에 대한 질문에 다음과 같이 대답했다.

> "싱가포르에 대해서 가장 주목할 만한 것은 어떤 특정한 정책들이 아니라 공공시설원(PUB: Public Utilities Board)이 희소한 수자원을 관리하는 총체적인 방식에 있다. 수자원을 보존하는 데 상당히 기여하는 혁신적인 상하수도 요금체계는 물론 입체적인 집수방식, 하수의 수집과 중수도 활용, 물에 대한 국민들의 인식을 높이는 것과 같은 이슈까지 모두 모범적이다."[25]

수자원 관리와 보호에 대한 포괄적인 정책적 접근방법은 다음의 사항들을 포함하고 있다.

---

25 아시트 비스와스(Asit Biswas) 교수와의 인터뷰는 아래의 언론에 보도되었음. The Straits Times, on 23 September 2006.

(i) 물과 관련한 새로운 정책의 형성과 실행,
(ii) 물 관리의 전략적, 포괄적, 장기적인 시각을 보장하기 위한 제도의 개편,
(iii) 새로운 물 공급원인 해수담수화에 대한 과감한 투자, 하수의 집중적인 재활용, 집수시설 인프라의 향상과 같은 새로운 공급원의 개발,
(iv) 다양한 요금제와 물절약 인센티브를 통한 정교한 물 수요관리,
(v) 연구와 기술개발에 투자,
(vi) 국내 수요와 수출을 위한 경쟁력 있는 물산업 클러스터의 발전을 촉진하는 것이다.

공공시설원은 물 관리의 집행업무에 부가해, 이제는 싱가포르의 전체적인 물 순환을 관리하게 되었다. 초기에 공공시설원은 상수도는 물론 지금은 민영화된 전기와 가스에 대한 관리도 담당하고 있었다. 이후 2001년 4월 1일에 하수와 저수 업무가 환경부에서 공공시설원으로 이관되었다. 이러한 업무의 통합은 공공시설원이 총체적인 정책의 개발과 실행을 주관할 수 있도록 해주었다. 국가는 이제 모든 하수를 수집하는 관로를 완비했으며, 별도의 저수와 하수시스템은 대규모의 중수도 활용을 조장하고 있다. 공공시설원은 새로운 수자원을 개발하면서 높아진 물 생산비용을 반영하고 물 보존을 권장하기 위해 상하수도 요금을 재검토하고 개편했다. 중수도와 해수담수화 프로그램들은 단계적으로 추진되었는데, 원래 이 사업들은 1980년대에 검토되었지만 비용이 엄청나게 비싸서 당시에는 착수하지 못했었다. 그러나 10~15년이 지난 이후 비용을 감당할 정도로 기술이 발전했을 때, 다시 검토되고 실행되었다.

멕시코에 소재한 물 관리를 위한 제3세계센터(Third World Center)의 부의장인 세실리아 토르타자다(Cecilia Tortajada)는 2006년 인간개발보고서에 싱가포르의 도시용수 관리에 대해서 세밀한 연구를 했다. 그녀는 다음과 같이 논평했다.

"상수와 하수의 관리에 대한 싱가포르의 성공은 공급과 수요의 관리, 하수와 빗물의 관리, 제도적인 효과성, 그리고 강력한 정치적 의지, 효과적인 법, 규제제도, 유능하고 대응적인 관리인력을 포함하는 우호적인 환경의 조성을 동시에 강조하는 데 있었다.
국가는 최근에 물 전문가들의 조언을 성공적으로 실현했다. 경제적 수단을 활용해 제한적인 수자원에 대한 효율적인 사용을 보장하고, 새로운 수자원을 생산하기 위한 최신의 기술혁신을 채택하고, 적당한 집수관리를 통해서 저수능력을 향상시키고, 수자원 보존수단을 실행하고, 그리고 사회적, 경제적, 환경적 요인을 동시에 고려함으로써 싱가포르는 다른 세계도시들이 부러워하는 총체적 물 관리의 우수사례로 부상하였다."[26]

5.5 정책결정의 집행

정책결정을 효과적으로 집행한다는 것은 아이디어와 계획과 결과 사이의, 비전과 현실 사이의, 정책설계와 실제의 수행 사이의 차이를 최소화시킨다는 의미를 담고 있다. 외부인의 관점에서 보았을 때 집행은 곧 정책이다. 시민을 포함한 외부인은 의사결정에 관여하지 못하거나 그것이 이루어지는 과정의 정책적인 고려를 이해하지 못할 것이다. 그들은 의도와 상관없이 정책을 집행으로 간주한다. 그것이 정책집행의 실질적인 과정이다. 정책집행은 마무리의 원칙이다. 이것은 말이나 아이디어가 아니다. 이것은 행동이다. 이것은 일이 이루어지도록 필요한 자원을 할당한다. 이것은 올바른 기술과 의욕을 가진 사람들을 선발하고, 실행을 위한 노력을 선도하고 조정하는 적합한 조직을 만들어야 한다. 이것은 계획과 철학을 성과와 진보와 번영으로

[26] Cecilia Tortajada (2006). "Urban Water Management," in Asian Water, April.

변환하기 위한 절차, 프로젝트, 프로그램을 만드는 것이다. 이것은 자원의 적절한 사용과 결과에 대한 책임을 지는 것이다. 이것은 또한 성과에 대한 기여와 관련성을 인정하는 것이고, 일이 이루어지기 위한 제도적인 문화를 지속하는 것이다. 이것이 정책집행의 본질이다. 이것은 훌륭한 국가적 비전과 목적을 완수하기 위해서 현실적인 정책설계를 개발하는 마무리의 원칙이다.

싱가포르 공무원들은 정책을 효율적으로 집행하기 위한 지식, 기술, 조직, 자원을 갖고 있기 때문에 좋은 평판을 얻게 되었다. 집행을 위한 고려사항은 잠재적인 변화를 위한 정책을 검토하고 개발할 때부터 착수된다. 공무원은 특정한 정책제안과 정책변화가 분석의 엄격한 기준을 충족하고 동시에 현실성에 대한 요건을 통과하는 데 필요한 권고사항을 만든다. 그들은 제안의 법적 함의와 필요한 핵심적인 자원(특히 재정과 토지의 사용)과 같은 실행의 이슈를 해결하기 위해 다른 공공기관은 물론 다양한 이해관계자와 협의한다.

만약 정책결정이 입법적인 변화를 수반하는 것이라면, 이제 법무부 장관은 필요한 입법안을 마련하고 의회의 승인을 받기 위해서 유관 기관들과 함께 작업할 것이다. 우리는 싱가포르 공공부문으로부터 정책결정의 집행을 위한 5가지 주요한 관행을 확인했다.

(i) 핵심적 지도자의 선발,
(ii) 적합한 조직으로 구조화,
(iii) 주요 전략과 자원을 위한 실행계획,
(iv) 프로젝트와 절차 및 프로그램의 실행,
(v) 절차에 대한 감시와 환류의 촉진이다.

이것은 아이디어와 자원을 현실과 결과로 전환하기 위한 실질적인 요구사항이다. 정책집행은 개발과정에서 환상적인 개념과 현실적인 설계를 요구할 뿐만 아니라 집행과정에서 조직의 자원에 대한 효율적인 배치를 필요로 한다. 비록 정책설계의 엄격한 기준을 충족하더라도, 조직과 자원의 배치가 비효율적이고 부적절한 집행으로 귀결된다면 바람직한 정책결과를 성취하지 못하거나 구성원의 의욕과 창의적인 에너지를 소멸시키는 낭비와 지연을 초래할 것이다.

5.5.1 핵심적 지도자의 선발

주요한 정책의 실행을 위해서 신뢰할 수 있는 유능한 지도자를 선발하는 일은 싱가포르 행정의 핵심적인 특징이다. 특정 분야의 지식과 전문성은 별로 중요하지 않은 사항이다. 리콴유는 자치정부와 독립선포를 전후한 결정적인 시기에 "가장 중요한 과업을 수행하는 적임자"를[27] 배치해야 한다고 믿었으며, 이러한 관행은 공공정책에 있어서 변화를 실행하기 위한 시도로 각인되었다. 정치와 행정의 고위급 지도자들은 바람직한 결과를 성취하기 위한 성공적인 집행을 담보할 수 있고, 과업을 통해서 성장하고 발전할 수 있는 능력을 갖고 있는 사람이었다. 사회적 네트워크는 흔히 과거의 경험과 다른 상황에서 변화를 선도하기 위해 신뢰할 수 있는 충실한 공공부문의 지도자를 임명하는 데 활용되었다. 이렇게 임명된 지도자는 또한 그들이 과거에 함께 일했었던 사람들을 관리자로 임명했다.

예컨대, 필립 여(Philip Yeo)는 1980년 당시에 국방부 사무차관이라는 높은 경력을 갖고 있었는데, 싱가포르의 IT시대를 선도하기 위해서 새로운 독립행정기관을 설립하는 업무가 주워졌다. 그는 국가전산원(NCB: National Computer Board) 원장으로서 초기의 관리팀을 구성하기 위해서 국방부의 전산조직으로부터 신뢰할 만한 동료들을 데려왔다. 또한 그는 최악의 경기침체를 경험하던 1985년에 싱가포르가 어려움을 극복하고 재도약할 수 있도록 외국인 투자의 양과 질을 높이고 경제를 첨단산업으로 재편하기 위해서 무역산업부 산하 경제개발청장으로 임명되었다. 그는 탄친남(Tan Chin Nam)을 당시 국가전산원의 원장으로 승진시켰고 또한 경제개발청의

27 이것은 인터뷰하는 동안 몇 명의 은퇴한 공공부문의 지도자들이 언급한 것이다.

관리감독으로 임명하기도 했다.

정보예술부가 1992년에 공공도서관 시스템에 대한 검토를 원했을 때, 장관은 탄친남(Tan Chin Nam)을 '도서관2000검토위원회'의 의장으로 임명했다. 국가전산원이 IT2000 보고서를 발표하면서 마침 디지털도서관이 미래의 방향이라고 제안했던 것이다. 도서관2000 권고사항들이 정부에 받아들여지면서 탄친남(Tan Chin Nam)은 중앙도서관의 새로운 관장으로 국가전산원의 동료인 크리스토퍼 치아(Christopher Chia)를 선택했다.

5.5.2 적합한 조직으로 구조화

공공부문의 기관들은 자기들의 전략적 목적을 달성하기 위한 프로그램을 집행하기 위해 필요한 자원과 능력을 동원한다. 그들은 정책집행의 결과에 책임을 지며, 최종적으로 정책분야 전반을 포괄하는 장관이 책임을 진다. 특정한 임무를 수행하는 데 전념하도록 설계된 별도의 조직은 리더십이 원하는 결과를 달성하기 위해서 자원을 배치하는 데 보다 집중할 수 있도록 해준다. 이러한 조직은 중요한 정부의 정책, 프로그램, 행동을 주관하도록 법에 의해 만들어진다. 그것은 정부부처, 독립행정기관 및 여타 국가조직의 형태로 만들어진다. 독립행정기관은 자신의 고유한 거버넌스 구조를 갖고 있으며, 인력과 재정을 관리하는 데 많은 자율성을 누리며, 주어진 임무를 추진하기 위해 독자적인 수익을 창출한다.

정책변화를 유도하기 위해 평가는 바람직한 결과와 서비스를 제공하기 위한 적합한 조직의 구조와 형태에 관해서도 이루어진다. 정부부처는 새로운 정책우선순위와 새로운 프로그램과 행동을 집행하기 위해서 개편될 것이다. 공동체개발부는 2000년 4월에 공동체개발예술부로 개편되었으며, 청소년과 스포츠를 위한 정책들과 프로그램들의 중요성이 증가하는 것을 반영하기 위해 2004년에는 다시 공동체청소년스포츠부로 변경되었다. 새로운 부처는 새로운 정책의 시작을 집행하기 위해 설립되기도 한다. 새로운 통합서비스센터(CSS: Centre for Shared Services)는 공공부문의 인적자원과 재정활동을 지원하는 과정을 통합하기 위해서 2006년에 재무부 산하에 설립되었다. 기관들은 규모의 경제와 서비스 제공의 효율성을 확보하기 위해 그러한 활동을 통합서비스센터에 이전하고 업무를 수행했다. 통합서비스센터는 기관들에게 약속한 15%의 비용절감을 달성하기 위한 절차의 재설계와 직원의 재배치에 전문성과 노하우를 지니고 있었다.

기존의 정부부처가 정책집행의 효과성 제고를 위해 독립행정기관으로 재편되기도 한다. 1992년 재무부의 내국세 담당부서가 전문적 조세기관으로서 싱가포르국세청(IRAS: Inland Revenue Authority of Singapore)으로 개편된 사례가 여기에 해당한다. 국세청은 내부적으로 조세종류에 기초한 조직에서 정보통신기술에 기반한 절차중심의 조직으로 변화하였다. 마찬가지로 중앙도서관은 국가의 학습능력 향상이라는 새로운 임무를 달성하기 위해서 프로그램들의 실행에 더 많은 자율성을 확보할 수 있도록 1995년에 독립행정기관으로 전환되었다.

정부기관은 만약 관련된 서비스에 시장이 존재하거나 또는 민간부문이 유사한 서비스를 제공하도록 경쟁을 허용하는 전략적 목적을 달성하기 위해 법인화되거나 민영화될 수 있다. 만약 그 기관에 규제적 활동이 존재한다면, 그것은 분리되고 새로운 기관이나 유관 기관에게 인계하게 된다. 시장경쟁과 유사한 조직풍토를 지니고 있던 싱가포르항만청은 1997년 전략적 제휴 또는 주식시장에 상장하는 방식으로 새로운 투자자를 유치할 수 유도하기 위해 법인화하였다. 이때 항만청의 규제적인 기능들은 새로운 독립행정기관인 싱가포르해양항만청(Maritime and Port Authority of Singapore)으로 이관되었다.

국가전산원의 운영부서는 정부에 대한 IT서비스 제공에 있어서 경쟁을 촉진하기 위해 1999년에 법인화되었다. 정부에 대한 IT서비스 제공은 당초 정부가 전액 출자한 법인 국가전산시스템(National Computer Systems)에게 이전되었고, 그 이후에는 지명입찰을 통해서 싱가포르증권거래소에 상장된 기업 중 가장 큰 통신회사인 싱텔에 인수되었다.

5.5.3 주요 전략과 자원을 위한 실행계획

적합한 조직이 만들어지거나 개편되고 핵심적인 지도자들이 임명된 후에, 지도부는 실행을 위한 일련의 전략적 논거를 개발하고 필요한 재정과 인력을 확보할 것이다. 이러한 전략적 논거는 정책제안의 상세한 계획 또는 과거에 승인된 검토위원회의 권고사항 또는 지도부가 형성한 새로운 전략적 방향을 포함할 것이다. 여기에서 계획의 엄격함이 요구되는데, 성과지표의 개발, 목표의 설정, 구체적인 인력과 재정 등이 여기에 해당한다. 기관의 내부심의 이후에, 전략적인 계획과 예산은 상급 부처에 제출되며 또한 예산의 승인과 할당을 받기 위해 재무부에 제출된다.

'도서관2000' 연구는 1994년에 정부가 의제로 채택하였는데, 적응적인 공공도서관 시스템, 도서관들의 경계를 초월한 네트워크, 국가의 자료수집 전략에 대한 조정, 시장지향성을 통한 양질의 서비스 제공, 기업이나 공동체와 공생하는 연계성 구축, 그리고 세계적 지식에 대한 영향력을 포함하는 싱가포르 도서관 서비스의 변신을 위한 6가지 전략적 목표를 추구도록 권고받았다. 1995년에 중앙도서관에 추가된 새로운 관리팀은 도서관2000 비전을 실행하기 위해서 신규 도서관 건립계획, 기존 도서관의 개조, 새로운 IT 네트워크에 대한 투자, 콘텐츠 제고, 서비스 향상, 사업과정의 재설계, 전문적인 기술과 사서의 지식 개발을 포함하는 구체적인 계획들을 개발했다. 도서관이 이러한 계획을 8년에 걸쳐서 집행할 수 있도록 개발비 S$611백만 달러를 포함해서 S$10억 달러의 예산이 1996년에 승인되었다.

5.5.4 프로젝트와 절차 및 프로그램의 실행

필요한 인력과 재정을 확보한 후에, 개편된 기관은 정책의 바람직한 목적을 수행하고 의도한 결과를 달성하기 위하여 구체적인 프로젝트와 절차와 프로그램의 동원에 착수한다. 이것은 실행계획의 단계이며, 효과적인 집행은 계획과 자원을 공공 및 다른 사용자와 상호작용하기 위한 능력과 서비스로 전환하기 위해서 대단히 중요한 것이다. 직원과 사용자는 새로운 프로그램과 서비스를 통해서 소통하기 위해 학습하며, 새로운 태도와 행태가 만들어지고, 사람과 조직에 변화가 형성되기 시작하며, 더 좋은 성과와 결과를 누릴 수 있도록 해준다. 프로젝트, 절차, 프로그램이 제대로 설계되고 효과적으로 집행될 때 정부기관의 직원은 국민들을 위해 더욱 세심하고 빠르게 봉사하는 보다 의미 있는 일을 수행할 수 있다.

조세기관은 1991년에 새로운 국세청장을 임명했는데, 1992년에 새로운 독립행정기관인 싱가포르국세청(IRAS)으로 개편되었고, 내부적인 조직설계 기준으로 세금의 유형보다는 기능의 단위를 중시하게 되었다. 그리고 중요한 조세징수절차의 재설계와 자동화에 기반한 완전한 재개발을 시작했다. 예컨대, 조세징수절차는 개별적인 사건들에 대한 조세공무원의 평가에 기초하는 수작업 절차에서 조세공무원의 축적된 전문성을 반영한 전문가 시스템으로 진화하였다. 조세에 대한 평가는 이제 시스템에 의해서 자동적으로 이루어졌으며, 오로지 복잡한 사건들만 조세공무원의 판단과 평가를 참고하도록 하였다. 재설계된 조세징수절차와 시스템은 1995년과 1996년 동안 2년에 걸쳐서 실행되었는데, 이것은 국세청의 업무적체를 해소하는데 결정적인 기여를 하였고, 대부분의 조세징수절차는 과거에 2년이 소요되던 것을 5개월 안에 완료할 수 있도록 변화하였다.

5.5.5 절차에 대한 감시와 환류의 촉진

새로운 프로젝트와 사업이 실행되면서, 정부기관은 사용자로부터 환류를 수집하고 계획한 목적을 달성할 수 있도록 프로그램과 서비스를 조정한다. 그들은 성과와 진행상황에 대한 자료를 수집하고 개선하기 위한 기회요소들을 내부적으로 검토한다. 이러한 자료는 상급부처와 재무부에 예산을 요청하는데 토대를 이루는 기관의 연간실적보고서에 포함된다. 국민들의 관심이 높은 것은 그 진행상황의 결과를 언론에 정기적으로 발표한다.

5.5.6 정책집행의 사례: 복합리조트 개발을 위한 계약체결

정책집행을 위한 조직과 절차를 신중하고 합리적으로 설계한 최근의 사례는 마리나 베이(Marina Bay)와 센토사(Sentosa)에 있는 2개의 복합리조트에 대한 제안평가로, 이 복합리조트들은 카지노를 포함하고 있었다. 2개의 복합리조트에 대한 승인은 국민들과 의회에서 많은 논쟁을 거친 후에 이루어졌다. 싱가포르관광청(Singapore Tourism Board)은 프로젝트의 실행을 감독하기 위한 주관기관으로 지명되었다. 2개의 복합리조트에 대한 허가 여부를 결정하기 위한 적합한 절차에 대해서 전문가, 기업체 등과 수개월 동안 논의했다. 제안요청서는 매우 상세하게 만들어졌는데, 싱가포르가 프로젝트를 추진하는 목적을 설명하고, 입찰심사를 위한 기준, 입찰을 위한 절차와 기간 및 평가절차, 부지에 대한 세부사항, 입찰제안서 제출의 필요사항이 만들어졌다. 제안한 투자자들은 프로젝트에 입찰하기 위한 자격조건에 관한 상세한 검증절차를 통과해야 했다. 국제회의 유치, 관광사업 홍보, 리조트 디자인, 투자총액, 협력업체의 경험과 신용도를 포함하는 각각의 2개 프로젝트에 대한 기준과 가중치를 명확하게 공표하였다.

마리나 베이 복합리조트에 대한 평가과정의 개요는 그림 5.3에 나타나 있다. 유사한 절차가 센토사 복합리조트 평가에도 적용되었다. 평가의 일정표는 그림 5.4에 나타나 있다. 3개의 별도 평가위원회들은 표 5.5에서 설명하는 것처럼 부서책임자의 지원을 받았고, 자문위원단이 구성되었다.

그림 5.3 **마리나 베이 복합리조트 평가절차 개요**

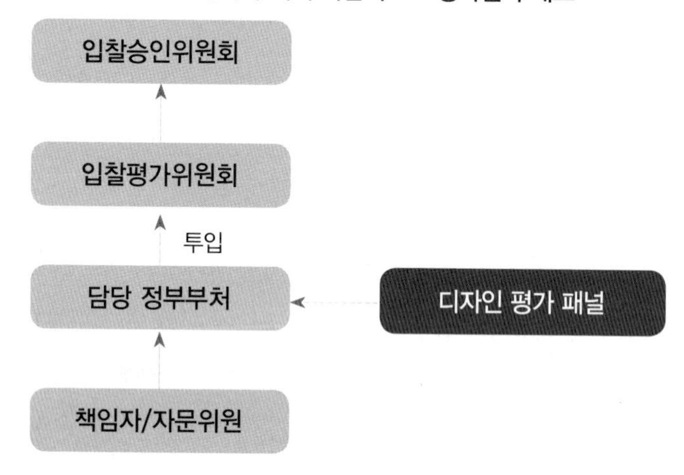

출처: 싱가포르 관광청

그림 5.4 **마리나 베이 복합리조트 평가일정**

표 5.5 마리나 베이 복합리조트 평가위원회

입찰승인위원회	
의장	
S. Jayakumar 교수	부총리, 국가안보조정장관 겸 법무부장관
위원	
Mr Mah Bow Tan	국가개발부장관
Mr Lim Hng Kiang	무역산업부장관
Dr Vivian Balakrishnan	공동체청소년스포츠개발부장관
Mr Raymand Lim	장관, 총리실, 재무부제2장관, 외무부제2장관
입찰평가위원회	
의장	
Mr Lim Siong Guan	사무차관, 재무부
위원	
Mr Peter Ong	사무차관, 무역산업부
Mr Tan Tee How	사무차관, 국가개발부
Ms Chan Lai Fung	사무차관, 법무부
디자인 평가 패널	
사회자	
Mrs Cheong–Chua Koon Hean	대표이사, 도시재개발청
위원	
Mrs Koh–Lim Wen Gin	부대표이사, 도시재개발청
Mr Alan Choe	싱가포르건축가협회 금메달 수상자
Philip Cox 교수	협력사, Cox Group Pty Ltd, 오스트레일리아
Mr Mok Wei Wei	상무이사, W Architects, 싱가포르
John de Monchaux 교수	교수, Massachusetts Institute of Tech, 미국
Ms Rita Soh	사장, 싱가포르건축가협회
부서책임자와 자문위원	
• Dr Chew Tuan Chiong, 대표이사, 싱가포르과학센터	
• Mr James Cundall, 대표이사, Lunchbox Theatrical Production	
• Mr Kwok Kian Chow, 과장, 싱가포르미술관	
• Brain & Company	

출처: 싱가포르관광청

외부 자문위원들은 독립적으로 정부에서 청구할 부지가격을 계산하고 투자자들이 제안한 재무계획을 평가했다. 건축전문가로 구성된 디자인 평가 패널은 독자적으로 제안서들을 평가해서 평가위원회에 제출했다. 입찰평가위원회는 공공부문의 최고지도자들을 포함해 구성되었는데, 장관들로 구성된 입찰승인위원회와 별도로 입찰자들과 개별적으로 면담하고 독자적인 평가와 권고를 제공했다. 전체적인 복합리조트 평가과정의 설계는 국방부의 복잡한 군사장비와 조달시스템에서 사용된 분석적 계층 절차에 기초하고 있었다. 앞서 보여준 것처럼 평가과정은 면허를 수여하는 데 있어서 객관성과 공정성을 확보하도록 설계되었는데, 싱가포르관광청이 설정한 목표를 달성하기 위해서 최고의 제안서를 제출하는 응찰자에게 초점을 두었다. 특히 평가과정에 전문가의 지식이 필요했는데, 다양한 시각이 전반적인 평가에 반영되고 독자적으로 평가할 수 있도록 설계되었다. 더욱 중요한 것은, 공공부문의 지도자들을 포함하고 있는 입찰평가위원회는 장관급승인위원회로부터 독립해서 별도로 권고사항을 만들었다. 이러한 분리는 싱가포르에서 공공부문이 정책을 만들고 실행하는 데 결정적인 역할을 수행하도록 힘을 실어준다. 복합리조트 평가과정은 공공기관의 집행능력과 정책실행의 중요성을 증명하고 있다.

마리나 베이 복합리조트는 그 프로젝트에 S$50억 달러 이상을 투자하는 라스베이거스샌즈(Las Vegas Sands)에 허가를 부여하였다. 평가결과는 공공부문과 산업계의 여론조사를 통해 예단하기 어려웠다. 허가결정에 대한 자세한 내용이 공개되었을 때, 평가가 객관적으로 이루어졌고 공표한 결정기준을 꼼꼼하게 따랐다는 것이 분명해졌다. 센토사 복합리조트는 겐팅인터내셔널(Genting International)이 주도한 컨소시엄에게 허가를 부여하였다. 2개의 주요국 정부와 연계된 부동산 및 호텔경영 그룹은 프로젝트 입찰을 위해 국제적인 파트너들과 전략적 제휴를 맺었지만 계약을 따내지 못했다. 비록 계약금액은 거대했지만 그 과정에서 어떤 부정행위도 없었다. 정교한 입찰과 평가과정은 공정하고 깨끗하고 독립적이고 철저했다. 그러나 다소의 부작용도 있었다. 응찰자들은 초기에 느린 절차와 형식적 행위에 대해서 불평했었다. 집행의 철저함과 속도의 균형을 이루는 것은 어려우며, 정책절차의 완벽한 실행은 있을 수 없다. 그러나 성공적인 정책집행에 있어서 프로젝트, 절차, 프로그램에 대한 신중한 설계의 중요성은 의심할 여지가 없다.

5.6 행정의 정책정향 변화

5.6.1 정책정향 변화의 주요한 단계

행정의 3가지 정책정향 변화는 1965년 독립 이후 싱가포르가 발전하고 변화했던 방식을 설명해준다. 그러나 정책정향 단계들은 표 5.6에서 설명하고 있는 것처럼 순차적으로 이루어진 것은 아니었다.

표 5.6 **행정의 정책정향 변화**

정책정향 단계	주요한 국가적 이슈	핵심적인 행정관료
1965~1985 집행자: 정책의 실행 및 기반시설의 건설	실업, 기본적인 교육과 주택, 방위와 안보	Sim Kee Boon JY Pillay Lee EK Tieng
1986~1996 과도기: 사고방식의 변화 및 적응	경제적 재구조화, 더 좋은 기술과 생산성, 사회적 기대의 증가	Ngiam Tong Dow Andrew Chew Philip Yeo
1997~2007 혁신자: 이슈의 확인 및 새로운 능력의 창조	급격한 변화와 불확실성, 고령화 및 인구의 감소, 파격적인 위협	Lim Siong Guan Peter Ho

초창기인 1965년에 말레이시아로부터 독립하고 1968년에 영국군이 철수를 발표하던 당시에, 싱가포르는 대규모 실업, 기본적인 교육의 부재, 의료, 위생, 주택, 안보를 보장하는 군대의 창설 등 기본적인 생존에 관한 도전들에 직면해 있었다. 정치와 행정의 지도자들은 문제의 긴급성

과 정부의 제한적인 인재풀로 인해서 긴밀하게 협조하면서 일했다. 정치지도자는 헌신적으로 일했고 필요한 일이 무엇인지에 대한 분명한 아이디어가 있었다. 행정기관은 집행자였다. 관료들은 정책을 실행했고, 경제가 빠르고 효과적으로 작동하도록 기본적인 기반시설을 건설했다. 지속적인 경제성장, 낮은 실업, 소득의 증가, 국민을 위한 더 좋은 교육, 의료, 주택은 정책이 성공하고 집행이 효율적으로 이루어졌다는 증거였다.

1986년부터 1996년까지의 시기는 행정의 과도기이다. 정치적 전환기를 맞이하여 제2세대 지도자들은 보다 협의적인 스타일의 정부를 원했는데, 그것은 정책설계와 집행에 대한 접근방법이 변화해야 한다는 것을 의미했다. 싱가포르는 1985~1986년에 첫 번째로 심각한 경기침체를 겪었다. 행정은 기존의 정책정향을 재검토하고 새롭게 변화하는 환경에 적응해야만 했다. 경제정책은 경제를 다각화하고, 더 많은 자본과 고급기술을 활용하는 고부가가치 산업을 유치하는 방향으로 재설정하였다. 교육, 의료, 주택은 더 좋은 품질의 공급과 서비스를 원하는 국민들의 요구가 증가하면서 개선되었다.

1997년 아시아 금융위기가 지역을 강타하고, 이어서 2001년 뉴욕 세계무역센터에 대한 공격이 있었고, 2003년 사스가 발생하면서 싱가포르는 매우 불안하고, 불확실하며, 예측할 수 없는 시기를 맞이하게 되었다. 그리고 중국과 인도가 빠르게 성장하면서 아시아의 여타 지역으로 올 수 있었던 제조업 투자를 선점하기 시작했다. 과거의 믿음과 규칙은 더 이상 타당하지 않았다. 혁신적인 경제를 건설하는 데 새로운 사고와 아이디어가 필요했다. 공공부문은 혁신자가 되기 위해서, 더욱 복잡하고 다각적인 이슈를 다룰 수 있도록 미래를 예측하고 새로운 능력을 개발하기 위해서 스스로 재창조해야만 했다. 이 시기에 공공부문은 인적자원관리의 위임과 공공서비스21(Public Service for the 21st Century) 전략의 시작을 포함하는 주요한 변화를 시도하였다. 이 시기의 주요한 추진력은 빠른 변화와 불확실성 그리고 예측할 수 없는 미래를 준비하는 것이었다. 공공서비스는 변화에 부응하고, 변화를 예측하고, 변화를 집행하기 위해서 학습해야만 했다.

5.6.2 행정의 새로운 지향점

정부의 기본적인 책임은 안보를 제공하고, 공동체를 건설하고, 정체성을 형성하고, 의무를 지키고, 변함없이 유지되는 기회를 창출하는 것이지만, 스스로 변화하지 않으면 이러한 결과들을 성취하기 어렵다. 관리자, 규제자로서의 공공부문의 전통적인 역할은 양육자, 지원자, 조정자, 통합자로서의 새로운 역할로 변화했다. 이러한 새로운 역할은 궁극적으로 부를 창출하는 것은 민간부문이라는 것, 정부는 아이디어를 자극하고, 효율적인 집행을 지원하고, 일관된 노력을 기울일 수 있도록 민간부문 행위자들의 권리를 조정하고, 바람직한 국가적 영향력을 전달하도록 그들의 결과를 통합할 필요가 있다는 점을 충분히 인식하고 있다. 공공부문은 변화의 걸림돌보다는 변화의 촉진자, 단순한 추종자보다는 속도 조절자, 평범한 참가자보다는 지도자로 부상하기 위해서 새롭게 자리매김했다. 공무원이 추구해야 할 관리의 우수성은 표 5.7처럼 행정의 변화상에 대한 7가지 유형을 설명해주고 있다.

표 5.7 **싱가포르 행정의 새로운 지향점**

1. 성과를 넘어서는 잠재력
2. 결과를 넘어서는 과정
3. "최소한의 산출"을 넘어서는 "최대한의 투입"
4. 진전을 넘어서는 혁신
5. 기관을 넘어서는 네트워크
6. 조정된 행동을 넘어서는 조정된 비전
7. 관리를 넘어서는 리더십

성과를 넘어서는 잠재력은 공무원들이 현재의 성과를 넘어서 그 이상을 추구한다는 의미로 의식적이고 계획적인 방식으로 자신들의 잠재력을 이해하고 개발한다는 것이다. 결과를 넘어서는 과정은 근본적으로 올바른 절차와 시스템을 구축하지 않으면 좋은 결과를 창출하기 어렵다는 점을 인식하자는 것이다. "최대한의 투입"을 추구한다는 의미는 이용가능한 자원보다 더 많은 아이디어가 존재할 수 있다는 새로운 현실을 인식하는 것이다. 이와 같은 지향점은 산출을 미리 결정해서 필요한 투입을 최소화하기보다는 주어진 자원에 대한 산출을 최대화하기 위해서 창의성을 추구하는 것이다. 제한된 공간과 자원이 빈약한 상태에서 싱가포르가 성공하기 위해서는 공무원들이 계속해서 혁신하고 세계의 다른 경쟁대상국가들을 따라잡아야 한다. 진전을 넘어서는 혁신은 만약 공공서비스가 국민에게 잘 봉사하려면 끊임없이 스스로 재창조해야 한다는 것이다.

기관을 넘어서는 네트워크는 더욱 경쟁적이고 복잡한 환경하에서 대다수의 심각한 문제들과 기회들은 상호의존적이기 때문에 경계와 개별적인 기관들의 책임이 확대되는 추세를 인식하자는 것이다. 정부기관의 행동은 다른 정부기관들에게 영향을 미칠 것이며, 지엽적인 해결책은 향후에 더 큰 문제를 야기할 수 있다. 정부기관들은 범국가적인 관점을 견지할 필요가 있으며, 네트워크적인 정부를 표방하면서 중요한 결과를 성취하기 위해 함께 일해야 한다. 이것은 중앙에서 행동의 조정을 보장하는 직접적인 조치들을 떠올리게 한다. 그러나 이러한 방식은 네트워크의 관점에서 사람들의 창의성과 혁신의지를 방해하기 때문에 바람직하지 못하다. 따라서 행동보다는 비전을 조정하는 것이 보다 효과적이다. 비전을 공유하고 네트워크 측면에서 기관들 사이의 인과관계를 깊이 이해한다면, 기관들은 조정된 네트워크기반에서 행동과 기능의 자율성을 추구할 것이다.

관리를 넘어서는 리더십은 비록 공공서비스의 공급에 있어서 흔히 경쟁이 미약하고 수익목표가 분명하지 않지만, 효과적인 리더십을 위한 분명한 비전, 강력한 확신, 도덕적 가치의 중요성을 강조하는 것이다. 리더십은 공공서비스가 청렴성과 우수성을 갖고 국민에게 봉사하겠다는 포부를 고양시키기 위해서 필요하다.

이 장(章)에서 설명한 정책과정과 관행은 어떻게 공공서비스가, 특히 공공부문의 지도자들이 정책형성과 집행에서 중요하고 영향력 있는 역할을 수행했는지 상세히 보여준다. 비록 장관과 내각은 정책에 대한 최종적인 의사결정을 수행하고 정책변화를 공개적으로 주도하지만, 그들은 팀원의 선발, 이슈의 구성, 자료의 수집, 분석적인 방법의 사용, 대안의 검토, 타당성의 제공을 포함해서 정책과정의 중요한 부분을 관리하기 위해서 공공부문의 지도자들에게 의지하고 있다. 정책형성과 집행을 위한 제도적인 능력은 행정에 내재되어 있으며, 공공부문의 지도자를 통해서 관리된다. 그러나 청렴성과 높은 공공서비스의 기준을 내부화하더라도 효과적인 집행과 공급에 대한 도전은 끊임없이 진화하고 있으며, 그것은 행정이 분별력을 갖고 유연하게 실행하도록 요구할 것이다.

> "싱가포르에서는 기술적인 정책조언이나 서비스 전달을 넘어서는 큰 문제들까지도 비정치적인 행정에 부여되어 있다. 그러한 환경에서 공공정책의 실행은 이전보다 더욱 도전적이다. 우리는 국민의 열망에 따라 광범위하게 정책을 다루고 있는데, 관료적 형식주의를 제거하고 더 단순하게 만들고 있다. 정책은 분명하고 확실해야 한다. 그러나 그것은 또한 분별력을 갖고 유연하게 실행될 필요가 있다. 공무원이 단지 규칙을 율법처럼 다루고, 오랜 관례를 준수하는 것만으로는 충분하지 않다. 현실성 없는 규칙은 완벽하지 않을 것이며, 아마도 환경은 이미 변했고 규칙은 변경할 필요가 있을 것이다. 실행의 기술을 습득한 유능한 공무원은 언제 그가 정책을 고수할 필요가 있는지, 언제 예외가 정당성을 얻는지, 그리고 언제 그 공무원 또는 그의 상사들을 통해서 정책 자체가 재검토되고 변화될 필요가 있는지 알고 있다."[28]

행정의 역할 변화는 정책성과 집행에 있어서 그 효과성을 향상시켰

28 리센룽 총리가 주관한 행정직과의 만찬 간담회는 2005년 3월 24일 이루어졌다.

다. 이것은 여전히 정부의 정책기반과 자원을 관리하고 있지만 새로운 역할을 모색하고, 새로운 사고방식을 창조하고, 변화를 위해서 광범위하게 의제를 설정하고, 그리고 새로운 변화의 기제를 활용하기 위해서 그 범위를 확대하였다. 우리가 설명한 것처럼 비록 근본적인 정책형성과 집행과정은 대부분 남아있지만, 그것은 변화를 이끌어내고 촉진하기 위해서 새로운 조직적인 구조, 시스템, 메커니즘을 창출해 왔다. 이러한 조직적인 절차들은 변화에 더욱 민첩하고 유연해졌다. 여기에 대해서는 제8장에서 보다 상세하게 설명할 것이다. 이러한 새로운 제도적 기반은 행정이 새로운 공동체에 접근하고, 새로운 자원을 혁신적인 경제로 전환하도록 해주었고, 싱가포르를 선진사회와 세계도시로 격상시켰다. 싱가포르의 역동적 거버넌스에서 행정의 역할은 이제 더욱 중요하며, 그 잠재적인 영향과 기여는 이전보다 더욱 커졌다.

역동적 변화의 능력은 싱가포르 공공부문의 지속적인 변화를 가능하게 해주었는데, 그것은 강한 미래지향성, 장기적인 체계적 관점, 그리고 문제해결을 위한 실용적인 접근 때문이었고, 그것은 결국 구성원, 절차, 그리고 주어진 경로를 어떻게 관리할 것인지에 반영되었다. 다음 장(章)에서는 몇 가지 중요한 경제적, 사회적 정책들이 수년간 어떻게 집행되었고 어떻게 그것이 환경과 수요의 변화에 대응하여 적응하게 되었는지를 설명할 것이다. 정책형성과 집행에 있어서 내재적인 학습의 과정은 우리가 어떻게 정책들이 진화하는 환경에서 새롭게 출현하는 이슈들에 대응하고 적응했는지를 관찰한 것처럼 보다 분명해질 것이다.

제 6 장

정책적응: 내재적인 학습과 경로의 조정

대부분의 공공기관들은 지속적으로 적합성을 유지하기 위해 스스로 재조명하거나 재창조하기가 어렵다. 민간기업의 경우도 거대하고 성공적인 기존 사업자가 변화하는 환경에 적응하지 못해서 경쟁력을 상실하는 경우를 자주 목격할 수 있다. 그렇다면 왜 조직들은 변화를 어려워하는 것일까? 그것은 부분적으로 각인과 경로의존의 영향에 기인한다. 성공적인 기관은 흔히 창립자의 생각과 속성 및 초창기 조건을 지속적으로 반영하려 한다. 창립자와 지배적인 지도자의 가치, 신념, 관점은 조직의 문화를 정의한다. 조직이 성공적인 시기에 형성한 사고는 심지어 상황이 변했다는 명확한 증거가 있어도 계속 지속하는 경우가 일반적이다. 그것이 제1장 그림 1.1에서 역동적 거버넌스 체계를 보여준 이유인데, 미리 생각하기, 다시 생각하기, 두루 생각하기의 역동적 능력은 궁극적으로 역동적 거버넌스를 실현하기 이전에 실제로 집행되는 적응적 정책을 유발해야 한다. 이 장에서는 변화하는 환경에 적응하고 역동적으로 대응하기 위해서 학습과 지속적인 조정이 어떻게 정책에 내재하게 되는지를 토론하고자 한다.

조직은 과거의 흔적을 간직하고 있다. 변화에 대한 조직의 능력과 수용은 흔히 과거의 유산과 결정에 의해 제약되는 경로의존적 특징을 요체로 한다. 경로는 현재의 위상과 미래의 경로를 형성하면서 나아간다. 과거에 획득한 자본과 기술적 자산은 조직에 대한 경로의 개발에 영향을 미치는 유산이다. 경로의존은 그것의 채택에 따른 효용이 증가할 때 한층 더 강화된다. 효용의 증가는 외부효과의 네트워크, 보완적인 자산과 지원적인 기반시설의 존재, 사용에 의한 학습, 그리고 생산과 분배에 있어서 규모의 경제 등으로부터 기인한다.[1] 조직이 성공적인 것으로 증명된 관례에 익숙해지고 특성화되는 것처럼, 다른 접근방법의 채택이나 실험조차도 시도하기 어렵다는 점을 발견하게 된다.[2]

각인과 경로의존의 관념은 조직이 과거의 포로가 되어서 그 유산으로부터 탈출할 수 없다는 것을 의미한다. 그러나 조직은 할 수 있고 또 진화한다. 조직은 새로운 방향을 발견하고, 변화하는 상황에 적응하고, 새로운 경로를 모색하지만, 그들의 생존이 위협받을 때만 그렇다. 어떻게 조직이 과거 또는 경로의존적 궤도에서 탈출하는가? 만약 조직이 일반적으로 경로의존적이고 변화된 외부적 상황에 대응하기 어렵다는 것을 발견한다면, 어느 정도의 각인과 경로의존성이 싱가포르 공공부문에 영향을 미치고 있는가? 궁극적으로 이것은 제도적인 학습, 적응, 정책적 변화에 대한 질문인데, 어떻게 조직이 그 관례, 탐색의 과정, 새로운 지식의 습득을 변화시키는지, 그리고 어떻게 조직이 그 경로를 변화시키고 채택하는데 새롭게 습득한 정보를 사용하는지에 대한 것이다. 변화하는 외부적인 상황에 적응하기 위해 계속해서 스스로 전환하고 재설계하고 재창조하는 싱가포르 능력은 정책입안자가 싱가포르의 적합성을 유지하기 위해서 그 선택을 끊임없이 다시 생각하고 그 경로를 적응시킬 수 있을 때에만 일어날 수 있다. 어떻게 공공정책이 경로의존성의 어마어마한 압력을 극복하고 새로운 경로를 창출할 수 있을까? 어떻게 정책입안자가 변화의 필요성을 인식하고, 끊임없이 학습하고, 싱가포르의 독특한 정책적 환경에 최고의 관행을 적응시킬 수 있을까? 어떻게 환경이 변화했을 때 목적을 새롭게 하고 정책을 수정하도록 학습을 제도화하고 내재화시킬 수 있을까?

---

1 DJ Teece, G Pisano and A Shuen (1997). "Dynamic Capabilities and Strategic Management," Strategic Management Journal, Vol. 18, pp. 509-534.

2 Barbara Levitt and James G March (1988). "Organizational Learning," Annual Review of Sociology, Vol. 14, pp. 319-340, call this the Competency Trap.

6.1 역동적 제도에서 새로운 이슈에 대한 적응적인 경로와 학습

우리는 이 책에서 공공부문을 역동적 제도로 만드는 학습과 적응의 전반적인 유형을 발견했다. 비록 공공부문이 초기의 각인에 의해서 여전히 강력한 영향을 받지만, 이러한 학습의 유형과 관행은 공공부문이 변화하는 경제적, 사회적, 정치적 환경에 적응하기 위해서 그러한 각인을 넘어서 나아갈 수 있도록 해준다. 이러한 관행과 유형은 그림 6.1에서 설명하는 것처럼 학습하고 적응하기 위해서 전반적인 역동적 접근방법에 통합되고 일반화된다.

그림 6.1 **학습과 적응에 대한 접근방법**

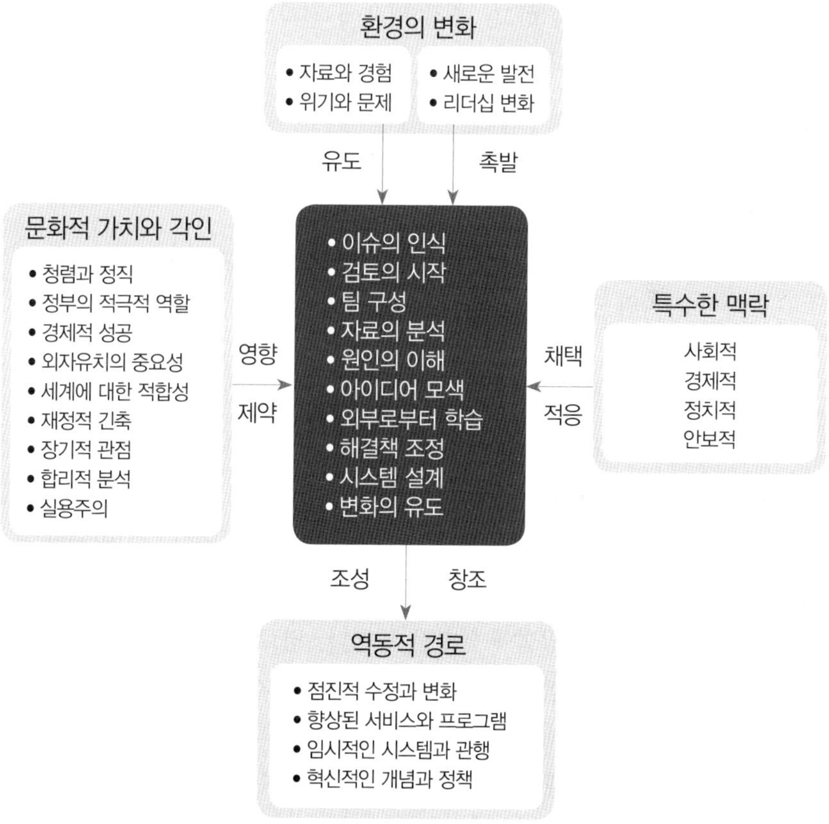

환경의 변화
- 자료와 경험
- 위기와 문제
- 새로운 발전
- 리더십 변화

유도 촉발

문화적 가치와 각인
- 청렴과 정직
- 정부의 적극적 역할
- 경제적 성공
- 외자유치의 중요성
- 세계에 대한 적합성
- 재정적 긴축
- 장기적 관점
- 합리적 분석
- 실용주의

영향 제약

- 이슈의 인식
- 검토의 시작
- 팀 구성
- 자료의 분석
- 원인의 이해
- 아이디어 모색
- 외부로부터 학습
- 해결책 조정
- 시스템 설계
- 변화의 유도

채택 적응

특수한 맥락
사회적
경제적
정치적
안보적

조성 창조

역동적 경로
- 점진적 수정과 변화
- 향상된 서비스와 프로그램
- 임시적인 시스템과 관행
- 혁신적인 개념과 정책

6.1.1 환경의 변화에 따라 경로를 신속하게 다시 생각하고 재검토하도록 유도

새로운 사건 또는 발전의 형식에 있어서 환경적인 변화는 분명하지 않은 경향이 있기 때문에 조직이 그것의 잠재적인 영향을 알아차리고 예측해야만 신속하게 재검토할 것이다. 리더십의 변화는 새로운 지도자들이 조직의 현재 전략과 그것의 미래에 대한 적합성을 이해하려고 노력하기 때문에 흔히 신속한 재검토가 이루어진다. 환경적인 변화는 자료와 실제적인 경험에 의해서 분명해지거나 또는 위기로 인한 문제와 결과를 통해서 느껴지며, 기존의 경로에 대한 다시 생각하기를 유발하는 경향이 있다. 조직은 환경의 변화에 민감하게 대응하기 위해서 외부적인 동향과 발전을 살피고 자료와 경험을 관찰하면서 행동할 필요가 있다. 더욱이 관찰의 결과는 내부화되어야 하고, 조직 전체에 전파되어야 하며, 조직에 대한 변화의 함의가 검토되어야 한다.

6.1.2 문화적 가치와 창립자의 각인은 경로의 변화에 영향을 미치고 제한할 것이다.

문화적 가치와 창립자의 각인은 환경적인 변화를 인식하는 방식에 영향을 미치며 따라서 변화를 촉진하거나 또는 제한할 수 있다. 그것은 또한 자료의 해석과 재검토의 방향을 형성하는 데 영향을 미친다. 마지막으로 그것은 어디서 어떻게 아이디어를 수행할 것인지에 대한 탐색, 어떤 아이디어를 주목하고 보유할 것인지에 대한 판단, 그리고 체계적인 해결책의 설계에 영향을 미친다. 공공부문에 기대한 능동적 역할, 즉 외국인 투자유치를 통한 경제적 성공의 중요성과 재정적 긴축의 필요성은 정책분석과 설계에 대한 접근방법에 영향을 미쳤다. 경로의 변화는 장기적인 사고, 실용주의, 그리고 합리성이 의사결정의 토대가 되었을 때 보다 쉽게 일어난다. 싱가포르의 맥락에서 이러한 정책형성의 속성은 변화하는 환경에 대응하는 정책적 전환이 보다 쉽게 일어나도록 한다. “우리는 우리가 이룬 것에 대한 맹목적인 집착하지 않는다. 바로 이전의 단계에서 우리에게 좋았던 것이 다음 20년, 30년 후에는 우리에게 좋지 않을 수도 있다."[3] 조직은 변화를 기대하고 새로운 경로를 그리려고 한다.

6.1.3 경로에 대한 적응과 혁신은 구성원의 아이디어와 판단능력에 입각한 것이며, 현재상태에 대한 도전뿐만 아니라 외부로부터 학습하는 것에 대한 충분한 자신감을 갖고 있다.

그림 6.1에서 설명한 학습, 적응, 혁신의 과정은 공공부문에 대부분 암묵적이고 직관적인 것이다. 그러나 그 과정은 불가피한 변형과 함께 공공부문이 감지하는 방식에 있어서 일반적인 관행이며, 환경의 위협과 기회에 대응하는 전략을 탐색하고 고안했다. 전반적인 과정은 구성원의 아이디어와 판단능력, 즉 문제에 대한 새로운 또는 참신한 접근방법을 아우르는 좋은 아이디어, 그리고 실행을 위한 최고의 접근방법과 설계를 평가하는 판단에 의존하고 있다. 싱가포르 공공부문은 자원배분에 가격메커니즘을 널리 사용하고 있다. 특기할 만한 것은 가격메커니즘의 사용이 자유재량에 의한 것이라는 점이다. 국가는 시장이 어디서 최상의 결과를 성취할 수 있는지 그리고 어디서 사용되었는지 시험하고 결정하며, 메커니즘을 신중하게 관리하였다.

경로를 채택하는 능력은 또한 그 자신의 경험으로부터 학습하고 축적하는 조직의 능력에 달려있다. 조직이 예전에 일한 것을 철저하게 기억하는 것은 성공적으로 적응하기 위해서 필요한 것이다. 적응은 예전에 일한 것, 환경과 전략과 실행을 포함한 모든 것을 어떻게 이해하고 왜 그렇게 했는지, 그리고 과거에 성공한 사례들이 환경적인 변화에 의해서 어떻게 미래의 실패를

[3] 국방부장관을 대신해 국방부차관 토니탄(Tony Tan) 박사가 주관한 행정직 승진기념 저녁 만찬은 2000년 3월 27일 샹그릴라 호텔에서 이루어졌다. "Moving from the Old Economy to the New Economy: Implications for the Formulation of Public Policies," 여기서 그는 2000년 3월 9일 센프란시스코에서 개최된 'TechVenture 2000'에서 이루어진 리콴유의 연설을 인용하였다.

초래할 수 있는지에 대한 깊은 지식을 필요로 한다. 지도자들은 그들의 조직이 계속해서 미래를 창조하도록 현재의 상태에 대해서 끊임없이 도전하고 사고방식과 현재 성공의 논리들에 대해서 의문을 제기할 필요가 있다.

강한 이미지와 자신의 능력에 대한 자신감을 갖고 있는 지도자들은 과거의 실수와 조직 자체의 경험뿐만 아니라 민간과 공공부문의 다른 기관으로부터 학습할 수 있다. 그들은 다른 나라의 경험에 대해서 연구하고 사례를 탐색할 때 맹목적으로 모방하는 것이 아니라 아이디어의 가치와 어떻게 잠재적인 해결책이 현장의 상황에 맞도록 수정될 수 있는지를 평가할 수 있다. 외부의 시스템에 적응하는 데 있어서 정책과 환경의 상호작용을 이해하는 것은 왜 시스템의 일부는 작동하고 또 일부는 작동하지 않는지 평가하는 데 결정적인 것이다. 따라서 맥락을 잘 이해하는 것은 성공적인 적응을 위해서 대단히 중요한 것이다.

6.1.4 사회적, 경제적, 정치적, 안보적 맥락의 기저를 이루는 독특한 요소를 이해하는 것은 어떤 아이디어를 채택하고 어떻게 적응시킬 것인지를 선택하는 데 있어서 팀에게 영향을 미친다.

> "싱가포르는 적은 인구, 작은 규모, 천연자원의 부족이라는 독특한 특징을 갖고 있다. 우리는 다른 나라들이 하고 있는 것을 단순히 따라가서는 선진국이 될 수 없다. 우리가 다른 곳에서 성공한 것을 살펴볼 때 우리가 계속해서 물어봐야 하는 결정적인 질문은 그들이 무엇을 하는지 또는 그들이 어떻게 그것을 하는지가 아니라 왜 그들이 그것을 하는지 그리고 왜 그들이 그런 방식으로 하는지에 대한 것이다."[4]

[4] Lim Siong Guan (2000). "The Courage to be Different," Ethos, Civil Service College, January.

다른 나라들로부터 아이디어와 학습을 탐색하는 목적은 어떻게 이해관계자의 수용가능성이 높은 시스템을 설계할 것인지 그리고 바람직한 결과들을 성취할 것인지에 대해서 결정하기 위한 것이다. 어떤 아이디어가 수용될 것인지 여부를 평가하고 어떻게 이해관계자가 반응할 것인지 예측하는 능력은 가치, 기대, 주요한 이해관계자 집단들의 상황에 대한 이해와 내부화를 필요로 한다. 동시에 시스템은 정책목표를 성취하도록 적합한 특징을 감안해서 설계되어야 한다. 여기서 도전적인 과제는 이해관계자가 정책적 특징을 수용할 것이고 정책목표를 달성할 수 있을 때에는 시스템을 이해관계자에게 조정시키고 적응시키는 것이다. 이것은 반대의 경우도 마찬가지다. 또 다른 경우에는 단계적인 실행이나 다른 이동 경로를 통해서 이해관계자가 시간이 흐르면서 변화에 적응하도록 만드는 것이다.

중요한 정책설계의 선택은 다음의 사항들을 포함한다.

(i) 다른 사례의 어떤 아이디어가 현장에서 받아들이기 쉬운 것인지, 제대로 작동할 것인지, 따라서 그들이 하는 것처럼 채택할 수 있는지;
(ii) 어떤 아이디어를 현장의 가치, 기대, 환경에 적응시킬 필요가 있는지, 그리고 어떻게 그것을 적응시킬 것인지;
(iii) 독특한 현장의 문제를 해결하기 위해서 어떤 특징들을 고안할 필요가 있는지;
(iv) 서로 다른 특징을 가지는 상호의존성과 부분들이 바람직한 결과를 얻기 위해서 매끄럽게 작동하도록 전체 시스템을 통합하는데 있어서 어떤 특징들을 설계할 필요가 있는지 고려해야 한다.

6.1.5 학습하고 적응하는 능력은 역동적 제도를 만드는 경로를 실행하는데 있어서 역동적 리더십을 가능하게 한다.

역동적이고 유연한 경로는 학습과 적응의 결과이다. 경로의 일부는 더욱 정확한 결과를 성취하기 위해서 환류에 대한 반응 또는 시스템의 특징에 대한 정교한 조정을 통해서 점차적으로 기존의 시스템을 수정할 것이다. 다른 경로는 이해관계자를 위해서 보다 큰 효율성과 향상된 서비스와 프로그램을 유발할 것이다. 장기적인 해결책이 분명하지 않거나 실행하는 데 상당한 시간과 자원이 필요할 경우에는 우선 개선된 시스템과 관행을 통해서 당면한 수요에 대응하기 위해 노력하는 반면에 학습과 실험은 계속될 것이다. 잘 정립된 탐색, 학습, 성찰, 통합의 과정은 또한 흔히 새로운 지식, 새로운 개념, 혁신적인 정책을 조장한다. 이러한 역동적인 경로는 여전히 창립자의 가치관과 각인에 의해서 영향을 받지만 그것에 의해서 완전히 방해받지는 않는다. 제도들이 발전하듯이, 새로운 도전에 대응하기 위한 학습과 적응적인 능력, 아이디어, 해결책의 흐름은 조직 전체에 걸쳐서 공통적인 관행이 된다. 환류와 결과는 정책을 한층 더 발전시키기 위해 사용된다. 새로운 아이디어와 발전은 잠재적인 채택과 적응을 위해 평가된다. 적응적인 변화는 용감한 리더십과 역동적인 조직을 필요로 하는데, 특히 용감한 리더십은 경쟁력을 창출하는 데 결정적인 것이다. 전직 사무차관 에디테오(Eddio Teo)는 다음과 같이 말했다.

> "지도자는 변화와 적응을(기술과 대조적으로) 불러일으키는 사람이다. 그는 현재의 상태에 도전하고 뒤집는 변화를 만들며, 그렇게 뒤집는 사람들에 의한 변화들이 그들 자신을 위해서 좋은 것이고 조직에 좋은 것이라고 확신해야만 한다."[5]

이 장(章)에서는 적응의 유형들과 변함없는 정치적 리더십의 맥락 속에서 싱가포르 공공기관의 학습과 변화를 검토한다. 장기간에 걸쳐 발생한

[5] Eddie Teo (2003). "Can Public Servants be Leaders," Ethos, Civil Service College, September.

정책적 이슈에 대해서 전략과 경로를 적응시키도록 공공부문을 이끌었던 원칙과 유형을 이해하기 위해 6가지 주요한 경제적, 사회적 정책들을 검토할 것이다.

(ⅰ) **경제성장의 전략**: 창립자의 각인이 어떻게 경제발전을 이끌었고, 1985~86년과 1997~98년 경기침체에 대해서 어떻게 새로운 경로에 대한 탐색을 추진했는지;
(ⅱ) **생물의학의 개발**: 새로운 산업발전의 기회를 혁신하고 발전하기 위해서 어떻게 새로운 접근방법을 탐색했는지;
(ⅲ) **대중교통과 자동차 소유권**: 도로혼잡의 문제를 해결하기 위해서 어떻게 30년간의 실험, 시행착오의 학습, 그리고 혁신을 추진했는지;
(ⅳ) **중앙적립기금**: 원래 은퇴를 대비하기 위한 저축목적의 기금을 어떻게 주택과 의료를 포함하는 것으로 확대하였고 거시경제 관리의 수단으로 사용했는지;
(Ⅴ) **의료서비스**: 양질의 서비스 제공과 비용절감 사이에 균형을 유지하기 위해서 어떻게 혁신적인 경로와 지속적인 학습을 추진했는지;
(Ⅵ) **노동빈곤층**: 반(反)복지의 각인이 어떻게 다년간 정책대안을 제약했는지, 어떻게 새로운 국가적 관점에서 체계적인 탐색, 학습, 적응을 위해 노력하게 되었는지에 관한 것이다.

6가지 정책분야는 진화하는 환경에서 새롭게 발생하는 정책이슈에 대한 경로를 선택하는 데 있어서 학습과 적응의 유형을 이해하기 위한 사례연구로 선정되었다. 이 사례들은 중요한 정책적 전환이 수년간 발생했었고, 어느 정도 싱가포르의 핵심적인 정책우선순위를 나타내는 경제적, 사회적 이슈들을 포함하고 있다. 우리는 이러한 각각의 이슈에 대한 정책적 반응의 역사적 발전과 정책적 전환에 있어서 주요 요소들의 운영에 대해서 설명한다. 그다음에 우리는 6가지 각각의 이슈를 위한 정책적 적응의 유형에 대해서 우리가 관찰한 결과를 요약할 것이다. 이러한 6가지 정책에 대한 검토는 어떻게 창설자의 각인이 경로에 영향을 미치는지, 어떻게 위기와 기회와 문제에 대응하기 위한 탐색과 학습이 시작되는지, 그리고 어떻게 끊임없는 개선과 혁신이 싱가포르 공공부문에 내재하게 되는지에 대한 유형을 보여준다.

6.2 경제성장의 전략

창립자에 대한 각인이 어떻게 경제발전을 이끌었고, 1985~86년과 1997~98년의 위기에 대해서 어떻게 새로운 경로를 위한 탐색을 유발했는지에 대한 사례

싱가포르의 경제성장 전략은 경제가 싱가포르를 정의하는 것이기 때문에 싱가포르 공공부문의 각인과 경로의존성에 대한 주제를 검토하기에 적절한 출발점이다. 21세기 초기의 외부적 환경은 1960년대의 외부적 환경과 유사점이 거의 없다. 싱가포르의 주요한 무역대상국(일본, 미국, OECD 국가)은 본국의 경제에 있어서 고통스러운 재구조화의 이슈들을 처리해야만 했는데, 그것은 자국경제에 대해서는 덜 개방적이면서도 자유무역과 외국인 투자에 대해서는 관대한 입장을 취했고, 그것은 저비용과 풍부한 노동력을 가진 인도와 중국의 부상으로 가속화되었다. 세계무역기구(WTO) 체제의 다자간무역협상(Doha round)이 교착상태에 빠진 것은 그러한 긴장상태를 보여주는 사례이다. 인도와 중국의 부상은 저비용의 생산기지와 비즈니스 가치사슬의 구조를 개조하는 새로운 기술을 활용해서 아세안 국가들이 누렸던 이전의 비교우위를 직접적으로 무너뜨렸다. 변화의 충격은 국가의 경계를 넘어서 전파되었고 대규모의 파급효과와 도미노효과를 촉발시켰다. 더욱이 경제적 혼란은 종교적 근본주의의 부상에 의해 심각해졌으며, 지역적으로 국제적으로 새로운 테러리스트 위협의 발생을 야기했다.

싱가포르의 대응은 무엇이었나? 표면적으로는 국제경제에 있어서 이러한 극단적인 변화에도 불구하고 싱가포르의 경제적 발전에 대한 주요한 과제들은 대부분 변하지 않고 유지된 것으로 보일 것이다. 경제에 대한 국가의 적극적인 역할, 성장의 원동력으로서 외국인직접투자의 핵심적 역할, 무역과 자본의 흐름에 대한 개방, 그리고 발전을 위한 기반시설 주도의 접근방법 등은 그대로 유지되었다. 제조업과 서비스업은 계속해서 경제의 핵심적인 두 개의 기둥이었다. 무역과 외국인투자에 대한 개방성을 강조하는 것은 줄어들지 않았다. 사실상 그것은 세계적 인재를 받아들이기 위해서 확대되었으며, 비-싱가포르인 시장, 자본, 전문가에 의존하는 것에 대한 논의를 증대시켰다. 그러나 싱가포르 경제는 계속 성장했고, 정책입안자들은 새로운 성장의 경로를 고안했다.

우리는 면밀한 검토를 통해서 경제적 전략의 실질적인 변화를 밝혀냈다. 1990년대 이전의 경제적 전략은 대부분 빠르게 성장하는 산업들을 확인하려는 국가의 노력에 기초하고 있었는데, 다국적기업을 유치하기 위해서 재정적 또는 다른 인센티브를 사용하거나 또는 흔히 국가 소유의 상업적으로 운영하는 공기업을 만들어서 스스로 성장하는 것이었다. 이것은 싱가포르가 어떻게 전자산업을 유치하고 성장시켰는지를 설명해준다. 이러한 접근방법은 국가가 경쟁자들에 앞서서 "승자들"을 인식하는 국가의 능력에 결정적으로 의존하고 있었다. 급격한 환경의 변화와 함께 1980년대부터는 어떤 부문을 촉진시키기 위해서 먼저 자원을 배분하는 전략이 항상 효과적인 것이 아니었기 때문에 사전에 빠르게 성장하는 부문을 확인하는 것은 점차적으로 어려워졌다. 이러한 새로운 상황에서 싱가포르의 생존을 위한 열쇠는 외부적 환경의 변화가 훨씬 더 점진적이고 예측이 가능했던 그 이전 시기에 발전한 것처럼 단지 무엇을 실행할 필요가 있는지 계획하고 사전에 결정하는 능력에만 의존할 수 없었다. 세계화와 순간적인 의사소통의 시대에 있어서 변화의 속도는 새롭게 발생하는 기회를 감지하고 그것을 활용해서 재빨리 반응하는 능력을 의미했다. 명확하게 지정된 과제들의 철저하고 효율적인 집행이 성공을 결정하던 1970년대와 다르게, 변화된 비즈니스 환경에서 성공은 대부분 새롭게 발생한 기회를 감지하고 반응하는 기민함과 속도에 의존한다는 것을 의미했다.[6] 그러므로 공공부문은 기업가정신과 혁신이 가능하도록 그 역할을 계획자와 관리자에서 촉진자, 조정자, 통합자로 전환하기 시작했다.

1990년 이후의 공공부문은 여전히 친기업적이다. 사실 더욱 그렇다. 그러나 그 접근방법은 자원의 배분에서 직접적이고 적극적인 역할을 수행하던 1970년대와 1980년대와 다르다. 그 역할은 새로운 비즈니스의 기회를 확인하고 활용하는 기업들을 도와주고 격려하는 형태로 진화했다. 이러한 새로운 시대에서 성장은 다국적기업이 선도하는 것뿐만 아니라 싱가포르의 산업기지에서 차세대의 기술적인 변화를 잡으려는 충분히 민첩하고 유연한 성공적인 창업에서도 발생한다는 것을 인식하고, 기존의 회사들이 변화하고 새로운 기업들이 나타날 수 있도록 격려할 수 있는 적절한 상황을 만들어야 한다. 공공부문은 번영을 위한 혁신과 기업가정신이 가능하도록 반응적인 자본과 노동시장을 만들어야 하며, 비즈니스의 재빠른 성장을 위해서 규제라는 장애물을 제거해야 한다. 특정한 산업과 자원의 배분을 표적으로 하는 대신에, 전문가와 인재들의 클러스터를 개발하고 유치하며, 특정한 영역 또는 기업이 시장메커니즘을 통해서 더 많은 자원을 유치할 수 있도록 전략을 변화시켰다. 싱가포르의 가치제안(value proposition)은 친기업적인 정부, 가격경쟁력을 가진 조건들, 좋은 클러스터 중심의 기반시설 등으로 재정립되었으며, 그것은 세계적 수준의 물리적인 그리고 기술적인 기반시설, 잘 훈련되고 숙련된 노동력, 게다가 매력적인 주거환경을 갖춘 활기찬 세계적 도시로서, 세계적 인재에 대해서 개방하고 환영하는 입장과 함께 투명하고 명확하게 시행하는 규제환경을 포함하고 있다. 초점은 인센티브를 동반한 기업유치에서 유연하고, 친기업적인 환경, 투명하고 일관적인 정책, 그리고 좋은 거버넌스를 갖춘 기업유치로 이동했다.

6 이것은 스테판(Stephan)이 제안한 "감지와 반응"의 개념에 의지하고 있다. A Haeckel (1999) The Adaptive Enterprise. Boston, MA: Harvard Business School Press.

어떻게 정책입안자들이 1970년대와 1980년대의 직접적이고 배분적인 경로에서 촉진자라는 현재의 경로로 이동한 것일까? 어떻게 국가는 정부가 그렇게 지배적인 행위자에서 그러한 역할로 전환하도록 만들었을까? 이것에 대한 열쇠는 두 차례에 걸친 주요한 경제위기의 교훈을 학습한 것이다. 1985~86년 경기침체 이후에 정부는 공공부문에 적극적으로 외부의 전문가를 끌어들이고 외부세계의 조언과 경험에 대해서 개방하기 위한 질차를 시행했다. 그것은 충격이긴 하지만, 1985~86년 경기침체는 또한 경제정책의 형성에 있어서 전환점을 나타냈다. 경로의존성은 조직의 관례와 절차를 탐색하는 특성에 입각한 것이며, 탐색과정을 유발시키는 것이다. 개인과 조직은 비록 완전한 합리성의 관심과 탐색에 기초해서 의사결정을 하더라도 제한된 관심과 제한된 합리성 때문에 그것은 현실적으로 극히 드문 일이다. 의사결정자는 통상 가능한 해결책을 탐색하고 평가하는 데 모든 가능한 대안을 고려하지 않는다. 의사결정자는 통상 만족의 원칙에 따라 일하는데, 그것은 특정한 기준 또는 목표를 만족시키는 대안을 선택하는 것을 포함한다.[7] 만족은 실질적인 탐색규칙이다. 탐색이 촉발되거나 또는 멈추는 조건은 만족이다. 이것은 실패의 영역에 대한 탐색을 지시한다. 탐색은 성과와 목표들 사이의 비교에 의해서 규제된다. 만약 성과가 목표보다 떨어지면 탐색은 증가된다. 이러한 관점에서 본다면, 1985~86년과 1997~98년의 경기침체는 정책적 성찰과 위기에 의해 유발된 탐색의 시기를 촉발시켰다.[8] 무엇이 핵심적인 교훈일까? 왜 그리고 어떻게 이러한 경기침체가 경제정책의 경로를 변화시켰을까?

[7] 예컨대 새로운 제조업 공장을 만들기 위해 장비를 선택하는 최대한의 절차는 필요한 장비의 특징과 가용한 가격에 대한 최적의 조합을 발견하는 것이다. 만족의 접근방법은 설계 명세서에 맞고 예산의 범위에 들어가는 장비를 선택할 것이다. James G March (1994). A Primer on Decision-Making: How Decisions Happen. New York: The Free Press, p. 18.

[8] Ibid, p. 28.

6.2.1 경제적 전략의 변화: 성장의 원천을 다각화

경쟁력의 왜곡과 손실은 3년간 고임금정책으로 노동시장을 관리하려는 것에 대한 위험을 강조하면서 초래되었다. 1970년대 초기까지 실업은 근절되었고 싱가포르는 노동력 부족에 직면하기 시작했다. 저비용의 노동력에 의존한 경제적 전략이 성공하면서 비록 시장의 압력은 다른 방향으로 이끌었지만 정책의 우선순위는 현재의 상태를 유지하는 방향으로 설정되었다. 1973~74년과 1977년의 석유파동 이후에 정책입안자는 싱가포르가 노동집약적인 방식의 생산을 개편하기 위한 준비가 되어있지 않다는 것을 느꼈다. 정책은 싱가포르 경제의 재구조화를 위한 준비가 될 때까지 저비용의 노동력에 의존하는 비교우위를 유지하는 방향으로 실행되었다. 국가임금위원회가 1972년부터 매년 "순차적인 임금인상"을 권고한 것은 현재의 상태를 지키려는 것이었다. 1979년부터 1982년까지 3개년에 걸친 임금정책의 시정조치는 회사들이 노동력을 자본으로 대체하도록 유도하기 위한 것이었지만, 그와 같은 효과는 일어나지 않았고, 나중에 밝혀진 것처럼 임금이 생산성을 앞지르면서 경쟁력을 상실하게 만들었다. 경쟁력을 회복하기 위해서 임금을 동결하고 중앙적립기금의 기여율을 삭감한 경험은 정책입안자들에게 중요한 교훈을 주었다. 따라서 경제가 회복되자마자 정책입안자들은 유연한 임금시스템을 시행하는 일에 착수했으며, 수년간 정부가 모범을 보이면서 민간부문이 따라오도록 권장했다.

1985~86년 경기침체는 싱가포르 경제의 구조적인 약점과 경직성을 분명하게 드러냈다. 싱가포르 경제는 제조업, 특히 전자산업에 지나치게 의존하고 있었는데, 그 산업부문에 어떤 경기침체가 발생하면 싱가포르 경제가 흔들렸다. 또한 강력한 경제성장 시기에 호황을 누렸던 건설부문에 지나치게 의존하고 있었다. 지나친 집중에 대한 이슈가 확인되자마자 경제적 기반에 대한 전략을 광범위하게 탐색하기 시작했다. 경제개발청은 새로운 의장을 임명했고 싱가포르 경제의 새로운 성장경로를 실행하기 위한 책임을 지고 있었다.

산업클러스터의 개발은 1991년 경제전략계획(SEP: Strategic Economic Plan)에 정의되었고 1998년 싱가포르경쟁력위원회의 보고서에서 강조되었던 것이다. 수평적, 수직적 연계를 추구한 산업클러스터는 경쟁력을 강화하고 산업적 경기침체에 덜 취약하도록 만들었다. 석유화학 클러스터처럼 고부가가치와 자본집약적인 클러스터는 규모의 경제와 범위의 경제를 누리면서 싱가포르 경제의 중심을 잡는 데 도움을 주었다.

싱가포르의 가치사슬을 고부가가치와 지식기반의 활동으로 높이기 위해서 많은 노력들이 있었다. 싱가포르는 1980년대 말에 경제성장에 대한 지식의 영향을 감지했고, 경제성장을 추진하는 데 대단히 중요한 혁신을[9] 촉진하는 분위기 속에서 지식을 사용하기 위한 능력을 재빨리 학습했다.[10] 정책입안자들은 싱가포르가 경제성장을 달성할 수 있었던 지배적인 추동력을 알고 있었다. 성장을 위해 지속가능한, 그리고 높은 생산성을 가진 혁신에 기초한 활동은 경제를 위한 핵심적인 동력이 되었다. 따라서 연구와 혁신에 기초한 활동에 대한 국내의 능력과 수준을 높이기 위해서 전략적인 정책을 추진했다. 국가과학기술위원회는 과학과 기술의 연구개발(R&D) 활동을 촉진하기 위한 목적으로 1990년에 설립되었다. 그러나 초기의 진행은 느렸다. 10년 후에나 비로소 이러한 활동이 조직화되었고 천천히 결과를 산출하기 시작했다. 이러한 노력은 2005년에 국가연구재단을 통해서 연구개발에 S$100억 달러를 추가로 할당하면서 더욱 촉진되었다.

서비스업은 두 번째로 중요한 경제의 기둥으로서 제조업을 보완하기 위해 고안되었다. 첫 번째 단계는 수송과 물류와 같은 제조업과 연계된 서비스를 확장하는 방향으로 이루어졌다. 서비스의 개념이 교육과 의료서비스와 같은 영역으로 확대된 것은 겨우 1990년대 중후반이었다.

9 마이클 포터(Michael Porter)의 국가경쟁력 분석틀을 적용한 사례에 대해서는 Singapore (1991). The Strategic Economic Plan: Towards a Developed Nation. Singapore: Ministry of Trade and Industry, pp. 26-29.

10 Chan Chin Bock (2002). Heart Work. Singapore: Economic Development Board, pp. 240-242.

싱가포르 기업들이 고부가가치의 활동을 그대로 유지하는 반면에 노동집약적인 활동은 말레이시아와 인도네시아에 이전할 수 있도록 싱가포르의 경계를 넘어서 광역적 성장의 원천을 추구하였다. 해외로 진출하기 위한 시도는 점차적으로 민간부문이 중국, 인도, 중동지역으로 확장하는 것을 권장하고 촉진하도록 발전했다. 이러한 노력은 또한 선진국에 보호무역주의 정서가 확대하는 상황에서 싱가포르의 경제적 공간을 유지하기 위한 도전이었다. 비록 다차원적인 자유무역주의 체제에 대한 확고한 지지자들이 남아있었지만, 싱가포르는 핵심적인 기존의 상대국과 잠재적인 상대국에 대해서 일련의 양국간 자유무역협정을 체결하기 시작했다.

새로운 그리고 대안적인 성장의 동력에 대한 탐색은 1980년대 말에 시작되었고 지금까지 계속되었다. 이러한 과정은 왜 그리고 어떻게 싱가포르가 경쟁력을 상실하게 되었는지 이해하기 위한 탐색과 함께 시작했다. 싱가포르가 표출한 구조적인 약점을 확인하고 다국적기업이 지배적인 제조업의 투자로부터 클러스터 개발, 현지의 기업가정신, 연구개발과 다각화를 지원함으로써 경제적인 깊이와 탄력성을 더욱 확보하도록 했다. 탐색과정은 단지 어느 특정시점에 한번 일어나는 것이 아니었다. 그것은 환경의 변화에 따라 새로운 전략을 확인하고 평가하는 지속적인 과정이었다. 이러한 탐색은 가끔 과거에 배제되었던 대안에 대한 재검토를 유도했다.

1997~98년 경제위기는 처음에 인근 태국과 인도네시아의 재정적 취약성에서 발생한 연쇄적인 파급효과의 주기적인 현상으로 보였다. 싱가포르의 경제적 토대는 튼튼한 것으로 인식되었고, 긴축재정은 광역적 금융위기가 사라질 때까지 적절한 반응으로 여겨졌다. 인근 지역의 통화들이 실질적인 가치를 상실하면서 위기는 지속되고 깊어졌으며, 정치파동이 촉발되면서 그 충격이 싱가포르에 영향을 미쳤을 때, 싱가포르는 엄청나게 변화한 사회적, 경제적, 정치적 지형에서 위기에 대응해야만 했다. 동시에 인터넷의 호황은 기술 분야의 창업과 세계적 통신망을 활성화시켰고 전통적인 경제적 연계를 엄청나게 변화시켰다.

경제검토위원회를 설립하고 당시 부총리인 리센룽이 의장을 맡으면서 어떻게 싱가포르가 새로운 경제적 환경에서 위기에 대응하고 성공할 것인지 재검토했다. 경제검토위원회 보고서의 주요한 주제는 싱가포르를 세계적인, 기업가적인, 다각적인 경제로 다시 만드는 것이었고, 그 권고사항은 2001년부터 단계적으로 발표되었으며, 2003년 최종보고서가 발표되기 전에 이미 실행하기 시작했다. 주요한 정책방향은 싱가포르에서 비행기로 7시간 이내의 국가들(인도, 중국, 일본, 호주)과 광역적인 연대를 확대함으로써 중심지로서의 지위를 높이고, 경쟁력을 유지하기 위해 개인 및 법인세를 25%에서 20%로 낮추고, 교육과 의료와 전문가 서비스에 있어서 새로운 서비스 산업을 촉진시키고, 기업가정신을 권장함으로써 튼튼한 회사들을 만들고, 세계적 인재를 유치하고, 지속적인 노동자교육과 기술훈련을 통해서 경제적 재구조화를 추진하도록 권고하고 있었다.

6.2.2 경제정책 형성의 변화

민간부문은 1986년 이후 정책검토와 정책형성 과정에 더 깊이 관여하게 되었는데, 이것은 고도로 중앙집권적인 정부의 접근방법에서 벗어나는 의미심장한 시도였다. UN 팀에 의해서 만들어진 1961년 첫 번째 경제계획은 산업화의 경로를 권고했고, 무역산업부에 의해서 만들어진 두 번째 경제계획은 고임금 정책으로부터 발생한 노동력 부족문제를 어떻게 관리할 것인지에 초점을 두고 있었다. 경제정책의 형성과정은 1986년 경기침체 이후 변화했으며, 민간부문의 구성원을 정책심의에 끌어들이는 더 개방적인, 더 협의적인 과정으로 진화했다.

민간부문의 개입은 경험과 관점의 다양성을 증대시키는 효과가 있었는데, 민간부문의 구성원은 경제적 전략의 효과성을 위해 비즈니스 무대에서 인식한 통찰력을 제공했으며 정부정책에 영향을 미쳤다. 공공부문은 비즈니스 환경의 급속한 변화의 속도와 기업들이 순간적인 의사소통 흐름의 폭발적인 증가로 인해서 어떻게 영향을 받는지 깊이 인식하게 되었다. 비즈니스의 가치사슬은 가치네트워크로 변형되었는데, 서로 다른 부품들이 최고의 능력과 가치를 제공하는 나라에서 완성되면서 생산과정은 분할될 수 있었다. 과거에는 감지되지 않았던 나라들에서 발생하는 새로운 기회들을 인식해야만 했다. 중국과 인도의 부상은 경제를 위협했지만, 그 국가들의 경제가 확대되면서 또한 싱가포르의 회사들에게 많은 기회를 제공하였다. 정책입안자들은 재구조화 속도를 관리할 수 없다는 것을 깨달았다. 1980년대의 경험으로부터 뼈아픈 교훈을 학습한 싱가포르는 재구조화를 위해 "준비"할 때까지 기다릴 만큼 시간이 많지 않았다. 혜택은 기회를 이용하기 위해서 항상 깨어있고 준비하는 나라들에게 돌아갔다. 만약 싱가포르가 준비하지 않는다면 기회를 잃어버릴 것이다.

정책적인 재검토는 싱가포르의 경쟁력과 전략에 영향을 미쳤던 획기적인 사건들이 일어나면서 이루어졌다. 경기침체의 자극은 경제적 전략과 경로의 주요한 변화를 위한 공감대를 촉발시키는 데 도움이 되었다. 경제를 계획하는 기관들은 그들이 싱가포르의 경쟁력과 외부의 추세를 점검하는데 더욱 능동적이어야 하고, 단기와 중기 그리고 장기적인 경쟁력을 점검하기 위한 지표를 개발해야 한다는 것을 깨달았다.[11]

경제가 발전한 다른 나라들로부터 학습하는 관행은, 특히 공공부문이 싱가포르에 완전히 새로운 부문들을 개발하기 위한 시책에 착수할 경우 전문가의 조언을 청취하게 된다. 경제개발청이 싱가포르를 위한 새로운 성장경로를 구상할 때, 그들은 1986년 이후 경제적 전략의 토대로서 혁신 주도의 경제를 창출하기 위해 마이클 포터(Michael Porter)의 클러스터 접근방법과 지침을 원용했다. 싱가포르가 세계적 수준의 고등교육 개조를 모색할 때, 공공부문은 이러한 시책의 준비 작업을 자문받기 위해 1997년에 12명의 저명한 국제적 학자들이 참여하는 국제학술자문단(International Academic Advisory Panel)을 구성했다. 생물의학국제자문단(Biomedical Sciences International Advisory Council)은 세계적 의학연구와 산업의 주요한 경향들에 대한 조언을 얻기 위

[11] Singapore (1991). The Strategic Economic Plan: Towards a Developed Nation. Singapore: Ministry of Trade and Industry, pp. 82-86.

해서 2000년에 17명의 세계적 생물의학 과학자들과 산업계의 지도자들로 구성되었는데, 연구뿐만 아니라 법적, 윤리적인 이슈들까지 현재의 시책들을 비평하고 개선을 위한 조언을 제공했다. 마찬가지로, 2005년에 만들어진 연구혁신기업자문단(Research and Innovation Enterprise Council)은 연구의 전략적인 영역을 구축하고 장기적인 안목에서 충분한 인재를 유치하기 위한 방법을 자문했다. 요컨대, 공공부문은 기관 밖에서 적극적으로 조언과 아이디어를 찾는 과정을 도입했으며, 또한 적극적으로 개방성을 유지하고 지속적인 학습을 보장하기 위한 절차를 공식화했다.

6.2.3 경제발전의 경로로부터 학습한 교훈

(ⅰ) 1960년대와 1970년대 초기에 있어서 경제적 전략의 성공은 경제적 성공의 동력에 대해서 깊은 각인을 만들었다.

경제적 성공의 동력들에 관한 일반적인 지혜는 a) 선택된 영역의 촉진과 발전을 위한 확인에 있어서 국가의 적극적인 역할, b) 효율적인, 청렴한, 친기업적인 공공의 제도, c) 성장을 추진하기 위해 필요한 기술, 경영지식, 시장과 자본을 받아들이는 데 있어서 외국인 투자자의 중요성, d) 무역, 자본, 인구의 흐름에 대한 개방성을 유지하도록 강조, e) 경제발전을 유도하는 효율적인 기반시설에 집중적인 투자 등이다. 이것은 지도자들의 연설을 통해서 끊임없이 강화되었고 많은 내부적인 분석을 통해 의심할 수 없는 믿음으로 진화하였다.

(ⅱ) 이러한 신념은 주요한 위기가 원인, 교훈, 새로운 경로를 유발하기까지 지속했다.

새로운 아이디어에 대한 탐색은 경기침체와 명백한 자료들(GDP 성장률 하락, 기업의 재정적 어려움, 일자리 감소, 임금 삭감, 실업의 증가)과 함께 경험에 의해서 촉발되었다. 탐색은 보통 검토위원회의 형식을 갖추었고, 위기의 원인을 비판적으로 평가하고, 광범위한 대안을 토론하고, 국가의 성공을 보장하기 위해 정부가 취해야 할 체계적인 행동을 권고했다. 이것은 팀의 직원들이 다양한 소위원회의 권고사항을 지원하는 데 필요한 조사와 연구를 수행하고 본위원회가 그 권고사항을 정부에게 공개적으로 정당화시키는 체계적이고 철저한 과정이었다. 내각의 장관들을 포함한 정부의 많은 간부 직원들이 이미 위원회의 심의에 참여하고 있었기 때문에 예상대로 대부분의 권고사항은 정부에 의해 수용되었다. 정부가 수용하지 않은 권고사항도 공개적으로 설명되었다. 필요한 자원은 예산과 진행상황 보고의 정기적인 검토에 반영되었고 진행상황을 정기적으로 검토해서 보고하였다.

더욱이 비즈니스 비용의 절감을 위한 즉각적인 행동은 기업들이 어려운 경제적 시기들을 대처하는 데 도움을 주었으며, 1985~86년과 1997~98년의 검토는 싱가포르를 위한 장기적인 경제적 전략을 다루었다. 두 개의 경제검토위원회는 기본적인 경제적 성공의 동력을 무효화시키지는 않았지만 과거에는 강조되지 않았던 성장의 새로운 중요한 원천을 포함시킴으로써 그것을 완화시켰다. 제조업에 추가된 서비스업은 성장의 두 번째 엔진이었다. 다국적기업의 투자와 더불어 연구개발, 현지기업, 창업을 촉진시켰고, 정부규칙의 재검토와 인적자본개발과 같은 보다 소프트한 기반시설에 대한 투자를 권고하였고, 그밖에 낡은 물리적 시설과 통신 네트워크를 개선했다.

(iii) 경제적 성장과 성공을 지속하기 위한 강력한 결정은 전략, 경로, 정책의 변화에 대한 개방적이고 실용적인 태도를 만들었다.

두 개의 주요한 경제적 검토는 모든 정책을 재검토하기 위한 폭넓은 권한을 가졌는데, 심지어 "신성한 소"(지나치게 신성시되어 비판이 허용되지 않는 제도)조차도 싱가포르가 경제적 경쟁력과 성공을 장기적으로 지속할 수 있게 해주기만 하다면 변화시켰다. 정부는 자신의 정당성과 신뢰성을 위해 경제적 성공이 중요했기 때문에 경제적 전략을 기꺼이 완화시키려고 했으며, 주요한 세금제도의 개편과 중앙적립기금에 대한 기여율을 포함해서 장기적인 정책을 변화시키려고 했다. 실용적인 접근방법은 과거에 거부되었던 경로를 기꺼이 고려하려고 했다. 카지노를 도입한 라스베이거스(Las Vegas) 스타일의 복합리조트 개발은 노동의 윤리와 가족의 가치를 지키기 위한 창립자의 강력한 각인 때문에 수차례 거부되었다. 서비스부문(의료, 교육, 전문가, 관광서비스를 포함)은 제조업의 쇠퇴에 따른 손실을 보상하고 경제성장에 더 기여하기 위해 그 성장의 필요성이 증가되었고, 카지노를 도입한 복합리조트의 개발은 새로운 경쟁력의 필요성에 의해서 수용되었다. 30,000개의 새로운 일자리 창출과 경제성장을 위한 상당한 잠재적 기여는 인근의 다른 나라들이 그렇게 실행하기 전에 일찍, 빠르게 움직이는 타당한 근거가 되었다. 또한 실용주의는 국민들의 도박을 말리기 위해서 현지 주민에 대한 입장료 부과와 도박중독자를 도와주기 위한 조치를 도입하는데 반영되었다.

(iv) 경로와 정책뿐만 아니라 관례와 구조에 대한 변화를 통해서 새로운 경로와 정책이 계속해서 실행되고 지속될 수 있도록 체계적인 학습이 일어났다.

검토위원회는 오직 전략과 방향에 대해서 폭넓은 변화를 권고했다. 프로그램, 프로젝트, 계획에 있어서 실질적인 변화는 각자의 부처들과 기관들에 있는 공공부문의 리더십에 맡겨졌다. 1991년 경제전략계획은 1986년 경제위원회의 권고사항들이 어떻게 보다 폭넓고 깊은 실행을 위해서 더 정교해졌는지 보여주는 사례이다.

학습은 "경험에 의해 알려진 행태와 지식에 있어서 체계적인 변화이다."[12] 싱가포르 공공부문은 1980년대 중반부터 시작된 여러 단계에 걸친

[12] Levitt and March (1998), Cyert and March (1992), cited in Anne S Miner, Paula Bassoff, Christine Moorman (2001). "Organizational Improvisation and learning: A Field Study," Administrative Science Quarterly, Vol. 46, No. 2, pp. 304-340.

경로변화의 학습과정을 겪었다. 새로운 경제에서 어떻게 싱가포르가 생존하고 계속해서 가치를 창출할 것인지에 대한 새로운 이해의 결과는 경제적 정책형성에 관해서 다른 운영의 틀, 새로운 운영의 관례들을 수립하였다. 요컨대, 운영의 관례들은 변화되었다. 경제정책의 형성에 대한 싱가포르의 접근방법에 있어서 학습과 변화의 과정은 역동적 능력의 작동을 설명해 주는데, 그것은 "급격하게 변화하는 환경을 다루기 위한 내부적, 외부적 능력을 통합하고, 형성하고, 변경하기 위한 능력이다."[13] 이러한 관점에서 역동적 능력은 조직이 효과성의 향상을 추구하는 데 있어서 그 운영의 관례를 체계적으로 생산하고 변형시키는 집합적 활동의 학습된 안정적인 유형으로서 인식될 수 있다.[14]

6.3 생물의학 클러스터의 개발

어떻게 새로운 산업에 있어서 혁신의 기회가 새로운 접근방법의 개발을 유도했는지에 대한 사례

생물의학 클러스터를 개발하기 위한 노력은 어떻게 정부기관들이 혁신주도적인 지식기반의 클러스터 활동이라는 새로운 경제적 전략을 실행했는지를 보여주는 흥미로운 사례이다. 이러한 새로운 경제활동의 영역에서 성장하기 위한 전략은 경제개발청의 국제자문단이 1995년 4월 첫 번째 회의에서 권고한 것으로부터 시작되었다. 이것은 싱가포르가 어떻게 연구개발과 기술개발의 노력에 대한 성과를 극대화할 것인지에 초점을 두고 있었다.

자문단은 연구개발 기관의 작업과 성과를 싱가포르의 나머지 부문에 대한 경제개발과 함께 통합할 필요가 있다는 점을 강조했다. 연구개발이 효과적으로 이루어지기 위해서는 다른 부문의 경제활동으로부터 분리

[13] Teece, Pisano and Shuen (1997).
[14] Zollo and Winter (2002).

되거나 고립되는 것이 아니라 동화되고 증식되어야만 한다. 기존 산업과 부문에 대한 연구개발의 집중은 핵심적인 제조업 활동을 보완하고 고부가가치 활동의 클러스터를 창조하는 것을 목표로 하였다. 일라이 릴리(Eli Lilly), 글락소스미스클라인(GlaxoSmithKline), 머크(Merck), 노바티스(Novartis), 화이자(Pfizer), 와이어스(Wyeth)와 같은 세계 최고의 제약회사들이 싱가포르에 생산기지를 마련하면서 싱가포르는 이미 아시아 최대의 의약품 생산기지가 되었다. 게다가 싱가포르는 벡톤 디키스(Becton Dickinson), 지멘스(Siemens)와 같은 최고의 의료장비 회사를 유치하기도 했다. 따라서 생산능력은 이미 존재하고 있었다. 목표는 기초연구, 임상연구에서부터 제품개발, 제조, 의료공급까지 전체적인 산업의 가치사슬에 걸쳐서 생물의학 클러스터를 건설하는 것이었다.

자문단은 첨단기술개발에 있어서 공공과 민간부문의 협력과 유사하게 정부는 기본적인 연구개발의 자금을 대고 민간부문(다국적기업과 현지회사 모두)이 개발사업과 응용에 투자하도록 장려할 것을 권고했다. 게다가 연구개발은 기술적, 사회경제적 개발을 염두에 두고 실행되어야만 했다.

생물의학의 시책은 2000년 6월에 착수했으며, 생명과학장관급위원회는 당시 부총리 토니 탄(Tony Tan)이 의장을 맡고 무역산업부, 교육부, 보건부의 장관들이 위원으로 참여하면서 설립되었다. 생물의학국제자문단은 이러한 부문의 개발을 위한 정부의 노력을 조언하기 위해서 2000년에 임명되었다. 자문단은 3명의 노벨상 수상자를 포함한 17명의 세계 최고의 국제적인 생물의학 과학자와 산업계의 지도자로 구성되었다.[15]

6.3.1 새로운 기반시설의 건설

공공부문과 민간부문의 교류와 협력을 촉진하고 생물의학 연구의 인재

[15] Dr Sydney Brenner, Dr David Baltimore and Dr Leland Hartwell.

와 활동이 밀집된 클러스터를 만들기 위해서 최첨단의 시설과 공공과 민간 부문의 연구실이 공동으로 입주하는 새로운 생물의학 연구의 중심지 "바이오폴리스(Biopolice)"가 건설되었다. 1단계 작업으로 2001년 12월에 7개 연구동과 2백만 평방피트의 연구실 공간을 조성하면서 시작되었고, 당초 계획보다 18개월을 앞당겨 2003년 6월에 완료하였다. 법적인 기반도 시행되었다. 싱가포르는 생체 복제가 금지되었지만 엄격한 조건에서 과학자는 폐기된 불임치료조직으로부터 줄기세포를 추출할 수 있도록 허용하였다. 줄기세포 연구에 대한 규제기반과 분명한 입장은 공동체, 종교, 의료, 과학단체에 이르기까지 광범위하게 자문을 수행했던 생명윤리자문위원회(Bioethics Advisory Committee)의 권고에 기초해서 설계된 것이었다. 최근에는 새로운 정보보호법과 사생활보호법을 제정해서 임상시험을 지원하고 있다.

주관기술기관인 A*STAR는 이러한 부문을 개발하기 위한 노력을 촉진하기 위해 전문가를 채용하기 시작했다. 미국 국립암연구소의 임상과학과장 에디슨 리우(Edison Liu)는 싱가포르의 게놈연구소장으로 추천되었다. 성체세포로부터 복제된 첫 번째 포유동물인 복제양 돌리(Dolly the Sheep)를 만든 의료팀 부서의 알란 콜만(Alan Colman)은 싱가포르국립대학의 인간의 줄기세포연구를 상업화하는 회사인 이에스세포인터내셔널(ES Cell International)에 입사했다. 다른 과학계의 권위자도 역시 바이오폴리스의 생물의학연구소를 설립하는데 참여하도록 요청받았다. 이것은 인재를 집중시키는 것이 동료 전문가들을 끌어들이는 매력적이고 효과적인 네트워크를 만든다는 신념에 바탕을 두고 있었다.

개발의 방향을 제시하는 전문위원회를 구성하고, 기술적 노하우를 제공하는 외국인 인재에게 의지하는 등 기반시설을 구축하는 전략은 싱가포르의 공공부문이 새로운 산업 또는 부문을 개발하는 데 있어서 잘 연마한 표준적인 방식의 일부를 보여주는 것이다. 이 사례에서 국제적인 기업의 과학자와 연구자들이 갖고 있는 기술적 노하우와 그들을 싱가포르에서 일하도록 유치하기 위해 채택한 전략은 자유, 자금, 시설 등 그들이 원하는 조건들을 만드는 것이었는데, 그것은 오래전에 다국적기업을 유치하기 위해 싱가포르가 했었던 것과 다르지 않았다. 지적자본과 인적자본의 형성은 생물의학 관련 부문의 연구자, 과학자, 기술자에게 반영되었다. 2001년 A*STAR의 국가연구개발조사에 의하면 이 부문에 2,055명의 연구자, 과학자, 기술자들이 있으며, 그 중에 610명(29.7%)이 박사였다. 2005년에는 1,317명(32.5%)의 박사학위 소지자를 포함해서 4,054명의 연구자, 과학자, 기술자들이 있었다.[16] 그러면 이러한 시책이 이전에 실행한 것과 어떻게 다른가? 핵심적인 차이점은 단순히 다국적기업과 외국인 전문가에게 의존하기보다는 고유한 능력을 개발하기 위해서 노력한 것이다. "2000년 이전에 싱가포르의 과학과 기술은 다국적기업을 지원하는 데 초점을 두었다. 지식을 창조하는 것은 나중에 생각한 것이다."[17]

6.3.2 개발을 위한 새로운 접근방법의 실행

생물의학 개발의 접근방법에 내재된 새로운 전략은 싱가포르가 빠른 추종자보다는 혁신적인 리더가 되기 위한 것이었다. 그 취지는 단순히 가치를 부가하는 생산자보다는 지적자본과 틈새시장의 새로운 상품을 개발하도록 유도하기 위한 것이었다. 그것을 위해서는 싱가포르가 자신의 고유한 연구능력과 상업화능력을 개발할 필요가 있었다. A*STAR는 자금을 지원하는 연구소를 직접 감독하기 위해서 조직을 개편하였고, 연구개발의 방향을 대학의 연구소를 넘어서 상업화될 수 있는 상품과 기술에 집중시켰다. 새로운 자금은 생물의학 분야의 다양성을 위해서 벤처산업에 투자되었다. 지적재산보호법은 강화되었다. 싱가포르에서 개발한 새로운 기술을 미국의 특허청에 출원하는 연구자는 재정적 지원을 받았다. 익스플로이트 테크놀러지스(Exploit Technologies)와 같은 A*STAR 소유의 새로운 조

---

16 "Exceptional Growth For Singapore's Biomedical Sciences Industry," Press Release, 6 February 2007.

17 Edison Liu (2006). "Rise of a Biomedical Dragon," The Straits Times, 4 November 2006.

직은 연구소가 발명가와 함께 또는 독자적으로 개발한 기술을 상업화하기 위해서 만들어졌다. 중요한 장기적인 투자 우선순위는 국내의 연구 인력과 지속적인 산업성장의 능력을 개발하는 것이었다.

2000년 이전에 외국인 과학자들은 혁신과 연구개발을 성장시키는 데 있어서 배후의 원천이었다. 국내의 혁신과 연구개발능력을 개발하는데 별로 관심이 없었는데, 2000년 기준으로, A*STAR 연구소에 박사학위를 소유한 연구자 900명 중에 단지 100명만이 싱가포르인이었다. 이러한 불균형은 2001년도에 새로운 A*STAR 의장인 필립여(Philip Yeo)가 싱가포르인이 전체 연구원 중의 절반을 확보하도록 국내의 능력을 구축하기 시작하면서 표출되었다. 과학인재의 공급선을 구축하기 위해서 생물의학을 위한 국가과학장학금 제도가 시작되었고, 다음 해 과학기술자장학금 제도가 시행되었으며, 2002년에 2개의 현지대학 박사과정을 지원하는 A*STAR 대학원장학금 제도가 시행되었다. 2005년 말에는 A*STAR 연구소의 박사학위 소지자 751명 중에 싱가포르인은 251명이었다. 2006년에 102명에게 장학금이 수여되었고, 총 장학생수는 393명에 이르렀다. 현재 채용유형에 기초했을 때, 한 해에 해외에서 훈련받은 박사들이 국내의 연구개발 능력을 높이기 위해 돌아오는 약 50명의 인력과 함께 약 500명의 잠재적인 박사들이 있어야만 했다.[18] 이러한 높은 잠재력을 가진 젊은 과학자에 대한 공급선은 A*STAR의 생물의학연구소의 직원이었고, 싱가포르에서 연구개발 산업을 지원하기 위한 연구인력의 원천이 되었다.

싱가포르는 규모가 작기 때문에 싱가포르인 박사의 숫자는 연구개발 산업을 구축하기 위해 지속적인 노력을 추진하기에는 충분하지 않을 것이다. 국제적인 인재가 항상 필요하다는 것에 대해서는 광범위한 공감대가 형성되었다. 그럼에도 불구하고 이러한 국내의 능력을 구축하기 위한 노

18 이 단락의 모든 수치들은 필립 여(Philip Yeo)의 강연으로부터 인용하였다. "The Basic Foundation for R and D: Human Capital – A Pro-Local/Pro-International Approach," at the National University of Singapore, 20 January 2006.

력은 핵심적인 전략적 전환이며, 혁신을 위한 기술과 역량에 대한 내재화의 필요성을 이해하고 추진한 것이었다. 싱가포르는 자신의 인재를 훈련시키지만 생물과학의 성장을 지원하기 위해 최고의 국제적인 인재를 채용한다. 필립여(Philip Yeo)는 다음과 같이 설명했다.

> "수석 과학자들은 등대의 빛을 제공하지만, 전도유망한 젊은 사람들은 새로운 세계들을 찾기 위해서 해도에도 없는 바다에서 배를 띄울 것이다. 번성하는 과학계는 신참과 고참, 현지인과 외국인 등 좋은 사람들을 공급해야만 한다."[19]

따라서 국내의 능력을 구축하는 것은 생물의학의 발전을 위한 새로운 경로이지만, 그것의 급속한 발전은 스스로 싱가포르의 경제개발과 기존에 없었던 역량을 창조하는 데 있어서 새로운 경로를 만들고 강화시킬 것이다. 생물의학 클러스터 개발의 결과는 매우 고무적이었다. 생물의학 제조업의 생산량은 2000년 S$60억 달러에서 2005년 S$180억 달러로 3배 증가했고, 다시 2006년에는 S$230억 달러로 연간 30%씩 전례 없는 증가를 기록했다. 이것은 6년 동안 4배의 생산량 증가를 기록한 것이며, 전체 생산량에서 의약품은 91%를 차지하고 있었다. 이 부문의 고정자산투자의 수준은 2006년에 S$901백만 달러였으며, 생물의약품 분야에 상당한 배분을 확대하면서 그해 경제개발청 전체 고정자산투자의 10%를 차지했었다. 연구개발과 비즈니스 서비스에 있어서 생물의학에 대한 투자는 비즈니스 서비스 분야의 S$217백만 달러에 대한 1/3 이상 또는 경제개발청 총 비즈니스 지출의 7.6%를 차지했다. 생물의학연구에 대한 총 지출은 공공부문의 지출을 앞지르는 민간부문의 생물의학 지출에 대한 성장률과 함께 2001년 28.5%, S$310백만 달러에서 2005년 35%, S$888백만 달러로 증가했다.

[19] Ibid.

이 부문에 대한 일자리 역시 6,000개에도 미치지 못하던 것이 2006년에 10,571개로 증가했으며, 그 중 62%는 체내이식장치와 계측시스템을 포함하는 의료기술부문에 의한 것이었다. 몇몇의 주요한 제약회사들은 싱가포르에 핵심적인 연구센터를 건립했으며, 많은 유명한 연구원들이 싱가포르를 그들의 새로운 과학의 본거지로 만들었다.

6.3.3 생물의학 클러스터 개발로부터 학습한 교훈

(i) 경제성장의 중요성에 대한 깊은 각인은 지도자들이 투자와 성장을 위한 새로운 기회를 끊임없이 감지하고 평가하도록 만들었다.

1965년 갑작스러운 독립은 싱가포르가 생존하고, 적합성을 유지하고, 성공하기 위한 경제성장의 필요성을 정책입안자들 사이에 깊이 각인시켰다. 이러한 생존의 편집증은 정치지도자들과 공공부문 지도자들을 위한 명예의 훈장이었다. 결과적으로 그들은 성장의 엔진이 꺼지지 않도록 끊임없이 새로운 아이디어를 찾았다. 따라서 그들은 생물의학 클러스터 개발에 대한 경제개발청 국제자문단의 제안을 준비된 열정적인 마음으로 수용하였다. 이것은 싱가포르 경제발전의 보편적인 기준과 일반적인 유형에 잘 들어맞았다. 국가기관은 성장을 위한 투자의 주도권을 장악하는 그들의 전통적인 역할을 계속할 수 있었고, 산업의 특성은 과학과 기술에 기초한 산업들에 대한 우호적인 시각과 일치했으며, 높은 자본집약적 제조업은 미래의 바람직한 산업에 대한 싱가포르의 관점에 잘 어울리는 특징을 갖고 있었으며, 상당한 지식과 연구의 콘텐츠, 그리고 노동자 1인당 제공하는 고부가가치의 경제적 보상은 싱가포르에게 매력적인 것이었다.

(ii) 산업개발을 위한 싱가포르의 보편적인 관례는 처음에 새로운 산업의 성장을 위한 일반적인 접근방법을 채택하였다.

비록 생물의학은 새로운 산업이었지만, 개발을 위한 초기의 접근방법은 다국적기업의 제조업 투자를 유치하기 위한 경제개발청의 접근방법과 연구자금지원에 대한 현지 대학의 규범에 의해 영향을 받아서 싱가포르의 보편적인 경로를 따랐다. 따라서 초기에는 경제개발청이 주도적인 역할을 수행했으며, 의약품과 의료장비에 대한 대규모 다국적기업들이 자본집약적인 생산시설을 구축하는 결과를 낳았다. 초기의 연구프로그램은 대학의 보편적인 규범을 따르는 국가과학기술위원회가 지원했는데, 교수가 주도하는 제안과 현지 대학의 틀 내에서 관리되는 연구소를 선호했다. 산업개발을 위한 초기의 접근방법은 새로운 프로젝트 또는 프로그램에 대한 일반적인 조직적 반응, 즉 새로운 시책을 실행하는 기존의 구조와 절차를 폭넓게 고수하였다. 이것은 아마도 필요한 학습의 과정이겠지만, 그러나 기존에 수립된 경로는 새로운 생물의학 클러스터의 완전한 개발에는 맞지 않았기 때문에 사업의 잠재력을 제한했다.

새로운 시책을 위해서 기존의 접근방법을 사용하는 것에 대한 한계를 인식한 지도자들은 아마도 제한된 기간에는 학습의 과정으로서 여전히 그것을 사용하겠지만, 그러나 새로운 시책의 필요에 부응하기 위한 다른 접근방법 또는 기존의 접근방법을 적응시키기 위한 방법을 끊임없이 찾을 것이다. 그러나 일단 기존의 접근방법은 사용되었고 제대로 작동하는 것처럼 보였으며, 그것을 바꾸는 것은 매우 힘들게 되었고, 조직은 그들의 문제점을 인식할 수 없는 사각지대를 만들었다. 결국 새로운 시각이 필요한데, 그것은 흔히 새로운 리더십의 참신한 시각으로부터 나온다.

(iii) 보다 큰 전략적 초점과 새로운 리더십은 새로운 경로의 개발을 위한 변화에 심각하게 영향을 미친다.

2000년 6월에 시작된 생물의학시책은 경제성장의 새로운 영역으로 만들려는 국가적 목표와 함께 생물의학 클러스터의 개발에 새로운 전략적 초점을 두었다. 이것은 클러스터의 경제적 잠재력을 활용하기 위해서 자원배분에 대한 초점을 다시 맞추는 정당성과 추진력을 제공했다. 새로운 국가과학기술위원회의 의장은 기관의 연구의제를 탐험에서 활용으로 재정립했으며, 기관의 이름을 A*STAR로 바꾸었다. A*STAR는 모든 연구소들에 대해서 자금을 지원했는데, 과거에는 국내 2개 대학에서 관리했던 것이다. A*STAR는 기대하는 결과물을 보다 분명하게 정립하고 결과에 대해서 보다 큰 책임을 부여하도록 직접 관리했다. 또한 연구소가 개발한 기술을 상업화하기 위해서 새로운 기관이 만들어졌다.

바이오폴리스 연구공원은 생물의학 클러스터의 개발을 위한 국가의 전략적 시행의 가시적인 상징이었으며 연구를 위해 필요한 물리적인 기반시설과 환경을 제공했다. 새로운 발전경로는 적극적인 자금지원과 우호적인 연구환경을 조성하면서 세계적인 연구인력을 유치하고 주요한 연구프로그램을 선도하기 위해서 최선의 노력을 기울였다. 또한 최고의 생물의학 연구의 대학에서 박사과정을 공부하는 젊은 학자들을 후원함으로써 고유한 연구능력을 향상시켰다. 이러한 새로운 발전경로는 결과지향성, 그리고 새로운 의장이 과거에 실행했던 인적자원 개발의 접근방법과 일치하는 것이었다.

(iv) **리더십의 신뢰성과 새로운 발전경로에 대한 성공의 인식은 그들의 수용을 유도했고 그것이 제도적으로 내재화될 수 있도록 했다.**

새로운 의장의 실적과 신뢰성은 새로운 발전경로를 정의하고 추구하기 위해서 필요한 초기의 사회적 자본을 제공했으며, 이후에 발전경로에 대한 성공의 인식은 보다 광범위한 지지와 수용을 유도했다. 새로운 발전경로는 연구소와 주요한 연구프로그램을 이끌어가기 위한 최고의 과학자를 싱가포르에 유치하고, 새로운 과학적 발견을 미디어에 공개하고, 최고의 외국 대학교에서 박사학위를 성공적으로 마친 젊은 과학자를 부각시키는 등의 가시적 성과와 상징적인 바이오폴리스 연구공원의 완공으로 인해서 성공적인 것으로 인식되었다. 공공부문 내에서 생물의학 클러스터의 발전은 전략적 경제클러스터에 있어서 지적인 리더십과 연구능력의 발전을 위한 새로운 모델로 받아들여졌다. 이러한 접근방법은 물과 환경기술을 포함한 새로운 잠재적인 클러스터를 육성하기 위해 S$100억 달러를 국가연구재단에 새롭게 배분하면서 공식적으로 제도화되었다.

6.4 대중교통과 자동차 소유권 정책

도로혼잡의 문제를 해결하기 위해서 어떻게 30년간의 실험, 시행착오의 학습, 그리고 혁신을 추진했는지에 대한 사례

자동차 소유권과 대중교통은 싱가포르의 공공정책에 있어서 민감한 이슈이다. 주택과 자동차 소유권은[20] 지위의 상징이며, "성공을 거두었다"는 것을 나타내는 징표이며, 국민의 대부분이 열망하는 것이다. 그러나 그냥 내버려두면 자동차의 증가와 혼잡을 초래할 것이며, 그것은 경제 전체에 감당할 수 없는 높은 비용을 부과하고 외국인 투자를 억제하는 요인으로 작용할 수 있다. 따라서 당시 총리였던 고척동은 이것을 극히 명료하게 기술했다.

> "도로는 우리의 동맥과 같다. 그것은 우리의 중요한 기관에게 피를 운반한다. 우리의 자동차는 피의 콜레스테롤과 같다. 당신은 신체의 적절한 기능을 위해서 콜레스테롤이 필요하지만 그러나 너무 많으면 당신에게 좋지 않다. 그것은 당신의 동맥을 막기 때문이다… 싱가포르에 있어서 전체 도시는 경제이다. 만약 당신의 도시가 혼잡하다면, 우리의 생산성과 경쟁력은 시련을 겪을 것이다."[21]

20 폭시와(Fock Siew Wah) 도로교통청(Land Transport Authority) 초대 청장에 대해서는 Ilsa Sharp (2005). The Journey: Singapore's Land Transport Story. SNP Editions, p. 82.

21 Goh Chok Tong, National Day Rally, 1992 as quoted in Sharp (2005), p. 42.

자동차수를 관리하는 것은 호황의 경제와 소득이 증가하는 가운데 자동차에 대한 수요가 급속히 증가했던 1970년대와 1980년대를 통틀어 핵심적인 정책목표였다. 싱가포르의 교통관리는 2가지 측면을 포함하고 있다. 한편으로는 자동차 소유권에 대한 수요를 관리하고 교통체증을 최소화하기 위해서 가격메커니즘을 사용하는 것이고, 다른 한편으로는 대량수송교통수단(MRT: Mass Rapid Transit)인 철도시스템을 중심으로 좋은 대중교통시스템을 건설하는 것인데, 이것은 버스와 택시를 포함하는 것이다.

싱가포르의 교통과 토지사용의 비전은 1992년까지 싱가포르의 물리적인 개발을 위한 1971년의 개념적인 계획에 명시되었다. 토지사용과 교통계획은 한정된 물리적인 공간의 사용을 최적화하기 위해 통합되었다. 도시재정비의 과정은 새로운 통행유형을 만들었는데, 대부분의 국민은 교외지역에 있는 주택가에 거주했고 직장으로 출퇴근했다. 당시의 대중교통은 서로 싸우는 버스운행 업체와 무면허 개인택시를 포함하고 있었고, 자동차에 대한 믿을 만한 대안을 제공하지 못하고 있었다. 도로의 자동차 숫자는 매년 2배에 이르렀다. 따라서 자동차 수요에 대해서 어느 정도 제한할 필요가 있었다.

1968년에 자동차의 증가를 억제하기 위해서 수입관세, 정액등록비, 시장점유율 또는 수입가격으로 계산되는 추가적인 등록비, 엔진용량에 기초한 연간 도로세 등 재정적 조치들이 시행되었다. 하지만 수요에 대한 영향은 미미했다. 심지어 1970년대 초기에 버스와 택시의 시스템이 합리화되고 향상되었지만 특히 비즈니스 중심지역의 혼잡은 악화되었다. 교통설계자들은 싱가포르 교통시스템의 근간을 이루는 것을 탐색하기 시작했다. 대량수송교통수단(MRT)의 건설에 대한 실행가능성의 평가와 논쟁이 1972년에 시작되었다. 나중에 밝혀진 것처럼 대량수송교통수단에 대한 승인은 장기간의 평가와 대량수송교통수단과 버스시스템의 전면 도입에 대한 공개적인 논쟁 이후 단지 10년 만인 1982년에 이루어졌다. 교통설계자는 투자규모를 감안했을 때 최종적인 결정은 장기간이 소요될 것으로 예상했었다. 한정된 토지자원을 감안했을 때 자동차 수요를 수용하기 위해 그동안 도로를 더 건설하는 것은 해답이 아니었다. 특히 비즈니스 구역의 교통체증은 수송환경의 부드러운 흐름과 높은 비즈니스 생산성을 위해서 통제해야만 했다.

6.4.1 사용에 대한 관리: 도로혼잡통행료

1975년 기준으로 도시에서 가장 혼잡한 지역 중 하나인 비즈니스중심지(약 5.5 평방킬로미터)의 교통은 아침저녁의 혼잡시간대에 평균 시속 19km로 운행하고 있었다. 도로혼잡은 복잡한 도로를 추가적으로 사용하는 사람(한계 사용자)이 단지 자신의 비용만 생각하고 자신으로 인해서 교통이 느려지고 다른 사람에게 불편을 초래하는 비용은 무시하기 때문에 발생한다. 개인이 자동차를 사용하면서 발생하는 추가적인 사회적 비용(사회적 한계비용)은 본인이 직접 부담하는 추가적인 개인적 비용(개인적 한계비용)보다 크다. 이러한 종류의 부정적 외부효과가 발생하는 상황에서 경제적 측면의 일반적인 권고사항은 한 사람의 운전자가 다른 모든 사람에게 발생시키는 외부불경제를 개인적인 비용에 포함시키기 위해 혼잡한 도로사용에 대해서 세금을 부과하는 것이다.

따라서 정부는 아침시간에 비즈니스중심지에 대한 자동차와 택시의 진입을 막기 위해서 통행료를 부과하기로 결정했다. 개념은 쉽지만 이러한 유형의 실험은 이전에 결코 시행된 적이 없었다. 다른 나라의 도로사용료는 대부분 새로운 도로를 건설하기 위한 재원을 마련하기 위해서 사용되었다. 따라서 통행료를 징수하는 지점은 새롭게 건설해서 개통한 도로였고, 이러한 방식은 상대적으로 실행이 간단하고 이해하기 쉬웠다. 비즈니스중심지 지역에 혼잡을 관리하기 위한 통행료는 신중하게 고려해서 설계할 필요가 있었는데, 통행료의 징수는 어디서든 일반적인 현상이지만 통행을 느리게 하거나 혼잡을 가중시킬 수는 없었다. 대규모 공공교육캠페인 이후 1975년 6월에 지역면허제도(ALS: Area Licensing Scheme)가 도입되었다.

지역면허제도(ALS)는 제한구역(RZ: Restricted Zone)을 표시하기 위한 28개의 지지대를 설치하면서 시작되었는데, 운전자는 월요일부터 토요일에 오전 7:30부터 9:30까지 특별한 일일 면허를 구입해서 부착하는 경우에만 진입지점을 통해서 제한구역에 들어갈 수 있었다. 4명 이상 승객이 탑승한 자동차는 통행료가 면제되었고, 초기에 통행료는 하루에 S$3달러로 책정되었다. 초기의 결과는 혼잡을 줄이는데 성공적이었다. 제한구역에 진입하는 전체 자동차 수는 약 43%까지 떨어졌는데, 이것은 원래 목표했던 25~30%보다 훨씬 더 떨어진 것이었고,[22] 비즈니스중심지의 도로를 충분히 이용하지 않은 결과를 반영한 것이다.

지역면허제도(ALS)는 정책입안자들이 도로활용에 대한 유형의 변화를 관찰하고 대응하면서 반복적으로 수정되었다. 제한구역의 시간과 장소는 혼잡이 발생하는 시간대와 위치가 변화하는 것에 따라서 섬세하게 수정되었다. 지역면허제도 면허료는 정기적으로 수정되었다. 저녁시간에 대한 제한은 1989년에 도입되었고, 과거에 면제되었던 카풀, 버스, 상업용 차량, 오토바이도 부과되었다. 혼잡시간 전후에 통행료를 인하해서 징수하는 비수기 가격(Shoulder pricing)은 하루 종일 교통흐름을 원만하게 유지하기 위해서 1994년에 도입되었다. 지역면허제도에 대한 수정은 표 6.1에 제시하고 있다.

[22] Adapted from Phang Sock Yong and Rex S Toh (2004). “Road Congestion Pricing in Singapore: 1975-2003,” Transportation Journal, Vol. 43, No. 2, Table 2.

표 6.1 **싱가포르 지역면허제도(ALS)와 수정사항: 1975~1995**

시행일	평일 운영시간	1일 면허료(S$)				
		자가용	법인용	택시	상업용	오토바이
초기제도						
1975.8.1	오전 7:30~9:30	3	3	3	0	0
1975.6.2	오전 7:30~10:15					
수정사항						
1976.1.1		4	8	4		
1980.3.1		5	10			
1989.6.1	오전 7:30~10:15					
	오후 4:30~7:00	3	6	3	3	
1989.7.1						1
1990.1.31	오전 7:30~10:15					
	오후 4:30~6:30					
1994.1.3	종일 면허:	3	6	3	3	1
	월요일~금요일: 오전 7:30~오후6:30					
	토요일: 오전 7:30~오후3:00					
	단기 면허:	2	4	2	2	0.70
	월요일~금요일: 오전 10:15~오후4:30					
	토요일: 오전 10:15~오후3:00					
1995.5.2.	오후 2시에 제한시간 종료, 단 토요일 3시					

지역면허제도의 중요한 약점은 자유로운 진입의 특성을 가진다는 것이다. 일단 지역면허를 구입하면, 운전자는 제한구역을 하루에 수차례 진입할 수 있었다. 그러므로 운전자는 제한구역에 진입하고 혼잡을 유발할 때마다 혼잡료를 지불하는 대신에 단지 한 차례만 내는 것이다. 더구나 하나의 면허로 차를 바꿔서 진입할 수도 있었다. 이 시스템은 또한 무수히 많은 면허증의 종류로 인해서 통제하기 어렵게 되었다. 종일 면허, 업

무시간대 면허, 일일면허와 매월면허, 그리고 차량의 종류에 따라 면허가 달라지는 복잡한 시스템이 되었다. 제한구역으로 진입하는 지점이 늘어나면서 집행비용이 증가하였고, 오토바이는 제한구역에 진입할 때 속도를 줄이지 않았기 때문에 위반자를 점점 더 알아채기 어렵게 되었다. 정책입안자들은 시스템이 지속될 수 있도록 전자적인 통행료 부과방식으로 전환해야할 필요성을 느꼈다.

비록 지역면허제도는 상대적으로 '무딘 도구'였지만, 이것은 혼잡비용을 사용자에게 부과하는 첫 번째 실험이었다. 운전의 행태와 수요의 유형을 점검하고 가격구조를 수정하는 전체적인 과정은 학습의 시행착오 기간을 확장시켰다. 그러나 지역면허제도는 홀로 존재하는 것이 아니었다. 주차요금의 인상, 자동차세 인상, 그리고 운전자들이 제한구역을 우회할 수 있도록 새로운 도로를 건설하는 등 도심지역에 진입하는 것을 막기 위한 다양한 수단들이 시행되었다. 지역면허제도는 1995년 6월에 도로통행료제도(RPS: Road Pricing Scheme)로 확대되었는데, 평일 아침에 7:30부터 8:30까지 이스트코스트 공원길 고속도로의 특정구간을 운행하기 위해서는 S$1 달러의 면허를 구입해야만 했다. 이러한 도로통행료제도(RPS)는 부분적으로 운전자들이 선형통행료의 개념에 익숙해지도록 연습한 것이다. 지역면허제도와 도로통행료제도의 운영에서 얻은 교훈은 1998년에 전자도로통행료(ERP: Electronic Road Pricing)를 도입할 정도로 기술이 충분히 발전했을 때 유용하게 사용되었다.

6.4.2 전자도로통행료: 실시간 혼잡통행료를 징수하는 유용한 기술

스마트카드 기술의 진보가 예상되면서 정부는 1989년에 전자도로통행료를 도입하기 위한 계획을 발표했다. 이것은 거의 10년 후인 1998년에 공식적으로 도입되었다. 그 사이의 시기는 광범위한 시행착오의 과정을 반복하였다. 그 시스템의 설계 명세서는 도전적인 것이었다. 요컨대, 연이은 차량통과, 차선변경, 오토바이와 차량이 동시에 평행으로 통과하는 등 차선이 많은 도로에서 시속 75km로 주행하는 어수선한 자동차들의 주행에 대처할 수 있어야 하고, 통행료는 버스, 운반차, 승용차, 오토바이에 따라 다르기 때문에 정확한 통행료를 차감할 수 있도록 차량의 종류를 식별해야만 하며, 시스템으로 인해서 사고가 유발되지 않도록 차량의 속도를 줄일 필요가 없어야 하고, 오차율은 100,000 통과에 1번만 허용되며, 통행료 차감은 즉석에서 이루어지도록 활성화되어야 했다.

여기서 마지막 조건은 예언으로서 입증되었다. "수동적인" 시스템은 단순하게 차량이 주행했었던 시간과 장소에 대한 데이터를 일지에 기록하고 매월 대금청구서에 입력하는 방식인데, 홍콩의 전자결재시스템처럼 사생활 침해문제 때문에 곳곳에서 거부되었다. 통행료 차감은 차량내장치(IUs: In-vehicle Units)로 불리는 무선응답기에 삽입하는 현금카드로 이루어지는데, 무선응답기는 각 차량의 내부, 그리고 오토바이 핸들 사이에 항구적으로 설치되었다. 카메라는 운전자가 아니라 차량에 대해서 위반행위에 대한 기록물 증거를 제공한다. 현금카드는 은행에서 판매하며, 은행과 자동현금지급기에서 충전한다.

이 시스템은 운전자에게 편리하며 사용 중에는 눈에 띄지 않는다. 전자도로통행료시스템은 차량이 지지대를 통과할 때마다 부과하기 때문에 훨씬 더 효과적인 혼잡통행료라고 할 수 있다. 전자도로통행료시스템이 작동하는 시간동안 지역면허제도와 비교했을 때 도심지에서 차량의 숫자가 더 많이 줄어들었다. 또한 전자도로통행료는 유연한 가격책정을 가능하게 했다. 우선 통행속도에 대한 관찰을 기초로 분기별로 요율을 재검토했다. 요금은 교통의 평균속도가 목표를 상회하는 특정한 지점에 대해서 다양한 기간별로 차감되었다. 가족들이 통행을 줄이는 학교 공휴일 동안은 요율이 낮아졌다. 2003년에 통행요율은 충격을 받고 흔들리기 시작했다. 요율의 소폭 증가에 대해서도 운전자들은 갓길에서 공회전하며 요금이 낮아지는 시간을 기다렸기 때문이다. 운전자들이 통행료 가격에 매우 민감하다는 것이 입증되었다. 기술은 더 많은 개선을 가능하게 해주었다. 요금은 7,000대 가량의 위성위치확인시스템 장비를 갖춘 "프로브 차량"

택시를 통해서 등록된 속도에 따라 수정되었다. 만약 통행료가 부과되는 도로로 등록된 고속도로에서 속도가 시속 45~65km보다 느리거나, 간선 도로에서 20~30km보다 느리면 요금은 올라간다.[23]

6.4.3 자동차 소유권과 등록증에 대한 할당제

지역면허제도(ALS)와 뒤이은 전자도로통행료(ERP) 시스템은 자동차 사용에 표적을 두었던 것이다. 도로사용에 대한 요금은 자동차에 대한 거의 끝없는 수요를 관리하는 전투에서 사용할 수 있는 방책들 중의 하나에 불과하다. 수입관세, 정액등록비, 시장점유율 또는 수입가격으로 계산하는 추가등록비, 자동차의 엔진용량에 따라 부과되는 도로세 등 증가하는 자동차 수요를 제어하기 위한 일반적인 재정적 조치들은 1968년부터 시행되었다. 1970년대 중반에는 자동차 소유권을 더욱 억제하기 위해서 추가등록비를 수입가격의 25%에서 55%로, 이어서 100%까지 계속해서 수차례 인상되었다. 1975년에는 자동차 재등록을 권장하기 위해 추가등록비 특혜시스템이 도입되었는데, 만약 자동차를 폐기하면 항상 새로운 자동차가 도로를 뒤덮을 것이기 때문에 추가등록비를 인하해준 것이다. 그러나 당초 폐기대상 차량의 잔존가치는 추가등록비에 고정적으로 반영되었다. 추가등록비는 계속해서 인상되었고, 일본 엔화의 인상과 함께 이상한 결과를 초래하였다. 일부 자동차의 가격은 시간이 흐르면서 오히려 올랐는데, 특히 높은 엔진용량의 범위에 속하는 낮은 가격대의 자동차가 해당되었다. 일부 자동차에 대한 자산평가의 상승은 결국 자동차 구입을 촉진하게 만들었는데, 그것은 정확하게 정책이 의도한 반대의 결과였다. 1986년 경기침체 이후 경기가 회복되면서 자동차 수요가 폭증했다. 추가등록비는 수입가격의 175%까지 인상되었고, 도로세가 인상되었고, 유류세가 인상

[23] Sharp (2005), p. 144.

되었으며, 공공주택의 주차요금이 2배 올랐고, 1989년에는 저녁시간대 지역면허제도가 시행되었다. 짧은 기간 내에 아주 많은 조치들이 연속적으로 실행되면서 자동차를 소유한 국민들 사이에 많은 불만을 야기했다. 이것은 정치적 이슈가 되었고, 결국 1989년에 지배적인 의회의 토론주제가 되었다. 재정적인 조치들은 그들이 설계한 것처럼 수요를 관리하는 데 있어서 효과적이지 않았을 뿐만 아니라 문제를 왜곡시키고 광범위한 불만족을 부채질했다. 이것은 교통에 대한 정책형성에 있어서 결코 행복한 에피소드가 아니었다.

뒤이은 의회의 토론과정에서 자동차에 대한 할당을 부과하기 위한 제안이 제시되었다.[24] 이러한 양적인 제한을 추진하자는 제안은 사실 처음이 아니었다. 싱가포르 초대 부총리인 고갱쉬는 낡은 차를 폐기하거나 또는 더 이상 도로에서 운행하지 않는 차가 발생할 때 새로운 차를 등록하도록 하는 시스템을 통해서 자가용차에 대한 제로성장률을[25] 주창했었다.[26] 자동차와 면허의 숫자를 고정시키고 그 한도에서 면허를 이전하는 것처럼 제로성장률 정책에 기초한 다양한 시스템이 검토되었다. 당시 재무부 사무차관이던 닉암통다우(Ngiam Tong Dow)는 자동차 소유자들에게 일정한 기준을 정해서 자동차를 살 수 있는 권리를 할당하도록 하는 투표시스템을 선호했다. 그에 대해서 리콴유는 행정적인 투표에 의한 할당보다는 희소한 자원에 가격을 매기는 시장이 허용되어야 한다고 제안했다.[27]

---

24 할당을 사용하자는 제안은 의회 정보통신위원회 위원 겸 의장인 홍하이(Hong Hai) 박사가 1989년 8월 4일에 제안하였다. 다음에 홍박사는 교통특별위원회 위원장이 되었다. 여기에 대한 설명은 아래의 자료를 참고하였다. Phang Sock-Yong, Wong Wing-Keung and Chia Ngee Choon (1996). “Singapore's Experience with Car Quotas: Issues and Policy Processes,” Transport Policy, Vol. 3, No. 4, pp. 145-153.

25 이 아이디어는 원래 고갱쉬 박사의 1975년 기사에서 제안된 것이다. “Zero Growth Rate for Private Motor Vehicles,” in The Practice of Economic Growth. Federal Publications, 1977, republished 1995.

26 이것은 앞 단락에서 설명한 추가등록비특혜시스템의 배경을 이루는 원리이다.

27 Sharp (2005), p. 143.

국민들의 불만이 증가하면서 싱가포르의 교통정책에 대한 국민의 의견을 수렴하고 정부에 대한 권고사항을 만들기 위해 8명의 위원으로 구성된 교통특별위원회를 1989년 8월 4일에 발족시켰다. 위원회는 71개의 서면 진술서를 접수했는데, 그중 28명의 작성자들은 1989년 11월 2~3일에 공개적으로 발표할 수 있도록 초대되었다. 위원회는 1990년 1월 2일에 의회에 자신들의 권고사항을 보고했다. 그동안의 연구에 의하면 싱가포르에서 자동차에 대한 수요는 가격 탄력적이기보다는 소득 탄력적이었고, 앞서 사례에서 보았듯이 소득이 급격하게 증가하는 동안에 가격인상을 통해 소유권을 관리하려는 노력은 비효율적이었다. 따라서 위원회는 자동차 소유권을 통제하기 위해 할당시스템을 도입해야 한다고 권고했다. 그리고 새로운 차를 구입하는 2가지 방식을 제안했다.

(i) 구입자 자신의 중고차 또는 시장에서 중고차를 구입해서 폐기할 때,
(ii) 매월 일정한 간격을 두고 신차 구입을 위한 면허에 대해서 입찰을 시행하는 것이다.

예상치 못한 위원회의 할당제 권고는 언론과 의회에서 다양한 토론이 이루어졌다. 정부는 1990년 1월 30일에 할당시스템 원리에 대한 권고를 수용한다고 발표했다. 핵심적인 아이디어는 정부가 매년 새로운 면허에 대한 숫자를 결정하고, 경매를 통해서 판매한다는 것이었다. 따라서 자동차세를 더 인상하는 대신에 정부는 단지 수용가능한 자동차수의 성장률에 대해서만 결정하고, 그에 부합하는 추가적인 면허를 경매로 내놓으면 시장이 면허의 가격을 결정하도록 했다. 이러한 접근방법은 오직 한번만 자동차세를 부과하는 장점이 있었고, 그것은 자동차세 요율을 인상하는 것보다 변화하는 도로의 용량에 대응해서 할당량을 수정하기가 더 쉽기 때문에 정치적으로 더 수용할 만한 것이었다. 최종적으로 채택된 정책과 특별위원회의 권고사항 사이에 핵심적인 차이는 기존의 소유자를 포함해서 새로운 차를 구입하려면 모두 면허가 필요하다는 것이다. 이것은 사

용권을 갱신하는 시스템이었고, 입찰가격은 자동차를 할당하는 메커니즘이 되었다. 1990년 5월 1일에 실행한 자동차할당시스템(VQS: Vehicle Quota System)에서 새로운 자동차를 구입하려는 사람은 10년짜리 등록증을 확보해야만 했다. 구입자는 분기별(이후에는 매월) 경매에 응찰가격을 제출해야 하며, 입찰에 성공한 사람은 가장 낮은 낙찰가격(이러한 낙찰가격은 해당 경매에서 사용할 수 있는 등록증의 할당을 모두 소진시킬 것이다)만 지불하였고, 이러한 가장 낮은 낙찰가격을 할당프리미엄이라고 불렀다. 부유한 사람들이 계속 비싼 가격을 불러서 소형차를 구입하려는 사람들이 배제되지 않도록 차량의 엔진용량에 따라 4개의 분류항목을 만들었다. 화물차, 버스, 오토바이를 위한 다른 분류항목도 만들어졌다.

등록증이전시스템과 그 당시 소수에 의해 시장이 독점되던 자동차 시장은 몇 년간 등록증 가격이 하늘 높이 치솟았는데, 1994년에 2개 항목의 가격은 S$100,000에 달했다. 국민들은 자동차 유통업자들이 자동차 판매권을 대신하고 있으며, 그들이 사재기를 통해서 등록증의 가격을 올리고 있다고 확고하게 인식하고 있었다. 국민들의 항의에 따라서 시스템은 1991년 말에 한번 수정되었고, 1994년 말에 다시 수정되었다. 1994년 11월에 정보통신부장관은 2가지 실험이 시행된다고 발표했다. 첫 번째 실험은 2차례 이전을 막기 위한 것이고, 두 번째는 모든 입찰자들이 가장 낮은 낙찰가격 대신에 그들이 입찰한 가격을 지불하도록 만들기 위한 것이었다. 발표 이후에 모든 분류항목의 등록증 가격은 떨어졌다. 정책입안자들과 의심스러운 "투기자들" 사이의 줄다리기는 자동차 수송정책 형성의 연대기에서 대단히 흥미로운 시기였다. 등록증과 자동차할당시스템의 허점을 찾고 활용하려는 자동차 판매업자의 비상한 재주는 결국 정책입안자들이 끊임없이 따라잡으려고 애쓰도록 만들었고, 또한 시스템에 대한 더욱 정교한 조정을 요구하게 만들었다.[28]

28 투기 문제에 대한 보다 자세한 논의에 대해서는 Phang, Wong and Chia (1996).

정부는 1997년에 만약 전자도로통행료시스템이 혼잡을 관리하는 데 효과적인 것으로 증명된다면 추가적인 등록증이 발매될 것이라고 발표했다. 그 해에 추가적인 등록증 5,000개가 시장에 나왔고, 전자통행료시스템이 성공적인 것으로 입증되자 2002~2003년에 5,000개가 더 발매되었다. 1998년에 자동차할당시스템에 대한 재검토를 통해서 등록증 입찰시스템은 더욱 유연해지고 투명해졌다. 분류항목의 숫자는 2개(분류항목 A는 1,600cc 이하, 분류항목 B는 1,600cc 이상)로 줄었다. 개방형입찰시스템을 시작하기 위한 계획이 발표되었는데, 그것은 등록증 입찰자가 온라인을 통해서 입찰과정의 진행을 확인하고, 그에 따라서 입찰가격을 수정하도록 허용하는 것이었다. 단순화된 시스템은 또한 자동차를 구입하려는 사람들이 입찰을 제출하기 위해서 자동차 판매업자에게 의존하지 않고 스스로 할 수 있도록 해주었다. 온라인시스템은 2002년에 완전히 가동하게 되었다.

6.4.4 단기간 사용자에게 맞추기: 주말자동차제도

혼잡통행료와 자동차 소유권을 할당하기 위한 경매시스템 이외에 1991년에 시작된 주말자동차제도(WEC: Weekend Car Scheme)는 자동차를 소유하고 싶지만 단지 주말과 비수기에만 사용하는 일부 국민들의 수요에 맞추기 위해 고안된 또 다른 혁신적인 계획이었다. 주말자동차는 자동차 가격에서 세금을 절약하는 대가로 사용에 제약이 따른다. 별도의 등록증 분류항목이 자동차할당시스템에 추가되었다. 주말자동차의 구입자는 등록비, 수입관세, 등록증 프리미엄에 대한 세금의 환불을 받으며, 추가로 도로세의 70%를 할인해주었다. 반대로 주말자동차는 오직 일요일, 공휴일, 평일 오후 7시~오전 7시, 토요일 오후 3시 이후 비수기에만 사용할 수 있었다. 만약 제한시간 동안에 사용하기 위해서는 S$20 달러의 일일면허를 구입해서 부착해야만 했다. 제한시간에 면허를 구입하지 않고 사용하면 동일한 정상적인 자동차가 납부하는 연간 도로세의 꼭 절반에 해당하는 벌금이 부과되었고 연속해서 어길 경우에는 도로세 전체금액에 해당하는 벌금이 부과되었다.

불행하게도 그 시스템에는 결점이 있었다. 대용량의 자동차를 소유한 사람들은 심지어 매일 S$20달러의 면허를 1년간 구입해도 세금 환불에 따른 상쇄효과로 인해서 오히려 순이익을 얻었다. 또한 자동차 소유자들은 정상적인 자동차와 주말자동차 사이의 등록증 프리미엄 차이를 활용해서 예상치 못한 추가적인 절약을 얻었다. 이 제도가 아니면 자동차를 구입할 수 없었던 사람들에게 낮은 비용으로 자동차를 구입할 수 있는 대안을 제공하는 대신에 부자가 자동차를 한 대 더 구입하거나 더 큰 차들을 구입할 수 있도록 해주었다. 주말자동차제도(WEC)는 1994년 10월에 비수기자동차제도(Off-Peak scheme)로 대체되었다. 개정된 계획에서는 주말자동차를 위한 특별한 등록증 분류항목이 없어졌다. 이제 비수기자동차에 대한 입찰자도 정상적인 자동차와 동일한 분류항목에 입찰했다. 주말자동차와 동일한 사용의 제한이 있는 비수기자동차 소유자는 엔진용량에 상관없이 동일한 세금인센티브(등록시 S$17,000달러 정액환불, 연간 도로세 S$800달러 정액할인)를 누렸다.

6.4.5 도로교통에 있어서 실험과 혁신으로부터 학습한 교훈

(i) 정책입안자에게 기대하는 역할에 관한 강력한 각인은 교통과 자동차 소유권의 이슈를 해결하기 위한 적극적인 행동과 개입을 유발했다.

정치부문과 공공부문 지도자들은 그들의 역할을 가급적이면 국민들이 결과를 경험하기 전에 적극적으로 이슈를 예측하고 인식된 이슈에 대해서 반응하는 것으로 인식하고 있다. 정책입안자의 적극적인 역할은 중장기계획인 1971년 개념계획에 명시되었는데, 교통수요와 함께 통합적인 토지이용에 의한 도로혼잡을 미래의 이슈로 예측했고, 실제 도로혼잡의 발생을 확인하기 위해 교통흐름의 속도를 계속해서 점검했다. 공공부문에 기대하는 적극적인 역할은 그들이 먼저 계획하고, 이슈를 예측하고, 수시로 개입하도록 유도했다. 그들은 해결할 필요가 있는 이슈를 알아차리고, 정책적인 권고, 행동, 변화를 정당화하는 사실과 자료를 이용해서 가능한 한 합리적으로 잠재적인 이슈를 접근하도록 기대되었기 때문에 민감한 메커니즘을 수립하고 있었다.

(ii) 정책평가와 설계에 있어서 합리적이고 경제적인 원리를 사용하는 보편적인 관행이 시장중심의 접근방법을 지향하는 탐색을 유도했다.

정책평가와 설계에 있어서 합리적이고 경제적인 원리의 사용은 시장주도형 메커니즘(가능한 곳에서)과 함께 스스로 규제하는 시스템을 달성하기 위해서 직접적인 규제 또는 행정적인 규칙보다는 가격메커니즘의 형식을 선호하는 것이 분명했다. 정책은 자동차 수요를 통제하고 도로교통 기반시설과 서비스의 공급을 증가시키는 것에 직결되었다. 수요를 통제하기 위한 정책설계는 도로사용과 자동차 소유권을 다루는 포괄적인 것이었다. 지역면허제도(ALS)와 전자도로통행료(ERP) 시스템은 특정한 시간대의 도로사용에 대한 분명한 가격을 설정하고, 운전자들이 그 시간대의 도로사용에 대한 한계가치가 가격을 지불할 만큼 가치가 있는지 결정하도록 함으로써 교통체증을 통제했다. 교통흐름은 원하는 속도의 수준 이하로 떨어지지 않았다. 등록증이전시스템은 연간 허용된 새로운 자동차 등록 숫자를 설정하고 잠재적인 소유자들이 그러한 권리를 구입하기 위해서 얼마나 지불할 것인지 결정하도록 함으로써 자동차 소유권을 통제했다. 이러한 원리는 정책입안자에게 매력적이었고, 공공부문이 새로운 이슈에 대한 정책적 해결책을 탐색하는 데 있어서 합리적이고 경제적인 논리를 제공해주었다.

(iii) 장기적인 이슈와 과감하게 행동할 필요가 있는 이슈에 대응하기 위해서, 심지어 선례를 이용할 수 없는 경우에도, 경로를 파괴하는 정책적 해결책을 탐색하고 신중하게 정책을 설계했다.

실용적인 해결책의 탐색은 보통 다른 나라 또는 맥락에서 타당하게 작동되었던 해결책을 채택 또는 적응하도록 유도한다. 정책입안자는 해당 이슈를 비즈니스의 생산성과 외국인 투자의 도착지로서 싱가포르의 경쟁력을 침해하는 것으로 보고 도로교통과 도로혼잡에 대한 경로 파괴적인 해결책을 탐색했다. 이것은 절박감을 촉발시켰고 탐색의 속도를 서둘렀으며, 혁신적인 해결책을 설계하고 실행했다. 혁신은 기존의 관행 또는 지식으로부터 일탈이다.[29] 싱가포르 공공부문은 혁신을 "다르게 일하거나 다른 일을 함으로써 조직을 위해서 새로운 가치를 창조하는 것"이라고 정의했다.[30]

도로혼잡에 대한 초기의 대응은 거의 혁신적이지 않았다. 그것은 단순히 자동차 소유권의 비용을 증가시키기 위해 세금을 인상하는 과거의 관행을 따랐다. 이처럼 자동차 소유권에 세금을 부과하는 간접적인 접근방법이 단순히 단기적인 결과만 달성하고 세금인상과 함께 정치적 비용이 증가하면서 정책은 더욱 직접적인 방식으로 전환되었고, 혼잡을 최고의 경제적 비용으로 인식하는 도심지에서 도로사용을 통제하는 방식에 초점을 두었다. 그 개념은 새로운 것이었고, 어떠한 선례도 없었고, 시스템은 아무런 사전 지식 없이 설계되어야만 했다. 혁신은 해결하기 곤란한 문제에 대해서 장기적인 해결책의 성취를 모색하는 경로파괴적인 계획을 설계하기 위해서 필요했다.

지역면허제도는 세계 최초의 포괄적인 혼잡통행료 시스템이었다. 시스템은 새로운 것이었고, 도전적인 정책목표를 성취하기 위해서 많은 사고와 창의성을 요구하는 것이었다. 전자도로통행료는 도심지를 넘어서 혼잡통행료시스템을 확대할 수 있도록 해주었고, 그것을 보다 신뢰할 수 있

29 G Zaltman, R Duncan and J Holbeck (1973). Innovations and Organizations. New York: Wiley; A Van der Ven and D Polley (1992). "Learning while Innovating," Organization Science, Vol. 3, pp. 92-116.

30 이 정의는 공공부문의 "혁신적인 공공서비스를 위한 전략과 시스템"이라는 제목의 보고서(2001. 7. 1)에서 가져온 것이며, 이 정의는 다음의 자료에 혁신에 대한 싱가포르 공공부문의 공식적인 입장으로 인용되었다. The Public Sector Innovation Journal, Vol. 9, No. 3.

는 것으로 만들었으며, 유연한 가격책정의 잠재적인 장점을 포함하게 되었다. 기술은 설계하고 실행하기에 복잡한 것이었고, 사생활 침해에 대한 우려를 해결해야만 했다. 전자도로통행료는 참신하고 대담한 것이었다. 비록 도로사용의 통제는 도로통행료를 통해서 시행하지만, 그것은 여전히 포괄적인 해결책이 아니었다. 계속해서 증가하는 자동차 세금에 대해서 정치적 비용을 최소화할 필요가 있기는 하지만 여전히 자동차 소유권을 통제할 필요가 있었다. 등록증시스템은 도로통행료를 보완하는 것으로서 자동차 소유권에 가격을 책정하기 위해 설계되었다. 그것은 잠재적인 자동차 소유자들이 차를 소유하기 위해서 얼마나 지불할 것인지를 결정하도록 하는 것이었지만 자동차수의 지속적인 증가율을 내포하고 있었다. 주말자동차제도는 저녁과 주말에만 자동차를 사용하는 사람들에게 낮은 비용의 자동차 소유권을 제공하기 위한 혁신적인 접근이었다.

(iv) **정책적 혁신은 학습의 축적을 가능하게 하였고, 사용자들이 정책의 수정에 대처할 수 있도록 보장하는 점증적인 변화를 통해서 적응되었다.**

지역면허제도, 전자도로통행료, 등록증이전시스템, 주말자동차제도는 사려깊게, 합리적으로, 포괄적으로 설계되었고, 이어서 경험적인 학습을 통해서 많은 수정과 섬세한 조정이 이루어졌다. 지역면허제도는 새로운 계획이었기 때문에 시스템의 운영에 따라서 운전자들이 어떻게 주행유형을 바꿀 것인지에 대한 정보가 거의 없었다. 따라서 비록 도심지의 혼잡을 통제하는 것이었지만 최적의 교통흐름을 얻기 위해서 끊임없이 시간대를 섬세하게 조정하고 요율을 수정하는 반복적인 과정을 실행하였다. 이것은 시행착오 학습의 사례이다.

지역면허제도의 경험위에 구축된 전자도로통행료 시스템은 주요 고속도로를 더 짧은 시간에 주행하고 시간대를 더욱 유연하게 만들기 위해서 도심지를 넘어서 도로통행료를 확대한 것이다. 전자도로통행료는 싱가포르 정책설계에 있어서 흔히 선호되고 추진되는 기술적인 해결책의 사례이다. 기술적인 해결책은 더 나은 성과를 가능하게 하고 희소한 인적자원의 사용을 해소하기 위해서 시스템에 새로운 능력을 구축하는 것이다. 이것은 지역면허제도처럼 수동으로 작동되는 시스템을 전자적 시스템으로 전환하는, 능력과 일관성과 성과와 유연성의 시스템으로 개선하는 싱가포르 공공부문의 거의 두 번째 속성을 나타내는 것이다. 요율과 시간대에 대한 수정은 여전히 정기적으로 이루어지지만 이제 그것은 교통흐름의 유형에 있어서 주기적인 변화에 대응하고 있다. 이것은 더 이상 시행착오의 학습이 아니라 도로혼잡과 교통흐름의 새로운 유형에 대한 실시간의 적응이다.

마찬가지로 등록증이전시스템은 자동차 면허를 구입하기 위한 입찰 행태의 새로운 유형에 대응하고 시스템을 더욱 유연하고 투명하게 만들기 위한 수정작업이 있었다. 자동차 면허의 유형을 3개로 줄이고, 입찰기간을 매월에서 격주로 짧게 하고, 초기에 닫혀 있던 입찰가격시스템을 완전하게 공개하는 등 일정기간을 거쳐서 여러 가지 변화와 개선이 이루어졌다.

시행착오의 학습은 행동이 "온라인"으로 이루어지고 그것의 결과가 발생할 때 일어난다. 그 과정은 시스템의 결과물을 관찰하는 것, 환류를 수집하는 것, 인과관계를 이해하는 것, 필요한 행동을 결정하는 것을 포함한다. 그 목적은 이해관계자의 가치에 대한 보다 명확한 이해에 어울리도록 예상되는 결과를 변경하거나 또는 예상되는 결과가 실현될 수 있도록 규칙을 수정하기 위한 것이다. 끊임없는 관찰과 시스템의 환류에 대한 해석은 전반적인 경험과 원하는 결과를 향상시키는 정확한 행동을 가능하게 해준다.

그처럼 시행착오의 실험을 통한 적응적인 학습은 흔히 계획의 목표는 분명하지만 선택한 방법의 작동과 결과가 그렇지 못할 때, 또는 예측하지 못했던 부정적인 영향이 미칠 때 일어난다. 그러한 효과는 다음 차례의 개선을 유발하도록 더 명확한 이해를 형성하기 위한 투입이 된다.[31] 그러한 적응적인 학습이 발생하도록 의사결정자는 시스템의 환류에 대해서 민감해야만 하며, 왜 절차

[31] Anne S Miner, Paula Bassoff and Christine Moorman (2001). "Organizational Improvisation and Learning: A Field Study," Administrative Science Quarterly, Vol. 46, No. 2, pp. 304-340.

들이 계획한 대로 작동하지 않았는지 이유를 추론하고, 그 다음에 사용자의 행동과 행태에 영향을 미치기 위해서 규칙을 섬세하게 조정한다.

마찬가지로 중요한 것은 그와 같은 시스템의 빈번한 변경에 대한 국민들의 반응에 민감할 필요가 있다. 제도의 수정에 대한 국민들의 수용이 없는 빈번한 변화는 혼란과 저항을 야기할 수 있으며, 의도한 결과를 성취할 수 없을 것이다. 전자도로통행료의 도입과 같은 중요한 시스템의 변화는 계획한 실행에 앞서서 광범위하게 논의되었다. 일단 중요한 새로운 시스템이 채택되었으면, 각각의 일련의 변화는 점증적인 특성을 보였고, 실제적인 경험의 자료에 기초해서 정당화되었고, 사용자들과 광범위하게 소통되었다. 국민들은 이제 싱가포르의 일반적인 삶의 방식으로서 전자도로통행료에 대한 정기적인 변화를 수용하고 있다.

6.5 중앙적립기금[32]

퇴직연금이라는 원래의 목적을 어떻게 주택, 의료서비스, 거시경제의 수단으로 확대했는지에 대한 사례

중앙적립기금은 1955년에 수립되었고, 고용주와 노동자가 매달 기여금을 조성해서 은퇴를 위한 계획을 세우는 저축으로 설계된 것이다. 이것은 모든 싱가포르 노동자들이 자신의 개인적인 중앙적립기금 계좌를 갖고 있는 완전한 기금저축제도이다. 시장의 이자율은 연이율 2.5%의 최소 이자율로 중앙적립기금의 균형을 위해 지불된다. 매달 기여율은 1960년대 중반부터 꾸준히 증가되었는데, 1985년에 50%로 정점에 도달(고용주와 노동자로부터 각각 매달 월급의 25%)했었고, S$6,000 달러의 최고월급상한제의 적용을 받는다. 현행 요율 34.5%는 지난 2007년에 개정되었다. 중앙적립기금

32 이 부분에서는 Tan Soo San (2004)의 자료를 많이 참고해서 작성했다. "The Central Provident Fund: More than Retirement," Ethos, July.

제도의 기본적인 원리는 각자 개인이 책임지고 자신의 은퇴에 필요한 저축을 하는 것이다. 계좌의 균형을 초과하는 것은 최소금액을 제외한 후에 당시의 공식적 은퇴 연령인 55세에 인출할 수 있다.

수년간 중앙적립기금의 역할은 인구의 변화, 경제적 상황, 싱가포르인의 염원에 따라 진화하였다. 그런데 특히 평균수명이 더욱 길어지면서 인출된 자금을 너무 빨리 사용하고 아주 늙은 나이에는 조금밖에 남지 않을 것이라는 우려가 있었다. 1987년에는 55세 때 최소금액 S$30,000달러는 중앙적립기금 계좌에 맡기도록 했었다. 1995년부터는 매년 S$5,000달러씩 올려서 2003년에 S$80,000달러를 맡기도록 했다. 최소금액은 은퇴기간 동안에 생활비를 매달 지급하기 위해 사용된다.

1987년에 중앙적립기금 회원들은 그들의 기금을 싱가포르 버스서비스 회사의 초기 주식공모에 투자할 수 있도록 허용되었다. 이것은 1986년에 상업용 부동산으로 확대되었고, 1990년대에는 높은 금융소득을 위한 주식, 금, 펀드에 투자할 수 있도록 더욱 자유화되었다. 중앙적립기금 시스템은 주택, 의료서비스, 교육과 같은 사회적 목표를 포함하는 것으로 확대되었다. 기금기여율에 대한 수정은 또한 고용주의 비용부담을 낮춰서 경쟁력을 향상시키기 위한 거시경제의 수단으로 사용되었다. 그러한 각각의 확대와 수정은 사회적, 경제적 목적 사이의 정책적 상충관계를 고려해서 그 비중과 균형을 유지해야 할 필요가 있었다.

2001년에 경제검토위원회는 중앙적립기금의 기능에서 은퇴생활을 대비한 기본적인 수요, 의료서비스와 주택소유권에 다시 집중하였다. 2003년에 개정된 사항은 고령노동자의 기여율 인하, 기여금의 소득상한의 인하, 주택을 위한 기금의 인출을 부동산 가치의 120%까지 제한, 기금 최소금액을 10년에 걸쳐서 S$120,000달러까지 인상하는 것을 포함하고 있었다.

6.5.1 주택과 의료서비스로 확대

중앙적립기금의 사용이 첫 번째로 확대된 것은 1968년에 공공주택을 위한 것이었다. 노동자 가정은 주택개발청(HDB)이 건설한 아파트를 구입할 때 대출금을 지불하기 위하여 중앙적립기금의 보통예금(OA: Ordinary Account)을 사용할 수 있도록 허용되었다. 이것은 많은 가정이 그들의 실질 임금을 대출금을 갚는 데 사용하지 않도록 만들어서 아파트를 소유할 수 있도록 해주었다. 이것은 많은 이민자를 싱가포르에 정착시키기 위한 국가적 목표를 달성하는 데 기여하였다. 이 제도는 1981년에 민간의 주거용 부동산에 대한 구입, 1986년에 비주거용 부동산에 대한 투자, 1990년대에 업그레이드 비용까지 더욱 확대되었다. 1968년부터 1977년까지 모든 중앙적립기금 인출의 2/3는 주택을 위한 것이었다. 이와 같은 대규모 인출은 1977년에 특별계좌(SA: Special Account)를 만드는 계기가 되었다. 매달 기여금의 일부는 특별계좌에 맡겨졌는데, 이 계좌는 은퇴를 대비하기 위한 것으로서 주택 또는 다른 목적을 위해서 인출할 수 없었다.

1984년 4월 1일부터 중앙적립기금 시스템은 새로운 의료계좌(MA: Medical Account)를 포함하는 것으로 더욱 확대되었는데, 이 의료계좌(MA)는 각각의 노동자들이 매달 6%의 기여금을 저축하는 것이었다.[33] 의료기금은 병원비로 사용될 수 있는데, 수술과 진료비는 물론 약물치료와 같은 외래치료도 허용되었다. 이러한 접근방법의 배경을 이루는 사고방식은 의료비는 소비시점에 그것을 지불하는 개인에 속하는 것이며, 따라서 각각의 개인은 저축에 대한 인센티브를 가질 것이고, 그 의료기금을 신중하게 사용할 것이라는 생각이었다. 이 시스템은 의료기금을 사용하지 않으면 개인의 은퇴생활을 위한 저축으로 남기 때문에 의료서비스의 과소비를 줄였다. 1990년에 새로운 중증질환예비보험제도가 시행되었고, 중앙적립기금 회원은 의료기금을 보험료 지불에 사용할 수 있었다.

중앙적립기금 회원이 의료기금에 의지하기 시작하면서 기금의 균형

33 이 6%의 기여금은 가장 보조금을 많이 받는 병동의 요금에 기초해서 평균적인 싱가포르인의 기본적인 입원수요에 대응하기 위해 적절한 것으로 고려된 것이다. 이 요율은 나중에 고령 싱가포르인에 대해서 8%로 인상되었다.

이 은퇴생활 동안의 의료수요에 충분하지 않을 것이라는 우려가 있었다. 1988년에 은퇴시기에 사용할 수 있는 최소한의 기금을 확보하기 위해 의료기금 최소금액을 도입했다. 이 최소금액은 1988년 S$16,000달러에서 2003년에 S$25,000달러로 인상되었다.

6.5.2 거시경제의 수단으로서 중앙적립기금

경제가 20년간 평균 약 9%의 성장률로 성장하고 있었기 때문에 중앙적립기금의 요율이 인상되었을 때, 산업의 가격경쟁력은 이슈가 되지 않았다. 그러나 높은 노동비용은 경쟁력을 상실하는 중요한 요인으로 작용했고 1985~86년 경기침체를 촉발시켰다. 중앙적립기금의 요율에 대한 조정이 거시경제의 수단으로서 당시에 처음으로 사용되었다. 고용주의 기여금 요율을 매달 소득의 25%에서 10%로 삭감하고, 최고요율 50%는 35%로 끌어내렸다. 경제가 회복되면서 요율은 1991년에 천천히 40%로(고용주와 노동자 각각 20%씩) 회복되었다. 아시아 금융위기 여파로 1999년에 다시 30%로 삭감했고, 그다음에 2000년에는 32%로 증가했고, 2003년에는 33%로, 2007년에는 34.5%로 수정되었다. 중앙적립기금의 요율에 대한 조정을 거시경제의 수단으로 사용한다는 것은 사회적 목표를 성취하기 위해서는 그 이전에 경제성장과 경쟁력이 튼튼해야 한다는 것을 재차 확인시켜주는 것이다. 이것은 싱가포르가 경제적 능력과 미래의 성장을 위한 토대를 약화시키지 않으면서 시민들의 요구와 열망에 부응하기 위해서 어떻게 사회적, 경제적, 정치적 지침을 교묘하게 다루는지 보여주는 것이다.[34]

[34] Tan (2004).

6.5.3 중앙적립기금의 진화적 경로로부터 학습한 교훈

(i) 중앙적립기금 시스템은 자립심, 전통적인 가족부양의 구조, 절약과 노동에 대한 적극적인 인센티브를 촉진하고, 인플레이션이 없는 경제적 환경을 조성하기 위해 헌신하는 거버넌스의 원칙에 각인되었다.

비록 중앙적립기금 제도는 영국 식민지정부에서 시작된 것이지만, 독립한 싱가포르의 지도자들은 그것을 지속하면서 그들의 개인적인 신념과 가치를 주입시켰다. 당시에는 문화적 가치가 공식적으로 표명되지 않았지만, 그것을 실행하고 강화하였으며, 사회적으로 다음 세대의 정책입안자에게 이전하였고, 정책적 의사결정과 선택을 지배하는 이러한 공유된 가치에 대해서 깊은 책임의식을 갖게 만들었다. 중앙적립기금은 정책입안자가 싱가포르의 성공을 위해 중요한 토대라고 믿었던 것을 실행한 사례라고 할 수 있다. 그들의 관점과 확신은 매우 확고했으며 중앙적립기금의 정책과 시스템에 대한 설계에 있어서 충분히 표현되었다. 중앙적립기금의 시스템에 대한 설계는 IMF로부터 인정받았다.[35]

> "고용주와 노동자 모두 기여할 필요가 있는데, 그것은 수당은 자유재라는 어떤 관념을 불식시키는 것이다. 최소금액 제도는 최소한의 은퇴수당을 연금의 형식으로 받도록 해주며 급하게 소진되지 않도록 보장해준다. 마지막으로 이 계획은 의무적이기 때문에 사회보장을 위한 예산적인 지출의 압력을 대부분 피할 수 있으며, 적은 행정비용으로 많은 국민들의 사회보장을 달성했다."

[35] Robert Carling and Geoffrey Oestreicher (1995). "Singapore Central Provident Fund," Paper on Policy Analysis and Assessment, Southeast Asia and Pacific Department, IMF, December.

(ii) 일단 중앙적립기금 시스템이 구축되면서, 그것은 다른 사회적 목표에 대응하기 위한 준비된 해결책이 되었고, 은퇴생활을 위한 원래 목적은 주택과 의료를 포함하는 것으로 확대되었다.

정책형성의 환경은 해결해야 할 문제뿐만 아니라 어떻게 기존에 작동하고 있는 해결책의 사용을 확대할 것인가의 문제이다. 문제와 해결책을 연결시키는 것은 정책입안자의 창의력과 통찰력에 달려있다. 시스템의 목표를 확장할수록 그 힘을 적용하는 영향력의 범위는 확대된다. 그러나 만약 그것이 단지 손쉬운 해결책이라면, 의도한 목적은 원래의 문제와 새로운 이슈 모두에게 해로운 타협을 할 것이다. 일단 중앙적립기금이 모든 싱가포르 노동자를 위한 정기적인 강제적 저축 계획으로서 제도화되면서, 재정적 기여와 시민들의 투자를 필요로 하는 장기적인 사회적 목표에 적용될 수 있는 해결책이 되었다. 주택, 의료, 교육은 은퇴를 위한 재정적 보장의 수요와 상반되지 않는 장기적인 수요이다. 중앙적립기금 모델은 싱가포르인 삶의 많은 부분을 책임지는 제도로 진화되었다. 그것은 정부와 국민들 사이의 복잡한 사회적 계약에 있어서 핵심적인 요소가 되었다.[36]

(iii) 최선의 노력에도 불구하고 정책입안자는 중앙적립기금 시스템의 설계에 있어서 모든 영향을 완전히 예측할 수 없었고, 연속적인 정교한 조정은 정책선택의 영향에 대해서 더 잘 이해하게 되었을 때 그에 따른 자연적인 대응이었다.

중앙적립기금의 다양한 정책목적은 분명히 충분하게 생각하고 명확하게 밝혀졌지만, 정책변화의 모든 결과, 특히 복잡한 사회적 시스템에 있어서 두 번째, 세 번째 단계까지 완전히 인식하고 예측하기는 어려웠다.

[36] Tan (2004).

정책변화를 집행하는 동안 그 함의를 빈틈없이 인식하는 것은 지속적인 실행과 변화의 과정에서 대단히 중요한 것이다. 중앙적립기금은 국민들의 열망과 수요에 따라 주택을 위해 사용하는 것으로 확대되었다. 인출의 규모가 커지고 증가하게 되었을 때, 그 한도가 설정되었다. 양질의 의료서비스에 대한 열망이 증가하면서 의료서비스를 위한 비용을 따로 확보하게 되었다. 수년간 기여금의 요율은 장기적인 사회적 목표와 경제성장을 위한 가격경쟁력 유지의 필요성 사이에 균형을 맞추기 위해서 오르락내리락 변경되었다. 중앙적립기금의 경험은 정책변화의 영향을 이해하고, 시스템이 변화하는 환경에 적응하면서 경쟁력에 대한 요건과 균형을 유지하기 위해서 수정될 수 있도록 이해관계자에게 영향을 미치는 환류를 수집해야 할 필요성을 잘 보여주었다.

(iv) **시스템을 바꾸고 수정하는 동안 정책입안자는 중앙적립기금의 목적을 망각하지 않았고 은퇴생활에 대한 수요를 보장하기 위해서 정기적인 재검토를 시행했다.**

제도에 대한 수정을 거듭하는 것은 시스템을 모순적인 규칙의 잡동사니로 만들고, 프로그램이 의도한 결과물을 희석시키거나 악화시키고, 오히려 문제를 키우는 위험이 따른다. 시간이 지나면서 정책목적은 본래의 목적과 에너지를 상실하고 대단히 복잡한 것으로 퇴화한다. 그러나 규칙과 프로그램은 흔히 계속해서 영구적으로 유지되고 따라서 거대한 관료제는 일반적인 제도적 결과인 것이다. 중앙적립기금은 비록 많은 수정과 변화가 있었지만 정책입안자가 은퇴생활의 수요에 대응하는 본래의 목적을 결코 망각하지 않았기 때문에 그러한 역기능의 사례를 피할 수 있었다. 이상적으로는 정책목적이 변화하는 환경에 대응하기 위해 수정하는 과정에서 동시에 최적화되어야 한다. 현실적으로는 제도를 바꾸는 과정에서 새로운 이슈의 압력과 긴급성 때문에 정책입안자는 현재의 문제를 해결하는데 보다 큰 우선순위를 두게 만든다. 따라서 방향의 연속성은 기껏해야 순차적으로 이루어질 뿐이다. 정책입안자는 이러한 현실을 인식하고 역기능의 발생을 피하려고 노력했다. 제도의 수정을 거듭하면서도 원래의 정책목적을 여전히 적합하도록 유지하고 다른 환경에서 다른 사람에 의해서 다른 시간에 만들어진 제도의 수정이 응집력을 확보할 수 있도록 시스템 전반에 대해서 정기적으로 재검토했다.

6.6 의료서비스 정책

양질의 서비스 제공과 비용절감 사이의 균형을 유지하기 위해서 어떻게 혁신적인 경로와 끊임없는 학습을 유도했는지에 대한 사례

싱가포르의 현존하는 의료서비스 시스템은 서비스 제공과 공급의 특징에 대한 깊은 이해에 기초해서 점진적인 개선과 혁신이 이루어져 왔다. 의료서비스는 흔히 정부개입에 대한 근거로서 거론되는 긍정적 외부효과를 다양하게 지니고 있다. 이 이슈의 과제는 잠재적으로 무한한 수요를 관리하기 위해서 어떻게 양질의 의료서비스 제공과 의료서비스 공급비용 사이에 균형을 유지할 것인지에 두어진다. 의료서비스 재원조달에 대한 싱가포르의 접근방법은 공공과 민간부문의 혼합, 시장의 원리에 대한 혁신적인 사용, 의료서비스 공급 비용을 반영하는 가격책정메커니즘에 기초하고 있다. 보건부장관 콰분완(Khaw Boon Wan)은 싱가포르의 의료서비스 정책은 5가지 영역에 초점을 두고 있다고 말했다.

> "첫째, 우리는 의료비는 계속 오를 것이라는 가정에 근거해서 일한다. 둘째, 의료시장은 경쟁체제에서 더 잘 작동한다. 셋째, 우리는 환자들에게 힘을 실어주고 그들이 자신의 건강을 위해서 더 많이 책임져야 한다. 넷째, 우리는 1차 진료부문이 중요한 역할을 담당하도록 해야 한다. 다섯째, 우리는

비용절감에 도움을 주는 세계화를 활용해야만 한다."[37]

6.6.1 의료서비스에 대해서 공동부담(고용주의 부담)하는 제도를 도입

싱가포르는 영국으로부터 무료 병원진료와 병원비를 국가에서 지원하는 국영화된 시스템을 물려받았다. 이것은 환자들이 의료서비스의 소비에 거의 또는 전혀 책임지지 않는 보편적인 의료서비스 제공을 위한 세금기반의 시스템이었다. 이것은 건국 정치지도자의 사회주의적 성향과 일치한 반면에, 이러한 접근방법이 과잉진료를 부추기고 '줄을 서서 할당받는' 결과를 초래한다는 것을 분명히 인지하게 되었다. 미국이 채택한 접근방법은 국가가 거의 개입하지 않으면서 민간의 의료보험에 기초한 자유로운 시장시스템이었다. 이것은 높은 의료보험비가 서서히 지불능력이 없는 사람을 차단하면서 '접근능력에 의해 할당되는' 결과와 함께 급증하는 의료비와 서비스 품질의 비일관성을 초래했다. 싱가포르의 지도자 입장에서 이러한 방식은 모두 "어떻게 모든 싱가포르인이 개인과 국가가 감당할 수 있는 비용으로 효율적인 의료서비스에 제대로 접근할 수 있는지"[38]에 대한 해결책이 아니었다. 제대로 작동하는 모델로 발전하기 위해서 지속적인 학습과 혁신적인 실험이 필요했다.

세금기반의 보편적인 서비스 제공과 민간의 의료보험 모델에 있어서, 문제의 핵심은 소비자가 의료서비스에 대한 선택과 비용부담 사이에 직접적인 관계를 보지 못하거나 느끼지 못한다는 것이다. 따라서 정책의 접근방법은 환자가 의료서비스를 소비하는 시점에 최소한 일부의 비용이라도

[37] 콰분완(Khaw Boon Wan)의 연설에 대한 보도는 The Straits Times 2006년 9월 19일자를 참조, "Five Steps to Keeping Health Care Affordable."

[38] 보건부 2대 장관 고척동의 1983년 8월 30일 의회 논쟁은 아래 출처에서 인용하였음. Singapore Economic Review (1986), "Report of the Central Provident Fund Study Group," Vol. 31, No. 1, p. 63.

지불하도록 함으로써 과잉진료를 차단하는 것이었다. 공무원은 노동자들에 대한 공동부담(고용주의 부담)을 도입하기 위해 의료수당을 개정했다. 이것은 또한 각각의 소비자가 자신의 의료비를 위해서 저축해야만 한다는 것을 의미했다. 이 관행을 의무적인 것으로 만들기 위해서 중앙적립기금 시스템에 의료저축계좌를 만들었다. 1984년 4월 1일부터 각각의 노동자가 매달 6%의 기여금을 메디세이브(Medisave)라고 불리는 새로운 계좌에 입금하였고, 그것은 의료서비스를 위한 개인적인 저축계좌가 되었다.[39] 기여금 요율이 크지 않았기 때문에 장기간의 병원입원과 중증질병에 대한 지출에 대해서는 감당하지 못할 것이라는 우려가 제기되었다. 따라서 1990년에 장기간의 중증질병 치료비를 감당하기 위해 메디쉘드(Medishield)라고 불리는 국가보험을 포함하는 것으로 확대하였다. 메디쉘드는 저가로 많이 공제받는 공공보험 프로그램의 사회적 원리가 아니라 보험으로 운영되는데, 보험료와 혜택은 국민들의 실질적인 건강위험 요인에 의해서 결정된다. 따라서 대부분의 국가의료보험제도와 달리 연령대에 따른 교차보조가 없으며, 건강한 사람이 건강하지 못한 사람을 보조하지 않는 것이다. 위험이 높은 항목은 높은 보험료를 지불했다. 마지막으로 저축성의료기금인 메디펀드(Medifund)는 정부의 재정흑자에 따른 여유재원을 이용해서 만들어졌다. 기금의 소득은 지불능력이 없는 국민들의 의료비 지출을 위해 사용되었다. 메디펀드는 별도의 정부가 임명하는 위원회에서 관리했는데, 어떤 사람이 지원받을 자격이 있는지 여부와 지원 금액을 결정한다.

6.6.2 단계별 시스템을 통한 의료서비스의 차별화

공급측면에서 정부는 입원비용을 4단계 시스템(A, B1, B2, C병동)을 통해

39 이 6%의 기여금은 가장 보조금을 많이 받는 병동의 요금에 기초해서 평균적인 싱가포르인의 기본적인 입원수요에 대응하기 위해 적절하게 설계된 것이다. 이 요율은 나중에 고령 싱가포르인에 대해서 8%로 인상되었다.

서 보조하는데, 병동이 덜 안락할수록 높은 수준의 보조를 받는다. 예컨대, 싱글베드, TV, 욕실, 에어컨을 갖추고 있는 A그룹의 병동은 보조금 없이 모든 비용이 부과되는 반면에 에어컨이 없고 개방된 기숙사 같은 C병동은 약 80%의 비용을 보조받는다. 모든 병동의 치료수준은 동일한 의료진과 의료설비(수술실과 전문화된 장비 등)를 공유한다. 유일한 차이점은 A병동과 4인실인 B1병동은 담당 의사를 선택할 수 있다. 따라서 환자들은 지불의사에 따라 적당한 병동을 스스로 선택할 수 있다. 사립병원은 병동과 서비스 공급에 있어서 광범위한 다양성을 가지고 있지만 정부보조금은 없다.

싱가포르 의료비 재원조달 시스템에 있어서 의료서비스를 배분하는 원리는 영국의 국가의료시스템처럼 '줄'에 기초한 것도 아니고 미국의 자유로운 시장에 근거한 보험시스템처럼 '접근'에 의한 것도 아니다. 이것은 대부분 소비자의 선택과 지불능력에 의해 할당된다.[40] 더 좋은 조건의 입원비를 선택하고 싶은 소비자들은 메디쉘드(Medishield) 또는 메디쉘드 플러스(Medishield Plus) 또는 민간보험을 선택할 수 있다. 마찬가지로 비용을 지불할 능력이 있고 기꺼이 지불하겠다는 소비자는 사립병원과 민간의료를 선택할 수 있다. 사립병원의 병상은 총 병상의 20%를 차지하고 있으며, 환자는 공공병원과 동일한 한도에서 치료비 지불을 위해 메디세이브(Medisave)를 사용할 수 있다. 입원진료와 외래진료에 따라 메디세이브의 인출 한도가 설정되기 때문에 병원은 환자가 병동의 품질을 선택할 수 있도록 비용명세서를 제공할 필요가 있다.

6.6.3 정보 제공과 서비스 공급에 있어서 경쟁의 도입

의료공급의 특징들 중 하나는 환자들이 의사나 병원의 조언에 의존하기 때문에 발생하는 공급자와 환자 사이의 정보비대칭성이다. 이러한 문

40 할당은 또한 입원진료와 외래진료에 따른 인출 한도의 설정을 통해서 영향을 받는다.

제는 의료서비스의 실제 비용에 대한 비교할 수 있는 정보가 일반적으로 부족하기 때문에 발생한다. 1980년대부터 우선 공공병원을 법인으로 재구조화하고, 나중에 싱가포르 의료서비스와 국가보건그룹으로 2개의 수직적인 통합형 공급 클러스터를 만들면서 공공병원시스템에 경쟁의 요소가 도입되기 시작했다. 재구조화는 클러스터들과 클러스터 내부의 협력 사이에 경쟁을 위한 환경을 만들었다. 병원들은 각각의 클러스터와 상품과 서비스를 구매하는 데 있어서 규모의 경제를 활용함으로써 서비스를 합리적으로 개선했다. 보다 많은 투명성과 경쟁을 위한 급진적인 조치는 2004년에 병원들이 병동의 등급에 기초해서 다양한 절차와 조건에 대한 평균적인 청구금액을 공개하도록 지시했다.[41] 몇몇 병원은 평균 청구금액이 전체 병원의 평균보다 얼마나 높은지 확인하고 놀라게 되었고, 그들의 절차와 비용구조를 재검토하지 않을 수 없었다. 이러한 시도는 전례 없는 것인데, 투명성의 수준을 향상시키기 위한 급진적인 시도였으며, 더 좋은 정보를 제공해서 소비자들이 더 좋은 선택을 하도록 도와주었다. 이러한 정보기반의 접근방법은 이제 각각의 병원에 대한 서비스 수준과 대기시간을 포함하는 것으로 확대되었다.

6.6.4 입원진료를 넘어서는 체계적인 질병관리

2006년 이전 메디세이브(Medisave)의 특징은 약물치료와 같은 특별한 치료를 제외하고 입원진료를 목적으로 사용하는 것이 지배적이었다. 20년 이상 공공부문은 외래진료까지 확대하는 것을 주저했는데, 불필요하거나 또는 효과가 의심스러운 외래진료에 대해서 메디세이브 기금을 별다른 제한 없이 사용할까 봐 걱정했던 것이다. 2004년에 이러한 오랜 입장은 몇몇의 일반적인 만성질환에 대한 외래진료의 발전을 고려해서 재검토되었

41 이것은 이제 보건부 홈페이지에 공개된다.

다. 체계적 질병관리 프로그램은 당뇨병처럼 좋은 가정주치의가 병원의 전문의와 협력해서 체계적인 증거를 기반으로 치료를 받는 환자가 자신의 치료에 대해서 공동의 책임을 지는 개념에 기초한 조건을 개발했다. 예컨대, 만약 당뇨병 환자가 의사와 간호사와 협력해서 당 수치를 잘 관리한다면, 신장이 상하거나 또는 발을 절단하는 것과 같은 당뇨병으로부터 발생하는 심각한 합병증을 피할 수 있을 것이다. 그러한 질병관리 프로그램을 조기에 시작하고 잘 이행함으로써 환자는 더 나은 건강을 얻을 수 있었고, 치료를 지연할 경우 발생하는 합병증의 극심한 비용을 피할 수 있었다. 좋은 질병관리 프로그램의 혜택은 해외에서도 입증되었고, 보건부에서도 공공병원을 통해서 시험했으며, 보건소는 현장의 맥락에서 이러한 접근방법의 효과성을 측정했다. 이러한 체계적인 접근방법이 건강을 향상시키고 값비싼 치료를 절감한다는 결과들이 지역적으로, 국제적으로 잘 문서화되면서, 메디세이브 기금을 그러한 유형의 외래진료에 사용하는 것이 허용되었다. 이러한 중요한 변화는 공공부문의 정책형성에 있어서 끊임없는 검토와 개선의 순환과정을 보여주는 것이며, 이것은 새로운 치료방법의 개발에 의해서 촉발된 사례이다.

6.6.5 새로운 의료정책 이슈의 탐색

현재의 의료정책은 총체적인 의료공급시스템으로 계속 진화하고 있다. 개인적인 위생, 식단, 운동, 규칙적인 검진에 대한 교육과 촉진 프로그램을 통해서 싱가포르인이 건강한 삶을 영위할 수 있도록 노력하고 있다. 새로운 병원과 전문화된 기관을 포함해서 새로운 의료시설에 대한 투자가 이루어지고 있으며, 포괄적인 의료기록시스템이 개발되었다. 더 많은 의사와 간호사들이 체계적으로 훈련받고 있으며, 싱가포르국립대학교와 듀크대학교 사이에 새로운 의과대학원이 설립되었다. 의료연구, 의약상품 개발, 임상시험과 의료공급이 싱가포르를 생물의학의 중심지로 만들기 위한 커다란 비전의 일부로 추진되고 있다. 이처럼 의료서비스의 잠재적인 수출가능성은 대단한 관심을 끌고 있다.

공공의 정책형성 과정에서 나타난 관행들 중 하나는 정책형성에 반영하기 위해 논쟁적인 이슈의 여론을 측정하는 "더듬이"를 사용하는 것이다. 이 방법은 1997년 금융위기 당시에 중앙적립기금에 대한 삭감이 실질적으로 결정되기 전부터 그러한 전망이 몇 개월 동안 반복적으로 제기된 이후에 채택되었다. 보조금을 받는 입원환자 진료에 대한 진료비 부과에 재산조사를 도입하자는 제안에 대해서 국민 여론을 측정하기 위해 유사한 방법을 활용하였다. 보건환류집단은 보조금은 가장 필요한 사람에게 주어져야 하며, 따라서 의료보조금은 병원의 유형 또는 병동의 등급 대신에 환자의 재정여건에 따라야 한다고 제안했다. 이것은 사실상 보조금을 받는 병동의 병원비를 환자의 지불능력과 연동시키는 것을 의미했다. 이 이슈에 대한 "더듬이"의 적용은 정책입안자가 정책의 함의와 왜 그러한 정책이 고려되었는지 설명할 수 있도록 해주었다. 이것은 다른 관점과 논쟁 그리고 관심이 드러나도록 해주었다. 이것은 국민과 소통하는 비공식적인 방법이고, 잠재적인 폭발적 이슈에 대해서 국민의 의향을 알아보는 방법이며, 국민에게 영향을 미치는 중요한 이슈에 대해서 정부와 소통하려는 국민의 기대에 부응하는 방법이었다. 나중에 밝혀진 것처럼, 다양한 이해관계자 집단은 환자의 지불능력을 평가하는 어려움, 병원들의 행정적인 부담이 확대될 가능성, 형편이 더 나은 환자를 고급병동으로 내몰아서 의료비를 높일 가능성과 같은 재산조사의 잠재적인 함정을 강조했다. 이러한 견해를 고려한 이후에, 병원에서 재산조사를 2007년 이내에 도입한다고 발표했다.[42]

싱가포르 의료의 품질과 성과는 선진국에서 이용할 수 있는 수준과 동일하지만 국가적인 의료비 지출은 GDP의 약 4%로서 선진국보다 대단히 낮은 수준이다. 2000년 세계보건기구 마지막 연구에서, 싱가포르의 의료성과는 191개 국가 중에 6위에 위치했었다.

[42] The Sunday Times, "Means Testing in Hospitals Within a Year," Sunday, 8 April 2007.

6.6.6 의료서비스에 있어서 학습의 유형과 정책적 적응

싱가포르에 있어서 의료정책의 관리는 수요와 공급을 관리하기 위한 시장자율과 정부개입의 혼합으로 발전했다. 수요는 공동부담(고용주의 부담)을 통해서 개인적인 책임성을 담보하도록 완화되었고, 공급은 의료시설과 기술에 대한 지속적인 투자와 의사와 간호사들의 훈련을 통해 개선되었다. 아래에서 제시하는 학습과 혁신의 유형들이 그 증거이다.

(i) 다른 정책목표와 현실 사이의 긴장은 정책입안자들이 의료시스템을 설계하는데 혁신적인 개념을 탐색하고 개발하도록 유도했다.

정부지도자들은 의료를 좋은 생활수준과 경제적 번영을 위한 토대로 인식하고 있으며, 항상 좋은, 감당할 수 있는 의료서비스의 제공을 핵심적인 책임 중의 하나로 여기고 있다. 현실적으로 좋은 품질의 의료서비스를 제공하는 것은 비싸고 국가예산의 주요한 부분을 차지하면서 더욱 증가하게 된다. 정책입안자들은 또한 의료에 대한 수요는 만족할 줄 모르는 것이기 때문에 사람들이 소비하는 의료비에 대해서 개인적인 책임을 져야 한다고 생각했다. 비록 보편적인 무료 의료서비스에 대한 영국의 유산은 싱가포르의 설립자들에게 사회적 학습을 통해서 전수되었지만, 과소비와 줄에 의한 할당과 같은 다른 국가들의 유사한 의료시스템의 실패를 보면서 새로운 정책설계를 탐색하게 되었다. 이러한 정책목표 사이의 긴장은 해결책의 탐색을 어렵고 복잡하게 만들었지만, 또한 20년 이상 의료시스템을 설계하는 기반이 되었던 혁신적인 개념을 촉발시켰다. 핵심적인 개념은 의료비 재원조달 시스템에 통합되었고, 개인적인 공동부담(고용주의 부담)의 원칙, 메디세이브 계좌의 신설, 병동의 편의수준에 기초한 단계적인 공급시스템, 병원시설을 선택하는 데 있어서 비용의 투명성, 메디세이브의 범위를 외래진료까지 확대하는 것을 포함하고 있었다. 이러한 혁신적인 접근방법은 대체로 가격메커니즘을 통해서 소비를 할당하는 것으로서 자유시장과 사회주의 시스템의 요소들을 포함하는 것이었다. 이것은 의료공급을 위한 효과적인 시스템으로서 국가적인 목표와 개인적인 책임성을 모두 통합하는 것이었다.

(ii) 공공정책에 대한 포괄적인 접근방법은 의료제공의 설계와 실행에 있어서 수요와 공급의 역동성을 고려할 필요가 있었다.

공동부담(고용주의 부담)과 메디세이브, 메디쉴드, 메디펀드의 사용은 소비자의 선택에 맡기는 역동적인 수요관리를 목적으로 하는 것이었지만, 공급 또한 의료의 최소기준을 지키면서 서비스를 차별화하도록 관리했다. 역동적인 공급관리는 의사와 의료시설을 선택적으로 제공하는 민간부문과 공공부문의 의료서비스(1차, 3차, 전문의)를 통해서 이루어졌다. 공공병원은 4단계의 다른 수준의 병동을 제공하지만 일반적인 의료시설은 공유함으로써 의료서비스의 최소기준을 충족시키도록 했다. 동시에 공공병원은 효율성과 서비스 수준을 높이도록 경쟁의 요소를 도입하기 위해서 2개 그룹으로 조직되었다. 공공부문은 이것을 "경쟁 도우미"라고 부른다.

(iii) 지속적인 학습과 시스템의 개선은 국민들의 생활에 영향을 미치는 민감한 사회적 정책에 있어서 성공을 촉진하는 원동력이다.

싱가포르 공공부문이 정책을 형성하는 접근방법의 특징 중 하나는 실용주의이며, 그것은 결코 어떤 특정한 정책설계에 한정된 것이 아니다. 정책은 특정 시점의 맥락에서 그 장점에 기초해서 만들어진다. 환경이 변화한 지표가 있을 때 정책은 다시 검토된다. 의료서비스에 있어서 정책집행과 적응의 과정은 이슈에 대한 철저한 이해와 의료시장에 있어서 작동하는 힘에 기초한 정기적인 재검토, 점진적인 변화에 더하여 급진적인 혁신을 통해서 끊임없이 학습하고 지속적으로 개선하는 것이었다. 비록 1994년에 공급이 의료서비스에 대한 수요를 유발시키는 것을 우려해서 의사의 숫자를 감축하는 결정과 같은 실수도 있었지만(따라서 그 정책은 완화되었다), 의료정책은 자유시장과 사회주의 시스템을 유일하게 통합한 독특한 것이며, 소비자의 선택을 지원하기 위해 의료비를 공개하고 전례 없는 수준의 투명성을 확보함으로써 더욱 발전하게 되었다.

6.7 노동빈곤층에 대한 이슈 다루기[43]

반(反)복지의 각인이 어떻게 다년간 정책대안을 제약했는지, 어떻게 새로운 국가적 관점에서 체계적인 탐색, 학습, 적응을 위해 노력하게 되었는지에 대한 사례

의료정책의 초점은 의료의 공급과 재원조달에 있어서 경험의 부족을 극복하기 위해 새로운 개념과 시스템을 설계하는 것이었다면, 많은 경우에 문제는 어떻게 기존의 경로를 벗어나거나 또는 강력한 각인을 극복할 것인지에 초점이 부여된다. 이것은 노동빈곤층의 역경을 검토한 프로젝트팀에 의해서 제기된 상황이었다.

6.7.1 오래된 이슈에 대한 새로운 관점

노동빈곤층의 문제는 자생단체와 공동체개발청소년스포츠부에 의해서 2004년에 표면화되었다. 기본적인 연구에 기초해서 재무부는 그 이슈에 대한 보다 정밀한 검토가 필요하다고 판단했다. 2004년 말 재무부에 연구팀이 구성되었고, 나중에 재무부, 공동체개발부, 노동부 공무원들로 구성한 프로젝트팀으로 발전했다. 프로젝트팀은 인구의 최하층 10분위 수

43 근로연계복지에 관한 여기의 논의는 재무부 재정정책국장 포(Jacqueline Poh)와의 2006년 6월 16일 인터뷰에서 인용.

와 5분위 수에 초점을 두었다. 이러한 집단들의 소득과 지출유형이 검토되었는데, 그 가정의 임금은 평균적인 임금의 인상을 따라가지 못했고, 심지어 인플레이션을 따라가지 못했다.

왜 이러한 이슈를 지금 연구해야 하는가? 실업자와 저소득 가정은 항상 존재하고 있었고, 정치지도자의 입장은 변함이 없었다. 싱가포르는 자립심의 원칙과 강력한 노동윤리 때문에 성공했다고 믿었다. 시민들은 복지국가라는 특권적 문화를 양산하고, 그 비용은 노동윤리를 약화시킬 뿐만 아니라 엉망으로 만드는 악영향을 초래한다고 끊임없이 되새겼다. 결과적으로 공공부문은 자동적인 실업수당을 확대하지 않았고,[44] 공공부조제도의 지원금은 보잘것없는 것이었고, 그 철학은 적게 줄수록 수요는 작다는 것이었다. 반(反)복지의 입장은 1985~86년 경기침체와 뒤이은 1997년의 아시아 금융위기의 영향으로 저항에 직면했다. "누구도 우리의 생계를 책임져주지 않는다"는 반(反)복지의 사고방식은 싱가포르 사회에 아주 강력한 각인이었다. 그러한 사고방식에 변화를 가져온 궁극적인 이유 중 하나는 새로운 총리가 다른 관점을 표명한 것이었다.

새로운 총리 리센룽은 2004년 그의 첫 번째 건국기념일 집회에서 싱가포르를 기회의 땅으로 천명했다. 그러나 그 당시에 싱가포르인은 분명히 실제로는 그렇지 않다는 것을 알고 있었다. 고부가가치의 지식기반 활동을 위한 경제의 재구조화는 심각한 혼란의 원인이 되었다. 미숙련 노동집약적 일자리는 낮은 노동비용의 목적지를 찾아 떠나면서 별다른 기술이 없고 못 배운 사람은 일자리가 사라지게 되었다. 기술이 부족하고 자격이 미달한 사람은 새로운 고부가가치의 지식기반 산업에서 발생한 일자리로 이동하지 못했다. 과거에도 반복적으로 일자리가 없어졌던 사실이 있었으므로, 이번에는 그들이 더욱 저항적인 모습을 표출했다. 실업자들이 새로

44 경기침체기에 실업자에게 일시적인 도움을 주기 위한 약간의 지원제도가 있었는데, 그것은 구직활동에 연계된 제한적인 기간의 재정지원이었다. 그러나 구조적인 실업에 대한 것은 아무것도 없었다.

운 산업의 새로운 일자리를 보유할 수 있도록 노력했지만, 그 과정은 느리기만 했다. 나이 또한 하나의 변수였다. 대부분의 저소득과 미숙련 노동자는 45세 이상이었고, 그들은 새로운 일자리를 감당하기가 어려웠다. 따라서 1990년대 동안 장기간의 실업을 겪고 있는 가족들에게 공공부조의 범위를 확대해야 한다는 압력이 증가했다. 자생단체로부터의 압력에 대한 초기의 대응은 2004년에 지역사회보호(ComCare: Community Care) 기금을 만드는 것이었다. 지역사회보호는 스스로 도울 수 없는 사람에 대한 지속적인 지원과 일시적인 도움이 필요한 사람에게 사회적 안전망의 최후수단으로 마련된 것이었다. 그러나 지역사회보호는 도움이 필요한 시기에 초점을 둔 것이었고, 좋은 의도에서 만든 계획이지만 복지와 특권의식을 조장할 수 있다는 우려가 있었다. 그러나 정책입안자들은 또한 오랜 실업, 불확실성, 저임금을 겪는 가정들이 실망노동자의 부정적인 태도와 사고방식을 아이들에게 전수해서 노동윤리에 대한 돌이킬 수 없는 악영향을 미칠 것을 우려했다. 따라서 정치적, 사회경제적 맥락에 대한 인식의 변화는 행동을 유발시켰다.

6.7.2 발견을 통한 아이디어의 탐색과 학습

그러나 프로젝트팀은 어떻게 그 이슈를 다룰 것인지에 대한 어떤 선입견을 갖고 시작하지는 않았다. 유일한 원칙은 취약한 노동자를 관리하고 무심코 복지로 빠지는 것을 미연에 방지하기 위해서 필요한 일련의 운영적인 틀이었다. 따라서 프로젝트팀은 도구적인 의미에서 복지에 대한 시스템과 모델을 탐색하기 시작했다. 문헌조사를 통해서 이코노미스트지에 소개된 위스콘신 모델(홍콩시스템에도 적용된)과 루디 줄리아니(Rudy Guiliani) 전(前) 뉴욕시장의 회고록에서 복지개혁에 대해서 기술한 자료를 찾았다. 프로젝트팀은 그 시스템을 직접 확인하기 위해서 방문했다. 그들은 위스콘신과 뉴욕의 시스템이 매우 유사하다는 것을 발견했다.

프로젝트팀은 위스콘신 모델의 5가지 주요 추진과제를 확인했다.

(i) 위스콘신 모델에서는 일할 준비가 되어있는 사람인지 그렇지 않으면 보조를 받아서 실질적으로 소득지원을 받을 자격이 있는 사람인지를 결정했다. 만약 일하는 것이 적합한 사람으로 간주되면 자동적으로 복지에 대한 자격이 부여되지 않았다. 이처럼 일할 준비가 되어 있는지 여부를 시험하는 것은 공공부조에 대한 권리로부터 변화한 것이었고, 복지혜택을 받는 사람들의 수당을 상당히 삭감하는 결과를 유발했다.

(ii) 노동은 보조의 전제조건이었다. 노동은 구직과 관련한 활동, 정부가 승인한 교육과정을 수강하는 것, 구직과 직접적으로 관련해서 정부가 승인한 자기개발을 포함하는 광범위한 것으로 정의되었다. 공용주차장의 관리와 같이 지역사회에 서비스를 제공하는 일자리도 또한 노동으로 인정되었다. 더욱이 위스콘신 모델에 참여하기 위해서는 60개월의 기간제한이 있었다.

(iii) 기본적인 접근방법은 위스콘신 모델의 참가자들이 실제로 일을 하고 있는 것처럼 보조금을 받았다. 실질적인 근로환경을 조성하기 위해서 위스콘신 모델의 보조금은 단순했고, 급여구조와 유사했다. 이것은 기본의 수요에 기초해서 자동적으로 자격이 부여되는 시스템과 중요한 차이를 나타내는 것이었다. 자동적으로 자격이 부여되는 시스템에서는 아이들이 많은 사람들은 "필요"에 의해서 아이들이 적은 사람들보다 더 많은 보조를 받았다. 이것은 아이들이 많다고 더 많이 지급되지 않는 곳에서는 정상적인 노동을 자극하기 위한 목표에 역행하는 것이었다. 위스콘신 모델에서 엄마들은 정상적인 일자리처럼 출산휴가 후에 일자리로 돌아가야만 했다. 거기에는 제재시스템이 있었다. 만약 위스콘신 모델의 참가자들이 일자리에 3번 나타나지 않으면 자격을 잃게 되었다.

(iv) 위스콘신 모델은 일자리를 4단계로 분류했다.

- **보조금을 받지 않는 일자리** – 사례관리서비스 등의 도움을 받아서 일자리에 종사할 수 있는 사람, 구직활동, 고용능력 향상 등이 포함되었다.
- **실험적인 일자리** – 이것은 기본적인 기술은 있지만 고용주의 요구사항을 충족시키는 충분한 업무경험이 없는 사람을 대상으로 하는 것이었다. 고용주는 보조금을 받는 대신에 현장실습과 훈련을 제공하는 데 동의하였다. 실험적인 일자리가 항구적인 고용으로 이어지도록 기대하는 것이다.
- **지역사회 서비스 일자리** – 직접적인 현금보조를 받으면서 지역사회에 서비스를 제공하는 일자리를 유지할 수 있는 사람이 해당되었다.
- **위스콘신 모델의 이동** – 직접적인 현금보조는 경미한 장애자들에게 주어졌지만, 그들은 여전히 1주일에 최소한 28시간을 일했다.

따라서 개인들은 이러한 단계의 보조를 받기 위해서 무엇인가를 해야만 했다. 이용할 수 있는 보조제도는 음식, 의료, 일하기 위한 보육지원 또는 훈련참가, 일자리 대출과 관계된 것을 포함하고 있었다. 일자리 지향의 접근방법은 의사가 개인의 장애를 확인하는 데 있어서도 이제는 무능력의 수준 대신에 능력의 수준을 증명해야만 했다.

(v) 정부는 노동의욕을 고취하기 위해서 일할 수 있는 환경을 조성했다. 따라서 전체 노동빈곤층을 위한 보육, 의료, 교통서비스는 확대되었다. 전제조건은 복지수급자들이 저소득층보다 우대받아서는 안 된다는 것이었다. 만약 실업자에 대한 복지가 일하는 저소득층보다 낫게 취급된다면 복지수급자들이

일자리를 찾기 위한 인센티브가 거의 없게 될 것이다. 따라서 서비스는 모든 저소득층을 지원하기 위해서 확대되어야만 했다. 이것은 프로젝트팀의 특별한 공감을 얻었다.

행정적으로 위스콘신 모델 참가자는 정부부서의 도움이 필요했다. 따라서 시스템이 작동하기 위해서 조정이 필요했다. 각각의 위스콘신 모델 참가자에게는 그들의 자격, 노동력 제공 등을 결정하는 데 도움을 주기 위한 재정설계자와 고용설계자가 있었다. 이러한 모든 서비스는 복지가 아니라 인력개발부서에서 담당하고 있었다. 프로젝트팀은 또한 프로그램을 관리하는데 민간부문의 역할에 주목했다. 영리 또는 비영리 민간부문 조직은 이러한 서비스를 제공하는 데 있어서 정부부서와 경쟁하도록 개방되었다. 일자리센터는 매우 분명한 핵심역량지표(KPIs: Key Performance Indicators)를 갖고 운영하고 있었는데, 그들은 예컨대 취업기간과 같은 특정기준에 따라서 정부로부터 사업비를 받았다.

뉴욕과 위스콘신은 유사한 모델이었다. 프로젝트팀은 뉴욕의 "미국의 노동자들" 모델이 더욱 성과지향적인 것에 주목했는데, 공급자들은 담당건수로 사업비를 받았으며 성과요소는 일자리 보유와 임금소득과 같은 지표로 평가되었다. 뉴욕모델에서 국가는 개인이 일자리를 갖도록 하는데 약 US$5,000달러의 비용이 들었던 반면에 그들에게 복지를 제공할 경우 US$15,000달러의 비용이 소요되었다. 따라서 일자리에 기초한 시스템에 주목하지 않을 수 없었다.

6.7.3 관행의 평가를 통한 지역적 맥락의 적응

적응은 시스템의 외부환경에 대한 조정으로 정의된다.[45] 이 이슈의 맥

[45] Miner, Bassoff and Moorman (2001).

락에서 우리는 또한 외부적 시스템을 지역의 상황에 적응시키는 의미로 받아들일 수 있다. 싱가포르 공공부문은 싱가포르의 맥락을 날카롭게 인지하고 있으며, 어떠한 정책이든 항상 지역적 상황에 적응할 필요가 있다는 인식에 기초해서 일한다. 싱가포르는 항상 다른 나라의 경험으로부터 배우려고 하지만, 그 정책과 시책을 통째로 이식하지 않았다. 어디선가 성공적인 사례를 지역적인 맥락에 통합하는 것은 싱가포르 공공부문에 채택된 일반적인 관행이며, 그것은 사실상 지역에서 해결책을 찾는 습관적인 경향을 초월하는 데 도움을 주었다. 또한 이것은 싱가포르 공공부문이 경로의존성을 극복하기 위한 능력에 기여하였다.

다시 이슈로 돌아가면, 프로젝트팀은 프로그램의 핵심적인 특징을 평가하고 어떤 특징을 싱가포르에 적용할 수 있고 또한 싱가포르의 맥락에 적응할 수 있는지 토론했다. 모든 팀원은 현금지원은 노동에 기초해야 한다는 핵심적인 원칙에 동의했다. 그러나 그들은 위스콘신 시책과 그들이 싱가포르에 만들려고 하는 것의 맥락이 매우 다르다는 것을 이해했다. 위스콘신은 약 300,000명의 인구에서 50,000명이 복지혜택을 받았던 상황이었고, 따라서 노동에 기초한 시스템으로 이동하기 위한 동기부여는 약했다. 싱가포르는 거대한 복지제도가 없었기 때문에 그러한 사례에 기초한 논쟁은 필요가 없었다. 더구나 대부분의 싱가포르인은 복지혜택을 당연한 권리로 여기는 특권의식이 없었고 노동윤리에 특별한 문제가 없었다. 따라서 어떻게 그 사례를 노동기반의 공공보조 시스템으로 이동시킬 것인지가 문제였다.

프로젝트팀은 그들이 또한 방문했었던 홍콩의 경험으로부터 학습했다. 만약 시작부터 노동기반의 철학을 확고하게 제대로 수립하지 않으면 결과가 어떻게 될 것인지 뼈저리게 느꼈다. 영국은 복지혜택의 시스템을 홍콩에 넘겨주었고, 홍콩 행정부는 노동과 연계한 조건부의 시스템을 만들려고 시도했지만 권리를 당연하게 여기는 특권의식을 되돌리기 어려웠다. 따라서 비록 그러한 특권의식이 싱가포르에 뿌리를 내리지는 않았지만, 프로젝트팀은 저소득층의 문제를 다루는 그 시점에 입장을 정립하는 것이 중요하다고 믿었다. 따라서 노동기반의 시스템은 미래세대의 노동윤리를 강화해야 한다는 필요성에 기초해서 만들어졌다.

프로젝트팀은 그러한 종류의 서비스를 제공하는 데 민간부문이 장점을 갖고 있다고 믿었지만, 이미 시민들에게 재정적인, 사회적인 지원을 배분하는 것을 목적으로 하는 공동체개발위원회의 네트워크가 존재하고 있었기 때문에 그 시점에서는 추진할 필요가 없다고 생각했다. 또한 많은 기존의 프로그램을 새로운 틀에 맞춰서 합리적으로 개선할 수 있었다. 따라서 프로젝트팀은 새로운 제도를 노동부 산하의 인력개발기관이 관리하면서 일자리 배치 활동을 운영하는 공동체개발위원회에 사업비를 지출하도록 권고했다.

프로젝트팀 내부에서 노동에 대한 정의와 지역사회 서비스 유형을 새로운 제도의 일자리에 포함시킬 것인지 여부에 대해서 아주 오랜 논쟁이 있었다. 위스콘신 모델은 지역사회 서비스 일자리 참가자들이 일이 주어진다는 것이 무엇인지 이해하고 경험에서 얻는 혜택이 중요하다는 신념에서 지역사회 일자리를 포함시켰다. 그러나 싱가포르에서 이용할 수 있는 지역사회 서비스 유형의 일자리는 보통 외국인 노동자들이 맡고 있었다. 따라서 프로젝트팀은 만약 목표가 사람들이 일을 하도록 권장하기 위한 것이라면, 그것은 시장의 임금이 지불되는 실질적인 일자리여야 한다고 결정했다. 지역사회 서비스 요소는 누락되었다.

또 다른 요소도 토론 후에 삭제되었는데, 그것은 미혼모에 관련한 것이었다. 위스콘신 모델에서 미혼모는 출산휴가 후에 일자리로 돌아가도록 강제되었고 대신 국가는 육아를 지원했다. 프로젝트팀은 또한 싱가포르의 미혼모가 일자리로 돌아가야만 한다고 강조하고 싶었지만, 팀원들은 얼마간의 논쟁 후에 미혼모의 역경에 대한 사회적 인식과 공감대가 부족한 상태에서 이러한 요소는 싱가포르의 맥락에서 너무 급진적이라는 것에 동의했다. 더욱이 그러한 측면을 강조하면 미혼모보다 국가가 아이들을 돌보는 것이 낫다는 생각을 정부가 갖고 있다는 신호로 인식될 수 있으며, 무엇보다 정부는 그런 준비가 되어있지 않았다.

프로젝트팀은 위스콘신 모델에서 일자리 배치에 초점을 두고 상대적으로 훈련이 강조되지 않았다는 것을 발견했다. 싱가포르에서는 훈련에 초점을 두고 일자리 배치에는 덜 관심을 두는, 정반대가 맞는 것이었다. 위스콘신 모델의 철학은 일단 사람이 일자리를 잡으면 훈련에서 배우는 것보다 더 잘할 수 있다는 것이었다. 프로젝트팀은 이러한 주장의 장점을 인정했지만, 또한 위스콘신 모델과 싱가포르가 대상으로 하는 집단 사이에 핵심적인 차이가 있다는 것에 주목했다. 위스콘신 모델이 대상으로 하는 집단은 부정적인 태도를 가진 젊은 나이의 집단이고 반면에 싱가포르의 대상은 기술의 격차를 가진 40대를 넘은 사람들이었다. 따라서 훈련에 대한 접근방법의 차이는 불가피한 것이었다. 그러나 그럼에도 불구하고, 훈련과 배치에서 배치와 훈련의 접근방법으로 전환되었다.

또한 프로젝트팀은 새로운 제도가 일을 위한 지원이라는 것을 입증하기 위해서 저임금 노동자들의 가족들에 대한 지원서비스의 범위를 확대할 것을 권고했다. 그들은 학교에서 중퇴자 비율을 검사하고 더 좋은 유치원과 취학전 교육이 차이를 만든다는 결론에 도달했다. 따라서 프로젝트팀은 취약한 가정의 아이들이 그러한 교육에 접근하고 성취할 수 있도록 재정적인 보조를 늘리도록 권고했다. 또한 젊은이들이 기술을 습득하고 고용능력을 증대시킬 수 있도록 직업훈련의 확대를 권고했다.

프로젝트팀은 권고사항과 보고서를 2005년 중반에 완료했고, 동시에 총리는 닉응헨(Ng Eng Hen) 노동부장관을 의장으로 하는 저임금 노동자에 대한 장관급위원회를 구성했다. 근로연계복지라는 최종적인 사업은 2006년 예산과정에서 밝혀졌으며, 모든 핵심적인 요소는 프로젝트팀에 의해서 제안되었다. 근로연계복지 수당은 40세 이상의 노동자가 매달 S$1,500달러 미만을 버는 경우에 소득지원이 제공되었으며, 2006년 중반에 약 330,000명의 노동자들에게 배분되었다. 공동체개발청소년스포츠부는 새로운 일자리지원 프로그램을 시행했다. 보육과 학생지원을 위한 보조금들이 제공되었다. 교육부와 기술교육기관은 직업훈련센터의 프로그램을 학생들의 학습유형에 맞추도록 개선했고, 평생학습을 통해서 적합한 기술을 갖추도록 지원했다. 저소득층 가정에 S$20,000달러의 주택보조금이 추가적으로 지원되었다. 임금보조금이 노동시장에 미치는 효과에 대해서 보완적인 연구가 이루어졌다. 2006년 11월에 총리는 근로연계복지가 도움이 필요한 저임금 노동자를 지원하기 위한 항구적인 지원구조의 일부로서 공식화되었다고 발표했으며, 주요한 항목은 근로연계복지 소득보조금(WIS: Workfare Income Supplement) 제도였다. 근로연계복지 소득보조금(WIS) 제도는 공식적으로 2007년 예산에 반영되어 2007년 2월 15일에 공개되었다. 이것은 국가가 처음으로 저소득 노동자가 받는 시장의 임금을 보조해주는 것이었기 때문에 중요한 정책적 변화로 인정받았다. 근로연계복지 소득보조금은 저소득 노동자들이 적어도 1년간 어느 6개월의 기간 중 3개월 또는 적어도 1년간 6개월을 일한 경우에 받을 수 있다. 소득보조금은 완전히 현금으로 지급되지 않고 현금과 중앙적립기금을 보충하는 1:2.5의 비율로 지급된다. 근로연계복지 소득보조금을 받을 수 있는 집단은 35세 이상, S$1,500달러 미만의 소득자로 확대되었지만, 45세 이상, S$1,000달러 미만의 소득자가 가장 많은 보조금을 받게 되었다.

6.7.4 새로운 이슈에 대한 적응의 과정

노동빈곤층의 이슈에 대한 정책설계와 실행은 다른 나라에서 작동한 원칙과 사례를 싱가포르의 맥락에서 독특한 가치와 조건을 맞추기 위해 어떻게 공공부문이 학습하고 적응했는지 상세하게 보여주었다. 적응과정의 유형은 아래와 같이 요약된다.

(i) 감지와 인식: 자료에 대한 검사로부터, 실제적인 경험으로부터 발생한 필요성을 초기에 인식

이 이슈는 자생단체와 공동체개발부에 의해서 제기되었는데, 해당 부처의 임무는 공동체를 개발하고 관리하는 것이었다. 공동체개발부에 주어진 역할은 경험과 일반적인 업무과정의 일부로서 수집된 자료로부터 이슈

를 인식할 수 있도록 해주었다. 프로젝트팀의 팀원들이 유사한 사회적 가치를 공유할 필요가 있었기 때문에 연구팀을 주도하는 데 있어서 재무부의 역할은 흥미로운 것이었다. 그들은 복지를 권리로 생각하는 특권의식을 피하려고 했었던 과거의 정책적 입장이 더 이상 적절하지 않다는 것을 인식하고, 이 이슈의 영향을 국가의 장기적인 염원들의 차원에서 파악할 수 있도록 해주었다. 이슈를 감지하고 본격적인 연구에 착수하게 된 것은 새로운 총리가 2005년 의회 개회사에서 싱가포르를 기회의 땅으로 정립하면서[46] 공개적으로 표명하였고, 공공부문이 국민들 사이에 발생한 염원을 초기에 파악하고 있었기 때문이다. 싱가포르의 미래를 생각하는 관점은 그동안 반복적으로 제기되었던 이슈가 다시 공론화되었을 때 그것을 재인식할 수 있도록 해주었다.

(ii) 자료를 해석하고 문제를 정의하는 것은 문제의 집단이 어떤 상황인지, 어떻게 문제가 발생하게 되었는지에 대한 장기적인 경향과 유형에 대한 분석을 포함하고 있었다.

이슈의 필요성과 그것의 중요성을 감지하는 것은 이슈를 더욱 깊이 이해하고 아이디어와 해결책을 찾기 위한 연구에 착수하도록 만들었다. 해결책은 새로운 관점과 새로운 분석으로부터 재평가되었고, 또한 일단의 해결책을 발견해야 할 필요성을 제기했다. 프로젝트팀은 무엇이 정확한 해결책인지에 대한 선입견이 없었다. 단지 일련의 각인된 가치관과 원칙의 영향을 받았는데, 그러한 가치관과 원칙은 복지에 빠져들고 복지혜택을 당연한 것으로 여기는 특권의식이 고착되는 것을 방지하기 위한 일련의 운영적인 틀을 구축하기 위한 것이었다. 이러한 우려들 사이의 긴장과 빈곤의 악순환에 사로잡힌 것으로 보이는 저소득층의 시민들이 어떻게 싱

46 Lim Siong Guan (2005). "Is There a New Role for Government?" Ethos, Civil Service College, JanuaryMarch.

가포르를 기회의 땅으로 인식하게 할 수 있는지에 대한 고민은 프로젝트팀이 아이디어를 탐색하고 다른 나라들은 유사한 이슈를 어떻게 다루었는지 학습할 필요성을 느끼게 만들었다.

(iii) 탐색과 발견: 프로젝트팀은 다른 작동모델을 확인하고 다른 나라들의 실제적인 경험으로부터 직접적으로 학습하려고 노력했기 때문에 탐색과정은 개방적이고 유동적이었다.

프로젝트팀은 성공적이었던 모델과 시스템은 물론 그렇지 못한 국가를 살펴보았는데, 그 기준으로 보았을 때 성공과 실패는 모두 중요한 교훈을 갖고 있었다. 그들의 목표는 무엇이 싱가포르의 맥락에 적응할 수 있는지를 확인하기 위한 것이었고, 해결책 또는 시스템을 통째로 가져오려는 것이 아니었다. 따라서 그들은 특정한 사례의 상세한 것뿐만 아니라 왜 그것이 그러한 방식으로 설계되었는지, 실행의 과정, 의도한 그리고 의도하지 않았던 결과의 경험에 대해서 살펴보았다. 프로젝트팀은 이용할 수 있는 문서들을 연구했고, 사례를 직접 이해하기 위해서 현장을 방문했으며, 문서들에 나타나지 않는 암묵적인 지식을 얻기 위해서 시스템을 개발하고 실행한 사람들과 서로 교감했다.

(iv) 해석, 결정과 적응: 무엇을 적응할 것인지에 대한 해석과 결정의 과정은 대화와 논쟁과 토론의 과정에 기초해서 이루어졌다.

프로젝트팀은 싱가포르에서 보조가 필요한 집단(나이가 많고, 저소득층이고, 미숙련의 노동자)은 위스콘신 모델을 포함한 다른 제도의 대상 집단(대부분 미혼모와 젊은 노동자)과 다르다는 것을 염두에 두고 있었다. 적응의 과정은 이러한 차이를 고려했다. 프로젝트팀의 팀원들과 감독관들은 그러한 요소들이 "우리에게 맞는지"와 "우리에게 맞지 않는지"를 검토했으며, 그에 따라서 무엇을 포함시키고 또는 포함시키지 않을 것인지를 결정했다. 어떤 요소를 포함시킬 것인지에 대한 결정은 대부분 싱가포르의 특별한 맥락, 사회적인 가치, 규범에 대한 판단과 이해에 근거해서 이루어졌다. 기존 시스템과 구조는, 예컨대 인력개발기관과 공동체개발위원회의 틀은 가능한 곳에서 사용되었으며, 새로운 구조는, 예컨대 재정고용관리인이 그것이 적절한 것으로 간주하면 만들어졌다. 단계적인 접근방법이 채택되었다. 민간부문이 포함되도록 확대하는 것은 나중에 다시 흡수하도록 여지를 남겨두었다. 그러나 동시에 공동체개발위원회는 노동자를 배치하는 활동에 있어서 성과요소를 확대하기 위해 대상기관이 되었다. 자신의 집을 갖고 싶은 싱가포르인의 열망을 충족시켜주고 주택 소유권을 권장하는 전반적인 정책과 일치하도록 저임금 노동자들을 돕기 위한 요소로 주택보조금의 제공을 통해 자신의 아파트를 소유할 수 있도록 지원하는 것이 나중에 포함되었다.

적응과정은 외부적인 시스템에 대한 조정을 넘어서 내부적인 조건들을 맞추었다. 이러한 시도는 또한 문제의 틀을 잡는 데 적응하도록 만들었다. 싱가포르에서 복지에 대한 생각은 오랫동안 배척되었기 때문에 문제는 어떻게 이러한 반(反)복지의 정서와 노동을 찬성하는 싱가포르 사회의 윤리를 해치지 않으면서 노동빈곤층을 보조해줄 것인지가 관건이었다. 저소득층 노동자들을 보조하는 것에 대한 맥락의 틀을 복지에서 근로연계복지로 다시 잡은 것은 그렇지 않았다면 저소득 가정들에 대한 공공부조라는 모든 의도와 목적이 그대로 방치될 수밖에 없는 상황에서 수용할 만한 대안적인 틀을 제공한 것이다.

(v) 협상과 수정: 비록 이슈의 틀을 복지보다는 근로연계복지로 잡았지만, 강력한 재정건전성의 각인을 가진 정책입안자들의 비용에 대한 우려를 해결하기 위해 협상과 수정이 여전히 필요했다.

국가가 일에 가치를 두고 위스콘신 모델에 기초해서 저소득 노동자에 대한 사회적 지원을 제공한다는 신호를 보내는 것은 비용이 많은 드는 일이라는 것을 의미했다. 그 당시에 싱가포르의 복지 법안은 그렇게 크지 않았기 때문에 초기에는 근로연계복지의 접근방법으로 전환하려는 움직임에 대한 저항이 있었다. 그것에 대한 반론은 상황이 악화되기 전에 근로연계복지에 대한 입장을 견지할 필요가 있다는 것이었다. 근로연계복지는 선수를 치는 움직임이 필요했다. 그리고 근로연계복지 수당은 노동을 권장하기 위한 신호였기 때문에, 장기적인 관점에서 근로연계복지 시스템은 이치에 맞는 것이었다. 그러나 여기에는 저항이 있었다. 따라서 종국에는 타협에 도달하게 되었고, 근로연계복지 수당은 지급하되, 우선 먼저 2년간 시행하기로 했다.

(vi) 발표, 적응과 실행: 새로운 시책에 있어서 적응은 환류를 받는 계속되는 반복의 과정이며, 의도한 결과들이 실현되도록 잠재적인 영향을 인식하고 시스템을 개선하는 것이다.

근로연계복지 수당과 취약한 노동자를 지원하기 위한 전략은 2006년 예산에서 발표되었다. 수당은 노동자가 전년도에 최소한 6개월간 계속해서 일을 했는지 여부에 달려있었다. 지역사회의 반응에 의하면, 예컨대 건설현장의 잡부처럼 일부 노동자들이 일자리의 특성 때문에 지속적인 고용의 조건을 맞출 수 없다는 것이 나타났다. 이러한 환류에 기초해서 근로연계복지 기준은 개정되었다. 노동자들이 전년도에 전체적으로 합해서 적어도 6개월간 일을 했으면 자격이 주어졌다.이러한 특별한 시책은 공공부문이 인식하고, 예측하고, 미리 생각하고, 문제를 드러내고 확인하며, 그리고 해결책을 만드는 데 있어서 정치지도자와 함께 일하는 사례이다. 적응의 과정은 공공부문 지도자들 사이의 암묵적인 지식에 의존했지만 명백하게 표명되지 않았고, 새로운 이슈를 다루는 데 있어서 일반적인 관행이 되었다. 이것은 조직에서 감각을 형성하는 과정과 유사성을 가지는데,[47] 그

[47] Karl E Weick (1995). Sense Making in Organizations. CA: Sage Publications Inc.

것은 새로운 이슈를 새로운 관점에서 인식하고 배치하고, 그것의 중요성을 이해하며, 자료의 분석을 통해서 의미를 구축하고, 그리고 이해를 발전시키기 위한 유형을 해석하는 것을 포함한다. 새로운 이슈를 감지하기 위한 개입은 흔히 조직의 정체성을 수립하고 유지하는 데 기초하고 있으며, 이 사례에 있어서는 공동체를 구축하고 보호하는 공동체개발청소년스포츠부의 역할, 그리고 모든 사람들에게 실제로 "싱가포르를 기회로" 만드는 데 있어서 재무부가 관여하고 있었다. 그들이 이 이슈가 주목할 만큼 중요하다고 결정했을 때 공동체개발부와 재무부에 의해서 실행되었다. 장기적인 고용과 고용능력은 재무부의 핵심적인 임무였고, 이 이슈가 근로연계복지로 다시 틀이 잡혔기 때문에 재무부의 결론은 중요했다.

근로연계복지 소득보조금은 2007년 예산에 발표되었는데, 훨씬 더 적응과 개선의 절차를 거쳤다. 45세 이상, S$1,000달러 이하의 노동자들은 가장 많은 보조금을 받는 반면에, 자격연령은 40세에서 35세로 낮아졌고, 소득에 대한 자격기준은 S$1,200달러에서 S$1,500달러로 올랐다. 수당은 1년에 두 번 받았고, 자격요건은 1년에 어떤 6개월의 기간 중 3개월을 일하는 것으로 변경되었다.

이러한 등급의 수당구조와 다른 수정은 전년도에 실험한 근로연계복지 수당의 환류에 대해서 대응한 것이었다. 비록 이 수당은 일을 하는지 여부에 달린 것이었지만 정책입안자들은 의존적인 사고방식을 낳는 것에 대해서 우려하고 있었다. 2006년에 수당지급은 지원자가 고용을 입증하는 증거를 제공할 필요가 없었고, 단지 노동자들은 중앙적립기금에 기여금을 내고 메디세이브(Medisave) 계좌로 근로연계복지 소득보조금(WIS)을 받으면 되었다. 노동자의 은행계좌에 직접적으로 현금을 지급하던 2006년의 근로연계복지수당과 다르게, 근로연계복지 소득보조금은 현금과 중앙적립기금으로 분리해서 1:2.5의 비율로 지급되었고, 보조금의 70%는 노동자의 중앙적립기금 계좌에 입금되었다. 근로연계복지 소득보조금 패키지의 틀과 운영은 노동자들이 중앙적립기금과 메디세이브에 기여금을 납입하도록 요구함으로써 자립심에 대한 강조와 미래를 위한 저축이라는 거버넌스의 오랜 원칙을 반영한 것이었다. 직접적인 현금 대신에 강제적인 중앙적립기금의 기여금을 요구하고, 근로연계복지 소득보조금의 많은 부분을 노동자의 중앙적립기금 계좌로 지급하면 많은 사람들이 보조금을 포기할 것이며, 특히 비공식적인 부문 또는 자영업자는 보조금을 신청하지 않을 것이라는 우려가 있었다. 이에 대한 대응에 있어서, 정책입안자들은 그러한 가능성을 인정하고 점검에 착수했으며, 재검토하고, 절차와 요구사항을 필요에 따라 수정하고 개선했다. 따라서 적응과 지속적인 수정의 필요성이 인정되었다.

근로연계복지 소득보조금의 제도화는 뿌리 깊은 실용주의의 감각을 반영한 것이며, 국가가 보충해주는 보조금은 용납할 수 없다는 오랜 믿음을 따르는 것은 더 이상 신빙성이 없으며, 현재의 상태는 수용할 수 없고, 소득격차가 벌어지는 것을 방지하고 사회적 응집성을 유지하기 위해서 확고한 국가의 행동이 필요하다는 것을 현실화시킨 것이다. 비록 이 제도는 2006년에 발표되었지만 근로연계복지 수당은 2년간의 실험이었다. 그러나 겨우 1년 후에 제도화되었다는 사실은 저소득 고령노동자들이 좋은 일자리에서 쫓겨나는 구조적인 문제이며, 적기에 항구적이고 구조적인 대응이 필요하다는 것을 인식한 것이다.

역동적 거버넌스의 중요한 표현방식은 정책집행과 정책적응이다. 제5장과 제6장은 어떻게 싱가포르 공공서비스가 이 두 가지를 성취할 수 있었는지를 보여주는 것이다. 그들은 또한 행정의 수장인 피터호(Peter Ho)가 표명한 것처럼 앞으로 끊임없이 도전하고 있다.

> "행정의 특징은 실용주의를 유지하는 것, 도전에서 기회를 찾는 것, 그리고 실행과 공급에 있어서 우수성이다. 이러한 태도는 행정의 DNA에 깊이 각인되어 있다. 중요한 것은 초기에는 낮게 달려있는 과일을 따는 것처럼 아주 쉬운 것이었다. 용기와 진취성은 여전할 것이지만 대부분의 낮게 달린 과일은 이미 사라졌다. 나는 여러분이 정책혁신자를 필요로

하고, 정책집행자를 필요로 한다고 생각한다. 모두 행정이 존재하기 위해서 필요한 것이다. 새로운 세계에 맞서는 것은 불확실성과 위험으로 가득한 것이다. 해결책은 무엇인가? 합리적인 접근방법은 위험을 예측하고, 감소시키고, 관리하려고 시도하지만, 그러나 그러한 시도가 실패하더라도 대책을 세우지 않는 것보다 낫다… 우리는 실패를 두려워하고, 위험을 두려워하기 때문에 우리가 행정현장에서 저지르는 가장 큰 실수는 무대책의 죄악이다. 계층제의 상관들이 전체적인 청사진을 가지고 있다고 간주하면서 조직의 구조를 장악하고 통제하는 것보다는 '탐색하고 발견' 하는 것이 더 좋은 방식이다. 그것은 완전한 정보가 부재한 가운데 행동하도록 해줄 것이기 때문이다."[48]

48 차무홍(Chua Mui Hoong)이 피터호(Peter Ho)를 인터뷰한 결과는 The Straits Times 2006년 11월 17자에 보도되었음, "Wanted in Public Service: Guts, Gumption and Risk Taking."

제 7 장

인재의 개발: 지도자의 채용, 개발, 보유

싱가포르 정책경로의 변화를 가져오는 능력은 적극적인 개선을 추구하려는 의지와 끊임없이 학습하고 적응하고 혁신하려는 추진력으로부터 나온다. 적응의 유형과 방법은 이슈의 특성과 긴급성에 따라 다른데, 그것은 학습과 적응과정의 다양성으로 나타난다. 몇 가지 사례에서 공공부문의 지도자들은 미리 생각하고, 미래에 대한 예측을 바탕으로 정책을 시행했다. 또 다른 경우에는 변화된 환경을 고려하여 적정성과 타당성을 유지하기 위해 기존의 정책과 믿음을 다시 검토했었다.

이러한 많은 사례에 있어서 공통적인 관행은 다른 나라들의 정책을 면밀하게 검토하고, 그들의 경험을 싱가포르에 적용하기 위해서 적합성을 평가하는 것이다. 미리 생각하면서 예측하고, 기존의 정책을 다시 생각하고, 다른 맥락을 기반으로 교훈을 추정하기 위해 두루 생각하는 공공부문의 능력은 역동적 거버넌스의 핵심이다. 이러한 변화관리 능력은 대부분 공공부문의 구성원, 특히 지도자로부터 나온다. 오직 사람만이 생각하고, 다시 생각하고, 느끼고, 선택하고, 변화를 위해 개인적인, 조직적인 능력을 개발하는 타고난 역량을 가지고 있다.

리더십에 있어서 유능한 인재는 역동적인 사고, 정책적응과 집행의 핵심적 원동력으로서 제1장 그림 1.1에서 소개한 역동적 거버넌스의 틀에 제시되어 있다. 특히 리더십에 있어서 유능한 인재를 채용하고, 개발하고, 보유하는 것은 마치 심장이 뛰는 것처럼 역동적 거버넌스 능력을 개발하도록 만드는 중요한 요소이다.

7.1 역동적 거버넌스를 위한 인재관리의 틀

역동적 능력은 환경에 적응하도록 변화하기 위한 능력, 그리고 환경 변화에도 불구하고 어떤 확고한 가치와 신념을 전제로 판단하고 선택할 수 있는 능력을 포함하고 있다. 싱가포르의 공공부문은 학습하고 적응하기 위해 다양한 방법을 사용했는데, 그 방법에 대한 각각의 선택은 일련의 정책과정에 포함되는 판단을 통해서 이루어진다. 이러한 역동적 거버넌스의 능력은 조직의 인적자본에 있어서 가장 중요한 능력에 해당하는 것이다. 조직에 투입되는 모든 요소에 대해서 오직 인간만이 독립적인 의사결정과 효과적인 선택을 할 수 있는 능력을 갖추고 있다. 구성원은 조직적 능력의 개발에 있어서 핵심적 원동력이다. 오직 사람만이 독립적으로 생각하고, 행동하고 변화하기 위해서 결정하고, 제약점을 극복할 수 있는 능력을 갖고 있다. 독립 당시 싱가포르가 2백만 국민들의 생존을 위해 지리적, 물리적인 한계를 극복한 것은 건국 초기의 정치지도자들이 실행했던 결정과 선택의 결과인 것이다. 변화하는 세계적 환경 속에서 지속적으로 생존할 수 있었던 것은 지도자들이 예리한 통찰력을 바탕으로 올바른 결정을 했다는 것을 입증하는 것이다. 리콴유가 인터뷰에서 간결하게 언급한 것처럼 "싱가포르는 사람이 만든 것이다."[1] 역동적 거버넌스가 제대로 작동하는지 여부는 사람, 특히 지도자들에게 달려있는 것이다.

따라서 조직의 지도자들은 역동적 능력을 결정하는 가장 중요한 요소이다. 지도자의 결정과 선택은 다른 2가지의 역동적 변화의 능력들, 즉 조직이 선택하는 경로와 조직적인 과정의 설계에 영향을 미치는데, 그것은 다시 잠재적으로 자원의 재구성에 영향을 미친다. 이러한 3가지 요소의

[1] 뉴욕타임스 1995년 8월 3일자에 게재된 리콴유와의 인터뷰는 아래의 논문에서 재인용. Usha CV Haley, Linda Low and Toh Mun-Heng (1996). "Singapore Incorporated: Reinterpreting Singapore's Business Environments Through A Corporate Metaphor," Management Decision, Vol. 34, No. 9, pp. 17-28.

상호작용은 혁신적인 변화를 가능하게 해준다. 구성원의 역동적인 능력은 어떻게 인력시장에서 필요한 인재를 채용하는지, 어떻게 그 구성원의 기술과 지식을 개발하는지, 그리고 전략을 만들고 실행하는 핵심적인 전문가를 어떻게 보유하고 배치하는지에 의해서 개발되는 것이다. 그림 7.1은 공공부문 인적자본 관리시스템의 접근방식을 지배하는 철학과 정책과 관행을 포함하는 전체적인 틀을 보여주는 것이다.

그림 7.1 **역동적 거버넌스의 핵심적 요소인 인재**

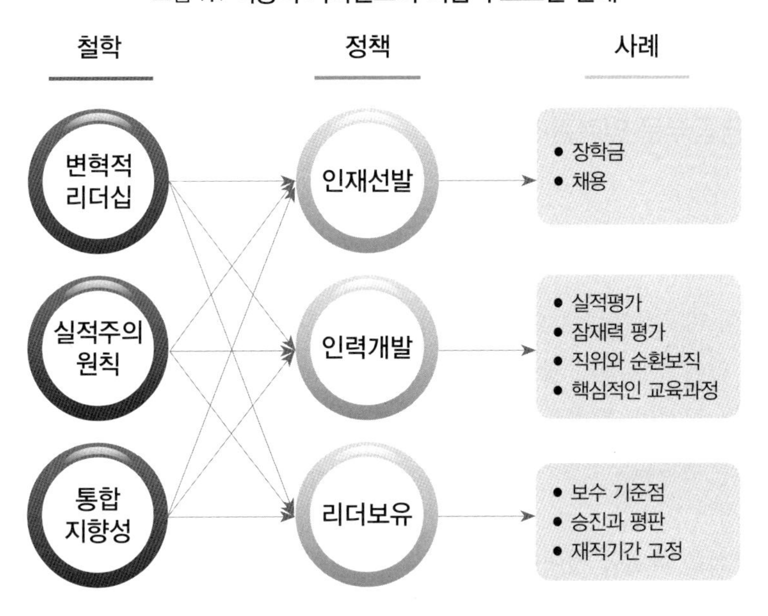

싱가포르 공공부문의 인재관리에 대한 철학은 다음과 같은 강력한 신념에 기반하고 있다.

(i) 좋은 거버넌스를 위한 인재와 지도자의 전략적 중요성 및 핵심적 역할,
(ii) 그들의 선발, 배치, 승진, 보유를 위한 토대로서 실적주의,
(iii) 기본적인 요건으로서 지도자들의 청렴성과 정직성에 기초하고 있다.

이러한 핵심적인 신념은 지도자들의 선발, 개발, 보유를 위한 관행에 명시되어 있는데, 주요 내용은 학교성적에 기초한 채용, 성과와 잠재력을 동시에 평가해서 선발하는 광범위한 장학금 제도, 직위순환과 핵심프로그램을 통한 지도자들의 잠재력 개발, 시장중심의 보수체계, 승진, 재직기간의 고정을 통한 지도자들의 보유 등을 포함하고 있다. 이 장(章)에서는 공공부문의 인력관리시스템이 영국 식민지정부의 역사적 뿌리에서 어떻게 발전하게 되었는지, 그리고 그러한 원칙, 정책, 관행의 발생, 진화, 내재화로부터 우리가 학습하고 적용할 수 있는 핵심적인 원칙, 정책, 관행, 약간의 교훈에 대해서 설명하고자 한다.

7.2 공공부문 인력관리의 철학

우리는 제4장에서 청렴과 실적주의가 어떻게 싱가포르 사회를 지배하는 근본적인 원칙으로 도입되었는지에 대해서 설명하였다. 청렴과 정직은 공공의 지도자들에게 요구되는 기본적인 성격의 가치들이다. 공공의 리더십에 있어서 정직의 결여는 결코 용납되지 않는다. 건국의 지도자들은 공직에서 정직의 결여는 다른 어떤 실력이나 공헌으로도 보충할 수 없는 것이라고 믿었다. 청렴이 없는 유능한 지도자들은 국가에 봉사하기보다는 개인적인 이익을 차리기 위해서 쉽게 자원을 낭비할 수 있으며, 궁극적으로 사회를 파괴할 것이다. 개인적인 역동성, 비전, 능력에 대한 평가를 넘어서, 지도자의 성격과 동기는 진정으로 중요하게 평가해야 하는데, "똑똑한 사람일수록 사회에 해를 끼치기 쉽기 때문이다."[2] 제한된 인적자원에서 사용할 수 있는 인재를 최대한 활용하는 것은 필수적인 것이었다.

2 장관의 보수책정을 둘러싼 백서 논쟁에 대한 리콴유의 견해는 1994년 11월 1일 아래 제시된 언론에 보도되었다. Warren Fernandez and Sumiko Tan (1998). Lee Kuan Yew: The Man and His Ideas. Times Editions.

리콴유는 리더십에 대한 전략적 관점을 갖고 있었는데, 그는 좋은 인재를 좋은 정부의 요직에 배치해야 한다고 확신하고 있었다. 정부에 봉사하는 최고의 인재를 얻는 것은 항상 그를 사로잡는 이슈였다.

> "좋은 사람이 정부를 담당하지 않는데 어떻게 좋은 정부를 가질 수 있겠는가? 미국 자유주의자들은 그럴 수 있다고 믿는다. 하지만 아시아에서 겪은 나의 경험은 나에게 다른 결론을 유도했다. 좋은 정부를 갖기 위해서, 여러분은 좋은 사람이 정부를 담당하도록 해야만 한다. 나는 지난 40년간 형편없는 정부시스템을 관찰했지만, 강력한 의지를 가진 좋은 사람이 담당한다면, 국민들은 그런대로 괜찮은 정부와 상당한 발전을 얻을 것이다."[3]

리콴유에게 좋은 정부를 위한 출발점은 능력과 청렴성, 그리고 공공부문에 대한 책임성을 가진 좋은 인재를 끊임없이 공급하도록 보장하는 것이었다. 그의 전략적인 사고는 1965년 독립 직후 고위공무원들에 대한 열정적인 연설에 분명하게 나타나고 있다.

> "매년 우리는 최고의 것을 가지려고 한다. 나는 1등급의 우등 졸업생들이 나가는 것에 지쳐버렸는데, 법무장관실에서 조금 일하다가 그만두기 십상이다. 그들은 돈을 조금 벌고, 그 다음에 법을 조금 배우고, 실습을 하고, 그리고 3년 후에 2등급 졸업생을 남겨두고 개인영업을 위해 나간다. 2등급 졸업생들은 사건을 기소하기 위해 법정에 가고, 그리고 1등급 졸업생은 그것을 변호한다. 이제 만약에 기소에 불리한 법적 증거들

3 장관의 보수책정을 둘러싼 의회 연설은 1994년 11월 1일 이루어졌으며, 인용출처는 앞서의 각주와 동일함, pp. 331-342.

> 과 더불어서 피고의 변호사가 기소에 불리하도록 작업하면, 그러면 도둑들, 악당들, 부랑자들은 빠져나간다. 그것은 단지 좋은 정부에 대한 내 생각이 아니다. 나는 2등급과 3등급이 들어오고, 1등급이 우리와 싸우는 것을 원치 않는다. 그것은 나라를 망치는 멍청한 방법이기 때문이다. 나는 1등급의 인재가 기소하기를 바란다. 나는 그들이 외부로 나가기보다는 내부로 들어오길 바란다. 그리고 나는 정부에서 일하면 자동적으로 사다리를 타고 올라간다고 믿는 사람들이 그것을 잊어버리길 원한다. 이 정부에서는 그렇지 않다."[4]

리콴유의 관리방안은 최고의 인재에게 가장 중요한 업무를 맡기는 것이었는데, 공공부문에 실적에 기초한 선진적인 구조를 시행한 사람은 고갱쉬이었다. 고갱쉬는 학문적으로 뛰어난 경제학자였는데, 싱가포르 경제의 설계자로서 경제적 거버넌스의 기본적인 원칙들을 수립한 사람으로 널리 알려져 있다. 그러나 고갱쉬가 인재의 채용, 보유, 승진에 대한 공공부문의 실적주의와 성과에 기초한 시스템을 대부분 수립한 일은 비교적 덜 알려져 있다.

리더십 개발을 위한 접근방법은 대체로 3가지 대단히 중요한 원칙으로 이루어져 있는데, 최고의 인재를 공공부문에 채용하고, 그들에게 도전적인 업무를 맡기고, 그들에게 좋은 대우를 해주는 것이다. 독립과 동시에 경제적 불확실성은 정부의 일자리에 대한 사회적 지위와 전망을 높여주었고, 그것은 최고의 인재들이 공공부문에 들어오도록 권장하는 데 도움이 되었다. 그러나 공공부문의 직원들이 업무를 더 잘 수행하도록 기술과 능력의 개발을 지원할 필요성 또는 좋은 사람들이 정부에 남아있도록

4 고위공무원들에 관한 빅토리아 극장 연설은 1965년 9월 20일 이루어졌으며, 인용출처는 앞서의 각주와 동일함, pp. 321-323.

환경을 조성할 필요성에 대해서는 인식이 부족했다. 1980년대 말과 1990년대 초기에 2가지 요인들이 공공부문의 이러한 접근방법에 대한 재검토를 유발했는데, 첫 번째는 공공부문에서 근무하는 경력을 단지 그들에게 열린 무수히 많은 고용의 기회들 중의 하나로 간주하는, 높은 요구와 다른 열망을 가진 젊은 세대들의 출현이었고, 두 번째는 빠른 속도의 변화에서 발생하는 이슈의 복잡성이 증가하면서 공공부문의 지도자들에 대한 수요가 변화한 것이다. 더욱 통합적이고 일관성 있는 인사관리 정책에 대한 움직임은 1980년대 초기에 시작되었고, 1990년대를 통해서 가속화되었다. 이 장(章)의 나머지 부분들은 리더십에 대한 전략적인 관점과 실적주의의 원칙이 어떻게 구성원과 리더십의 능력을 개발하는 정책과 관행에 반영되어 있는지에 대해서 집중적으로 설명할 것이다.

7.3 공공부문 인사관리시스템의 평가

1955년에 싱가포르의 헌법적 지위는 영국 정부의 직할 식민지에서 랜들 헌법(Rendel Constitution)의 권고에 따른 장관급 형식의 정부로 전환되었다.[5] 정부의 부서를 부처로 전환하면서 새로운 행정구조의 기초를 형성하고 공무원과 장관들의 관계를 재정립했다. 핵심적인 진전은 사무차관(PS: Permanent Secretary) 직위를 만든 것이었다. 사무차관은 일상적인 부처의 행정, 장관이 참고하기 위한 정책적 권고사항의 공식화, 장관의 의사결정이 효력을 발휘하도록 보장하는 것에 대해서 책임을 지고 있었다.[6]

---

5 1953년에 조지 랜들(George Rendel)은 싱가포르가 자립적이고 자주적인 단체로 기능할 수 있도록 새로운 정치적, 헌법적 구조를 고안하기 위한 위원회의 의장으로 임명되었다. 그 위원회가 권고한 구조는 랜들 헌법(Rendel Constitution)으로 알려지게 되었다. Lee Boon Hiok (1989). "The Bureaucracy," in Kernial Singh Sandhu and Lim Chong Yah (eds.). Management of Success: The Moulding of Modern Singapore. Singapore: Institute of Southeast Asian Studies, pp. 90-101.

6 Ibid, p. 92.

이처럼 정부 조직을 경영진과 행정적인 조직으로 분리한 것은 식민지 싱가포르의 행정적인, 정치적인 주인들에게 봉사하는 공무원들 사이에 많은 불확실성과 분노를 사게 만들었다. 이러한 불편한 관계는 정부의 정치적 조직과 행정적 조직 사이에 긴장감을 고조시켰다. 1959년 자치정부를 성취하면서 새롭게 당선된 인민행동당은 공무원들의 사고방식과 가치관을 재정립하고, 싱가포르와 아시아의 새로운 발전들을 인식하고, 새로운 사회를 건설하는 데 필요한 사항을 사회화하기 위해서 1961년에 정치연구센터를 설립했다. 그 당시 총리 리콴유는 센터 개관식에서 다음과 같이 말했다.

> "여러분과 나는 민주적인 국가의 생존에 책임을 공유하고 있다. 선임된 장관들은 향후 여러분과 정부가 공동으로 마련한 계획과 정책을 현실로 만들 것이다. 여러분은 국민에게 봉사하는데 최선을 다해야 한다. 사회주의, 자본주의, 자유주의, 공산주의에 대한 여러분의 관점이 어떤 것이든, 그것이 진보적이든 또는 보수적이든, 여러분과 내가 5년 동안 맡은 일은 정확히 똑같다. '1인-1표' 시스템에서 우리가 보여주려는 것은 국민들의 이익을 위해 효율적으로 작동하는 정직하고 효율적인 정부가 가능하다는 것이다. 만약 우리가 최선을 다하지 않으면, 국민들의 신뢰를 잃었을 때 우리 스스로 책망하는 수밖에 없는데, 그것은 여러분과 우리 민주적 정치지도자뿐만 아니라 여러분과 내가 일하는 민주적인 시스템에 대해서 책망하는 것이다."[7]

변화된 상황을 받아들일 수 없는 많은 사람들이 사임했다. 모든 직급, 특히 고위직급의 사임은 심각할 정도로 전문가의 고갈을 초래한 반면에,

---

7 1959년 8월 15일 싱가포르 정부 정치연구센터 개소식에서 이루어진 리관유의 연설에 대해서는 Fernandez and Tan (1998).

상대적으로 깨끗한 경력자에게 새로운 발전의 길이 열렸다. 그들은 정치적으로 민감하지만 중립적인 공공부문에 근무하면서 인민행동당의 운영을 위한 비전과 가치를 공유하지만 어떠한 정치적 정당에 소속되지 않은 사람들이었다. 젊은 직원들에게 승진의 문이 열렸고, 오늘날까지 지속되는 유산으로서 연공서열보다는 실적에 기초해서 승진의 기회를 제공하는 구조를 시행하였다. 오늘날 공공부문은 성과를 중심으로 승진과 보수를 평가하는 실적주의를 공개적으로 운영하고 있다.

공공부문 인사구조는 1947년 트러스트 위원회(Trusted Commission)의 권고사항에 기초한 것인데, 4개의 개별적인 분과에 기초해서 고안되었고, 기술, 교육, 책임성에 따라 조직된 것이다.[8] 분과별 지위에 의한 행정의 경력은 표 7.1에 나타나 있다. 분과 1에 대한 진입은 오직 대학졸업자인 직원들만 가능하다. 이것은 행정서비스로 구성되어 있는데, 그 직원들은 국가의 정책형성과 전문적인 서비스를 담당한다. 분과 1에서 등급은 재직등급(timescale)과 특별등급(superscale)으로 나누어지는데, 사무차관과 사무차장이 후자 집단의 절반 정도를 차지하고 있다. 공공부문 인력의 수준이 증가하면서 대학졸업자 직원들의 숫자가 가파르게 증가하였다. 1970년에 5%에 불과하던 것이 2006년에 50%로 증가하였다.

표 7.1 **분과별 지위에 따른 공직구조 1970~2006**

연도	분과 I		분과 II		분과 III		분과 IV		합계
	명	%	명	%	명	%	명	%	명
1970	2,873	5.3	14,808	27.3	16,076	29.7	20,438	37.7	54,195
1975	4,415	7.5	17,542	29.8	20,277	34.5	16,543	28.2	58,777
1980	7,796	11.0	23,051	32.4	24,892	35.0	15,342	21.6	71,081
1985	10,158	14.6	22,915	32.9	22,369	32.1	14,188	20.4	69,630

8 Seah Chee Meow (1985). "The Civil Service," in Jon Quah et al. (eds.), Government and Politics in Singapore. Singapore: Oxford University Press.

1990	12,348	19.5	21,095	33.3	20,150	31.8	9,799	15.4	63,392
1995	16,654	28.3	18,081	30.7	17,426	29.6	6,715	10.6	58,876
2000	24,400	38.5	18,939	29.9	14,993	23.7	4,984	7.9	63,316
2004	28,638	46.6	16,086	27.0	12,250	19.9	4,020	6.5	61,516
2006	32,412	50.2	16,668	25.8	11,582	17.9	3,875	6.0	64,537

주: 공무원 숫자는 정부부처와 국가기관 직원들만 포함한 것이며, 독립행정기관은 제외하였다.
출처: 공직인사처(Public Service Division)

7.3.1 1995년 이전 인사관리 기능의 중앙집권화

초기의 인사관리시스템은 고도의 절차적인 성격을 지향했다. 공공부문 정부부처의 모든 채용은 공직위원회(PSC: Public Service Commission)를 통해서 중앙집권적으로 이루어졌다. 공직위원회는 모든 공무원의 채용, 선발, 임명, 급여, 훈련, 승진, 성과평가, 징계통제에 있어서 "실적주의 원칙에 부합하는 정부의 직원채용 조건들을 맞추기 위한"[9] 기관으로서 1951년 1월 1일에 설립되었다. 공직위원회는 공직의 모든 직원들에 대한 모든 승인, 배치, 승진, 전직, 해고, 복무관리에 대해서 책임을 지고 있었다. 또한 최고(1급) 학부장학금을 수여하고 관리했는데, 그것은 공공부문이 계속해서 행정직원(AOs: Administrative Officers)을 채용하는 주요한 통로가 되었다.

정부 조직을 행정적인 부서와 정치적인 부서로 분리하기 위한 공직위원회의 역할은 대체로 위원회의 구성을 통해서 강제되었다. 그 위원들은 총리의 추천에 의해서 대통령이 임명하는데, 전·현직 정무직원 또는 현직 공무원은 위원으로 임명될 수 없다. 현재 공직위원회 의장인 앤드류츄(Andrew Chew)는 공무원 고위직을 은퇴한 이후 5년간의 냉각기간이 지난 후에 비로소 임명되었다. 공직위원회의 많은 위원들은 민간부문, 은퇴한 산

9 Republic of Singapore (1984). The Budget for the Financial Year 1984/85, Singapore National Printers, as cited in Jon ST Quah (1984). "The Public Bureaucracy in Singapore 10591984," in You and Lim (eds.), p. 301.

업계의 거물, 거대한 조직의 수장 출신으로서 사람들의 성격, 능력, 성과를 평가하는데 오랜 경력과 광범위한 경험을 갖고 있었다. 이처럼 분리된 메커니즘은 많은 개발도상국들에서 고질적으로 발생하는 정치적인 임명의 관행을 효과적으로 방지했으며, 서비스의 중립성을 유지하는 데 도움을 주었으며, 경영진/정치적 조직과 행정적인 조직의 분리를 강화시켰다.

그러나 중앙집권화는 많은 문제를 야기했는데, 기관들 전체에 걸쳐서 인사관리 기능이 확산되면서 더욱 가속화되었다. 1972년 이전에는 공공부문의 인사관리 기능이 공직위원회와 공직위원회가 다루지 않는 모든 공직의 인사문제를 책임지는 재무부에 설립된 부서 사이에 나누어져 있었다. 1972년에서 1980년 사이에 재무부 예산부서의 인사행정국(PAB: Personnel Administration Branch)은 직무분류와 서비스의 조건을 관리했으며, 총리실에 설립된 부서는 분과 1에 소속된 공무원의 경력개발과 훈련을 다루었는데, 1981년 4월에 공직위원회에 넘겨주었다. 그것은 대단히 복잡한 시스템이었고, 따라서 책임성의 중복, 정책방향의 분열, 그리고 공무원에게 불확실성과 혼란을 초래했다. 중앙집권적인 시스템은 변화하는 수요에 충분한 속도로 보조를 맞출 수 있도록 직원들을 채용하고 촉진하는 능력과 관련해서 변화하는 환경에 대한 시스템의 반응성을 감소시켰다. 그것은 또한 기관의 책임성 부족을 초래했는데, 인사관리를 사람을 관리하는 대신에 규칙들을 준수하는 것으로 보는 경향이 있었다. 이것은 결과에 책임을 지지만 사람을 고용하는 것에 대한 통제는 거의 없는 기관들의 기능적 해체를 야기했다.

1982년에는 공무원 능력개발에 대한 보다 체계적인 접근방법이 시작되었다. 강력한 경제성장은 인재에 대한 개방적인 시장을 조성했고, 이러한 배경에서 정부는 공무원이 그들의 일자리에 만족하도록 보장하고, 동시에 유능한 직원을 유치하고, 동기를 부여하고, 보유할 수 있도록 인사관리에 대한 더욱 일관성 있는 접근방법의 필요성을 인식하게 만들었다. 그 해에 특히 채용, 훈련, 경력개발, 일자리 연결, 핵심인재 육성에 있어서 새로운 직원중심의 인사관리 접근방법이 시작되었다. 공공부문의 모든 인사정책을 검토하고 형성하는 책임을 지고, 그러한 정책이 일관되게 실행되도록 보장하기 위해서 새로운 기관인 공직인사처(PSD: Public Service Division)가 만들어졌다. 공직인사처의 설립과 함께 공직위원회의 역할은 공무원의 임명, 승진, 복무관리에 있어서 정치적 중립성을 보장하는 방향으로 다시 집중하였다. 그러나 문제들은 여전히 남아있었다. 리센룽 총리는 1990년에 고척동 총리 밑에서 부총리가 되었고, 공직소환장관을 겸직하고 있었다.

> "우리는 공직관리에 다년간 고심하고 있었다. 이것은 민간 부문과 다른 것이었다. 공직은 규칙에 얽매여있다. 우리는 연간 임금인상과 봉급을 고정시켰는데, 그것은 직원들의 성과나 시장의 기준보다는 연공서열과 서비스 사이의 내부적인 상대성과 관련되어 있었고, 인사시스템은 공직위원회에 지나치게 집중되어 있었다. 우리는 그것이 매우 작동하기 어려운 시스템이라는 것을 알게 되었다."[10]

문제를 해결하기 위해서 양면적 접근방법이 도입되었는데, 첫 번째는 정부 부서들을 독립행정기관 또는 법인으로 전환하는 "시스템에서 군더더기들을 도려내는" 것이었고, 두 번째는 시스템의 체질을 개선하는 것이었다.

첫 번째 접근방법은 공직으로부터 기관들을 분리하는 것인데, 법인화하거나 또는 독립행정기관으로 전환하는 것을 포함하는 것이었다. 예컨대, 싱가포르통신(SingTel)은 1992년 4월에 싱가포르통신위원회로부터 완전히 독립한 통신사로 분리되었고, 다음 해에 주식시장에 상장되었다. 마찬가지로 국세사무국(IRD: Inland Revenue Department)은 1992년 9월에 싱가포르국세청(IRAS: Inland Revenue Authority of Singapore)이라는 독립행정기관으로

---

10 총리 리센룽과의 인터뷰는 2007년 1월 17일에 이루어졌다.

재편성되었다. 국세사무국을 괴롭힌 문제들은 그 당시 공직의 고질적인 증상이었다.

> "국세사무국은 높은 급여를 제공할 수 없었고, 조직의 주요 직위들을 채우기 어려웠다. 그들은 많은 인재들을 놓쳤다. 재무부는 국세사무국이 전산화하기를 원했지만 그들은 그렇게 할 수 없었다. 우리는 아무런 성과를 거둘 수 없었고, 조세행정은 엉망이 되었다. 국세사무국은 싱가포르국세청이라는 독립행정기관으로 전환되었고, 고용관(Koh Yong Guan)이 국세청장이 되었을 때 시스템을 작동하도록 만들기 위한 준비를 했다. 그것은 상당한 논란이 있었지만, 우리는 반대를 극복하고 만들어냈다."[11]

이러한 접근방법은 상황을 진정시켰지만, 중앙집권적이고 경쟁력이 없는 시스템, 그리고 인사관리의 책임성에 있어서 심각한 불일치 등 핵심적인 문제들은 해결되지 않았다. 시스템은 체질개선을 필요로 하고 있었다.

> "연봉은 경쟁력이 없었다. 우리는 재직기간과 신분보장이 그것을 보충한다고 주장했다. 그러나 우수한 직원들은 재직기간 또는 연금에 비중을 두지 않았고, 따라서 그들이 떠나면서 우리는 경쟁력을 잃었다. 정부부처들은 자신의 직원들에 대한 승진과 발전에 거의 영향력을 행사하지 못했다. 인사관리는 공직위원회의 산하에서 지나치게 중앙집권적이었다. 문제는 원래 공직위원회 시스템을 설립한 목표를 손상시키지 않으면서 어떻게 그 틀을 깨는가에 있었다."[12]

---

[11] Ibid.

[12] Ibid.

시스템에 대한 잠정적인 체질개선의 조치가 1980년대 말에 시행되었는데, 그것은 리센룽 총리가 "소극적인" 조치라고 평가한 것처럼 내부적인 저항과 공직위원회의 핵심적인 역할을 부정하는 것에 대한 두려움 때문에 다소 미진한 것이었다. 공직에서 가장 큰 2개의 사업들에 대한 책임성의 수준을 높이기 위해서 공직위원회 산하에 부의장이 의장을 맡는 교육서비스와 소위원회에 대한 통합서비스를 구축했다. 그러나 승진에 대한 검토와 평가는 여전히 소위원회가 중앙집권적으로 보유하였기 때문에 직원들은 승진을 위해서 오직 3년에 한번 주어지는 소위원회의 인터뷰에 대응할 수밖에 없었다. 문제는 분명히 오직 "틀을 박살내는" 과정을 통해서만 해결될 수 있었고, 따라서 1995년에 권한의 이양을 시행하였다.

7.3.2 1995년 인사관리 기능의 권한이양

1995년에 공직위원회의 인사관리에 대한 권한과 책임을 정부부처에 이양함으로써 사무차관과 직속상사가 직원을 채용하고 승진시킬 수 있었다. 공공부문 채용의 대부분이 개별적인 기관으로 이양되었지만, 공직위원회는 모든 행정직원에 대한 임명을 여전히 책임지고 있었고, 더욱이 사무차관 또는 독립행정기관의 장과 같은 최고위직에 대한 임명도 담당하고 있었다. 각각 다른 기능들이 다른 정도로 이양되었지만, 복무관리는 공직위원회가 보유하고 있었다. 직속상사가 업무에 필요한 기술을 제시하고, 그들이 필요로 하는 사람을 선발하기 위해서 채용에 관한 책임성은 대부분 이양하였다. 승진은 형평성과 사기에 관련한 이슈들이 포함되어 있기 때문에 좀 더 제한적인 범위에서 이양하였다. 나머지 등급들에 대한 승진은 다양한 인사위원회들에게 이양하였다. 그러나 인사위원회들도 동일한 인사위원회 클러스터에서 다른 정부부처들과의 일정한 형평성을 유지할 필요가 있었기 때문에 개별적인 부처들이 자신의 직원에 대한 승진을 권고하는 것은 여전히 어느 정도 구속력이 있었다. 권한이양과 함께 공직인사처는 행정직원들(AOs)의 경력관리, 정부부처와 독립행정기관의 핵심적인 직위에 행정직원을 배치하는 조정활동, 모든 직원의 적절한 진로를 보장하는 것, 그리고 핵심적인 직위에 적합한 자격을 갖춘 직원을 충원하는 사무를 넘겨주었다. 이것은 공직에 있어서 핵심적인 인사관리에 대한 통합적인 접근방법을 시작하는 전환점이 되었다. 권한을 이양한 모델에서 책임분담은 표 7.2와 같다.

표 7.2 권한이양에 따른 인사관리 구조

구조	관할권
공직위원회(PSC)	특별등급 D의 직원들과 그 이상(예: 사무차관, 대규모 부서의 부서장) 개정된 역할 • 행정직원과 외국인서비스 조직에 대한 채용 • 특별등급 D와 그 이상의 모든 직원에 대한 승진 • 학부장학금 수여 • 징계사건 • 항소 의장: 앤드류츄(Andrew Chew) 위원: 민간부문의 위원 모든 위원은 총리의 추천에 대해서 대통령이 임명
특별인사위원회	특별등급부터 E1까지, 행정직원 중에 재직등급의 직원(예: 고위간부) 의장: 공직의 수장 위원: 사무차관, 총리실, 3명의 다른 선임 사무차관
고위직인사위원회(6)	분과 I 직원 (대학졸업자 직원) 각각의 위원회는 분과 I 의 직원을 부처의 한 집단으로 만들어서 감독 의장: 지정된 사무차관 위원: 위원회가 담당하는 부처의 사무차관
인사위원회(24)	분과 II, III, IV(대학졸업자가 아닌 직원 / 예: 감독, 기술, 사무, 비서 직원) 각각의 부처는 최소한 한 개 이상의 인사위원회를 보유 의장: 부처의 특별등급 직원 위원: 분과 I 직원 위원은 사무차관과 총리실에 의해서 임명

출처: 영연방 사무국에서 정보 수집 / Commonwealth Secretariat (1998). Current Good Practices and New Developments in Public Service Management: A Profile of the Public Service of Singapore. The Public Service Country Profile Series No. 8.

공직인사처는 행정직원들의 경력관리와 더불어 계속해서 공공부문에 대한 인사관리의 틀을 규정했다. 공공부문은 국가에서 가장 큰 고용주이기 때문에 핵심적인 인사정책에 있어서 여전히 중앙집권적인 방향의 일관성에 대한 압력이 있었다. 권한이양과 함께 부처들은 채용에 있어서 상당한 자율성을 보유했다. 그들은 이제 특별한 자질 또는 경험을 가진 후보자들에게 지침을 벗어나지 않는 한 공직인사처의 허가 없이 자유롭게 연봉을 제안할 수 있었다. 독립행정기관들은 봉급에 관해서 훨씬 큰 유연성을 갖고 있었고, 연간휴가에 대한 중앙의 지침으로부터 자유롭게 벗어날 수 있었다. 성과평가에 있어서 독립행정기관은 자신의 시스템에 다른 기준을 자유롭게 포함시킬 수 있었지만, 공직인사처가 수립한 기준을 빼는 것은 허용되지 않았다. 그럼에도 불구하고 공직인사처는 공공부문이 선도해야할 국가적인 목표가 있는 정책들에 대해서는 계속해서 전체 공공부문의 분위기를 확립해 나갔다. 이러한 정책들은 의료수당시스템, 유연한 임금정책, 고령노동자 고용을 위한 지침 등을 포함하고 있었다.

따라서 공공부문 인사관리의 접근방법과 정책은 변화하는 환경에 대응해서 진화했으며, 시간이 지나면서 다시 정립되었다. 이것은 분명히 인사관리에 있어서 경력계획, 훈련, 개발과 같이 훨씬 쉬운 "더 부드러운" 측면보다는, 최고의 사람들을 고용하고 좋은 대우를 해주는 "더 딱딱한" 측면을 잘 이해하고 실행한 것으로 보인다. 그러나 인사관리 시스템의 한 가지 지속적인 주제는 공공부문 지도자 계층의 선발, 채용, 보수, 개발에 주력하는 것이었다.

7.4 공공부문의 리더십: 행정직

행정직은 공직 계층구조의 정점이다. 행정직원들은 정치지도자와 정부기구 사이에 교감하는 사람들이다. 1세대 정치지도자는 애초에 행정직원을 정책들의 성공적인 실행을 책임지는 집행자로서 인식했지만, 2세대 지도자는 행정직원이 "정치지도자를 도와서 국가의 안전과 성공을 위해 추세를 발견하고, 요구에 대응하고, 기준을 유지하고, 정책을 형성하고 실행하기를 원했다."[13]

> "행정직원들은 정치지도자들과 정부기구 사이에서 중요한 교감을 유지할 것이다. 여러분의 책임은 장관들에게 정책적인 의사결정의 기초로 사용되는 신뢰할 수 있고, 포괄적인 자료와 분석을 제공하는 것이다. 여러분은 또한 그러한 결정이 적절하게, 타당하게, 민감하게 실행되도록 보장해야만 한다. 정책과 규제는 그 목적을 수행하고 나면 수정하든지 또는 폐기할 것이다. 고위공무원들처럼 여러분은 그러한 정책과 절차를 재검토하는 데 있어서 적극적인 역할을 수행해야만 한다."[14]

행정직원들은 공공부문의 대학졸업자 직원 등급에 속해 있지만, 그들의 신원확인, 선발, 승진, 개발, 보수등급, 그리고 그들의 성과와 공로에 대한 기대들은 일반적인 대학졸업자 직원과 매우 다르다. 독립행정기관을 제외한 정부부처에 약 30,000명의 대학졸업자 직원들이 있다. 이러한 직원들은 부처 또는 독립행정기관의 관점에서 기능 위주의 전문가적 업무를 수행하는 전문적인 서비스에 편입되어 있다. 다른 한편으로 행정직원들은 정부의 일반적인 업무에 대한 정책전문가이며, 따라서 어떤 기관에 항구적으로 소속되지 않는다. 대신에 그들은 자신의 경력개발 프로그램을 구성하는 직위들을 통해서 다양한 기관을 순환하며 근무한다. 전문직 직원들은 대부분 원래 소속된 기관에 봉사하기를 기대하지만, 핵심인재인 행정직원들은 공공부문의 지도자 직위들을 물려받기 위한 훈련을 받으며, 국가적 차원에서 정책의 형성, 집행, 재검토를 수행한다. 이것을 위해서 행정직원들을 위한 능력개발 프로그램은 전문적 서비스의 대학졸업자 직

13 고척동 총리의 다섯 번째 행정직 간담회는 1993년 7월 30일 오리엔탈 호텔에서 이루어졌다.
14 고척동 총리의 세 번째 행정직 간담회는 1991년 7월 5일 마리아 만다린 연회장에서 이루어졌다.

원들보다 훨씬 광범위하고 중앙집권적으로 구조화되어 있으며, 그들의 경력발전에 대한 진행은 핵심적인 인재인 행정직원들이 공공부문 업무의 다양한 측면들을 폭넓고 깊게 경험하도록 보장하기 위해서 공직인사처에 의해 더욱 면밀하게 모니터링 된다. 성과에 대한 기대에 걸맞게 행정직원의 보수등급은 전문직 서비스의 대학졸업자 직원보다 높다. 표 7.3에 의하면, 행정직이 전체 인력에서 0.5% 미만을 차지하고 있지만, 공직에서 고도의 엘리트 집단을 형성하고 있는 것을 볼 수 있다. 고갱쉬 자신도 영국 식민지 정부의 직원이었는데, 그는 고도화된 엘리트 관료제의 필요성을 믿었다.

> "많은 국가들에 있어서 최고직위의 공무원들은 국가적으로 지식인 엘리트층의 중요한 부분을 구성하는 것이다. 그것은 실제로 그렇게 되어야만 한다. 국가를 통치하는 일은 복잡하고 까다롭기 때문이다."[15]

고갱쉬는 경험보다는 지적인 능력과 학문적인 탁월함을 특히 중요하게 생각했으며, 엄밀한 의미에서 그가 실적과 성과에 기초한 시스템을 실행한 것은 인재를 채용하고 보유하는 핵심적인 기준이 되었다.

표 7.3 **행정직원 현황 1980~2006**

연도	직원
1980	221
1985	191
1990	191
1995	179
2000	181
2004	189
2005	181
2006	184

15 Ian Patrick Austin (2004). Goh Keng Swee and Southeast Asian Governance. Singapore: Marshall Cavendish, p. 24.

실적과 학문적 탁월함은 행정직원의 약력에 반영되었다. 그들은 각각의 교육집단의 상위 1%에서 뽑힌 사람들이며, 높은 "총체적 자질"을[16] 가진 사람으로 선발되었다. 행정직에 오른 잠재력을 지닌 직원은 장관을 보좌하기 전에 엄격한 훈련과 평가체제를 겪으면서 도전적인 기회가 주어지며, 사무차관의 직접적인 감독을 받으면서 일한다. 오직 그러한 잠재력을 가진 직원만 높은 계층의 특별등급이 확정된다. 엄격한 요건을 거쳐서 보통 매년 10명 미만의 직원이 행정직으로 선발되지만, 일단 행정직원으로 확정되면, 넓은 범위의 직위를 거쳐서 순환하며, 그들이 다재다능하고, 적응적이고, 학습할 수 있고, 그리고 효과적인 결과를 만들어낼 수 있도록 보장하기 위해서 많은 사무차관과 일한다. 오직 그들의 잠재력에 부응한 행정직원들만 사무차장이 되며, 오직 최고만이 사무차관이 된다. 그러면 공공부문은 어떻게 행정직원을 관리하는가? 지속적인 변화와 공공부문에 역동성을 부여하는 지도자로서, 행정직의 지속적인 효과성에 기여하는 채용, 개발, 성과관리, 그리고 보유의 시스템에 있어서 무엇이 핵심적인 요소들인가?

7.4.1 장학금을 통한 잠재적 지도자의 인재풀을 창출

행정직원의 대다수는 공공부문의 장학금시스템을 통해서 채용된다. 장학금은 정책개발과 다른 기관들의 핵심적인 직위를 위한 인재를 확인하고 훈련하는 수단이다. 매년 공공부문은 공직위원회를 거쳐 중앙집권적으로 그리고 개별적인 부처 또는 독립행정기관을 통해서 가장 좋은 교육수료일반시험(GCE: General Certificate of Education)의 A레벨(Advance Level) 집단을 유치하기 위해서 다수의 좋은 장학금을 제안한다. 국가를 운영하는 일은 "복잡하고 까다로운 것"으로 간주되기 때문에 최고로 똑똑한 인재를 유치하는 것은 필수적인 것이다. 현재 정부부처에서 학위를 가진 사람들 중에

16 행정직을 대상으로 한 리관유 총리의 최초 연설은 1979년 12월 16일 싱가포르 만다린 호텔에서 이루어졌다.

10.6%가 장학생이며, 독립행정기관은 16%를 차지하고 있다.[17]

공직위원회는 1961년부터 국내와 해외에서 공부하는 학생들에게 후보자들의 A레벨 시험결과와 공직위원회의 리더십 잠재력 평가에 기초해서 장학금을 수여하기 시작했다. 이러한 과정은 오직 18세까지 학문적으로 우수한 성적을 거둔 사람들만 자격의 기회가 주어지고, 대기만성형의 사람들은 배제되는 것을 의미했다. 이처럼 18세에 선발하는 것은 오늘날까지 지속되고 있으며, 아마도 잠재력을 가진 지도자들이 선발되는 인재풀을 제한할 것이다. 2002년에 공직위원회는 1급 장학금에 대해서 다시 주력하였고, 2급 장학금은 부처들에게 위임하였다. 개별적인 부처와 독립행정기관에 의해서 제공되는 장학금은 자신들의 직원채용 조건을 위해 수여하는, 각각의 개별적인 기관들이 시행하는 채용의 일부이지만, 공직위원회의 장학금은 핵심적인 공직의 기능, 특히 행정직의 채용을 목표로 하고 있었다. 매년 제공되는 장학금의 숫자는 정해져 있지 않았다. 만약 공직위원회의 장학금 기준에 부응하는 지원자들이 많다면 더욱 많은 장학금이 제공될 것이다. 장학금의 한도는 없지만, 미래에 충원되어야 할 사무차장과 사무차관의 직위들의 예상수치와 자연감소율이 고려된다. 그럼에도 불구하고 장학금의 실질적인 숫자는 성적에 기초해서 수여된다. 표 7.4은 2001년부터 매년 제공된 장학금의 숫자이다. 특정한 제도의 서비스(예컨대, 교직, 외국인서비스, 교육)와 결부되어 있는 장학생은 졸업할 때 각자 소속부처에 배치된다. "개방" 장학생은 정부부처 또는 독립행정기관의 직위를 선택할 수 있는 기회가 주어지지만, 최종적인 직위는 역시 행정수요에 달려있다. 2001년부터 장학생의 배분은 표 7.5에서 보여주고 있다. 수년간 공직위원회는 표 7.6처럼 장학금을 적용할 수 있는 학문적 분야의 범위를 확대하고 있다. 장학생들은 장래희망에 맞도록 공부하는 학문적 분야를 자유롭게 선택할 수 있지만, 궁극적으로 공직위원회의 장학금은 공직의 수요에 부응해야만 한다.

---

[17] The Straits Times, 15 February 2006, p. H4, "Parliament."

표 7.4 **공공부문 장학금의 유형과 숫자**

장학금의 유형	2001	2002	2003	2004	2005	2006
싱가포르 군대 장학금 해외	7+1*	5+1*	3+2*	5+2*	6+1*	3+2*
싱가포르 경찰 장학금 해외	3	3	2	2	3	1
성적우수 장학금 해외 (개방)	41+2*	30+3*	30+1*	11	21+1*	21
성적우수 장학금 해외 (교직)	6	7	6	7	5	3
성적우수 장학금 해외 (법무)	–	1	2	2	2	3
성적우수 장학금 해외 (외국인서비스)	2	1	2+1*	3	4	1*
성적우수 장학금 국내/해외 (개방)	6	1	–	1	1	1
성적우수 장학금 국내/해외 (교직)	1	2	–	1	4	1
성적우수 장학금 국내 (개방)	–	–	1*	1	1*	2+1*
소계 (최고장학금)	69	54	50	34	49	39
싱가포르 정부 장학금 (개방)	36	–	–	–	–	–
싱가포르 정부 장학금 (교직)/성적우수	20	14	12	18	17	18
싱가포르 정부 장학금 (외국인서비스)	4	3	1	2	4	7
싱가포르 정부 장학금 (내무서비스)	–	1	6	10	8	7
싱가포르 정부 장학금 (공동체개발부)	–	1	–	–	2	1
성적우수 장학금 국내 (개방)	20	–	–	–	–	–
성적우수 장학금 국내 (교직)	81	44	–	–	–	–
교육부 장학금 – 해외	–	–	14	24	19	30
교육부 장학금 – 국내	–	–	27	50	55	79
성적우수 장학금 (회계/감사) – 국내	4	–	–	–	–	1
성적우수 장학금 (공동체개발부) – 국내	1	2	–	1	1	2
성적우수 장학금 (내무서비스) – 국내	18	7	7	5	11	8
해외유학 수여 (교직)	–	5	–	–	–	–
해외유학 수여 (의약/보건)	–	17	11	15	19	27
소계 (기타 장학금)	184	94	78	125	136	180
총계	253	148	128	158	185	219

출처: 공직인사처, 총리실 / *표시는 대통령 장학금

표 7.5 **정부부처와 독립행정기관에 대한 장학금 배분**

배치 연도	정부부처	독립행정기관	연구/대학	합계
2001	68	35	2	105
2002	83	15	3	101
2003	102	29	5	136
2004	98	15	12	125
2005	89	27	3	119
2006	69	11	2	82

출처: 공직인사처, 총리실 / 2006년 자료는 배치가 완료되지 않은 시점의 통계임.

표 7.6 공직위원회(PSC) 장학금: 연구 분야

연구 분야	2001	2002	2003	2004	2005	2006
경제학/철학, 정치학, 경제학	13	17	10	10	12	9
공학	27	13	8	9	8	7
과학	12	7	9	8	8	5
기타 인문학과 사회과학	9	13	17	4	17	10
법학	3	3	3	3	3	5
기타(회계, 응용과학, 건축, 교육, 의학 등)	5	1	3	0	1	3
합계	69	54	50	34	49	39

출처: 공직인사처, 총리실

7.4.2 잠재력을 가진 공공부문 지도자의 선발

장학생은 정부부처와 독립행정기관에 있어서 전체 대학졸업자 직원의 10%에서 15% 정도에 불과하지만, 행정직의 다수 직원들은 장학생들이다. 행정직원들에 대한 신원확인 절차는 다소 발전하였다. 2002년 전에는 장학생이 공직위원회로 돌아오면 인터뷰를 통해서 바로 행정직에 임명되는지 여부가 결정되었다. 이러한 시스템은 한 번의 인터뷰에 기초해서 선발하는 것이기 때문에 불충분한 것이었다. 2002년에 공직위원회 장학생들은 경영협회프로그램(MAP: Management Associates Program)에 가입하였고, 다양한 정부부처의 행정직 또는 전문직 서비스에 따라 맞춤형 경력개발프로그램을 제공했다. 이것은 장학생들에게 또 다른 경력을 만들어 주었고, 공직위원회는 행정직에 대한 잠재적인 후보자를 확인하는 더 많은 시간과 자유재량을 갖게 되었다. 경영협회프로그램(MAP)에서 2등급 상위 우등을 받은 장학생은 2년간 정부부처의 2개 직위에 배치되는데, 그 기간 그들은 상급자와 사무차관과 긴밀하게 일하고 행정직원들처럼 훈련과 개발의 기회를 받는다. 행정직에 대한 잠재력을 가진 인재는 사무차관의 추천을 통해서 드러나고, 공직인사처의 인터뷰를 거치게 된다. 그렇지 않으면, 그들은 또한 원래 소속부처로 돌아가거나 또는 그들이 원하면 다른 부처에 합류

할 수도 있다. 평균적으로 약 10명의 행정직원들이 매년 충원된다.[18]

행정직을 선발하는 기준은 무엇인가? 일반적으로 학문적 우수성이 최우선적인 기준이라고 믿어지고 있다. 공직은 훌륭한 학문적 학위들이 공직에 들어가기 위해서 필요하지만, 지도자의 직위를 성취하는 것을 보장하지는 않는다. 상당한 학문적 자질을 가진 직원들이 최고직위에 오르지 못하거나, 또는 최고직위의 사람들이 항상 최고의 학문적 성과를 거두지 못한 사례들을 주목할 필요가 있다.[19] 따라서 리콴유가 지적한 것처럼 학문적 우수성은 필요한 조건이지만, 충분한 것은 아니다.

> "싱가포르는 매년 졸업생들 중에서 최고의 인재를 정부에 받아야만 한다. 내가 최고라고 했을 때, 그것은 단지 학문적 성과를 의미하는 것이 아니다. 그들의 높은 O레벨, A레벨, 대학교 학위는 단지 그의 분석능력을 말해줄 뿐이다. 그것은 단지 총체적인 자질의 1/3이다. 여러분은 그 다음에 그의 현실에 대한 감각, 그의 상상력, 그의 리더십의 자질, 그의 역동성을 평가해야 한다. 그러나 무엇보다 그의 성격과 동기가 중요하다. 왜냐하면 더 똑똑한 사람들이 더 사회에 해를 끼칠 수도 있기 때문이다."[20]

비록 후보자들의 가치관, 성과, 성격이 궁극적으로 공공부문 지도자의 최고등급인 사무차장 또는 사무차관에 도달할지 여부를 결정하더라도, 우수한 학문적 성과는 공공부문에 진입하기 위해서 정말 필요한 것이다.

---

[18] Singapore (1994). "Competitive Salaries for Competent & Honest Government: Benchmarks for Ministers and Senior Public Officers," Cmd. 13 of 1994.

[19] Eddie Teo (2003). "Can Public Servants be Leaders?" Ethos, September.

[20] 장관의 보수책정을 둘러싼 백서 논쟁에 관한 리콴유의 연설은 1994년 11월 1일 아래와 같이 보도되었음. Lee Kuan Yew: The Man and His Ideas, Times Editions, 1998.

이러한 실적 중심의 선발과 채용시스템은 분석, 합리성, 문제해결에 강점을 가진 기술전문가, 암묵적이고 명시적인 믿음들에 인식하고 도전할 수 있는 사람, 다양한 자료로부터 정보를 학습하고 이해하며, 현장의 맥락에 적응시킬 수 있는 사람을 공공부문에 유치했다. 싱가포르 개발연대의 초기에 인재개발프로그램은 기술적이고 공학적인 기술에 대한 훈련, 장학금, 그리고 행정직에 대한 충원뿐만 아니라 자연과학과 공학에도 관심을 기울였다. 대부분의 2세대 공공부문 지도자들은 공학을 전공한 기술자들이었고, 그들의 자연과학적 관점은 정책형성에 영향을 미쳤다. 예컨대, 고갱쉬가 1970년대 말에 교육시스템을 점검하기 위해 함께 일한 직원들은 시스템 기술자들이었다. 1세대 정치와 공공부문의 지도자들이 그러한 종류의 배경과 특성을 가진 직원을 선호하면서 정책형성에 대한 고도의 합리적, 분석적, 문제해결의 접근방법들이 적극적으로 사용되었다. 체계적 접근방법(총체적 정책형성으로 불릴 수 있는)은 수자원 보존과 관리, 생물의학 산업의 구축, 자동차 소유권과 교통 혼잡에 대한 관리에 이르기까지 다양한 영역에 반영되었는데, 그것은 의심의 여지없이 기술자들의 시각이 정책형성에 반영된 것이다. 이러한 자질은 공공부문의 리더십 개발을 위한 핵심적인 요소가 되었고, 행정직원의 훈련과 능력개발 프로그램에 대한 강력한 정책적 집중을 통해서 강화되었다.

채용에 대한 장학금 시스템은 초기에는 잘 작동했지만, 민간부문의 경제적 기회들이 확대되고 젊은 세대의 열망이 변화하면서 변화에 대한 압력이 증가하게 되었다. 싱가포르가 이제 막 발전하기 시작하던 시대에, 공직위원회의 장학금은 가난한 가정의 유능한 학생들이 대학교를 진학하기 위한 유일한 방법이었다. 대학교에서 공부할 수 있도록 장학금을 받는 것은 또한 좋은 일자리에 대한 전망이 불확실하던 시기에 졸업 후 일자리를 보장받는다는 것을 의미했다. 정부 장학금의 수령인이 되는 것은 높은 지위의 원천이었고, 6년에서 8년의 의무복무기간은 필요한 의무로 간주되었으며, 대신에 직업의 안정성, 자유로운 의료수당과 좋은 연금시스템을 부여받았다. 생활수준의 향상은 이러한 인식을 변화시켰다. 현재 젊은 사람들은 그들의 경력을 선택하는 자유를 소중하게 여기고, 18세 나이에 스스로 의무복무기간에 구속되는 것을 싫어한다. 이제 더욱 많은 회사와 독립행정기관이 좋은 대학에 진학하는 장학금을 제공하고 있으며, 더욱 많은 싱가포르인이 장학금 없이 해외에서 공부하고 있다. 의무복무기간이 있는 장학금을 받는 것은 훨씬 덜 매력적인 선택이다. 동일선상에서 많은 장학생은 의무복무기간을 채우면 즉시 떠나거나 또는 민간부문 조직의 도움을 받아서 지원받은 장학금을 반납한다. 더욱이 경영협회프로그램(MAP)은 더 적합한 조직에 합류할 수 있는 기회들을 제공하지만, 졸업한 장학생들이 결국 행정직이 될 수 있는지 여부에 대한 불확실성을 야기했다. 인재풀을 보충하기 위해서 공직인사처는 또한 다른 자원에서 잠재적인 공공부문의 지도자를 뽑았다. 복무중인 장학생들, 즉 때때로 정부부처의 전문직 직원들 중에서 행정직으로 임명하기 위한 가능성을 검토한다. 그러나 그러한 숫자는 1년에 10명 미만이다.

주요한 채용의 통로로서 장학금 시스템을 통해 채용된 사람은 학위를 마친 후 20대 초반에 공공부문에서 경력을 시작한다. 따라서 독립 이후에 공공부문은 유능한 젊은 남자와 여자가 직원으로 일하게 되었고, 그들의 대다수는 졸업한 장학생이었으며, 영국 치하에 존재하던 연공서열 시스템으로부터 중요한 전환을 보여주었다. 고갱쉬는 2세대 공공부문 지도자들을 육성하는데 중요한 역할을 했다. 고갱쉬는 정부 장학생의 명단에서 누구든지 채용할 수 있는 전권을 위임받았는데, 그는 젊은 직원들에게 기회를 주었지만, 또한 높은 기준의 성과를 기대하고 있었다. 그들은 시스템을 통해서 빠르게 자신의 유능함을 증명해 보였다. 현재 임싱권과 필립여와 같은 공공부문 지도자들은 대학교를 졸업하자마자 공공부문에 임용되었는데, 일찍이 실력을 인정받았고, 고갱쉬로부터 가르침을 받았으며, 도전적인 과제와 행동의 자율성이 부여되었고, 빠르게 승진했으며, 공공부문의 최고등급에 도달했다. 그들의 사례는 예외적인 것이 아니어서, 많은 사무차관들이 30대에 그러한 직위에 처음으로 임명되었다. 새로운 젊은 엘리트가 거의 대학교를 졸업하자마자 공공부문에 임용된다는 것은 그만큼 많은 사람들이 공직에 오랫동안 재직한다는 것을 의미했다. 이러한 핵심적인 공공부문 지도자의 안정성은 정책방향에 있어서 높은 수준의 지속성과 안정성을 제공했다.[21] 우리는 그들의 다른 재능들이 어떻게 공공부문에서 인정을 받았고, 활용되었는지를 설명하기 위해서 임싱권과 필립여의 경력, 리더십 스타일, 경영의 철학에 대해서 간략하게 설명할 것이다. 두 사람은 공공부문에서 평생 동안의 공적을 인정받아서 2006년 독립기념일에 국가의 최고영예 표창을 수여받았다.

임싱권(Lim Siong Guan)

임싱권은 그의 전체 경력을 공직에서 보냈다. 그는 37년 경력 중 25년 동안 핵심적인 정부부처들의 사무차관이었다. 1981년 7월부터 1994년 5월까지 국방부, 1994년 6월부터 1998년 7월까지 총리실, 1997년 4월부터 1999년 6월까지 교육부, 그리고 1999년 6월부터 2006년 9월까지 재무부의 사무차관이었다. 더욱이 그는 1978년 5월부터 1981년 6월까지 당시 리콴유 총리의 초대 수석개인비서를 역임했고, 1999년 9월부터 2005년 3월까지 공직의 수장이었다. 임싱권은 공학을 전공한 기술자였는데, 오스트레일리아 애들레이드(Adelaide) 대학교에서 수학하는 대통령 장학금을 수여받았고, 1969년에 기계공학과를 수석의 영예를 받고 졸업했다. 그는 1975년에 싱가포르국립대학교 경영대학원을 졸업했다. 임싱권은 변화와 혁신의 선두에서 공직을 지키는 수많은 새로운 아이디어, 정책, 프로그램, 프로젝트를 도입한 사람으로 여겨진다. 그는 국방부로부터 공직인사처, 교육부, 재무부까지 변화와 혁신을 위한 깊은 토대를 구축했으며, 그러한 기관들에 있어서 새로운 문화와 구조는 그가 떠난 후에도 오랫동안 영향을 미치며 지속되었다. 그의 많은 공로 중에는 최초로 국방부에 시나리오 계획을 도입해

21 Austin (2004).

서 공직 전체에 확산시켰고, 선진적인 인사관리시스템, 공공부문 지도자에 대한 임기의 제한, 국방부의 인사와 재무에 대한 혁신, 모든 공무원이 1년에 100시간을 훈련하는 PS21(21세기를 대비하는 공공서비스) 전략적 계획, 교육시스템에 대한 재검토, 재투자기금을 포함한 주요한 예산개혁을 추진했으며, 그리고 전자정부 계획을 더욱 전략적이고 통합적인 기반으로 향상시키는데 기여하였다. 그는 공직을 위한 "1인 싱크 탱크"로[22] 불렸다.

임싱권은 그의 리더십, 굳건한 가치관, 깊은 통찰, 장기적인 관점, 공공서비스를 위한 인재개발과 책임성으로 존경을 받았다. 그는 겸손하고, 친근하면서 가식 없는 스타일을 소유하고 있었다. 그는 장관에게 영예를 돌리는 대신에 자신은 배후에서 일하기를 좋아하는 성격 때문에 높이 존경을 받았다. 그는 3명의 장관들과 일하면서 모두 뛰어난 업적을 이루었고, 많은 동료 사무차관으로부터 공직의 역동성과 변화를 책임지는 사람으로 인정받았다. 그의 젊은 동료들은 깊은 확신과 날카로운 지성을 가진 지도자로, 아이디어를 가진 사람으로, 그리고 열정적으로 소통하고 신뢰하는 사람으로 존경했다. 그는 스스로 "조직 순응자"로 불렀는데, 변화의 노력들이 지속하기 위한 구조, 시스템, 절차를 구축해야 한다고 믿는 사람이었다.

> "시스템과 시스템의 방향이 가장 중요한 것인데, 그것은 당신이 떠난 후에 무엇이 남는지를 시험하는 것이기 때문이다. 과정은 결과보다 더 중요하다."[23]

그는 언론의 관심과 미디어에 노출되는 것을 좋아하지 않았다. 그는 자신의 관점, 아이디어, 확신을 개인들과 소규모 집단의 직원들에게 공유하는데 최선을 다했고, 그들이 변화를 위한 책임성과 적극성을 갖도록 도

[22] The Straits Times , 9 August 2006, p. 3.

[23] 임싱권과의 인터뷰는 2005년 7월 29일에 이루어졌다.

전의식을 북돋아 주었다. 임싱권은 그의 경력 전체에 걸쳐서 조직적인 능력과 역량을 구축하는 데 도움을 주는 아이디어, 개념, 구조, 제도를 개발하고 시행하는 데 집중했다. 그는 조직적인 역량을 개발하는 것은 변화를 수용하는 조직을 구축하는 것이라고 믿었다.

> "우리는 항상 변화에 개방적인 조직을 필요로 한다. 조직의 역량을 구축하는 최상의 길은 모든 사람들이 변화를 수용하고 기대하는 환경을 만드는 것이다."

이러한 변화의 철학을 처음으로 합심해서 실행한 곳은 국방부이다. 임싱권은 잠재력 추정치(CEP: Currently Estimated Potential)와[24] 싱가포르 군대의 이미지를 제고하기 위한 "총체적 방어"계획의 도입을 감독했을 뿐만 아니라, 공공부문의 생산성향상 운동의 일부로 여겨지는 업무개선팀(WITS: Work Improvement Teams)과 직원제안제도(SSS: Staff Suggestion Scheme)의 시행을 주도했다. 그러나 직원제안제도와 업무개선팀의 전제는 훨씬 근본적인 것이었는데, 그것을 개발하고 실행하는 데 그의 철학이 반영되었고, 시간이 흘러도 지속될 수 있는 조직을 만들려고 노력했다.

(i) 사람들이 참여하도록 만들기

임싱권은 사람들의 내재적인 역량을 강조했는데, 사람들이 항상 최선을 다하고, 조직에 공헌하기를 바라고, 그리고 업무의 개선을 위해 제안하고 또한 그것을 실행하기 위한 창의적인 능력의 개발하도록 격려했다. 그는 그것을 실현하는 조직과 절차를 만드는 것이 지도자의 일이라고 믿었다. 핵심은 조직의 목표를 지원하는 문화를 구축하는 과정에 구성원을 참여시키는 것이었다. 이러한 맥락에서 그들이 무엇을 하고 있는지 생각

24 잠재력 추정치(CEP)는 다음 단락에서 논의될 것이다.

하도록 만드는 방법으로서 직원제안제도와 업무개선팀이 국방부와 싱가포르 군대에 도입되었고, 그것은 군인들이 민첩하고 기민한 사고를 개발하도록 도움을 주었다. 그것은 모든 구성원이 생각하도록 만드는 핵심적인 과정이었다. 임싱권은 조직의 우수성을 성취하기 위한 방법은 사람들이 무엇을 하고 있는지에 대해서 생각하도록 만드는 것이라고 믿었다.[25]

(ii) 조직의 목적에 대해서 집중하기

따라서 그는 비록 지도자들이 모든 것을 알지 못해도, 스스로 "이 조직의 목적은 무엇인가?" 그리고 "사람들이 일을 하는 데 도움을 줄 수 있는 것이 무엇인가?"에 대해서 끊임없이 질문함으로써 유용한 사람이 될 수 있다고 믿었다. 이것은 교육부에서 일하는 동안 그를 안내하는 철학이었다.

> "나는 교육이론에 대해서 아무것도 모른다. 그러나 나는 교사들과 교장들에게 말했고, 그들의 의견을 들었다. 나는 단지 그들의 꿈을 표현했고, 그것을 실현하기 위한 구조를 만들었다. 그들은 일을 제대로 하고 싶었지만, 그것을 실행할 수 있는 권한과 자원이 없었다. 나는 그들이 참여할 수 있는 길을 만들었다."

이러한 접근방법의 결과로서, 그가 교육부에 재임하는 동안에 교사들과 교육자들이 그들의 역할을 "우리나라의 미래를 만드는 것"이라고 정의하게 된 것이다.

> "나의 운영방식은 항상 사람들이 그들의 행동에 대해서 더 높은 목적들을 발견하도록 돕는 것이다."[26]

---

25 임싱권과의 인터뷰는 2005년 7월 29일에 이루어졌다.

26 임싱권과의 인터뷰는 2005년 11월 22일에 이루어졌다.

이러한 사고방식은 그의 전자정부에 대한 개념화에 뚜렷하게 나타난다. 원래는 단순히 IT를 정부에 도입하는 과정이었는데, 그는 평범한 싱가포르인들이 IT를 사용해서 편리함을 느낄 수 있도록 전자정부 계획의 목표를 더 크게 확장해야 한다고 믿었다. 이것은 그가 노인들에게 은행과 거래하기 위해 ATM기를 사용하고 인터넷을 통해서 정부서비스에 접속하는 것을 가르치도록 주장한 이유였으며, 그렇게 하면서 IT를 위한 국가시설을 만들었고, 그것은 싱가포르가 전략적, 경쟁적 우위를 확보하는 데 도움을 주었다.

(ⅲ) 좋은 결과를 지속하기 위해서는 좋은 절차와 시스템이 필요하다.

임싱권의 관점에서, 능력은 사람에게 내재되는 것이지만, 이 능력은 시스템과 절차를 통해서 강화되고 지속되어야만 하는 것이었다.

> "절차를 강조하는 것은 대단히 중요한 것이다. 좋은 절차는 좋은 결과를 지속하도록 유도하지만, 좋은 결과는 스스로 지속가능한 성과를 보장하지 못한다."[27]

그는 시나리오계획의 절차를 시작했는데, 그것은 정치지도자들과 공공부문 지도자들 사이에 대화의 채널을 수립해서 비전과 관심사를 정리하기 위한 것이었다. 독립직후 시기에 정치지도자들과 공공부문의 지도자들은 공동의 비전과 가치를 공유했다. 1990년대에 환경은 변화하고, 정부는 더욱 국민적인 합의를 중시하게 되었고, 이슈와 해결책은 더욱 모호해지면서, 미래에 무엇이 발생할 것인지에 대해서 정치지도자들의 공통의 이해를 구축하는 새로운 구조와 절차가 필요해졌다. 그는 공동의 비전과 가

[27] Lim Siong Guan (2003). "Government that Costs Less," Speech given at 5th Global Forum on Reinventing Government, 37 November.

치관을 지속하도록 보장하는 것이 싱가포르가 조기에 성공하기 위한 핵심적인 요인이라고 생각했다. 마찬가지로 PS21 운동의 핵심은 공공부문이 환경의 불확실성에 대응하고 싱가포르의 경쟁적 우위를 지속하기 위해 변화하고 대응할 수 있도록 구조와 절차를 수립하는 것이었다.

필립여(Philip Yeo)

필립여의 경력은 전형적인 공공부문의 관료가 아니었다. 그는 싱가포르에서 성급하고 무뚝뚝하고 독특한 스타일로 유명하지만, 그는 스스로 그렇게 생각하지 않았다.

> "나는 결코 공무원이 될 것이라고 상상해본 적이 없다! 몇몇 사람들은 나의 일하는 습관이 결코 공무원 같지 않다고 말한다."[28]

그는 1946년에 싱가포르에서 태어났는데, 캐나다 정부가 지원하는 콜롬보계획 장학금(Colombo Plan scholarship)을 받고 토론토 대학교에 진학했으며, 미국정부가 지원하는 풀브라이트 장학금(Fulbright Scholarship)으로 하버드 대학교에서 공부했다. 그는 1970년에 공직을 시작했으며, 1979년 9월에 국방부 사무차관이 되었다. 필립여의 흔적은 국방기술과 무기, IT, 디스크 드라이브, 반도체, 석유화학제품부터 생물의학에 대한 외국인 투자(특히 다국적기업) 유치에 이르기까지 많은 영역에서 명확하게 나타나고 있다.

그가 선견지명을 갖고 공공부문에 전산자동화를 적극 도입하면서 싱가포르 전체의 정보통신혁명을 촉발시켰다. 당시에는 정부차원에서 개별적인 기관들이 직접 컴퓨터 하드웨어를 구입하지 못하도록 했었는데, 그는 그것을 피하기 위해서 비밀스러운 방법을 사용했다. 입찰서류에 미니컴퓨

[28] Philip Yeo, "Passion Drives," in Chan Chin Bock (2002). Heart Work.

터는 "작은 비즈니스 기계"로, IBM 본체는 "중급 비즈니스 기계"로 분류되었다. 그가 국방과학기구의 집행위원회 의장으로 임명되었을 때, 미니슈퍼컴퓨터는 "계산기"라벨을 붙이고 구입하였다. 그가 1981년 9월에 국가전산원의 초대 원장이 되었을 때 비로소 모든 10개 부처들의 전산자동화를 완수하게 되었다. 이 작업은 외부 전문가의 도움 없이 사내에서 연수받은 젊은 IT 직원들이 5년간 S$1억 달러의 예산을 사용해서 완료한 것이었다.

그의 날카로운 비즈니스 감각과 "단호한" 스타일은 첫 번째 경기침체가 한창이던 1986년에 경제개발위원회 의장에 임명되면서 명확하게 드러났다. 그는 경기침체를 활용해서 외신에 광고를 실었는데, "경기침체기에 싱가포르에 투자할 만큼 미친 사람은 누구인가?"라는 인상적인 제목이었으며, 이 광고는 애플, 네셔널반도체(National Semiconductor), 모토로라 같은 회사들의 대표이사와 사장들이 후원한 것이었다. 그가 재직하는 동안 싱가포르 경제성장의 기반은 다각화되었고, 제조업 관련 서비스업의 중심지가 되었다. 내부투자가 급격히 급증했다. 1986부터 2000까지 경제개발청은 S$700억 달러 이상의 고정자산 투자를 유치하고 230,000개 이상의 제조업 부문의 일자리를 창출했는데, 제조업 관련 서비스업에 대한 총 비즈니스 지출은 S$120억 달러 이상으로 증가했으며, 44,000개의 추가적인 일자리를 만들었다. 이러한 투자의 상당 부분은 필립여가 발굴하고 추진한 반도체, 항공우주, 화학과 같은 산업이었는데, 이것은 나중에 싱가포르 경제의 핵심적인 산업이 되었다.

그는 극복할 수 없는 제약점에 대해서 혁신적인 해결책을 사용하곤 했는데, 연안의 작은 섬 7개를 매립해서 석유화학 산업을 육성한 것은 그 좋은 사례이다. 이 섬은 석유화학 기업들이 충분히 안전하고 편리하게 사용할 수 있는 환경을 제공해주었다. 사업을 구상한 5년 후에, 주롱 섬은 60개 이상의 기업으로부터 총 S$200억 달러 이상의 투자가 이루어졌다.

그는 석유화학산업을 실현한 것처럼, 생물의학 역시 싱가포르의 핵심적인 동력으로 만들었다.[29] 그는 2001년 2월에 국가과학기술위원회를 인수받으면서 과학, 기술, 그리고 연구를 위한 기관이라는 뜻에서 A*STAR라는 이름으로 변경하고, 생물의학의 씨앗을 뿌리고 배양시켜서 결국 생물의학 산업의 꽃을 피우게 되었다. 5년 후, 그는 세계적인 연구자들을 유치하면서 또한 현지의 인재들을 육성하였고, 장학금제도와 교육프로그램을 시행했으며, 그리고 싱가포르의 기본적인 과학의 전문성을 향상시켰던 생물의학연구소들을 설립했다. 그는 바이오폴리스를 구축해서 서로 다른 배경의 연구자들이 상호 교류하면서 협력할 수 있는 생물의학 연구의 새로운 중심지로 만들었다. 2000년부터 2005년 사이에 생물의학의 생산량은 S$180억 달러로 약 3배 성장했는데, 그 기여율은 사실상 0%에서 2005년 생산량의 5%로 상승했고,[30] 같은 기간 동안 약 4배의 고용을 창출했다.[31] 그가 1990년대에 경제개발청에서 새로운 틈새 산업을 창출한 것처럼 동일한 방식으로 세계적인 인재를 유치하는 데 열성을 다하였다.

그는 장학금제도와 국내적인 역량을 구축할 필요성에 대해서 강력하게 주창한 사람이었다. 이러한 신념은 그가 1980년대에 국방과학기구의 집행위원회 의장이었을 때 명백하게 드러났다.

> "여러분은 장학금 제도를 통해서 인재를 육성한다… 우리는 인재들을 조직에 보유할 뿐만 아니라, 국민들을 개발하고 국가적인 역량을 구축한다. 비록 그들이 국방과학기구에 재직하지 않더라도, 우리는 국가의 자산을 구축하고 있는 것이다. 그것이 나의 신념이다."[32]

29 이 산업은 의약품, 바이오기술, 건강 및 의료기술을 포함하고 있다.

30 Figures from TODAY, 1920 August 2006, p. 2.

31 Philip Yeo (2006). "The Basic Foundation for R and D: Human Capital – A Pro-Local/Pro-International Approach," lecture given at National University of Singapore, 20 January.

32 필립여와의 인터뷰에 대해서는 Melanie Chew and Bernand Tan (2002). Creating the Technology Edge: DSO National Laboratories, Singapore 1972-2002. Epigram.

장학금 제도는 그가 지휘했던 모든 조직들에 남겨진 그의 흔적들 중에 하나였다. 그가 1994년부터 1999년까지 셈코프(SembCorp)의 대표이사로 근무할 때는 75명의 장학생들을 육성했었다. 또한 싱가포르기술그룹에서는 330명, 국가전산원에서는 120명이 넘는 장학생을 각각 배출했었다. 1960년대와 1970년대에 경제개발청은 정부장학생의 상당한 부분을 할당받았었지만, 필립여가 대표이사로 근무하던 1980년대에는 그것이 변경되었다. 그는 독특한 해결책을 모색했는데, 핵심적인 투자자들이 장학금을 지원하면 결국 그 투자자들이 다시 싱가포르를 찾을 것이라고 확신했다. 글락소(Glaxo)는 1990년부터 매년 공학 및 경제학 분야의 장학생 30명에게 S$5천만 달러를 지원했는데, 이 프로그램은 15년 이상 지속되면서 글락소-경제개발청 장학생을 300명 이상 배출했으며, 오늘날 직원의 1/3은 그 장학생 출신들이다. 엑손모빌(Exxon-Mobil)은 경제개발청 관리자들이 유명한 경영대학원(INSEAD, Harvard, MIT, Stanford)에서 석사과정을 공부할 수 있도록 S$2천만 달러를 기부했었다. 그가 국가적인 역량을 개발하는 데 힘을 쏟았던 것은 국방부에 재임하던 시절부터 여실히 드러나고 있었다. 싱가포르 군대의 많은 관리자들이 조직에 필요한 것을 구입하는 것과 달리 그는 국가적인 역량을 개발하는 데 우선순위를 두었다.

> "물론 싱가포르 군대가 외국에서 구입하는 것을 선호할 수 있다. 그것에 대한 나의 주장은 '당신은 구입하기를 원하고, 그들은 팔기를 원한다.' 는 것이다. 그것은 너무도 단순한 것이다. 그러면 어떻게 구축하려고 하는가? 당신은 그저 구입한다고 할지라도, 당신은 발전해야만 한다. 우리는 우리가 사려는 것이 무엇인지 잘 알고 있다. 우리는 그것을 향상시킬 수 있다. 우리는 그것을 별도로 구분할 수 있을 것이다. 이제 가만히 생각해보면, 그것은 쉽지 않은 일이다. 그러나 당신이 생각할 때, 스스로 자신을 개발하고 더 많은 것을 알

게 되고, 당신의 역량을 키우게 될 것이다."[33]

이처럼 사람들과 국가적인 역량의 개발에 집중하는 것은 생물의학 산업을 개발하는데 있어서 싱가포르의 독특한 접근방법을 나타내 주는 것이며, 또한 필립여의 상징적인 특징을 보여주는 것이다. 그는 세계적 수준의 국제적인 인재들을 유치하면서 동시에 국내 연구인력의 개발을 추진했다.

> "… 우리는 연구실이나 최첨단 장비가 부족한 것이 아니다. 우리는 여전히 숙련된, 세계적으로 유명한, 열성적이고 또한 헌신적이며, 영어를 유창하게 구사하는 과학자들이 부족하다. 수석 과학자들은 등대의 빛을 제공하지만, 전도유망한 젊은 사람들은 새로운 세계들을 찾기 위해서 해도에도 없는 바다에서 배를 띄울 것이다."

그는 비전을 실현하기 위해서 국내 장학생을 적극적으로 육성했는데, 그것은 높은 성과를 나타내는 상징적인 지표가 되었다. 결과적으로 이제 A*STAR에 600명 이상의 박사급 장학생들이 근무하고 있다. 그가 장학생들에게 개인적으로 지도해준 것은 아주 유명한 일화로 남아있다.

2007년 4월에 표준청의 청장으로 새로 임명되었을 때 그의 첫 번째 일성은 국내 중소기업의 개발을 촉진하겠다는 것이었는데, 그것은 그의 소신이 일관성 있게 적용된 것이었다.

> "… 우리의 중소기업을 육성하는 방법은 자금, 시장, 노하우 뿐만 아니라 회사를 더욱 발전적인 단계로 도약시키는 사람들이다. 그리고 그것은 오늘날 가장 도전적인 과제, 즉 리더

[33] Ibid.

십의 문제인 것이다."

필립여는 대립적이고 호전적인 업무스타일로 유명한데, 그가 확신하는 이슈들에 대해서는 의회의 의원들과 정면으로 맞서는 것에 굴하지 않았다. 그에게 정치권의 요청에도 불구하고 왜 정치에 입문하지 않느냐는 질문에 대해서 다음과 같이 대답했다.

> "내가 만약 정치에 입문하면, 나는 모든 나의 유권자들의 마음을 상하게 할 것이다. 그들의 절반 이상은 나에게 투표하지 않을 것이다. 따라서 안 하는 것이 낫다. 나는 아주 각양각색의 얼굴을 가진 사람이다."[34]

7.4.3 공공부문 지도자의 개발: 잠재력 평가

성과를 평가하고 잠재력을 측정하는 것은 이제 공공부문 지도자들을 개발하고 육성하는 과정의 초석을 이루게 되었지만, 늘 그런 것은 아니었다. 1960년대와 1970년대에 지도자를 선발하고 공직자를 개발하는 것은 그들의 업무와 성과가 권한을 가진 사람들의 눈에 띄는지 여부에 달려있었다. 정부의 업무환경이 더욱 복잡해지면서 공공부문이 결국 최고지도자의 역할을 수행할 수 있는 사람들을 확보할 수 있도록 개인들의 잠재력을 평가하는 것이 대단히 중요해졌다.

공식적인 평가시스템은 1983년에 잠재력평가시스템이 도입되면서 시작되었는데, 그것은 싱가포르 최초의 투자자들 중의 하나인 쉘(Shell) 석유회사가 사용하는 것을 변형한 것이었다. 쉘은 고위 경영진의 잠재력을 가

---

[34] Weekend TODAY, 1920 August 2006, p. 2.

진 직원들을 식별하는 잠재력평가시스템을 1960년대에 개발했다.[35] 쉘의 잠재력평가시스템은 네덜란드 위트레흐트(Utrecht) 대학교의 산업심리학자인 반 렌넵(Van Lennep) 교수의 연구에 기초하고 있었는데, 사람의 잠재력을 예측하는 핵심적인 4가지의 기본적인 자질로서 "총체적 자질(문제나 이슈의 모든 중요한 요소를 고려해서 검토하는 개인적인 능력)", "분석력", "상상력", "현실감"을 포함하고 있었다. 이러한 4가지 기준은 머리글자를 따서 HAIR로 표기된다. 쉘은 각각의 특징에 대해서 순위를 매기고, 그다음 모든 자질에 대해서 순위를 정한다. 이러한 순위는 어떤 직원이 최고 경영진에 가장 적합한지 예측하는데 사용될 수 있었다.

HAIR가 포함하고 있는 자질에 대한 것은 제5장에서 간략하게 논의되었다. 총체적 자질(H: Helicopter quality)은 전체적이고 장기적인 시각에서 이슈들을 바라보면서 동시에 가장 중요한 세부사항들을 놓치지 않는 능력이다. 분석력(A: power of Analysis)은 이슈에 대해서 합리적이고 엄격하게 분석하는 것이다. 상상력(I: Imagination)은 문제에 대한 참신한 접근방법을 개발하는 창의성과 미리 예측하고 새로운 현장을 개척하는 능력인데, 이것은 현실감(R: sense of Reality)과 함께 공존해야 하며, 비전을 통합하고 현실의 토대위에서 상상하고 그것을 잘 집행하는 능력을 말한다. HAIR 기준들은 개인적인 성과를 평가하는 틀과 더불어서 공공부문에 깊이 내부화되었고, 제5장에서 검토한 것처럼 이제는 또한 정책설계와 정책적 권고사항들의 실행가능성을 평가하는 지표가 되었다.

쉘(Shell) 시스템의 어떤 요소들이 싱가포르 공공부문의 마음을 끌었을까?[36] 그것은 평가에서 초점을 두는 자질과 속성이 특정한 업무에 한정한 것이 아니어서 공공부문 지도자를 식별하는 목적에 적합하였고, 잠재력을

35 쉘(Shell)의 잠재력평가시스템에 대한 논의는 상당한 부분을 Sarah Vallance (1999)에서 참고하였다. "Performance Appraisal in Singapore, Thailand and the Philippines: A Cultural Perspective," Australian Journal of Public Administration, Vol. 58, No. 3, pp. 78-95.

36 이러한 이유는 공직인사처(PSD)로부터 제공되었다.

평가하는 일련의 규범적인 틀이 평가의 표준화와 비교가능성을 촉진시켜 주었기 때문이다. 평가자는 직원들의 자질에 대한 평가에 따라 순위를 매기는데, 직원들의 상태를 잘 파악해서 평가할 수 있도록 지원을 받았고, 직원들이 그들의 목표를 달성하는 과정에 대해서 정확히 인지하였으며, 따라서 질적인 목표를 많이 가진 직원들을 제대로 평가할 수 있도록 해주었다. 평가의 순위는 평가자 개인이 아니라 팀 차원에서 만들어졌다. 또한 개별적인 직원들의 순위는 순위심사위원들이 분명하게 정의된 기준에 대해서 직접 경험한 것을 바탕으로 다른 위원들과 철저한 토론을 거쳤다. 그것은 평가의 절차를 더욱 엄격하고 객관적으로 만들어 주었다. 직원의 장기적인 잠재력에 대한 지식은 그들의 잠재력을 극대화하기 위한 보다 중요하고 적합한 훈련과 개발의 기회들을 제공할 수 있도록 해주었고, 그렇게 함으로써 또한 공공부문의 조직은 핵심적인 직위의 직원이 은퇴할 경우에 빈자리를 충원할 수 있는 다양한 잠재력을 가진 충분한 직원을 확보하도록 인력계획을 작성하는 데 도움을 주었다.

직원들은 그들의 성과와 잠재력에 기초해서 평가를 받고 승진했다. 이것은 핵심적인 직위들에 도달하기 위한 역량을 가진 사람들에게 특별한 개발의 기회를 부여하는 것으로 간주되었다. 직원들이 얼마나 빨리 승진하는지는 그들의 잠재력 추정치에 달려있었다. 높은 잠재력을 가진 직원은 낮은 잠재력을 가진 직원보다 빨리 승진할 것이다. 그러나 승진여부는 실제로 그들의 성과에 의해서 이루어졌다. 높은 성과를 거두고 잠재력이 높은 직원은 빠르게 승진할 것이고 상대적으로 젊은 나이에 최고의 자리에 오를 것이지만, 높은 성과를 보이고 낮은 잠재력을 가진 직원은 비록 늦은 속도지만 역시 승진될 것이다.

평가는 2가지 부분으로 구성되는데, 업무평가와 개발평가이다. 업무평가는 직원들의 업무성과에 대한 질적인 논평이 필요하다. 이 부분의 목적은 업무추진 과정에 기여한 것을 평가하기 위한 것이며, 직원들의 성과에 대한 긍정적인 부분에 초점을 두고 있다. 전년도의 업무에 기초해서 감독자들은 직원들의 훈련과 개발의 필요성을 논평하고 전반적인 잠재력을 평가한다. 개발평가는 비공개된다. 이 부분에 있어서 직원들은 "잠재력 추정치(CEP)"의 지표에 의해서 평가되는데, 이 지표는 HAIR 기준과 함께 결과지향성과 리더십의 자질이 포함된다. 평가의 구성요소에 대한 목록은 표 7.7에 정리되어 있다. 평가자들은 각각의 자질에 대해서 "초과하는 정도로 높은"부터 "적당한", "보통 이하의" 범위에서 평가해야만 한다. 또한 직원들은 "업무에 대한 헌신성", "청렴성", "자원관리", "다른 사람들에 대한 지원", 그리고 "협동정신"의 자질들에 대해서 평가를 받는다. 평가의 가장 중요한 부분은 잠재력 추정치인데, 그것은 직원들이 잠재적으로 담당할 수 있는 가장 높은 수준의 업무와 봉급의 등급을 나타내는 것이다. 더욱이 행정직에 있어서 평가자는 평가대상자가 사무차관이 될 수 있는 가능성에 대해서 평가해야만 하며, 평가대상자의 발전에 대한 전망과 훈련을 위한 권고사항에 대해서 논평해야만 한다.

표 7.7 **분과1 직원들에 대한 잠재력평가시스템: "잠재력 추정치(CEP)"에 영향을 미치는 자질**

총체적인 자질	광범위한 시각, 장기적인 관점
지적인 자질	분석능력, 상상력과 혁신, 현실성
결과 지향성	성취동기, 사회-정치적 민감성, 과감성
리더십 자질	동기부여에 대한 역량, 위임, 소통과 상담

출처: Vallance(1999)과 공직인사처(PSD), 싱가포르

공공부문은 정교한 평가와 승진에 대한 적합성을 도모하기 위해 성과와 잠재력에 기초해서 직원들의 순위를 매기는 방식으로 쉘(Shell)의 시스템을 변경시켰다. 높은 잠재력을 가진 직원은 더 빠르게 승진하고 더 성공할 수 있지만 순전히 잠재력에 따라서 승진되지는 않는다.[37] 각각의 평가자는 과거의 평가자로부터 독립적으로 평가하고, 잠재력 추정치의 평가

[37] Eddie Teo (2002). "The Singapore Public Service: A Development-Oriented Promotion System," Ethos, Vol. 8, No. 1, pp. 10-15.

결과는 일반적으로 약 5년 후에 고정된다. 행정직원이 30대 중반까지 사무차장에 이르지 못하면 그 직을 떠나도록 협의할 것이다. 성과와 잠재력에 기초해서 순위를 매기는 원칙과 잠재력에 대한 평가에 집중하는 것은 임싱권이 "체계화된 실적주의"로[38] 설명한 것처럼 공공부문의 실적주의적 접근방법을 강조하는 것이다. 그것은 매우 엄격한 시스템으로서 고위직 지도자를 육성하기 위해 성과와 가치시스템의 관점에서 최고의 인재를 식별하려는 것이다.

최고로 똑똑한 인재들을 공공부문에 유치하려고 집중하면서 독특한 문제를 유발시켰다. 싱가포르는 규모가 작기 때문에 얼마 안 되는 최고 수준의 국내 대학교와 외국 대학교의 인재들이 대부분 행정직에 채용되는 것이다. 공공부문은 동일한 인재풀에서 "나눠먹기"식으로 지도자들을 채용하는 위험성을 인지하고 또한 공직에 다양성을 부여하기 위해서 다른 시각과 경험을 가진 인재를 채용할 필요성을 느꼈다. 행정직원들은 교육적인 배경과 경험에 있어서 고도의 유사성을 가지기 쉽기 때문에 "집단순응적 사고방식"을 사전에 방지하지 위해서 다양성이 필요해진 것이다. 이것이 민간부문으로부터 중간 경력의 전문가들을 행정직에 채용하려는 계획의 이유였지만, 다양성을 주입하려는 이러한 움직임은 단지 제한적인 성공에 그치고 말았다.

7.4.4 인재의 개발: 직원교육과 핵심적인 프로그램에 대한 투자

공공부문 지도자들에 대한 공식적인 훈련과 개발을 위한 기반은 겨우 1990년대에 수립되었다. 초기에 공무원들에 대한 훈련은 가끔씩 교육과정 또는 직무훈련에 참가하는 정도로 제한되었다. 더욱이 많은 훈련은 효율성과 생산성을 제고하기 위한 기능적인 성격의 강의를 제공했었다. 공

---

[38] 임싱권과의 인터뷰는 2005년 7월 29일에 이루어졌다.

공서비스21의 신조에 따라 1995년에 겨우 훈련이 공무원들을 위한 체계적인 개발시스템의 일부로 포함되었다. 그 당시 공무원은 평균 2.5일 정도의 근무일수 또는 근무시간의 1.1%에 해당하는 훈련을 받았다. 공공서비스21의 틀에서 모든 직원들은 공식적인 교육과정과 워크숍에 참여하는 등 1년에 100시간의 훈련을 받을 수 있는 자격이 주어졌고, 평균적으로 근무시간의 5%를 훈련과 개발에 사용했다.

마찬가지로 1990년대 초기까지 행정직원에 대한 훈련과 개발은 주로 직무순환과 다른 기술과 능력을 개발하는 직위에 파견하는 것을 통해서 이루어졌다. 행정직원을 위한 기본적인 과정과 별도로 고위직 직원을 위한 과정은 매우 적었다. 태오치헤안(Teo Chee Hean) 현직 국방부장관 및 공직책임장관은 "… 1990년대 중반까지 우리는 좋은 훈련을 제공하지 못했다."고[39] 인정했다.

1990년대 중반 이전에는 행정직원들이 함께 관계망을 구축할 수 있는 공통의 과정이 없었다. 싱가포르의 행정직원은 다양한 사회-경제적 배경을 갖고 있었고, 오직 실적주의와 공공장학금의 시스템 때문에 하나로 융합되었다. 일단 그들이 공직에 들어오면 각자 다른 직위에 배치되었고 외국의 선진적인 경영프로그램을 공부하기 위해서 개별적으로 파견되었다. 최고행정가 집단의 정체성과 응집력에 영향을 미치는 경험의 공통성과 사회적 연대가 부족해지면서 점차적으로 그것을 우려하는 목소리가 높아졌다. 공직에 대한 정체성과 소속감의 부족은 제도적인 가치의 상대적인 약점으로 나타났다. 이것은 일본, 프랑스, 말레이시아처럼 엘리트 공무원에 대한 통과의례, 유사한 교육적 배경, 그리고 공통적인 경험과 연대감을 구축하는데 도움을 주는 핵심적인 프로그램을 갖고 있는 국가들과 극명하게 대조를 이루는 것이었다.

따라서 행정조직은 엘리트 공무원에 대한 소속감과 정체성을 고양시

39 테오치해안(Teo Chee Hean)과의 인터뷰는 2006년 12월 29일에 이루어졌다.

키기 위한 장치를 고안하기 시작했다.[40] 1989년에 만든 연례 행정직 만찬 간담회는 그러한 장치들 중에 하나였는데, 행정직원으로서 경력의 이정표를 상징하는 것이었고, 특별등급에 진입하고 사실상 사무차관으로 임명되는 것을 확정하는 자리였다.[41] 그러나 정체성을 구축하고 제도적 가치를 배양하고 전승하는 가장 중요한 장치는 공무원교육원에서 운영하는 핵심적인 프로그램이었다.

공무원교육원(CSC: Civil Service College)은 고위직 공무원을 위한 정책과 전략적 계획, 경영, 그리고 리더십에 대한 과정을 운영하기 위해서 1993년에 설립되었다. 공무원교육원은 직무에 필요한 기능적 과정들을 운영하면서 또한 고위직 공무원에게 공직에 대한 강한 소속감을 고취시키고 행정에 대한 서비스지향성의 수준을 제고하고 실용적인 접근방법을 배양시키는 것을 목적으로 하고 있었다.[42] 그 과정들은 원래 고위직 공무원을 대상으로 한 것이었지만, 결국 네트워크를 구축하려는 독립행정기관, 국영기업, 그리고 민간부문이 참여하는 복합적인 과정으로 변경되었다. 공무원교육원은 특별히 다음의 사항들을 추구하고 있었다.[43]

(i) 공무원이 싱가포르의 지속적인 생존과 성공을 위한 핵심요소를 이해하는 것을 목적으로 한다. 이러한 기본적인 사항은 공무원이 공통의 목적과 가치를 공유하기 위해서, 그리고 변화하는 환경에 적응하기 위해서 때때로 논쟁이 이루어지고 내부화의 과정을 거치게 된다.

(ii) 고위직 공무원에게 기대하는 국가에 대한 서비스 정신, 유능

40 총리의 첫 번째 행정직 간담회는 1979년 12월 19일 싱가포르 만다린 호텔에서 이루어졌다.

41 "Govt to Set Up Civil Service College," Business Times, 11-12 July 1992.

42 재무부장관 리차드후(Richard Hu)의 네 번째 행정직 간담회는 쉐라톤타워 연회장에서 1992년 7월 10일 금요일에 이루어졌다.

43 "Top Govt Officers Must Take Courses before Promotion," The Straits Times, 20 April 1993.

함, 헌신성, 청렴성을 공유하고, 그들 사이에 가치시스템, 소속감, 동료애, 그리고 전통의식을 구축한다.

(iii) 공무원에게 급격하게 변화하는 세계에서 새로운 아이디어, 사고방식, 그리고 경향에 대한 최신의 지식을 함양시킨다.

(iv) 싱가포르의 성공을 지속하기 위해서 민간부문과 함께 일한다.

훈련프로그램은 잠재력이 뛰어난 직원들의 개발뿐만 아니라 공공부문의 가치관을 심어주고 직원들 사이의 연대와 사회적 네트워크를 구축하는 계기를 만들어준다. 태오치헤안(Teo Chee Hean) 현직 국방부장관 및 공직책임장관은 다음과 같이 설명했다.

> "공무원교육원 교육과정에 있어서 우리는 기능적인 훈련뿐만 아니라 정부가 일하는 방식, 윤리, 가치를 직원들에게 훈련시키고, 그리고 직원들이 함께 일할 수 있도록 서로 교류하고, 상대방의 장점과 약점을 이해하고, 하나의 팀으로서 함께 일하는 방식에 대해서 훈련하기를 바란다. 따라서 우리는 모든 직원들이 함께 야외에서 도전적 모험을 통해 사회성과 리더십을 함양하는 프로그램(OBS: Outward Bound School)에 참여하도록 요청하고 있다.[44]

공무원조직은 행정직원을 위한 공식적인 훈련과 개발프로그램을 설계하는데 국방부의 모델을 도입했다.

> "국방부는 신규직원과정, 중간관리자과정, 고위관리자과정을 도입하고 있다. 우리는 그러한 구조를 공무원교육원 교육

[44] 태오치헤안(Teo Chee Hean)과의 인터뷰는 2006년 12월 29일에 이루어졌다.

과정에 사용했다."[45]

행정직원과 잠재적 행정직원을 위한 첫 번째 핵심적인 프로그램은 기본과정이다. 이것은 새로운 행정직원들에게 거버넌스와 행정의 기본적인 개념들과 공공부문에서 일하는데 필요한 기술과 지식을 제공하는 10주간의 도입과정이다. 중점적인 내용은 행정이 직면하고 있는 도전들과 그에 대한 공공부문의 대응을 소개하는 것이다. 또한 새로운 행정직원들에게 팀과 자원을 관리하는 방법을 가르친다. 관리기법도 훈련에 포함되어 있지만, 이러한 과정들은 압도적으로 정책과 거버넌스의 지향성에 대해서 집중적으로 가르친다. 행정직원들은 싱가포르 정책형성의 환경에 몰두하고, 정책형성에 대한 싱가포르의 역사, 지형, 다인종 사회의 영향과 싱가포르 거버넌스의 핵심적인 원칙에 대해서 배운다. 성공여부에 상관없이 모든 핵심적인 정책적 구상들에 대해서 분석하고 상세한 토론을 통해서 교훈과 함의를 얻는다. 훈련과정을 통해서 전달하고 강조하려는 것은 행정직원들이 날카로운 눈으로 정책들을 재검토하고 변화하는 환경에 그것을 적응시키는 것이다. 행정직원들은 정치적 민감성을 가질 필요가 있으며, 성공적인 정책형성과 집행을 위해서 정책입안자들이 현장의 반응들에 공감하고 고려할 수 있는 능력이 요구되었다. 고위직 공무원들은 올바른 정치적 감각을 가질 필요가 있으며, 이러한 감각은 현장의 정서를 파악하도록 긴밀한 연락체계를 유지하고 인근의 국가들과 교류하면서 습득해야 한다. 기본과정은 새로운 행정직원들에게 필요한 경험을 제공하기 위해서 공동체와 관련한 요소를 포함하고 있는데, 그들을 다양한 유형들의 자생단체들에 배치하는 것이다. 최근에 정부와 연계된 조직과 국제연합총회와 같은 조직들에 파견하는 직위들이 만들어졌고, 더불어서 민간부문 회사들에 장기간 파견되는 직위들도 만들어졌다.

[45] Ibid.

행정직원과 잠재적 행정직원을 위한 훈련프로그램은 2002년에 상당히 세련되게 정비되었고, 잠재적 지도자들을 개발하고 육성하기 위한 공공부문의 투자가 반영되었다. 모든 행정직원과 잠재적 행정직원(2002년부터 시작된 경영협회에서 훈련받는 직원들)은 세미나, 교환프로그램, 정책포럼, 해외여행과 연구방문을 포함하는 구조적인 개발프로그램을 거치게 된다. 이러한 프로그램은 교육생들에게 싱가포르의 지정학적 맥락과 자원의 한계를 인식하게 해준다. 또한 교육생들은 1년간의 안식년을 선택할 수 있다. 그리고 공식적인 직위에 배치되지 전에 6개월에서 1년간 경영협회가 비즈니스를 직접 체험할 수 있도록 설계한 인턴근무를 공공부문 또는 민간부문에서 경험할 수 있다. 기본과정과 더불어서 2가지 다른 핵심적인 프로그램이 있다. 고위관리자과정(SMP: Senior Management Program)은 6주 과정으로서 독립행정기관의 대상자를 포함해서 특별등급에 진입하려는 중간관리자를 대상으로 한다. 이 과정은 싱가포르 거버넌스와 정책의 원칙을 폭넓고 깊게 이해하는 것을 목적으로 한다. 교육생들은 사람을 관리하고, 팀을 구축하고, 미디어를 다루는 방법을 배운다. 또한 국제적인 경험의 일환으로 2개 국가를 방문한다. 행정지도자과정(LAP: Leaders in Administration Program)은 5주 과정으로서 사무차장의 직위에서 공공부문의 최고지도자 직위를 준비하기 위한 과정이며, 싱가포르의 거버넌스에 대한 접근방법을 이해하기 위한 프로그램이다. 게다가 공직인사처에 의해서 선별된 유능한 직원들은 대학원과정에 진학하게 된다. 이처럼 행정직원, 경영협회교육생, 그리고 다른 공공부문 지도자를 도와주는 핵심적인 프로그램은 사회적 네트워크를 구축하고 소속감을 형성하도록 해준다. 300명 미만의 작은 규모인 행정직은 결국 촘촘한 네트워크를 형성하게 되었다. 이러한 네트워크는 업무에 대한 조정과 신속한 대응을 촉진시켰다. 기술의 발전은 이러한 네트워크를 통한 정보의 흐름을 더욱 강화시켰다.

> "오늘날 환경에서 우리 모두는 연결되어 있으며, 연결되어 있다는 것은 우리에게 축복이자 저주이지만, 기술을 활용해

서 당신은 세계의 다른 곳에서 무슨 일이 일어나는지 알 수 있다. 통합에 대한 특정한 이슈에 대해서 당신은 이러한 종류의 네트워킹을 사용할 수 있다."[46]

핵심적인 프로그램과 별도로 행정직원들은 계속해서 그들의 기술과 지식을 향상시키기 위해서 정기적으로 워크숍과 세미나에 참석한다. 더불어 고위직 공무원들의 능력발전을 위한 정기적 정책포럼들은 공공부문의 관심사에 대한 공통적인 이해를 형성하고 범정부적인 시각에서 생각하고 행동하도록 만들어준다.

7.4.5 직위배치와 순환근무를 통한 지도자 육성

행정직원을 육성하는 또 다른 중요한 방법은 직위배치를 통한 것이다. 행정직원은 다른 종류의 이슈들과 도전들을 체험하기 위해서 다른 기관이나 다른 유형의 직위들에 순환 배치된다. 이것이 능력개발의 기회를 제공하는 데 있어서 행정직을 준비하는 장학생과 기관들이 직접 채용한 전문직 대학졸업생의 가장 큰 차이점이다. 개별적인 정부부처와 독립행정기관에서 직접 채용한 직원들은 그들의 소속기관에서 경력을 개발한다. 반대로 공직위원회를 통해서 행정직을 준비하기 위해 채용한 장학생에게 책무와 직위들을 순환하는 것은 그들의 경력개발에 필수적인 부분이다. 각각의 직위는 약 2년으로 직원들이 주요 업무를 경험하고 공직인사처가 각각의 직원에 대한 장점을 파악하기에 충분한 기간이다. 더 높은 선임과장 수준의 직위들은 참신한 아이디어와 안정성 사이에 균형을 유지하기 위해서 3년에서 5년의 기간이 주어진다. 행정직원은 다른 부처의 주요 업무뿐만 아니라 광범위한 영역의 정책, 감독, 운영업무를 경험한다. 경

46 국방부 전직 사무차관인 Chiang Chie Foo와의 인터뷰는 2006년 2월 6일에 이루어졌다.

영협회의 잠재적 행정직원은 공공부문의 지도자가 되기 위한 잠재력을 평가받기 때문에 전문직 직원보다 더 많고 더 깊은 경험과 훈련의 기회를 받는다. 행정직원은 유사한 등급의 전문직 직원보다 높은 봉급을 받는다.

비록 행정직원은 그들의 경력개발의 일환으로 정기적으로 순환하지만, 과거에는 그들이 선택할 수 있는 직위들이 적었다. 따라서 행정직원이 다른 영역들에 대한 그들의 소질을 연마할 수 있도록 광범위한 영역을 경험하게 되었다. 필레이(JY Pillay)는 일전에 다음과 같이 언급했다.

> "… 행정직원은 그의 소명의식에 관해서 거의 예수회 사람들처럼 아무런 이의를 제기하지 않고 봉사하도록 요구된다. 봉사에 대한 불문율의 좌우명은 '절대 거절하지 말고, 절대 자원하지 말라' 는 것이다. 그것이 리더십에 있어서 핵심적인 요소인 자주성을 말하는 것도 아니고 가치를 인정받는 것도 아니지만, 그러한 주제넘은 언동은 눈살을 찌푸리게 만든다."[47]

이처럼 직위를 일방적으로 지시받는 시스템은 그들의 직위에 대해서 더 목소리를 높이고 더 선택하기를 원하는 젊은 세대의 행정직원들에게 인기가 줄어들었다.

개방형직위시스템은 2000년에 시작되었는데, 그것은 행정직원과 정부부처가 스스로 시장에서 만나는 것이다. 이러한 시스템은 대체로 기관들이 더 좋은 인재를 관리하고 더 좋은 일자리로 연결시키는 결과를 가져왔다. 이 시스템은 행정직원과 정부부처의 선호에 비중을 둔 것이지만, 공직인사처는 여전히 각각의 직원들이 다른 유형의 역할을 경험하도록 배치하고, 수요가 적은 직원들을 순환시키고, 모든 핵심적인 직위들이 충원되도록 감독해야만 했다. 그럼에도 불구하고 개방형직위시스템은 공직 내

[47] JY Pillay (1996). "Modern Singapore: The Role of the Civil Service," speech given at the NUS Convocation Ceremony on 27 August 1996, published in Ethos, January.

부에서 좋은 직원들을 선별하는 효과적인 장치였다.

게다가 최근에 행정직원은 또 다른 경력개발의 수단인 범부처 프로젝트팀의 새로운 직위를 보유하게 되었다. 이슈의 광범위한 확산은 하나의 기관을 넘어서는 프로젝트팀의 구성을 필요로 하게 되었고, 여러 기관들에 영향을 미치는 이슈를 검토하고 대응조치를 위한 권고사항을 수립하게 되었다. 행정직원이 범부처 프로젝트팀에 근무하는 것은 다른 기관들의 시각과 관심사를 이해하고 범정부적인 차원에서 이슈를 검토하도록 도와준다. 또한 프로젝트팀은 행정직원들의 통상적인 업무를 넘어서는 것이지만, 그들의 실력을 발휘하고 사무차관들에게 인정받을 수 있는 좋은 기회이다.

광범위한 능력개발의 기회들은 높은 성과에 대한 기대로 나타나고, 직위를 보유하기 위한 기준이 엄격하다는 것을 의미한다. 행정직에 대해서 "잠재적인 문턱"이 존재한다. 만약 직원의 잠재력 추정치가 30대 중반에 이르기까지 사무차장 이하로 평가된다면, 그는 행정직을 떠나도록 협의되는데, 결국 전문직 서비스로 전환하거나 또는 공직을 완전히 떠날 수 있다.[48]

채용과정, 선발기준, 개발프로그램은 싱가포르에서 가장 분석적인 사고방식으로 구성되어 있는데, 이것들은 모두 공공부문의 지도자를 배출하기 위해 함께 작동하고 있으며, 또한 이것은 모두 정책형성의 과정, 문제해결, 그리고 거버넌스에 적용되고 있다. 이러한 시스템은 싱가포르에게 최선의 이익이 무엇인지 생각하도록 훈련받은, 문제해결을 위해서 혁신적이면서 열린 태도와 실용적인 접근방법을 소유한, 그리고 변화하는 환경에 직면해서 정책의 효과성과 지속적인 적합성을 비판적으로 평가할 수 있는 기술 관료들을 배출했다. 이 시스템은 높은 지능지수(IQ)를 가진 사람들을 선발했지만 반드시 효과적인 관리자가 되기 위한 기술과 감성지수(EQ)를 가진 것은 아니었다. 최근에 공공부문의 지도자는 행정직원이 지도자로서 성공하기 위해서 분석적인 기술만이 아니라 관리기술도 중요하다

[48] Eddie Teo (2001). "The Singapore Public Service: A Development-Oriented Promotion System," Ethos.

는 사실을 인식하게 되었다. 30명의 재직등급 직원들에게 다면평가를 시행하고 나중에 모든 특별등급 직원들에게 적용한 결과는 이러한 우려를 확인시켜 주었다. 행정직원들은 높은 수준의 청렴성을 갖고 효과적인 것으로 인식되었지만, 다른 사람들을 가르치고 동기를 부여하는 데 효과가 덜한 것으로 파악되었다.[49]

7.5 인재의 보유: 공공부문의 보상시스템

공공부문 보상에 대한 싱가포르의 접근방법은 다른 많은 개발도상국이 취하는 방식과 분명히 다르다. 핵심적인 차이점은 공무원들에게 경쟁적인 임금을 지급한다는 원칙이다. 강력한 경제성장은 1970년대 초기부터 인재를 유치하기 위한 경쟁적인 시장을 만들었고, 다양한 서비스에 종사하는 공직의 임금이 민간부문에 비해서 너무 뒤처지지 않도록 거의 매년 봉급체계를 검토했다. 싱가포르의 가장 큰 고용주로서 공공부문의 보상에 대한 접근방법은 시장의 상황을 반영하면서 국가적 목표를 고려해야 하고, 교육수준이 높고 요구사항이 많은 젊은 세대의 변화하는 욕망과 열망에 적응해야 한다. 공공부문의 보상은 다음의 5가지 핵심적인 원칙을 따르고 있다.[50]

(ⅰ) 능력과 성과에 상응하는 경쟁적인 보수율의 지급

공공부문은 좋은 행정은 좋은 사람을 전제로 하는 것이고, 인재를 보

49 제15차 행정직 간담회시 임싱권의 개막 연설은 2003년 3월 28일 그랜드 호텔(Grand Copthorne Waterfront Hotel) 대연회장에서 이루어졌다.

50 이 단락의 주요한 참고문헌: Lim Soo Hoon (2005). “Remuneration in the Singapore Civil Service,” Executive Program for Kazakhstan Agency for Civil Service Affairs, Singapore, Public Service Division.

유하기 위해서는 시장의 보수율을 지급할 필요가 있다는 것을 인정한다. 매년 특히 전문직 서비스의 보수에 대한 검토가 이루어지는데, 시장의 동등한 업무와 동등한 자격에 기초해서 비교하는 것이다. 조정여부는 특정한 서비스 직위들의 상태, 즉 직원의 수준과 보유율을 참고해서 결정한다. 기본적인 원칙은 시장을 반영해서 경쟁적인 보수율을 지급하지만, 공공부문이 시장을 선도하지는 않는다는 것이다. 공직의 보수는 강력한 경제성장을 따라서 계속 인상되었는데, 2006년의 경우에는 민간부문의 임금이 대폭 증가하면서 공공부문의 자연감소율이 증가하는 결과를 초래했다.[51]

(ii) 유연한 임금체계의 지급

이것은 1985~86년 경기침체로부터 학습한 핵심적인 교훈들 중의 하나인데, 임금체계의 유연성 부족은 직원들을 해고시키지 않으면서 재빨리 경기침체에 대응하기 위한 회사들의 능력을 감소시켰다. 공무원의 보수체계는 현재 고정적인 요소와 가변적인 요소가 있는데, 연간 보수의 약 40%가 나중에 확정되는 것이다. 임금의 유연성을 더욱 권장하고, 성과가 없거나 저조한 직원들의 보유를 배제하기 위해서 영국의 연금시스템을 점차 중앙적립기금 시스템으로 대체하였다. 현재 약 85%의 공무원이 중앙적립기금에 가입해 있는데, 그들이 은퇴하면 정부가 재정적인 책임을 지고 완전히 보상해준다. 마찬가지로 공공부문의 의료수당시스템은 의료보험에 대한 개인적인 책임성을 권장하고, 직원의 메디세이브 계좌에 매달 1%를 추가적으로 지급하고 있는데, 직원은 그 계좌에서 의료보험료를 지불하기 위해 인출할 수 있다. 공공부문은 가변적인 요소를 확대하면서 임금의 대폭적인 인상에 얽매이지 않고 경제성과에 따라 보상할 수 있게 되었다.

51 강력한 경제성장의 결과에 따라 대학졸업자인 직원의 자연감소율이 2005년 전체 7.4%에서 2006년 10개월간 8%로 증가하였다. The Straits Times, Saturday, 25 November 2006, p. 1.

2006년에 연간 경제성장의 예측이 6.5%~7.5%에서 7.5%~8%로 상향 조정되면서, 공공부문은 2일후에 모든 직원들에게 2.7개월의 많은 상여금을 지급한다고 발표했는데, 그것은 경제성장이 저조하던 2005년에 2.15개월의 상여금을 지급한 것과 비교하면 상당히 증가한 것이었다.[52]

(iii) 성과중심의 지급

성과상여금 시스템은 고위직 공무원을 대상으로 1989년에 도입되었고, 2000년에 모든 직원들에게 확대되었다. 이처럼 보수와 능력 사이의 강력한 연계는 직원들을 탁월, 평균, 미흡으로 구별할 수 있게 해주었고, 실적주의 정신을 강화시켰다.

(iv) 잠재력에 대한 인정

우수한 대학졸업자 직원들은 실적에 따른 임금인상을 받을 자격이 있다. 과거의 고정적인 임금인상 시스템과는 반대로, 실적에 따라 지급하는 시스템 또는 가변적인 임금인상은 우수한 성과에 대해서 높은 임금인상을 부여할 수 있도록 하였다. 성과상여금은 오직 직원의 성과에 따라 결정되지만, 임금인상은 성과와 직원의 잠재력에 의해서 결정된다. 따라서 높은 성과를 거두고, 높은 잠재력을 가진 직원들은 아주 높은 임금인상을 받으며, '경력의 사다리'를 매우 빠른 속도로 오르는 데 도움을 준다. 이것은 우수한 젊은 직원들이 승진하기 위해서 오랫동안 기다리고 또한 은퇴 직전에 겨우 그들의 최고경력에 도달하는 것에 대해서 더 이상 만족하지 못한다는 것을 인식한 결과이다.

52 The Straits Times, Thursday, 23 November 2006, p. 1.

(v) 보수의 투명한 지급

공공부문 보수체계는 많은 상여금을 가능한 한 현금으로 지급한다. 이것은 숨겨진 특전의 숫자를 감소시키고 투명성과 책임성을 증가시킨다.

공공부문 보상시스템은 분명히 실적에 기초한 것이다. 강력한 성과와 잠재력 중심의 요소들은 유능한 개인들이 빠르게 승진하고 30대 중후반에 최고의 경력에 도달하도록 해주었다. 이것은 공공부문이 최고의 인재를 보유하고, 보상하기 위한 종합적인 전략의 일부분이며, 1970년대 이래로 핵심적인 도전이었다.

7.6 공공부문 지도자의 보유: 보수의 기준점

위에서 살펴본 바와 같이, 싱가포르는 공공부문에서 경쟁적인 보수현실화의 필요성을 강조하는 세계적으로 흔하지 않은 나라이며, 이것은 공공부문 지도자를 위한 보상정책에 있어서 가장 명확하게 드러난다.

> "공공부문은 싱가포르가 다음 20년간 직면할 복잡한 사회적, 경제적 문제를 다루기 위해서 최고의 인재를 필요로 한다. 우리 경제의 원동력은 계속해서 기업가적 열정과 민간부문의 뛰어난 사업적 감각에 의존할 것이지만, 그 관리는 공공부문의 세련된 기술과 행정을 필요로 할 것이다. 공공부문과 민간부문의 대학졸업자 소득을 비교하면, 행정직의 평균적인 직원이 민간부문의 평균적인 직원만큼 보수를 받지만, 뛰어난 행정직원의 보수는 민간부문 상위 5%의 대학졸업자들에 비해 적다. 당면한 문제는 평균적인 행정직원에 대한 불충분한 재정적 보상이 아니다. 문제는 민간부문에서 뛰어난 대학졸업자들이 버는 것과 행정직에서 열정적인 인재가

버는 것 사이에 격차가 증가하는 것이다."[53]

행정직은 국가에서 가장 유능한 사람들을 많이 보유하고 있기 때문에 민간부문은 그들 중에서 1~2명을 고용하기 위해 기꺼이 웃돈을 더 지급하려고 하였다. 1970년대 초기부터 공공부문 지도자의 보수는 민간부문과 보조를 맞추기 위해서 자주 검토되고 조정되었다. 그러나 민간부문의 임금소득은 강력한 경제성장으로 인해서 높이 치솟았고, 공공부문의 보수에 대한 조정은 실행할 시점에 이미 시차가 발생해서 따라잡을 수가 없었다. 임금격차의 증가에 따른 영향은 분명했다. 행정직의 유출은 강력한 경제성장 기간 동안에 더욱 증가했으며, 보수를 인상하면서 일시적으로 약간 회복될 뿐이었다. 1994년 행정직 만찬에서 고척동 당시 총리는 공공부문 지도자들의 보수가 민간부문에 상당히 뒤처져 있을 때 행정적으로부터 가장 심각한 유출이 발생한 사실을 강조했는데, 1976년과 1981년 사이에 1년 평균 18명이 사임하였고, 1982년에 보수를 인상하면서 당장 몇 년 동안 1년 평균 5명으로 감소했다. 1989년에 다시 보수를 인상하면서 이직률이 1년에 4명으로 완화되었지만, 1993년 전반기에 다시 7명으로 치솟았다. 고척동은 "경제성장이 강력하고, 민간부문의 움직임이 매우 빠르기 때문에 몇 년마다 문제는 반복된다. 이러한 문제가 일어날 때마다 서비스는 심각하게 위축되고 행정의 품질과 효율성에 영향을 미친다. 핵심적인 직위들에 대한 연속성이 문제된다."[54] 1990년대 중반에 인근 지역(인도, 중국, 베트남, 아세안)의 경제가 부상하면서 문제를 가속화시켰다. 젊은 직원들뿐만 아니라 이미 특별등급에 도달한 고위직 직원들에게도 더 많은 기회들이 열리게 되었다. 표 7.8은 25년간 행정직원의 유출상태를 나타낸 것이다.

53 통상산업부 장관이 총리를 대신해 의회에서 행정직 보수문제를 언급한 연설은 1979년 5월 15일 화요일에 이루어졌다.

54 총리 고척동의 다섯 번째 행정직 간담회는 1993년 7월 30일 오리엔탈 호텔에서 이루어졌다.

표 7.8 **행정직 총원 및 유출 1980~2006**

연도	총원	유출	
		명수	%
1980	221	7	3.2
1985	191	5	2.6
1990	191	12	6.3
1995	179	7	3.9
2000	181	21	11.6
2004	189	8	4.2
2005	181	20	11.0
2006	184	13	7.0

주: 통계에 경영협회 파견교육자는 포함하지 않았다.
출처: 공직인사처(PSD)

정치지도자의 관점에서 최고의 인재를 잘 대우해주는 것은 그들이 공직에 머물도록 격려하기 위해서 필요하고 또한 공공부문 지도자의 청렴성을 지키고 위신을 세워주는 중요한 것이다. 이러한 정책의 건전성은 세계은행으로부터 인정받았는데, 이 기관은 "관료제에 있어서, 거의 다른 것과 마찬가지로, 당신이 지불하는 만큼 얻는 것"이라고 언급했다. 또한 "일반적으로 민간부문의 보상과 비교할 때 전체적인 공공부문의 보상체계가 더 호의적일수록 더 좋은 관료제를 형성하는 것"이라고 설명하면서 평판이 좋은 공직을 형성하기 위한 원칙을 다음과 같이 제시했다.

- 채용과 승진은 실적에 기초하고 고도로 경쟁적이어야 하며;
- 보수, 특전, 위신을 포함한 전체적인 보상은 민간부문과 경쟁적이어야 하며;
- 최고 직위에 오른 사람들은 충분한 보상을 받아야 한다.[55]

세계은행은 "당연히 싱가포르는 인근 지역에 가장 유능하고 청렴한

55 "The East Asian Miracle: Economic Growth and Public Policy," A World Bank Policy Research Report published for the World Bank by the Oxford University Press, 1993, p. 175.

관료제를 가진 것으로 널리 인식되고 있으며, 그 관료들에게 최고의 보수를 지급한다고" 명료하게 지적했다.[56] 다년간에 걸친 문제를 해결하기 위해서, 1994년에 민간부문의 지정 집단을 기준으로 장관들과 공공부문의 지도자들의 보수를 인상하는 급진적인 의사결정이 이루어졌는데, 그러한 정치지도자와 공공부문 지도자에 대한 보수표의 개정은 특정한 공식에 따라 민간부문과 연동해서 자동적으로 조정하도록 변경되었다. "유능하고 정직한 정부를 위한 경쟁적인 보수: 장관들과 고위직 공무원을 위한 기준들"에 대한 백서는 정치지도자와 공공부문 지도자에 대한 기준을 제시하고 있다. 장관들과 선임 사무차관은 1등급 직원(MR4 등급)에서 시작하고, 과장급 수준의 임명직은 행정직의 첫 번째 특별등급이며 우수한 행정직원이 32세까지 도달할 수 있는 특별등급 G(SR9 등급)부터 시작했다. 다른 보수들은 이러한 2가지 기준에 포함하거나 추정해서 이루어졌다.

선입 사무차관을 위한 MR4 등급에서 기준점은 6개 전문직(은행가, 회계사, 기술자, 변호사, 현지기업의 직원, 다국적기업의 직원)중에 상위소득자 8명의 중간 값에 대한 2/3로 규정되었다.[57] 기준점("2/3M48 소득")은 공직을 위해서 봉사하는 고위직의 동기부여를 고려하고 기꺼이 재정적 희생을 감수한다는 차원에서 민간부문의 소득을 할인해서 설정되었다.

SR9 등급의 기준점은 동일한 6개 전문직에 속하는 32세의 15번째 사람들의 소득원금을 평균한 값("15P32 소득")으로 설정하였다. 행정직원의 장학금에 대한 의무복무 기간은 20대 후반과 30대 초반에 만료되었고, 그 시점에서 그들은 이직을 고민할 것이다. 이러한 직원이 가장 움직임

[56] Ibid, pp. 175-176.

[57] 상위 6개 전문직에서 은행투자자, 국외거주자, 외환거래자 또는 증권중개인과 같은 투기적 활동가는 배제되었다. 기준점은 원래 6개 전문직 상위 4명의 소득을 평균한 값을 보수로 설정하였고, 소득원금에는 스톡옵션을 포함했지만, 완전히 포착되지 않거나 또는 국세청에 신고하지 않은 주식배당금, 특전, 해외소득을 배제했다. 2000년에 재검토를 통해서 공식이 변경되었는데, 현재처럼 6개 전문직 8명의 상위소득자로 모수를 확대하면서 스톡옵션은 50%로 할인하였고, 이탈변수의 효과를 줄이기 위해서 평균보다는 중간 값을 채택하였다.

이 자유롭고 민간부문에 끌리기 쉬운 사람들이다. 따라서 민간부문에 종사했을 경우 상위 전문직에 재직할 것으로 예상되는 장관과 선임 사무차관을 위한 기준점과 달리, SR9 등급의 기준점은 민간부문에 상응하는 금액을 할인하지 않고 설정했는데, 그것은 "민간부문의 동료들과 비교해서 공무원이 공직에 입문하기 위해 재정적인 희생을 기대하는 것은 불합리하고 불공정하기 때문이다."[58]

이러한 사고는 싱가포르 1세대 정치지도자의 가치관을 반영하는 것이다. "공무원의 보수는 민간부문의 소득을 선도해서는 안 되지만, 그들과 보조를 맞추어야만 한다."[59] 이러한 공식은 장관과 고위직 공무원에 대한 보수표의 후속적인 개정을 통해서 민간부문의 소득세 환급에 자동적으로 연동되도록 설계하였다. 공공부문 지도자의 보수를 민간부문의 상대자에게 고정시키는 것은 공공무문의 보수가 민간부문 보수와 연동해서 인상된다는 것을 의미했다. 그러나 이것은 또한 민간부문의 보수가 감소할 때 공공부문도 따라서 하락하는 것을 의미했는데, 민간부문의 보수가 1995년에 감소했을 때 공공부문 지도자의 보수는 1997년에 감소했다.[60] 그러나 이러한 메커니즘은 당초 의도한 것처럼 완전히 작동하지는 않았다.

2000년 당시 실제적인 보수격차를 보충하기 위한 조치가 취해졌고, MR4 등급을 위한 기준점은 3년간 우위를 보이고 있었다.[61] 그러나 2001년 9/11 테러리스트 공격과 2003년 사스 위기의 결과로 장관과 고위직 공무원의 보수는 매번 10% 삭감되었고, 그것은 2004년 7월과 2005년 1월에 겨우 회복되었다. 기준점을 적용하는 사이에 특히 MR4등급은 강력

58 Singapore (1994). "Competitive Salaries for Competent & Honest Government: Benchmarks for Ministers and Senior Public Officers," Cmd. 13 of 1994.

59 Ibid.

60 Lee Kuan Yew (2000). From Third World to First: The Singapore Story: 1965-2000. Times Editions.

61 2000년 개정 이전에 MR4 등급에 대한 격차는 기준점의 71%였다. 2000년에 SR9등급에 대한 격차는 기준점의 67%였으며, SR9 등급의 보수에 대한 격차는 당시에 완전히 해소되었다.

한 경제성장으로 변동되었다. 다음의 재검토와 조정은 2007년 4월에 이루어졌다. 2007년에 MR4 등급의 보수는 2005년 민간부문 소득에 기초한 기준점의 55%였고, 2000년 71%와 비교되었다.

이러한 격차의 규모에 따라서 2단계로 나누어서, 절반은 2007년 하반기(기준점의 77%에 대해서는 다시 2단계로)에, 나머지 절반은 2008년 하반기로 나누어서 보충하기로 했다. 첫 번째 절반의 격차를 보충하기 위한 인상은 2007년 4월에 이루어졌다. MR4등급 이상에 대한 연간 보수는 평균 S$120만 달러부터 S$160만 달러까지 평균 25% 인상되었고, MR4 등급의 보수는 기준점의 73%에 도달했다. 두 번째 인상은 2008년 1월 1일에 시행되었는데, MR4 등급의 보수를 기준점의 77%로 인상했다. 표 7.9는 2007년 4월에 시행한 2개 등급에 대한 기준점과 조정액을 보여주고 있다.

표 7.9 **2007년 보수 기준점과 조정**

등급	기준점	기준점 수준 (2006년)	실제 보수 (2006년)	개정된 보수 (2006년)
선임 사무차관 (MR4)	2/3M48	S$2.2 million	S$1,202,600 (기준점의 55%)	S$1,593,500 (기준점의 73%)
특별등급에 진입한 행정직원 (SR9)	15P32	S$361,000	S$371,900 (기준점의 103%)	S$384,000 (기준점의 106%)

출처: 1997년 4월 9일, 태오치헤안(Teo Chee Hean) 공직책임장관의 공무원 보수개정에 대한 의회 설명.

MR4 등급에 대한 상향식 개정과 더불어서 개인적 성과와 경제적 성과에 의존하는 가변적인 보수의 비중이 확대되었다. 개정되기 전에는 만약 경제가 5% 성장하면 2개월의 표준적인 GDP 상여금을 받고, 만약 2% 또는 그 이하로 성장하면 상여금이 없고, 만약 경제가 8% 또는 그 이상 성장하면 최대 4개월의 상여금을 받았다. 그러나 개정되면서 만약 경제가 5%까지 성장하면 3개월의 표준적인 상여금을 지급하게 되었다. 만약 경제성장이 2% 미만인 경우에는 상여금이 없지만, 경제가 10% 또는 그 이상 성장하면 최대 8개월의 상여금이 지급되도록 인상되었다. 보수와 성과 사이의 연계성을 강화하기 위해서 표준적인 성과 상여금은 2개월에서 7개월로 인상되었다. MR4과 그 이상 등급의 연간 보수체계에서 가변적인 요소는 개정되기 전에 34%를 차지하던 것이 거의 절반(47%)으로 확대되었고, 연간 보수체계의 20%는 GDP 상여금에 달려있었고, 또 다른 부분은 성과에 따라 지급되었다. 표 7.10은 2개 등급에 대한 월간 및 연간 보수체계를 나타낸 것인데, 이러한 등급들이 민간부문의 모든 전문가들의 소득과 비교해서 예상된 순위를 함께 보여주고 있다.

정부부처의 전문직 서비스에 대한 보수는 민간부문의 동등한 상대자들에게 고정된다. 공직인사처는 각종 서비스에 대해서 약 20~30개의 기준점을 갖고 조정한다. 이러한 기준점들은 5년에서 6년마다 다시 검토되지만, 보수는 매년 재검토된다. 조정여부는 실질적으로 특정한 서비스 직위들의 상태에 고려해서 만들어진다.

표 7.10 **고위직 행정직원의 월간 및 연간 보수체계의 변화 2000~2007**

	2000년 개정			2006		
	월간 ($)	연간 ($)	순위	월간 ($)	연간 ($)	순위
선임 사무차관 (MR4)	37,900	968,000	367	42,790	1,202,600	769
특별등급 진입한 행정직원 (SR9)**	17,500	363,000	〉 1000	17,530	371,900	〉 1000

	2007(신규)				
	월간 ($)	% 2006년 대비 증가	연간 ($)	% 2006년 대비 증가	순위
선임 사무차관 (MR4)	52,420	22.5%	1,593,500	32.5%	438
특별등급 진입한 행정직원 (SR9)**	17,530	0%	384,000	3.3%	〉 1000

* 2006년 모든 민간부문 전문가들의 소득과 비교해서 2007년 보수가 어떻게 예상되는지를 나타낸다.
** SR9 등급의 보수는 전형적으로 과장급 수준의 젊은 행정직원에 대한 것이며, 15P32 기준점에 고정되고, MR4 등급의 보수는 2/3M48 기준점에 고정된다.

연구자에 따르면, 이러한 민간부문에 보수에 대한 기준점은 정부의 우수한 인재가 보상받는 방식에 있어서 "가장 혁명적인 변화"였다. 이것은 공무원이 매우 높은 보수를 받을 수 있다는 것을 확인한 대다수 국민들의 강력한 반발을 초래했다. 그러나 리콴유는 이 이슈에 대한 토론에 참여했을 때 다음과 같이 결론을 내렸다. "나는 우리가 관습적인 태도를 통해서 억제할 수 있다고 생각하지 않는다."[62] 그는 세계가 변화하고 있고 박봉을 받더라도 오로지 국가에 봉사하고 싶다는 사람에게 의존하는 것은 더 이상 불가능하다는 것을 강조했다. 태오치헤안(Teo Chee Hean) 공직책임장관은 2007년에 그의 생각을 다음과 같이 요약해서 설명했다.

> "… 우리는 금전적인 보상이 공직에서 일하는 사람들에게 중요한 동기부여가 될 수 없고 되어서도 안 된다고 알고 있다. 공공부문에서 근무하는 것으로부터 얻어지는 많은 내재적 보상이 있다. 그러나 그것이 우리가 그들에게 시장의 경쟁적인 보수를 지급할 필요가 없다는 것을 의미하지는 않는다. 우리는 사람들이 보수 때문에 공직에 들어오는 것을 원하지 않는다. 그러나 우리는 또한 보수 때문에 그들이 공직에 들어오지 않거나 또는 입문한 이후에 떠나는 것을 원하지 않는다."[63]

이것은 공공부문에 인재를 유치하고 보유하는 이슈에 대한 실용적이

62 장관 보수를 둘러싼 백서 논쟁에 대한 1994년 11월 1일 연설에 대해서는 아래를 참조. Lee Kuan Yew: The Man and His Ideas, Times Editions, 1998.
63 태오치헤안(Teo Chee Hean) 공직책임장관의 공무원 보수 개정에 대한 의회 설명은 1997년 4월 9일에 이루어졌다.

고 냉정한 해결책이다. 그러나 계속된 논쟁에서, 소득 최하위 10분위수에 속하는 국민들이 생계를 유지하기 위해서 고생하고, 소득불평등이 증가하고, 근로연계복지와 다른 지원프로그램을 시행하기 위해 소비세를 인상해야만 하는[64] 시대에, 고위직 공무원과 장관을 위해서 민간부문과 동등한 시장의 임금을 지급하는 것은 납득하기 어렵고 정치적 자본의 손실을 수반할 것이다. 그러나 이것은 싱가포르가 전성기를 유지하기 위해서 정부가 진취적으로 작동하도록 인재를 유치하고 보유할 필요성이 요구되는 상호보완적인 것이라고 할 수 있다.

이러한 보수의 기준점은 잘 알려져 있지만, 공공부문이 고위직 공공부문 지도자들을 위한 은퇴계획으로서 연금제도를 보유하고 있다는 사실은 제대로 알려져 있지 않다. 개인적으로 저축하는 계좌시스템인 중앙적립기금은 노동시장의 유연성을 촉진하고 직원들이 은퇴할 때 고용주의 장기적인 부담을 방지하도록 해준다. 후자는 1970년대에 공공부문의 85%가 중앙적립기금 시스템으로 이동한 주요한 이유이다. 고위직 공공부문 지도자를 포함한 나머지 15%는 연금제도에 남아있다. 그 이유는 전략적으로 핵심적인 고위직 지도자가 장기적인 안목을 갖고 공공부문에서 그들의 경력을 개발하고, 공공정책의 형성과 거버넌스에 있어서 장기적인 관점으로 그들의 역할을 수행하도록 권장하기 위한 것이다. 그러나 이러한 연금의 장기적인 비용을 관리하기 위해서, 1994년부터 모든 보수를 인상하는 대신에 연금을 받을 자격이 있는 직원들에게 연금수급권을 주지 않았다.

7.7 보유와 쇄신의 균형: 지도자 재직기간의 관리

유능한 젊은 행정직원의 보유를 더욱 촉진하고 공공부문의 고위직에 새로운 인재와 아이디어들을 유입하고 쇄신하기 위해서, 모든 공공부

64 발표된 2007년 예산을 참조.

문 지도자(PSL: Public Sector Leadership)의 임기를 고정시키는 시스템이 수립되었다. 공공부문 지도자 직위들은 사무차관, 사무차장, 주요한 독립행정기관의 대표이사, 핵심적인 부서장, 최고직위 바로 아래의 일부 직위들을 포함하고 있다.

전통적인 틀에 의하면, 개인들은 40세에 공공부문 지도자의 직위를 성취하고 그들이 은퇴하는 62세까지 직위를 유지할 수 있었다. 이러한 방식은 2가지 요소들에 의해서 1990년대부터 점차적으로 불안정해졌다. 변화의 속도가 빨라지면서 점점 더 복잡한 이슈들을 다루기 위해 새로운 아이디어와 시각을 가진 참신한 인재를 보유하는 것은 필수적인 것이었다. 조직적인 활력을 유지하기 위해서, 공공부문 지도자(PSL) 직위에 대한 정기적인 쇄신이 필요해졌다. 게다가 높은 잠재력을 가진 젊은 행정직원을 보유하기 위해서는 마땅히 그들이 40대 중반까지 공공부문 지도자 직위를 얻을 수 있는 현실적인 기회들을 제공해야만 했다. 동시에 이러한 조직적인 쇄신과 높은 잠재력을 가진 젊은 인재를 보유하기 위한 필요성은 행정직원들이 장기적인 관점에서 지속적으로 업무를 담당하도록 충분한 예측가능성과 안전성을 유지하기 위해서 균형을 이루어야 하는 것이다.

2000년부터 공공부문 지도자 직위에 오르는 행정직원은 10년 임기로 고정되었다. 예컨대 사무차장 직위에 임명된 직원은 10년간 사무차장 직위를 유지할 수 있다. 마찬가지로 사무차관에 임명된 직원도 동일하게 적용되었다.[65] 임기가 만료되는 직원들은 만약 가능하다면 공공부문 지도자 직위가 아닌 다른 직위로 이동하거나 또는 공직을 완전히 떠나야 한다. 공직 외부에 공식적인 재취업 메커니즘은 없다. 따라서 대부분의 사무차관은 50대 중반에 은퇴할 것으로 기대하지만, 점점 늘어나는 젊은 사무차관들이 30대 후반 내지 40대 초반에[66] 그 직위에 오른다고 가정하면, 훨씬 더

65 리센룽 총리가 주관한 행정직과의 만찬 간담회는 2005년 3월 24일 이루어졌다.

66 용잉-이(Yong Ying-I)는 38세에 보건부 사무차관이 되었다. 탄칭이(Tan Ching Yee)은 40세에 교육부 사무차관, 레오립(Leo Yip)은 41세에 노동부 사무차관에 임명되었다. 옹예쿵(Ong Ye

일찍 은퇴하는 결과를 초래할 것이다.

이러한 강제적 쇄신의 과정은 싱가포르 군대에서 젊은 직원들이 빨리 승진할 수 있도록 고위직 직원들이 40대 중반에 은퇴하는 정책을 반영한 것이었다. 초기에 은퇴한 싱가포르 군대의 장군들은 독립행정기관과 국영기업의 대표이사로 두 번째 경력을 쉽게 시작할 수 있었다. 이것은 싱가포르 군대의 보상체계가 개정되면서 1997년 이후 변화되었다. 조기에 강제적으로 은퇴하는 것을 보상하기 위해서 싱가포르 군대의 직원이 공공부문의 기관에서 일했을 경우를 감안해서 25년간 근무할 수 있도록 해주었다. 이러한 개정은 아마도 은퇴한 장군들이 재취업하는 데 어려움을 겪으면서 발생하였고, 실질적으로 재취업하는 것과 마찬가지의 결과를 만들어내는 혼합된 것이었다. 아마도 이러한 이유에서 공공부문 지도자에 대한 재취업은 시도하지 않고 있다. 공공부문 지도자에 대한 새로운 규정이 적용된 이후 2005년까지 6명의 사무차관이 은퇴하였는데, 3명은 대사가 되었고, 3명은 다양한 위원회에 직위를 맡았다.

이러한 강제적인 조기은퇴는 소중한 자원의 낭비라고 비판받았다. 이것은 민간부문이 대표이사를 임명하는 데 임기를 고정시키는 시스템과 다르지 않다는 것을 지적하는 반면에, 거기에는 차이점이 있다. 즉, 상대적으로 유능한 인재들이 부족하기 때문에 그들이 공공부문에서 충분히 리더십을 발휘하도록 가능한 한 오랫동안 보유하는 것이 합리적이라는 것이다. 어떤 사람은 공공부문 지도자의 임명에 대한 압력은 공공부문 내부에 경력개발을 위한 대안적인 경로가 부재한 결과라고 설명한다. 따라서 젊은 행정직원들을 보유하는 문제에 대한 명확한 해결책을 모색하다 보면 또 다른 문제가 발생하기 때문에, 어느 하나를 위한 것은 적합한 해결책이 아니다.

요컨대, 공공부문의 리더십에 있어서 역동적인 능력은 성과와 결과의 산출뿐만 아니라 정책형성에 있어서 탁월한 감각을 강조하는 경쟁적인 실

Kung)은 38세에 인력개발 관련 독립행정기관의 대표이사가 되었다. The Straits Times, "Super (Scale) Men: Up, Out ... and a Waste?" Saturday, 19 November 2005.

적중심의 시스템에 의해서 육성되며, 체계적인 쇄신의 과정은 새로운 아이디어와 시각의 지속적인 유입을 보장해준다. 싱가포르 공공부문의 핵심적인 지도자는 소수이기 때문에 긴밀하게 연결되어 있으며, 대단히 높은 수준의 내부적인 규율에 따라 운영된다. 이러한 네트워크에서 비록 직원들은 압도적으로 개인적인 차원에서 평가를 받지만, 강력한 동료애와 팀 중심의 사고방식, 그리고 일련의 공통된 가치관과 원칙을 보여주고 있으며, 그것은 싱가포르 공공부문이 40년 이상 효과성을 지속한 것을 설명하는데 도움을 준다.

7.8 역동적 거버넌스를 위한 지도자로서 유능한 인재를 보유하는 것에 대한 교훈

유능하고 정직한 지도자를 보유하도록 보장하고, 그것이 궁극적으로 역동적 거버넌스의 원천이 되었던 싱가포르 공공부문의 경험으로부터 우리가 학습할 수 있는 교훈은 무엇인가? 우리는 싱가포르의 맥락을 넘어서 적용될 수 있다고 믿는 공공부문의 관행으로부터 식별한 5가지 핵심적인 원칙들을 제시한다.

7.8.1 역동적 거버넌스는 구성원과 지도자에 대한 전략적 관점과, 그들의 개발에 대한 총체적 접근방법을 요구한다.

거버넌스의 역동성은 유능하고 헌신적인 성격의 지도자들이 없이는 불가능하다. 오직 지도자들이 제도의 비전과 가치를 실행하고 변화된 환경으로 인해서 기존의 정책과 프로그램이 더 이상 충분히 작동하지 않은지 끊임없이 관찰한다. 역동적 능력을 가진 유능한 지도자들은 정책, 프로젝트, 그리고 프로그램을 적응시키고, 수요들이 진화하고 새로운 기회들이 출현하는 그 순간에 의도한 결과들을 성취하고 혁신하기 위해서 필요하다. 그것은 여러분이 헌신, 열정, 능력을 강요당하기 전에 변화를 위해서 선택하고 실행하는 것이다. 역동적 거버넌스는 역동적, 도덕적 리더십이 없이는 불가능하다. 이러한 전략적 관점의 리더십은 싱가포르 공공부문의 거버넌스에 대한 우리의 연구에서 얻을 수 있는 핵심적인 교훈이다.

싱가포르 정치지도자들은 잘 통치하고, 경제를 성장시키고, 생활을 개선하고, 그리고 공산주의자들과 싸우기 위한 그들의 능력은 정책을 실행하고 결과를 성취하는 공무원들의 능력에 의존한다는 사실을 시작부터 올바로 이해했다. 좋은 거버넌스는 좋은 지도자들이 없이는 불가능하다. 리더십의 자질이 곧 정부의 자질을 결정한다는 전략적 인식은 리더십의 이슈를 최고의 정책적 우선순위로 만들었다. 이것은 장학금, 높은 잠재력을 가진 직원의 개발, 유능한 지도자에게 기회를 제공하는 것, 그리고 그들에 대한 보상이 민간부문과 보조를 맞출 수 있도록 끊임없이 노력함으로써 인재를 유치하고 채용하는 데 엄청난 투자를 시행하는 원동력이 되었다. 그 접근방법은 총체적인 방식을 채택하였고, 지도자의 채용, 개발, 배치, 보상, 쇄신, 보유를 포함하였다. 이러한 리더십에 대한 강한 신념은 몇 가지 관행을 유발했다.

(i) 최고의 지도자를 가장 중요한 업무에 배치하는 것,
(ii) 프로젝트는 적합한 지도자를 발견하기 전까지 시작하지 않았고,
(iii) 전략을 개발하고 결과를 성취하기 위해서 지도자에게 자율성을 주었으며,
(iv) 결과에 대한 강한 책임성을 부여하였고,
(v) 승진과 발전은 성과와 잠재력에 달려있었다.

7.8.2 장기적인 투자로서 인재의 개발을 관리한다.

지도자 개발은 장기적인 관점에서 인재의 개발을 위한 광범위한 시행이 필요하다. 이것은 일시적인 프로젝트나 임시적인 프로그램이 아니다. 조직은 단기적인 성과의 향상이 아니라 미래의 전략적 수요를 위해서 적

합한 능력을 가진 적합한 인재를 개발하도록 장기적인 관점을 채택할 필요가 있다. 오직 그러한 조직적인 노력이 전략적, 정책적 이슈에 대한 장기적인 관점을 가진 지도자를 개발할 수 있다. 정부의 비즈니스는 복잡하고, 다면적이며, 많은 이해관계자를 갖고 있다. 지도자는 장기간에 걸쳐서 사회적, 정치적인 미묘한 차이와 중요한 세부사항을 이해하고 다루기 위한 능력을 개발한다. 따라서 리더십의 쇄신을 위한 수요에 대응할 수 있도록 충분한 지도자를 오랫동안 보유하는 것은 대단히 중요하다.

싱가포르 공공부문은 지도자가 정책적 이슈에 대해서 장기적인 관점을 가질 수 있도록 몇 가지 정책과 관행을 채택하고 있는데, 그것은 행정직원들을 위해 연금제도를 보유하고, 직원들이 국가적인 시각으로부터 다른 이슈들을 경험하도록 직위들을 순환해서 근무하고, 그리고 싱가포르의 장기적인 이익을 실행하는 지도자들과 강력한 사회적 네트워크를 구축하는 것을 포함한다. 이러한 관행들은 종합적인 경력개발시스템과 적절한 인센티브를 제공하는 보상구조를 통해서 지원받는다.

7.8.3 인재관리시스템은 성과와 잠재력에 기초해야 한다.

정실인사는 유능한 지도자들의 사기를 꺾고, 궁극적으로 우수한 인재들을 떠나게 만든다. 따라서 우수한 인재에 대한 관리시스템은 성과를 구성하는 요소에 대한 분명하고 타당한 기준, 리더십의 잠재력, 그리고 평가를 위한 과정과 함께 실적에 기초해야 한다. 공공부문은 잠재력 평가에 대해서, 비록 원래 사용기관인 쉘(Shell)이 최근에 다른 방식으로 바꾸었지만, 그것을 지속하고 있다. 공공부문의 시스템은 현재의 성과에 기초해서 금전적인 보상을 하지만, 지도자의 직위에 승진하기 전에는 개인의 잠재력을 평가할 필요가 있다. 이것은 심지어 민간부문에서도 일반적으로 실행하지 않는 흥미로운 접근방법이다. 그것은 사람들이 그들의 무능함에 도달하기까지 승진한다는 피터의 원리가 여전히 유행하는 이유를 설명해주는 것이다. 사람들이 무능함에 도달할 때, 그들의 성과는 형편없고 그들은 해고된다. 개인의 경력은 파괴되고 조직은 그 사람이 아니라면 우수한 실적을 거둘 수 있었던 다른 직원을 잃는 것이다. 만약 어떤 사람이 현재의 업무를 잘 수행한다면, 그는 보상을 받고 현재의 업무를 계속해야 한다. 그가 만약 새로운 업무를 위한 자질과 능력(예컨대, 잠재력)을 가지고 있다면, 그에게는 더 큰 리더십의 역할이 주어져야 한다. 지도자를 임명하기 전에 잠재력을 평가하면, 인재관리의 많은 어려움을 피할 수 있다.

실적은 개인의 성과와 기여에 대한 평가를 포함하지만, 그것을 넘어설 수 있다. 잠재력과 같은 주관적인 기준이 포함될 때 그 기준은 분명하게 정의되어야 하며, 잠재력 평가의 과정은 객관적이고 타당해야 한다. 성과에 대한 특정한 기준을 넘어서는 잠재력과 과정이 있지만, 사람은 궁극적으로 결정이 이루어지고 결과들이 성취되는 것에 의해서 인적자원시스템을 판단한다. 선발, 승진, 임명은 능력, 성과, 잠재력과 같은 핵심적인 요소에 기초해야만 하며, 이념, 정치적 자산, 경험 또는 조직의 기존 직원과의 친밀감에 의해서 이루어져서는 곤란하다. 그렇게 해야만 헌신적이고 유능한 사람을 조직에 머물도록 유치할 수 있으며, 바람직한 결과물을 성취하기 위해서 최선을 다할 것이다.

7.8.4 인재에 대한 이슈는 가장 복잡하고 난해하며, 일시적인 해결책보다는 끊임없는 혁신을 필요로 한다.

공공부문의 리더십에 유능하고 헌신적인 인재를 채용, 쇄신, 보유하기 위한 적절한 절차와 시스템은 학습, 적응, 혁신의 끝없는 여행이다. 결과물에 대한 지속적인 모니터링과 시스템에 대한 정비는 인재에 관한 이슈들이 결코 완전히 해결되지 않기 때문에 역동적 거버넌스를 위해서 대단히 중요한 것이다. 딜레마와 의도하지 않은 결과들은 새로운 아이디어와 혁신적인 접근방법의 일부이다. 해결책과 제도는 일정한 기간 작동할 것이고, 예기치 못한 그리고 의도하지 않은 결과들이 드러날 수 있으며,

추가적인 혁신과 변화를 필요로 한다. 싱가포르 공공부문은 많은 사례들을 제공하고 있다.

공직위원회는 정치적 리더십으로부터 공직의 일정한 독립성을 확보하기 위해서 만들어졌다. 그러나 이것은 거대하고 느리게 움직이는 관료제가 되었고, 따라서 그 기능들은 분권화되었다. 동시에 공공부문의 핵심적인 지도자에 대한 임명은 계속 공직위원회의 관할권 아래에 두면서도, 절차는 선출직 대통령의 승인을 의무사항으로 포함시켜서 더욱 엄중하게 관리하였다. 공직인사처는 행정직원들에 대한 중앙집권적 직위시스템에 유연성이 부족하다는 불만에 대응하기 위해 개방형 시장시스템을 도입하여 행정직원들이 그들의 직위들을 선택하도록 허용했다. 그러나 직위에 대한 수요와 공급의 불일치가 발생하였고, 일부 직원들의 발전경로에 불균형을 초래하게 되었다. 이 시스템은 나중에 공직인사처가 행정직원을 배치하는데 더욱 관여하면서 섬세하게 조정되었지만, 여전히 행정직원의 선호를 고려하였다. 인재를 지키기 위한 시장의 보수 기준점은 민간부문처럼 엄격한 성과평가와 판단에 밀접하게 관련되어야 하지만, 공공부문은 그러한 시스템을 조직에 임시로 채택하고 싶지 않았다. 기준점 보수에 대한 공식은 논란이 많았는데, 비록 환류에 따라 시간이 지나면서 조정되고 그 영향은 반전되지만, 이것은 항상 해결책 스스로 문제를 안고 있다는 비판이 있었다. 지도자들의 보유는 바람직하지만, 리더십의 쇄신을 희생하면서 유지하지는 않았다. 그러나 조직의 어느 지점에서 균형을 유지하는가? 장학생들은 그들의 경력개발을 확대하고 다른 미래의 지도자들과 사회적 네트워크를 구축하기 위해서 해외의 최고 대학으로 나가지만, 이러한 관행은 국내의 대학교를 세계적인 수준의 기관으로 만들기 위한 목적을 침해하는 것이다. 현재 인재에 대한 이슈들이 논란이 되고 있는데, 그것은 지도자들의 임명에 대한 임기의 고정 문제, 장학생들을 국내의 대학교에 보내야 하는지, 중간경력의 관리자를 행정직으로 채용하는 것은 왜 어려운 일로 밝혀졌는지, 그리고 높은 잠재력을 가진 인재가 공공부문을 넘어서 경험하는 것이 바람직한 것인지를 포함하고 있다. 인재를 계속해서 유치하고,

개발하고, 배치하고, 보상하고, 보유하도록 보장하기 위해서는 인적자원에 대한 정책과 관행의 지속적인 모니터링과 재검토가 필요하다. 인재에 대한 시장은 역동적이며, 인재를 위한 경쟁은 치열하다. 인재관리의 이슈들은 결코 완전히 또는 깨끗하게 해결되지 않는다. 새로운 도전과 이슈는 예기치 못한 부분에서 발생할 것이다. 조직이 핵심적인 기능과 역할을 위해 이용할 수 있는 인재를 확보하는 것은 궁극적인 성공을 결정할 것이다.

7.8.5 지도자는 성격과 경험의 다양성을 위한 자유와 함께 가치관, 성과, 그리고 잠재력에 기초해서 선발되어야 한다.

좋은 리더십 시스템은 신뢰성과 성과의 실적을 소유하고 새로운 리더십의 기회들을 잘 수행할 수 있는 잠재력을 가진 사람으로서 조직의 목표들과 일치하는 가치관을 소유한 인재를 선발해야만 한다. 이러한 지도자들은 규범으로 간주되는 것으로부터 일탈할 경우에 처벌하지 말고 자신의 방식으로 조직에 기여하도록 자유를 주어야 한다. 인재의 다양성과 관점들의 다차원성은 끊임없이 검토하고, 인식하고, 적응하고, 변화하고, 혁신하고, 그리고 학습하는 역동적인 거버넌스를 위해서 필요하다.

공공부문 지도자의 다양성은 2명의 최고의 관료(앞부분에서 설명한 필립여와 임싱권)가 공헌한 경력과 특성에 반영되어 있다. 두 사람은 국방부에서 시작했지만 다른 공헌을 했는데, 임싱권은 조직적이고 행정적인 절차, 시스템, 구조에서 혁신을 유도했고, 반면에 필립여는 인재와 기술적인 능력을 형성하는 데 혁신을 이끌었다. 임싱권은 공직인사처, 교육부, 재무부에서 조직적인 역량을 심화시켰고, 반면에 필립여는 국가전산원, 경제개발청, A*STAR, 그리고 많은 국영기업에서 새로운 비전을 만들고 기업가적 정신, 역동성, 새로운 능력의 개발을 고취시켰다. 그들은 공공부문의 역동성을 자신들의 방식으로 보여주었다. 그러나 그들의 성격, 표현의 방식, 리더십의 스타일이 다름에도 불구하고, 많은 속성과 가치를 공유하고 있는데, 그들 모두 대단히 총명하고, 유능하고, 공직을 위해서 강력하게 헌신하고, 그들의 신념에 따라 인재를 개발하고 강력한 조직을 구축하고, 정치적 지도자로부터 신임을 받고, 동료와 업무상대자로부터 대단히 존경받았다. 공직의 시스템은 그들의 개인적인 성격보다는 그러한 능력과 가치에 대해서 믿음을 주었고, 그들의 방식대로 영향력을 행사할 수 있도록 충분히 유연했기 때문에 상당한 공헌을 할 수 있었다. 이러한 점들 때문에 싱가포르 공공부문과 경제는 이제 2명의 흔적을 간직하고 있는 것이다.

공직은 헌신, 용기, 확신, 개념화, 공헌의 속성을 소중하게 여기며, 문제해결을 위한 접근방법에 있어서 차이를 기꺼이 수용하려고 한다. 현직 공무원의 수장은 최근의 인터뷰에서 공공부문은 합리적으로 생각하는 사람과 다른 사람들에게 그들의 아이디어를 납득시키는 사람에게 기꺼이 기회를 준다고 말했다.

> "나는 독불장군에게 어느 정도까지는 더욱 관대할 것이다. 따라서 사람은 자신의 아이디어를 충분히 믿고, 비록 저항에 부딪히더라도 그것을 추진하기 위한 신념과 용기와 확신을 가질 수 있어야 한다. 당신은 아이디어를 만들어내고, '나는 아이디어를 갖고 있어' 라고 말하고, 그 다음에는 한마디로 '이것을 하라' 고 요구한다. 내가 왜 그것을 수용해야만 하는가? 따라서 아이디어를 적합한 제안으로 개념화하기 위한 약간의 능력이 있어야만 하고, 내가 그것을 다시 검토하도록 만들기 위해서 충분히 주장해야만 한다."[67]

다른 무엇보다도, 싱가포르의 역동적 거버넌스는 정치부문과 공공부문 모두에서 나타나는 헌신적인 리더십의 직접적인 결과이다. 공공부문 인재관리시스템은 불확실한, 예측할 수 없는, 그리고 빠르게 변화하는 세

[67] The Straits Times, Friday, 17 November 2006, p. 41.

계적 환경 속에서 생존과 성공의 도전들에 직면해 있는 싱가포르 사회를 형성하는데 도움을 줄 수 있는 최고의 인재와 지도자를 선발하고, 개발하고, 보유하려고 시도하는 끝없는 조정과 변화의 결과이다.

제 8 장

절차의 혁신: 신속한 구조와 시스템의 창조

구성원과 절차는 그림 1.1의 틀에서 제시하는 것처럼 역동적 거버넌스의 주요한 원동력이다. 리더십에 있어서 구성원의 헌신과 역량은 궁극적으로 거버넌스의 효과성을 결정하지만, 그것은 특정한 개인들에 의존할 수는 없는 것이다. 순전히 개별적인 지도자들의 동기와 능력에 의존하는 거버넌스는 너무 위험하고, 너무 취약한 것이다. 국가의 생존은 너무 중요한 문제이기 때문에 그러한 위험에 맡겨둘 수 없다. 효과적인 거버넌스는 지속가능하도록 제도화되어야 한다. 효과적으로 제도화되는 역동적 거버넌스를 위해서는 조직적인 절차들이 리더십의 변화에도 불구하고 거버넌스 시스템이 여전히 기능을 지속할 수 있도록 설계되고 실행되어야만 한다.

"조직의 효과성을 결정하는 것이 무엇인지 이해하는 것의 핵심은 그 조직의 다양한 절차들이 어떻게 작동하는지에 달려있다."[1] 개별적 지도자의 역량과 자질은 목표달성도를 좌우하는 결정적 요인이지만, 조직역량의 전체를 좌우하지는 못한다. 개별적인 역량은 중요한 과제와 조치를 수행하는 데 있어서 사람의 태도, 지식, 기술로부터 나오는 것이다. 조직적인 역량은 다양한 직원들과 부서들의 수행을 조정하고, 결합하고, 통합하는 절차에 내재되는 것이며, 새로운 지식의 학습과 흡수를 가능하게 만들고, 지속적인 재구성과 변환을 유도한다. 따라서 역동적 거버넌스의 능력은 독특한 조직적 절차의 개발을 필요로 한다.[2]

---

[1] Edgar H Schein (1988). Process Consultation: Its Role in Organizational Development. Reading, Massachusetts: Addison-Wesley, p. 15.

[2] DJ Teece, G Pisano and A Shuen (1997). "Dynamic Capabilities and Strategic Management,"

절차는 투입에 필요한 재원, 수행이 필요한 과제, 과제를 수행하는 구성원, 필요한 산출물, 필요한 산출물을 생산하기 위해서 과업과 그것을 수행하는 인력을 조정하고 통합하는 방법, 그러한 수행과 관리를 운영하는 규칙, 그리고 산출물을 받는 고객을 정의한다. 절차는 또한 어떻게 품질과 성과가 측정되는지, 어떻게 오류가 발견되고 수정되는지, 그리고 어떻게 개선과 변화가 만들어지는지에 대해서 정의한다.

갈빈(Garvin)은 조직의 절차를 3가지 범주들, 즉 작업절차, 행태절차, 변화절차로 정의했다.[3] 작업절차는 투입을 산출로 전환하는 활동을 정의함으로써 조직의 운영적인, 행정적인 요구사항을 달성한다. 행태절차는 행태의 유형과 행동 및 상호작용의 방식을 광범위하게 공유하고, 개인과 집단의 행태에 영향을 미침으로써 작업을 수행하는 방식을 형성한다. 변화절차는 조직이 적응하고, 개발하고, 성장하는 방식을 설명하고, 결국 조직의 규모, 특성, 정체성을 변화시킨다.

이 장(章)은 작업절차, 행태절차, 변화절차라는 3가지 범주들을 모두 아우르는 조직적인 절차들을 통해서 역동적 능력을 창조하는 것에 초점을 두고 있다. 우리는 싱가포르 공공부문의 주요 조직적 절차들을 확인했는데, 그것은 조직이 스스로 변환을 지속하기 위해서 미래를 예측하고, 자원을 배분하고, 체계적인 규율을 적용하는 역량을 함께 창조했다. 각각의 절차는 공공부문이 지속적으로 학습하고, 개선하고, 적응하도록 종합적으로 유도하는 작업, 행태, 변화의 구조와 활동을 포함하고 있다. 그림 8.1에서 설명하는 것처럼, 이러한 절차들은 조직적 절차에 의해서 잠재적으로 만들어지는 핵심적인 역동적 산출물(리더십의 인식에 대한 재구성, 조직적인 활동들의 쇄신, 구조적인 연결의 재설계)을 보여준다. 우리가 연구에서 발견한 3가지 절차들은 변화의 특성, 방향, 속도에 영향을 미치는 다양한 사례를 통해서 작동한다.

Strategic Management Journal, Vol. 18, pp. 509-534.

[3] David A Garvin (1998). “The Processes of Organization and Management,” Sloan Management Review, Summer, pp. 33-50.

(ⅰ) 미래에 대한 시나리오와 전략을 활용해서 미래를 예측하고,
(ⅱ) 예산조정과 가치평가의 작업을 통해서 자원을 배분하고,
(ⅲ) 통합을 촉진하고, 변화에 동참하고, 서비스의 향상에 집중하도록 체계적 규율을 적용하는 것이다.

그림 8.1 **역동적 거버넌스를 위한 절차의 창출**

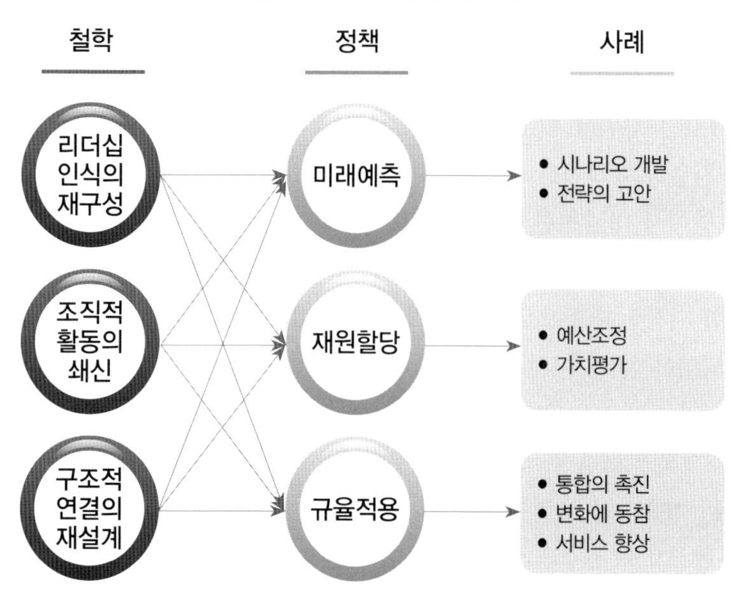

조직은 보통 위기의 고통이 느껴질 때만 변화한다. 그때는 변화의 필요성이 분명해진다. 그러나 위기의 상황에서는 지도자들에게 시간이 얼마 없고, 자원은 부족하고, 대안이 별로 없다. 조직에 대한 도전은 어떻게 변화의 필요성을 인식하고 위기가 닥치기 전에 움직일 것인지에 대한 것이다. 따라서 미래를 예측하는 목적은 미래에 대한 계획을 수립하는 것뿐만 아니라 의사결정자의 인식에 영향을 미치기 위한 것이다.[4] 공공부문에 있

4 Arie de Geus (1988). "Planning as Learning," Harvard Business Review, MarchApril, pp. 2-6.

어서 미래를 예측하는 것은 국가의 전략과 정책의 성공에 중대한 영향을 미치는 이슈에 대해서 지도자들을 동참시키고 그들의 인식을 재구성하는 절차이다. 이러한 미래의 시나리오를 개발하는 절차는 불확실하고 예측할 수 없는 환경 속에서 조직이 생존하기 위한 유연성을 구축하도록 기존의 가정들에 도전하고 전략적 대응을 마련하는 것이다. 또한 이것은 기반시설에 대한 장기적인 투자들을 계획하고, 새로운 능력들을 구축하고, 특정 사태의 발생에 대응하기 위한 긴급대책을 준비하는 데 필요한 정책적 변화를 검토함으로써 조직이 미래를 준비할 수 있도록 해준다.

재정적 자원을 배분하는 것은 현재 진행 중인 사업과 새로운 프로그램을 지원하는 적절한 재원의 배분과 재조정을 보장함으로써 조직적인 활동에 있어서 바람직한 변화를 유도하는 과정이다. 자원을 배분하는 과정은 미래를 예측하는 절차가 실질적인 자원배분에 영향을 미치지 못하는 단순한 지적인 활동으로 전락하지 않도록 미래를 예측하는 절차에 맞춰서 조정되어야 한다. 이것은 또한 기존의 지출에 대한 가치를 평가하고 더 큰 효율성과 효과성을 위해서 필요한 변화를 유도하는 기반을 제공한다.

체계적인 규율을 적용하는 것은 조직적인 변화가 계속적인 개선을 추구하는 지속적인 노력이 되도록 보장하고, 미래가 불확실하고 예측할 수 없는 방식으로 전개되기 때문에 시간이 지나면서 그 유용성을 잃어버리는 단순한 일시적인 변화에 그치지 않도록 구조와 시스템을 설계하는 과정이다. 지도자가 관심을 갖고 재정 또는 인력이 충분할 때 무언가 변화를 시도하고 다르게 추진하는 것은 쉽다. 그러나 신중하게 설계된 구조와 시스템이 없는 상태에서 활동, 선택, 가치를 변화시키는 것은 지속될 수 없으며, 지도자가 다른 중요한 이슈에 집중하기 위해 특정한 활동에 대한 관심이 불가피하게 줄어들 때 추진력을 잃을 것이다. 복잡하고 역동적인 환경에서 체계적인 구조와 연결은 기관들의 통합을 촉진하고, 지속적인 변화의 모든 과정에 구성원을 동참시키고, 고객과 시민에 대한 서비스를 개선하기 위해서 조직적인 역량을 확대하도록 재설계되어야 한다.

이러한 3가지 절차들은 지도자의 인식에 끊임없이 도전하고, 자원을 새로운 프로그램과 활동에 다시 배분하고, 그리고 변화를 유지하는 시스템과 구조를 실행하듯이, 지속적인 변화를 위한 조직적인 역량을 개별적으로, 종합적으로 구축한다. 이 장(章)의 나머지 부분은 싱가포르 공공부문이 따르고 있는 절차와 사례를 설명할 것이며, 그러한 것들이 어떻게 새로운 변화들에 대응하기 위해서 지속적으로 변화할 수 있도록 역동적 능력을 구축하는지 보여줄 것이다.

8.1 미래에 대한 예측 – 러더십 인식의 재구성

우리는 미래가 오늘과 다를 것이라는 것을 알고 있지만, 미래가 어떤 형식으로 변화할 것인지에 대해서는 알 수 없다. 그것은 불확실하고, 예측할 수 없는 것이다. "불확실한 세계에서 조직을 운영하기 위해서는 구성원이 세계를 보다 분명하게 인식할 수 있도록 세계가 작동하는 방식에 대한 그들의 가정에 의문을 제기하는 재인식의 능력이 필요하다."[5] 미래에 대한 예측의 목적은 전략적 중요성에 대한 정보를 수집해서 참신한 인식으로 전환하기 위한 것이다. 미래에 대한 사고의 진정한 가치는 의사결정을 하고 실행하는 사람들 사이의 상호작용으로부터 발생한다. 학습은 지도자들이 그들의 환경과 제도에 대해서 공유하는 사고방식을 이해하고 도전할 때 발생하며, 불가피하게 발생하는 사건들에 대응하기 위한 더 나은 준비태세를 갖추게 된다.[6] 최종적으로 바람직한 결과는 반드시 미래의 모습을 더욱 정확하게 예측하는 것이 아니라, 미래의 발전에 대해서 더욱 민감한 사고방식과 해석능력을 갖추고, 사건들이 발생했을 때 신속한 대

5 Pierre Wack (1985). "Scenarios: Uncharted Waters Ahead," Harvard Business Review, SeptemberOctober, pp. 73-89, and "Scenarios: Shooting the Rapids," Harvard Business Review, NovemberDecember, pp. 139-150.

6 de Geus (1988).

응력을 증가시키는 것이다.[7] 하멜(Hamel)과 프라하라드(Prahalad)[8]는 기업들이 파산하는 4가지 유형들을 확인했는데, 그것은 과거를 탈피하고 미래를 준비하지 못하는 무능력을 나타내는 것이었다.

(ⅰ) 현재의 성공과 성과에 안주하는 것,
(ⅱ) 창의성을 저해하는 조직에 풍족한 자원을 배분하는 것,
(ⅲ) 관례와 관행에 깊이 각인되어 새로운 게임의 규칙에 취약성을 보이는 것,
(ⅳ) 조직을 쇄신하는데 실패를 유발하는 리더십의 잘못된 추진력이다.

새로운 경쟁적인 여건을 고수하는 것은 현재와 다를 것으로 예상되는 미래의 경쟁에 대해서 이해하는 것이 필요하고, 미래의 기회들을 통찰하고 발견하는 과정이다. "기업들이 미래를 창조하는 것을 방해하는 것은 기존방식에 기초한 사고방식, 즉 관습에 대해서 의문을 제기하지 않는 것, 기회와 위협에 대한 근시안적 관점, 그리고 기존의 관리적인 틀을 구성하는 선례에 도전하지 않는 것이다."[9] 좋은 통찰과 예측은 미래의 성공을 보장하지 않지만, 그것들이 없으면 심지어 여행을 시작할 수도 없다.

싱가포르에서 미래를 예측하기 위한 필요성은 작은 물리적인 규모, 천연자원의 부족, 작은 인구에서 발생하는 싱가포르의 취약성에 대한 내재적인 인식으로부터 유래한다. 싱가포르의 성공은 국제적인 무역과 투자에 의존하고 있으며, 따라서 국제적인 또는 광역적인 발전으로부터 상당한 영향을 받는다. 그러나 싱가포르는 외부적인 사건들에 영향을 미치거나 통제할

7 Peter Schwartz (1991). The Art of the Long View. New York, NY: Bantam Doubleday Publishing Group.

8 G Hamel and CK Prahalad (1994). Competing for the Future. Cambridge, MA: Harvard Business School Press.

9 Ibid, p. 61.

수 없다. 싱가포르의 유일한 선택은 적합성을 유지하기 위해 변화하는 것이며, 따라서 미래를 예측하는 것은 대단히 중요한 것이다. 싱가포르는 빠르고, 유연하고, 수시로 대응할 수 있는 능력이 필요하다. 싱가포르가 생존하고 성공하기 위해서는 지도자들이 미래의 발전에 대한 전망, 그러한 발전의 영향, 그리고 변화하는 세계적 환경 속에서 싱가포르가 적합성과 효과성을 유지하기 위해서 필요한 정책과 투자가 무엇인지에 대해서 깊이 이해할 필요가 있다. 미래를 예측하고 지도자의 인식을 재구성하는 싱가포르 공공부문의 접근방법은 2가지 주요한 형태를 취하고 있는데, 가정에 도전하는 시나리오를 개발하고 미래에 대응하기 위한 전략을 고안하는 것이다.

8.1.1 가정에 도전하는 시나리오의 개발

시나리오는 "내일 세상에 일어날 수 있는 사건에 대한 이야기이다."[10] 이것은 미래의 발전을 위해 대안을 선택하는 중요한 의사결정을 수행하는데 있어서 지도자의 인식을 재구성하는 수단이다. 시나리오는 미래에 대한 예측이 아니다. 그것은 오늘 의사결정을 하는데 있어서 가능한 미래의 함의를 학습하는데 유용한 것이다. "시나리오 절차에 있어서, 관리자는 미래에 일어날 것 같은 다양한 이야기를 몇 개 만들고, 그 다음 깊이 고민하고… 핵심은 모든 가능한 미래에 대해서 타당한 전략적 결정을 만드는 것이다. 당신이 시나리오에 대해서 심각하게 고민한다면, 미래에 무엇이 발생하든지 상관없이, 당신은 훨씬 더 그것에 대비하기 쉬울 것이다."[11] 미래에 대한 이야기로서 시나리오는 사건들에 의미를 부여하고, 지도자들에게 다방면의 인식을 제공하고, 복잡성에 대응할 수 있도록 도움을 준다. 절차에 있어서 핵심적인 단계는 각각의 시나리오에 대한 함의와 바람직한 결과를 성취하기 위해서 어떻게 행동할 것인지를 준비하는 것이다.

10 Schwartz (1991).

11 Ibid, p. xiii.

국방부는 주목할 필요가 있는 미래와 현안이슈를 고민하기 위해 1990년에 시나리오를 사용한 첫 번째 정부부처였다. 정부기관들은 1991년에 국방부의 지원으로 시나리오 계획에 대해서 학습하기 시작했고, 1995년에 총리실에 시나리오계획실(Scenario Planning Office)을 만들었다. 시나리오 계획은 미래에 대해서 분명하게 생각하고, 핵심적인 변화의 동인을 이해하고, 근본적인 가정에 도전하고, 각각의 시나리오에 있어서 가능한 대안을 교감하는 구조를 제공함으로써 변화를 예측하기 위한 전략적 수단으로서 공공부문에 채택되었다. 전략적 계획을 만드는 데 사용하는 시나리오는 견고성에 대한 검사를 받았고, 내재적인 위험은 더욱 분명하게 작성되었다. 의사결정자들은 환경의 변화에 대한 민감성과 주의력을 향상시켰고, 변화에 대한 대응을 실행하기 위해서 더 좋은 준비를 할 수 있었다.

시나리오계획실은 기관들이 시나리오를 만드는 수단과 방법을 갖추도록 워크숍을 개최했고, 국가적 시나리오를 개발하기 위한 조정자로서 역할을 수행했다. 그들은 승인을 위한 의제를 제안하고, 팀원을 선발하고, 다양한 아이디어를 일관된 틀에 연결시키도록 도움을 주었고, 시나리오를 종합하는 방법에 영향을 미치고, 승인을 위한 보고서를 준비하고, 기관들과 시나리오를 공유하고, 그리고 시나리오에 대한 기관들의 전략적 대응을 촉진시켰다. 4개의 범국가적 시나리오를 1997년, 1999년, 2002년, 2005년에 개발하였다. 각각의 시나리오 개발의 과정은 대체로 쉘(Shell)에서 학습한 접근방법을 따라서 약 1년이 소요되었다.

첫 번째, 시나리오의 실행을 위한 범위와 의제는 시나리오계획실과 사무차관위원회 간의 협업으로 이루어졌다. 예컨대, 최근에는 싱가포르가 직면하는 2025년의 핵심적인 도전을 이해하기 위한 시나리오를 탐색하였다. 두 번째, 시나리오 팀은 3~4년간 공공부문의 다양한 기관에서 근무한 경험이 있는 20~25명의 젊은 직원으로 구성되었다. 팀은 정보를 수집하고 다양한 견해들을 수집하기 위해서 공공부문과 민간부문의 의사결정자, 학자, 기자를 인터뷰했다. 주요 질문은 “무엇이 당신을 밤에 잠들지 못하게 하나요? 왜 그런가요?”라는 형식의 질문을 제기했다. 또한 변화의 동력을 확인하고, 연구하고, 검토했다. 이러한 동력은 중국, 인도, 중동 그리고 인근 국가들의 발전, 기술의 발전, 에너지 가격, 그리고 안보에 대한 위협과 같은 외부적인 요소들을 포함하고 있었다. 그들은 또한 젊은 세대들 사이의 기대의 증가, 저소득 노동자의 빈곤, 그리고 노인의 수요와 같은 내부적인 요소도 포함하고 있었다.

세 번째, 이처럼 중요한 이슈들은 3페이지 이내의 보고서로 요약되었고, 내각의 승인을 위해 제출되었다. 그리고 정치적 의사결정자를 조기에 동참시키는 것은 싱가포르의 미래를 위한 중요한 이슈에 대한 관점을 공유하는 토론을 촉진시켰다. 네 번째, 이러한 중요한 이슈는 미래에 대한 시나리오에 따른 합리적인 전망으로 개발되었다. 다섯째, 각각의 시나리오에 대한 전략적 대응이 탐색되고 개발되었다. 핵심적인 질문은 "이 시나리오가 발생한다면 당신은 무엇을 할 것인가요? 왜 그런가요?" 라는 형식이었다. 모든 국가적 시나리오는 승인을 위해서 내각에 송부되었다. 국가적 우선순위들이 확인되었고, 미래의 발전을 위한 전략적 주제들이 형성되었다. 마지막으로 국가적 시나리오는 싱가포르의 미래에 영향을 미치는 핵심적인 이슈를 이해하도록 공공기관에 송부되었다. 이러한 시나리오는 공공기관의 계획을 수립하는 절차에 반영되었다. 기관들은 그들의 전략적 우선순위에 대한 시나리오의 함의를 평가하고, 그들의 연간 업무계획에 포함시킬 만큼 중요하다고 여겨지는 이슈를 결정할 수 있는 자율성을 갖고 있었다. 비록 많은 기관들이 중요한 이슈를 확인하기 위해서 시나리오를 사용했지만, 그들은 시나리오를 어떻게 사용하는지에 대해서 시나리오계획실에 공식적으로 보고할 의무는 없었다. 그들의 전략적 계획은 분권화되었고, 시나리오계획실보다는 개별적인 부처에게 승인을 받았다.

시나리오는 싱가포르 공공부문에 있어서 전반적인 계획에 통합하는 공식적인 계획적 장치라기보다는 정부지도자들을 미래에 대한 토론에 동참시키고 정책과 가정에 대한 재검토를 자극하기 위해서 사용된다. 공식적인 마무리는 의도적으로 기관들에게 남겨두었지만, 모든 기관들이 시나리오를 심각하게 받아들여야만 하는 것은 아니다. 이러한 방식으로 시나리오를 사용하는 목적은 시나리오가 서식을 채우고 보고서를 생산하는 것으로 전락하는 것을 방지하고 토론의 전략적인 특성을 유지하기 위한 것이다. 미래를 예측하는 시나리오 사용에 대한 이러한 접근방법은 실질적인 이슈에 관심을 집중하고 자연스럽고 비공식적인 상호작용을 유지하기 위한 것이다. 시나리오계획실에는 전문적인 협력자로서 봉사하는 10명 이내의 직원들이 있으며, 기관들을 감독하는 하향식의 관료적 통제절차에 의존하지 않는다. 시나리오 팀에 참여하는 것은 공공의 직원들과 기관들에게 중요한 경력개발의 기회로 간주된다. 팀에서 작업한 시나리오는 기관들이 자신들의 전략적 계획에 심각하게 고려하도록 자극할 만큼 충분히 실질적이고, 흥미롭고, 신뢰할 만한 것이어야 한다.

8.1.2 미래를 위한 전략의 고안

공공부문의 역할이 통제자와 규제자로부터 지원자, 촉진자, 조정자, 통합자로 변화한 것처럼, 공공부문의 초점은 현재의 활동을 점검하는 것으로부터 미래의 발전을 위한 전략을 창조하는 것으로 변화되었다. 공공부문 기관에 의한 전략적 계획은 그들의 연간 업무계획을 넘어서는 것이며, 해당 부문들의 사전검토 또는 관련 클러스터들의 검토를 통해서 부문들의 전략적 개발로 확대된다. 이러한 부문들은 소매상, 관광업, 제조업과 같은 경제적 산업들과 예술, 스포츠, 교육과 같은 사회적 부문들을 포함했다. 전형적인 전략적 계획의 절차에 있어서, 기관들은 그들의 임무에 영향을 미치는 경제적, 사회적, 기술적 경향들을 학습해서 미래를 예측하고, 지금까지의 성취를 추정하고, 새로운 기회를 개발하거나 또는 위협에 대응하기 위해서 필요한 능력을 평가하고, 그리고 그들의 전략적 계획을 성취하기 위한 이행경로를 개발했다. 핵심적인 이슈들을 학습하기 위해서 내부직원과 외부 이해관계자들을 포함하는 팀들이 구성되었고, 기관들이 국제적 전문가들과 협의해서 개발한 광범위한 전략적 틀 속에서 아이디어를 얻기 위한 브레인스토밍을 시행했다.

계획과정의 중요한 부분으로서, 팀들은 실행에 있어서 아이디어, 동기, 그리고 위험을 완화시키기 위한 잠재적 역할 모델과 다른 나라들의 사례들을 학습했다. 학습과정은 잠재적 결과물과 발전경로에 대한 '생각하기'를 자극하는 잠재적 역할 모델을 식별하고 확인하는 것, 관리자들과 함께 상호 교류하기 위해서 현장을 방문하는 것, 어떻게 결과들이 성취되고 어떻게 실행이 관리되었는지 이해하는 것, 싱가포르가 그러한 사례로부터 학습할 수 있는 것이 무엇인지 확인하는 것, 그리고 발전을 위한 제안서에 학습한 요점을 반영시키는 것을 포함하고 있었다.

그다음에 학습팀은 그들의 연구, 토론, 방문을 통해서 발견한 것을 발전을 위한 특정한 전략과 제안서에 통합시켰다. 나아가 이러한 제안서는 환류와 지지를 위해서 다양한 이해관계자에게 보고되었고, 반복적인 과정을 통해서 수정되었다. 더불어 발전을 위해 제안된 전략은 승인을 위해서 사무차관과 장관에게 제출되었다. 전략의 개발과 실행을 위해 필요한 재정적 자원은 연간 예산요청서에 반영해서 재무부에 제출되었다.

최근에 몇몇의 기관들은 핵심적인 부문들의 장기적인 발전을 위한 전략을 고안했다. 정보통신개발청은 컴퓨터, 소프트웨어, 통신사업을 성장시키고, 선도적인 세계적 기업으로부터 투자를 유치하고, 새로운 훈련프로그램을 통해서 필요한 기술을 개발하고, 그리고 정보통신기술의 활용과 기업, 정부, 시민들의 사용을 촉진하기 위한 전략을 고안했다. 마찬가지로 경제개발청은 세계 10위권 수준의 대학교를 유치해서 아시아 학생들에게 프로그램을 제공함으로써 싱가포르를 교육의 중심지로 만들기 위한 전략을 개발했다. 과학, 기술, 연구를 위한 기관은 싱가포르에 세계적 수준의 생물의학 클러스터를 구축하기 위한 포괄적인 계획을 수립했다. 2000년부터 제약과 생명공학 분야의 선도적인 회사들을 유치해서 연구개발과 제조업에 많은 투자가 이루어졌고, 바이오폴리스에 생명공학의 연구개발을 위한 새로운 기반시설을 구축했으며, 생물의학의 핵심적인 영역들을 연구하는 기관들에게 자금을 지원했고, 주요한 연구프로그램을 주도하는 선도적인 연구자들을 유치했으며, 미국과 유럽에서 최고의 생물의학 박사과정에 입학하는 젊은 인재들을 선발해서 후원하였다.

전략적 계획의 절차는 시나리오 절차를 통해서 지적인 엄격함과 실용적인 조치들과 함께 공공부문이 미래를 예측할 수 있도록 해주었다. 시나리오 절차는 국가적 관점으로부터 수행되지만, 전략적 계획은 보통 개별적인 기관들이 주도했고, 특정한 부문 또는 클러스터에 집중했다. 시나리오들은 전략적 계획의 절차에 중요한 투입요소가 되었고, 시나리오에서 드러난 이슈들을 해결하기 위해서 엄격한 전략적 대응을 개발하는 연구팀에게 도전적인 것이었다. 시나리오의 절차는 사색적인 토론을 강조하는 상당히 비공식적인 과정을 유지한 반면에 전략적 계획은 특정한 책임, 일정, 형식, 실행의 중요한 단계, 다양한 승인을 위해 필요한 전략보고서, 그리고 전략적 계획의 공식적 발표를 포함하는 더욱 공식적인 절차였다. 이러한 계획은 예산을 작성하고, 실행의 일정과 후속조치를 개발하는 기초로 사용되었다. 시나리오들과 전략들은 모두 함께 불확실하고 예측할 수 없는 미래에 대한 공공부문의 지적인 사회적, 조직적 대응을 통합하는 것이었다. 비공식적인 상호작용과 공식적인 절차의 적절한 혼합은 공공부문이 거대하고 복잡한 상황에서 바람직한 결과를 성취하기 위해서 요구되는 공식적인 책임을 포기하지 않으면서 실질적인 이슈에 집중할 수 있도록 해주었다.

최근에 행정은 더욱 경쟁적이고 연결된 세계 속에서 싱가포르의 성장을 위한 새로운 아이디어를 만들기 위해서 많은 부처들과 기관들이 참여하는 국가적 노력을 선도하고 있다. 2007년 4월에 정부는 싱가포르의 새로운 성장전략을 발표했는데, 그것은 신뢰, 지식, 연결성, 생명의 아이디어를 "세계·싱가포르"라는[12] 슬로건으로 통합한 것에 기초한 것이다. 이러한 노력은 2005년에 시작되었는데, 각각 10~20명의 팀원으로 구성된 19개 팀들이 참여하였고, 사무차관이 선도하였다.[13] 팀들은 7개의 세계적

---

[12] 테오치헤안(Teo Chee Hean) 장관의 경제개발청(EDB) 산하 국제자문위원회 모임의 개막 연설은 2007년 4월 19일 이루어졌다.

[13] The Straits Times가 2007년 4월 20일자에 게재한 "19개 공무원팀들"의 과제는 이린(Lynn Lee)

도시들을 방문하였고, 현재 싱가포르와 관계없는 사람들을 포함해서 많은 사람들을 인터뷰하였다. 90개 이상의 아이디어들이 제안되었고, 그것들 중에 10개는 승인되었는데, 더 좋은 야간조명과 기반시설을 통해서 싱가포르의 밤 문화 풍경을 향상시키기 위한 S$45.5백만 달러, 그리고 학생교환 프로그램과 해외파견을 지원하기 위한 S$21.3백만 달러를 포함해서 아이디어의 실행을 위해 재무부로부터 재정이 지원되었다.

8.2 재정적 자원의 배분: 조직적 활동의 쇄신

미래를 준비하기 위한 리더십 인식의 재구성은 그들이 위기상황에 도달하고 위협과 기회에 관한 새로운 사고방식을 함양하기까지 현재의 문제를 거부하는 자연적인 경향을 극복하는 데 있어서 중요한 것이다. 준비된 마음가짐은 조직이 변화의 신호를 더욱 빨리 인식할 수 있게 해주고 변화로부터 발생하는 새로운 기회의 장점을 취하고 위협에 대해서는 더욱 적절하게 대응할 수 있도록 해준다. 그러나 자원이 한정된 상황에서 새로운 프로젝트, 프로그램, 실험을 지원하기 위해서는 기존의 재원을 재배분할 필요가 있다. 새로운 프로그램에 동의하기는 쉽지만, 새로운 활동을 위한 재원을 확보하기 위해서 기존의 어떤 프로그램이나 활동을 중단하거나 또는 삭감하는 결정은 더욱 어렵다. 지도자와 조직은 흔히 현재의 상태에 지나치게 집중하기 때문에 효과적인 변화를 위한 자원의 재배분은 무척이나 정치적인 과정이다.

> "유산으로 물려받은 전략은 강력한 기반을 갖고 있지만, 초기의 전략은 그렇지 않다. 대부분의 조직은 관리자의 영향력이 재원을 확보하는 능력과 직접적으로 연관되어 있다고 인

이 제안한 성장 촉진에 관한 주제들이었다.

> 식하기 때문에 재원을 잃는 것은 위상과 영향력을 잃는 것이다. 더구나 개인의 성공은 보통 자신의 부서 또는 프로그램의 성과에 따라 달라진다. 따라서 부서의 실무자와 프로그램의 관리자는 그들의 예산과 인재를 새로운 시책에 재배분하려는 어떠한 시도에 대해서 (이러한 시책이 매력적인 것과는 상관없이) 일반적으로 저항하는 것은 별로 놀라운 일이 아니다."[14]

나아가, 대부분의 조직은 새로운 프로그램과 활동에 대해서 신중하게 평가하고 판단할 것을 요구하지만, 기존의 프로그램과 활동에 대해서는 그러한 평가를 요구하지 않으며, 결과적으로 많은 프로젝트가 그 적합성과 유용성을 넘어서 지속된다. 이러한 기존의 프로그램은 재원과 단단하게 묶여 있어서 새로운 활동을 발견하는 것은 더욱 어려워진다. "배분의 경직성은 탄력성의 적이다… 이것은 기존 프로그램의 효율성을 극대화시킬 수 있다… 그러나 더 높은 성과를 산출할 수 있는 색다른 아이디어들을 발견하는데 실패한다."[15]

예산지출에 있어서 재원의 배분은 정보비대칭성, 대리인, 도덕적 해이의 문제들과 관련되어 있다.[16] 현장부서의 특수성과 재무부에 제공되는 정보의 질과 감시능력이 제한되기 때문에 정부부서는 그들의 재정적 수요에 대해서 재무부에 전달하는 것보다 많은 정보에 접근할 수 있다. 이것은 부서가 위험을 감수하고 차선의 프로그램을 실행하기 위해서 재원을 사용할 수 있기 때문에 대리인 문제를 야기한다. 도덕적 해이는 배분된 자금을 효율적으로 사용하도록 부서의 행동과 행태를 가까이서 감시할 수 없을

[14] G Hamel and L Valikangas (2003). "The Quest for Resilience," Harvard Business Review, September, pp. 52-63.

[15] Ibid.

[16] RS Kaplan and AA Atkinson (1998). Advanced Management Accounting, 3rd Edition. NJ: Prentice-Hall.

때 발생한다. 이러한 자원배분의 문제는 공공정책의 투입과 산출의 포착하기 어려운 특성과 비용과 편익을 정확하게 측정하기 어렵기 때문에 공공부문에서 더욱 심각해진다. 결과적으로 공공부문에 있어서 자원배분의 절차는 예산의 쟁탈, 목표의 축소, 재원의 비축, 그리고 낭비적인 지출의 행태를 보이게 된다.

싱가포르의 재정정책은 경제적 경쟁력을 향상시키고, 사회적 수요를 관리하고, 단기적인 경기침체에 대응하는 목표들을 성취하도록 설계되었다. 재정적 건전성은 싱가포르가 독립한 이래로 정부의 핵심적인 원칙이다. 국제무역에 크게 의존하는 작은 규모의 경제는 세계무역이 급격하게 하락할 때 국내적 수요를 발생시킬 수 있는 여지가 별로 없다. 또한 천연자원이 없기 때문에 예산흑자로부터 축적한 재정적 유보금은 경기침체의 부정적인 영향을 완화시킬 수 있는 유일한 수단이다.

재무부는 예산에 대해서 조직적인 쇄신의 접근방법을 채택했다. 이것은 예산을 재정적 자원들이 다양한 기관들에게 어떻게 배분되는지에 대한 명세서를 넘어서 그 이상으로 보는 것이다. 이것은 예산을 싱가포르가 인식하는 미래, 거버넌스의 철학, 선택한 전략, 의도한 결과물, 국민들의 기대, 그리고 재원의 이용가능성에 대한 설명서로서 구상하는 것이다. 이러한 목적들은 표 8.1에 요약되어 있다. 예산은 정부의 우선순위를 보여주고, 정부가 의도하는 국가발전의 방법을 설명해주는 것이다.

표 8.1 **예산의 목적**

1. 미래의 인식에 대한 설명서
2. 거버넌스의 철학에 대한 설명서
3. 선택한 전략의 설명서
4. 의도한 결과물의 설명서
5. 국민들의 기대에 대한 설명서
6. 재원의 이용가능성에 대한 설명서

예산의 원칙들과 사례들은 공공기관들이 운영의 핵심적인 부분을 효율적으로 유지하는 한편, 그들의 우선순위나 활동의 쇄신을 자극하기 위해서 사용된다. 정보비대칭성, 대리인, 도덕적 해이와 관련한 문제들을 인식하고 있는 재무부는 재정적 책임성을 확보하는 한편, 유연성, 변화, 쇄신을 유도하기 위한 몇 가지 혁신적인 사례들을 실행했다. 이것은 직접적인 관료주의적 명령을 배제하고 충분한 재원들이 가장 중요한 프로젝트에 공급되도록 예산의 순환과정에서 부처들의 목표와 원칙에 영향력을 미치기 위한 것이다. 이것은 각각의 예산과정에서 일련의 3가지 전략적 토론을 통해서 부처들을 동참시키는 것이다. 예산과정을 시작하면서 재무부는 연례전략재검토(ASR: Annual Strategic Review)를 통해 각각의 부처와 만난다. 연례전략재검토를 통해서 재무부는 각각의 부처와 해당 부처의 중기(5년간)에 대한 전략적 우선순위를 토론하고, 국가적 목표에 따라서 부처의 바람직한 목표를 검토한다. 부처는 또한 국가의 새로운 전략적 계획에 동참하고, 국가적 우선순위의 큰 그림에 그들의 우선순위를 어떻게 맞출 것인지 인식하게 된다. 그 다음에 부문별 예산회의(SBM: Sectoral Budget Meetings)는 각각의 3개의 주요한 부문들(경제, 사회, 안보/거버넌스)의 사무차관들과 개최하는데, 국가적인 범정부적 목표에 연관되어 있는 기관 사이의 시너지, 아이디어, 프로그램을 창출하기 위한 것이다. 부문별 예산회의는 부문별 우선순위에 대해서 동료들 사이의 공감대 형성을 촉진하고, 각각의 부문내에서 정부부처들 사이의 프로그램에 대한 격차와 중복을 검토하고, 관계기관 사이의 협력이 가능한 아이디어를 통합한다. 기관들에게는 국가차원에서 전략적인 관계기관 합동의 프로젝트를 위한 공동기금사업을 개발하도록 권장한다. 정부부처들이 그들의 초기 예산제안을 재무부에 제출하고 나면, 각각의 부처와 예산검토회의(BRMs: Budget Review Meetings)을 개최하는데, 제안된 예산으로 어떻게 계속 진행 중인 사업과 새로운 전략적 시책을 관리할 것인지에 초점을 두고 검토한다. 예산재검토회의를 진행하는 동안에 재무부 직원들은 각각의 부처의 지난 성과에 기초해서 바람직한 결과와 새로운 프로젝트의 고려사항을 설계하는 것에 참여하고, 계속 진행중인 활동의 효율성과 효과성을 향상시키기 위한 아이디어를 함께 모색한다. 연례전략재검토(ASRs)는 "우리가 올바른 일을 하고 있는가?"에 대한 질문에 토대를 두고 부처들과 토론하지만, 예산검토회의(BRMs)는 더 나아가 "우리가 올바른 일을 효율적으로, 효과적으로 하고 있는가?"라는 질문에 대해서 부처들을 참여시킨다. 공공부문의 회계연도는 4월부터 3월까지이다. 연간 예산과정은 표 8.2에 나타나 있다.

일단 예산이 승인되면, 부처들은 재무부의 간섭 없이 스스로 집행을 관리한다. 재무부는 연간 활동에 기초해서 각각의 부처들의 목표에 관해서 성과를 측정하고 다른 부처들과 비교한다. 이것은 부처들이 결정하고 행동하는 자율성을 침해하지 않으면서 동시에 부처들에게 영향력을 행사하려는 미묘한 균형을 유지하는 것이다. 재무부는 재원의 할당을 통해서 최선의 결과를 얻을 수 있도록 지원하는 접근방법을 채택하고 있다. 이러한 틀은 예산한도의 설정, 재량의 극대화, 원가에 대한 지출, 재정적 지출의 가치추구를 포함하고 있다.[17] 조직적인 쇄신을 유도하는 예산의 원칙과 재정적 사례는 표 8.3에 요약되어 있다.

표 8.2 **연간 예산과정**

예산활동	일정표
1. 재무부가 예산에 대한 계획의 한도를 결정	4월~6월
2. 부처들과 연간전략재검토 회의 진행	5월~6월
3. 재무부가 부처들에게 계획의 한도를 통지하고 부처들로부터 의견수렴	7월 8월
4. 부문별 예산회의(경제, 사회, 안보)	9월~10월
5. 부처들이 예산제안서를 재무부에 제출	10월~11월
6. 부처들과 예산검토회의 진행	11월
7. 재무부가 부처들에게 예산결정을 통지	12월
8. 재무부가 정부예산을 통합하고 마감	1월
9. 내각이 예산을 승인	2월 중순
10. 재무부가 의회에 예산 설명	2월 말~3월 중
11. 의회에서 예산 심의	순
12. 의회가 예산을 승인하고 공급법안을 통과	3월 중순
13. 대통령이 공급법안에 서명	3월 말

17 이 부분의 자료들은 재무부의 사무차관이나 선임관료와의 인터뷰 및 임싱권이 작성한 아래의 논문으로부터 입수하였다. Lim Siong Guan (2004). "Government that Costs Less," published by the Civil Service College.

표 8.3 **예산의 원칙과 재정적 사례**

예산한도의 설정	재량의 극대화	원가에 대한 지출	지출에 대한 가치추구
예산한도 – 부처에 의해 설정	덩어리 예산 – 운영 – 개발	자원예산회계	최고의 공급원
재투자 기금	예산순계액	순경제적 가치	서비스의 공유
정부건물에 대한 비용의 표준들 (예, 정부건물에 대한 임대요율)	예산의 유연성 – 선지급 – 연장 – 이월	부서간 청구	소비억제운동 – 낭비 줄이기 – 관료적 형식주의를 지양
개발프로젝트위원회			

8.2.1 예산한도의 설정

재정적 건전성을 성취하기 위하여 싱가포르의 헌법은 각각의 선출된 정부의 임기(보통 4~5년)의 총지출을 세입과 현재 임기의 정부에서 사용할 수 있는 유보금으로부터의 순투자이익으로 제한한다. 재정적 원칙은 여당이 선거에서 이기기 위해 예산을 초과 지출하는 것을 방지하기 위한 것이다. 그러한 재정적 공식은 임기 초기에는 지나치게 보수적으로 지출하다가 임기 말에는 지나치게 방만하게 집행하는 것을 방지하기 위한 것이다. 이러한 잠재적인 문제들을 극복하기 위해서 재무부는 각각의 부처에 대한 예산한도의 투명한 공식을 수립해서 기관들이 전략적으로 계획을 수립하고, 능력을 구축하고, 새로운 수요에 대응하고, 중기적으로 효율성을 향상시킬 수 있도록 지속가능한 수준의 지출을 제공한다.

2003년 회계연도부터 부문과 부처의 예산은 평균 GDP의 비율로 제한되는데, 그것은 과거 3년간의 GDP와 앞으로 3년간 예상된 GDP를 합한 6년의 평균으로 결정된다. 이 제한은 공식화 당시에 부처들의 실질적인 역사적 지출수준을 고려한 것이며, 그 당시에 국가적 우선순위들을 반영한 것이다. 제한된 비율에 대한 조정은 국가적 우선순위들과 예컨대, 인구구조와 같은 사회경제적 요인들의 근본적인 전환들에 따라서 체계적으로 만들어지는데, 이것은 다양한 부문들과 부처들에 대한 예산지출의 장기적인 전환을 필요로 한다. 또한 GDP 성장 또는 하락에 기초한 예산들에 대해서 자동적인 조정이 이루어진다. 지난 6년간 다양한 부처들에 대한 GDP의 비율로서 지출과 예산배분은 표 8.4에 나타나 있다.

표 8.4 **부문과 부처의 예산배분**

부처	2001～2006 GDP의 %로서 총 지출	2007 GDP의 %로서 총 세출예산*
경제개발	1.75～2.61	1.83
무역산업	0.75～1.21	0.88
교통	0.84～1.26	0.84
인력	0.10～0.14	0.11
사회개발	5.93～7.89	6.22
교육	3.06～4.16	3.13
보건	0.89～1.21	1.01
국가개발	0.63～1.43	0.89
환경수자원	0.47～0.86	0.39
공동체개발청소년스포츠	0.41～0.50	0.57
정보통신예술**	0.24～0.29	0.24
안보와 외교	5.96～6.73	6.04
국방	4.65～5.17	4.70
내무	1.12～1.41	1.16
외교	0.15～0.18	0.18
정부행정	0.57～0.86	0.57
재정	0.25～0.35	0.26
법무	0.13～0.27	0.11
총리실	0.08～0.12	0.10
홍보	0.10～0.18	0.10
총 정부지출	14.26～17.96	14.66

출처: 싱가포르통계청 2007년 예산의 “예산의 요점”
* 2007 GDP는 지난 2006년 GDP의 5% 성장률에 기초한 것이다.
** 정보통신과 미디어개발을 포함한 것이다.

한도의 설정과 함께 예산의 지속가능성은 기관들이 몇 년에 걸쳐서 자금을 지원하도록 보장하고, 또한 몇몇의 기관들에 있어서 기존의 프로그램과 활동이 현재 상태를 지속하도록 유도한다. 그러나 공공기관들의 특정한 활동에 대한 재무부의 직접적인 간섭은 바람직하지 않으며(이것은 재무부가 기관들보다 더 많이 안다는 의심스러운 가정에 기초한 것이기 때문에), 독립성, 헌신, 그리고 기관들을 위해서 최고의 성과를 추구하는 직원에 대한 인센티브를 침해하는 것이다.

2004년에는 재투자 기금을 도입했는데, 이것은 각각의 기관이 기존의 지출방식에 대해서 다시 생각하도록 자극하고, 시너지를 창출하는 프로그램, 창의적인 프로젝트, 그리고 새로운 기회에 투자하기 위한 자원의 재배분을 유도했다. 각각의 부처의 예산에서 특정한 비율을 매년 차감해서 재투자 기금에 출자했고, 부처들은 새로운 전략적, 혁신적 프로그램에 자금을 지원받기 위해서 경쟁할 수 있었다. 매년 예산에서 차감되는 비율과 재배분을 위해 재투자 기금에 출자한 것은 표 8.5에 나타나 있다.

표 8.5 **재투자 기금**

연도	예산의 비율
2004	1.28%
2005	3.28%
2006	5%

재투자 기금 메커니즘은 부처들이 기존의 활동을 다시 생각하고 개선하고, 그들의 전략적 목표를 진작시키기 위해서 창의적인 실험과 시범사업을 위한 새로운 아이디어를 개발하도록 촉진했다. 예산이 재투자 기금 비율에 의해서 삭감되면서 부처들은 만약 기존의 활동을 지속하기를 원한다면 기존의 프로그램의 생산성을 향상시켜야만 했고(차감된 비율에 의해서), 삭감된 예산으로 운영하기 위해서 약간의 사업들을 포기하거나 또는 창의적인 아이디어, 혁신적인 프로젝트, 그리고 국가적 목표들과 연계된 그들의 전략적 목표를 성취하기 위한 새로운 활동을 도입해서 추가적인 예산을 확보해야만 했다.

8.2.2 재량의 극대화

전통적으로 예산은 재무부와 부처들 사이에 특정한 프로그램에 필요한 비용 또는 산출에 대해서 장기적인 협상을 포함하고 있는데, 부처들은 더 많이 요구하고 재무부는 덜 주려고 하는 정치적인 게임이며, 결국 타협에 도달하게 된다. 수년간 예산배분은 GDP 비율에 기초한 사전에 결정된 한도에서 변동되기 때문에 예산과정은 부처들에게 더 많은 자율성, 재량, 재원배분에 따른 가치의 극대화를 성취한 것에 대해서 인센티브를 주는 방향으로 진화하였다.

지출항목에 대한 엄격한 통제는 1978년에 더욱 유연한 프로그램 예산(program budgeting)으로 변화되었다. 1989년에는 부처들이 프로그램 사이에 예산배분을 조정할 수 있도록 유연성을 허용하는 덩어리 조정 예산제도(block-vote budgeting system)를 도입하면서 더욱 자유화되었다. 1996년에 결과예산제도(budgeting-for-result system)를 도입하면서 프로그램에서 산출물을 강조하는 것으로 전환하였다. 이러한 접근방법은 효율성을 향상시키고 목표한 산출물을 가장 적은 비용으로 달성한 부처들에게 인센티브를 제공하도록 만들었다. 부처들은 프로그램 활동보다 결과에 책임을 지고, 효율적인 집행으로 절약한 예산은 다른 프로그램에 사용할 수 있었다. 덩어리 예산제도(block-budget system)는 2001년에 실행되었는데, 부처들이 바람직한 결과를 성취하기 위한 최선의 수단을 발견하기 위해서 할당된 재원의 사용에 대한 최대한의 재량을 주었다. 부처들은 회계연도 동안에 환경의 변화와 새로운 수요발생에 따라서 운영예산과 개발예산 사이의 이동을 포함한 그들의 지출수요에 대한 우선순위를 재조정할 수 있었다.

예산순계액은 기관들이 특히 서비스의 사용에 일정한 상업적인 혜택이 부가되는 경우에 공공서비스의 일정한 비용을 수수료와 요금을 통해서 보충하고, 일반적으로 무료서비스의 과잉소비를 방지하도록 권장하기 위해서 실행되었다. 부처들의 예산은 이러한 서비스로부터 징수한 세입과 긴밀히 연결되도록 조정되었다. 예산순계액의 차이는 부처들의 운영예산에서 충당하기 때문에 부처들은 그러한 서비스들을 세심하게 관리했다.

예산은 회계목적에 기초한 회계연도를 따르지만 새로운 프로젝트와 시책을 위한 지출의 시점은 순전히 회계연도 내에서 이루어지지 않는다. 재무부는 재원을 지나치게 비축하지 않으면서도 유연하게 사용할 수 있도록 예산활용체계를 개발했다. 3가지 주요한 예산의 유연성 메커니즘은 표 8.6에 요약되어 있다.

표 8.6 **예산 유연성의 틀**

유연한 메커니즘	한도	목적
연장	5%	연말에 집중적으로 집행하는 경향을 환화
선지급	10%, 3년 이내에 빠른 지급	기간에 지나치게 제약을 받지 않고 합리적인 재정적 의사결정을 보장
이월	3년	대규모 프로젝트를 위한 재원의 축적이 가능하도록 보장

부처는 연말에 집중적으로 집행하는 경향을 환화시키기 위해서 운영예산의 5%를 다음연도로 연장할 수 있다. 만약 부처가 5% 이상 집행하지 못하면, 다음연도 예산은 실제 필요한 예산을 보다 잘 반영해서 감축하도록 조정될 것이다. 이것은 각각의 부처가 예산을 적절히 수립하고, 필요한 것보다 과장하기보다는 오직 필요한 만큼만 요청하도록 보장하기 위한 것이다. 만약 부처가 현재 회계연도에 더 많은 예산이 필요하면, 예산의 10%까지 재무부로부터 선지급될 수 있으며, 이것은 3년간의 이자와 함께 상환해야 한다. 마지막으로 덩어리 예산의 할당은 부처들이 대규모 프로젝트를 착수하기 위한 자금을 축적하고 예산을 과장해서 요구하는 것을 최소화할 수 있도록 어떤 특정한 회계연도 내에서 집행하는 것이 아니라 앞으로 3년간 집행될 수 있는 예산이다.

재무부가 재정적 책임과 통제를 유지하면서도 더 많은 자율성과 유연성을 제공하는 접근방법을 추구하면서 예산과정은 더욱 정교해졌다. 예산의 혁신은 예산과정을 관료적 메커니즘으로부터 기관들이 전략적 목표들을 성취하기 위한 재원을 최적으로 관리할 수 있도록 해주는 유연한 수단으로 자유화되었다. 예산은 현재 상태의 유보자로부터 조직적인 쇄신을 위한 수단으로 이동하였고, 그것은 재정적 절차의 혁신의 결과로서 공공부문에 변화의 능력들을 창출하였다.

8.2.3 원가에 대한 지출

싱가포르를 포함한 많은 정부들은 전통적으로 현금에 기반을 두는 예산을 배분하고 기금의 사용에 대해서도 책임을 지는데, 전형적으로 현금을 기반으로 이루어진다. 그러나 경제적 결과를 갖는 현금 이외의 항목들을 배제하고 편익을 얻는 것과 현금흐름 사이의 시차 때문에 현금회계는 경제적 의사결정에 대한 적절한 정보를 제공하지 못한다. 재무부는 전통적인 현금예산과 회계를 보충하기 위해서 자원예산회계(resource budgeting and accounting)를 도입했다.

자원회계제도에 있어서 부처들은 감가상각, 자본비용, 임차료의 귀속과 같은 현금 이외의 항목들을 포함하기 위해 발생주의에 대한 내부적인 회계기록에 더하여 현금이 지출된 시점보다는 발생한 시점의 지출기록을 보관할 필요가 있다. 자원예산제도에 있어서, 부처들은 이러한 현금 이외의 항목들에 대한 예산과 총 자원(예컨대, 현금 이외의 공급들을 포함한)에 대한 충분한 자금을 보장할 필요가 있다. 자원회계예산의 효과는 공공서비스를 공급하고 새로운 프로젝트와 프로그램을 실행하는 데 있어서 모든 자원에 대한 완전한 비용을 반영하는 것이다.

경제적 가치를 부가하는 개념에 상응한 순경제적가치회계는 공공부문이 재원의 할당으로부터 최고의 가치를 얻기 위한 노력을 유도하기 위해서 도입되었다. 순경제적가치는 운영비용과 자본비용의 수익을 작게 평가하는 것으로서 대부분의 기관들에게 부정적인 것이었다. 따라서 재무부는 공공기관들이 서비스 공급의 일정한 비용에 대한 회수가능성을 계속 평가하도록 권장하고(그래서 수익을 증가시키고), 운영의 효율성을 향상시키고(그래서 비용을 감소키고), 그리고 더욱 건전한 자본관리(그래서 자본비용을 감소시키고)를 위해서 절대적인 순경제적 가치보다는 점증적인 목표의 향상을 설정하였다.

공공부문 의사결정의 약점은 관리자들이 이해관계자의 관심에 따른 행동을 자극하기 위한 재정적 결산결과인 순이익의 개념이 부족하다는 것이다. 더욱이 이해관계자인 시민들은 공공기관의 관리자들에게 질문하기 위한 지식과 시간도 없을 뿐만 아니라 그들에게 접근할 수도 없는 사람들이다. 자원예산회계와 순경제적 가치의 실행과 함께 재무부는 민간부문으로부터 재정운영의 우수사례들을 채택했으며, 부처들에게 합리적인 의사결정을 위해 필요한 경제적 정보를 제공했다. 재정적 순이익에 대한 개념의 부족은 더 이상 재정적 자원을 최적화하는 데 장애물이 아니다. 공공기관들은 전략적 목표들을 성취하기 위해 산출을 극대화하기 위한 재정적 수단들과 정보를 가지고 있으며, 그것은 시설을 건축하거나 또는 임대하는 것, 아웃소싱을 하거나 또는 내부에서 수행하는 것, 또는 자본적 프로젝트의 투자와 운영에 민간부문이 참여하도록 확대하는 것에 대한 의사결정을 포함하고 있다.

8.2.4 재정적 지출에 대한 가치추구

재무부는 공공기관들이 재정적 자원의 할당을 늘리는 데 도움을 주는 몇 가지 사례들을 도입했다. 이러한 사례들은 부처들에게 배분되는 덩어리 예산을 결정하는 것은 아니지만, 그들의 재원을 늘리기 위해서는 그것을 어떻게 실행하고 있는지 재무부와의 검토회의에서 보여주어야만 한다. 도입된 주요 사례들은 최상의 아웃소싱, 공유 서비스, 절약운동이다.

최상의 아웃소싱에 있어서, 부처들은 그들의 전략적 활동과 비전략적 활동을 구별할 필요가 있으며, 그 다음에 비전략적 활동에 대한 시장성 테스트를 실행한다. 이것은 아웃소싱정책 자체는 아니지만 외부적 공급자들에 의해 설정된 기준점에 대해서 내부적인 비전략적 활동을 지속적으로 평가하는 규율이다. 시장성 테스트에 있어서 부처들은 그들의 비전략적 활동을 수행하기 위해서 민간부문 공급자들로부터 서비스 제안을 확보하고, 내부적인 비용과 기준에 대해서 민간부문의 제안을 평가하고, 그리고 비전략적 활동을 아웃소싱 하는지 또는 계속 내부에서 수행하는지 여부를 판단한다. 2004년 4월부터 공공부문은 비전략적 기능의 약 230개 또는 18%에 대해서 시장성 테스트를 수행했다. 이러한 기능들의 70%는 나중에 총 계약가격 약 S$18억 달러의 아웃소싱이 이루어졌으며, 연간 최소한 S$34맥만 달러의 운영비용을 절감하는 성과를 올렸다. 이러한 활동은 데이터센터 운영, 도서관 서비스, 주차장 단속, 어장 운영, 실험실 지원, 콜센터, 유지관리 서비스, 물류 운영을 포함하고 있었다.

최상의 아웃소싱 틀의 일부로서, 공공부문에 서비스를 제공하는 민간부문의 전문가와 자원을 참여시키기 위해서 관민협동(PPP: Public-Private-Partnership) 접근법이 채택되었다. 정부기관들은 공공서비스를 공급하는데 필요한 시설을 소유하고 운영했었다. 정부-민간합작의 접근법에서 공공부문은 민간부문으로부터 서비스를 구입해서 공공에 제공했다. 민간부문은 정수처리장, 고등교육기관, 스포츠시설처럼 필요한 자산을 개발하고, 소유하고, 운영하고 있었다.

공유 서비스 기능은 규모의 경제와 절차의 개선을 위해 공공기관들의 재정과 인적자원 기능의 지원을 통합하도록 2006년 4월에 재무부에서 실시하였다. 이러한 지원기능과 활동은 통합서비스센터(CSS: Center for Shared Services)로 불리는 재무부 산하의 새로운 부서로 이전되었다. 공유 서비스 시책에 참여한 기관들은 유사한 수준의 서비스와 비용절감이 약속되었다. 통합서비스센터는 안정화 이후에 이러한 기능의 연간 운영비를 15%까지 절감할 것으로 기대하고 있다. 첫 번째 단계에 참여한 기관들은 재무부와 동일한 재정과 인적자원시스템을 공유하였고, 약 300명의 직원들이 함께 지원하고 있었다. 공유 서비스 기능의 목적은 보다 적은 비용으로 더 높은 기준의 성과를 성취하기 위한 최상의 사례들을 채택함으로써 지원과정들을 간소화하고 개선하기 위한 것이었다. 직원들은 새로운 운영절차를 수행하고 관리하기 위한 기술을 훈련받았다. 통합이 완료된 후에는 많은 직원을 줄일 수 있을 것으로 기대하고 있다.

공공부문의 절약운동 캠페인은 예산의 사회적, 경제적 혜택이 극대화될 수 있도록 직원들 사이에 비용절감과 효율성의 사고방식을 심어주기 위한 것이다. 절약으로부터 발생한 비용절감은 2003년과 2005년에 각각 S$602백만 달러에서 S$738백만 달러에 이르렀고, 공공기관들의 예산의 약 2%에 수준으로 나타났다.[18] 2가지 주요한 시책들(형식주의 지양과 낭비 줄이기)은 내부적인 사례들을 검토하고 공공부문에 있어서 관료주의와 낭비 줄이기를 위한 아이디어를 모집하는 것이었다. 공무원의 형식주의를 타파하는 시책을 추진하면서 스마트규제위원회(Smart Regulation Committee)는 공공기관의 관료적 규칙과 규제들을 검토하고 제거하기 위해서 2000년에 실행되었다. 위원회는 모든 기관들이 기존 규제의 95%를 검토하고, 그 결과 12%의 규제들이 제거되었고 또 다른 24%의 규제들이 개선되었다. 또 다른 결과는 다른 기관들의 요구에 따라 173개 규제에서 60개를 제거한다는 장관의 발표들이 있었다. 또한 공공부문의 관료적 절차를 줄이기 위한 환류에 대응하기 위해서 비즈니스(친기업가 패널), 주민(제로절차/Zero-In-Process), 공공부문 종사자(파워/POWER-형식주의를 제거하기 위해 일하는 공무원/Public Officers Working to Eliminate Red-tape)로부터 3개의 패널들이 설립되었다. 친기업가 패널은 거의 1,600개의 제안들을 접수했고, 절반 이상을 실행하도록 채택했다. 제로절차는 공공으로부터 약 8,000개의 제안들을 접수했고, 108건 이상을 해결했다. 파워는 공공부문 종사자로부터 350건의 제안들을 받았다.

낭비 줄이기 패널은 공공부문과 민간부문의 대표자들로 구성되었고, 공공부문은 전체적으로 공공서비스의 공급에 있어서 낭비적인 관행, 비

[18] Ministry of Finance Statement, “Economy Drive Saves the Government $602m in FY2005,” 8 June 2006.

효율적이고 불필요한 요소들을 줄이기 위한 방법에 대해서 평범한 주민들로부터 환류를 얻기 위해 2003년에 설립되었다. 패널은 공공부문의 관행에 관한 공공의 환류에 대한 기관의 답변을 검토했고, 만약 답변이 만족스럽지 못하면, 패널은 기관들에게 그것을 해명하거나 또는 그 관행을 다시 검토하도록 요청했다. 2003년 9월부터 2006년 5월까지 낭비 줄이기에 대한 3,108개의 제안들이 접수되었고, 기관들은 제안들의 84%를 수용했다. 기관들이 동의한 제안들의 96%는 이미 기관들에서 시행되거나 또는 다른 방식으로 해결된 것이었다. 4%의 새로운 제안들은 실행중이거나 또는 실행될 것이다. 새롭고 독특한 제안들의 실행으로부터 발생한 비용절감의 누적금액은 S$11.4백만 달러에 달했다.[19]

4가지 일련의 재정적 원칙들과 사례들은 총괄적으로 공공부문에 있어서 지속적인 변화를 촉진하는 제도적 능력들을 구축했다. 출자된 재투자 기금과 함께 지속적인 예산한도의 수립은 공공부문의 지도자들이 중기적인 조직역량을 계획하고 구축하도록 강요하는 한편, 기존의 활동을 다시 검토하고 새로운 프로젝트를 도입함으로써 끊임없이 조직을 쇄신했다. 재량의 극대화는 기관들에게 자율성, 유연성, 그리고 그들의 전략적 목표들을 달성하기 위한 계획을 현실적인 방식으로 계속 조정하도록 유도하는 인센티브를 제공했다. 원가에 대한 회계는 기관들에게 희소한 자원으로부터 최대한의 성과를 얻기 위한 합리적 의사결정을 만드는 데 필요한 경제적 정보를 제공했다. 재정지출에 대한 가치추구는 기관들이 지속적으로 운영과 재정적 절차들을 검토하고 개선해서 그들에게 할당되는 재원을 늘리기 위한 공통의 틀과 수단을 제공했다. 재정적 절차들은 단순한 할당과 회계적인 수단을 넘어서게 되었다. 그것들은 전략적 목적을 심어주고, 새로운 구조들을 착근시키고, 그리고 공공부문의 지속적인 개선과 변화를 자극하기 위한 새로운 역량을 실행했다.

[19] Ibid.

8.3 체계적 규율의 적용: 구조적 연결의 재설계

체계적 사고는 복잡한 상황들의 기저를 이루는 구조들 또는 시스템의 핵심적인 요소들 사이의 연관성의 유형을 보기 위한 역량이다.[20] 체계적 구조는 행태에 영향을 미친다. "절차들 사이의, 그리고 절차와 인센티브 사이의 조화와 상호보완성을 재인식하는 것은 조직적인 능력을 이해하는데 대단히 중요한 것이다."[21] 그러나 체계적 연관성은 시차, 매개요인, 그리고 핵심적인 변수들 사이의 인과성에 대한 공간적 분리로 인해서 결과들이 분명하지 않거나 또는 직접적이지 않기 때문에 관찰하기가 어렵다.

구성원에게 내재된 지식과 전문성, 그리고 소프트웨어를 포함한 조직의 유형자산과 무형자산들의 잠재력은 바람직한 산출물을 생산하기 위해서 구조와 절차의 배치를 조정하고 통합하지 않으면 완전히 실현되지 않는다. 동일한 시스템에 다른 사람을 배치하더라도 유사한 결과를 낳는 경향이 있다. 심지어 순수한 의도를 가진 또는 숙련된 사람들은 그들을 지원하지 않거나 또는 그들이 열심히 일하기 어렵게 만드는 엉망인 시스템에서 일을 하려고 할 때 흔히 몹시 분노하게 된다. 우수한 사람이 역기능적인 시스템에서 일할 때, 그들은 성과를 거두기 어렵고 잠재적인 성취는 제한된다. 그러나 사람들은 조직에 있어서 시스템의 변화에 흔히 무력감을 느낀다. 조직적인 리더십은 에너지와 전문성을 동원하고, 조직적 시스템에 대한 변화에 영향을 미치기 위한 관계, 권한, 자원을 조직하기 위해서 필요하다.

어떤 대규모 조직에 대한 체계적 규율의 적용은 새로운 행태들이 가능해지고 유지될 수 있도록 구조적 연결들(사람, 자원, 활동을 어떻게 부서로 통합

---

[20] Peter Senge (1990). The Fifth Discipline: The Art and Practice of the Learning Organization. NY, NY: Doubleday/Currency.

[21] Teece, Pisano and Shuen (1997), p. 520.

하고, 이러한 부서들을 어떻게 관련시키고, 그들의 업무를 어떻게 조정하는지)을 재설계하는 것을 포함한다.[22] 구조와 절차를 근본적으로 재설계하는 것은 정보와 업무의 흐름, 업무의 흐름들 사이의 연계, 사람들의 의사결정에서 인식, 목적, 규칙, 규범으로 나타나는 운영정책, 그리고 행동을 지원하고 촉진하는 기술의 적용을 다시 생각하는 것이다.

싱가포르 공공부문의 지도자들은 바람직한 장기적인 산출물을 성취하기 위해서 새로운 행태들이 권장되고, 가능해지고, 지속되도록 그들의 중요한 조직적 책임성을 새로운 시스템에 주입하고 기존의 구조와 절차를 재설계하는 것으로 보인다. 공공부문에서 창조한 역동적 능력의 특징은 지속적인 개선과 혁신을 공급하는 구조, 절차, 시스템을 설계하기 위해서 지식, 기술, 기술과 같은 무형의 자산을 활용하는 총체적 시스템 중심의 능력을 개발하는 것이다. 리더십에 의해 유도된 변화는 오직 신중하게 설계된 조직적 시스템과 절차를 통해서 유지될 수 있다. 그렇지 않으면 지도자의 관심이 불가피하게 다른 수요들과 우선순위로 전환될 때, 조직은 시간이 지나면서 예전의 행태로 되돌아가 가는 경향이 있다. 새로운 행태는 오직 새로운 구조와 시스템이 바람직한 행태를 강화하는 정보와 인센티브를 끊임없이 제공하고 자기통제와 자기감시를 권장하는 변신을 강조할 때에만 지속될 수 있다.

우리는 공공부문에서 개발한 4가지 시스템 중심의 능력을 확인했는데, 핵심적인 자원의 역량을 확대하는 시스템, 임무에 집중하고 기관들을 통합하는 시스템, 변화를 위해서 조직을 참여시키는 시스템, 국민에게 통합서비스를 제공하는 시스템이 그것이다. 이러한 시스템 중심의 능력은 표 8.7에 요약되어 있다.

---

22 Henry Mintzberg (1993). Designing Effective Organizations. NJ: Prentice-Hall.

표 8.7 **공공부문의 시스템 중심의 능력**

1. 역량을 확대하는 시스템: 구성원과 재정적 절차
   - 구성원 시스템
   - 재정적 시스템
2. 임무에 집중하고 통합하는 시스템: 수직적, 수평적 구조
   - 독립행정기관
   - 관계부처 합동의 위원회
   - 관계기관 합동의 팀
3. 변화에 동참하는 시스템: PS21의 틀
   - 구성원의 선도
   - 시스템의 관리
   - 시민과 고객에게 봉사
4. 통합서비스를 제공하는 시스템: 많은 기관들, 하나의 정부
   - 목적: 시민연계, 고객만족, 연계정부
   - 서비스: 공표, 소통, 처리, 통합

8.3.1 역량을 확대하는 시스템: 구성원과 재정적 절차

대부분의 정부관료제는 비효율적이고, 느리고, 반응하지 않는 진부한 것으로 여겨지며, 국가의 경계를 가장 중요한 것으로 인식하는 닫힌 환경 속에서 전통에 기초한 깊이 새겨진 관행과 고정된 규칙을 특징으로 한다. 싱가포르 공공부문은 이처럼 규모가 크고 복잡한 상황에서 전략적 목표들을 달성하고, 역량을 확대하고, 역동성을 활성화시키는 2가지 중요한 자원이 사람과 재정이라는 것을 이해하고 있다.

사람들의 잠재력을 실현하도록 개발하고 바람직한 결과를 극대화하도록 재정적 자원을 개발하는 데 상당한 관심과 자원이 투자되었다. 공공부문에서 구성원을 관리하는 시스템은 인재를 채용하고 개발하고, 평가와 개발을 통해서 그들의 역량을 쇄신하고, 경쟁적인 보상을 통해서 지도자들을 보유하기 위한 구조와 절차를 포함하고 있었다. 재정적 관리를 위한 시스템은 기관들을 전략적 우선순위에 동참시키고, 예산한도를

수립하고, 재량을 극대화하고, 원가에 대한 회계, 그리고 지출에 대한 가치추구를 위한 구조들과 절차들을 포함하고 있었다. 이러한 구성원과 재정적 시스템은 제7장과 이 장(章)의 앞부분에서 자세히 설명되었다. 우리는 공공부문에서 역동적 능력을 창출하기 위한 가장 중요한 시스템이 사람과 재정이라는 것을 발견했다. 그것은 전략적 발전과 변화의 핵심적인 방편이다. 사람과 재정이라는 2가지 근본적인 자원을 위한 효과적인 시스템이 없다면, 우리가 이 단락에서 설명하는 다른 시스템은 제대로 작동하지 않을 것이다.

8.3.2 임무에 집중하고 통합하는 시스템: 수직적, 수평적 구조

"전략을 따라가는 구조"는 비즈니스 관리에 있어서 일반적인 통념이다. "구조적 혁신을 요구하는 효과적인 정책"은 공공부문에 있어서 당연한 결과이다. 독립 이래로, 싱가포르 공공부문은 기존의 구조들과 시스템이 바람직한 결과를 제공하기 위한 역량을 제한할 때마다 국가적 우선순위를 실행하기 위해서 지속적으로 새로운 조직적 설계들과 구조들을 개발했다. 1960년대 초기에 공무원시스템이 공동주택과 심각한 실업의 긴급한 이슈를 다루는 데 있어서 지지부진할 때, 전략적 해결책들을 신속하게 개발하고 실행하기 위해서 독립행정기관을 만들었다.

독립행정기관은 입법을 통해 만들어진 독립조직이며, 임무에 집중하고, 관료적 거버넌스로부터 더욱 독립적이고, 재정과 인적자원을 관리하는데 있어서 자율성을 가지고 있었다. 그들은 필요한 전문가를 고용하고 프로젝트와 프로그램의 실행을 위해서 재정적 자원들을 사용하는데 일반적인 행정의 규칙과 관행을 따르는 소속 부처들보다 상대적으로 더욱 자유롭다. 그들은 공공과 민간부문의 존경받는 대표자들로 구성하는 공정하고 독립적인 위원회를 통해서 관리되었다. 공공기관은 주어진 미션들을 성취하기 위해서 빠르고 효율적으로 운영한다는 평판을 얻었고, 전통적인 정부부처들의 범위를 벗어나는 국가의 전략적 이슈에 관심을 집중하기 위해서 광범위하게 사용되었다.

독립행정기관은 행정부서들과 병행해서 존재하도록 만들어진 구조적 혁신이다. 이것은 행정의 구조들이 불충분할 때 결정적인 정책영역에서 결과를 성취하려는 실용적인 접근이다. 행정을 개혁하는 것은 달성하는 데 일정한 시간이 걸린다. 독립행정기관은 행정의 경직성을 극복하는 구조적 혁신이며, 중요한 정책의 실행과 변화를 위한 고도로 효과적인 수단이다. 독립행정기관의 조직적 모델은 행정의 반응성, 책임성, 자질을 제고하기 위한 행정개혁의 기초이다. 독립행정기관은 효과적인 정책실행을 위해서 적합한 조직적 구조들이 중요하다는 것을 보여준다. 독립행정기관의 창출은 효과적인 정책을 공급할 수 있도록 개발된 조직적인 혁신이다.

수년간 많은 전문적인 독립행정기관은 국내의 회사들을 광역화하도록 지원하는 것부터 전문적인 교육을 공급하고 예술을 진흥하고 환경을 보호하는 것에 이르기까지 중요한 국가적 목표들을 실행하기 위해서 설립되었다. 첫 번째 독립행정기관으로는 1960년에 저가의 주택을 건설하는 주택개발청(HDB)과 1961년에 일자리 창출을 위해 외국인 투자를 유치하는 경제개발청(EDB)이 설립되었다. 경제개발청의 산업재정부는 1968년에 독립적인 독립행정기관인 싱가포르개발은행(DBS: Development Bank of Singapore)으로 분리되었고, 나중에 범아시아적인 야망을 갖고 완전한 상업은행으로 민영화되었다. 마찬가지로 새로운 독립행정기관인 주롱타운공사는 경제개발청의 산업적 기반시설을 개발하는 기능을 인계받아서 설립되었다.

여기서 우리는 이전의 정책과제가 성공하면서 새로운 기회가 발생하고, 이러한 새로운 수요에 대응하기 위해서 어떻게 구조들이 진화했는지를 알 수 있다. 구조적 혁신은 효과적인 정책집행을 가능하게 하고 새로운 기회를 창출한다. 정책이 효과적으로 실행되면서 예측할 수 없었던 새로운 기회가 발생하고, 이것은 추가적인 구조적 혁신을 필요로 한다. 그것이 구조와 시스템이 어떻게 역동적 거버넌스에 기여할 수 있는지를 보여주는 핵심적인 부분이다. 많은 조직은 구조와 시스템을 변화에 대한 제약으로 간주하고 기존의 구조 내에서 실행할 수 있는 단지 점증적인 조치만 채택하도록 체념해 버린다. 싱가포르 공공부문은 실질적인 정책과제의 실행을 위해서 어떻게 조직적 구조의 혁신이 필요한지를 보여준다. 그것이 역동적 거버넌스와 단순한 공공관료제와의 차이점이다. 나아가 지도자들은 끊임없이 미리 생각하기, 다시 생각하기, 다른 나라들에서 학습하기 위한 두루 생각하기를 실행하시 않는 한 오늘의 조직적인 혁신은 내일의 유산에 불과하다는 사실을 인식할 필요가 있다.

공공기관은 하나의 기관이 특정한 문제에 대해서 관심을 집중하고 해결책을 신속하게 실행하기 위한 지식, 전문성, 자원의 수직적인 통합을 나타낸다. 그러나 국가가 발전하면서 이슈들은 경제적, 사회적, 안보적 함의들을 포함하는 더욱 복잡하고 다면적인 것이 된다. 이러한 이슈들을 해결하는 것은 여러 기관들에 흩어져 있는 지식, 기술, 전문성, 그리고 자원들을 필요로 한다. 하나의 부처 산하에 하나의 공공기관과 같은 단일한 기관은 더 이상 필요한 정책들을 자체적으로 실행하기에 충분하지 않거나 또는 그럴 수도 없다. 여기서 우리는 과거에 그렇게 효과적으로 작동했던 공공기관과 같은 조직의 혁신이 변화에 대한 새로운 구조적 걸림돌이 되는 것을 확인하게 된다. 즉, 거버넌스에 역동성을 만드는 것은 절대적으로 중요하지만, 그러나 성취하기 어려운 것이 현실이다.

새로운 구조들과 절차들은 효과적인 통합적 정책의 결과물을 성취하기 위해서 많은 기관들에 걸친 시너지를 창출할 필요가 있다. 이러한 보다 복잡한 정책이슈들은 올바른 원인을 확인하고, 다른 정책대안을 토론하고, 그리고 몇몇의 기관들에 걸친 정책집행을 조정하는 데 있어서 광범위하고 더욱 포괄적인 관점을 보장하기 위해서 비록 일시적인 조치라고 하더라도 필요한 자원들을 합치는 관계부처, 관계기관 합동의 접근방법이 필요하다. 나아가 기관의 항구적인 배치는 빠르게 변화하는 사회경제적 환경에서 충분하지 않은 것이다. 정책적 관심사들의 복잡성과 특성에 따라서 기관들의 배치를 달리해야 할 필요가 있다. 전문적인 기관들의 수직적 구조와 더불어, 일시적인 수평적 네트워크 구조들은 정책적 검토, 변화, 실행을 위한 팀에 있어서 적절한 기관들을 연결시키기 위해서 필요하다. 기관은 이제 끊임없이 재배치되는 몇몇의 수평적인 팀에서 나타난다. 관계된 이슈에 따라서, 각각의 기관은 그들의 전문성, 경험, 네트워크에 기초해서 팀에게 다른 기여들을 제공한다. 전형적인 수직적 구조와 수평적 구조 사이의 차이점은 표 8.8에 나타나 있다.

표 8.8 **구조적 특성**

수직적 구조	수평적 구조
항구적	일시적
고정된 자원	신축적 자원
고유한 미션에 집중	이슈에 대한 다방면의 관점
하나의 기관	다양한 기관
계층제적인	네트워크
직접적인 정책집행	기관들 간의 집행을 조정
신속하고 효율적인	포괄적이고 효과적인

전형적인 수직적 구조의 사례들은 정부부처, 부서, 또는 공공기관과 같은 설계들을 포함한다. 그러한 구조들은 고정적인 자원들과 함께 오래 지속되는 경향이 있는데, 하나의 기관에서 거의 항구적으로 특정한 임무에 집중하도록 정해져 있다. 이러한 수직적 구조들은 특정한 정책과 프로그램을 효율적으로, 신속하게 실행하기 위해서 계층제적으로 조직된다.

공공부문은 테러방지대책, 저임금 근로자들, 인구증가, 고령사회와 같은 더욱 복잡하고 다면적인 안보적, 사회적 이슈들을 위한 관계부처 합동위원회 또는 관계기관 팀과 같은 더욱 수평적 구조들을 사용하고 있다. 이러한 수평적 구조들은 다양한 관점들과 전문성을 갖고 있는 기관들의 대표자들이 관련되고, 일정한 기간 동안 중요한 이슈들에 대해서 일하고, 프로젝트가 완료되었을 때 해체된다. 일부 수평적 구조들은 기밀을 요구하고 지속적인 조정이 필요한 안보처럼 장기적인 이슈들과 관련한 경우에는 상설위원회로 지속된다. 팀들은 계통관계를 따르는 계층제보다는 지식과 전문성에 기초한 전문가들의 네트워크로서 일한다. 그들의 목적은 포괄적이고 효과적인 해결책들을 개발하는 것이며, 만약 채택한 정책들을 실행하는데 다양한 기관들의 조정이 필요한 경우에 적용된다. 공공부문에서 사용되는 수평적 구조들의 사례들은 표 8.9에 정리되어 있다.

표 8.9 **공공부문의 수평적 구조 구현사례**

수평적 구조	목적
전략적이슈그룹	현안 이슈들에 대한 시나리오와 전략적 계획을 작성하는 동안 정책변화를 검토하고 권고하기 위해 구성된 임시그룹
관계부처합동위원회	장관급위원회에서 확인된 국가적 이슈를 연구하기 위한 임시위원회
사무차관위원회	여러 기관들에 걸치는 이슈를 정기적으로 확인하고 검토하는 상설위원회
부문별위원회	경제, 사회, 안보와 같은 부문에서 여러 기관들에 걸치는 이슈를 공유하고 이해하도록 조정하는 상설위원회
장관급위원회	주요한 국가적 정책이슈를 심의하는 장관급 임시위원회
국가안보조정위원회	국가안보이슈에 대한 관계기관의 대응을 조정하는 상설위원회
국가연구혁신위원회	전략적 연구영역에 있어서 개발과 투자를 조정하는 상설위원회

공공부문은 효과적인 정책집행을 위한 결정적인 능력으로서 집중과 통합의 능력을 개발했다. 집중은 원인이 거의 분명하고 잘 구조화된 해결책인 긴급한 국가정책의 신속하고 효율적인 실행을 위해서 필요하다. 긴급한 정책이슈를 다루는 것은 사전에 결정된 해결책의 실행을 위해서 신속하게 자원들을 동원할 수 있는 효율적인 수직적 구조를 필요로 한다. 독립 초기에 국민들에게 공동주택, 기본적인 의료서비스, 단순한 일자리를 제공하는 것과 같은 많은 국가이슈들은 공공기관 같은 수직적 구조의 혁신을 적용할 수 있었다.

기본적인 수요가 점차적으로 충족되면서, 사회적 수요는 더욱 복잡해지고 고상해졌는데, 그것의 원인은 더욱 감지하기 힘들고 해결책은 분명하지 않은 것이어서, 결정적인 정책능력은 사전에 결정된 해결책의 효율적인 실행으로부터 수요를 감지하고, 문제를 이해하고, 원인을 확인하고, 가능한 해결책을 발견하는 것으로 전환할 필요가 있었다.

수직적 기관들이 집중하는 것은 단지 자신들의 영역 내에서 해결책을 찾는 것인데, 그것은 더욱 복잡한 문제들을 위해서는 충분하지 않은 것이다. 실질적인 해결책이 분명하지 않을 때 단순한 해결책을 실행하기 위해서 신속하게 돌진하는 것은 위험해졌으며, 그것은 의도하지 않은 2차적, 3차적인 이상한 결과를 야기하기 쉽다. 효율적인 집행은 효과적인 해결책을 위해서 대신할 수 없었다. 좋은 아이디어를 발견하는 데 있어서 통합적인 관점과 다면적인 해결책을 실행하기 위한 조정된 접근방법은 성공을 위해서 필수적인 것이 되었다.

따라서 수평적 네트워크와 일시적이고 재구성할 수 있는 팀은 올바른 해결책을 발견하기 위해서 적합한 관점들을 참여시키고, 그들의 노력을 네트워크로 조정할 필요가 있었다. 비록 공공부문에 있어서 최근의 발전은 대부분 수평적 네트워크를 형성하고 있지만, 그것은 여전히 기능적 자원들을 유지하고 기본적인 서비스들을 효율적으로 제공할 필요가 있는 수직적 조직들을 대체하는 것은 아니다. 수평적 조직들은 수요가 더욱 증가하고 복잡해진 사회에서 정책의 효과성을 위해서 새로운 합리적인, 사회적인 조정능력을 보충해주었다.

8.3.3 변화에 동참하는 시스템: PS21의 틀

PS21(21세기를 위한 공공서비스)은 불확실하고 예측할 수 없는 미래를 준비할 수 있도록 공공부문에 있어서 변화를 위한 절박감을 심어주기 위해 1995년에 시작되었다. 이것은 조직의 변화(변화를 예측하고, 변화를 환영하고, 변화를 실행하는)를 위해서 공공부문의 모든 수준들을 참여시키는 총체적인 접근방법이었다. 전직 고위공무원인 임싱권에 따르면, 주요한 정책검토와 변화는 여전히 대부분 행정직과 고위직의 영역이었다. "핵심적인 아이디어는 여전히 고위직으로부터 나오지만, 우리는 필요할 때 반응하고 변화할 수 있고, 각각의 수준에서 가능한 변화를 제안하고 영향을 미칠 수 있도록 공공부문의 모든 수준에서 직원들이 PS21을 준비할 필요가 있다."[23] PS21 운동의 동기는 "어떻게 사람들이 변화의 필요성을 느끼게 만들고, 기꺼이 변화하려고 하고, 변화하고 싶도록 만들 것인지… 그러한 틀을 통해서 모든 사람들을 끌어들이고… 핵심적인 아이디어는 모든 사람들이 모든 수준에서 그들이 무엇을 하고 있는지 그리고 그들이 어떻게 더 잘할 수 있는지에 대해서 항상 생각해야만 한다는 것이다."[24]

PS21은 공공부문의 직원들이 스스로 학습에 적극적으로 참여하고 지속적인 개선을 추구할 때, 비록 변화를 위한 그들의 아이디어들이 순전히 운영적인 수준에 그치더라도, 그들이 변화에 대해서 더욱 능동적으로 반응할 것이라는 확신에 기초한 자생적 운동으로 시작되었다. "PS21은 하위직원들에게 가장 유용한 것인데, 그들이 변화시킬 수 있고, 그들이 목소리를 내고, 그들의 견해들이 중요하다고 느낄 수 있도록 만들어 준다. 만약 120,000명의 사람들이 항상 어떤 것이든 개선하려고 한다면, 공공서비스의 놀라운 모습을 보게 될 것이다."[25] PS21의 근본적인 주안점은 "결과를 추구하는 것이 아니라, 가치들에 대한 것이며, 조직적인 리더십의 철학에 대한 것이며, 역량에 대한 것이다."[26] PS21의 기본적인 철학과 접근방법은 표 8.10에 요약되어 있다.

[23] 공공서비스 부서에서 PS21을 주도한 임싱권과의 인터뷰는 2005년에 이루어졌다.
[24] Lim Siong Guan (2005). "Catalyst for Change," Challenge, Vol. 11, No. 10, November.
[25] Eddie Teo (2005). "Reflection on 10 Years of Change," Challenge, Vol. 11, No. 10, November.
[26] Lim (2005).

표 8.10 PS21의 기본적인 철학과 틀

주제	공공부문의 지속적인 변화
이유	환경의 끝없는 불확실성
신념	변화를 위한 아이디어는 어디서든 나올 수 있다. 직원들은 개선을 원하고 일을 더 잘하기를 원한다. 지도자는 목표를 성취하기 위한 직원들의 노력을 지원한다.
수단	모든 사람들의 창의성 모으기
결과	미래를 위한 적시성
전략적 추진방안	조직적인 우수성 혁신과 진취성 개방성, 반응성, 참여
기능적 프로그램	직원의 복리 지속적인 진취성과 학습 양질의 서비스 조직적인 검토
구조	고위 공직자가 의장을 맡는 PS21 집행위원회 위원회: (ⅰ) 사람, (ⅱ) 시스템, (ⅲ) 고객/시민 공직인사국(PSD) 내에 PS21 사무소 조직적인 우수성에 관한 공공서비스센터
개선방법	업무개선팀(WITS: Work Improvement Team), 직원제안제도(SSS: Staff Suggestion Scheme), 진취적인 도전, 싱가포르품질상(SQA: Singapore Quality Awards), 우수직원상, 싱가포르혁신상(Singapore Innovation Class Awards), 싱가포르서비스상(Singapore Service Class Awards)

PS21은 초기의 생산성 향상을 위한 노력에 기반을 둔 것이며, 공공부문의 모든 직원들이 참여하는 것으로 확대되었다. 업무개선팀과 직원제안제도와 같은 방법은 공공부문의 직원들과 조직들이 변화에 대한 긍정적인 태도(변화를 두려워하는 것으로부터 변화에 개방적이고 변화를 기회로 인식하도록)를 갖도록 총체적이고 통합적인 접근방법에 통합되었다. 진취적 도전은 공공부문의 주요한 개선을 위한 혁신적인 아이디어들을 발굴하기 위해서 2000년에 시작되었다. 2000~2005년 사이에 900건 이상의 제안들이 접수되었고, 그

중 41건은 시범사업으로 실행되었다.

직원의 훈련에 대한 투자와 업무개선에 대한 참여는 공공부문의 직원들이 필요한 지식, 기술, 그리고 변화에 긍정적으로 기여하려는 태도를 갖추도록 했다. 2004년에 각각의 공공부문 직원들은 훈련에 평균 12.3일을 사용했고, 모든 직원의 약 35%는 최소 100시간의 훈련을 완료했다. 같은 기간에 120,000명의 직원들 중에 71%의 직원들이 평균 3.27건의 제안을 제출했고, 그중 84%는 실행되었으며, 비용절감의 결과는 S$184백만 달러에 이르렀다.[27]

공식적인 구조들과 비공식적인 메커니즘이 PS21의 실행을 위해서 활용되었다. 2명의 사무차관이 의장을 맡은 3가지 공공부문위원회는 각각 사람과 시스템의 핵심적인 영역에 집중했다. 각각의 기관은 내부적으로 PS21의 목표들을 성취하기 위해 필요한 역량을 구축하도록 유사한 위원회를 갖고 있었다. PS21 집행위원회는 공무원 수장이 의장을 맡았고, 3가지 PS21위원회를 통해 드러난 이슈들과 제안들을 검토했다. 전체적인 PS21의 노력은 총리실 공직인사국(PSD)의 PS21사무소를 통해서 조정되었다. 4가지 기능적 프로그램(직원의 복리, 지속적인 진취성과 학습, 양질의 서비스, 조직적인 검토)은 변화를 환영하는 환경을 조성하기 위해서 시행되었다.

조직적인 우수성에 관한 공공서비스센터는 공공부문 내에서 학습과 공유를 촉진하기 위한 비공식적인 메커니즘과 지원네트워크의 서비스를 제공했다. 이것은 비공식적인 네트워킹과 싱가포르품질상과 싱가포르혁신상과 같은 조직적인 우수성의 기준점을 제공했다. 이러한 상들은 싱가포르에 기반을 두고 있는 조직들의 우수성을 나타내는 것으로 인식되었고, 민간부문과 공공부문에 모두 공개되었다. 또한 독립적인 수상위원회와 평가자들과 함께 표준청(싱가포르에서 생산성, 품질, 혁신을 촉진하는 기관)에서 독립적으로 관리하였다. 2005년 말에 8개의 공공기관들은 싱가포르품질상, 3개 기관은 우수직원상, 1개 기관은 싱가포르혁신상을 수상했다.

27 가장 최근의 정보는 재무부 웹사이트 www.mof.gov.에서 확인할 수 있다.

PS21은 공공부문의 직원들을 몰입시키는 조직 전체의 틀이었다. 그 목적은 직원들이 지도자들과 함께 변화를 실행하기 위해서 일할 수 있도록 사고방식과 태도를 변화시키기 위한 것이었다. 궁극적인 결과는 관찰하고, 생각하고, 학습하는 조직으로서, 개선을 위한 새로운 아이디어에 개방적인 조직이다. 가시적인 성과물과 수치들은 진행을 평가하기 위한 방법으로 간주되었고, 양적인 목표가 노력을 정당화시켜주는 것은 아니다. 공공부문의 지도자들은 PS21을 목적지에 도착하는 것이 아니라 진행 중인 여행으로 간주했다. 그들은 10년간 실행한 이후에도 PS21의 가치들을 공공부문에 심어주는 것은 여전히 한결같지 않을 것이라고 주저 없이 인정했는데, 이것은 여전히 각각의 기관에 있어서 지도자들의 헌신과 에너지에 크게 의존한다는 것을 의미한다. 여전히 PS21은 모든 수준의 직원들이 삶의 방식으로서 변화를 수용하고 지원하는 데 참여하기 위한 구조들과 절차들을 구축하는 혁신적인 틀이었다. 이것은 공공부문에 대한 변화능력의 다양한 차원, 즉 조직이 모든 영역에 있어서 개선을 추구하도록 유지하기 위한 힘을 제공하는데, 그것은 궁극적으로 공공부문이 수행할 수 있는 변화의 범위와 속도에 영향을 미쳤다. 사실상 많은 조직들이 이러한 차원의 변화의 능력에 많은 관심을 기울이지 않았기 때문에, 이러한 노력은 공공부문에 있어서 변신을 위한 토대의 기저를 이루는 장기적인 안목과 체계적인 사고를 보여주는 것이다. PS21을 관리하는 역량은 계속 진행 중인 사업으로서, 공공부문의 절차, 구조, 시스템이 지속적으로 변화하기 위한 능력의 토대를 이룬다는 지도층 사이의 확신을 보여주었다.

8.3.4 통합서비스를 제공하는 시스템: 많은 기관들, 하나의 정부

우수한 서비스는 고객의 요구를 신속하고 편리한 방법으로 충족시켜주는 것이다. 국가가 발전하면서 시민들은 더욱 세련되어졌고, 공공부문으로부터 높은 수준의 서비스를 기대하거나 요구하게 되었다. 그러나 서비스는 정보, 절차, 조직에 있어서 시차, 공간적인 분리, 기능적인 분화 때문에 고객의 기대를 충족시켜주는 데 실패했다. 1980년대부터 공공부문은 공공서비스의 향상을 위해서 몇 가지 시책들을 착수했는데, 사무실은 고객들에게 더욱 편안한 환경을 제공하도록 개조되었고, 고객을 상대하는 직원들은 고객서비스훈련을 통해서 기술을 향상시켰고, 기관들은 서비스 기준을 개발하고 공표했으며, 모든 기관은 선임직원을 공공의 환류와 불만들에 대응하는 품질서비스 관리자로 임명했다.

주요한 전략적 추진방안은 조직과 정보를 통합하고 공공서비스를 향상시키기 위한 절차들의 속도를 높이는 핵심적인 기술로서 정보통신기술(ICT)과 인터넷을 사용하는 것이었다. 공공부문은 "많은 기관들, 하나의 정부"라는 비전을 성취하기 위해서 고객들과 시민들의 수요를 중심으로 정부를 재창조하기 위한 기반으로서 전자정부 전략, 기반시설, 시스템을 개발했다. 국민들 사이에 정보통신기술을 사용하는 데 있어서 안락함과 자신감은 국가경쟁력의 이점과 관련한 이슈라는 확신이 있었다. 따라서 서비스 공급에 의무적으로 전자적인 채널의 사용을 극대화하고, 전자적 채널을 배우고 사용하는 데 도움이 필요한 사람들을 지원했다. 전자정부 시책들의 목적은 3가지 부분들(연결된 시민들, 똑똑한 고객들, 네트워크 정부)을 포함하고 있었다.[28]

전자정부는 싱가포르의 국가형성 노력들을 지원하고 정책을 검토하고, 개발하고, 실행하는 데 있어서 시민들과 정부 사이의 관계를 향상시키는 정보통신기술을 활용했다. 전자서비스 공급시스템들은 사람, 시간, 공간의 제약을 극복하고, 공공부문을 역동적인 세계적 도시에서 생활하고 비즈니스를 수행하는 고객들의 변화하는 수요에 대응해서 접근 가능하고, 통합적이고, 가치를 더해주는 전자서비스를 공급하도록 네트워크 정부로 전환시켰다. 네트워크 정부의 기반시설은 국민에게 순조로운 서비스를 제공하기 위해서 기관들이 협력하고, 정보를 공유하고, 집합적인 지식을 활용할 수 있도록 해주었다.

[28] Singapore e-Government Brochure, Version 3, published by IDA, March 2005.

웹사이트에 접속하는 단일한 포털(www.gov.sg)은 모든 정부의 정보와 서비스들을 위해서 만들어졌다. 이것은 4가지 고객집단들(정부, 시민들과 영주권자들, 비즈니스, 비영주권자들)의 수요에 부응하도록 조직되었다. 시민들과 영주권자들을 위한 서비스들은 일반적인 수요(안보, 주택, 교통, 문화와 여가, 보건, 가족과 공동체, 교육과 고용)에 따라 더욱 분화되었다. 2004년 10월까지 전자포털은 이미 한 달 접속건수가 2천 4백만에 달했다. 2006년 5월까지 1,600개의 서비스들이 온라인으로 이용할 수 있었고, 공공서비스의 98%가 전자적으로 공급될 수 있었다. 모든 영주권자들의 86%가 최소한 1년에 한 번 이상 전자서비스를 이용했고, 85%의 사용자들이 전자서비스의 전반적인 품질에 대해서 만족했다.[29] 전자정부 성숙도의 틀은[30] 전자서비스와 전자거버넌스를 개발하고 배치하는데 있어서 더 높은 수준의 정교함을 달성하도록 공공부문을 유도했다. 전자서비스에 있어서 성숙도의 틀은 단순한 정보공개부터 거래의 시작, 단일한 진입과 접속으로 다양한 거래를 완료, 공공부문과 민간부문들에 걸친 다양한 거래들의 통합까지 전자서비스의 5가지 수준을 정의했다. 2006년 5월까지 다양한 기관의 15개 통합전자서비스가 시행되었고, 보다 순조로운 서비스를 가능하게 하고 정부에 대해서 소명이 필요한 과정들을 50%까지 절감시켰다. 한 가지 사례로서 온라인사업면허서비스는 나중에 보다 상세히 설명할 것이다.

전자거버넌스(상담포털 www.feedback.gov.sg 참조)에 있어서, 기관들은 시민들에게 정책들을 알리는 것을 넘어서 설명하고, 상담하고, 연결하고, 참여시키도록 권장되었다. 시민들은 상담보고서에 그들의 견해, 불만, 제안을 제시하고, 정책들의 실행에 대한 환류를 제공함으로써 정책심의에 관여하도록 권장되었다. 2006년까지 3년간 100,000건의 공공의 반응들이 정책자문의 실행을 위해서 접수되었는데, 그것의 절반은 온라인으로 접수된 것이다.

---

[29] e-Government Customer Perception Survey, conducted by MOF and IDA, 2005.

[30] Singapore e-Government Brochure, Version 3, published by IDA, March 2005.

시간이 지나면서, 싱가포르의 전자정부 전략, 프로그램, 시스템은 세계적인 선진국들 사이에 광범위하게 알려지게 되었고, 많은 국제적인 상을 수상했다. 2005년에 받은 주요한 상은 표 8.11에 수록되어 있다.[31]

표 8.11 **싱가포르의 전자정부 수상기록**

- 2005년 미국 전자정부 준비보고서에서 전자정부 참여부문 2위, 전자정부 준비상태 7위를 차지함
- 2005년 유엔 공공서비스 부문에서 온라인사업면허서비스 프로그램이 수상함
- 2005년 세계경제포럼 글로벌 IT보고서에서 1위를 차지함
- 2005년 엑센츄어(Accenture) 주관 연례 전자정부 리더십 연구에서 22개국 중 3위를 차지함
- 2004년 글로벌 전자정부 연구(브라운대학교)에서 2위를 차지함

전자정부 사업은[32] 1980년에 국가전산원(NCB)을 설립하면서 시작되었는데, 생산성 향상을 위한 정보통신기술(ICT)의 활용을 위해서 공무원 조직의 전산화와 IT전문가의 개발을 유도하게 되었다. 1985년의 경기침체에 대한 대응의 일부로서, 국가 IT전략은 비즈니스의 경쟁력을 높이고 IT서비스 산업을 촉진하는 네트워크 시스템들을 구축하기 위해서 실행되었다. 1992년에는 싱가포르를 지능적인 섬(intelligent island)으로 만들기 위한 IT2000의 비전으로서 개인적인, 사회적인 생활을 개선하는 국가정보인프라를 구축하기 위한 노력이 시작되었다. 이러한 노력과 병행해서 방송과 통신서비스의 공급에 있어서 규제를 완화하고 경쟁을 도입했다. 1990년대 말에 국가전산원은 민영화되었고, 행정정보화는 경쟁력에 기초해서 민간부문의 IT서비스 공급자들에게 개방되었다. 새로운 기관인 정보통신개발청(IDA: Infocomm Development Authority)은 정부와 민간부문의 통신을 규제하고 정보통신기술을

31 이전 연도의 수상실적과 최근 목록은 www.egov.gov.sg. 참조.

32 e-Government: Accelerating, Integrating, Transforming Public Services, published by IDA, 2001.

촉진시켰다. 2001년부터는 시민들을 정책에 대한 환류와 검토에 참여시키고 고객들에게 통합서비스를 제공하는 데 집중하였다. 현재는 싱가포르를 2015년까지 지능적인 국가로 재창조하기 위해서 IN2015라는 명칭의 새로운 전략적 비전과 로드맵을 개발하기 위해서 노력하고 있다. 1980년부터 2006년까지 전자정부 사업의 발전과정은 표 8.12에 요약되어 있다.

표 8.12 **전자정부 사업의 발전과정**

시기	초점	범위
1980~1985	생산성 향상을 위한 기본적 기능의 전산화	정부기관
1986~1991	경쟁력 제고를 위한 경제적 가치사슬의 소통 네트워크	핵심적인 경제적 부문의 비즈니스 회사
1992~2000	삶의 질 향상을 위한 정보의 콘텐츠	학교와 개인
1995~2000	효율성과 혁신을 얻기 위한 정보통신 서비스의 공급에 있어서 경쟁	통신, 방송, 정부전산
2001~2006	신속하고 편리한 서비스에 대한 수요를 충족시키기 위해서 시민들을 위한 고객서비스 관계망을 구축하는 데 주력	여러 기관들에 걸치는 정책과 환류를 통합

전자정부의 비전은 모든 전자서비스를 하나의 접속점으로 통합하는 프로젝트를 포함하고, 전자서비스의 인지도를 향상시키고, 자동서비스단말기와 지원프로그램을 통해서 편리한 접속을 제공하고, 전자서비스에 대한 신뢰를 구축하고, 전자서비스에 대한 긍정적인 사례를 만들어내고, 가상공동체를 통해서 시민들을 참여시키고, 공통의 설계와 표준들을 통해서 조직적인 경계들을 초월하고, 보안을 향상하고, 기술적인 실험과정을 통해서 혁신하고, 전자정부의 전문성과 능력들을 다른 나라들에 수출하는

포괄적인 세부사업계획을[33] 통해서 실행되었다. 2005년 10월에 시민들의 연결망이 실행되었는데, 그것은 주민들이 주민공동체동호회(neighborhood community clubs)라는 가상공간에서 정부와 인터넷을 통해서 소통할 수 있도록 자유롭게 접속하고 개인적인 지원을 받을 수 있는 새로운 프로그램이었다. 2006년 5월까지 5개의 센터들이 설립되었고, 이것은 섬 전체에 걸쳐서 25개 센터의 네트워크로 확대될 것이다.

전자정부 세부사업계획Ⅱ는 2003년부터 2006년까지 S$13억 달러의 투자를 포함하고 있었다. 새로운 iGov2010 종합계획은 사용자가 직접 이용하는 시스템의 효율성과 효과성을 성취하기 위해 후행처리방식(back-end processing)으로 전환하도록 5년에 걸쳐서 S$20억 달러를 추가로 투자하는 것이었다. iGov2010의 핵심은 "조직적인 구조를 초월하고, 규칙과 절차를 변화시키고, 정부를 둘러싼 고객들과 시민들의 수요와 의사를 인식하고 통합하는 것을 강조하고 있다.[34]

전자정부의 실행을 위한 리더십의 3가지 수준들은 표 8.13에 요약되어 있다. 전자정부의 전략과 정책은 전반적인 책임은 재무부에서 맡았다. 이것은 범정부적인 시책들을 위해서 재원들을 배분하고 가장 적절히 사용될 수 있도록 보장하는 재무부의 역할에 맞춘 것이다. 공공부문의 지도자들은 정보통신기술이 희소한 인력과 공간(토지)적 자원의 효과성을 향상시킬 것이라는 신념을 공유하고 있었다. 공공부문의 정보기술책임자는 정보개발청(IDA)이다. 정보개발청은 공공부문과 민간부문들에 있어서 정보통신기술의 탐색과 활용을 위한 전략적 계획을 이끌었다. 이들은 공공부문을 위해서 정보통신기술 정책들을 권고하는 정보화책임자(CIO: Chief Information Officer)의 역할을 수행했고, 공공부문 정보통신기술 기반시설의 공유와 주요한 전자정부 개발 프로젝트를 관리했다. 민간부문을 위해서는 핵심적인

33 Singapore e-Government Brochure, Version 3, published by IDA, March 2005.

34 재무부차관 Raymond Lim은 iGov2010의 개시를 알리는 연설을 2006년 5월 30일에 수행하였다.

경제영역에 있어서 싱가포르의 경쟁력을 향상시키는 혁신적인 정보통신 기술 프로그램을 활용하도록 비즈니스 사용자들과 IT서비스 공급자들의 협력체계를 구축하였다.[35]

각 기관의 정보화책임자는 독립적인 기능을 수행했는데, 정보통신기술의 활용을 위한 비전을 제시하고, 정보통신기술 프로젝트의 개발과 실행을 관리했다. 또한 각 부처의 사무차관과 독립행정기관의 의장에게 보고하는 정보화책임자는 공공부문에서 채택한 조직의 우선순위와 핵심적인 정책에 맞춰서 기관의 정보통신기술 정책을 조정하는 기능을 수행했다.

표 8.13 **전자정부를 위한 리더십**

1. **총괄: 재무부**
   - 공공부문 정보통신기술 정책의 결정
   - 정보통신기술의 기반시설과 서비스에 대한 종합적인 감독
   - 전자정부 시책의 후원

2. **정부의 정보화책임자**(CIO)**: 정보개발청**(IDA)
   - 기술적 조언을 제공
   - 정보통신기술 정책, 표준, 절차를 권고
   - 핵심적인 정보통신기술 기반시설과 프로젝트를 관리

3. **정부부처/공공기관 정보화책임자**
   - 정보통신기술의 활용을 위한 비전과 계획을 마련
   - 조직의 수요들에 대한 정보통신기술의 정책, 표준, 투자를 조정
   - 정보통신기술 프로젝트의 개발을 위한 리더십의 제공
   - 정보통신기술 시책을 위한 인력과 재원의 관리

표 8.14에서 요약한 것처럼 3가지의 다양한 거버넌스의 구조들은 전자정부의 실행을 감독하는 역할을 수행했다. 공공서비스 정보통신기술위원

35 Connected Singapore: A Blueprint for Infocomm Development, published by IDA, 2003.

회(Public Service ICT Committee)는 공공부문 최고의 리더십을 구축하였고, 전자정부 시책들의 전략적 방향과 진행상황을 검토하기 위해서 정기적으로 만났다. 이것은 전자정부 프로젝트의 실행에 있어서 중요한 이슈들을 해결하는 포럼이었다. 시민자문위원회(e-citizen council)는 시민중심의 전자서비스를 제공하기 위해서 기관의 특정한 서비스들을 넘어서 공공부문에 걸친 기관들의 협력을 촉진시켰고, 그것은 전자타운(e-town: 비즈니스, 문화와 여가, 교육과 고용, 주택, 교통과 여행)으로 불리는 8개의 광범위한 영역들에 따라서 조정되고 통합되었다. 마지막으로 전자정부자문위원회(e-Government Advisory Panel)는 공공과 민간부문의 최고 대표자들로 구성하였고, 전자정부 프로젝트의 실행에 대한 환류와 전반적인 추세에 관한 조언을 청취하였다.

표 8.14 **전자정부를 위한 거버넌스 구조**

1. 공공서비스 정보통신기술위원회
   - 정부부처와 독립행정기관의 최고위급 지도자를 포함
   - 정기적인 회의를 소집
   - 정보통신기술을 통해서 공공부문을 전환하기 위한 전략적 방향 제시
   - 전자정부의 시책들의 실행에 대한 조언

2. 시민자문위원회
   - 주요한 부처로부터 전자타운 시장과 부시장으로 구성
   - 시민포털에 대한 전반적인 방향과 정책을 제시
   - 8개의 전자타운 개발

3. 전자정부자문위원회
   - 공공과 민간부문의 대표자로 구성
   - 전자정부 프로젝트의 실행에 대한 환류
   - 전자정부의 세계적 추세와 영향에 대해서 조언

"많은 기관들, 하나의 정부"라는 비전을 성취하기 위해서 실행한 혁

신적인 전자정부 프로그램은[36] 오아시스(OASIS: Online Application System for Integrated Services)이다. 이것은 온라인사업면허서비스(OBLS: https://licenses.business.gov.sg 참조)로서 2005년 유엔 공공서비스 전자정부상을 수상했다. 새로운 사업의 시작은 흔히 지루하고, 복잡하고, 오래 걸리는 다양한 규제적 승인과 면허를 필요로 했다.

예컨대 공공위락매장을 개장하기 위해서는 최소한 7개 정부기관들이 주관하는 사업자등록, 부지사용, 음식위생, 주류유통, 화재안전, 세금징수 등과 같은 인허가를 받아야 했다. 이 프로젝트는 사업인허가 제도개선을 위해 기업가나 친기업위원회의 의견을 수렴하면서 시작되었고, 재무부로부터 S$10백만 달러의 지원을 받아 무역산업부와 정보개발청이 주도했다. 4년간에 걸친 온라인사업면허서비스와 오아시스에 대한 개발과 실행의 주요 특징들은 표 8.15에 요약되어 있다.

30개 기관의 154개의 인허가를 포함한 절차들을 근본적으로 검토하고 재설계하기 위해서 프로젝트팀이 구성되었다. 25개의 인허가들은 철폐하거나 또는 적용범위를 상당히 축소시켰다. 82개의 인허가들은 온라인사업면허서비스 포털의 시행을 위해서 단순화, 합리화, 통합화가 이루어졌다. 온라인사업면허서비스를 실행한 결과로 모든 창업자의 80%가 온라인을 통해서 필요한 인허가를 취득할 수 있었다.

첫해에 8,000개 명의의 사업자들이 온라인사업면허서비스를 이용하였고, 대략 S$11.4백만 달러를 절감시켰다. 2004년 1월부터 2006년 5월까지 55,000건의 지원서들이 온라인서비스를 통해서 작성되었다. 새로운 사업자등록은 과거에 5일 걸리던 것에 비해서 2시간으로 단축되었고, 인허가를 취득하는 평균시간은 21일에서 12.5일로 단축되었다.

---

36 여기서 요약한 정보들의 참고문헌 / OASIS의 자세한 사례연구에 대해서는 Pelly Periasamy and Sia Siew Kien (2005). “Delivering Cross-Agencies Integrated e-Services through OASIS,” Working Paper, IMARC, Nanyang Business School, Nanyang Technological University.

표 8.15 온라인사업면허서비스인 오아시스(OASIS)의 개발과 실행

프로젝트 주창자	친기업위원회와 기업가정신을 위해 행동하는 공동체
프로젝트 리더십	무역산업부와 정보개발청
프로젝트 지원	재무부로부터 S$10백만 달러 지원
프로젝트 기간	2001년 8월부터 2005년 8월까지 4년
프로젝트 범위	30개 기관들의 154개 사업면허를 관리
프로젝트 구조	무역산업부와 재무부가 공동 의장을 맡는 조정위원회 무역산업부와 정보개발청의 직원으로 구성하는 핵심적인 팀 면허절차를 검토하고 재설계하기 위한 프로젝트팀 시범사업과 프로젝트 개발은 민간 IT 회사에게 위탁
프로젝트 실행	11개 면허는 제거 2개 면허는 한 번 면허를 받으면 평생 적용하는 면허로 전환 5개 면허는 면허에 필요한 범위를 축소 7개 그룹으로 분류 18개 기관들의 82개 면허는 온라인사업면허서비스로 통합 새로운 창업자의 80%가 필요한 면허를 온라인으로 지원 가능
처리기간 개선	평균 면허절차에 소요되는 시간은 21일에서 12.5일로 단축 43개 면허는 3일 이내에 처리 42개 면허는 7일 이내에 처리 새로운 사업자등록은 5일에서 2시간으로 단축
성과	2004년 1월부터 2006년 5월까지 55,000명이 온라인사업면허서비스를 사용 첫해에 대략 S$11.4백만 달러를 절감 2005년 유엔 공공서비스 전자정부상 수상

8.4 역동적 거버넌스를 위한 혁신적 절차의 창출: 핵심적인 교훈

8.4.1 절차에 있어서 역동적 능력을 창출하는 것은 변화의 절차를 만드는 것을 넘어서는 것이다.

지도자들이 변화에 대한 관리를 고려할 때, 어떤 방향을 선택할 것인지, 어떤 프로그램을 시작할 것인지, 그것을 실행하기 위해서 조직을 어떻게 작동시킬 것인지 확인하려고 한다. 이것은 보통 위기, 새로운 비즈니스의 기회, 또는 리더십의 변화에 대응하는 일시적인 노력이다. 일단 변화가 닥치면, 조직은 관례를 반복하고 다음의 외부적인 충격이 닥칠 때까지 균형상태를 유지하려는 경향이 있다. 오직 지도자들이 변화가 필요하다고 생각할 때에만 활동하는 것은 변화를 개별적인 활동으로 여기고 변화의 절차를 기성품으로 취급하는 것이다.

이러한 변화를 위한 절차의 유형은 조직들이 생존하고 성공하기 위해서 새로운 방향을 위한 경로를 자각할 수 있도록 보장하는 것이 중요하다. 그것은 바람직한 결과들을 성취할 필요가 있을 때 강력한 집행의 기술과 자원을 갖고 있다면 조직적인 능력이 될 수 있다. 그러나 이러한 변화를 위한 절차의 유형은 조직의 정상적인 절차로부터 분리되고, 특별한 프로젝트와 시책으로서 관리되는 경향이 있다. 그것은 조직의 정상적인 운영 활동으로 통합되지 않는다. 이 장(章)에서 우리가 설명한 변화의 능력들은 이러한 개별적인 변화의 절차들을 넘어서는 것이며, 공공부문이 계속 진행 중인 운영과 관리의 절차들을 통해서 변화를 위한 능력을 창출하는 방법에 대한 것이다.

8.4.2 변화의 능력을 운영과 관리의 절차로 통합하는 지속적인 변화 관리가 필요하다.

특정한 프로그램과 프로젝트의 채택을 통한 일시적인 변화는 경영진의 지시, 관심, 자원이 보통 그러한 노력에 집중되기 때문에 성취하기가 보다 수월하다. 지속적인 변화는 모든 수준의 구성원이 자신의 업무에 대한 관례의 범위 내에서 참여를 요구하기 때문에 더욱 도전적인 과제이다. 이것의 목적은 심지어 경영진이 특별한 관심을 기울이지 않았을 때에도 지속적인 개선을 추구하기 위한 것이다. 이것은 특정한 행동과 행태의 변화를 넘어서 사고방식, 목적, 가치관을 변화시키는 것이다. 지속적인 변화를 위해서는 새로운 방식의 사고, 새로운 목적, 새로운 가치관을 운영과 관리의 절차에 결합시켜서 끊임없이 강화시키고 실천할 필요가 있다.

싱가포르 공공부문에 대한 우리의 연구는 변화의 능력이 어떻게 미래를 예측하고, 재정적 자원을 배분하고, 체계적인 규율을 위한 운영절차에 심어지는지를 보여주었다. 이것은 그 자체로 유일한 절차들이 아니다. 또한 그것은 변화를 위한 능력을 적용시키는 유일한 절차들이 아니다. 대부분의 조직은 계획, 예산, 조직, 통제의 활동을 가지고 있지만, 대부분의 운영적인 절차들처럼 그것은 업무계획 또는 예산과 같은 특정한 산출물을 생산하는 것에 목표를 두고 있다. 이러한 절차들은 많은 조직에 있어서 흔히 혼신의 힘을 기울이지 않으면서 단순히 필요한 보고서를 생산하는 관료적인 방식을 반복하고, 실질적인 성과도 없는 단순한 조직적인 형태로 전락한다. 공공부문에 대한 독특한 특징은 지속적인 변화를 위한 절차로서 그러한 활동을 관리했다는 것이다.

운영절차에 있어서 변화의 능력을 창출하는 것은 공공부문이 오랜 세월에 걸쳐서 점증적으로 조직의 변화를 지속하고 심화시킬 수 있도록 해주었다. 어떤 특정한 변화를 제안하고 실행하는 것은 단지 변화를 증가시킬 수 있지만, 지속적으로 증가하는 변화의 점증적인 효과는 오랜 세월에 걸쳐서 그리고 여러 기관들에 걸쳐서 지속되고 실질적으로 영향을 미친다. 적응적이고 혁신적인 문화를 하루아침에 구축할 수 있는 묘책은 따로 없다. 특정한 프로그램과 활동은 흥미를 불러일으키고, 관심을 집중시키고, 사람들에게 기본적인 기술을 전수하는 데 도움을 줄 수 있다. 그러나 새로운 목적, 가치, 사고가 관리와 운영절차에 구축되지 않으면, 변화는 피상적이고 지속되지 않을 것이다. 따라서 절차에 있어서 변화의 능력을 창출하는 것은 전략적 의도, 신중한 재설계, 지속적인 학습을 필요로 한다.

8.4.3 절차에 있어서 변화의 능력을 창출하는 것은 전략적 의도, 신중한 재설계, 그리고 지속적인 학습을 필요로 한다.

전략적 의도는 조직적인 변화의 능력이 되도록 계획 또는 예산과 같은 관리의 절차들에 대해서 방향, 추진력, 역동성을 제공한다. 전략적 의도가 없으면 이러한 절차들은 단순히 조직적인 관례에 불과하게 될 것이다. 전략적 의도는 조직적 리더십의 비전, 통찰, 예측으로부터 나온다. 우리의 연구에서 공공부문의 지도자들은 조직적 활동으로부터 전략적 성과물을 구상하였고, 변화의 능력을 절차에 구축하기 위해서 투자하였다. “우리는 시간이 지나도 지속적인 변화를 유지시키는 것이 전략적인 것이라고 믿는다.”[37] 그들의 전략적 관점과 의도는 변화를 지속할 수 있는 시스템을 실행하기 위한 모범적이고 활기찬 조직을 제공했다.

운영적인, 관리적인 절차들은 보통 지속적인 조직적 변화를 향해서 움직이지 않기 때문에 그것은 관례의 산출물에 더해서 변화의 능력을 심어주도록 신중하게 재설계되어야만 한다. 공공부문은 몇 가지 절차들, 즉 미래를 예측하기 위한 계획의 절차, 쇄신 활동을 위한 재정적 절차, 인재를 개발하기 위한 구성원의 절차, 그리고 기관들을 통합하고 직원들을 동참시키고 서비스를 향상시키기 위한 조직화의 절차 등에 주력했다. 이러한 절차들의 신중한 재설계는 그것의 목표, 활동, 성과평가, 바람직한 산출물, 구조의 조정, 시스템의 인센티브에 대한 다시 생각하기를 포함하고 있었다. 신중한 절차의 재설계는 새로운 조직적인 작동모델을 만들기 위해서 새로운 아이디어와 사고방식을 주입하도록 최고의 지식, 전문성, 통

37 임싱권과의 인터뷰를 통해 작성하였다.

찰을 체계적으로 적용하는 것이다. 신중한 설계는 원만한 집행 또는 완벽한 결과를 보장하지 않는다. 그러나 그것은 실행에 있어서 감지하고 학습하기 위한 조직적인 틀을 만들어 준다.

이러한 조직적 혁신은 실행하는 동안 빠르게 변화하는 환경 속에서 전략적 목적과 목표를 달성할 수 있도록 지속적인 감지, 학습, 적응을 필요로 한다. 대부분의 신중한 설계들은 새롭고 실험적인 것이며, 그것이 효과적으로 적응할 수 있도록 환류와 영향에 대한 민감한 모니터링을 필요로 한다. 예컨대 재투자 기금은 공공부문이 국가의 생산성 추세들과 보조를 맞출 수 있도록 애초에 생산성 배당금으로서 설계되었다. 실행하는 동안 재무부 직원들은 일부 기관들이 재투자 기금을 위한 3% 예산삭감에 대응해서 그들의 활동을 변경하고, 일부 기관들은 예산의 한도 때문에 과거에는 생각하지 못했었던 새로운 활동의 제안서를 열정적으로 만드는 것을 관찰했다. 재투자 기금은 국가의 생산성 배당금을 벗어나서 실질적인 자원의 재배분을 통해 조직적인 활동의 변화를 유도했다. 지속적인 감지, 학습, 적응은 재투자 기금이 원래의 설계와 목적을 넘어서 공공부문에 있어서 조직적인 쇄신을 위해 재정적 절차를 사용하는 전략적 의도를 성취할 수 있도록 해주었다.

제 9 장

지속적인 역동적 거버넌스: 교훈과 도전

이 책은 우리가 싱가포르 공공서비스의 역할을 검토하면서 학습한 역동적 거버넌스 시스템의 발전과 교훈을 설명하였다. 역동적 거버넌스에 대한 우리의 틀은 우호적인 제도적 문화의 토대와 적극적인 조직적 능력들의 개발을 포함하고 있다. 제도적 문화는 지도자들이 어떻게 국가의 위상을 인식하고 있는지, 그리고 그들이 추구하는 목적이 무엇인지에 대한 일련의 가치, 신념, 원칙에 기초하고 있다. 이러한 문화적 신념과 원칙은 단순히 추상적인 개념 또는 우아한 표현에 그치는 것이 아니다. 그들은 이슈들을 인식하는 방식에 강력한 영향을 미치고, 정책집행에 대한 접근방법을 형성한다. 몇 가지 사례들에 있어서 이러한 신념은 그것을 지키기 위해서 오히려 변화의 방향을 제한하고, 해결책을 조정하지 못하거나 또는 바람직한 목표를 달성하는 혁신적인 정책의 설계를 촉진하지 못하는 상황에 직면하였다. 경로를 파괴하는 변화는 오직 외부적인 압력과 위기가 가치를 재구성하거나 또는 재해석하도록 유발할 때, 신념이 새로운 지식과 경험의 결과로서 조정되었을 때, 또는 강력한 지도자들이 다른 가치관과 관점을 갖고 생존과 성공을 위한 요건을 다시 정의하기 위해서 과거의 사회적 관행과 확신을 포기할 때에만 일어날 수 있다.

위기를 동반하지 않는 상태에서 역동적인 변화를 추구하기 위해서는 지도자들이 계속해서 학습하고, 적응하고, 혁신할 필요가 있다. 국가의 제도들이 적합성과 효과성을 지속하도록 보장하기 위해서는 적극적인 조직적 능력을 개발할 필요가 있다. 우리는 3가지 인식능력, 즉 미래를 준비하기 위한 미리 생각하기, 현재의 성과를 향상시키기 위한 다시 생각하기, 그리고 다른 나라들로부터 학습하기 위한 두루 생각하기의 능력들을 정의했다. 이러한 능력들은 거버넌스 시스템에 지속적인 개선, 적응, 혁신을 촉진하는 새로운 사고방식과 학습을 결합시킴으로써 경로, 정책, 전략의 선택을 역동적으로 만들어 준다. 역동적 거버넌스의 능력을 개발하기 위한 핵심적인 동인(動因)은 공공정책을 설계하고 실행하는 기관들을 선도하는 유능한 인재, 그리고 조직적인 쇄신과 변화를 촉진하는 신속한 절차이다. 새로운 사고방식과 학습은 바람직한 결과들을 성취하기 위한 적응적인, 혁신적인, 맥락적인 정책과 효과적인 집행에 분명하게 나타난다. 전직 싱가포르 주재 IMF 교육원 과장인 헨리 게스퀴에르(Henri Ghesquiere)는 최근의 책에서[1] 싱가포르 시스템의 다양한 요소들 사이의 상호관계가 효과적이라고 설명했다.

> "… 싱가포르의 경제적 성과, 정책, 정치경제적 제도, 태도, 가치와 리더십은 긴밀하게 연결되어 있다. 그들의 유난히 강력한 내부적 응집력과 상호 강화작용은 오랜 기간에 걸쳐서 인상적인 결과를 성취하도록 만들었다… 지속적인 번영의 성취를 대단히 중요한 것으로 강조하는데, 그것은 국가형성과 다른 부문들의 이상적인 발전을 위해서 강력한 합리성을 제공했다. 싱가포르 정부당국은 국민들이 번영을 추구하도록 역설했다. 이러한 성공의 경로는 다국적기업을 싱가포르에 입지하도록 유치하고 수출주도의 산업화를 통해서 빠르게 확산되었다. 이것은 정치적, 사회적 안정성을 필요로 하였고, 그것은 동일한 기회를 제공함으로써 인종적, 종교적인 화합과 혜택의 공유를 필요로 하였다. 적절한 정책은 우수한 성과를 위한 인센티브와 기회를 제공했고, 싱가포르 엘리트와 국민들에게 전체적인 성공과 번영을 가져다주었다."

[1] Henri Ghesquiere (2007). Singapore's Success: Engineering Economic Growth. Thomson Learning Asia, pp. 5-7.

이 결론의 장(章)에서, 우리는 싱가포르에 있어서 거버넌스 시스템이 왜 그리고 어떻게 작동하고 있는지, 싱가포르가 최고의 공공서비스(리센룽 총리의 견해에 따르면 국가에서 가장 지속가능한 경쟁력을 갖고 있는[2])를 왜 그리고 어떻게 발전시켰는지에 대해서 몇 명의 핵심적인 공공부문 지도자의 관점을 강조할 것이다. 그다음에 우리는 공공부문의 지속적인 도전들을 논의할 것인데, 공공부문의 지도자들은 여전히 개선하고 변화하기 위해서 고군분투하고 있는 많은 영역이 있다고 선뜻 인정하고 있다. 그다음에는 전반적으로 싱가포르 거버넌스 시스템의 발전에 대한 중요한 교훈을 정리할 것이다. 마지막으로 우리는 이 책에서 설명한 원칙과 통찰이 싱가포르 공공부문을 넘어서 어떻게 확장되고 실행될 수 있는지, 그리고 다른 맥락에서 적용될 수 있는지에 대한 약간의 지침을 제공할 것이다.

9.1 정책 내부관계자의 시각: 공공부문의 지도자와 장관

우선 우리는 4명의 핵심적인 지도자들과 공공부문의 발전을 최근까지 지휘한 2명의 장관들의 시각을 통해서 공공부문 자체를 검토한다. 우리는 이미 책의 요소요소에서 많은 공공부문의 지도자를 인터뷰하고 그들이 구사한 거버넌스의 다양한 측면에 대해서 인용했지만, 싱가포르에서 시스템이 어떻게 작동하는지에 대해서 사람들의 설명을 추가로 강조하는 것이 유용하다고 생각한다. 우리가 여기서 선택한 인용들이 모든 범주의 견해를 포괄적으로 나타내는 것은 아니다. 우리는 지도자들에 대한 인터뷰로부터 광범위하게 인용할 뿐만 아니라 우리가 공공부문 내부의 다양한 관점과 시각을 이해할 수 있도록 그들이 행정에 관해서 언급한 공개적인 논평을 인용한다.

2 총리 리센룽의 2006년 11월 13일 의회 연설에서 인용하였음.

9.1.1 필레이(JY Pillay) — 싱가포르증권거래소장; 공직에서 1961년부터 1996년까지 근무; 국방부, 재무부, 국가개발부, 화폐청의 사무차관 역임

행정이 성취한 것과 인재의 중요성에 대해서:

> "지난 35년간 행정의 발전은 놀라운 것이었다. 식민지 행정은 의심할 여지없이 싱가포르 자치정부에 우수한 기반시설뿐만 아니라 유능한 관료제의 강건한 틀을 물려주었다. 현명한 정치지도자 밑에서 당시에 행정이 성취한 것은 국가운영의 방향을 시민들의 기본적인 욕구들을 충족시키는 것으로부터 선진국의 지위에 목표를 두는 것으로, 그리고 국가적 성취들에 대한 자부심을 심어주는 것으로 확장한 것이었다. 공무원은 점점 의사표명이 분명해지는 유권자의 변화하는 수요를 인식하고, 거시경제의 안정성을 흔들지 않으면서 그러한 수요를 만족시키고, 사회적 화합을 확보하고, 시장의 신호에 따라 급속한 경제성장을 촉진하고, 세계로 뻗어나가기 위한 정책과 프로그램을 만들 수밖에 없었다. 싱가포르의 행정은 청렴성, 전문성, 업적에 대해서 인정받고 있다. 그 모든 것은 일시에 발생한 것이 아니다. 그것은 행정에 입문하는 사람의 자질이 향상되고, 임무와 목표를 분명하게 설정하고, 우수한 인사관리의 관행을 통해서 이루어진 결과이다."[3]

3 그의 1996년 8월 27일 싱가포르 국립대학 명예박사학위 취득 연설문은 공무원 교육원 간행물에 보도되었음, Ethos, in January 1997.

9.1.2 임싱권(Lim Siong Guan) – 경제개발청장; 공직에서 1969년부터 2006년까지 근무; 국방부, 교육부, 재무부, 총리실 사무차관; 1999년부터 2005년까지 고위공직자 역임

독창적인 사고의 역량과 변화하기 위한 용기에 대하여:

"많은 사람들이 성공의 모델로서 싱가포르를 연구한다. 방문자들은 그중에서도 중앙적립기금(CPF), 주택개발청(HDB), 경제개발청(EDB), 부패행위조사국(CPIB)을[4] 연구한다. 사회보장시스템으로서 중앙적립기금은 자립심을 권장하는 독특한 완전적립식 방식으로서, 은퇴수당에 그치지 않고 주택, 의료, 교육에 대한 사회보장을 광범위하게 제공한다. 주택개발청은 공공주택 정책을 제시하고 주목할 만한 높은 수준의 주택보급률을 달성함으로써 우리를 유명하게 만들었다. 경제개발청은 혁신적이고 창의적인 경제개발 정책을 시행하였고 1960년대 당시에 신생 독립국에게 관심이 없었던 다국적기업을 싱가포르에 유치하기 시작했다. 부패행위조사국은 많은 사회가 뇌물과 청탁을 생활과 비즈니스의 일상적인 방식으로 인식하던 때에 부패를 응징하고 낱낱이 파헤쳤다. 우리가 이러한 각각의 성공들에 대해서 특별히 인식할 필요가 있는 것은 우리가 정책을 잘 실행한 것보다는, 당시의 지배적인 양식과는(심지어 그것과 모순되더라도) 다르게 행동했다는 것이다. 우리는 다른 사람이 실패할 것이라고 말하는 것을 기꺼이 시도하는 독창적인 사고 덕분에 오늘날 여기에 있는 것이다. 그것은 우리가 직면한 이슈의 근본적인 것을 검토하는

[4] CPF: Central Provident Fund; HDB: Housing Development Board; EDB: Economic Development Board; CPIB: Corruption Practices Investigation Bureau.

> 것이고, 비평가과 냉소적인 사람으로 인해서 흔들리지 않는 것이다."[5]

그가 공공서비스에 있어서 변화를 어떻게 유도했는지에 대하여:

> "나는 보통 아주 많이 일하지 않는다. 내가 교육부에 있었을 때, 나는 교육이론에 대해서 전혀 알지 못했다. 그러나 나는 교사들과 교장들에게 말했고, 그들의 의견을 들었다. 나는 단지 그들의 꿈을 표현했고, 그것을 실현하기 위한 구조를 만들었다. 그들은 일을 제대로 하고 싶었지만, 그것을 실행할 수 있는 권한과 자원이 없었다. 나는 그들이 참여할 수 있는 길을 만들었다. 물론 이것은 지극히 사람 중심의 접근이지만, 나는 또한 아주 조직을 중시하는 사람이다. 내가 계속 질문하는 것은 "이 조직의 목적은 무엇인가?"이다. 예컨대, 국방부에서는 좋은 싱가포르 군대를 만드는 것이다. 그 다음에 우리는 그것을 실현하기 위한 사람, 구조, 자원을 찾는다. 예컨대, 이벤트 대행사가 싱가포르의 150주년 기념식 공연을 요청받았다. 그들은 일상적인 노래와 춤을 공연하고 싶었지만, 나는 싱가포르 군대를 드러내 보일 수 있는 방법을 요청했다. 그런데 과장은 대만 군대가 사격훈련을 공연한 것에 대해서 언급했다. 나는 그런 것이 있는지도 몰랐었다. 나는 그저 질문할 뿐이었다. 그는 그것을 알고 있었다. 그것은 싱가포르 군대의 정밀한 사격훈련을 제대로 보여주었다.
>
> 내가 재무부에 왔을 때, 나는 전자정부를 보고, 이 사업의

[5] Lim Siong Guan (2000). "The Courage to be Different," Ethos, Civil Service College, January.

목표는 싱가포르의 전략적 경력을 위해서 평범한 시민들이 IT를 편안하게 사용하도록 만드는 것이라고 생각했다. 나에게 도전적인 과제는 항상 어떻게 평범한 행동을 보다 큰 전략적 목적에 맞출 것인지에 대한 것이다. 그러면 그들은 왜 심지어 나이든 사람에게도 ATM기를 사용하도록 가르쳐야 하는지 이해할 수 있는데, 그것은 그들에게 장기적으로 좋은 것이다. 나는 그들에게 도전적인 차원을 제공해야만 한다. 그러면 사람들은 왜 우리가 보다 큰 전략적 목표에 영향을 미치는 결정을 해야만 하는지 이해할 수 있다. 일부 사람은 만약 우리가 계산대를 없애 버리면, 노인들은 무엇을 할 것인가 하고 말한다. 그들은 모든 국민들에게 봉사해야 한다고 말한다. 그러나 나는 만약 노인들이 인터넷 사용법을 배운다면, 국민들이 최고의 서비스를 받는 것이라고 말했다. 만약 노부인이 그것을 할 수 없다면, 그러면 우리는 무엇인가를 생각해야만 한다. 이것이 우리가 지금 그들을 돕기 위한 전자동호회와 시민연계망을 갖고 있는 이유이며, 이것은 또한 커뮤니티센터의 새로운 역할을 정의할 것이다. 과거에는 사람들이 TV를 보기 위해서 커뮤니티센터를 방문하곤 했다. 그러나 이제는 모든 사람들이 TV를 가지고 있기 때문에 더 이상 TV를 보기 위해서 커뮤니티센터에 가지 않는다. 우리는 이제 모든 커뮤니티센터와 동호회가 이러한 서비스들을 제공하기를 원한다. 커뮤니티센터는 정부서비스들을 접속하는 데 도움을 주는 중심지가 되었다. 나의 운영방식은 항상 그들이 보다 높은 목적을 위해서 행동하도록 돕는 것이다. 따라서 교육부에서 우리가 학교를 건설할 때, 공사장 울타리 광고판에 우리는 '국가의 미래를 만드는 것'이라고 표명했다. 단순히 학교 건물을 건축하거나 또는 시험에 합격하는 것이 아니다."[6]

9.1.3 에디테오(Eddie Teo) – 호주 주재 싱가포르 고등판무관(영연방(英聯邦)을 구성하는 여러 나라가 서로 파견하고 받아들이는 대표); 공직에서 1970년부터 2005년까지 근무; 국방부, 총리실 사무차관 역임

공공부문의 지도자들이 정치지도자들과 일하는 관계에 대하여:

"단순한 '예스 맨' 또는 기술 관료는 아니다. 그들은 여당의 기본적인 국가적 목표에 동의한다. 그러나 그들은 자신의 개인적인 견해와 의견을 갖고 있으며, 필요할 때에는 정치지도자에게 맞선다. 그들은 받은 만큼 돌려주고, 임금 앞에서 움츠러드는 내시처럼 행동하지 않는다. 일부는 좀 더 정중하고 요령있게 처신하지만, 모든 공공부문의 지도자들은 심지어 그들이 동의하지 않을 때에도 절대적으로 충성한다. 그들은 높은 감성지수(EQ)를 소유하고 있기 때문에 일부 정치인들은 단지 그들의 개인사무실에서만 비난받아야 한다고 생각한다. 다시 말하면, 그들은 언제, 어떻게 조언해야 하는지 알고 있다. 그리고 일단 내각이 결정하면, 공무원은 그 결정에 대해서 확신을 갖고 과감하고 신속하게 실행하려고 한다."[7]

행정이 직면하고 있는 도전들에 대하여:

"요즘에는 만약 당신이 일간지(The Straits Times)의 칼럼을 읽거나, 의회에서의 토론을 듣거나 또는 택시를 타면, 싱가포르

[6] 그와의 인터뷰는 2005년 11월 22일 이루어졌음.
[7] Eddie Teo (2003). "Can Public Servants be Leaders," Ethos, Civil Service College, September.

의 공공부문이 낭비적이고, 비효율적이고, 게으르고, 융통성이 없고, 생각이 없고, 책임을 회피하고, 반응이 없으며, 몰인정하다고 생각할 것이다. 비판의 탄식은 날이 갈수록 더해간다. 공직의 역사상 싱가포르 국민들에게 그렇게 간주된 적은 없었다… 1976년에 공무원들은 명예롭고 청렴한 사람으로 간주되었고, 예외는 없었다. 오늘날… 정부와 국민들은 공무원들이 혁신적이고, 정중하고, 개방적이고, 반응적이기를 원하고 기대한다… 민간부문은 정부가 규제가 아니라 서비스를 제공하기를 원한다… 구식의 문화는 정부가 어떤 분명한 원칙과 고정된 틀에 기초해서 운영하는 것을 강조했다. 사람들은 그들의 역할과 책임, 그리고 그들이 어떻게 행동해야 하는지에 대해서 알고 있었다. 거기에는 규정을 준수하도록 담보하기 위한 규칙과 규제가 있었고, 많은 공무원들은 규칙을 따라서 행복했고, 정치인들은 만약 실수를 하거나 또는 그들이 공무원들의 고집을 꺾기를 원한다면 국민들에게 책임지고 설명할 수 있도록 해주었다. 그러나 우리가 새로운 싱가포르로 이동하면서, 행정은 공무원 사회의 기풍을 다시 검토하게 될 것이고, 우리에게 도래한 또는 도래하게 될 사회에 보다 꼭 맞는 새로운 가치체계를 제시해야 한다. 행정의 도덕성과 명성에 영향을 미치는 부당한 비판과 우려에 직면해서 열심히 일하고, 헌신하고, 몰두하는 공무원들이 허탈감을 느끼고 있는데, 나는 그들에게 너무 신경 쓰지 말고 더욱 투명하고 개방적인 사회의 혜택을 보라고 충고한다."[8]

8 2002년 8월 싱가포르국립대학교 정책학 석사과정 학생들을 대상으로 한 연설에서 인용. 상기 연설은 싱가포르 공무원교육원 간행물인 Ethos에 소개되었음.

9.1.4 피터호(Peter Ho) – 공직의 수장과 외무부 사무차관; 국방부 사무차관 역임

싱가포르 공공부문의 독특한 요소들에 대해서:

> "첫째, 행정의 기조는 실적주의와 청렴결백에 기초하고 있는데, 그것은 초대 총리 리콴유에 의해서 마련된 것이다. 둘째, 직원의 업무에 대한 깊이 있고 객관적인 접근방법인데, 그것에 대한 분석은 감상적이지 않고 철저하고 신중하게 이루어졌다. 우리는 그것을 영국으로부터 물려받았고, 리콴유와 고갱쉬를 통해서 강화되었다. 그들은 토론을 위한 완벽하고 철저한 준비를 요구했었다. 셋째, 시스템을 단지 특정한 사례가 아니라 전체로 바라보는 것이다. 다시 말하지만, 이것은 고갱쉬와 그의 시스템 기술자들의 사고방식으로부터 나온 것이다. 넷째, 정책결정은 정치적 통설이 아니라 확고한 실용주의(무엇이 우리들의 목표들을 최고로 성취할 수 있게 하는지)에 바탕을 두고 이루어졌다. 다섯째, 단지 당면한 문제들을 해결하는 것이 아니라 장기적으로 생각하는 능력이다. 정치 지도자의 자신감이 도움을 주었다. 그들은 다음 선거에서 승리하기 위해서 인기영합적인 일들을 하려고 하지 않았다. 그 다음에 인재를 알아보고 그들에게 일을 하도록 권한을 부여하는 능력이다. 따라서 필립여와 임싱권처럼 아주 젊은 사람에게 막중한 책임을 부여하고, 싱가포르를 위해서 많은 일들을 성취할 수 있도록 해주었다. 마지막으로 국방부를 거론할 수 있다. 많은 공공부문의 지도자들은 그들의 아이디어를 실험했던 국방부에서 근무했었다. 국방부는 시작부터 스스로 결정할 수 있는 자율성과 함께 덩어리 예산을 받았기 때문에

정부를 관리하는 실험실이 되었다."[9]

미래에 효과적으로 일하기 위해서 네트워크 정부에 필요한 행정의 전통적인 분권화된 구조와 사고방식의 변화에 대하여:

> "행정은 사회에서 특별한 역할을 수행한다. 그 다양성에도 불구하고 공직은 하나의 핵심적인 임무를 갖고 있는데, 그것은 싱가포르의 지속적인 생존, 안보, 성공을 보장하도록 선출직 지도자들과 함께 일하는 것이다. 오늘날 공공부문은 각각 자신의 임무와 기능을 갖고 있는 15개의 정부부처와 60개의 독립행정기관으로 조직되어 있다. 이처럼 평평하고 분권화된 시스템은 개별적인 기관들이 신속히 행동하기 위한 자율성과 혁신하기 위한 자유를 부여한다. 그러나 우리나라가 직면하고 있는 가장 전략적인 도전은 점점 더 여러 기관을 포함하는 대응을 요구한다는 것이다. 그러나 우리는 공무원들이 여러 기관을 포함하는 틀에서 함께 일하는 것이 자연스러운 체계는 아니라는 것을 인정해야만 한다. 공무원들은 그들의 소속 부처와 독립행정기관에 대한 우선적인 의무에 본능적으로 결부된다. 그들의 성과는 외부가 아니라 부처의 내부에서 한 일에 대해서 평가된다. 관계부처 합동의 이슈에 대해서 일하는 것은 흔히 과외활동으로 여겨진다. 앞으로 관계기관 합동의 네트워크 형태를 효과적으로 운영하려면 행정이 변해야만 한다. 공직 구성원의 사고방식이 변해야만 한다. 그들은 각각의 기관에서 일하는 것처럼 범정부적인 수준의 일을 중요하게 인식해야만 한다."[10]

---

9 2005년 8월 11일 인터뷰를 통해 작성.

10 Peter Ho (2005), speech by Head of Civil Service at the PS21 EXCEL Convention on 21

9.1.5 테오치헤안(Teo Chee Hean) – 국방부장관과 공직개발장관; 전직 교육부장관과 선거출마를 위해 인민행동당에 가입하기 전에 해군참모총장 역임

싱가포르 거버넌스 시스템을 구성하는 것에 대하여:[11]

> "나는 이것을 우리의 가치들, 즉 실적주의, 청렴결백, 다인종주의, 자립심에 관한 것으로 본다. 이것들은 또한 인민행동당의 가치들이다. 어떤 요소들이 성공에 기여하는가? 나는 이러한 가치들이 사회에서 일반적으로 발전되고 수용된 덕분이라고 생각한다. 이것은 또한 정책집행에 대한 것이다. 1999년에 나는 교육부장관으로서 경제개발청 자문위원회에 우리의 계획을 설명했다. 자문위원회에는 미국인, 유럽인, 일본인 출신의 경영인들이 있었다. 그들 중 한명이 물었다. '이러한 아이디어는 새로운 것이 아니다. 모든 사람들이 좋은 계획과 비전을 갖고 있다. 어떤 점에서 당신은 성공할 수 있을 것이라고 생각하는가?' 나는 매우 날카로운 질문이라고 생각했다. 앞으로 5년 동안에 얼마나 많은 계획과 비전을 실현할 것인가? 그것은 집행에 대한 것이다. 자문위원들은 우리에게 그들이 앞으로 몇 년 후 돌아왔을 때 무엇을 실제로 달성했는지 토론할 수 있다면 만족할 것이라고 말했다."

행정의 발전을 감독하는 장관으로서 역할에 대하여:

November 2005.

[11] 모든 인용은 테오치헤안(Tec Chee Hean)과의 2006년 12월 29일 인터뷰를 통해 확보한 것임.

> "나는 행정을 감독하고, 높은 수준의 공공서비스를 공급할 수 있도록 지원하고, 공직의 경력이 경쟁력과 매력을 유지할 수 있도록 총리를 보좌한다. 정치지도자는 행정의 보수구조와 대우에 대해서 기준점과 표준을 설정해야 한다. 행정의 보수는 증가하고 예산은 의회의 협조를 필요로 한다. 행정은 그 성과와 결과를 의회에 설명해야만 한다."

정치지도자와 공공부문 지도자 사이의 관계에 대하여:

> "나는 서로 존중하는 강력한 동업자 관계라고 본다. 정치지도자는 공무원의 역할을 알고 있고, 공무원의 발전을 위해서 많은 노력을 기울였다. 그리고 그것은 단지 자원들을 의미하는 것이 아니라 공무원들이 제대로 대우받고, 승진하고, 보상받도록 보장하기 위한 정치적 자본이다. 정치지도자는 우리가 우수하고 유능한 공무원들을 보유하고 있다는 것을 알고 있으며, 공무원들은 또한 국가의 장기적인 이익을 위해서 어려운 결정을 할 수 있는 정치지도자의 용기와 비전을 알고 있다. 견해들의 차이는 있지만, 그것은 공무원과 정치지도자들 사이의 의견이 다른 것이 아니다. 이것은 그런 방식으로 설정되지 않는다. 공무원들 사이에 의견의 차이가 있는 것처럼 심지어 장관들 사이에도 견해의 차이들이 있다. 그것은 문제들이 보통 단순하지 않고, 정책선택들의 판단이 언제나 분명한 것은 아니기 때문이다. 만약 견해들이 다르다면, 우리는 토론을 통해서 문제를 해결한다. 나는 이슈가 있을 때 항상 사무차관과 토론한다. 우리는 그것에 대해서 이야기하고 최고의 해결책을 토론한다. 그러나 결정이 이루어지면 장관은 전화해서 통지해야 한다. 그것이 시스템이 작동하는 방식이다."

9.1.6 리센룽(Lee Hsien Loong) – 싱가포르 총리; 부총리 때 고척동 총리에 의해 공직개발장관에 임명되었음[12]

무엇이 싱가포르 거버넌스 시스템을 구성하는지에 대하여:

"싱가포르 거버넌스 시스템은 전략적 목표에 대한 고도의 국민적 합의를 가지고 있으며, 정치지도자는 다음 선거를 의식하지 않으면서 이슈들을 다룰 수 있도록 국가를 대표해서 행동하려는 강한 사명감과 책임감을 갖고 있다. 이것은 또한 자신의 이해관계에 따르는 것인데, 우리는 다음 선거에서 승리하기를 기대하고 우리 스스로가 미래에 문제들을 야기하는 것을 원하지 않기 때문이다. 이것은 공무원들이 합리적인 정책제안들을 만들기 위한 정치적 맥락을 창출한다. 우리는 정책적 관점과 정치적 의사결정에 모두 집중하는 매우 실무적인 장관들을 가지고 있다. 그들은 정책을 솔선수범하고 국민들에게 설명한다. 그들은 정치뿐만 아니라 정책에도 관여한다. 그들은 이슈들을 알고 있다. 장관들과 사무차관들 사이의 업무량은 매우 많다. 부처에서 사무차관의 기능은 장관과 함께 대표경영자로서 상임의장의 역할을 수행한다. 우리의 장관들은 공무원들이 과감한 변화를 실행할 수 있도록 도와준다. 주택, 근로연계복지, 중앙적립기금, 소비세에 있어서 변화들은 모두 행정적인 조정이 아니라 정치적인 결정들이다. 이슈들을 관리하기 위해서는 우수한 (행정의) 팀이 필요하고, 그들이 제대로 일할 수 있도록 보장해야 한다. 그러나 우선 가려고 하는 방향을 결정해야만 하는데, 그것이 장관의

12 이 부분의 모든 인용은 2007년 1월 17일 이루어진 동일한 인터뷰를 통해 작성한 것임.

일이다. 합리적인 정책을 원하지만 그것은 정치적인 맥락에서 만들어진다. 도전적인 과제는 어떻게 양자를 통합할 것인지, 어떻게 정책들이 정치적인 이점을 가지거나, 또는 최소한 정치적으로 활용할 수 있는지, 그리고 동시에 어떻게 장기적으로 합리적이고 지속가능할 수 있는지에 두어진다."

시스템이 현재까지 제대로 작동한 이유에 대하여:

"우리는 높은 자질을 가진 새로운 사람들이 정치지도자와 행정에 입문하도록 계속해서 발굴하고 있다. 만약 우리가 그러한 자질을 가진 사람들을 얻지 못한다면, 시스템은 실패할 것이다. 우리는 좋은 제도들을 가지고 있지만, 그것을 함께 지키는, 왜 우리가 어떤 일을 하는지 이해하는, 우리가 제자리걸음을 하지 않도록 조직적인 기억력을 가진 핵심적인 개인들의 집단이 있다. 때때로 환경은 변화했고, 가끔 우리는 다른 견해들을 갖지만, 만약 우리가 합리성을 망각한다면, 그러면 우리는 제자리걸음을 하게 된다. 따라서 우리는 새로운 행정직원들이 조직적인 가치와 지식을 축적하도록 유도할 필요가 있다. 이것은 매우 어렵고 힘든 일이다. 심지어 이것을 문서로 만들어도 모든 사람들이 알 수는 없다. 사람들의 경력은 점점 짧아지는 추세에 있으며, 그것은 우리에게 엄청난 영향을 미친다. 공무원의 경력은 오히려 군대나 또는 성직자에 가까워지고 있다. 대부분의 사람들은 처음부터 시작하거나 또는 전혀 그렇지 않은 경우가 있다. 우리가 어떻게 제도적인 기억력을 최고로 유지하는 사람들을 충분히 확보할 수 있을까? 나는 경쟁적인 보수에도 불구하고 미래에는 사무차관의 잠재력을 가진 많은 직원들을 잃을 것이라고 예상하고 있다. 그리고 중간경력 또는 고위직급에 사람들을 채용하는 것은 매우 어려워지고 있다. 대부분의 정부기관은 그렇게 하는 데 성공하지 못했다."

공공부문이 민간부문을 참여시키기 위해서 할 수 있는 것에 대하여:

"우리는 충분히 할 수 없다. 그것은 행정에 대한 도전중의 하나이다. 그들은 경제적, 상업적 시각과 비즈니스가 작동하는 방식을 알아야만 한다. 우리는 긴급한 이슈들이 무엇인지에 관해서 이해하고, 경제를 건설하기 위해서 민간부문을 필요한 능력들에 참여시키는 일을 아주 심하게 추진하지는 않았다. 우리는 민간부문의 실질적인 참여가 없었다면, 경제검토위원회 또는 도시재개발청의 기본계획 검토들을 추진할 수 없었을 것이다. 그러나 결국에 누군가는 앉아서 보고서를 써야하고(이것은 반드시 상향식의 절차만은 아니다), 누군가는 심각하게 고민하면서 모든 요소(목표, 개요, 추진방안, 고려사항, 중요한 논점 등)를 통합하고, 그리고 논리적인 정책을 발표해야만 한다. 민간부문이 기성품처럼 미리 준비한 정책을 제공할 것이라고 기대할 수는 없다. 또한 민간부문은 사물을 다른 시각에서 검토한다. 그들은 매우 이슈 중심적이고 특정한 해결책에 집중한다. 정책적 관점은 다르다. 우리는 장기적인 시각에서 다양한 요인들을 고려해야 한다. 그렇다. 민간부문은 시장의 신호에 매일 노출되어 있고, 우리는 그들과 접촉하면서 그들의 요구, 견해, 제안을 신중하게 받아들이고 경청한다. 그러나 시장의 평가와 권고 사이에 일정한 분별이 필요하다. 심지어 민간부문은 흔히 경제의 상태에 따라서 불시에 발목을 잡힌다."

9.2 싱가포르 공공부문에 대한 위험과 도전

이 책에서 우리는 완벽한 거버넌스 시스템이 아니라 효과성과 적합성을 유지하기 위해서 진화하는 요구사항을 충족시킬 수 있도록 조정하고, 변화하고, 적응하고, 개선하고, 혁신하는 학습시스템을 연구하였다. 이것은 역동적 시스템이지만, 결코 완벽한 것은 아니다. 싱가포르인들은 공공서비스에 있어서 개선의 여지가 있다는 것을 잘 알고 있다. 일간지의 칼럼에서는 흔히 공공서비스의 실수, 갑갑한 관료처럼 행동하는 공무원, 낡은 규칙, 서비스 공급의 민감성 부족, 낭비적인 관행을 들춰낼 것이다.

혁신적이고 사려 깊은 적응적인 정책들의 모든 사례들도 역시 많은 비판을 받아왔다. 게스퀴에르(Ghesquiere)는 다음과 같이 언급하고 있다.

> "… IMF 직원들은 정부저축이 지나치지 않은 것인지 질문했다… 이후에 주택소유를 확대하도록 지원하기 위해서 중앙적립기금 제도의 방향을 전환한 것은 유동성 저축의 부족과 많은 은퇴자들의 불충분한 소득을 초래했다… 경제에 있어서 공기업들의 지배적인 역할과 정부의 지침은 국내기업에 대한 혁신적인 기업가정신을 방해할 것이다… 전문가들은 또한 수백 년 넘게 행해진 필기시험에 대해서 강조하는 것을 한탄하는데, 그것은 교육의 창의성을 약화시킨다고 주장한다."[13]

은퇴한 사무차관 닉암통다우(Ngiam Tong Dow)와 같은 정책 내부관계자

[13] Ghesquiere (2007), pp. 2-3.

들은 또한 공개적으로 일부 정책의 결점과 약점을 인정했다.[14]

- 출산율 하락을 대비하는 인구정책의 실패와 이제는 싱가포르가 회복할 수 없는 수준까지 너무 오랫동안 인구통제에 대한 자동조종장치를 유지한 것.
- 엘리트주의를 초래하는 실적주의의 위험성.
- "가장 유능한 10%의 인구가 나머지 90%를 지원하는" 공공재정의 역(逆) 피라미드의 위험성인데, 그는 경제성장이 불가피하게 하락할 때 그것의 지속가능성에 의문을 제기했다.
- 싱가포르 같은 작은 시장에서 육상수송과 같은 국내 서비스들에 대해서 2개의 공급자가 경쟁적으로 동일한 상품을 공급하는 복점(複占)의 낭비.
- 부적절한 기회비용 개념을 사용하면서 산업용지에 대한 임대료의 실질적인 증가를 초래하는 "불합리한 토지가격 정책"으로 인한 경쟁력 상실.

특정한 정책에 대한 많은 비판이 있고, 그것들 중의 일부는 국내와 국제 언론에 소개되었기 때문에 여기서 그것을 반복할 필요는 없다. 그것은 이 책의 목적이 아니다. 우리는 거버넌스 시스템에 초점을 두고 있으며, 그 시스템이 시대에 맞추어 발전하고 역동적으로 변화할 수 있도록 하는 것에 초점을 두고 있다. 특정한 정책사례들은 그러한 역동성이 분명하게 드러나는 방식을 설명하는 데 사용되었다. 비록 정책의 결과가 긍정적인 결과를 나타내는 우수한 정책이라고 하더라도, 정책 내부관계자들이 실패한 정책이라고 인정한 사례처럼, 우리는 그것이 완벽한 것은 아니라는 것을 분명히 밝히고 싶다.

마찬가지로 비록 정책형성과 정책집행을 책임지는 거버넌스 시스템이 그 운영적인 맥락에 있어서 변화에 대한 적응에 주목할 만한 탄력성과 신

[14] Ngiam Tong Dow (2006). A Mandarin and the Making of Public Policy. NUS Press, pp. 141-155.

속성을 증명하더라도, 우리는 또한 일정한 잠재적인 체계적 위험이 있다는 것, 그리고 그러한 위험과 도전이 본질적으로 이 거버넌스 시스템의 부산물이라는 것을 이해하고 있다. 우리는 이제 몇 가지 의도하지 않은 결과, 2차적 효과, 현행 시스템의 고질적인 체계적 위험을 분석할 것이다. 이러한 위험은 당장 해결책을 필요로 하는 것은 아니지만, 고민하고 검토해야 할 것이다. 우리는 단순한 해결책을 설명하기보다는 성찰을 위한 문제를 제기할 것이다. 단순하거나 또는 즉각적인 해답은 없다. 우리가 제기하는 이슈들은 성공에 수반하는 사각지대와 지적인 엘리트주의, 의심의 여지가 없는 문화적 믿음과 신념의 위험성, 공공부문 인재풀에 있어서 다양성의 부족, 그리고 공공부문과 정치지도자 사이에 자유로운 소통의 부족에 관련한 것을 포함하고 있다.

9.2.1 성공의 위험성을 다루기: 사각지대와 지적인 엘리트주의

"공공의 협의"에 대한 언급과 회의주의적 표현은 다방면에서 나오고 있다. 이러한 협의에 대해서 많은 국민들은 실질적이기보다는 형식적인 "협의"로 인식하고 있다. 시민들은 해결책들이 이미 결정되었을 때, 정책입안자들이 이미 이슈들을 검토하는 데 많은 시간과 노력을 기울였기 때문에 당연히 수정의 여지가 거의 없을 때, 그들에게 반응을 요구하는 것에 대해서 불평한다. 시민들의 공통적인 반응은 "그들이 이미 마음속으로 결정했는데 무엇을 말하겠는가?"라고 한다. 공공부문은 공공의 협의를 개선하기 위해서 많은 노력을 기울였지만, 회의주의는 여전하다. 어떤 요소들이 이러한 상황을 야기하는가? 이러한 상황에 대해서 관심을 둘 만한 가치가 있는 것인가?

가장 냉소적인 사람들은 그들이 정책 엘리트들의 지적인 거만함을 느끼는 것을 지적하려고 한다. 그들은 공공부문의 엘리트들이 "정부의 정책을 설명하고 홍보"하기 위한 필요성을 자주 언급할 때 그러한 거만함을 느낀다고 지적한다. 아이디어를 홍보할 필요가 있다고 간주하는 것은 정책 자체에 문제가 있다고 인식하는 것이 아니라 국민들 중에 분별력이 부족한 집단들의 이해(또는 더 심하게, 근본적인 이해력)가 부족하기 때문이라는 것을 암시하고 있다. 지적인 거만함은 때때로 "만약 그들이 우리처럼 똑똑하다면, 그들은 왜 우리가 이러한 정책을 채택하고 어떻게 이것이 작동하는지 이해할 텐데… 그들은 그렇지 않기 때문에, 더 잘 아는 우리가 그들을 교육시켜야 한다."라는 무언의 태도에서 명확히 드러난다.

이러한 냉소적인 사람들은 공공부문의 엘리트들이 똑똑하고, 유능하고, 열심히 일하고, 결과를 성취하는 것들에 대해서 논쟁하지 않는다. 그들은 공공부문의 지도자들이 좋은 아이디어를 세심하게 검토하는 일을 담당하고, 국가가 직면하는 중대한 도전들에 대해서 정책을 고안하는 책임을 지고 있다는 것을 인정한다. 그러나 이러한 냉소주의자들은 공공부문의 엘리트들이 그들의 업무를 너무 잘 수행했기 때문에, 그들의 성공에는 미래에 실패하는 씨앗을 포함하고 있을 것이라고 주장한다. 그들은 문제의 근본적인 원인은 정책 엘리트들이 흔히 그들과 같지 않은 사람으로부터 동일한 정도의 사고와 아이디어를 기대하지 않는 것이라고 믿는다. 정책 엘리트들이 생각하는 그들과 같은 부류는 그들의 부서에서 대학교를 졸업한 정규 직원이 될 수 있는 사람(행동가 vs "우리"처럼 생각하는 사람) 또는 그들과 함께 일하는 사업가(자기중심적인 돈벌이 꾼 vs "우리"같은 국가 정책의 수호자)이다. 그러고 보면 정책 엘리트들이 공공의 협의로부터 많은 것을 기대하지 않는 것은 당연한 것이다. 냉소주의자들은 이러한 태도가 공공부문의 엘리트들의 일정한 경향을 낳는다고 주장하는데, 엘리트들은 국민들이 제안된 정책에 대해서 실질적인 대안을 제시하기보다는 특정한 정책제안이 특정한 집단에 얼마나 영향을 미치는지에 대해서 불평을 쏟아내기 쉽다고 믿는다. 그들은 기껏해야 그들이 잘 생각해서 마련한 제안의 근본적인 변화가 아니라 실행과정에 대한 미세한 조정과 미미한 수정을 가져오는 환류를 기대한다.

만약 위의 시각들이 일부 사실이라면, 시스템에 대한 위험은 가늠하기 어렵지 않다. 시스템의 핵심적인 정책적 지도자들이 다른 사람들로부터 좋은 아이디어를 얻을 수 없다는 것은 단순한 자기 충족적 예언(self-fulfilling prophecy)에 불과하다는 사실을 알지 못하는 것은 그들의 무의식적인 또는 잠재의식적인 심리적 우월성 때문이다. 우리는 생각하는 사람들이다. → "다른 사람들은" 우리처럼 생각할 수 없다. → "다른 사람들은" 개방성이 부족하기 때문에 아이디어 제공을 연기한다. → "다른 사람들은" 서서히 아이디어의 제공을 포기한다. 실적주의는 지적인 거만함과 엘리트주의를 낳기 쉽다.[15] 이러한 유형의 지적인 엘리트주의의 잠재적인 위험은 싱가포르의 맥락에서 더 커질 수 있는데, 엘리트주의는 미묘하고, 쉽게 감지하기 어렵고, 태도들과 사고방식에 내재하는 것이며, 경제적인 부를 통해서 드러나는 것이 아니기 때문이다.

이러한 인식들은 사실에 기초한 것인가? 공공부문의 지도자들은 보통 이러한 종류의 논평에 대해서 공개적으로 반응하지 않는다. 그러나 만약 그렇다면, 그들은 뭐라고 말할 것인가?

우선, 그들은 공공의 협의는 진공 속에서 이루어질 수 없다고 말하기 쉬울 것이다. 협의는 실행을 염두에 두고 이루어져야만 한다. 따라서 부처와 독립행정기관은 공공의 협의를 위한 제안과 질문의 틀을 잡을 수 있기 이전에 이슈와 일련의 가능한 반응과 해결책을 알아야만 한다. 그렇지 않으면 그들은 "숙제"를 제대로 하지 않았다고 비난받을 것이며, 이슈들에 대해서 충분히 검토하지 않은 것이다. 따라서 기관들은 이슈들에 대해서 충분히 생각해야만 하고, 무엇을 수행할 필요가 있는지 몇 가지 아이디어를 고안해야 할 것이다. 이러한 예비제안의 실행가능성을 보장하기 위해서 흔히 전문가와 전공자의 견해를 찾는다. 따라서 기관들의 입장에서 제안은 그때까지 이미 국민들의 시각에서 충분히 잘 만들어진 것이고, "자문을 구해야 할 사람들에게는(예컨대, 전문가들) 이미 자문을 받은 것이다." 따라서 공공부문의 지도자들이 일반적인 국민들까지 협의과정을 확대하기를

15 Chua Mui Hoong (2006). "How Meritocracy can Breed Intellectual Elitism," The Straits Times, 10 November 2006.

주저하는 것은 지적인 거만함보다는 효율성을 고려한 것일지도 모른다.

그렇긴 하지만, 공공부문의 지도자들은 아마 몇 가지 사례에 있어서 공공의 환류가 실질적인 변화와 미세한 조정을 유발했고, 몇 가지 사례에 있어서는 사실상 제안을 보류하는 결과를 초래했다는 것을 인정할 것이다. 정책입안자들이 실현하기 위해서 필요한 것은 교육수준과 의식수준이 더욱 향상된 시민들이 정책이슈를 점점 더 이해하고, 어려운 질문을 하고, 정책대안을 따져보고, 실행을 평가하는 것이다. 사려 깊은 시민들은 점점 더 정책선택에 포함된 딜레마와 일부 좋은 정책의 불가피한 단점을 깨닫게 된다. 이러한 딜레마에 대해서 공개적으로 토론하기를 꺼려하고, 문제점을 인정하려고 하지 않고, 특정한 정책을 관철시키려는 것은 그저 국민들의 냉소주의만 초래할 뿐이다. 만약 효율성이 좀 더 공개적인 국민적 협의를 꺼리는 핵심적인 이유라면, 공공부문의 지도자들은 효율성에 대한 고려사항과 더욱 의식 있는 국민들을 참여시키고 연결시키는 필요성 사이에 균형을 유지하도록 학습할 필요가 있다.

더욱 공개적으로 참여를 꺼리는 한 가지 이유는 만약 공공부문의 지도자들이 공개적으로 실수를 인정하면서 약점을 노출한다면, 국민들의 존경심을 잃게 될 것이라는 고질적인 신념 때문이라고 믿는 사람들이 있다. 이것은 언제나 사실일까? 더욱 성숙한 사회는 그들의 지도자들이 실수하지 않을 것이라고 기대하지 않으며, 만약 그들이 더욱 인간적이고, 더욱 기꺼이 실수를 인정하려고 하고, 그리고 더욱 실질적으로 다른 의견, 시각, 제안을 갈망하는 진정성을 보여주려고 한다면, 그들에 대한 존경심을 잃지 않을 것이다.

더 많은 시민들과 주민들의 참여와 관점과 시각의 다양성에 대한 공공부문의 개방성은 싱가포르 거버넌스 시스템의 청렴성과 품질을 유지하는 데 핵심적인 것이다. 다른 견해를 차단하고 반대의견의 표현에 저항하는 지적인 엘리트주의는 공공부문의 정책 엘리트에게 체계적인 사각지대를 만드는데, 그들은 다른 사람들이 그들이 하는 것보다 더 많이 아는 것을 기대하지 않기 때문에 그들이 모른다는 것을 알지 못하게 된다. 보통은 유능한 엘리트의 정책선택과 행동을 통해서 성공이 이루어지는데, 그러한 정책선택과 행동이 없어도, 그리고 정책입안자들의 지성이 없어도 성공했을지도 모른다는 것을 수용하는 지적인 여유가 없을 때, 위험은 더욱 커진다. 지적인 엘리트주의와 경제적 성공은 폐쇄적인 조직 안에서 "갑작스러운" 실패가 일어날 때까지 서로 강화시키고, 내부 관계자와 외부 관계자는 모두 경고의 신호가 없기 때문에 임박한 실패에 대해서 불의의 습격을 당하게 된다. 그들은 오랜 세월에 걸쳐 진화한 시스템의 불가피한 결과일 수 있다는 것을 깨닫지 못한다. 더욱이 그 시스템은 오랫동안 정책 엘리트의 올바른 선택과 의도한 결과의 성취를 보여주었기 때문이다.

이것은 민주적 선거의 정치적 현실과 정치적 지도자들이 자신의 정당성을 강화하기 위해서 성공을 자신의 업적이라고 주장함으로써 더욱 심각해진다. 결과적으로 정책의 실수는 흔히 합리화되고, 성공적인 정책의 부정적인 측면은 공개적으로 인정되지 않는다. 체계적인 위험은 중요할 수도 있는데, 만약 공공부문의 지도자들이 잠재의식적으로 또는 무의식적으로 잠재적인 새로운 아이디어, 견해, 시각의 원천으로부터 자신들을 차단한다면, 싱가포르에 있어서 역동적 거버넌스의 동인(動因)을 이루는 개방성, 학습, 적응의 선순환이 결국은 서서히 멈춰버릴 것이다.

9.2.2 일반화된 믿음, 신념, 원칙에 대한 도전

문화적 가치와 신념은 역동적 거버넌스를 촉진하거나 또는 방해할 수 있다. 우리는 싱가포르의 취약한 위상에 대한 인식들이 어떻게 거버넌스의 목적과 원칙을 형성하고, 그것이 결국 지난 40년간의 성장과 사회적 진보를 위한 토대가 되었다는 것을 보여주었다. 이러한 뿌리 깊은 신념은 의식적으로, 무의식적으로 정책이슈를 어떻게 인식하고, 정의하고, 접근하는지에 대해서 엄청난 영향력을 행사한다. 그러나 이러한 가치, 신념, 믿음에 대해서 정기적으로 의문을 제기하고, 도전하고, 개선하는가? 이러한 믿음을 정기적으로 재검토하는 절차가 있는가? 그러한 절차가 있어야만 하는가? 이것은 민감한 이슈지만 지도자들이 그것을 공개적으로 토론하지 않으면, 긴밀하게 조직되고 응집력이 강한 정책 엘리트는 집단 순응적 사고로 전락하기 쉽다.

2007년의 싱가포르는 더 이상 1965년에 강제로 분리되어 탄생한 가난한 국가가 아니며, 기초적인 교육, 의료, 주택도 없고, 현대적 경제를 위해 필요한 기본적인 기반시설도 없이 급격하게 증가하는 인구들을 먹여 살리기 위해서 고군분투하는 국가가 아니다. 완전히 정반대의 설명이 오늘날의 상황을 더욱 잘 나타낸다. 싱가포르가 여전히 제한적인 인구와 국토를 가진 작은 나라인 것은 의심의 여지가 없다. 그러나 "불안 심리(항상 적들에게 둘러싸여 있다고 믿는 강박 관념)"는 언제 사고방식을 지나치게 구속하는가? 정보, 아이디어, 혁신을 특징으로 하는 새로운 세계화된 세상에서 싱가포르의 물리적 한계들과 불안감에 대한 집착 때문에 세계무대에서 더 큰 역할을 수행할 수 있는 기회들을 놓쳤는가? 40년간 지켜온 믿음과 신념은 개선하고 쇄신하지 않아도 여전히 타당한 것인가? 그것은 비판이 허용되지 않고 의문을 제기할 수 없는 '신성한 소'와 독단적인 신조가 되었는가?

싱가포르가 이웃 국가들과의 관계를 관리하는 방식은 일반적인 국제법과 기준에 기초한 엄격하고 단호한 입장을 특징으로 하는, 명백하게 사무적인 방식이다. 이러한 접근방법은 세계적인 우수사례로 인정받으면서 주권과 생존을 유지하기 위한 핵심적인 것으로 간주될 것이지만, 강경한 접근방법은 더 많은 경제협력의 기회들을 축소하고 자기도 모르게 인근 지역의 저발전을 야기했을 수도 있다고 의구심을 낳는다. 1965년 독립 이후에 싱가포르는 무역과 투자를 찾아서 세계적으로 도약함으로써 지역적인 한계를 성공적으로 극복했다. 그러한 도약의 노력과 헌신을 벗어나게 되었을 때, 인근 지역의 국가들과 보다 강력한 네트워크를 구축해야만 하는가? 우리는 싱가포르가 광역적 협력체계를 구축하기 위해서 방관하지 않았으며, 인근 국가들이 스스로 준비되지 않은 상황에서도 광역체계를 조직하기 위해 부단히 노력했다는 것을 알고 있다. 관건은 광역적인 것과 세계적인 것 사이에 균형을 유지하고 적절한 수준에서 추진하는 것인데, 이것은 전략적인 이슈이기 때문에 추가적인 내부토론을 거쳐야만 한다.

국내적으로는 경제성장이 최고라는 인식이 광범위하게 받아들여지고, 거의 그 자체를 목적으로서 인식하고 있다. 이것은 다른 중요한 사회적 가치들과 목표들을 성취하기 이전에 지속적이고 강력한 경제성장이 필요하다는 뿌리 깊은 신념으로 보인다. 그 신념에는 분명한 타당성이 있지만, 이러한 전제는 항상 진실일까? 경제적, 사회적 목표들이 제로섬의 결과를 나타내는 것은 아니지만, 싱가포르가 이러한 두 가지 사이의 일정한 상충관계를 부정하는 것은 현실적인 것인가? 지금 실정으로는, 특히 국민들의 특정 집단들이 강력한 경제성장에도 불구하고 지속적으로 실업에 내몰리는 상황에서는, 점점 더 "이 모든 성장이 누구를 위한 것인가?"라는 질문을 제기하게 된다. 성장은 그 자체를 추구하는 것인가 또는 다른 중요한 국가적 목표들을 촉진하기 위한 것인가?

실용주의의 원칙은 바람직한 결과를 성취하기 위한 모든 수단을 정당화시키는 것인가? 40여 년 이상의 많은 냉철한 결정과 정책은 싱가포르가 바라는 세상이 아니라 세상을 있는 그대로 받아들이고 현실을 수용해야만 했었던 토대를 설명하고 대변해준다. 그러나 뿌리 깊은 실용주의는 너무 깊은 나머지 심지어 청렴성에 대한 헌신도 그 자체를 위한 것이 아니라 비즈니스와 사회적 환경을 좀먹는 것을 방지하기 위한 토대로서 정당화되었다. 싱가포르가 강력하고 절대적인 도덕적 원칙과 가치를 방책 때문이 아니라 그저 그렇게 하는 것이 옳은 일이고 올바른 길이기 때문에 헌신하고 필요한 것이라는 것을 인지하지 않으면서 위대한 사회와 오래 지속되는 국가가 될 수 있을까?

또 다른 믿음은 사회에 있어서 정부의 역할과 관련한 것을 다시 검토해야 할 필요가 있을지도 모른다. 싱가포르에 있어서 공공부문은 경제적으로, 사회적으로 개발과 관련한 적극적이고 지배적인 역할을 수행했다. 이것은 사실상 이렇다 할 민간부문 또는 사회부문이 없었던, 특히 초기에는 아마 필요했을 것이다. 정부는 전략적인 목표와 인재와 자원을 갖고 민간부문의 대리자, 규제자, 사회적 개혁자의 역할을 수행하였고, 40년 내내 싱가포르의 성공적인 사회경제적 발전을 이끌었다. 지난 40년간 정부 주도의 싱가포르 모델이 경제적, 사회적 성공을 성취한 것은 명백하다. 오늘날 중요하게 고려해야 할 사항은 정부가 미래에도 그러한 지배적인 역할을 계속 수행해야 하는지 여부이다. 민간과 사회부문의 순응은 부분적으로 공공부문이 지배한 탓으로 볼 수 있는가? 공공부문의 적극적이고 열정적인 역할은 민간과 사회부문이 제대로 기능하지 못하는 종속적인 사고방식을 유발했는가?

민간부문의 회사들은 시장의 무차별한 변화, 고객들의 기대, 세계적인 경쟁, 기술의 발전에 매일 직면하고, 따라서 위험과 기회를 평가하기 위해 좀 더 최신의 시장정보를 가지고 있다. 민간부문이 정책형성에 더 많이 참여하면 더 좋은 정책과 프로젝트를 만들 수 있을까? 만약 공공부문이 뒤로 빠지고 민간부문이 선도하도록 한다면, 필요한 역할을 완수하기 위해서 나설 수 있는가? 민간부문의 지도자들이 주주들의 재무적인 정산결과에 더 신경을 써야할 때, 민간부문이 국가의 사회경제적 발전을 위한 적극적인 역할을 수행하기 위해서 적절하게 조직될 수 있을까? 사회경제적 발전을 위해 더욱 지속가능한 절차와 틀을 만들 수 있도록 공공과 민간부문 사이의 역할에 대한 균형을 어떻게 재구조화 할 수 있을까?

우리는 싱가포르에 적용된 신념과 원칙이 더 이상 현재의 정책결정과 거버넌스에 대한 결정을 지도할 수 없다고 말하는 것이 아니다. 오히려 그 반대이다. 사실상 40년간 의사결정을 지도하는 데 있어서 이러한 원칙과 신념의 견실성은 많은 전문가를 놀라게 했고, 다른 나라들이 본받고 있다. 이러한 믿음을 검토하기 위해서 가장 좋은 시간은 그것이 분명히 낡고 구식이 되었을 때가 아니라 지금, 미래를 위해서 필요한 능력을 구축하기 위해서 신중하게 고려할 시간이 있고, 사용할 수 있는 자원이 있을 때이다. 우리는 공공부문이 미리 생각하기, 다시 생각하기, 두루 생각하기의 동일한 능력을 거버넌스의 문화적 토대를 검토하는 데 사용할 것을 제안한다. 그것은 우리가 발견한 다시 관찰하기, 다시 생각하기, 다시 검토하기의 깊고 체계적인 능력을 보유하기 위해서 너무 어려운 제도가 되어서는 곤란하다.

9.2.3 인재풀의 다양성 부족

거버넌스의 역동성을 위한 중요한 동인(動因)이 리더십이라면, 인재풀의 깊이와 다양성을 증가시키는 것은 공공부문을 위한 핵심적인 전략적 우선순위가 되어야 한다. 정치부문과 공공부문의 지도자들은 그것에 동의하면서 유사한 견해를 밝히고 있다. 그러나 공공부문 지도자들의 교육과 경험의 이력을 보면 주목할 만한 유사성을 보이고 있다. 어떤 사무차관의 이력을 보더라도 영국의 옥스퍼드나 캠브리지 또는 미국의 아이비리그의 대학교에서 공학이나 경제학을 전공한 사람을 쉽게 찾을 수 있다. 그들은 하버드나 스탠퍼드에서 석사학위를 마치고 대부분은 아닐지라도 공공부문에서 가장 많은 경력을 보냈다. 또한 그들 중 많은 사람은 전임 또는 현직 총리의 수석 개인비서(특별보좌관)로 일했다. 따라서 공공부문의 지도자들 사이에 중요한 비전과 가치를 공유하는 것은 당연한 것이다. 그러나 그러한 교육과 경험의 융합은 또한 견해와 시각의 다양성 부족을 야기하지 않을까? 이슈들을 확인하고 해결하기 위한 접근방법의 획일성은 단기적으로는 갈등을 줄여주지만, 미래의 이슈(위협과 기회)가 이전에 발생했던 것들과 다르고, 그것의 의미와 영향을 정확하게 해석하고 적절한 대응을 채택하기 위해서 경험과 시각의 다양성을 필요로 할 때에는 심각한 장기적인 위험을 초래한다.

공공부문의 고위직에는 민간 또는 사회부문의 출신들이 거의 없다. 비록 독립행정기관은 상대적으로 전문직을 충원하기 위해서 중간경력의 전문가를 채용하는 데 성공했지만, 행정에서 중간경력의 전문가를 유치하고 보유하는 것은 몇 번의 시도에도 불구하고 암울한 결과를 나타냈다. 행정의 지도자들은 공공부문의 어려운 복잡성과 그것의 정치적 맥락, 공공정책의 형성과 집행의 다차원적인 측면, 그리고 중간에 들어온 사람들에 대한 포용력에 대해서 형편없는 결과를 낳았다. 전문화, 사회화 그리고 네트워킹이 공공부문에서 성공하기 위해 확실히 필요한 것이고, 이것은 다른 기관들의 경우와 마찬가지로 오직 경험과 유대를 확대하면서 발전하는 경향이 있다. 중간경력의 전문가들이 드문드문 충원되기 때문에 일은 복잡해지고, 채용에 영향을 미치는 충분한 규모의 집단이 없거나 또는 일정한 수준에 이르지 못하고 있다. 많은 국가들이 중간경력의 전문가를 채용하려고 시도했지만 성공하지 못한 것이 사실이라고 하더라도, 그 위험과 함의는 공공부문이 더 많은 결정적인 역할을 수행하고 변화에 더욱 민감한 국가인 싱가포르에게 더욱 큰 것이다. 다른 종류의 인재와 동화하는 능력을 가지지 못한 기관은 경직화의 위험을 갖고 있는 것이다. 다양성은 교육(학교, 전공, 국가)과 업무경험(공공, 민간, 사회부문에 대한 다양한 경험)을 필요로 한다. 공공부문은 다른 환경에서 근무할 수 있는 기회를 더욱 많이 제공하고 있다. 그것은 발전을 권장하는 것이다. 공공부문의 인재풀을 다양화하도록 장기간에 걸친 더욱 혼신의 노력이 필요할 것이다.

필립여와 같은 독특한 지도자들이 성공하고 행정직 엘리트 조직의 최고 등급까지 오를 수 있다는 것은 공공부문의 자산이다. 그러나 그러한 "독불장군"이 비록 용인되었지만, 행정의 문화와 성공을 위한 주류의 모델에는 여전히 포함되지 않는다. 공공부문의 최고직위로 승진하기 위해서는 여전히 표준적인 단계가 있는데, 권위 있는 정부 장학금을 받고, 최고의 대학교를 우등으로 졸업하고, 분석적인 정책적 작업과 좋은 보고서를 쓰는데 집중하고, 심각한 실수에 관련되지 않고, 조용히 일하고, 규칙을 지키고, 상사에게 공손하고, 선임 직원을 잘 따르고, 2년에서 3년마다 다른 일을 위해서 순환하고, 총리 또는 선임 장관의 특별보좌관으로 근무하고, 예정대로 승진하고, 30대의 나이에 사무차장이 되고, 40대 초기에 사무차관이 되는 것이다. 이러한 경로를 벗어나서도 여전히 잘하는 사람은 "열외자"로 인식되고 본받는 모델이 되지 못한다. 정도를 따르는 것은 보편적인 지혜이지만, 장기적인 지속가능성을 위해서는 행정이 성공을 위해서 더 좋은 대안적인 경로를 제시하고, 유능한 사람들이 싱가포르의 정책과 거버넌스에 최고의 아이디어와 열정을 기여하도록 덜 관습적인 방식들의 운영에 더 많은 관용을 베풀고 더 많은 창의성을 권장해야 할 것이다.

아마도 가장 근본적인 도전은 유능한 사람들에게 전임자들보다 더 많은 영역들과 장소에서 더욱 흥미롭고 도전적인 기회들이 열려진 세계화된 환경에서 어떻게 공공부문이 최고의 인재를 지속적으로 유치하고 보유할 것인지에 대한 것이다. 민간부문의 일자리에서 유능한 사람들이 더욱 빈번하게 이동하고 직장생활 동안에 두세 가지 다른 경력들을 추구하듯이, 공공부문의 경력을 어떻게 매력적이고 흥미로운 것으로 만들 것인가? 만약 유능한 사람들이 공공부문에서 30년이 아니라 단지 5년에서 7년만 머물고 빈번하게 이동한다면, 공공부문은 어떻게 대응할 것인가? 이러한 새로운 공공부문은 현재와 확연히 다른 것이다. 지금까지 행정직원들의 다른 부처들에 대한 순환근무는 공공부문에 그들을 보유하기 위한 일의 다양성과 도전을 제공해주었다. 그러나 경력의 이동이 공공부문 내부가 아니라 공공부문의 내부와 외부일 때에는 신규 전입자들의 사회화, 직무요건에 대한 학습, 제도적인 기억의 창출, 성과평가에 대한 새로운 접근방법이 필요할 것이다. 공공부문이 그러한 환경에서 효과적인 기관으로 남을 수 있도록 보장하기 위해서는 어떠한 조직적인 인적자원의 변화들이 필요한 것인가? 그와 같은 만일의 사태를 대비하기 위해서 공공부문이 오늘날 시작할 수 있고 또는 시작해야만 하는 일은 무엇인가?

9.2.4 정치지도자로부터 독립성의 부족

행정은 독립 이후부터 동일한 집권당에 대해서 봉사해왔다. 이것은 필연적으로 정치와 공공부문 지도자들 사이의 긴밀한 업무관계를 만들었고, 정책의 성공적인 실행을 크게 촉진시켰다. 공공부문은 집권당이 매번 선거에서 이기고 권력을 유지할 것으로 기대되었기 때문에 정치지도자들과 함께 장기적인 계획을 수립할 수 있었다. 또한 공공부문의 몇몇 지도자들은 선거에 나서기 위해 정당에 가입하고 이어서 장관으로 임명되었다.

비록 정치지도자들은 공공부문의 정치적 중립을 강조했지만, 공공부문은 정치적으로 민감하지만 정치적이지 않을 필요가 있는데, 가끔씩 공공정책의 정치화는 이러한 공공부문과 정치부문의 분리에 긴장을 조성했다. 최근 선거에서 집권당은 공공기관(주택개발청)의 공적자금을 사용해서 공공주택을 개량할 때, 야당의 선거구는 집권당의 선거구와 동일한 우선순위에 둘 수 없다고 규정하였다. 따라서 정치평론가 호카이롱(Ho Khai Leong)을 포함한 많은 사람들은 행정이 사실상 정치화되었다고 결론 내렸다.[16]

물론 독립성 부족의 많은 부분은 공공부문이 진정으로 정치지도자를 존경하고 신뢰하기 때문이다. 우리의 인터뷰에서 공공부문의 지도자들은 유도하지 않아도, 판에 박힌 듯 정치지도자들의 청렴성, 장기적인 시각, 전문성, 합리성에 대한 존경을 표시했다. 그들의 상호 존경과 헌신은 효과적인 거버넌스를 만들지만 또한 진정한 독립성을 어렵게 만든다. 공공부문은 미래에 총선에서 이긴 다른 집권당과 똑같이 동반자 관계에서 일할 수 있을까? 이상적으로 공공부문은 어떠한 정당이 권력을 갖더라도 중립을 유지하면서 일해야 하지만, 몇몇 공공부문의 지도자들은 우리의 인터뷰에서 그것에 대해서 생각해 본 적이 없으며, 만약 다른 정당이 집권한다면 얼마나 효과적일 것인지에 대해서 의구심을 나타냈다. 그들은 그저 실용적인 관점에서 그런 것이고, 그들은 가까운 장래에 그런 일이 발생할 가능성은 매우 희박하다는 것을 잘 알고 있다.

공공부문과 정치지도자 사이의 상대적인 독립성 부족은, 만약 국가의 폭넓은 이익보다는 오직 정당의 편협한 이익을 추구하는 정책결정이 이루어진다면, 공공부문이 강력하고 독립적인 목소리를 내기 어렵게 만들 수 있는 위험을 여전히 간직하고 있다. 공공부문의 지도자들은 그들이 이슈를 다르게 인식할 때, 정치지도자들에게 사적으로 그들의 견해를 알렸고, 그들의 견해는 항상 심각하게 받아들여졌다는 것에 감사했다고 한다. 공

[16] Ho Khai Leong (2003). Shared Responsibilities, Unshared Power. Eastern Universities Press.

공부문은 장기적으로 국가에 해를 끼치는 인기영합적인 정책을 수용하라고 공공부문을 설득할 수 있는 집권당의 강력한 카리스마를 가진 지도자가 출현했을 때, 여전히 거버넌스 시스템에서 효과적이고 독립적인 목소리를 유지할 수 있을까? 정치지도자들을 진정으로 신뢰하고 존경하는 시스템에서 성장한 공공부문의 지도자들이 갑자기 어떻게 할 것인지 안다고 기대하는 것은 현실적인 것일까? 또는 필연적인 결론대로 그들은 그렇게 할 만한 역량을 갖지 못할 것인가?

9.3 싱가포르 거버넌스 시스템의 핵심적인 교훈과 원칙

우리는 이 책에서 전반적으로 싱가포르 거버넌스의 다양한 경험으로부터 학습할 수 있는 교훈과 원칙을 논의했다. 여기서 그것을 반복하지는 않을 것이다. 대신에, 우리가 이미 언급한 교훈을 정리하고, 변화하는 환경과 수요에 대응하기 위해서 지속적으로 적응하고, 혁신하고, 변화하는 공공부문의 역량을 설명하는 몇 가지 원칙으로 통합할 것이다. 우리가 이 단락에서 논의하는 8가지의 핵심적인 원칙은 싱가포르와 공공서비스를 넘어서 일반화될 수 있다고 믿는다.

9.3.1 좋은 거버넌스는 역동적이지만, 약점도 있기 마련이다.

이 책은 좋은 거버넌스 그 자체가 아니라, 변화하는 환경 속에서 새롭게 발생하는 수요에 지속적으로 적응하고, 변화하고, 혁신함으로써 적합성과 효과성을 유지할 수 있는 역동적 거버넌스 시스템을 연구한 것이다. 우리는 바람직한 결과를 성취하고 수준을 향상시키기 위한 전제조건으로서 일련의 좋은 거버넌스의 원칙과 관행을 채택할 필요성에 대해서 의문을 제기하지 않는다. 그것은 현재 거버넌스에 대한 많은 논쟁에서 집중적으로 토론하는 주제이다. 그러나 급속한 세계화와 기술적 변화의 시대에 있어서 그러한 논의는 충분하지 않다고 생각한다. 변화하기 위한 역량과 능력들, 요컨대 역동적 거버넌스는 지속적인, 지속가능한 성장과 발전을 위해서 대단히 중요한 것이다. 따라서 우리는 일시적 변화가 아니라 공공의 제도와 거버넌스의 지속적인 변신을 목표로 하고 있다. 그러나 역동적 거버넌스가 무엇인지, 그것을 어떻게 성취하는지에 대한 이해가 매우 부족하다.

싱가포르 거버넌스 시스템과 경험은 거버넌스에서 역동성이 어떻게 작동하는지, 그리고 그것이 오랜 세월에 걸쳐서 어떻게 진화하는지에 대한 기능적 모델을 우리에게 제공해 주었다. 이것이 결코 약점이 없다는 것을 의미하는 것은 아니며, 어디에서도 완벽에 가까운 것은 없다. 이전의 단락에서 검토한 공공부문이 직면한 도전들은 현재 시스템에 존재하는 심각한 위험을 보여주었고, 그것은 시스템이 제대로 기능하지 않는 것을 방지하기 위해서 해결해야 할 필요가 있는 것이다. 싱가포르는 다행히 약점과 체계적 위험을 인지하고 있는, 그리고 열망과 성과 사이의 격차를 줄이기 위해 노력하는 정치와 공공부문의 지도자들을 가지고 있다. 싱가포르를 위한 비전과 높은 열망을 가진 헌신적인 정치와 공공부문의 지도자들이 없다면, 효과적인 거버넌스는 있을 수 없다.

싱가포르 시스템에 대한 연구로부터 가장 중요한 교훈은 사회가 법의 지배, 재산권에 대한 존중, 반부패, 실적주의, 효과적인 제도와 같은 일련의 기본적인 원칙을 채택함으로써 좋은 거버넌스의 혜택을 많이 누릴 수 있다는 것이다. 비록 이러한 원칙은 보편적인 것이지만, 그것의 실행은 그렇지 않다. 이러한 원칙은 일련의 시스템과 절차에 적용할 필요가 있고, 비전과 정치적 의지를 통해서 지지되어야 한다. 효과적인 집행은 핵심적인 것이다. 게다가 정책과 거버넌스 시스템의 지속적인 학습, 혁신, 적응, 개선은 처음의 정책적 선택이 얼마나 완벽한 것인지 보다 더 크게 영향을 미친다.

9.3.2 정치와 공공부문의 효과적인 리더십은 좋은 거버넌스를 위해서 필요하다.

비록 이 책은 공공부문에 초점을 두고 있지만, 좋은 거버넌스는 정치적 맥락, 시스템, 구조, 리더십을 떠나서는 성취될 수 없다. 우리의 연구를 통해서 정치적 리더십이 방향을 정립하고, 신념을 솔선수범해서 보여주고, 일류의 공공조직으로 발전하기 위한 틀을 제공해준다는 것을 명확하게 보여주었다. 건국초기 정치지도자의 단호한 청렴성, 공공부문 지도자의 전략적 견해, 지적인 깊이와 정책설계의 합리성에 대한 강조, 결과를 위한 과감한 추진력은 공공부문의 전략, 구조, 시스템의 개발에 상당한 영향을 미쳤다. 리센룽 총리는 행정이 제대로 기능하기 위한 정치적 맥락을 다음과 같이 설명했다.

> "우리는 흔히 싱가포르는 위로는 좋은 지도자들이 있고, 아래로는 유능하고 헌신적인 직원들이 있으며, 시스템은 투명하고 효율적이기 때문에 잘 돌아간다고 말한다. 그러나 우수한 행정은 왜 우리가 좋은 정책을 실행할 수 있는지에 대해서 완전히 설명하지 못한다. 좀 더 근본적인 질문은 왜 싱가포르가 그러한 행정을 가질 수 있는지, 그리고 무엇이 제대로 작동할 수 있게 하는지에 대한 것이다.
> 해답은 정치영역에 있으며, 특히 싱가포르에서 진화한 독특한 방식의 정치에 있다. 우리 국민들은 목적을 달성하는 데 협력하고, 정부가 하려는 것을 이해하고, 정부에 큰 사명을 부여하였고, 우리의 문제에 대한 지능적이고 효과적인 해결책을 실행하기 위해서 정부와 함께 일한다.
> 싱가포르와 같이 운영하는 국가들은 많지 않다. 많은 정부들은 기본적인 것을 얻기 위해서 열심히 몸부림쳐야만 한다. 그들이 필요로 하는 정책이 무엇인지 모르거나 또는 인재와 능력들이 부족하기 때문에 그런 것은 아니다. 어려움은 보다 근본적인 것인데, 우선 올바른 정책을 채택하기 위해서 정치적 의지와 공감대를 모으는 것이다. 기득권이 습관이 되거나

또는 현 정부가 다음 선거를 넘어서 결과를 나타내는 인기 없는 정책에 정치적 비용을 지불할 여력이 없는 것이다."[17]

테오치헤안(Teo Chee Hean)은 공공부문과 정치지도자 사이의 관계를 "상호 존중하는 강력한 협력관계"라고 설명하였다.[18] 정치와 공공부문의 지도자들은 서로 존중할 만한 신뢰와 비전을 가지고 있다. 지도자들 사이의 견해의 차이들은 대화, 토론, 상호작용을 통해서 해결될 수 있다. 공공부문의 많은 지도자들은 만약 헌신적이고, 현명하고, 진보적인 정치적 리더십이 없었다면, 그들이 일조한 것에 자부심을 느끼는 많은 일들을 할 수 없었을 것이라고 공개적으로 인정했다. 공공부문의 지도자들에 의하면, 다른 나라들의 동료들은 그들이 관찰하고 감탄한 싱가포르의 일부 사례에 대해서 시도할 생각을 하지 못하는데, 그것은 정치적 위험 또는 인기 없는 정책을 실행하려는 의지가 부족하기 때문이라고 한다. 이것은 또한 싱가포르 거버넌스의 교훈을 적용하기 위한 조건을 말해주는데, 이 책에서 논의한 일부 아이디어를 효과적으로 실행하기 위해서는 우호적인 정치적 환경이 필요하고, 정치지도자는 중요한 정책이슈에 대해서 기꺼이 참여할 준비가 되어 있어야만 한다.

9.3.3 지속적인 학습과 효과적인 집행은 역동성의 핵심적인 동인(動因)이다.

제도, 정책, 절차, 시스템, 구조는 그것들 자체만으로는 본질적으로 역동적이지 않은 것이다. 시민들 또는 고객들은 흔히 그것을 유연한 유기체 보다는 융통성 없는 기계장치처럼 느낀다. 그것은 오직 지도자들이 감독하고, 직원들이 새로운 아이디어를 받아들이고 새로운 기술을 학습함으

17 총리 리센룽의 연설은 2005년 3월 24일 행정직과의 저녁 만찬 형식으로 이루어졌다.
18 그와의 인터뷰는 2006년 12월 29일 이루어졌다.

로써 지속적으로 개선하고 혁신하도록 운영할 때 역동적으로 될 수 있다. 제도적 학습은 조직의 구성원이 다음과 같을 때 발생한다.

(ⅰ) 새로운 아이디어를 적용하기 위해서 의식적으로 학습하고, 일을 더 잘하기 위해서 다른 방법을 탐색할 때,
(ⅱ) 다른 시스템과 그들의 결과를 관찰하고, 성과를 향상시키기 위해서 새로운 학습과 지식을 시스템에 통합시킬 때,
(ⅲ) 시민 또는 고객의 새로운 요구사항에 민감하고, 그러한 새로운 수요를 충족시키기 위해서 새로운 지식과 기술을 학습할 때 일어난다.

지도자들은 직원들이 학습하고, 실험하고, 혁신하도록 유도하는 환경을 조성할 책임이 있다.

이것은 제도가 소유하고 있는 지식의 양이 아니라, 지식을 얼마나 많이 그리고 얼마나 자주 다시 채우고 쇄신하는지, 요컨대 제도와 구성원이 학습하는 방법에 달려있다. 학습은 지식을 다시 채우고, 그것이 제도의 성과를 향상시키기 위해서 적용될 때, 그것은 더 많은 학습을 자극하는 창조적인 에너지를 만들어낸다. 감지하고, 학습하고, 적용하는 이러한 지속적인 순환과정은 제도적 역동성의 원천이다. 학습의 순환과정이 빠를수록 더 많은 순환과정이 발생하고, 더욱 역동적인 제도가 된다. 우리의 역동적 거버넌스에 대한 틀은 문화와 능력의 '쌍둥이 빌딩'을 구축하고 있는데, 이것은 개인적인 학습과 제도적인 학습의 잠재력을 활성화시키는 토대를 이루고 있다. 만약 구성원과 제도가 더 높은 수준을 갈망하지 않고, 또한 새로운 도전에 대응하기 위해서 지속적으로 학습하고, 그들의 경험을 반영하고, 다른 사례를 관찰하고, 새로운 통찰을 발견하고, 새로운 접근방법을 실험하고, 변화를 실행하지 않는다면, 역동적 거버넌스는 불가능하다.

학습은 정보의 축적보다 그 이상이다. 우리는 실행을 통해서, 경험을 통해서, 집행을 통해서, 결과의 추구를 통해서 더욱 더 효과적으로 학습한

다. 학습은 비록 새로운 지식이라고 하더라도 단순히 머리에 지식을 주입하는 것이 아니다. 싱가포르의 지도자들은 학습의 증거로서 실행을 관찰하고 변화시킨다. 이것은 단지 좋은 아이디어의 차원을 넘어서 일이 실현되도록 만들고, 이상을 현실로 만드는 것이다. 물론 많은 정책들이 새롭고 혁신적인 것이지만, 싱가포르가 경험한 것의 진정한 교훈은 그러한 정책들을 어떻게 실제로 집행했는지에 대한 것이다. 새로운 경험과 학습으로부터 얻은 흥미롭고 참신한 아이디어도 집행하지 않는다면 정책의 변화를 유도할 수 없을 것이며, 거기에는 역동적 거버넌스도 없을 것이다. 비록 좋은 아이디어는 고상한 이론을 이끌어낼 수 있지만, 집행하지 않는다면 단지 아이디어와 이론으로 남을 것이다.

싱가포르 시스템은 그것이 작동하도록 만들어졌기 때문에 작동하는 것이다. 이것은 현실을 똑바로 직시하고, 세상을 있는 그대로 받아들이면서 적응하고, 훈련을 통해서 따라가는 시스템이다. 이것은 실용적인 정책을 결정하고, 사람들을 실적과 성과에 따라 보상하고, 행동을 지속하기 위한 구조와 시스템을 가진 강력한 제도를 구축하고, 총체적 자질, 분석력, 상상력, 현실주의에 기초해서 정책대안을 평가하고, 강력한 결과지향성과 책임성을 보유하기 위해 전념하는 등 이 모든 것을 기초로 해서 결국 집행하는 것에 맞추어진 시스템이다.

역동적 거버넌스를 위한 문화와 능력의 틀은 모두 학습과 집행에 대한 것이다. 문화는 학습하고, 적응하고, 변화할 수 있도록 지원해야 한다. 그러나 거기에는 생각하고, 행동하기 위한 능력들, 요컨대 집행이 있어야만 한다. 지속적인 학습과 효과적인 집행은 역동적이고 좋은 거버넌스를 위한 동인(動因)들이다.

9.3.4 역동성은 단순히 문제해결의 속도에 대한 것이 아니다. 훨씬 더 중요한 것은 새로운 기회들을 인식하고 포착하는 속도이다.

거버넌스 시스템에 있어서 역동성은 싱가포르 공공기관들이 새로운 발전들을 인식하고 신속하게 반응할 수 있도록 해주었고, 세계적인 기회들이 발생했을 때 결정적으로 포착할 수 있도록 해주었다. 싱가포르의 위상, 목적, 원칙(비록 원칙은 훨씬 뒤늦게까지 공식적으로 표명되지는 않았지만)의 문화적 토대들은 건국초기 정치지도자들에 의해서 1960년대 초기에 수립되었다. 조직적인 능력은 처음에 경제개발청과 주택개발청 같은 핵심적인 공공기관들에 집중되었다. 경제개발청 직원들, 제도적 문화, 조직적 능력의 역동성과 집념은 미국, 유럽, 일본의 거대한 다국적기업에게 싱가포르의 역동성을 보여주었다.[19] 그것은 경제개발청 직원들의 지식, 전문성, 할 수 있다는 정신과 신뢰성이었는데, 1970년대에 미국과 유럽의 다국적기업들이 일본의 제조업자들의 경쟁적 위협에 대응하기 위해서 저비용의 해외생산기지를 탐색하면서 열린 기회들을 싱가포르가 감지하고 잡을 수 있도록 해주었다.

마찬가지로 싱가포르는 1997년 아시아 금융위기 이후에 민간은행과 자산관리에 대한 세계적 시장점유율을 증가시킬 수 있는 새로운 기회들을 감지하고 잡을 수 있었다. 투자자금은 파괴적이고 불안한 발전들, 그리고 새로운 세계적 위협과 불균형에 따라 대체 가능한 안전한 곳에서 고수익을 모색하고 있었다. 싱가포르는 강력한 건전성 규제의 틀을 유지하면서도 금융시장의 자유화와 더 큰 경쟁을 도입함으로써 이러한 새로운 기회들을 포착할 수 있는 유리한 조건을 갖추었다. 비록 싱가포르가 금융위기를 예견하거나 또는 이후에 일어난 새로운 기회들을 예측한 것은 아니지만, 새로운 발전의 기회들을 활용하고 신속하고 현명하게 대응할 수 있도록 해주었다. 즉, 거버넌스 시스템은 세계시장의 신호를 감지하고, 그것의 영향을 평가하고, 대안을 도출하고, 정책을 결정하고, 신속하게 행동할 수 있도록 해주었다.

역동적 거버넌스의 차별성을 만들어내는 것은 속도이다. 즉, 문제를

---

19 아래를 참조하시오. Schein (1996) for a discussion of EDB organizational culture.

이해하고 해결하는 속도에 달려있는데, 더욱 중요한 것은 새로운 기회가 어디서 어떻게 일어나든 상관없이 그것을 인식하고 포착하는 속도에 있다.

9.3.5 역동성은 가치와 원칙의 강력한 문화적 토대와 핵심적인 제도적 능력의 적응적 구조를 가진 총체적인 거버넌스 시스템을 구축한 결과이다.

우리 연구의 중요한 결론은 역동적 거버넌스가 우호적인 제도적 문화를 통합하는, 그리고 지속적인 변화를 유도하는 조직적인 능력을 가능하게 하는 시스템의 결과라는 것이다. 역동적 거버넌스의 지속가능성은 시스템을 설계하고 실행하는 방식에 달려있다. 그것은 제1장에서 처음 보여주고 논의한 그림 9.1에서 설명하는 것처럼 상호작용을 강화하고 균형을 유지하는 흐름을 가진 총체적인 시스템이 되어야 한다. 그것은 거버넌스를 역동적으로 만드는 문화, 능력, 변화 사이의 체계적인 연결과 관계를 구축하는 지속적인 과정이다. 따라서 거버넌스에 있어서 역동성을 개발하려는 지도자들은 문화적 토대와 핵심적인 조직적 능력을 구축하고, 그것의 체계적인 연결을 신중하게 구축하고 끊임없이 보강하고 강화시켜야 한다.

국가의 위상에 대한 사회의 인식은 국가의 목표의식을 형성하고, 그것은 다시 선택과 행동을 유도하는 원칙을 결정한다. 만약 문화가 지속적인 변화와 적응에 우호적이라면, 위상에 대한 인식과 목표 사이의 체계적인 연결과 원칙의 채택은 신중하게 관리되어야 한다. 문화는 변화를 지원할 수 있지만, 변화의 수단들은 대체로 생각하고, 학습하고, 결정하고, 행동하는 조직적인 능력에 의존한다. 우리는 이러한 변화의 수단들을 미리 생각하고, 다시 생각하고, 두루 생각하는 능력으로 요약하였다. 이러한 능력들은 변화에 적극적이고 반응적으로 되기를 원하는 조직의 내부에 광범위하게 구축되고, 강화되고, 심화되고, 확산되고, 쇄신되어야 한다. 다시 말하지만, 3가지 능력들은 독립적인 것이 아니라 함께 변화를 유도하고 촉진하는 관계의 총체적 시스템에 있어서 연결되고 강화되는 것이다.

그림 9.1 역동적 거버넌스 시스템을 위한 분석틀

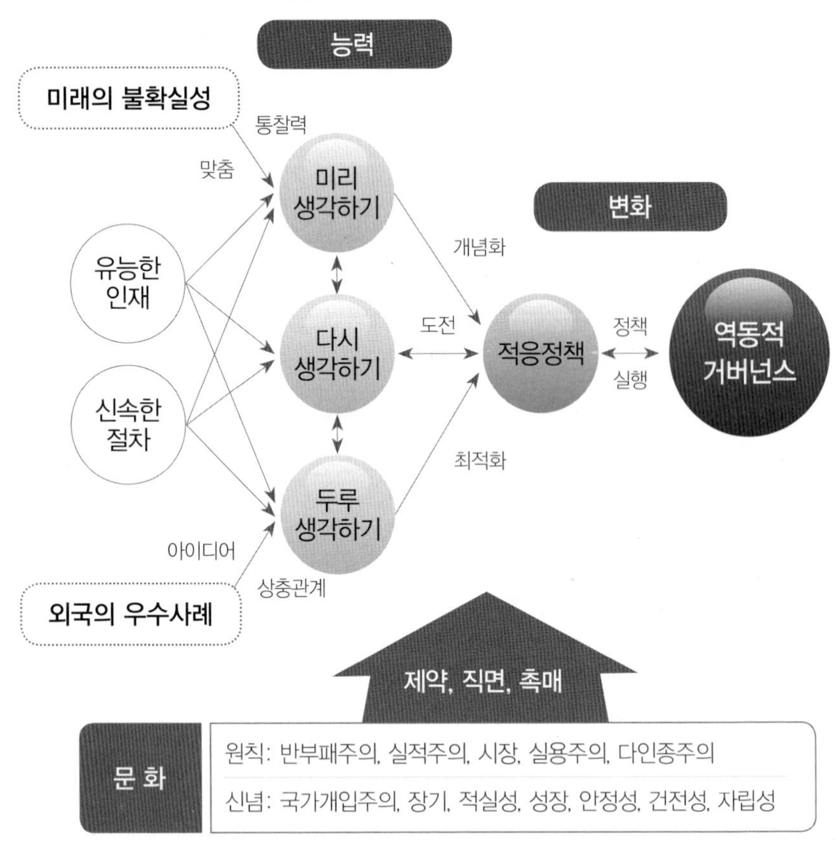

9.3.6 역동적 거버넌스의 능력은 유능한 인재에 의해서 만들어지고, 신속한 절차에 의해서 촉진되고, 적응적인 정책에 의해서 표출된다.

역동적 거버넌스를 창출하는 미리 생각하기, 다시 생각하기, 두루 생각하기 능력의 열정적인 힘은 오직 폭넓은 공익을 위해 헌신하는 유능한 사람으로부터 나온다. 거버넌스는 선택에 대한 것이다. 오직 사람만이 생각하고, 학습하고, 선택할 수 있다. 이것은 의지와 추진력을 가진 지도자들이 제한적인 자원을 가장 중요한 결과를 얻을 수 있는 곳에 투입하도록 만든다. 싱가포르에 있어서 역동적이고 효과적인 거버넌스에 대한 헌신적이고 유능한 리더십의 영향은 널리 인정받고 있다. 우리가 인터뷰한 거의 모든 사람들은 싱가포르가 지속적으로 발전한 것은 정치영역과 공공부문에 있어서 리더십의 자질 덕분이라고 했다. 공공부문의 많은 지도자들은 스스로 건국의 정치지도자들, 특히 리콴유, 고갱쉬, 한수이센을 싱가포르 거버넌스 시스템의 우수성, 효과성, 효율성에 기여한 인물로 인정하고 있었다. 헨리 게스퀴에르(Henri Ghesquiere)도 유사한 결론을 내리고 있다.[20]

> "싱가포르는 근면 성실하고, 실용적인 방식에 있어서 매우 지성적이고, 번영을 공유하려고 결심하고, 청렴하고 헌신적으로 행동하는 리더십 때문에 성공했다. 비전과 불굴의 용기를 가진 지도자들이 가능하게 만든다. 그 혜택은 매우 귀중한 것이다. 그것이 싱가포르의 궁극적인 교훈이다."

그러나 리더십 혼자만으로는 충분하지 않다. 지도자들은 단지 그들의 지성, 카리스마, 선택과 노력 때문이 아니라 그들의 임기를 넘어서 조직들이 오랫동안 노력과 성과를 지속할 수 있도록 해주는 시스템, 구조, 절차를 구축함으로써 결과를 성취한다. 그것이 효과적인 지도자들의 유산이다. 즉, 가치 있는 목표를 지속적으로 추구하는 에너지를 가진 혁신적인 조직, 현재의 상태를 유지하기보다는 변화를 유도하는 시스템, 개선과 혁신을 권장하는 신속한 절차, 그것을 오래 지속시키는 적응적인 제도가 그것이다.

역동적 거버넌스는 단지 추상적인 아이디어가 아니다. 그것은 국가적 목표들을 성취하고 국민들에게 봉사하는 적응적인 혁신적 정책으로 표출되는 것이다. 그것은 중앙적립기금과 부패행위조사국과 같은 영국으로부터 물려받은 제도들을 받아들이는 용기를 필요로 했으며, 그것은 새로운

---

[20] Ghesquiere (2007), p. 168.

국가의 다양한 수요를 충족시키기 위해서 적용범위를 확대하고 새로운 미션들을 부여받았다. 그것은 "여기서 개발된 것이 아니다"라는 사고방식이 아니라, 다른 국가로부터 최고의 아이디어를 학습하는 개방성과 자신감을 가지는 것이다. 그다음에 이것은 지역사회의 요구에 맞도록 조정하는 창의성을 필요로 한다. 더욱이 그러한 정책들은 정태적인 것이 아니라 새롭게 출현한 수요에 대응하기 위해서 새로운 정보, 통찰, 환류의 관점에서 끊임없이 재평가하고 재설계하는 것이다. 따라서 정책에 있어서 역동성은 자동적으로 발생하는 것이 아니라, 정책집행의 과정에 설계되고 구축되어야 하는 것이다. 그것은 신속한 절차를 개발하는 데 기꺼이 투자하려는 유능한 지도자를 필요로 한다. 리더십을 가진 유능한 사람, 신속한 절차를 가진 조직, 그리고 적응적인 공공정책은 역동적 거버넌스의 본질이다.

9.3.7 공공기관은 결과를 성취하기 위한 정책을 설계하고 실행함으로써 효과적인 역동적 거버넌스에 있어서 결정적인 역할을 수행했다.

역동적 거버넌스는 일련의 좋은 아이디어와 원칙을 넘어서는 그 이상의 것이다. 그것은 궁극적으로 실행과 정책집행에 대한 것이다. 이것이 역동적 거버넌스에 있어서 공공기관들이 중요한 역할을 수행하는 이유이다. 싱가포르는 규모의 이익에 대한 영향력 외에는 작은 인재풀의 한계를 극복했다. 오히려 일을 완수하기 위한 시스템을 조직하기가 보다 수월하였다. 여기서 국가 또는 조직의 규모는 그것을 얼마나 제대로 조직하는지보다 효과성에 있어서 덜 영향을 미친다는 교훈을 얻을 수 있다. 궁극적으로 결과의 품질을 결정하는 것은 조직의 노력이다. 이것이 싱가포르의 교훈이다. 싱가포르의 공공기관은 좋은 아이디어를 현실로, 좋은 정책을 훌륭한 결과로 만드는 문화와 능력을 가지고 있다.

공공기관들은 사회적, 경제적 상호작용을 위한 사람, 시스템, 공식적인 규칙, 비공식적인 규범을 포함하고 있다. 싱가포르에 있어서 효과적인 거버넌스를 위한 운영메커니즘은 또한 공공기관에 깊이 내재되어 있다.

우리의 연구에서는 경제개발청, 주택개발청, 중앙적립기금, 교육부, 재무부, 공직위원회, 국방부, 국가도서관청을 포함한 많은 공공기관에 대해서 논의하였다. 이러한 기관들은 이슈를 확인하고 표출시키고, 이해관계자와 협의하고, 환류를 수집하고, 정책대안을 설계하고, 규칙을 설정하고, 해결책을 권고하고, 업무상대자를 선택하고, 프로젝트를 실행하고, 국민들과 소통하고, 진행상황을 관리하고, 프로그램을 채택하기 위한 개념화, 분석, 조직적 메커니즘을 제공했다.

공공기관의 효율성과 효과성은 싱가포르의 역동적 거버넌스에 있어서 결정적인 역할을 수행하였다. 공공기관을 이끄는 지도자들은 신중하게 발탁되었고, 그 기관의 목적을 달성하도록 자원들과 자율성이 부여되었다. 그들은 조직의 성과에 책임을 지고, 그들의 성과를 감독청과 장관들에게 보고한다. 비록 공공기관의 임무와 영역은 자연독점의 특성을 가지지만, 그들은 싱가포르에서 독점자처럼 행동하지 않는다. 기관들 사이에는 서로 인정을 받으려는 미묘한 경쟁관계가 있고, 기관의 지도자들은 공공부문의 관료제에 있어서 그들의 승진이 해당 기관들의 성과에 달려있다는 것을 잘 알고 있다. 그들이 집중하는 임무의 성과 이외에, 기관들이 제공하는 서비스의 품질과 반응성, 재정적 실용성, 정책과 프로젝트, 그리고 프로그램의 설계에 있어서 혁신, 외부조직에 의한 독립적인 평가로부터 표창과 같은 광범위한 공공부문의 목표들을 성취하는 데 있어서 인정을 받기 위해 경쟁한다.

또한 싱가포르의 공공기관은 세계적 경쟁의 시각에 있어서 독특한 특성을 갖고 있다. 그들은 비록 국내적으로 기술적인 독점을 누리지만, 그들의 지도자들은 광역적인, 세계적인 차원에서 싱가포르의 경쟁력에 기여할 것을 표방한다. 예컨대, 비록 싱가포르의 항구지만, 다른 나라들의 항구들과 경쟁해서 싱가포르항만청(PSA)은 세계 최대의 환적항구가 되었고, 빠른 회전율(화물을 내리고 다시 적재하는), 항만 연계성, 출항 빈도수, 신뢰성으로 세계적인 명성을 얻었다. 비록 항만청은 민영화되었고, 이제는 완전한 상업적인 법인이 되었지만, 여전히 독립행정기관으로서 소관부처에 보고하던 시절에 이미 세계적 수준의 성과를 성취하였다. 심지어 인력과 같은 정부의 내부적인 행정기관과 내부적인 안보기관은 대체로 고용을 허가하거나 또는 방문 비자를 처리하는 역할을 담당하지만, 싱가포르가 지속적인 성장과 발전을 위해 필요한 세계적 인재를 유치하는 데 도움을 주었다. 이상의 것들을 모두 감안할 때, 싱가포르의 공공기관이 조직적인 우수성에 대해서 주기적으로 인용되는 것은 아마 당연한 것이다.[21]

9.3.8 비록 개별적인 정책변화는 단지 점진적인 효과만 나타낼지라도, 체계적인 개선이 누적된 결과는 실질적인 것이다.

변화를 촉진하는 핵심적인 이슈는 그것이 점진적인지 또는 급진적인지, 진화적인지 또는 혁신적인지에 대한 것이 아니다. 지속적인 변화의 중요한 원칙은 그것이 체계적이고 누적되는 것인지 여부에 대한 것이다. 비록 특정한 정책 또는 프로그램의 변화가 점진적이라고 하더라도, 다음의 경우에 그것은 중요한 조직적인 영향을 미칠 것이다.

(i) 그것이 조직의 전체적인 변화를 지속하기 위해서 요구되는 가치, 사고방식, 행태를 강화하는 다른 점진적인 변화들과 체계적인 방식으로 연결되는 경우;
(ii) 그것이 과거에 승인된 또는 실행된 변화들, 그리고 장기간에 걸친 노력을 지속하도록 필요한 지식, 기술, 태도를 학습하는 사람들에게 인센티브를 제공하는 미래의 변화들과 누적되는 방식으로 연결되는 경우이다.

우리의 연구에서 가장 인상적인 교훈은 특정한 개별적인 정책 또는

21 예컨대, 싱가포르품질상은 공공과 민간부문 회사들의 조직적 우수성을 인정하는 상인데, 수상자의 대부분은 공공기관이었다.

프로그램의 탁월함이 아니라 새로운 수요에 대응하는 정책을 채택하기 위해서 개선과 변화, 그리고 끈질긴 노력을 지속했다는 것이다. 특정한 정책 또는 프로그램은 단지 점진적인 효과에 그칠 것이지만, 행정 전체에 걸쳐서 지속적으로 변화하려는 노력이 축적되면서 진정한 변신의 결과를 가져왔다. 물론 모든 공공기관이 항상 동일한 수준의 높은 헌신과 열정으로 성과를 나타낸 것은 아니며, 그것은 기대할 수도 없는 것이다. 그러나 언제든지 일부 기관들은 항상 검토를 시작하고, 성과를 개선하고, 정책을 혁신하고, 변화를 실행하고 있었다. 다양한 기관들이 다양한 시기에 행정에 자극과 도전을 제공하였다. 행정에 있어서 제도적 문화와 깊이 내재된 조직적 능력은 이러한 경로파괴적인 기관들을 성공적인 사례와 역할모델로서 권장하고 인정하였으며, 다른 기관들이 스스로 경로파괴자들이 되기 위한 방법을 모색하고 학습하도록 문화와 능력을 증진시키고 강화하였다. 따라서 행정은 결코 정태적이지 않았고, 항상 미리 생각하고, 다시 생각하고, 두루 생각하기를 통해서 역동적 거버넌스의 심장이라고 할 수 있는 변화의 열정을 끊임없이 분출시켰다.

9.4 싱가포르의 행정을 넘어서 교훈을 적용하기

싱가포르 거버넌스 시스템은 그 독특한 특성, 즉 작은 도시국가로서 거버넌스를 구축하는 것이 보다 용이했고, 리콴유라는 특별한 카리스마를 가진 지도자가 있었고, 특별한 역사적 조건들이 있었기 때문에 쉽게 묵살될 수 있다. 이 책은 싱가포르의 행정으로부터 도출할 수 있는 교훈을 설명했지만, 우리는 그러한 원칙이 싱가포르를 넘어서, 그리고 행정을 넘어서 적용할 수 있다고 믿는다. 그러나 단순한 복제 또는 모방은 작동하지 않을 것이다. 개념적인 일반화가 중요한데, 그것은 원칙과 교훈을 적용하기 전에 정확하게 동일한 조건은 필요하지 않다는 것을 의미한다. 그러나 원칙, 시각, 경로, 정책, 사례는 단순히 모방하거나 또는 복제하는 것이 아니라 신중하게 이해하고, 충분히 생각하고, 적응시키고, 맥락과 관련시켜야만 한다. 원칙과 교훈을 제대로 학습하고 적용하기 위해서는 개념적인 그리고 분석적인 사고, 이해관계자 사이의 개방적인 대화, 사회정치적인 맥락과 제도의 문화적 가치에 맞추기 위한 신중한 최적화를 필요로 한다. 국가와 민간부문의 조직에 걸쳐서 교훈을 제도적으로 전수하는 것은 심지어 지도자들이 열정적으로 지원하더라도 간단한 것이 아니며, 추정할 수 없는 어려움이 있다.

일간지(The Straits Times) 선임기자인 엔디호(Andy Ho)는 싱가포르의 물 관리 경험에 대한 논의에서 유사한 주장을 했는데, 공공시설원(Public Utilities Board)의 경험을 복제하는 것은 쉽지 않다고 말했다.

> "기술은 살 수 있고, 가격체계와 관리모델은 학습할 수 있지만, 전체적인 거버넌스 기구의 시스템은 얻어가기 어려울 것이다. 공공시설원은 진공 속에서 운영되는 것이 아니다. 공공시설원은 물을 절약할 필요성을 강조하고, 정말 수도요금을 지불할 수 없는 가정을 특정해서 보조금을 지급하고, 물을 채집하기 위한 부지를 할당하고, 심지어 물 산업이 활용할 수 있는 종류와 시기에 대해서 규제를 부과하는 등 전체적인 정부기구들이 무수히 많은 방법으로 지원하기 때문에 싱가포르의 물 수요를 관리할 수 있는 것이다. 따라서 비록 공공시설원이 물 관리의 모범적인 기관이 될 수 있다고 하더라도, 그것은 물 관리의 성공을 위해서 다른 많은 기관들이 노력한 것들 중에 일부라는 것을 기억하는 것이 좋을 것이다. 그리고 기관들은 쉽게 복제되지 않는다."[22]

싱가포르가 중국의 도시인 쑤저우(Suzhou)에 산업단지를 건설하면서

---

22 Andy Ho (2007). "Not So Easy to Clone a PUB," The Straits Times, 29 January 2007.

직면한 문제들은, 비록 싱가포르와 중국 중앙정부의 고위직 사이에 서로 강력한 이해관계와 지지에도 불구하고, 잠재적인 위험들이 상존하기 때문이었다. 비록 일정한 지식을 전수하는 것은 결국 실행되었지만, 1994년 협정에 서명한 이후 초기부터 양측은 다투기 시작했다. 몇 가지 문제들이 [23] 시작부터 프로젝트를 괴롭혔다.[24]

(ⅰ) 사업자들의 목표들이 달랐다.
(ⅱ) 국가의 규모와 정부의 조직이 달랐다.
(ⅲ) 성공을 평가하는 기준들이 달랐다.
(ⅳ) 쑤저우(Suzhou) 프로젝트와 과거의 유사한 프로젝트와 규모가 달랐다.
(ⅴ) 사업자들 사이의 상호작용과 어떻게 지식을 전수하는지, 특히 암묵적인 지식을 전수하는 방법에 어려움이 있었다.
(ⅵ) 현지에서의 경쟁, 특히 지방정부가 개발하고 운영하는 쑤저우 신산업구와 경쟁하였다.
(ⅶ) 프로젝트에 대해서 알려진 것과 실제적인 어려움 사이에 차이가 있었다.

이러한 상황은 2001년 1월 이후에 싱가포르 협력업체가 30%의 지분을 중국의 사업자에게 넘기고 중국의 지분이 과반을 넘는 65%가 되면서 비로소 개선되었다. 이처럼 이해관계를 재조정하면서 양측의 관계는 상당히 개선되었다. 쑤저우(Suzhou) 산업공원은 이제 수익을 창출하고 있고, 산

---

23 John Thomas (2001). "Institutional Innovation and the Prospects for Transference: Transferring Singaporean Institutions to Suzhou, China," John F Kennedy School of Government Research Working Paper RWP02-001, Harvard University.

24 아래를 참조하시오. Andrew C Inkpen and Wang Pien (2006). "An Examination of Collaboration and Knowledge Transfer: China-Singapore Suzhou Industrial Park," Journal of Management Studies, June, pp. 779-811.

업지구를 확대하기 위한 계획이 만들어졌다.

어떤 하나의 맥락으로부터 학습한 것을 다른 것에 이전하는 일은 가볍게 이루어져서는 안 된다. 신중하게 연구하고 계획하기 위해서는 그것을 채택하고 지역실정에 맞도록 적용하기 위한 방법을 결정하기 이전에 원칙과 사례를 이해할 필요가 있다. 특정한 국가(싱가포르를 넘어서), 회사(공공부문을 넘어서) 또는 조직에 대한 교훈과 원칙을 채택하고 적용하기 이전에 체계적인 절차에 대한 평가와 성찰이 뒤따라야 한다. 그러한 절차는 다음의 활동을 포함해야 한다.

(i) 각각의 원칙 또는 사례에 대한 철학, 시각, 합리적인 이유를 이해하는 것;
(ii) 이슈가 발생하고, 어떻게 그것을 다루고, 결과를 성취하고, 교훈을 학습했는지에 관한 실행에 있어서 실제적인 경험을 이해하는 것;
(iii) 조직의 독특한 역사, 문화, 경제적 조건, 전략적 지침을 고려하는 것;
(iv) 유사한 원칙 또는 사례의 채택을 통해서 의도한 결과를 성취할 수 있는지 여부를 분석하고, 왜 그런지에 대한 이유를 명확하게 정리하는 것;
(v) 이해관계자에게 미치는 영향과 수용가능성을 평가하는 것;
(vi) 직접 적용할 수 있는 속성 또는 특징을 선별하고, 수정할 필요가 있는 것을 확인하는 것;
(vii) 국가 또는 회사의 맥락에 있어서 원칙 또는 사례가 더욱 효과적으로 작동할 수 있는 새로운 또는 부가적인 속성과 특징을 확인하는 것;
(viii) 선별한 사례, 속성, 특징을 일관성 있는 시스템 또는 절차에 통합하고, 지역의 맥락에서 실행했을 때 발생할 수 있는 위험과 이슈를 평가하는 것;

(ix) 어떻게 진행상황을 점검하고, 어떻게 결과를 측정할 것인지 결정하는 것;

(x) 효과적인 실행을 위해서 필요한 접근방법, 시기, 자원에 대한 결정을 포함한다.

우리는 조직에 있어서 역동적 거버넌스를 설계하고 실행하는 데 필요한 중요한 원칙에 대해서 생각하고 성찰할 수 있도록 일정한 지침을 제안한다. 이러한 지침은 조직의 현행 거버넌스 시스템을 평가하고 추가적인 분석과 잠재적인 변화를 위한 이슈를 확인하기 위해서 개인 또는 집단이 사용할 수 있는 질문을 구성한 것이다. 우리는 조직의 지도자들이 이러한 질문을 스스로 깊이 생각해보고, 최소한 1년 단위를 기초로 성찰적인 대화에 그들의 팀을 참여시키고, 조직적인 변신의 과정을 시작하기 위한 행동지침을 고안할 것을 제안한다. 만약 바람직한 결과물이 거버넌스의 역동성, 리더십, 전략, 관리라고 한다면, 그것은 지속적이고 역동적인 과정이어야만 한다. 우리는 지침으로서 11가지 질문을 제안한다. 이것이 관련한 내용을 총망라한 것이라는 의미는 아니며, 단지 역동적 조직을 만들기 위해서 필요한 잠재적인 열정을 분출시키고 인식과 관심을 창출하는 대화의 유형을 대표적으로 보여주는 것이다.

1. 우리 조직의 문화(가치, 신념, 믿음, 원칙)는 무엇인가? 우리의 문화는 우리가 인식하고 있는 위상과 목적에 얼마나 연관되어 있는가? 우리의 문화는 조직적인 변화를 얼마나 지원하고 가능하게 하는가? 우리의 문화는 변화를 방해하지 않는가?
2. 우리 문화의 어떤 부분이 우리의 전략적 지침을 지원하기 위해서 다시 검토되고 수정되어야 하는가? 우리 문화의 어떤 부분을 더욱 깊이 있게 강화하고 심어줄 필요가 있는가?
3. 우리가 지금 가지고 있는 역동적 능력은 무엇인가? 우리는 미리 생각하기, 다시 생각하기, 두루 생각하기의 조직적인 능력을 가지고 있는

가? 각각의 이러한 능력을 실행하는 데 있어서 조직적인 장애물은 무엇인가?

4. 우리는 미래를 준비하기 위해서 얼마나 미리 생각하는가? 우리의 현행 절차는 진정한 전략적 사고를 권장하고 자극하는가? 또는 그것이 관료적 절차로 전락하고 있는가? 우리는 미리 생각하기의 역동적 능력을 얼마나 할 수 있는가?
5. 우리가 수년간 실행한 정책, 절차, 프로젝트, 프로그램에 대해서 얼마나 다시 생각하는가? 우리는 학습하고 변화하기 위해서 조직적인 절차와 운영적인 성과를 검토하기 위한 체계적인 절차를 가지고 있는가? 낡은 규칙과 믿음을 표출시키고 도전하기 위한 우리의 조직적인 절차는 무엇인가?
6. 우리는 다른 조직, 산업, 국가, 문화로부터 학습하기 위해서 얼마나 두루 생각하는가? 우리가 두루 생각하지 못하고 따라서 학습하지 못하는 조직적인 경계는 무엇인가? 우리는 그러한 경계를 어떻게 극복할 수 있는가? 우리는 우리 영역의 외부에서 흥미로운 사례를 적용하고 채택하기 위해서 평가하고 적응시키는 체계적인 절차를 가지고 있는가? 우리는 이해관계가 있는 사람 및 조직의 경계와 네트워크를 확장하는 사람들을 가지고 있는가?
7. 우리는 사람, 정책, 절차에 대한 적절한 투자를 통해서 그러한 역동적 능력을 얼마나 개발하고 강화시킬 수 있는가? 우리는 조직이 체계적이고 통합적인 방식으로 기능하도록 조직의 어떤 부분에 그러한 역동적 능력을 심어줄 것인가? 우리가 기대하는 결과는 무엇이고, 그것을 어떻게 측정할 것인가?
8. 그러한 역동적 능력들은 언제, 어떻게 우리 조직의 유전자 풀(pool)의 일부가 될 것인가? 우리 구성원들이 그러한 능력을 어떻게 개발하고 훈련할 것인가?
9. 우리는 전략과 정책에 학습과 적응을 어떻게 심어주고 있는가? 우리는 우리의 전략적, 조직적 검토를 어떻게 더욱 성찰적이고 학습 지향적으

로 만들 수 있는가?

10. 우리는 조직에 유능한 인재를 어떻게 채용하고, 쇄신하고, 보유하고 있는가? 그것은 제대로 작동하고 있는가? 우리는 인사관리에 대한 관행을 쇄신하기 위한 절차를 가지고 있는가?
11. 우리는 변화를 자극하고 유도하는 신속한 절차를 어떻게 개발하고 있는가? 우리의 재성, 인적자원, IT 시스템은 변화를 촉진하는가? 또는 억제하는가? 더욱 신속하게 만들기 위해서 우리가 검토하고 다시 설계할 필요가 있는 절차는 무엇인가? 우리는 그렇게 실행하기 위한 기술을 어떻게 개발할 것인가?

공공부문이든 민간부문이든, 거버넌스에 있어서 역동성을 창출하고 지속하는 것은 전략적인 장기간의 노력을 필요로 한다. 잠재적인 상충관계는 상당한 영향을 미친다. 그러나 지름길은 없다. 제도적인 문화와 조직적인 능력은 하루아침에 이루어질 수 없다. 유능한 인재, 신속한 절차, 적응적인 정책은 체계적으로, 점증적으로 장기간에 걸쳐서 개발되어야 한다. 역동적 거버넌스 시스템과 적응적인 조직을 창출하는 것은 깊이 있는 사고, 개방적인 대화, 지도자의 헌신, 효과적인 집행을 필요로 한다. 이 장(章)에서 제안한 지침은 단지 여러분이 새로운 여행에 착수하도록 도와주는 것이다. 성공적인 변화는 일시적인 프로젝트가 아니라 빠르게 변화하는 세계적 환경 속에서 적합성을 유지하기 위해 학습하고, 실험하고, 혁신하고, 개선하는 지속적인 과정이다. 변화는 항상 복잡하고 위험하다. 그러나 변화하지 않는 것은 훨씬 더 위험하다. 역동성은 궁극적으로 새로운 아이디어, 참신한 인식, 지속적인 향상, 신속한 행동, 유연한 적응, 창조적인 혁신에 대한 것이다. 이것은 흥미진진한 여행이다. 우리는 과거를 바꿀 수 없고 미래를 결정할 수 없다. 우리는 단지 오늘 변화의 역동적 여행을 시작함으로써 미래를 더 잘 대비할 수 있도록 희망할 따름이다.

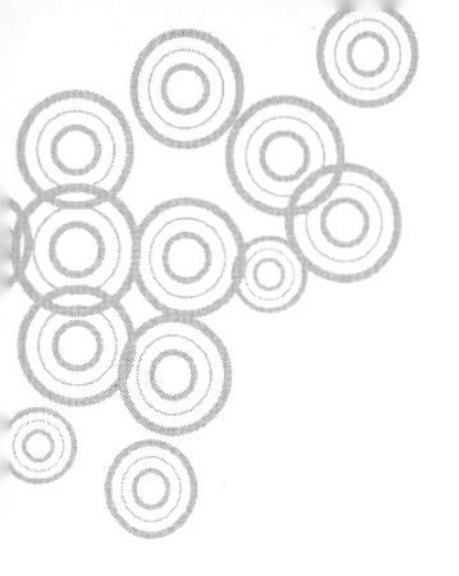

번역후기

싱가포르를 어떻게 볼 것인가

이종돈(경기도청)

2015년은 싱가포르가 건국 50주년을 맞이한 해이다. 싱가포르는 역사적으로 오랜 영국의 식민지배와 일본의 점령이라는 잔혹한 시련을 겪었고, 국토는 경기도의 1/15에 불과한 작은 규모이고, 다른 개발도상국과 달리 고무나 석유와 같은 천연자원도 없으며, 인종과 종교의 극심한 갈등을 경험한 나라이다. 중계무역에 의존해서 연명하던 작은 나라가 어떻게 세계에서 가장 기업하기 좋은 나라로 꼽혔을까? 어떻게 아시아에서 가장 살기 좋고, 가장 일하기 좋고, 가장 놀기 좋은 곳으로 평가되는 것일까? 그것이 이 책을 발견하고 읽으면서 번역을 결심하게 된 이유이다.

2015년은 또한 싱가포르 건국의 아버지 리콴유 초대총리가 서거한 해이기도 하다. 일본의 오다 노부나가는 인간 50년 세월이 그저 일순간의 꿈과 같다고 탄식했지만, 리콴유 초대 총리는 생물학적 나이가 아니라 건국의 50년 세월을 감당하고 떠난 것이다. 그는 싱가포르에서 시행한 거버넌스 아이디어의 약 70퍼센트는 어디선가 배우고 받아들인 것이라고 평가했다. 비록 소규모 경제의 작은 나라이지만, 삭막한 현실에서 생존하기 위해 다른 나라의 제도와 시스템을 연구하고 수정해서 싱가포르에 적응시켰다. 이처럼 싱가포르의 건국 50년은 경제를 건설하고, 기반시설을 구축하고, 사회적 시스템과 바람직한 관행을 정립하는 등 새로운 국가를 만들기 위해 열심히 노력한 시간이었다. 인간은 사라지지만 인간이 만들고 운영하는 좋은 거버넌스는 지속할 수 있는가? 그것은 싱가포르가 생존하기 위해서 다른 나라의 제도와 시스템을 학습한 것처럼 우리도 싱가포르의 장점을 연구하고 새롭게 적용하면서 천천히 지켜볼 일이다.

1년 6개월의 유학생활을 통해서 배운 것을 한마디로 정리하라면, 그것은 궁극적으로 국가의 부(富)를 창출하는 것은 민간부문이라는 것이다. 우리는 생존하기 위해서 매일 입고, 먹고, 마시고, 생각하고, 그리고 경쟁한다. 그러한 생존경쟁의 과정에서 국가의 역할은 무엇인가? 그것은 국가의 부를 창출하는 민간부문의 활동을 안내하고 지원하고 격려하는 것이다. 그것은 국가의 생존과 결부되는 중요한 이슈들을 발굴하고, 국가적으로 고민하고 토론하는 과정을 통해서 전략을 마련하는 체계적인 노력을 필요로 한다. 바로 이것이 싱가포르의 거버넌스에서 배울 만한 중요한 점이라고 생각한다.

거대한 인류의 문화적 유산에 비하면 우리 모두는 난쟁이에 불과하다. 그러나 거인의 어깨 위에 올라설 수 있다면 더 이상 난쟁이에 머물지 않을 것이다. 좋은 거버넌스를 만들고 운영하기 위해서 노력하는 싱가포르를 '작은 거인'이라고 부르고 싶다. 대한민국의 거버넌스가 보다 효율적이고 효과적으로 기능할 수 있도록 싱가포르 거버넌스의 어깨 위에 올라서기를 바란다. 그

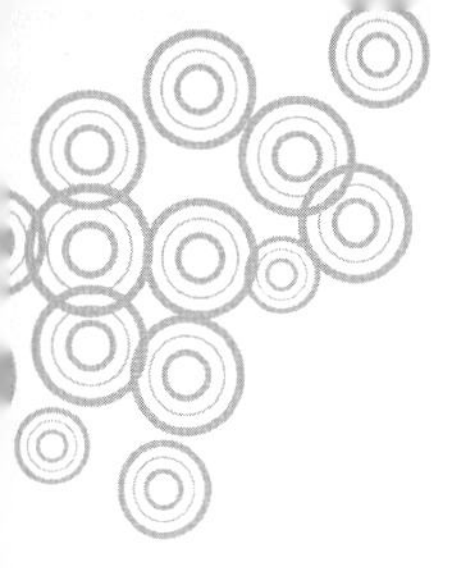

리고 그 과정에서 이 책을 한글로 소개하는 노력이 아주 작은 단초라도 될 수 있기를 희망한다. 그리고 그 작은 단초가 나의 사랑하는 아내와 아이들과 가족들이 더욱 행복하고 풍요로운 삶을 영위하기 위한 씨앗이 될 수 있기를 소망한다.

싱가포르의 명암에서 배우는 교훈

김정렬(대구대)

내가 이 책의 번역작업에 참여하게 된 계기는 절친한 후배인 이종돈 서기관의 권유였다. 비교발전행정을 전공한 관계로 싱가포르의 발전전략이나 행정개혁에 대해서는 그동안 책도 쓰고 칼럼도 집필한 경험이 있어서 그리 낯설지 않아 어렵지 않게 참여를 수락하였다.

건국 이후 지난 반세기 동안 싱가포르가 고도성장 과정에서 표출한 명암은 국내외적으로 뜨거운 논쟁을 유발했다. 특히 국내에서는 IMF 금융위기 직후 김대중 대통령과 리콴유 총리 사이에 민주주의의 보편성 여부를 둘러싸고 제기된 '아시아적 가치' 논쟁이나 박근혜 대통령의 '리콴유 장례식 조문'을 계기로 산업화와 민주화라는 상반된 시선이 다시 부각되었다.

싱가포르의 밝은 측면에 주목한 진영에서는 일본이 시작한 동아시아 발전국가 모델에 동참하고 진화시킨 리콴유의 리더십이나 영미식의 효율성으로 무장한 실용주의 정책기조에 착안해 왔다. 특히 과감한 규제개혁, 경쟁적 교육제도, 자기책임형 복지제도 등 싱가포르가 고안한 기업친화적 정책수단들은 기업인단체나 보수정당의 구미에 부응하는 메뉴들이다.

반면에 싱가포르의 그늘에 착안한 진영에서는 고도성장의 화

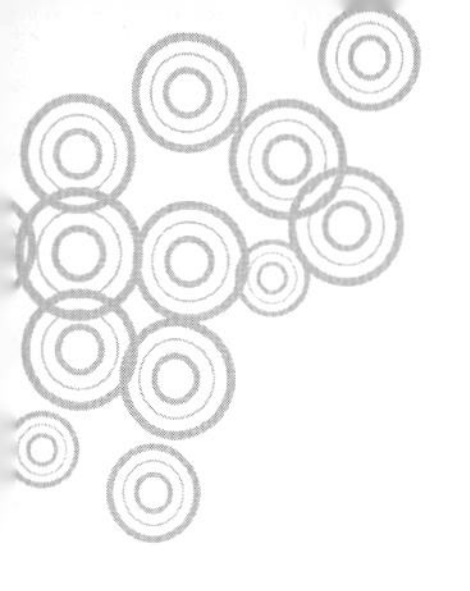

려한 유혹에 현혹되어 아직도 민주주의의 본질에 제대로 부응하지 못하고 있는 그들의 선택과 성취를 도시국가 수준의 변칙사례 정도로 평가절하한다. 특히 개발독재의 연장선상에서 아직도 유지되고 있는 폐쇄적 지배연합이나 우편향 세계화 및 다층적 격차 구조의 심화 현상은 시민단체나 진보정당의 질타를 받고 있다.

하지만 이 책은 비교적 중립적이고 객관적인 행정학의 시각에서 싱가포르의 재발견을 안내하고 있다는 점에서 교훈적이다. 우선 기존에 싱가포르를 소개한 책들이 주로 정치지도자의 리더십이나 국제관계 담론과 같은 거시적 정치경제 문제에 치중한 반면에 여기에서는 구체적 정책사례인 외자유치, 산업정책, 의료, 주택, 물, 공원, 교통 등을 분석하였다.

또한 정부가 선도한 역동적 거버넌스 능력에 착안하였다. 우수한 인재와 신속할 절차 및 강력한 문화를 토대로 전개된 정부의 환경적응적 변화관리는 경제사회 전반에서 세계인이 부러워하는 우수사례를 다수 창출하였다. 특히 미리 생각하기, 다시 생각하기, 두루 생각하기 등과 같은 정부관료제의 문제해결능력은 정책품질의 제고와 직결된 문제이다.

싱가포르의 초기 도약은 우리의 고도성장기와 흡사하다. 하지만 1990년대 이후 본격화된 싱가포르의 재도약은 세계화와 정보화라는 환경변화에 역동적으로 대응한 결과이다. 이를 반영하는 대표적 사례가 고부가가치 산업인 바이오폴리스의 구축이나 고용창출효과가 큰 복합리조트의 유치였다.

의약을 포함하는 바이오와 카지노를 연계한 복합리조트에 내재된 발전가능성은 제조업 이후를 대비하는 어느 나라나 충분히 생각할 수 있는 문제였다. 하지만 미리 생각하기를 통해 다른 국가들보다 먼저 정책의제로 채택하고, 부작용에 대한 다시 생각하기를 통해 치밀한 보완대책을 마련하고, 외국의 유사사례를 참고하는 두루 생각하기를 통해 정책의 품질을 제고한 정부관료제의 능력이 우리가 학습할 벤치마킹의 포인트다.

나아가 싱가포르의 성공은 1인당 GDP와 같은 국부는 물론 공공서비스 품질과 대외적 매력으로 대표되는 국질과 국격에서도 일정 수준의 성과를 창출하였다는 점이다. 특히 효율지상주의 정책기조에도 불구하고 결과적으로 세계가 부러워하는 삶의 질과 국가 호감도를 창출한 일은 그동안 이룩한 산업화와 민주화 성과에도 불구하고 좀처럼 균형 잡힌 참발전의 경로를 모색하지 못하고 있는 우리가 주목할 벤치마킹의 포인트다.

출간후기

일류 선진국 대한민국의 미래와 우리 국민들의 삶에
행복과 긍정의 에너지가 가득하기를 기원드립니다!

권선복(도서출판 행복에너지 대표이사, 한국정책학회 운영이사)

인류 역사의 시작과 함께 수없이 많은 국가가 흥망성쇠를 거듭했습니다. 제법 오랜 기간 국경이 자리를 잡은 현대사회에서도 국가 간의 힘겨루기는 다양한 방식을 통해 끊임없이 이뤄지고 있습니다. 이러한 상황에서 우리 대한민국이 조금만 고삐를 늦추는 순간 일류 선진국의 꿈은 멀어질지 모릅니다.

책 『역동적 거버넌스』(Dynamic Governance)는 정부가 어떻게 좋은 결정을 하고, 그것을 실행하고, 위기를 초래하지 않으면서 수정할 수 있는지에 대해서 생각하기 위한 틀을 제공하고 있습니다. 일류 국가로서 전 세계에서 인정을 받아온 싱가포르를 사례로, 선진 정책의 장점과 특성을 전합니다. 국가 행정 일선에서의 풍부한 경험과 심도 있는 연구를 바탕으로, 원서를 번역하고 국내에서 소개하는 이종돈, 김정렬 두 공역자의 열정에 힘찬 응원의 박수를 보내드립니다.

21세기에 들어 총성 없는 전쟁은 더욱 치열해지고 있습니다. 우리나라의 밝은 미래와 국민 개개인의 행복한 삶을 위해 이제는 획기적인 도약이 필요한 시점입니다. 수많은 행정가와 우리 미래를 짊어진 청년들이 이 책을 읽고 국가 발전에 큰 보탬이 되어 주길 기대하며, 모든 독자들의 삶에 행복과 긍정의 에너지가 팡팡팡 샘솟으시기를 기원드립니다.

역동적 거버넌스

초판 1쇄 발행 2016년 5월 1일
3쇄 발행 2019년 10월 15일

공 저 Boon Siong Neo, Geraldine Chen
공 역 이종돈, 김정렬
발행인 권선복
편 집 김정웅
디자인 이현자
마케팅 정희철
전자책 신미경
발행처 도서출판 행복에너지
출판등록 제315-2013-000001호
주 소 (07679) 서울특별시 강서구 화곡로 232
전 화 0505-613-6133
팩 스 0303-0799-1560
홈페이지 www.happybook.or.kr
이 메 일 ksbdata@daum.net

값 33,000원

ISBN 979-11-5602-358-6 93350